本書爲全國高等院校古籍整理研究工作委員會直接資助項目（編號：2227）成果，并得到河南省博士後科研啓動項目、信陽師範大學"南湖學者獎勵計劃"青年項目的資助

〔清〕但湘良 撰　張熙 校注

湖南苗防屯政考校注

长江出版传媒
湖北人民出版社

圖書在版編目（CIP）數據

湖南苗防屯政考校注 / 張熙校注. — 武漢：湖北人民出版社，2023.9
ISBN 978-7-216-10732-7

Ⅰ.①湖…　Ⅱ.①張…　Ⅲ.①苗族 – 民族歷史 – 研究 – 湖南
Ⅳ.①K281.6

中國國家版本館CIP數據核字（2023）第174258號

特約編輯：楊　穎　雲端玉
責任編輯：楊　猛
封面設計：董　昀
責任校對：范承勇
責任印製：肖迎軍

出版發行：湖北人民出版社　　　　　　　地址：武漢市雄楚大道268號
印刷：武漢郵科印務有限公司　　　　　　郵編：430070
開本：787毫米×1092毫米　1/16　　　印張：37
字數：661千字　　　　　　　　　　　　插頁：2
版次：2023年9月第1版　　　　　　　　印次：2023年9月第1次印刷
書號：ISBN 978-7-216-10732-7　　　　定價：98.00元

本社網址：http://www.hbpp.com.cn
本社旗艦店：http://hbrmcbs.tmall.com
讀者服務部電話：027-87679656
投訴舉報電話：027-87679757
（圖書如出現印裝質量問題，由本社負責調換）

前　　言

　　湖南苗疆在清代國家治理中具有重要的區位條件，其地處湘、黔、川、鄂四省邊地，屬雲貴高原東側武陵山區。重巒疊嶂、嶺谷交錯、溪流密布、河網縱橫的獨特地理環境造就了湖南苗疆相對獨立又未完全隔離的狀態，使苗疆的對外聯繫多以衝突方式進行。自古以來，統治者皆將武陵山苗疆視爲“蠻夷之地”，并未納入王朝直管範圍。元、明時期或棄之如化外，或征服無功後采取羈縻統治，任其獨自發展。

　　清朝對湖南苗疆的“開闢”，始自康熙中葉，歷史文獻相關記載非常清楚。康熙二十三年（1684年），“苗赴鎮溪投狀，願歸版籍”①。康熙二十八年（1689年），“紅苗”劫掠鎮溪所，攻陷守備、官兵及邊民百余人，清王朝委任辰協副將郭忠孝統率諸軍和永、保土司土兵，“斬殺逆苗二千七百餘級”，“生擒吳老覽等六十餘名”，苗民彈盡糧絕，被迫“納降”。②封建王朝對湖南苗疆的政策由此開始轉變，“約束羈縻，异於以前無管之生苗矣”③。清王朝的軍事力量逐漸深入臘爾山苗疆腹地。康熙四十二年（1703年），清王朝調遣多方兵力，對湖南苗疆展開了更大規模的軍事行動。攻伐數月，直至是年冬，清軍“直逼苗穴，勒令歸誠，設立州縣”④，“諸苗懾服，願輸課爲良苗”。此次“進剿”，“迫使臘爾山生苗大部分歸入版籍”⑤。康熙四十三年（1704年），清政府在五寨司設流官吏目一名，於苗地設寨長、百戶長，裁撤明代所設鎮溪千戶所，并移分巡辰沅靖道進駐鎮筸。⑥康熙四十九年（1710年），巡撫趙申喬上疏，原歸保靖土司管撫的鎮溪六里苗，“願得復歸版圖，請令土弁約束，乾州同知管轄”，歸流納糧，劃歸辰沅靖道管轄。⑦雍正九年（1731年），“新設吉多坪營汛，欽定名曰永綏協，置廳曰永綏”⑧。永綏廳之設立，標誌清政府武力

---

①②　[清]王瑋等修：《乾州廳志》卷四《紅苗風土志》，乾隆四年（1739年）刻本。

③　[清]王瑋等修：《乾州廳志》卷一《都鄙志》。

④　[清]曾國荃等修：《湖南通志》卷首《招諭一》，光緒十一年（1885年）刻本。

⑤　伍新福、龍伯亞著：《苗族史》，成都：四川民族出版社，1992年，第332頁。

⑥　[清]但湘良：《湖南苗防屯政考》卷首《紀事》，光緒九年（1883年）刻本。

⑦　[清]但湘良：《湖南苗防屯政考》卷三《征服上》。

⑧　[清]但湘良：《湖南苗防屯政考》卷首《紀事》。

"開闢"苗疆基本完成。

"開闢"苗疆後，清政府對苗疆的管控日益深入，官員與客民的壓迫與盤剝，一定程度上加劇了苗疆民衆的反抗，土地兼并和階級分化日益加劇，民族矛盾和階級矛盾不斷激化。乾隆六十年（1795年）至嘉慶二年（1797年），在湘、黔、川邊以鳳凰廳臘爾山生苗區爲中心的苗族地區，爆發了由苗民石柳鄧、石三保、吳八月等領導的大規模苗民反抗鬥爭，史稱乾嘉苗民起義。

乾嘉苗民起義平定後，清朝開始在湖南苗疆實行一整套"防範"與"化導"、"剿"與"撫"相結合的"防苗""安邊"的舉措，史稱"屯政"。嘉慶元年（1796年），爲了進一步分化瓦解起義隊伍，安定苗疆，重建統治秩序，湖廣總督何琳依據苗疆的實際，制定了《苗疆善後章程六條》，從釐清民苗界址，歸并苗疆營汛，更定苗疆百户、寨長名目，修理苗疆城垣，收繳鳥槍器械，安頓被難民人等六個方面進行安撫維防，爲此後的苗疆治理策略和開展屯政奠定了基調。何琳病逝後，主事苗疆的歷任官員均制定并實施了一系列重建社會秩序的策略。時任辰永沅靖道的傅鼐在總結歷任官員治苗經驗與得失的基礎上，進一步制定并完善了治苗策略。他認爲，若要"無事而謀久安"，文化與教育的化導是必不可少的，"惟有以移其習俗，奠其身家，格其心思，苗乃可得而治"，"以苗訓苗，教易入而感動尤神，則禮義興而匪僻消，苗與漢人無异。司此土者，苟永守成憲，毋擾毋弛，則邊地生民安居樂業，世世子孫永享太平矣"[1]。傅鼐建立的一系列較完備的"以苗養苗""以苗治苗"的策略，使乾嘉苗民起義後的苗區面貌大爲改變。通過屯政的實施，清政府在苗疆建立起了一套行之有效的治理策略，對維護王朝穩定具有重要影響。

《湖南苗防屯政考》成書於光緒九年（1883年）仲秋，但氏在嚴如熤《苗防備覽》和佚名氏《苗疆屯防實録》的基礎上，對湖南苗疆地理、均屯、學校、勛績以及奏折、報告、文書、紀述、告示、部復等文件資料，以及湖南西部苗族地區的地理、建置、均屯、征服、苗汛、碉堡、弁勇、儲備、學校、功績等内容進行了系統梳理，記録了清朝對湖南苗疆實施屯政的過程、舉措及對湖南苗疆國家治理產生的重大影響。該書記載詳實，脈絡清晰，爲研究清朝對湖南苗疆的國家治理及屯政實際運行情况，突出清朝對民族地區的有效管轄和治理，提供了强有力的史料支持。

---

① ［清］蔣琦溥等修：《乾州廳志》卷八《苗防二》，光緒三年（1877年）續修刻本。

點校凡例

1. 本次整理以日本早稻田大學藏光緒九年(1883年)仲秋但氏刻本爲底本,以哈佛燕京圖書館藏本爲參校本。

2. 底本中的語序錯亂、衍字、漏字等的情況,力求做到錯者正之,漏者補之,衍者去之,亂者理之。先考證,後標點斷句。

3. 底本中文字有魯魚亥豕之誤,明顯者改之,仿佛者考之,無考者仍之。底本中的錯字用()表示,校正的字用〔〕表示,補字用[ ]表示,字迹不清和脱漏的字用□表示。

4. 底本中异體字、俗字、舊字形等儘量改爲相對應的繁體字,至於書名、人名、地名、器物名、年号等用字,遵循用字慣例,不徑改。

5. 人物與官名注釋較爲複雜,不一概而論。考慮到本書卷帙浩繁,注釋力求精簡,對便於理解上下文意思的重要歷史人物和重要官職加以注明。

目　　録

序　一^①

三代所稱蠻夷戎狄，四千年來，莫不出榛狉，同文倫，苗、瑤、僮、仡共此版圖，不過言語者欲稍異，其形骸同，其好惡同，非若犬馬之與我不類。自古輒歧視之，若圈豚檻虎苑囿間，聖朝德漸遐遠，慕化歸流者踵接，種族繁夥，猶不能盡同赤子。甚則豕突狼豞，動勞撻伐，豈苗頑固有凶性與？抑事會未至，革心猶有待與？若湖南苗疆，西錯黔、蜀，壃如一黑子。乾嘉之際，一夫不靖，至聚六七行省之師，兩載而不克定。仰蒙睿廟神武，得山陰傅公力肩艱巨，設險開屯，張弛并用，遂以無事至於今是賴。其時漵浦嚴樂園廉訪先後著《苗防》《屯田》二書，良法美意亦以不墜。道咸以後，稍稍變更，尚未有述者。今蒲圻但君少邨嘗攝辰沅道篆，刻意敷治，得前翟中丞錄藏屯防書牘，因搜輯其所未備，次爲十考，冠以紀事，命曰《湖南苗防屯政考》，將以貽當世，示來兹，使悉其疆域建置，與夫一切宸謨藎畫興革損益之源流，得以因時施措，安我邊甿。盛矣哉！其可以傳矣。余因之有感矣。人無不樂生惡死，赤子盜弄潢池，賒一死耳。運會所乘，天或生一二冥頑獷悍者爲之倡，一時雲集響應，豈皆好勇疾貧之徒？盖^②積不平於中，激而起者過半，一方糜爛，禍結兵連。當事輒律肇釁之由，歸咎於下之狂悖。於乎！其奚以爲戒歟？昔石滿宜之役，君子以爲苗禍所胎，其他可思矣。著述之家，將一推原禍本，以爲殷鑒，殆㯿於不厚，非盡年遠無徵。今之從政者，尚慎旃哉！苗亦赤子，無侵年以擾其生，無暴虐以逼其怒，遏其亂萌，綏以文德，相率而風，必有日矣。成法具在，率由而潤澤之，是在能一視同仁者。否則，自以爲瘠土，吏不貪則罷，法日壞，患且不勝窮，是又但君不言之隱也。余不文，但君以序請，爲道其意以歸之。

光緒九年歲次癸未春正月，督楚使者涂宗瀛謹序。

---

① 以下三篇序，底本原無題，現爲整理者所加。
② 底本以上內容與序三錯簡，據參校本正。

序　二

縮符綏，爲天子守土，必先其患之至大，而思所以防之。前事之得，即後事之師。此《湖南屯政考》一書，但君少邨所爲，式前獻之防苗，而勤爲著録者也。湖南西距蜀，南界黔，三省邊圍，壤錯苗疆，鳳、乾、永、古之間，往往而是。其地險以陝，其俗獷而野。素無禮義之行，稍或拂其情，肆然蠢動，故歷代恒多苗患。雖以我朝聖武，猶自畔服不常。迨乎乾嘉，始克底定。蓋控馭綏戢，若斯其難也。夫知其難，則製之必力。製之力，則慮之必周。設防，所以備寇也。而兵不集，則險不可守。練兵，所以守險也。而餉不繼，則勢不可長。然則欲碉巖相望，屯戍不空，養兵無轉餉之勞，歷久有不匱之給，政莫善於均屯矣。前司臬傅公，初以鳳凰廳總邊事績著苗防，練勇設碉，築堡添汛，所以偵寇防奸，至周至密。而經遠持久，實恃均屯。均屯之法，計人授畝，取資於公私隙地，及所籍没之逆産。顧事有難爲者，兵多則不敷授給，籍民産而均之，又隣於霸。輿情之不協也，衆議之不諧也。逆産、良産之交錯而難以清釐也，得失利害難以家喻而户曉也。有一於此，事或不集，而大吏於公乎責成，公亦慮始圖終，不自緩馳。逮乎蕆事，異議屏息，群情翕逆，迄今八九十年，餉由畝出，兵與農合，邊備不弛，苗境帖然，非公力歟！但君前察辰沅，履公舊地，慨念前型，惜其案牘朽蝕，恐久而遂湮也。考獻徵文，綱羅散佚，得公文移牋啓及當事大臣諸章，奉與夫恩旨部復若干篇，又取公涖事以前及公後防苗事實，咸附益之，分別類例，著爲成書，俾建置始末，展卷瞭然，信足爲己事之成模。後來之先路，用心勤而徵事悉，君其有心人哉！余承乏是邦，柔服峒酋，每懼不任，得君是編，確而守之，防苗事宜，足資考鏡。他日有所增益，則以是編爲濫觴可也。

時光緒九年癸未春正月，撫湘使者卞寶第謹序。

序　三

　　防之用屯也，自趙充國始也。邊人頻繁，出没靡常，於是以守而爲戰。至邊陲戡定，而以防爲衛民之資，以屯爲經久之計，使後之人履其地，觀其遺址，想見當年創置之精心。乃年遠政頹，率多皮不存而毛僅見。碉堡烏啼，戍樓月冷，欲問昔年故事，而父老幾無存者，蓋天下之平久矣。今將求其法而得其意，綜覈名實以返其初，此蒲圻但少邨觀察《苗防屯政考》之可为作也。三苗自古稱頑，大舜命禹徂征，聲罪致討，初亦誓師，泊益贊以德敷文，而苗格以大禹平天成地之略，獨不求多於苗，但使苗率用靈，即聽其自生自養於堯天舜日之中。後世諸葛南征，縱擒以七，而南人不復反，亦師格之意云爾。湖南與川、黔錯處，苗屢不靖，至乾隆六十年而事棘，而卒能苗、民安輯，迄今八九十年，休養生息而不相毒者，則山陰傅公之力。傅公初任福建汀州丞，嘉慶元年，特調任湖南鳳凰廳同知，總理邊務者且十三年。下車，先集流民還定之。次年，築碉堡、哨臺，并修民垔汛堡，各苗糾掠輒平之。又二年，創均田法。夫取逆産而均之，其事为易。至均民之田以養兵，其時創巨痛深，有誠者或捐田以爲倡，而奸民遂控於京師，黔省大吏亦上疏居之。幸賴公力堅定，大①府亦信任公，力排衆議，以底有成。邊民迄今廟祀公，俎豆千秋，有以也。光緒七年冬，際雲自鄂臬承宣湘省，時以苗疆爲廑。次年夏，少邨覯觀察出所輯《苗防屯政考》見示，受而讀之，仰見廟謨之廣大，名臣思慮之遠且深，識力之忧且毅，而但公以傅公之心爲心，實事求是，尤際雲所服膺者。自古籌邊之策，率先講武，選將才，嚴紀律，蒐討軍實，講明信義，而其要必先籌餉。餉者，兵之命也。今均田免久，穀每不敷，補苴之法仍在丁漕，此固司度支者事矣。而際雲所尤慮者，不在苗而在民。苗憃而樸，氣獷而直，渾渾噩噩，貪小利而乏遠謀。内地莠民欺其愚，漁其利，侵其田産，甚至奪其婦女。積不能平，則必爭。官斯土者，每袒民而抑苗，且魚肉之。及激衆怒，有一二不逞者出，遂相率而爲仇，庸吏畏蒽，又諱匿之，釀成巨患，遂至不可收拾。迨重煩兵力，著赫赫之功，而苗與民之玉石俱焚者，可勝道哉！《大學》十章言天下曰平乎？己之心以平，民與苗之心亦乎則無不平。格之之義，即在乎此。至選良吏以平其政，格其心，則尤承宣之責也，敢不勉乎？是書

---

　　① 底本以上内容與序一前部分錯簡，據參校本正。

也，考有十，總以紀事，弁以敘例，取材於屯防，便覽取自翟公，録自吕子，但公不掩人善又如此。惟便覽僅載嘉慶間事，有流無源，編次亦無法，但公分門釐定，復采嘉慶以前、道光以後事，窮其原，竟其委，粲然大備，以此卜少邨觀察必大有造於苗疆，不使傅公專美於前也。

是爲敘。時光緒九年季春，承宣使者龐際雲。

卷　首

序　例

　　三苗種族錯居黔、楚，荒忽惷愚，叛服靡定。我朝乾隆初年，張公廣泗^①既以兵力大破清江，遂開九衛屯田，而黔地永靖。迨乙卯紅苗之變，傅公鼐^②以鄉勇數千往來鵰剿，鹹其豪酋。因而開屯養軍，築碉設險，楚邊以安，實千古馭苗之龜鑑。張公經制，散見於官私各書者，略而未詳。傅公規模，宜若近而可考。光緒己卯冬，湘良承臺檄，權察辰沅所部民苗屯卒，即公當日撫輯而經營者也。亟欲訪求成法，則碉堡徒存，而故老遺民皆無在者，公署案牘散佚弗完，私家記述又不免於罣漏，曩時遠猷碩畫幾至湮沒無傳。最後得《屯防備覽》鈔本二十餘卷，不著輯者姓氏，蓋出前中丞翟公所藏，而毗陵呂子體山錄存者也。其書專載嘉慶間開建屯防與夫善後事宜，章疏文移，巨細咸備。惟編次無法，年月件繫，前後雜糅。又一切尋常公牘亦紛然錯出，致使讀書莫能尋其端緒，甚可惜也。爰即原書博徵詳校，釐定次第，以類相從，刪其繁亂，訂其脫訛。自嘉慶以前、道光以後，凡有關苗防屯政而爲是篇所無者，則旁考他書，案據以增補之。分爲十門。規畫郊圻，首詳相度，先地理；部分條居，區置隘害，次建置；荒屯蠻諧，功成龕定，次征服；論口授田，生計以饒，次均屯；備豫不虞，震疊僄狡，次營汛；制險扼要，長城屹立，次碉堡；糾旗引族，起桓是賴，次弁勇；圖匱於豐，

---

① 張公廣泗，即張廣泗，漢軍鑲紅旗人。雍正五年，擢貴州按察使。"六年，廣泗率兵赴都匀、黎平、鎮遠、清平諸地化導群苗，相機剿撫。"(《清史稿》卷二九七《張广泗傳》)

② 傅公鼐，即傅鼐，字重庵，順天宛平人。由吏員入資爲府經歷。嘉慶元年，授鳳凰廳同知。十年，擢辰沅永靖道。十四年，擢湖南按察使。十五年，兼署布政使。十六年，卒於官。仁宗深悼惜，詔謂："倚畀方隆，正欲簡任疆寄。加恩贈巡撫銜，照贈官賜恤，賜祭一壇。"苗疆建專祠，祀湖南名宦。光緒中，追謚壯肅。(《清史稿》卷三六一《傅鼐傳》)

緩急有恃，次儲備；聲教所訖，英髦奮起，次學校；標揚盛烈，擬於太常，以勛績終焉。命曰《湖南苗防屯政考》。

夫苗乃南蠻之一種，自昔虞廷，千羽來格，漢唐以下羈縻焉已耳。我武維揚，邊氓嚮化，蓋自嘉慶初底定以來，迄今且百年矣。諸苗涵濡累朝德澤，秀者類能習詩書而嫻禮義，雄傑者方且負戟荷戈，效命疆場，奮爲忠義，震古鑠今，罕有倫比。推原其效，厥惟屯防。然則當時締造良謀，雖單辭片簡之存留者，皆當奉爲圭臬，而況大經大法，燦然具備，宵衣旰食，雷霆雨露之敷施；蓋臣勞吏，蒯棘披榛之擘畫，皆得仰觀俯繹，識其要領。則是編者，豈第當官率職治邊圉者所必資，抑凡留心經濟者之所取也。編纂既成，敬述其略如右。極知管蠡窺測，弇陋疏舛之譏，在所不免，所冀當世大賢君子鑒裁而訓正之，幸甚。

時光緒八年嘉平上澣。

紀　　事

順治四年，定南王孔有德至辰州，永順宣慰使彭宏澍率子肇桓領所轄三州六長官司，三百八十洞苗蠻內附。《通志》。《明史·地理志》：永順軍民宣慰使司，洪武六年爲永順等處軍民宣撫司，領州三：南渭州、施溶州、上溪州。長官司六：臘惹洞長官司、麥著黃洞長官司、驢遲洞長官司、施溶溪長官司、白崖洞長官司、田家洞長官司。又保靖州軍民宣慰使司，洪武初置保靖州安撫司。六年，升軍民宣慰使司，領長官司二：五寨長官司、筸子洞長官司。

十四年，給永順宣慰及長官司印，并設流官經歷一員。《通志》。

十五年，寧南靖寇大將軍宗室羅托、經略洪承疇①、巡撫袁廓宇等平定辰、沅，設沅州總兵官一員，領兵駐沅州，爲沅州鎮；設辰常總兵官一員，駐辰州，爲辰州鎮。各鎮設中營、左營、右營、前營、水師營各一，每營游擊守備各一員、千總二員、把總四員，每鎮馬步戰守兵丁二千名。又設鎮筸②副將一員，領兵駐五寨司城

---

① 洪承疇，字亨九，福建南安人。明萬曆四十四年進士。崇禎初，流賊大起。明莊烈帝以承疇能軍，遷延綏巡撫、陝西三邊總督，屢擊斬賊渠，加太子太保，兵部尚書，兼督河南、山、陝、川、湖軍務。（《清史稿》卷二三七《洪承疇傳》）按：書中注釋多據括注文獻直引，不另外加引號。

② 鎮筸，古巫黔地，苗頑盤踞。自明張岳始請建哨。鎮筸西北有所曰鎮溪，東北有坪曰筸子，故曰鎮筸。（光緒《湖南通志》卷三十《地理志》）

鎮箽協，隸沅州鎮。所屬守備駐乾州，分防麻陽縣、鎮溪所①，協標兵丁一千名。《通志》。《苗防備覽》：考明正德六年，苗寇川、湖、貴三省，都御史楊茂元②合漢土官兵討平之。八年，乃設守備，領敕鎮乾州，兼制土官，彈壓邊境，是爲鎮箽設營之始。明辰州推官侯加地③《邊哨圖考》曰：邊哨稱鎮箽，鎮箽即古巫黔極北地。西北有溪曰鎮，東北有坪曰箽子，故總指爲鎮箽。云：嘉靖間，湖貴臘耳山苗肆掠，沿邊州縣命都御史萬鎧勘治。剿撫數年，旋定旋叛。二十七年，命兩廣總督侍張岳爲都御史，移鎮辰州招討之。三十一年，岳既平苗，朝議以岳爲三藩總督，總督四川、湖廣、貴州、雲南等處軍務，開府沅州，岳乃疏罷。宣德間，總兵官蕭授所設灣溪等十堡，更設乾州、強虎、箽子、筒口、清溪五寨，永安、石羊、銅信、小坡、水塘坳、水田營各哨及鎮溪所，凡十有三哨。每歲以永安、保靖兩土司兵及所募瀘、乾仡蠻，并自辰沅各屬照丁抽撥打手等數百名成之，增設參將一員，駐麻陽鎮守，曰鎮箽參將，而以駐乾州之鎮箽守備屬焉。三十三年，移參將駐五寨司城，增建城垣衙署，統計防邊漢土兵七千八百名，凡鎮箽九永各守備，常德、辰州、施州、九溪、承宣各衛，永順、保靖各宣慰長官司，咸聽參將節制。敕令用兵三千以上，與兵道議行。蓋昔之鎮箽，兼乾州、麻陽而言之；自移駐參將，而鎮箽之名漸專屬於五寨矣。

康熙三年，移偏沅巡撫治長沙，分置湖南布政使司。《通志》。雍正二年改爲湖南巡撫。《明史·職官志》。巡撫偏沅地方，贊理軍務一員。萬曆二十七年，以征播暫設，尋罷。天啓二年後，或置或罷。崇禎三年，定設。考明洪武二十二、三等年，先後設平溪、清浪、鎮遠、偏橋四衛於沅州，跨今沅靖、鎮遠之境，巡撫駐紥偏橋鎮，故曰偏沅。播爲今川、黔遵義、平越之境。征播者，討土司安邦彥、奢崇明之役也。

八年，鎮箽苗叛，副將王雄剿之。《辰州平苗考》。

十二年十一月，滇藩吳三桂叛於雲南，舉兵犯湖南，除夕陷沅州。次年，湖南州縣皆沒於賊。《聖武記》。康熙十二年三月，粵藩尚可喜有歸老遼東之請，始議撤藩。三桂與耿精忠聞之不自安，亦於是年七月疏請撤兵，冀慰留及徙藩，命下愕然。遂以是年十一月二十一日，發兵反道，將馬寶等出貴州、湖南，除夕陷沅州。次年二、三月，先後陷常德、長沙諸郡，各路官兵阻長江不進。十七年，三桂死，餘賊始退踞辰龍關。又《通志·苗防》載：康熙十年，吳三桂叛踞辰龍關，授永順土司彭廷椿僞印。

---

① 鎮溪所，城東北二十里。在高巖河東，枕山帶溪，地勢平衍，頗有水田。廳中惟此與南鄉稱沃壤，又爲往保靖要衝。明時設千戶所於此，與箽子坪土官分寨管理，鎮溪所由得名。（《苗防備覽》卷四《隘要考上》）

② 楊茂元，字志仁，浙江鄞人。累官刑部員外郎、山東按察司副使，左遷廣西長沙府同知，升安慶知府政事。後升廣西布政司參政，至刑部右侍郎。致仕，卒。（《安慶府志》卷十二《秩官志》）

③ 侯加地，字慶宇，解州人。萬曆二十八年，由舉人爲辰州府推官。著《邊哨疆域考》。其書至萬曆四十三年乃成，今其舊本雖不可得見，觀於後人之祖述而加地之用心良苦矣。（《苗防備覽》卷十六《述往錄下》）

廷椿繳上之，因復賞其子總兵銜，率土兵協剿有功等語。年月微有不符，并録備考。

十九年，大兵克復辰沅，改辰州鎮爲協。《通志·兵防》《苗防備覽》。

二十四年，紅苗①出劫鎮溪所，偏沅巡撫丁思孔遣副將郭忠孝領兵進討，斬馘二千。次年正月，撫定之。詳《征服》。

三十二年，勞神寨苗叛，都司王潤討平之。《通志》。

三十七年，乾州苗叛，戕官兵七十餘人。次年，復殺虜官兵數百，參將朱綬令永保土司兵剿之。《通志》。

三十九年，改鎮筸協爲鎮，以沅州總兵移駐。改沅州鎮爲協，以鎮筸副將移駐。詳《營汛》。

四十年，乾州苗屢叛，戕守備千總及官兵二十餘人。次年，麻陽生員李豐等，以苗患懇於京。《通志》。

四十二年九月，命禮部尚書席爾達，副都統圖思海、徐九如，荆州副都統朱滿，統荆州、廣西、貴州滿、漢官兵，及湖廣總督喻成龍②、巡撫趙申喬③，合兵大討鎮筸、乾州紅苗，斬馘四千餘級，群苗望風投誠。因請於辰州府④，增設乾州、鳳凰二廳，分治苗疆。詳《征服》。

四十三年，設辰州府分防同知一員，駐乾州，爲乾州廳⑤；設分防通判一員，駐鳳凰營，爲鳳凰廳⑥。廳各設巡檢，并設五寨司吏目一員。苗地設寨長、百户，催征巡緝。裁鎮溪所，《會典》《通志》《苗防備覽》。考明洪武三十年，辰州瀘溪縣主簿孫應龍招諭上五都蠻苗内附，詔置鎮溪軍民千户所。行取江西建昌千户段

---

① 紅苗，即槃瓠遺種。其俗，繫腰用所織紅錦，否則以紅布，故曰紅苗。(《楚南苗志》)

② 喻成龍，字武公，奉天人。由廕生歷任安徽巡撫。智勇深沈，文章博洽，慨然以澄清江表爲己任。後晋湖廣總督。(《安慶府志》卷十二《秩官志》)

③ 趙申喬，江南武進人。康熙九年進士。四十年十二月，調申喬偏沅巡撫。四十二年，同提督俞益謨疏請發兵征剿紅苗。(《清史列传》卷十二《大臣畫一傳檔正編九》)

④ 辰州府，隸辰沅永靖道。舊隸湖廣布政使司。康熙三年來屬。初沿明制，領州一，縣六。乾隆元年，沅州升府，黔陽、麻陽割隸。東距省治八百五里，廣三百五十里，袤六百五十里。領縣四。(《清史稿》卷六八《地理十五》)

⑤ 乾州廳，隸辰沅永靖道。明爲鎮溪軍民千户所，隸辰州府瀘溪縣。康熙三十九年改爲乾州。四十七年置廳，治鎮溪所城，仍隸辰州府。嘉慶元年升直隸廳。轄苗寨一百一十有五。東北距省治九百六十五里。廣一百二十里，袤九十里。(《清史稿》卷六八《地理十五》)

⑥ 鳳凰廳，明爲五寨、旱子坪二長官司，隸保靖宣慰使司。康熙四十三年，改流官置通判。雍正四年，改鳳凰營。乾隆五十二年，改廳，升通判爲同知。嘉慶元年，升直隸廳。轄紅苗寨一百有五。東北距省治一千五十里。廣一百八十四里，袤一百二十里。(《清史稿》卷六八《地理十五》)

文入京，給銅印，令世襲鎮溪千戶，撫管夷民。帝親臨軒論遣之，并設鎮巡一員、副千戶兩員，又部選吏目一員，立衙署、倉庫，分一百二十四苗寨爲十里。上六里即今永綏廳苗境，下四里即今乾州廳苗境，并畸零寨戶爲土軍，守城池，隸湖廣都司辰州衞。**移分巡辰沅靖道駐鎮算。**《鳳凰廳志》。明正統年間，設辰沅兵備駐沅州。康熙六年，裁。九年，改設辰沅靖道。《會典》：康熙六年，裁各省守巡道一百有八人。九年，又設湖廣分巡辰沅靖道一人。四十三年，改湖廣辰沅靖道駐劄鎮算。雍正十三年，議准湖南辰永道加兵備衙。《通志·苗防》：明設分守湖北道一員，駐辰州府，轄辰州、常德二府，靖州一州；督催辰、常、衡協濟貴州，兼撫苗夷。提督軍衙分巡湖北道一員，駐常德府，管辰州、常德二府，靖州一州兵備，兼理水利。沅州兵備一員，駐沅州，整飭辰、常、黎、靖、兼制黎平府。**是年奉旨**，湖南各府州縣有熟苗童生情願考試者，以民籍應試，其進學名數，即入各學定額內。《通志》。

四十四年，巡撫趙申喬疏陳苗疆善後事宜，請以廳官統轄土官、土民，以州縣命盜之例治苗民，建官廨、論邊俸、置學、訓苗等事，凡九款。詳《征服》。是年，苗地起徵雜糧。見前疏。苗寨設立義學，廳境六館，每館歲給銀十六兩，赴藩庫請領。《通志·苗防》。鴉保寨、箭塘、鳳凰營、曬金塘、池荷營、巖口。

四十五年，移撥各鎮、協、營兵九百名，歸鎮算鎮。合原額兵一千一百名，共馬步戰守三千名。撥本鎮左、右營馬步兵二百名，分屬乾州同知、鳳凰通判各二百名爲廳標兵。《通志》。

四十六年，裁五寨屯官司。《鳳凰廳志》。時土司田宏添橫虐，巡撫趙申喬奏請裁革，不准襲替。

四十八年，移鳳凰營通判駐鎮算城。《鳳凰廳志》。

四十九年，巡撫趙申喬疏請，以鎮溪所所轄上六里苗民編戶納糧，歸乾州同知管轄。詳《征服》。是年，鳳凰廳始立學宫，移麻陽訓導於廳。《鳳凰廳志》、巡撫趙申喬《學宫記》。

雍正四年，設永順、保靖二同知，隸辰州府；桑植同知，隸岳州府①。詳《建置》。《通志·苗防》：是年，桑植土司向國棟與容美、永順、芳岡各土司相仇殺，民不堪。命土司唐宗聖、向國佐、向朝先等請內附，設永順同知一員。又五年，設保靖同知一員。七月，總督傅敏上疏言：湖南桑植、保靖二土司，肆虐漢土，苗民受其荼毒，皆願改土歸流。今桑植土司向國棟衆叛親離，改流甚易。惟界連容美土司田文如，其人狙詐，或以物傷其類，煽惑土苗生事阻撓。查彝陵乃諸土司前路，九溪乃諸土

---

① 岳州府，舊隸湖廣布政使司，康熙三年來屬。初沿明制，領州一，縣七。領縣四。(《清史稿》卷六八《地理十五》)

司後路，臣等密飭彝陵總兵官整飭營伍預備，仰請皇上密諭杜森就近彈壓。至其後路，議調衡州副將周一德暫署九溪協事，整頓兵馬，以備不虞，并澧州、永定兩營聽其節制，嚴飭防範，則諸土司皆不敢動，而容美無所施其技矣。但桑植地方必須另設同知一員，彈壓土苗，再委諳悉苗情參游一員，統領官兵，直入其地，撫綏輯寧，分設汛兵，立時可定。然後量度形勢，或分屬鄰境，或建立州縣。至保靖土司彭御彬，貪淫凶暴，近因謀官奪印，經臣蘭泰題參革職，改流尤易。其地界連乾州，向係乾州營管轄，但離乾治四百餘里，聲援不及。今設保靖司同知，應令同知劉自唐，會同守備帶兵三百名，鎮撫分汛，亦可立定。即駐劄其地，招徠開墾。奉旨允行。又按《通志》此條，永順同知以四年先設，而保靖兩同知則五年始設，《建置考》蓋連類及之。今列《建置考》而并錄此條，以存其實。《通志》：是年，永順宣慰司彭肇槐獻土，并請歸江西祖籍。六年，奉旨：永順宣慰司彭肇槐恪慎小心，恭順素著，兼能撫輯土民。督撫奏稱，情願獻土歸流，著授為參將，以新設流官補用，并世襲拖沙喇哈番之職，賜銀一萬兩，聽其在江西祖籍立產安插。

七年，議准保靖、桑植、永順三土司改土歸流。置永順府[1]，設知府一人、經歷一人。裁保靖舊設同知一人。改永順原設同知，駐喜鵲營[2]。裁桑植原設同知，改設通判一人，駐江西寨。以永順同知地置永順、龍山二縣，以保靖、桑植二同知地置保靖、桑植二縣，隸永順府。設永順協營，隸提督管轄。《通志》《會典》。

八年，議准湖南新設永順府，治在㮋溪。地方局勢狹隘，改永順府移駐猛洞，其桑植同知改為永順通判，仍駐桑植。永順同知移駐旦武營。《會典》。是年，開闢六里，設立吉多坪營汛。《通志·兵防》。《通志·苗防》：雍正八年，奉旨化誨六里紅苗。九月，辰沅靖道王柔率永順府同知李珣、保靖游擊王昌等，帶兵開闢六里。十月，巡撫趙宏恩同總兵周一德，統軍駐吉多坪。於是，勞神等數十寨各輸誠歸順，惟頑苗孟三梗命，破其寨，誅之，乃增設同知副將等官駐防。附《會典》。是年，置貴州銅仁府松桃廳[3]，設同知一人，治其地。

---

① 永順府，隸辰沅永靖道。明為永順等處軍民宣慰使司。雍正四年，改流官置廳，隸辰州府。七年，升為府。東南距省治一千八十里。廣五百里，袤五百五十里。領縣四。(《清史稿》卷六八《地理十五》)

② 喜鵲營，城北五十五里。重岡複嶂，徑路詰曲，與永順之龍鼻巖、保靖之亂巖溪接界，往時邊墻加築至此止，極為要隘。(《苗防備覽》卷四《險要考上》)

③ 松桃廳，明紅苗地。康熙四十三年，討平紅苗，設正大營，置同知，隸銅仁府。雍正八年，平松桃，置廳，移同知駐。嘉慶二年，升直隸廳，益以銅仁府屬平頭、烏羅二土司地。西南距省治八百四十五里。廣二百八十里，袤二百二十里。(《清史稿》卷七五《地理二十二》)

九年，新設吉多坪營汛，欽定名曰永綏協，置廳曰永綏廳①。協設副將，領兵駐防。協標中軍都司，左、右守備各一員，千總四員，把總八員，馬步戰守兵一千六百名。廳設分防同知及巡檢，隸辰州府。《通志·苗防》。是年，奉諭：六里苗戶有應輸雜糧共百九十餘石，著免徵三年。《通志》。《通志·苗防》：是年，湖廣總督德沛疏言：八年，辰沅靖道王柔奏設永綏協，添駐副將游擊、守備等官，馬步兵一千六百名，以資彈壓。惟永綏孤懸苗地，耕種悉係雜糧，兵丁口糧時憂缺乏。懇於藩庫支銀二千兩，飭永綏同知采買穀石，運貯高巖舊倉，遇有兵丁缺食，酌量接濟。

十二年，議准湖南永順府設教授一人，并所屬永順、龍山、保靖、桑植四縣，各設訓導一人。《會典》。是年，奉上諭：朕聞湖南五寨司文、武生童令麻陽訓導兼攝。今改流多年，應試生童日衆，應添設訓導一員，專司訓迪。又聞永綏生童讀書應試者亦多，即六里亦有就學子弟，應酌設學校教職，以隆作養。

十三年，更分巡道爲辰永靖兵備道。《苗防備覽》。是年，永順上、下峒長官司向玉衡、向長佐納土，分其地爲四里，屬桑植縣，置巡檢。《通志·苗防》。又是年，貴州九股生苗亂，侵及楚邊。鎮筸兵從征。貴州難民奔至鎮筸，辰沅道李珣爲葺廬舍賑之。《鳳凰廳志》。

乾隆元年，升辰州府屬沅州爲府，以州地置芷江縣爲府治。增設分防通判一員，駐涼傘；縣丞一員，駐榆樹灣；巡檢二員，駐懷化便水。并以州屬晃州巡檢隸芷江縣。定兵備道爲分巡辰永靖兵備道。《鳳凰廳志》《苗防備覽》。是年，龍山縣大喇司改土歸流，設巡檢。《通志·苗防》。附《苗防備覽》：是年，四川酉陽宣慰司改土歸流，設酉陽州，又設秀山縣。

四年，鳳、永栗林寨、盤鵲泥苗竊掠拒捕，戕傷官兵。巡撫馮光裕②奏：奉諭旨，命鎮筸總兵劉策名剿擒之。次年，乾州葦衝、排楚寨苗相聚爲變，劉策名復討定之。《通志·苗防》。

七年，新設長安營，歸鎮筸鎮管轄。《通志·兵防》。《通志·苗防》：乾隆五年，綏寧縣③瑤粟賢宇等勾結廣西義寧、小江等寨苗爲亂，攻燒營汛，督撫派兵攻繳不

① 永綏廳，即永綏廳，隸辰沅永靖道，綏靖總兵駐。明，鎮溪千戶所、崇山衛地，隸辰州府瀘溪縣。雍正元年，置吉多營，仍隸辰州府。嘉慶元年，升直隸廳。七年，移治花園堡。轄紅苗寨二百二十有八。東北距省治一千一百五十九里。廣九十里，袤一百五十五里。（《清史稿》卷六八《地理十五》）

② 馮光裕，山西代州人。乾隆四年，擢湖南巡撫。鎮筸紅苗叛，光裕督兵捕治，不三月而平。（《清史稿》三〇八《馮光裕傳》）

③ 綏寧縣，州東百十里。南至廣西義寧縣二百七十里，東至寶慶府城步縣百三十里。元屬武岡路，明洪武三年改今屬。城周不及二里。編戶三十三里。（《讀史方輿紀要》卷八十二《湖廣八》）

利。閏六月，貴州總督張廣泗奉旨督兵剿湖南瑤，斬馘五百餘人，獲逆渠真之法。隨議善後事宜於橫嶺峒之長安坪，築城設長安營，并以寶慶同知移駐，分防城步、綏寧二縣苗、瑤。

十四年四月，諭：內地吏民擅入苗寨生事，從重定擬，押赴犯事處所正法。《通志·苗防》。

十八年，改鎮箪前營游擊爲都司。《通典·兵防》。

四十八年，展修鎮箪城垣。《鳳凰廳志》。考《鳳凰廳志》：是年，通判景椿請展修鎮箪城垣。總督特成額奏奉諭旨，擴建石城二百四十五丈。時景椿實督其工，完整堅固，後值苗變，賴以固守，廳民追思弗衰。

五十年，乾、鳳、永三廳准設苗童學額各二名。《通志》。

五十二年，鳳凰廳勾補苗搶奪拒捕，總兵尹德喜、巡道王家賓領兵毀其巢，生擒逆渠石滿宜等。《鳳凰廳志》。

五十五年，改鳳凰廳通判爲同知，仍隸辰州府。《鳳凰廳志》。

乾隆六十年正月，貴州苗石柳鄧倡亂於松桃，湖南永綏苗石三保等叛應之。鎮箪總兵明安圖、永綏副將伊薩納、同知彭鳳堯剿賊遇害。苗圍永綏、鳳凰廳，陷乾州廳，同知宋如椿、巡檢江瑤死之。朝命大學士雲貴總督忠銳嘉勇公福康安[1]、四川總督和琳、湖廣總督合兵討賊，領侍衛額勒登保[2]、德楞泰[3]參贊軍務。《通志》。貴州苗石柳鄧以是年正月據大寨倡亂，焚掠大塘、正大等營汛。於時，永綏苗石三保據黃瓜寨，鳳凰苗吳隴登據鴨保寨，吳半生據蘇麻寨，乾州苗吳八月據平隴寨，響應爲變，四出焚掠。鎮箪總兵官明安圖、永綏副將伊薩納、同知彭鳳堯領兵剿賊，以正月二十一日會師於鴨西[4]，先後被戕。賊遂圍松桃、永綏，攻鎮箪，陷乾州。二月，大學士福康安率雲貴兵由銅仁進剿，平黔境各苗寨，解松桃各城圍。總督和琳率所部兵由銅仁進剿，平川境諸苗。合兵入湖南時，大學士福康安總統師千川，督和琳統所部川省漢土官兵，與滇黔兵合爲大營，直搗逆巢，逐步進剿。領侍衛額勒登保、德楞

① 福康安，字瑤林，富察氏，滿洲鑲黃旗人，大學士傅恒子也。乾隆六十年，貴州苗石柳鄧，湖南苗吳半生、石三保等爲亂，命福康安討之。（《清史稿》卷三三〇《福康安傳》）

② 額勒登保，滿洲正黃旗人。乾隆六十年，貴州松桃苗石柳鄧、湖南永綏苗石三保相繼叛，陷乾州。額勒登保由松桃進攻，解永綏圍，克黃瓜寨。攻賊首吳半生於蘇麻寨，克西梁。嘉慶元年，賜花翎，署領侍衛內大臣。（《清史稿》卷三四四《額勒登保傳》）

③ 德楞泰，正黃旗蒙古人。乾隆六十年，率巴圖魯侍衛從福康安征湖南苗。嘉慶元年，賊首石柳鄧就殲，苗疆略定，錫封二等子爵，賜雙眼花翎。（《清史稿》卷三四四《德楞泰傳》）

④ 鴨西，城南三十里。逼近大臘耳山，箐木插天，道路蟠曲，極爲幽折，生苗出入其間，與鳳凰松桃兩廳接界，南境第一要區，俗稱鴨有寨。（《苗防備覽》卷四《險要考上》）

泰，雲南總兵花連布，四川提督穆克登阿，往來馳戰，實爲大營軍鋒。湖廣兩總督，一爲調任兩江總督福甯，駐鎮箄，督湖南兵；一爲總督畢沅，與巡撫姜晟同駐辰州，理軍餉。湖廣提督劉君輔率所部，由保靖、花園以剿永綏之賊。而宜昌總兵張廷彥營花園，四川總兵袁國璜營棚門，相爲犄角。其後永綏復被圍，大營遣穆克登阿往援，遂與劉君輔合兵轉戰於花園、永綏間，迄於成功，是爲一路。四川將軍觀成、荆州將軍公興肇，皆統兵駐鎮箄。永綏總兵蘇靈亦守鎮箄，後承檄與總兵袁敏合兵，及續調兩廣兵由瀘溪進取河溪，以圖乾州，是又爲一路。閏二月，大軍攻石柳鄧大寨，逆巢破走之，先後解松桃、永綏各城圍。三、四月，連破黃瓜、蘇麻各寨，逆渠石三保、吳半生皆遁走，遂乘勝進剿。《通志》。七月，大軍大破賊於烏草河。《通志》。九月，奉旨晋封大學士公福康安貝子，四川總督和琳一等宣勇伯。是月，官軍擒逆渠吳半生。《通志》。十月，逆渠吳隴登以鴨保寨降，并誘擒吳八月以獻。《通志》。逆苗石柳鄧、石三保既起事，巢旋破。而吳八月據平隆稱吳王，諸逆黨附勢甚盛。至是吳隴登既擒，吳八月以獻，而其子廷禮、廷義負嵎自若，又勞師旅者將一年。

嘉慶元年五月，貝子福康安卒於軍，奉旨贈郡王爵。軍中調度機宜，交和琳督辦。《通志》。是月，提督劉君輔擒石三保，獻京師。《通志》。六月，總督伯和琳統兵克復乾州廳。七月，陳奏苗疆善後章程六條，軍機大臣會部議准，請旨施行。詳《征服》。一、清釐民苗田畝界址。鎮箄東南一帶本係民地，西北皆係苗寨，永綏四面皆係苗地，惟花園一帶本係民地。乾、鳳舊有邊墻一道，自喜雀營起，至亭子關止，綿亘三百餘里，以爲民苗之限，墻以外爲民地，墻以内爲苗地。一、歸并營汛，築堡添兵。苗境内所有零星塘汛全行撤出，歸入黔、楚鎮協各營，分地方合并駐剿，以厚兵力。仍於三廳添建碉卡城堡駐兵，以成犄角之勢力。一、酌設土備弁，管束苗民。革去舊有寨長百户名目，另設土守備、千把總、外委等官，由督撫衙門給劄驗充，歸文武地方官管束。一、修理城垣汛堡。三廳舊建城垣，無可移改。凡有低薄坍塌之處，一并勘估修理。撤出苗地塘汛之兵，即於廳城四面緊要隘口築堡駐兵，以資守禦防維。一、收繳苗寨槍械，并禁挖硝磺。酌給價值收繳。一、撫恤難民。向在苗地客民，除回原籍及逃亡不計外，現在就賑之民，無籍可歸，即准於苗疆以外原係民村隙地，酌給搭蓋房屋之資，俾資棲止。再令地方官查明户口，分別撫恤，令其照常生理。八月，總督伯和琳卒於軍，領侍衛内大臣額勒登保代總軍務。是月，奏調湖南糧道成甯爲辰沅道，福建汀州府同知傅鼐爲鳳凰廳同知。《苗防備覽》。《鳳凰廳志》：傅鼐招集難民復業，酌給房屋修費。一切撫綏事宜，必相時所急，咨詢衆論，規畫盡善，派委員紳次第舉辦。自率練勇日事堵截，故苗出掠無所逞，由是民賴以蘇。其撫綏各事，一開粥廠以賑難民，一施棉衣以禦嚴寒，一發籽種以資樹藝，一發槍械以资堵禦，一施丸散以療疾病，一選俊秀以隆造就，一察遠近以給資斧。凡逃難遠方回籍路過廳境，或回瀘、麻、乾、永者，酌遠近給資遣之。以上各事，有行之一年者，有行之三年者，沿邊各廳縣亦仿此次第辦理。十月，欽差廣州將軍明亮新授湖廣提督。鄂輝①奉旨來苗疆討賊，即以是月攻克平隆逆巢。《苗防備覽》。十一月，廣州將軍明亮、湖南巡撫姜晟②奏改乾州、鳳凰、永綏三廳爲直隸廳，添設佐貳人員。詳《建置》。是月十四日，廣州將軍明亮會同湖廣督撫奏請將乾州、鳳凰、永綏三廳俱照四川松潘雜穀之例，改爲直隸廳，并請添設經歷、佐貳等官。經軍機吏部議奏，乾州、鳳凰、永綏三廳准其改爲直隸同知。除永綏設有經歷，毋庸議外，鳳凰、乾州巡檢准其改爲苗疆經歷兼管司獄事務。乾州添設巡檢一員，分駐河溪。永綏排補美③巡檢移駐隆團。麻陽縣添設縣丞一員，分駐巖門，其原設巡檢移駐高村。奉旨允行。十二月，官軍攻克石隆逆寨，斬石柳鄧，降苗吳廷梁，縛逆渠吳廷義及石柳鄧逆屬，吳隴登縛石三保逆屬獻於軍，各寨悉平。《通志》《苗防備覽》。

二年三月，苗疆大軍凱撤，移剿川楚教匪。仍酌留貴州兵二千，兩廣兵六千，雲南兵三千，并湖北、湖南官兵周圍安置。湖廣總督畢沅、巡撫姜晟、提督鄂輝，分摺會奏苗疆善後事宜。詳《營汛》。一、添設營汛官兵。鎮筸鎮添設官兵，移改營制，將孤懸苗境零星塘汛撤回，本營駐劄。乾州改營爲協。花園新添設總兵爲鎮，增設官兵統轄永綏協保靖營，永綏協增兵設卡，保靖營改設參將。古丈坪添設都司營分，仍隸永綏協兼轄辰州。烏宿、洗溪、浦市改汛爲營，提督兼駐辰州，移改營制。洞庭協移駐常德府城，爲城守協。一、照舊安設三廳標兵。一、修築城堡，搭蓋兵房。小鳳凰營、巖門、石羊哨、高村、得勝營、廖家橋、樂濠、鎮溪所、強虎哨、灣溪、河溪、喜雀營、花園、隆團、涼水井、沙子坳、鴨保寨、滾牛坡、古丈坪、烏宿、洗溪、浦市、四都坪等處，俱係重兵之地。舊有營分，焚毀無存。查明應築城堡處所，委員估辦興工。鎮筸城應設關廂一道，永綏、保靖兩處城垣，量加修葺培高。各城外緊要山梁設卡駐兵，其餘添設新舊營汛，各就苗防官兵安營處所，濠溝壁壘，酌量修補。一、移邊牆以內失業貧民。赴來鳳縣承耕入官叛土。一、會籌酌給苗疆新設土弁餉銀。遵照和琳奏定章程，乾、鳳、永三廳及永、保二縣，共設苗守備三十二員，千總六十三名，把總一百二十六名，外委二百六十三名。以上各摺，嘉慶二年三月十六日，具奏。

---

① 鄂輝，滿洲正白旗人。嘉慶初，授湖南提督。屢破賊，與額勒登保等攻克石隆山，斬賊渠石柳鄧，封三等男。二年，擢雲貴總督。三年，卒。(《清史稿》卷三二八《鄂輝傳》)

② 姜晟，乾隆三十一年進士。四十四年，出爲江西按察使。五十二年，授湖北巡撫。五十六年，復出爲湖南巡撫。(《清史稿》卷三百五十二《姜晟傳》)

③ 排補美，城東北三十四里。在高山灣中，亂峰回環，中有小坪，山高氣寒，長夏亦穿綿夾，爲苗巢深處，北通乾州之楊孟，舊駐營弁巡司。(《苗防備覽》卷四《險要考上》)

四月初九日，軍機大臣會部議奏。奉旨依議咨行。是年，鎮筸鎮總兵富志那①、鳳凰廳同知傅鼐建築碉卡、哨臺，并修民宔汛堡。《通志·苗防》。《苗防備覽》：時鳳、乾二廳難民，雖招徠復業，而孤僻村落尚有痘苗逗留。同知傅鼐練鄉勇團丁驅逐痘苗，請復一處即築宔一區，撥丁壯，給軍器，宔守於要隘，築卡捍禦。廳之黃羅寨、水打田等處，各築大堡，其他烟户零星、地勢逼仄者，則令分作數宔，互相連絡。宔制因地制宜，寬數丈、十數丈，長十數丈、二三十丈不等，宔身用毛石砌腳二三尺，加封土甋二層，高四五尺，上築排墻一道，旁開槍眼，備瞭望、施放火器之用，約屯壯丁數十人，牪牛籽種亦儲積其間。又碉制每庫三層，下一層高六尺，中空八尺，四面各寬一丈三尺四寸，上一層垛座排墻共高四尺，四面各寬一丈二尺八寸；中層、下層共槍眼十六處，各寬二寸，高八寸。九月，鎮筸毛都塘②花苗糾衆出掠，游擊王文選、鳳凰廳同知傅鼐捕剿之，率鄉勇截擊於麻陽之舒家村，擒斬數十名。《通志》。十一月，苗復奪占沿邊民地，傅鼐逐之於都溶、蘆塘。《鳳凰廳志》。十二月，鎮筸左營黑苗③由舊司坪④出寇浦市之新堡，傅鼐率兵邀截之。《通志》。是役，鼐率鄉勇行至已容寨，大風雪，凍甚。苗黨突至後路，有苗數百夾攻，鄉勇力戰，死者百餘人。

三年正月，鎮筸苗寇麻陽、浦市，鳳凰廳同知傅鼐率勇援剿，屢敗之。《廳志》。《通志》：初三日，鎮筸左營黑苗自靖疆營⑤出寇麻陽，傅鼐率勇追擊於長蔭坡，又戰於龍洞江。十三日，追捕前營花苗至黃巖壩。十七日，黑苗復出舊司坪，掠浦市，鼐馳援，遇於魚梁坳。方合戰，苗後隊踵至，鏖戰一晝夜，苗始退。三月，花苗攻民屯，官兵截擊於杉木壪。《廳志》。四月，黑苗復擾瀘溪，同知傅鼐率勇追擊於都蠻，又剿之於巴斗山。《廳志》。《苗防雜志》：巴斗山在瀘溪縣境，接連麻陽之雄山，綿互數十里，高插雲表。陟其巔，凡數百里，民村苗寨歷歷在目。前此苗皆由山出掠，麻、瀘、浦市又踞山頂石巷爲巢。四月十一日，傅鼐偵知曬金塘苗二百人復出此山，鼐率勇往搗之。苗潰，走入石巷，四面環攻，擒斬數十，縱火焚其巷。又是時，左、右營黑苗最凶悍，屢出掠瀘、麻、浦市。因鳳凰廳沿邊建立碉卡，每爲鳳凰廳鄉勇

---

① 富志那，滿洲正紅旗人。乾隆六十年，苗叛，駐守永綏。嘉慶二年，議圍永綏北路，留兵二萬分防黔、楚，授富志那爲總兵，駐鎮筸，與提督分領其軍。八年，永綏苗龍六生擾動，擒之。署湖南提督，調授貴州提督，軍政肅然，時稱名將。十五年，卒於官。(《清史稿》卷三百四十六《富志那傳》)

② 毛都塘，城西北五十里，亂山重疊，曲徑幽暗，爲苗中極險阻之地，寨落甚衆，由長坪北進二十餘里，由㯭木營南行亦二十餘里，俱皆崎嶇。(《苗防備覽》卷四《險要考上》)

③ 黑苗，依服飾區別於其他苗類。領尚黑，腰繫黑帶者，爲黑苗。(《楚南苗志》卷四)

④ 舊司坪，城北八十里。據巖臨流，山路險仄爲營，路旁生苗大寨。(《苗防備覽》卷四《險要考上》)

⑤ 靖疆營，城北三十里。高山峽中，地勢平廠，往時結營善地，扼太平關苗路附近之油草塘、羅平各處，俱可設立炮臺，新添官防守。(《苗防備覽》卷四《險要考上》)

截擊。苗於六月糾大隊攻阻碉卡，戕匠夫數十，圍高峰營。飛隊馳禦，大呼奮擊，苗眾披靡。時倉卒馳援，僅二百餘人，既衝入，後無繼者。苗復合圍急攻，鄉勇殊死戰，斬苗百餘，乃解圍。六月，鎮篁右營矖金塘①黑苗糾眾攻撲得勝營②、高樓哨營汛、鎮篁中營。游擊王文選、鳳凰廳同知傅鼐各率兵勇剿賊於得勝營，擒首逆吳老有等五名，餘眾潰散。提督王柄③、臬司④清安泰⑤先後至篁督剿。七月，苗守備吳（龍）〔隴〕登縛獻首逆龍滿爾等真之法，苗境復安。詳《征服》。是年，鳳、乾、永三廳同知換鑄關防，頒換、改設、添設各佐雜印信，并各佐雜分管村莊道里，造冊咨部。詳《建置》。

　　四年五月，鳳凰廳同知傅鼐初創屯防，均田養丁，防守碉卡。詳《均田》。鳳凰廳上、下五峒十一約地方，原係土司所轄。康熙間始改土歸流，逼近苗巢，并非苗地。乾隆六十年苗變之後，所有各約苗村，盡被苗人占據。雖經恢復，招集民戶修立堲堡，給發槍械、口糧、牛具、籽種，暫令通力合作，而匪苗仍復阻耕奪牛，焚掠不已。遂於各要隘地方，安設碉卡哨臺，分帶營兵鄉勇及外省留防官兵嚴密守備，難民始得復業。惟經費有常，留防兵勇勢難久駐，一經裁撤，則碉卡空虛，匪苗仍可肆志，乃與廳屬士民酌籌守望經久之策。是年五月，公同定議，將上五峒七約及下五峒麻良、溪口二約民戶田畝，除按男婦丁口扣存養口田外，餘產再留十分之三，均出十分之七，爲養勇守邊、永遠防維之計。惟都吾、務頭二約逼近右營悍苗，民堲被攻毀，難以復業，議將田畝概行充公養勇，以資防守。九月，鎮篁右營舊司坪寨苗吳陳受糾約火麻營⑥等七寨攻撲碉卡，鳳凰廳同知傅鼐率勇援擊，連戰於舊司坪，再戰於龍肱溪，又戰於矖金塘，詳《征服》。守備張奉、千總周壽才先後戰死。《苗防備覽》。《通志》：時總督倭什布奏報：巡撫姜晟赴都陛見，行至德安途次，奉諭速回湖南查辦。又諭：湖南苗疆前福康安、和琳在彼剿辦，不過將就了事，其實何嘗底定。今苗匪吳陳受復敢糾眾滋事，屢攻碉卡，傷斃官兵，不法已極，此犯必須擒獲正法，斷不可稍有輕

---

　　① 矖金塘，城北七十里。距龍滾營七里，本生苗大寨，四面峻嶺，中有田凼寬廣里許，俗名五馬奔槽，象其地形也。苗寨分列，數峰上約數百戶，險險苗悍，新設兵弁防守。《苗防備覽》卷四《險要考上》）

　　② 得勝營，城北四十五里。背負高山，面臨深澗，地勢逼仄，堡外山高，可俯瞰城中，山梁添設石碉一座，爲堡中聲援，此處乃赤蘭廟坳各生苗總隘，新加設營兵防守。《苗防備覽》卷四《險要考上》）

　　③ 王柄，漢軍鑲白旗世襲，嘉慶二年任湖廣提督。(光緒《湖南通志》卷一百三十一《職官志》)

　　④ 臬司，爲總理刑名大員。《欽定大清會典事例》卷八百三十八《刑部》)

　　⑤ 清安泰，滿洲鑲黃旗人。乾隆四十六年進士，授刑部主事，擢員外郎。六十年，苗疆事起，奉檄赴保靖撫輯降苗，以治餉功，賜花翎。(《清史稿》卷三百五十八《清安泰傳》)

　　⑥ 火麻營，城北九十里。在篁子哨西北，爲樸木營糧運必經之地，征苗時設糧臺於此，劉應中稱其山高而稍秀，水淺而差清，亦苗中要地也。(《苗防備覽》卷四《險要考上》)

縱，草率了事。十一月，升授湖廣總督、湖南巡撫姜晟，自湖北德安途次遵旨赴鎮筸、乾州，鳳凰廳同知傅鼐誘擒吳陳受誅之，餘黨解散。詳《征服》。十二月，奉旨：姜晟加太子少保銜，傅鼐賞給知府銜，如無花翎即行賞戴，遇有缺出即行補用，仍交部議敘。詳《征服》。巡撫姜晟原奏稱，鳳凰廳同知傅鼐年來恢復人民，并爲築塞，謀其居室、械具，歸業之民數萬，均已安居。而上年曬金塘匪苗滋事之時，與游擊王文選會商，自得勝營以至乾州、灣溪綿延四十餘里，趕緊添築碉卡，聲勢聯絡。此次吳陳受糾衆攻撲，迄未越入邊境，皆得其力。現又勘明空隙要隘處所，挖濠築牆，計日工竣，即調兵一千名，壯勇一千五百名，酌派防守隘口，專備截擊匪苗出没等語。

五年四月，乾、鳳、永三廳暨保靖苗，各出掠民村，阻耕奪牛，拒傷苗弁[1]、兵勇、民人，乾州副將阿林布、綏靖總兵魁保、鎮筸總兵富志那、護辰沅道傅鼐督兵援剿，擒首惡吳老麻等數十名。事平，奉旨嘉獎，并諭查出力苗弁，清釐民苗界址。詳《征服》。五月，總督姜晟、巡撫祖之望[2]、提督王柄覆奏，廣宣聖諭，曉示苗弁，并清釐民苗地界。詳《征服》。七月，鎮筸右營曬金塘黑苗吳老包、吳尚保糾約興隆、杉木、坨里四寨苗，分撲龍滾溪等處碉卡，鎮筸總兵富志那率兵堵截。另股潛出瀘溪，焚掠都用、新田民村，鳳凰廳同知傅鼐追擊於狗㻭巖，敗之。遂合兵剿焚逆巢，殲斃匪苗三百餘人，陣殲吳尚保，擒吳老包，寘之法。詳《征服》。十月，鳳凰廳同知傅鼐建築廳屬沿邊及裏圍碉卡、哨臺，告成。詳《碉堡》。考鳳凰廳境碉卡，經始於元三等年，先建廳城四面山梁；次北關；次蘆荻坳至巖門；次城東小田至瀘溪、冒洲；次自乾州界木林坪、舊司坪，經曬金塘、得勝營、清溪哨[3]、黃土坳、四路口、鴉保洞、廖家橋、樂濠至貴州交界之落潮井[4]沿邊二百餘里；又自黃土坳繞廳城至廖家橋，又自木林坪至四路口、牆濠一百餘里；次貴州境內自浪中江至亭子關；次鴉保洞直至亭子關，共建碉卡、哨臺、關門八百十七座，派駐兵勇嚴密防維。丈收田地二萬餘畝，歸屯授丁，酌擬《分田屯守章程》三十四

---

① 苗弁，即苗疆土弁。嘉慶二年，援照各省土弁之例設立，令其管束苗民。由督撫衙門給札點充，并歸地方官鈐束。(《苗疆屯防實録》卷二十六《屯苗備弁》)

② 祖之望，字舫齋，福建浦城人。乾隆四十三年進士，選庶吉士，散館授刑部主事，洊升郎中。俸滿當截取外任，以諳悉部務留之。京察一等，以四五品京堂用。歷通政司參議、太常寺少卿，仍兼部務。嘉慶五年，授湖南巡撫。鎮筸黑苗出峒焚掠，蔓延三廳，遣兵擊平之。(《清史稿》卷三百五十二《祖之望傳》)

③ 清溪哨，城北十五里，哨址寬廠，在小峰巒上，哨下有小田壋，接連中壋、傅家壋，爲箭塘、柴山、清水塘各處苗寨隘口，新駐兵弁防守。(《苗防備覽》卷四《險要考上》)

④ 落潮井，城西五十里。與苜蓿衝丫喇營聲息相聯，峰巒層疊，徑路逼仄，新設兵弁防守。(《苗防備覽》卷四《險要考上》)

條，稟請先行入奏。詳《均屯》。

六年正月，兵部議覆，湖南巡撫祖之望奏改鎮篁鎮標左、右各營汛移駐官兵。奉旨允行。詳《營汛》。分右營汛地内之矖金塘、舊司坪等處改爲左營將，巖門左營游擊移駐矖金塘，麻陽守備移駐舊司坪，其矖金塘右營守備移駐清溪哨。將分駐瀘溪之提標左營守備移駐巖門，爲鎮標中營後軍守備，瀘溪、麻陽二縣各改撥千總一員駐劄。將鎮標前營廖家橋游擊移駐鳳凰營中營，鳳凰營守備改駐廖家橋。緊要隘口添設汛防，移撥弁兵分守。是月，湖廣總督書麟、湖南巡撫祖之望[①]會奏苗疆修建碉卡、均田、開屯爲邊備經久之計，漸撤苗防兵勇，裁減經費。奉旨允行。詳《均屯》。原奏陳明，鳳凰廳碉卡八百餘座，均田二萬餘畝，足敷四千人屯種。不敷之數，擬於瀘、麻二縣均補。乾州應一律屯田，永、保另籌辦理。另行片奏，苗疆各廳縣沿邊七百餘里建碉、均田各事，頭緒紛繁，辰沅道總辦善後一人，照料難周，請責成鳳凰廳同知傅鼐幫同該道往來督率，務於二年之内，妥辦完竣。又奏請將永綏廳協移駐茶洞[②]等處扼要布置，劃清民苗界址，以資控制。詳《建置》。《通志》：初，永綏同知王廷瑛與傅鼐議，以永綏孤懸苗境，情勢種種不便，屢請於巡撫祖之望，之望因上此奏。今考原奏，據王廷瑛稟，該廳孤懸苗境，兵民均難存立，惟茶洞地方堪以移駐。曾經會同永綏協仙鶴林，并升任辰永沅靖道成寧，據實通稟。奉前任督臣倭什布批飭藩司，會同辰沅道籌議查核，擬俟親赴苗疆確勘情形，會同撫臣酌辦。該管道鄭人慶亦稟同前由。則是移廳之議始於嘉慶三四年間，迨至祖撫任内始據情入告耳。二月，鳳凰廳同知傅鼐授廳屬丁勇四千人屯田，并給牛具籽種，且耕且戰，始建屯防。詳《均屯》。三月，貴州銅仁府[③]屬石峴、上下潮各寨苗潛結湖南鳳凰廳屬鷄籠各寨苗爲盜，焚掠黔境村市，黔、楚兵各剿平之。詳《征服》。時貴州銅仁石峴、上下潮匪苗白老寅、龍通明糾約附近十四寨匪苗五千餘人，圖掠民財，占奪田地。并糾湖南鳳凰蘇麻、鷄籠、風桶三寨苗三百餘人潛往，以三月初四夜，焚掠平頭司及鎮遠之四十八溪。貴州巡撫伊桑阿至銅仁督兵進剿，獲其渠白老寅等。四月初三日，攻克附近逆巢之

---

① 祖之望，字舫齋，福建浦城人。乾隆四十三年進士。嘉慶五年，授湖南巡撫。鎮篁黑苗出峒焚掠，蔓延三廳，遣兵擊平之。(《清史稿》卷三百五十二《祖之望傳》)

② 茶洞，城西北七十里。背負峻嶺，面臨絕壁，西接秀山，南鄰松桃，諺云"一眼望三省"，今添設兵弁防守。(《苗防備覽》卷四《險要考上》)

③ 銅仁府，順治初因明制。康熙四十三年，平紅苗，設正大營，以同知駐其地。雍正八年，平松桃紅苗，移同知駐，以正大營地割隸銅仁縣。嘉慶三年，升松桃爲直隸廳，以烏羅、平溪二司地撥歸廳轄。光緒六年，剿平梵淨山匪，移銅仁縣治江口，即提溪吏目駐地，分府屬五硐歸縣，分縣屬六鄉及壩盤等三鄉之半歸府親轄，移吏目大萬山。西南距省六百六里。廣一百七十里，袤二百七十里。領縣一。(《清史稿》卷七五《地理二十二》)

西溪等寨。初七日，攻克石峴逆巢。初十日，奏捷班師。十三日，雲南總督琅玕至軍，同奏善後事宜，伊桑阿旋省鳳凰廳同知傅鼐率勇會營，以是月二十三日剿從逆之鷄籠寨，斬馘百餘人，苗弁龍秀彩等自縛蘇麻、風桶二寨逆黨四十餘人以獻，餘寨安堵。滇督琅玕檄傅鼐率勇赴黔會剿。五月十三日，剿巖屯溝等四寨，繼剿上下潮逆巢，皆平之，黔境肅清。議查石峴叛産屯丁，設汛以控苗。附記《廳志》：四年三月，鳳凰廳同知傅鼐攻舊司坪苗寨，連勝之，焚其下寨。十月，總督吳熊光、巡撫馬慧裕、提督王柄會奏苗疆邊備情形，酌撤苗防兵勇，詳《均屯》。并陳奏查勘永綏移駐情形。詳《建置》。十一月，總督吳熊光、巡撫馬慧裕、提督王柄奏請移永綏廳於花園，與綏靖鎮①同城；移永綏協於茶洞。是年十二月初五日，經軍機大臣會部議准覆奏，奉旨允行。詳《建置》。其教佐各員，一同移駐。改花園巡檢爲知事，移駐茶洞。改隆團巡檢爲鳳凰廳知事，駐剳得勝營，并移撥鎮協官兵，改設營汛。又同案奏請，責成鳳凰廳同知傅鼐督辦移駐永綏廳協及各路建設碉卡、均田、練勇事宜。奉旨著加恩賞道銜，即令其總理邊務。詳《勳績》。十二月，鳳凰廳同知傅鼐會同乾州廳協，舉辦乾州均田、屯勇事宜。詳《均屯》。時乾州同知閻廣居會同張署協，以乾民不願均田通稟。適傅鼐自省旋算，途次接閱乾州稟稿，上稟瀝陳乾州邊備情形，即以十二月馳赴乾州，會同廳營查勘舉辦。

七年正月，總理邊務鳳凰廳同知傅鼐舉辦麻陽縣②均田。四月，舉辦瀘溪縣均田。詳《均屯》。鳳凰廳延邊碉卡八百餘座，應設屯勇六千餘名，分布守禦。廳屬均田二萬餘畝，僅數四千人分授屯種，尚不敷田一萬畝。稟奉督撫，於六年正月、十月先後奏明，在於後路同資保障之麻、瀘兩縣均補，每縣各五千畝。是年正月，先赴麻陽開辦。初以麻邑，惟高村、巖門、袁坪、濫泥四約四十八圭村疃屢遭苗擾，皆賴鳳廳爲之戰守捍衛，經理復業。是以擬即四約均辦，不及其他。而四約紳民以地皆瘠，土不敷養贍，請均十分之三，其餘不敷之數均之上鄉、河東、河西三十六約甲。適有河東龍家鋪紳士陳朝詠、陳祖伋兄弟倡捐田一百畝及山地值銀三千兩，爲屯勇之資，於是由下鄉而及上鄉。至六月，有生員周繼勳、張世謙等先後上控。八年，田恒泰赴京控告，會檄調傅公至省，迫審擬奏結。九年夏，始續辦告竣。至瀘溪都蠻、利略等十九圭村疃盡在曬金塘之後，逼近黑苗。其被苗占奪及經營復業之艱難，與鳳凰之都吾、務頭二約情事相等。當嘉慶四、五年間，鳳廳創辦均田之時，其民人即有交租養勇之請。傅公以屯政宜

---

①　綏靖鎮，即花園，城北七十里。峻嶺重沓，中環大坪，一帶陽斜而下，直至河坎。四面衝壑，頗有水田，周環數十里，松桃河繞其前，小船徑至鎮城，通達黔蜀三省，爲往時大市場。永綏糧運從北河進者貯此，設有倉廠，近築石堡一座，設立大營，足爲西南屏障。(《苗防備覽》卷四《險要考上》)

②　麻陽縣，州北百三十里。西至施溪長官司八十里。隋沅陵、辰溪二縣地，唐武德三年析置麻陽縣，屬辰州。宋因之，熙寧七年改屬沅州。今城周三里，編户七里。(《讀史方輿紀要》卷八十一《湖廣七》)

歸畫，一令仿照鳳廳上五峒之例，除留養口外，均七存三。七年春，復往清丈，然止七百餘畝。又將距邊稍遠之四都坪等四十八墅村疃減成均辦，存四均六，合計未及三千畝。最後，又自四都坪以東直至浦市，以次推廣，存五均五。自浦市至瀘溪縣城，存留十分之八，均出十分之二，益以大、小章土民自均一百八十畝，始足五千之數。各屬均田年月，原案多有缺佚，無從稽考。惟查七年十一月督撫會奏永綏廳協全行移駐酌撤防兵摺內，瀘、麻二縣應均田一萬畝，現止均出五千畝，尚缺均田五千畝；乾州酌定屯勇六百名，需田三千畝，均出田一千五百畝，尚缺田一千五百畝，是足爲七年各廳縣俱已開辦均田，俱未足數之證。又九年十月，會奏鳳、乾等廳分授均田鄉勇住支苗兵工食一摺內稱，據鳳凰廳同知傅鼐稟稱，麻陽、瀘溪均出田一萬餘畝，業已丈收五千餘畝，分給鄉勇歸屯；乾州先經報均一千五百畝，亦已丈收，分給原留鄉勇三百名歸屯，是足爲麻瀘二縣屯田已於九年均辦足數，而未全收歸屯之證。至乾州廳屯田，直至嘉慶十年始，丈收完竣。**九月，移永綏廳於花園，永綏協於茶洞。**詳《建置》。奏移永綏之案，久已奉准部覆。至是，總理邊務鳳凰廳同知傅鼐，率領練勇一千名至永，與綏靖鎮魁保暨廳協各員酌議，調派衆苗弁，各帶土練苗兵，共二千名，分撥劄卡。復派文武員弁，帶領官兵、練勇，按定段落，接替護送。先將軍火運送適中之隆團，轉送茶洞。俟軍火運出，再將兵民以次移撤，分護花園、茶洞。其永綏舊城交與苗弁管理，作爲汛地。而黔省官民咸謂楚省移駐永綏，有礙苗民生理，苗皆不願，欲行阻撓，并聞楚中移撤兵民不敢經由苗境，欲繞道黔省正大營之語。恐其累及黔邊，黔撫初彭齡據以入告，奉旨垂詢。其時永綏已移，經巡撫高杞於十月初八日奏報，奉諭：既已內移，不必更張，惟當查照奏定章程，妥爲經理。而黔撫摺內，并及楚省辦理均田屯守之事，將民戶田畝均出，資養戍卒，恐邊民多年世業，強之均分，未必盡屬踴躍，更難保無紛紛控告，及與戍卒爭攘情事，應令楚撫再行妥籌等語，經巡撫高杞詳悉覆奏。而八年三月，總督吳熊光、巡撫高杞，復有會查苗疆辦理均田，輿情踴躍之疏。奉旨：總期行之有效，不病民爲要。**十一月，奏撤苗防官兵、土塘苗兵。**詳《建置》。是月，總督吳熊光、巡撫高杞、提督王柄會奏：永綏廳協全行移駐，酌撤苗防官兵。疏陳：鳳、乾、永、保苗防官兵三千七百二十六員名，十月撤回一千七百三十二員名，十二月底全數歸伍。各屬土塘苗兵二萬名，截至七年底止，鳳凰廳裁退四千名，乾州廳裁退一千名。餘俟邊防措置妥協。陸續裁撤鳳、乾兩廳苗防鄉勇，除鳳凰已授田四千名外，餘存二千二十名，俟屯務辦竣，再行裁撤。永、保亦從緩議裁。**十二月，永綏九里補抽寨苗龍六生謀叛，總理邊務傅鼐討擒之。**詳《征服》。是年十一月，龍六生鋤土，得乾隆六十年殉難總兵明安圖所失鎮篁鎮關防及永綏右營守備關防各一，頓萌逆念，與龍大古、龍五沙三人，自稱"天王"及"五雷將軍"名號，轉糾[補]抽、窩大凱等寨苗百餘人，給以僞封，同謀爲亂。適傅鼐巡邊至永，委弁楊昌禮等設計誘出龍大古、龍五沙之子龍老那、龍七斤兩人，追出關防，復擒龍六生、龍五沙、龍大古三人。稟經巡撫高杞於八年二月奏報，奉旨：提省審辦，將龍六生等分別凌遲處斬，餘獲逆黨一百二名，檄飭鎮道，就近駢誅。奉旨獎敘出力員弁有差。

八年，黔楚督撫會奏黔邊芭茅坪汛安設守備一員，作爲盤石營左軍守備，管領原設弁兵，分防磐石、西泥、（磐）〔盤〕古〔達〕、隴統、桿子坳五汛。楚省撥守備一員，把總一員，帶兵二百名，在於芭茅坪、桿子坳適中之地修堡駐劄，隸永綏協管轄。得旨允行。詳《營汛》。此案裁撥武岡營守備一員，移駐芭茅、桿子適中之螺螄璫。六月，總理邊務傅鼐剿鳳凰廳黃土坡苗，焚其寨落。《鳳凰廳志》。是年，始設湖北提督，改原駐辰常之湖廣提督爲湖南提督。《會典》。

九年正月，續均麻陽上鄉田。四月，均瀘溪、浦市田。九月，均永綏田歸屯，授丁耕守，延邊壘堡碉卡以次竣工。詳《均屯》。十月，總督吳熊光、巡撫阿林保奏，續撥歸屯鄉勇一千三百八十一名，續撤土塘苗兵五千名餘，仍分別支給鹽糧工食。詳《均屯》。

十年正月，均丈保靖縣①田一千七百畝歸屯，授丁耕守。詳《均屯》。是月，永綏八里丁牛寨苗石宗四、十里巖落寨苗石貴銀等聚眾謀叛，枷禁苗弁，劫奪官糧，圖攻營汛。總理邊務鳳凰廳同知傅鼐討平之。詳《征服》。石宗四、石貴銀皆乾隆乙卯苗變時逆渠，乞降免死，恃其寨險，多爲不軌。是時，以掘獲銅鐵炮位，起意反逆，糾集丁牛巖落及九里、破口、漏魚等寨匪苗數千人，嘯聚爲亂。逼脅附近良苗，攻擾邊汛，不從者禁錮私室。正月，總理邊務傅鼐至永綏，查辦邊防。苗守備石季三等走告，即遣往曉諭解散，被其禁錮。先後攻圍沙窩、洞口等寨，劫去官糧，戕殺苗弁、良苗、苗兵。於是，帶勇會營進剿。自二月初四至二十日，先後力戰，焚逆寨十有六，斬馘五百於級，生俘百四十人，撫降二千人，搜獲被虜民人子女三百餘人，釋被禁良苗百餘人，石宗四、石貴銀皆就縛解省伏誅。巡撫阿林保奏報，奉旨獎敘出力文武官弁，并恤賞傷亡兵勇。是役，亂黨勢甚張，地甚險，轉戰亦甚力，自是苗情懾威嚮化，邊防日固。以後惟搜剿鳳凰高都、兩頭羊槍械一役，苗疆不復用兵。《通志》：此案，奉上諭：同知傅鼐督率練勇千餘人攻除苗寨，涉險登先，所向克捷，而總兵魁保轉帶領兵丁在後，爲之策應。官兵怯懦，不若練勇之趨健。嗣後挑補兵額，務取精壯驍勇之人，以練習鄉勇之法練習兵丁。三月，清丈永綏及乾、鳳各廳苗人呈繳占耕叛產田三萬五千餘畝，奏明分授各無業窮苗及裁退土塘苗兵，領佃繳租，以作苗兵工食。詳《均屯》。大帥和琳原奏劃清民苗界址，給還民置苗田及逆苗叛產，共三萬五千餘畝，

---

① 保靖縣，府西南一百四十里。本保靖宣慰司地。領五寨、篁子坪二長官司。雍正四年改流官置廳，隸辰州府。七年改爲縣來屬，治茅坪，西南距舊司治半里。(《清史稿》卷六十八《地理十五》)

歷爲强苗所占，窮苗未沾餘潤。至是，勒令繳出，召佃良苗納租。五月，總理邊務道衙鳳凰廳同知傅鼐奉旨升補辰永沅靖兵備道。詳《勳績》。九月，苗疆均屯告蕆，湖南巡撫阿林保親詣查勘。十一月，奏陳經久章程八條，經部核議，奉旨允行。詳《均屯》。一、各路碉卡酌定派駐勇丁，分授均出田畝，以資耕守。鳳、乾、永三廳及古丈坪、保靖縣汛堡、屯卡、碉樓、哨臺、炮臺、關門，共一千一百餘座。除分駐官兵外，餘八百餘座派勇駐守。鳳廳防丁四千名，乾州六百名，永綏二千名，古丈坪一百名，保靖縣三百名，通共給田三萬一千六百九十畝。一、鳳凰廳原挑精鋭練勇留備攻戰。以五百名駐劄上五峒新場堡，以五百名駐劄下五峒同全坡。即於均出田畝內，酌撥田一萬八千畝，召佃收租，碾支月米穀七千二百石，餘穀一萬八百石，變價支給鹽茶銀兩。一、各路屯田專設屯弁以資經理。通共屯田六萬餘畝，共設屯弁、千把、外委、額外四十員名。一、籌捐存儲銀穀以備荒歉，并資接濟。於乾隆平苗攤扣軍需之成案內，展攤兩年銀六萬兩，發給辰沅道庫銀二萬兩，其餘四萬兩買穀，分存五廳縣倉。一、屯丁技藝嚴加訓練，隨時操演。屯丁每年十月初一起，逢三、六、九日開操。次年正月底止，各丁屯田，令其守爲世業。如有出缺，即於該丁子孫內選補。若無人可補，撤田募充，不許私行典賣。一、嚴禁民人擅入苗寨索詐欺凌。苗人案件即令苗弁傳送，不許擅差兵役妄拿。一、清查逆苗叛産及苗繳占田，分佃收租，贍給苗兵工食。挑留鳳凰廳苗兵二千名，乾州廳八百名，古丈坪一百名，保靖縣三百名，每兵一名歲給口糧三石六斗，即以苗繳占叛田地三萬五千餘畝，招佃收租充數。一、分撥存剩餘田，召佃收租，以資經費。通共屯田六萬一百餘畝，除分撥屯丁練勇五萬六百九十畝，尚餘田九千四百餘畝，召佃收租，約可歲得穀九千四百餘石。變價充公，支給屯弁分例銀三千餘兩外，餘爲歲修工程等項之需。又奉旨獎勵均田最多士民。詳《均屯》。

　　十一年，巡撫阿林保咨撥司庫留備協餉項下借支銀三萬兩，解交辰沅道，以二萬兩買穀二萬石，分存五廳縣。以一萬兩存儲道庫備用。又於十年地丁內，續借銀三萬兩，以一萬兩先解道庫，二萬兩暫存司庫，俟采買時再赴請領。詳《儲備》。十一年正、二、三、四等月，采買穀二萬石，分存各倉，取具各廳縣倉收送。部尚應買穀二萬石，咨明以練勇餘穀及餘田租穀抵撥，仍於采買銀兩提還。是年，貴州提督富志那奏，撥黔邊附近螺螄壋三碉歸湖南駐守。詳《碉堡》。黔省自嘉慶六年剿平石峴苗匪後，總督琅玕籌辦善後。因見楚省碉卡林立，而黔中邊備空虛，遂自銅仁夥哨營至石花堡增修石碉百座、土堡十座，添兵八百名。七年，湖南移永綏廳協。後又於石花堡北七十餘里添設石碉三座、碉樓二十五座，撥額外三員兵丁二百名輪守。是年，清丈官贖苗當民田一萬五千五百餘畝，開墾沿邊無糧荒土一萬五千餘畝，召佃收租，以充屯田，修理屯弁廩給各經費。又苗弁呈捐業田，并苗人互占田七千餘畝，以充苗兵口糧，不敷經費。詳《均屯》。又詳請新設屯千把、外額各員弁，分駐段落鈐記。詳《弁勇》。

十二年八月，湖南巡撫景安①會同湖廣總督汪志伊②具奏，酌核苗疆均屯未盡事宜，籌議完備章程七條，經部核議，奉旨允行。惟收支一切確數，均令於年終造具細册，送部查核。詳《均屯》。一、苗疆山溪田土易於衝刷，應爲屯耕丁佃，豫籌撥補，以垂久遠。以新墾永綏六里無糧荒土一萬餘畝，召佃收租，備充修理工本。一、屯防經費不敷，應增撥田畝，以免支絀。於官贖苗當民田撥田四千畝，召佃收租，變價添補。一、屯防地廣事繁，應酌留屯長以資經理。七廳縣共設總屯長四十名，散屯長一百六十名，分授田一千八百一十九畝，經管倉穀收支并修葺碉卡要工，年終造具花名清册，送部查核。一、老幼各丁撥給養贍田畝，以示體恤。官贖田內提撥三千畝，每名授田一畝五分。一、挑選練勇教習，加給鹽茶口糧，并百總、總旗應給馬匹、軍裝，以備操演。每年約費銀二千餘兩，官贖田內撥出三千餘畝，佃租變價動支。一、設立書院、義學以廣教育，而資化導。鳳、乾、永三廳，瀘、麻、保三縣，各設書院一所，各屯分設義學五十館，苗寨增設義學五十館，共需膏火束修田三千七百畝，在於官贖田內動撥。一、加給苗兵口糧，并置辦子藥，以備操演調遣。以苗寨呈出業田、占田共七千畝，仍召苗人佃種，收租雜糧五千石，以充經費。又片奏，收繳苗人槍械及嚴禁椎牛祭鬼惡習。詳《征服》。《通志》：初，嘉慶元年，大帥和琳等奏善後六條，欲以厚值購買苗人槍械，部議以其難行，寢之。及傅鼐總理邊務，以苗人反覆無常，不絕其禍本，終無寧日，每攻剿後必盡收其槍械。及九年痛剿永綏苗後，苗人震懾兵威，遂飭苗弁按寨勒繳。有抗拒者，輒以兵剿之。時鳳凰廳高都、兩頭羊二寨，皆恃其山高徑險，黨悍巢深，抗不呈繳。遂於十年冬至次年春，以次剿攻。其克高都也，苗人踞險，壘石垣以拒，仰攻不利，遂乘是夜霧雨迷漫，躡險，出其不意，破之。此後，遂不用兵。前後共收繳四萬餘件，苗弁皆具結，自近邊以至深巢，悉數繳出。而黔苗尚未繳呈，鼐復請於巡撫，移文黔省行之。而黔之官吏恐不能得志，鼐遂爲出印諭五十道，遍曉黔寨，於是亦皆繳出殘廢不堪用者八千二百九十件，俱銷毀。改製農器完善者，發給屯丁、練勇六千二百六十件，又備苗兵領操五千件，尚餘二萬一千餘件，編列字號，存儲公局，以備損壞換給之用。

① 景安，滿洲鑲紅旗人。乾隆五十六年，征廓爾喀，命治西寧至藏臺站，留藏督餉運。六十年，授河南巡撫。（《清史稿》卷三百四十五《景安傳》）

② 汪志伊，字稼門，安徽桐城人。乾隆三十六年舉人。嘉慶十一年，擢工部尚書，未幾，授湖廣總督。（《清史稿》卷三五七《汪志伊傳》）

　　十三年，禮部議奏：湖南鳳、乾、永三廳及保靖鄉試士子數至三十名以上，另編字號，於本省額內取中一名。四廳縣苗生十五名以上，另編"田"字號，額外取中一名。如不足數，仍附通省取中，毋庸另編字號。即應試人多，亦不得於額外加取。奉旨咨行。詳《學校》。是年，定章屯千總詳送撫院考拔，把總以下由道拔補。詳《弁勇》。二月，辰永沅靖道①傅鼐赴京引見，奉旨回任，并奉上諭嘉獎，加恩賞，給按察使銜，先換頂戴。詳《勳績》。傅鼐以十二年十二月請咨赴都時，奏委鳳凰廳同知姚興潔兼護道事。九月，兵部咨覆，苗疆收繳槍械，分別銷毀，改製農器，及給屯丁、練勇領用，并苗兵備操之外，餘俱編列字號，造冊，存儲，以備將來撥捕各勇丁、苗兵換給領用。年終造冊，送部查核。詳《征服》。

　　十四年四月，巡撫景安會同總督汪志伊，奏准添設屯守備六員。詳《屯勇》。鳳凰廳三員，永綏廳二員，乾州、古丈坪、保靖縣共設一員，專管操演屯丁、練勇、苗兵，督理催租各事，統歸辰沅道統轄。至挑丁授田等事，仍歸廳縣管理，守備不得干預。又奏准添設屯把總二員，外委四員，額外外委四員，即派鳳凰、乾州、永綏、古丈坪、保靖及附近至瀘溪、麻陽等處，分司經理。又經總督奏准，此項屯守備專管屯務，毋庸照營守備隔府別營之例，總以熟習屯務，并苗兵悅服之員題補。詳《弁勇》。摺內聲明，增設各備弁歲支分例銀一千六百七十餘兩。查近年鳳、永二廳屯丁陸續墾田二千六百九十餘畝，現屆成熟，召佃收租，變價支給，統歸屯防案內造報。三月，辰沅道傅鼐奉旨補授湖南按察使，因苗民墾留，奉諭，每年於秋審事竣或秋成時，前赴苗疆查閱一次。詳《勳績》。時辰沅道缺，奏委永順府知府福順暫爲護理，後請以鳳凰同知姚興潔升署。是年，詳定苗疆屯防各案章程。詳《均屯》。一、升道傅鼐於鳳凰同知任內，捐銀七千兩，贖回沿邊苗當民田一千九百畝，分撥各祠廟、各儒學、養濟院、育嬰堂及城工歲修經費。一、撥捐贖苗當民田五百五十畝，爲各祠廟歲修時祭之用。一、撥給鎮標四營守碉兵丁，兵守附近營汛碉樓一百三十四座。開墾荒土二千二百零七畝，又撥捐買民地五百八十畝。一、撥給鳳凰廳守碉屯丁墾土四千七百二十五畝九分。一、撥給永綏廳守碉屯丁墾土一千四百四十六畝。一、撥給保靖縣守碉屯丁續清苗占民地二百五十五畝七分，又添給置買民地三百四十五畝七分。一、撥官贖田租一百石，歲修鎮篁城堡

　　① 辰永沅靖道，係苗疆要缺，彈壓撫綏，均關緊要。久經定爲題缺，於本省知府內揀員升補。自應循照定例，永遠遵行。嗣後辰永沅靖道缺，著湖廣總督、湖南巡撫仍於該省知府內揀選諳練之員奏請升補，不得輒以同知請升。(《清宣宗實錄》卷二百八十一，道光十六年丙申條)

碉卡。遵照嘉慶元年大帥和琳奏案，改建東南至東北石城一道二百七十六丈，西關月城一百二十丈，外碉六座，浪中江堡一座，碉一座。一、**墊發新墾田畝**除永綏六里墾土一萬餘畝已入奏案外，其餘鳳、乾二廳及永綏各里新墾田五千畝。**工本穀**，每墾田一畝，給穀一石，共借過屯租五千石。**詳明分作六年撙節攤補**。所墾之田收租爲續，設屯備弁分例，并書院、義學、民苗生童試資及兵米不敷各款之用。一、**撥丁佃新墾田五百畝，歲租五百石。貼補鎮筸四營兵穀折耗**。此案，鎮筸四營兵米，每年正、二、三、四、五月俱支本色。自六月以後，概支折色，每石例價六錢，不敷買食。總兵富志那捐銀一萬兩，每年秋後，糴穀分儲公倉。次年夏間，青黃不接之時，各兵均勻借領，仍照原價於兵餉內扣還買穀，按年循環接濟。八年，詳請總督吳熊光奏明立案。惟未經建倉廠，每年租賃民倉，置買斛斗，以及晒乾車净，整進零出，諸多折耗，是以傅中丞提撥此項田租，以資貼補。至嘉慶十九年，清查案內裁去此款，以歸節省。一、**撥新墾田畝，加增書院膏火、苗寨義學館穀**。鳳、乾、永、保、瀘、麻六書院，每處各增撥新墾田一百畝。十二年，添設苗義學五十館，除近邊十五館與各屯無異，毋庸加增外，其苗寨深巢十五館，每館增穀八石；次深二十館，每館加穀四石，共添撥田二百石。一、**撥官贖田作鳳、乾、永三廳養濟院、鳳、永各一百畝，乾州五十畝。育嬰堂三**廳各一百畝。**經費**。一、**撥新墾田租一千畝**。資給各廳縣民苗生童鄉試、小試盤費銀兩。一、**撥官贖田四百畝，爲鳳、乾、永、保四廳縣學田各一百畝**。一、**墊項修建屯倉工本，借動屯租變價銀兩，於屯防項下**，自十四年爲始。**分作五年攤補**。每倉一間，約儲穀四百石。各廳縣共建倉一百零六間，墊銀一千七百九十四兩。一、**苗弁領借苗租，變價分置苗寨倉廠，仍於苗租項下**，自十四年爲始。**分作五年繳還歸款**。各廳縣共收苗兵口糧及變價租籽二萬三千餘石，分存苗寨。計修倉一百十二間，用銀一千七百一兩八錢。又自十年，至是年餘存籽粒一萬六千餘石，積儲備荒，加倉一百十三間，用銀一千五百一十三兩三錢二分。一、**苗備**①**捐田，完納各寨苗人每年額徵雜糧**。鳳凰額糧一百五十七石七斗，乾州額糧五十二石八斗二升，永綏額糧七十二石八斗四升，共捐田二百八十三畝，收租二百八十三石代完。一、**墊項：修建屯弁官房四十所**，此係十年均屯告藏案內，奏設屯弁四十員名之官房。新增守備，未在此內。**及各廳縣丁勇火藥軍裝局三十四間，借動屯租，變價銀四千二百三十八兩二錢。仍於屯防項下**，自十四年爲始。**分作五年籌補**。一、**建修書院、屯苗義學房屋，借動屯租，墊發工料銀一萬兩，在於屯防各項下**，自十四年爲始，**分作六年**

---

① 苗備，即苗守備。嘉慶二年設，苗民格鬥、竊盜等事，負責緝拿辦理。(《苗疆屯防實録》卷二十六《屯苗備弁》)

搏節籌補。除麻陽舊有書院，毋庸另建外，鳳凰書院淤隘，已改為公所，與乾、永、保、瀘等廳縣各另建一所，每所先發銀一千兩，屯、苗義學館每館先發銀五十兩，共銀一萬兩。一、增設最深苗寨義學二十館。乾州二、鳳凰八、永綏七、保靖二、古丈坪一。一、禁止擅用苗夫，并嚴禁苗寨私開集場。嘉慶二年，督撫籌定善後章程：凡文武官員，因公經由苗地，需用苗夫，與漢民一體當差。此次詳定鎮、道、廳、縣、協、營，巡閱苗境，隨時雇用苗夫，按名發價。文員佐雜、武職守備以下，辦理苗務，需用苗夫，報明該管鎮、協、道、廳、縣，給發印照，方准雇用。如有假公濟私、冒充官差等項，分別參辦。

十五年，奉上諭：停止苗兵操演。見道光元年刑部侍郎張映漢奏摺。署辰沅道姚興潔詳定新設屯守備經管事宜，北關守備，專管訓練練勇，經理糧餉。餘俱專司屯務，清查田畝，毋許私行典賣。訓練屯丁，不准擅離碉卡。換佃勘災，催租查倉，均會同屯長經理。屯弁以下出缺，由該備會同廳縣挑選，送道考核。屯丁出缺時，隨時申移道廳選補，并經理弁丁領項分管各寨苗兵。分管地方。北關守備，專管操防練勇。乾州守備，專管乾、古、保三廳縣屯務，毋庸置議。其鳳凰新場堡守備，分管上五峒、本城屯務，麻陽縣屯田，中、前兩營苗寨。得勝營守備，分管下五峒、瀘溪縣屯務，左、右兩營苗寨。永綏花園守備，分管花園等處屯務，六、七、八各里苗寨。螺螄壋守備，分管茶洞等處屯務，九、五、十各里苗寨。又詳請頒給新設屯備關防，添設屯弁鈐記。均詳《弁勇》。是年，禮部議奏，占考苗疆貢生唐洪鑒等撥歸原籍。詳《學校》。考嘉慶七、八等年，學政吳省蘭查明，鳳凰廳昌籍稟生周麟現等，撥歸辰谿原籍，曾經奏准在案。茲自苗疆廳縣生童另編字號，十三年恩科鄉試，經辰沅道傅鼐稟請，通飭清查苗疆冒籍及民占苗籍。查有乾州廳貢生唐洪鑒、鳳凰廳生員黃煦、永綏廳生員粟成九等三十一名，係祖父以來相沿占考，尚非因另編字號，有心占冒，奏請撥歸原籍。已故文武生員之子孫，均令回原籍考試。即寄籍在六十年以上，例准入籍考試者，亦不准行，致妨苗疆士子登進之階。

十六年，湖南按察使傅鼐署布政使事，入覲。六月，回任，卒。奉旨贈巡撫，立祠苗疆。詳《勳績》。

十七年，軍改。四月，兵部咨：苗疆新設屯守備、千總十二員，為數無多，毋庸計缺定額。其舉行軍政之處，歸入營員額缺之內，一體辦理。詳《弁勇》。是年，屯守備李可仁，軍政卓異，送部引見，仍回任。是年，學政湯金釗奏准添設保靖苗童進額一名。詳《學校》。乾隆五十年，奏准乾、鳳、永三廳歲、科兩試，各額進苗童二名。保靖未設進額，茲奏請添設。

十九年，奉旨裁減各省兵額。總督馬慧裕、巡撫廣厚奏裁乾、鳳、永三廳標兵三百名。詳《營汛》。是年，巡撫廣厚又奏：清查苗疆均屯田土十五萬二千一百五十六畝五分，十年，十二、三年，前撫阿林保、景安奏報，丈收田十三萬一千六十四畝。十四年，詳報未奏田土一萬五千二百十九畝三分。十六年，續查田土五千八百七十三畝二分。除分授屯丁、屯長、老幼丁，領耕三萬七千八百四十九畝。撥給營兵領耕，撥補水衝沙壓并碉卡圈占一萬一千八十四畝三分。田四萬八千九百三十三畝三分，餘田已入奏案餘田九萬三千二百十九畝，未入奏案餘田一萬零零八畝二分。徵租，已入奏案餘田額徵正租七萬九百二十一石二斗，加徵外銷餘租二萬八千九百餘石，未入奏案餘田徵租五千六百六十三石二斗。共計十萬五千四百餘石。本屬過多，應減租五千五百石，每歲定以額租九萬九千九百八十八石三斗九升。豐歲可收十萬石，歉歲可收七萬石，酌中計算約可八萬餘石。每歲應需官俸兵餉正款穀七萬五千四百餘石，准資外銷籌款穀一萬一千六百餘石，共八萬七千百餘石。又動缺儲備銀二萬五百八十兩，原領備儲穀價銀四萬兩，買穀四萬石餘，剩價銀五百八十兩。又原領儲備存庫銀二萬兩，均動缺無存。儲備穀三萬二千七十五石六斗，內原買儲備穀四萬石，又苗倉每歲餘穀四千石，積算二萬一千七百五十三石，共儲備穀六千七百餘石，動缺穀四萬九千二十三石三斗。除豁免苗弁借領丈田穀六千五百五十石，倉廒抵交有着穀一萬三百九十七石七斗。共銀五萬二千六百五十五兩六錢，以穀一石作銀一兩。分別籌補。巡撫捐銀六千兩，藩司捐銀四千兩，展攤三成軍需一年銀三萬兩。辰沅道姚興潔着賠銀一萬二千六百五十五兩六錢。詳《均屯》。

二十三年，移沅州府①屬涼傘汛通判駐晃州，爲晃州直隸廳。《通志》。

二十四年，苗疆夏旱，屯田歉收，欠租三萬五千九百八十三石。總督慶保、巡撫吳邦慶奏奉恩旨：分作三年帶徵。又自十六年至二十三年，積欠佃租四萬三百七十六石零，奉旨加恩，一體蠲免。詳《儲備》。是年，普免天下錢糧。

二十五年五月，總督慶保、巡撫李堯棟奏奉上諭：准於司庫借動地丁銀十萬兩，發漢商生息，每年繳息銀一萬二千兩。先以五千兩撥還借本，其餘七千兩全發道庫，先儘當年應支正款經費不敷之用，其餘銀兩盡數提補儲備積貯銀穀。俟歸補完全，其存本十萬兩及歲收息銀均詳爲備貯專款。詳《儲備》。原奏謂苗疆額徵正餘租穀九萬九千九百餘石，歷年不能足額，經費每致不敷。二十三年以前佃欠及二十四年旱災欠租，業已准奏免緩。其例需經費，仍須道庫墊發。而儲備銀穀，自十九年清查歸補以後，又復借支動用無存。苗疆重地，經費斷不可少，儲備亦不可缺。若仍援照前案，展扣軍需，不過徒爲目前補苴之計，必須籌一經久之計，方於苗疆有裨等語。

① 沅州府，隸辰沅永靖道。本明沅州，隸辰州府。乾隆元年升爲府。東北距省治一千一百三十五里。廣二百八十里，袤二百五十五里。領縣三。(《清史稿》卷六八《地理十五》)

是年夏，苗疆復旱，屯田歉收。十月，巡撫李堯棟奏奉諭旨，緩徵租穀四萬七千六百九十八石，分作三年帶徵。帶徵二十四年佃欠租穀，遞緩徵收本年不敷經費銀四萬八百三十餘兩，奏准暫於司庫現存。各屬捐解通米經費銀內，按數動借，撥解道庫支用，仍俟帶徵佃租，變價歸款。詳《儲備》。

道光元年，刑部右侍郎、前任湖廣總督張映漢陳奏苗疆事宜，奉旨交總督陳若霖①、巡撫左輔②會同查辦，奏減屯防經費銀穀二萬零七百七十石，裁汰苗兵火藥、委員冗費、歲修城工、廟宇等款三千五百七十三石五斗二升。該減屯官、書職、跟丁銀一千二百兩。查明應授田土，幼丁分授田土。減去幼丁口糧穀三千三百十二石。永綏廳裁養濟院穀一百石。裁汰每年苗倉餘積穀三千五百五十石，以減苗租。從前積存苗倉穀石，節年動缺，另籌歸補，已有一萬七千九百餘石，足數接濟，永爲額儲。核減屯防餘租，連年佃欠無徵虛數穀五千九百三十五石半，減各廳縣辦公穀一千二百石，核減倉廒修費、盤折、運費等穀七百石，核減修理水衝沙壓田土經費穀一千二百石，共二萬七百七十。酌定歲支經費銀穀七萬九千二百十八石，內應發穀五萬三千三百七十一石七升，發銀二萬五千八百四十六兩六錢八分五釐九毫三絲二忽。減免民苗佃租穀二萬零七百七十石，民苗佃種田土內，按則派減租穀一萬八千石，麻、瀘二縣最瘠田畝，鳳、永二廳田土全行歸公，再減二千七百七十石，以紓佃力，核定歲徵正餘租穀七萬九千二百十八石三斗九升，以充經費鹽糧之用，永爲定額。七廳縣總共丈收田土十五萬二千一百五十七畝一分，除重丈退還、撥給督兵馬廠，并水衝沙壓及分授屯丁、屯長、老幼等項田土五萬零四百五十五畝零，實存鹽糧經費并外銷籌款佃種田土十萬一千七百零，原額徵收租籽十萬五千四百八十八石三斗九升零。十九年，清查減租五千五百石，奏定歲租九萬九千九百八十八石三斗九升。茲又減免二萬七百七十石，實存七萬九千二百一十八石三斗九升。其餘查復五款：一、屯丁承種均田，仍循定案作爲世業。遇有丁缺，即以該丁子孫親族頂補，外仍不得攙越。一、裁撤屯防委員歲支經費。一、申明舊例，嚴禁兵役擅入苗寨。一、苗舉人嗣後如有赴京會試者，照民籍舉人給與公庫銀兩，再由道酌給盤費。一、苗疆儲備銀穀虧缺，另行籌議奏請，借款歸補。即續奏借動捐監銀六萬兩發道買穀。鳳、乾二廳苗民，如遇淮鹽不能接濟，准其零買川鹽，不得過十斤之例。均詳《均屯》。永綏、永順額設苗鹽引

①　陳若霖，字宗觀，福建閩縣人。乾隆五十二年進士，選庶吉士，散館授刑部主事，累遷郎中。嘉慶二十四年，擢湖廣總督。湖南鳳凰等廳屯丁額多爲官占，失業者衆，悉清釐發還徵租。（《清史稿》卷三八〇《陳若霖傳》）

②　左輔，字仲甫，江蘇陽湖人。乾隆五十八年進士。嘉慶十八年，遷浙江按察使、湖南布政使。二十五年，就擢巡撫。（《清史稿》卷三八一《左輔傳》）

三千二百七十一道。鳳、乾向無專引，由水販運銷，准鹽不能時至。是年，總督程若霖、巡撫左輔奏，奉旨：准豁免嘉慶二十四、五兩年，因旱緩徵屯租穀七萬二千五百六十二石零。二十四年，緩徵穀三萬五千九百八十三石零。二十五年，緩徵穀四萬七千六百九十八石。内除參革前護道袁廷極繳出已徵匿報二十四年租穀一萬一千一百十九石。又奏苗疆儲備銀穀動缺過多，不足以備緩急。請撥借司庫捐監銀六萬零九百兩，發交辰沅道買補穀石，分存廳縣等倉，仍照原案，以銀二萬兩收存道庫，以實邊備。奉旨允行。均詳《儲備》。嘉慶十年，巡撫阿林保奏准撥存道庫儲備銀二萬兩，又買穀餘剩銀五百八十兩，各廳縣分存儲備穀四萬石，以備屯田歉收，借給屯練口食等項之用。嗣因頻年動墊殆盡，十九年清查奏准，分別捐賠歸補。又苗倉每年應餘積穀三四千石，自十年設屯起，截至道光元年九月底止，除照奏案支銷動用外，應存穀一萬七千九百餘石。統共丈防儲備銀穀，以銀一兩作穀一石，共應實存穀七萬八千四百八十餘石。查自十九年清查歸補後，節年又因旱歉欠租，經費不敷墊用，儲備銀穀所存無幾。運參革護道袁廷極交出匿報二十四年租穀一萬一千一百十九石，共止現存穀一萬七千五百六十餘石，實動缺銀穀六萬九百二十餘石。其漢商生息一款，需先儘本年正款經費不敷之用，儲備銀穀難以補完，緩急無可足恃。邊儲緊要，是以先請借款買補。是年，詳定苗疆應增應禁事宜四條：詳《均屯》。一、苗疆田土永禁查丈；嘉慶三年，臬司傅鼐在道任時，曾已示禁查丈。一、練勇屯丁應實力訓練；一、苗人詞訟照依舊章准理；嘉慶十年以前之事，不准控告。一、僉派苗夫應請示禁。臬司傅鼐原定章程，各官因公雇用苗夫，報明上司，給照雇用。日久弊生，動即循情給照，仍屬擾累。嗣後除巡閱大差照舊雇用，按日照例給價外，其餘文武官員往來苗地，均自雇長夫，不准索勒雇用苗夫。

二年，改永順府古丈坪督捕同知爲古丈坪廳撫民同知，分管永順縣西英、沖正、羅依、攻全四保地方民苗詞訟、命盜案件。如有承審遲延、疏防承緝等案，即將該同知職名開送。軍流以上重犯，仍解永順府勘轉。錢糧考試，照舊歸永順縣管理。原管十八保捕務，除西英等四保外，其餘改歸永順通判管理。裁桑植縣下峒巡檢，改設古丈坪廳巡檢，專管緝捕兼理獄務。詳《建置》。

六年，御史賀熙齡陳奏苗疆事宜九條，奉旨交督撫查辦。經總督嵩孚、巡撫康紹鏞[①]覆奏，循照舊章實力整頓。詳《均屯》。一、沿邊碉卡宜及時修葺，以資捍衛。一、撥給丁田宜附近碉卡，以便駐守。一、屯防田土宜隨時修治，以符定

---

① 康紹鏞，字蘭皋，山西興縣人，江西廣信知府基淵子。嘉慶四年進士，授兵部主事，充軍機章京。道光九年，入覲，而陳苗疆設立苗弁額數過多，倚勢虐使苗人，易激事端，請酌其可并省者，缺出不補。總督意不合，格不行。（《清史稿》卷三八一《康紹鏞傳》）

額。一、備戰練勇宜照額訓練，以復精銳。一、丁弁補缺宜嚴禁需索，以示體恤。一、差役人等宜禁入苗地，以防滋擾。一、苗人祭鬼宜申例嚴禁，以正風俗。一、黔楚交界宜遇事商辦，以息爭端。一、書院、義館宜實心迪牖，以廣教化。

十三年五月，總督納爾經額、巡撫吳榮光奏：會擬屯防變通章程八條，經部分別准駁覆奏，奉旨咨行。詳《均屯》。一、議准撥還練勇原額，以歸實用。道光元年清查案內，撥練勇一百七十二名，爲屯弁字識跟丁。兹如數撥還道標，仍足一千名原額。至屯弁應用跟丁字識，即於屯丁內撥用，毋庸另給鹽糧。一、碉卡坍塌損壞，照舊由屯官報明，責成廳縣勘估承修，由道驗收。原奏，各碉卡損壞，由屯官估工報道，支價承修，委他處屯官驗收，彼此互相包容，不無草率偷漏。一、議駁屯內老幼各丁，應循舊聽其雇人代替耕作防守，毋庸給予代丁執照。原奏，請以代種者代當屯丁，給與執照，及辭退老丁無子孫可繼，舉代丁應役等語。一、議典賣屯田，應如所奏退田追價，所請逃亡故絕及不願充丁之户，即令承典承賣之丁，報明充丁之處議駁。一、議駁屯守備毋庸歸廳管轄，其千總以下照舊歸廳縣管轄。一、議准水衝沙壓屯田，應照章令各廳縣督同屯官、屯長等，親勘確估，領項趕修，不得聽其荒廢。一、議准應行變價屯租，應就倉所零星發賣，不得載運出境。一、議准示禁富苗重利盤剥，息穀不得過二分。仍令辰沅道以租穀減糶之餘，於春間酌量出借。十月，總督納爾經額、巡撫吳榮光奏，苗疆租穀禁止運出外境售賣，屯防經費緩不濟急，請撥司庫通米經費銀一萬兩，發交道庫收存接濟。經部議准。奉旨允行。詳《儲備》。

十五年，恭逢恩旨：豁免鳳凰等廳縣佃欠道光元年、八年、十年被水、被旱短收租穀，四千五百六十五石。《續鳳凰廳志》。

十六年四月初四日，奉上諭：湖南辰沅永靖道缺，仍於該省知府內揀員升補，不得輒以同知請升。湖南省例。是年，鎮篁鎮、道兩標兵練索餉爲變，護辰沅道姚華佐、鎮篁鎮總兵果勇侯楊芳先後討定之。《續鳳凰廳志‧名宦‧姚華佐傳》：先是永州（猺）〔瑤〕亂，調兵練千數百往征，例借行裝，歸當坐扣。其未出師者，期前亦有借款，故月餉甚微，頻苦旱荒。前總兵向尊化、前道常慶撫馭失宜，失衆心。乙未歲闌，各兵支餉，邀免扣追借款，不允；乞緩及輕貸暫支，俱不允。丙申正月，兩標兵練糾集千餘人投轅求賑，鎮道避匿。時署鳳凰廳同知、麻陽縣知縣周樂清率紳士開導撫馭，勢稍戢。前道乃啓庫儲，發鎮標銀一萬五千五百八十五兩，道標五千一百兩，已扣行裝者支銀六兩，餘支三兩，始還伍。前鎮道旋被劾，檄署沅州府知府姚華佐護道事，督委參將蘇清阿來勾察，蘇索罪渠急。三月，亂兵鍾朝棟等戕之於行館。事聞，特旨起果勇侯楊芳於家，爲鎮篁鎮總兵。將至，以方略密授姚道，縛戕官首犯鍾朝棟等七名，及隨同鬧飼之楊本雲等十名，解辰州制府行轅，分別抵法。**湖廣總督訥爾經額、湖南巡撫裕泰**①、**鎮篁鎮總兵楊芳**遵旨會議給事中常大淳陳奏苗疆善後章程七條，奏奉諭旨遵行。詳《均屯》。一、練勇循舊駐劄鳳凰廳。原奏請分撥三廳安置。一、鎮標兵丁、道標練勇額缺，概於本處土著民屯揀選精壯充補，外來客民，不准充當。一、練勇預借銀穀，愈積愈多，究屬濫支，容於清查案內另籌辦理。一、練勇教習加賞銀穀，并無冒銷。一、鎮標買補屯穀價銀，連運費并計以八錢爲率。嘉慶八年，總兵富志那詳奏立案，捐銀一萬兩存營，每年采買民穀，散借各兵。道光四年，總兵陳階平以本地難以糴買，商同辰沅道張映蛟，每年移買屯倉穀石。因屯穀多在永綏，應加運費，其價每石一兩，或九錢七、八分不等。一、辰沅道每年巡閱苗寨一次，令將起程回署日期詳報督撫，并由各廳縣將出境、入境日期通報查考。一、辰沅道員缺，於通省知府內揀員升補，不得輒以同知請升。

十八年，湖廣總督林則徐②、湖南巡撫錢寶琛奏清查苗疆屯防事宜酌議條款，經部核議。奉旨允行。詳《均屯》。一、**清屯田**。由道督飭各廳縣加意查察，如有移丘換段，以屯田假爲民田出當者，從嚴懲辦。一、**清佃欠**。道光十年以前，佃欠屯租穀四千五百六十餘石，業已豁免。所有十二、三、四等年積欠租穀五千餘石零，多已逃故無徵，請一體蠲免。一、**請支銷**。自道光元年清查減租以後，一切經費加意節刪，每年應支銀穀七萬九千二百餘石，均係必不可少之需，難以再減，請照舊支銷。一、**清借款**。練勇從前積欠銀六千四百餘兩，屯丁、苗弁兵積欠穀一千一百七十餘石，多已病故、退伍，并懇一體免追，此後不准再有濫借。如遇水旱徵調，不得已而有請借之事，隨時詳明督撫核辦，不准由道自行借給。一、**籌歸補**。已免道光十年以前，并請免十四年以前佃欠穀石，及請免練勇、屯田苗借欠銀穀，以穀一石折銀一兩，總計缺短銀穀一萬七千一百四十餘兩，俱關月餉經費要需，亟應速籌歸補。請將漢岸鹽商每年應歸本銀五千兩，量展四年，以資籌補。惟尚緩不濟急，請先於司庫通米經費項下，借支銀一萬七千一百四十餘兩，發道存儲，仍以商息歸還通米。一、**清催徵**。查被水衝刷屯田內，有廢成溪壑不能修復者，二百三十三畝零。每年缺額無徵穀二百八十餘石，應請

---

① 裕泰，滿洲正紅旗人。道光十六年，調湖南巡撫。議定苗疆兵勇不准客民充補，預借銀穀限以定額，拔補備弁屯長，嚴禁苞苴；辰沅道缺，以湖南知府題升。并如所議行。二十年，擢湖廣總督。(《清史稿》卷三八〇《裕泰傳》)

② 林則徐，字少穆，福建侯官人。少警敏，有异才。年二十，舉鄉試。巡撫張師誠辟佐幕，嘉慶十六年進士，選庶吉士，授編修。道光十七年，擢湖廣總督。湖南鎮篁兵悍，數肇釁，巡閱撫馭，密薦總兵楊芳，擢爲提督，移駐辰州，慎固苗疆屯防。(《清史稿》卷三六九《林則徐傳》)

照例豁除。一、申邊禁。嚴禁苗官盤剝，漢奸出入苗地，書吏藉端勒索等弊。責成廳縣年終出結，送道備查。倘敢徇縱，據實參究。一、移屯員。道標、練勇難以遷徙，請調新場堡屯守備一員，移駐鳳凰廳，與北關守備分設左、右兩營，各管練勇五百名，以資控禦。新場堡催租等事，改歸永安卡屯千總兼管。

二十一年，巡道王簡捐加練勇、馬糧十二分，戰糧九十六分。不入奏案，見《鳳凰廳志》。

二十五年，恭逢皇太后七旬萬壽，恩旨豁免道光十五年起、二十年止屯防佃欠租穀四千六百八十八石。《續鳳凰廳志》。

二十七年冬十月，乾州大河苗石觀保等嘯聚抗租，永綏苗孫文明、鳳凰苗龍老將等皆從亂，遂焚屯倉，劫土備、良苗廬舍。鎮筸總兵文安、辰沅道呂恩湛討平之。《續鳳凰廳志》：屯田佃租較民業佃租爲輕視，錢糧正賦則倍重。苗寨田皆依山傍澗，節被水衝沙壓。二十八年，道詳屯田佃租，民佃不及苗佃十分之一，加以旱蝗，實形貧苦。二十四年，乾州兇苗石觀保等乘機謀叛，私創夥款名色，以夥眾挾制抗租，煽誘貧佃。然附從無多，事猶未著。二十六年冬，款黨漸盛，鄰佃亦多觀望。署乾州同知鄒蔭桐密稟大府，致其黨於獄。逆黨謀劫，因當事慮挑邊釁，撫馭解釋之。二十七年冬十月，石觀保等嘯聚楊孟寨，起事抗租。永綏千溪寨苗孫文明、鳳凰龍朋、科甲苗龍老將等，糾眾以應。先後焚掠補毫、鴨保、排料、巖落各屯倉，攻劫土備龍大用、石老才、吳永清等家。鎮道調集營屯兵練，分道援剿。十二月，營備瞿騰龍、屯備田宗蕃率兵練一千五百人，苗備吳永清、龍子明等率苗兵三千人，連破賊於鴨保寨，乘勝攻毀龍朋、科甲各逆巢，盡獲其渠。永綏同知翟誥亦以其時計擒孫文明等，大軍萃乾州，苗大震恐，思逃徙。同知孫時幹揭示招撫群寨，悉繳械投誠，納租如舊。兇渠石觀保等解省訊辦，分別正法。總督裕泰、巡撫陸費瑔會奏以聞，并請旨賞給被擾良苗籽種穀六千石，五廳縣丁佃籽種穀一萬五千石，復飭道清查衝廢田土應豁應減屯租，以示體恤。

二十八年七月，總督裕泰、巡撫陸費瑔會奏苗疆善後事宜十條，經部核議，奉旨允行。詳《均屯》。一、裁汰經費以歸節省。苗寨原設屯、苗義學一百館，嘉慶十五年添設二十館，請將二十館裁汰，節省穀四百七十二石。屯防委員經費裁汰，應裁均屯總局委員書役薪水工食穀七百八十七石六斗，仍酌留經管冊檔書役工食一百四十石。一、佃戶完納租籽合勺尾數，明定限制。尾數在六合以上者，進取一升。在五合九勺以下者，退出不計，以杜浮收。一、屯田徵租改用各廳縣印信執照。屯租向由承差之屯備弁給予收條，難免弊竇。嗣後，改由廳縣仿照錢糧三連板串，蓋用印信。如遇催收，隨時截給。一、禁革苗人款頭名目。苗人議立款頭把持公事，實爲滋事之由，自應嚴行查禁，并佐雜苗官不准擅受苗詞。一、收繳槍械，私採硝磺，責成苗官查報。查辦款苗滋事案內，已收繳槍械五千七百餘件。嗣後，如有私藏槍械，私造火藥，責成廳縣督率苗官稽查舉辦。一、苗官賢否，核實甄別。每年終，責成廳縣甄別，將勤慎辦公之外把列爲一等，予以超擢。千總五年無過，拔補守備。守備五年無過，記功一次。再歷三年，於巡閱案內奏加都司銜。一、歸并屯倉，裁汰屯長，以節冗費。撤并屯倉十三所，裁總、散屯長二十名，撤回原授田一百八十畝，給令佃種納租，稍充經費。一、苗官劄付，分別鈐印給發。苗官劄付，向須詳由督撫提會印繕發，事涉煩瑣。嗣後，苗外委、把總由道給劄，千總詳由巡撫給劄，苗守備詳由總督給劄。一、民苗舉人酌減會試盤費。民苗舉人向於例給公車銀兩外，由道捐路費，并勸令屯、苗弁、兵勇幫貼銀穀。此後，均行停止。在於屯防歲支加增書院、義學穀內，每歲節省穀三百石，留於鄉試之年，幫給民苗舉人每名穀二百石。一、新舊佃欠租穀，請分別豁免帶徵。自道光二十一年起、二十六年止，佃欠穀一萬二千五百五十餘石，請概予豁免。二十七年佃欠未完穀二萬零九百五十餘石。自二十九年起，分作三年帶徵，所有不敷經費，奉旨准其作正開銷。又督撫會摺覆奏給事中陳岱霖屯防四款，經部議奏，奉旨咨行。詳《均屯》。一、練勇出缺，准以屯丁餘丁輪補。每缺由屯備弁挑選練勇餘丁二名、屯丁餘丁一名，送廳道考驗。以十缺爲一輪，共挑練勇餘丁二十名、屯丁十名。其屯丁以田土全數充公之鳳凰廳下五峒、永綏廳記名餘丁送考，其餘各廳縣屯丁不得預挑。一、苗疆官員邊俸，宜核實扣算。苗疆知府、同知、直隸州知縣久任各缺，遇有卓薦之員，查其歷俸已滿初次五年者，於接到部文後，即給咨送部引見。如奉旨回任候升，准其酌量升用。所有再扣三年原例，應即更正。其初次尚未俸滿者，仍扣滿五年，再行給咨送部。一、屯長宜加裁汰。已於善後案內請裁二十名。一、苗官宜嚴加約束。已於善後案內奏明，嚴加甄別。

二十九年二月，總督裕泰、巡撫陸費瑔奏奉諭旨：豁除苗疆各廳縣水衝沙壓不能修復田六百九十三畝。計租五百八十三石零。又統減屯租一成，穀七千八百二十八石零。并道光十八年清查案內，豁除衝廢田租二百八十二石，總計新舊豁除減成租穀八千六百九十三石零。每年不敷經費銀七千三百十六兩，豁減穀共八千六百九十二石零。除善後案內奏裁書役、屯、苗義學等項，每年節省穀一千三百七十七石零撥用外，尚短穀七千三百十六石零。每穀一石折銀一兩，實不敷經費銀七千三百一十六兩。請以漢商生息，內餘剩息銀五千兩。即從前解司歸本之項。巡撫司道幫捐津貼銀一千兩，係道光十八年幫捐鎮筸鎮公用，已於二十八年停止，即以此項移作津貼辰沅道經費。勸諭漢商歲捐銀一千五百兩，由司解道，以充苗疆年額經費。詳《均屯》。

咸豐元年，恭逢恩詔，豁免錢糧，奏免苗疆佃欠道光二十七年、一萬三百八十三石三斗。二十八年、一萬零九百九十二石八斗。二十九年一萬二千九百八十三石。

未完屯租穀三萬四千三百五十九石。所有各年動用儲備銀穀墊支經費銀兩，在於司庫留備銀兩項下，作五年動支，發給歸款。詳《儲備》。

四年七月，巡撫駱秉章奏，漢岸鹽商每年應繳苗疆儲備生息銀一萬二千兩，遇閏加銀一千兩。續捐銀一千兩。金陵、漢口均爲賊踞，商人星散，無憑飭繳。苗疆經費缺乏，力求撙節，議請停發銀三千四百二十兩，減發穀三千一石六斗，共減銀六千四百二十一兩六錢。停發歲修碉卡工料、賞賚催徵花紅、屯、苗義學三款。減成酌發修理衝壓田土工本，屯、苗義學，乾、鳳、永、保四廳縣儒學薪水，七廳縣民苗生童試資，五廳縣正佐辦公，各倉風晒鼠耗，本道巡歷夫馬賞犒等款。實短絀屯防備弁、練勇俸餉等銀七千八百九十四兩四錢。除撫司公捐一千兩，有款不計外，每年尚不敷支發銀六千八百九十四兩四錢，閏年加銀一千兩。請自咸豐三年九月以後起，每年在於糧庫漕糧停運，節省行月修艙毛竹及收買曬颺米價等銀項下，提撥接濟。經部核奏，奉旨允行。詳《儲備》。

五年十月，貴州銅仁教匪徐廷杰等抗糧滋逆，連陷黔境六府廳縣，遂延及楚境，迭犯鳳凰廳城，陷晃州、麻陽，攻沅州，圍永綏。鎮篁總兵文安、署辰永沅靖道翟誥傾資募勇，分方援剿，連復麻陽、晃州，并及貴州松桃、銅仁，賊黨斬擒略盡。《續鳳凰廳志》。銅仁府舉人徐廷杰、接濟鼎等向習青蓮教惑眾，比因郡守葛景萊徵糧竣急，遂挾糧戶率妖徒於十月朔在大江起事，陷郡城，戕葛守，號召裹脅，群奸響應，連陷思州等六府廳縣，遣逆黨數萬人分擾楚疆，沅、晃、鳳、綏同時告警。總兵文安、署道翟誥以變生倉卒，餉乏兵虛，傾資募勇，據隘嚴防。十一月，銅匪迭犯鳳凰廳城，經鎮、道調合營屯練士、團丁，三戰皆捷，窮追出境。另股陷晃州、麻陽，攻沅州、永綏，適省中遣回原調軍勇千五百人，始議分方援剿。十二月，派兵援沅州，會民團復晃治，官練復麻陽，苗兵復田坪、新寨，越境復松桃廳城，解永綏圍，遂進軍黔境。六年春，直搗銅城，攻三寨，克之。分壁架梁坡，屢戰，滅其精銳，遂復銅城。梅濟鼎投水死，徐逆匿遁無蹤，餘黨斬擒略盡。

六年三月，貴州知府楊書魁至銅仁綏輯餘匪，招撫失宜，逆勢復熾。鎮篁總兵文安、署辰永沅靖道翟誥復厚徵兵練，剿平之。《續鳳凰廳志》。匪蹤雖敗無悔心，添裹劇賊數十人爲將軍，日肆蔓延黔中。當事知銅仁賊殄城完，遣知府楊書魁兼護貴東道事，綏輯屬邊。匪徒盤踞三角莊，陽求昭雪。楊守按臨，銅境陷，奸謀被擄，凶焰益張。懲前據城遭蚍之非，蔓擾鄉場，楚境籌防愈棘。七月，復寇晃州廳，總兵文安、署道翟誥乃議厚徵兵練，窮搗逆巢。九月，鎮、道合調營練，會師銅郡，先克近城賊壘，剋日進軍。十一月，大破賊於法華庵，擒斬甚多。進剿三角莊，力戰克之，盡毀兇巢，戮誅逆黨漏逃餘匪。派隊搜追，脫楊書魁於囚繫，救出難民二千餘眾。搜蕩沿邊村寨，擒斬賊首十餘人，教匪悉平。

七年三月，巡撫駱秉章彙敘援黔戰功入奏，奉旨優獎各文武將卒有差。《續鳳凰廳志》。

十一年十月，廣西逆匪石達開竄逾靖州，陷會同，攻黔陽，焚浦市，躪瀘溪、乾州，既而賊趨四川秀山，始解嚴。《續鳳凰廳志》。

同治二年七月，石逆餘黨李復猷自蜀竄楚，突犯鳳凰廳邊。《續鳳凰廳志》：石逆前歲入川，經蜀軍痛剿伏誅。賊目李復猷黨夥尚數萬人，徑酉陽竄乾州。乾防將領周洪印整集諸軍，扼賊衝，斃其渠兇。賊勢不支，遂越鳳屬鴨保寨，犯得勝營。署巡道胡鏞、署鎮祥慶挑派營練迎頭截剿。賊疲且餓，望幟回奔，折竄興隆場，掠高村，經榆樹灣、托口，再破會同、綏寧，遁回廣西。

三年二月，貴州教匪勾夥團奸苗逆，寇鳳凰廳西南。鎮篁總兵祥慶、辰永沅靖道胡鏞，調派營練勇丁、土兵，會合省軍，分投夾擊，賊大創，敗還。《續鳳凰廳志》。

五年十一月，貴州教苗各匪竄撲鳳凰廳邊，營練兵勇力擊敗之。《續鳳凰廳志》。貴州教苗諸匪，蔓擾鎮銅、思石諸郡，及逾犯楚邊者，期將一紀。至是大夥萬餘寇晃州，橫竄銅仁，逕鈔鳳屬大漢、治牙等約，焚踞沙羅寨，旁掠新寨。屯倉屯長楊再宣死之，勢益披猖。辰永沅靖道楊翰、鎮篁鎮詳慶分軍內外嚴防，并提兵練民團，飛約援黔勇隊，刻日徂征，四面圍攻。兇徒潰敗，回奔馬腳巖，黨衆尚近萬，旋被援黔大隊痛剿於銅仁穿洞場，滅其精銳數千，逆勢始衰，楚邊得以安靖。

十二年四月，巡撫王文韶陳奏苗疆儲備銀穀，歷次辦理軍務，動用無存，擬俟款項稍可騰挪，設法籌補。奉旨報聞。詳《儲備》。

光緒四年秋八月，永綏會匪廖宣明等聚衆滋事，同知王恂厚徵兵練，擒斬逆首，餘衆解散。

六年二月，鳳凰廳董倒坡匪苗石老華，勾結黔省梵净山餘匪爲亂，鎮篁鎮總兵唐瑞廷、辰永沅靖道但湘良會督兵練，剿平之。詳《征服》。董倒坡即黃瓜山，傍附別寨。該山跨連鳳、永，與貴州之松桃緊接，複嶺重巒，路極陡險。乾隆末，逆苗石三保即由黃瓜山起事，十稔始平。此次匪苗石老華勾結梵净山餘匪，乘機竊發，連撲新寨、盤坨，凶焰頗張，楚、黔沿邊并爲震動。湘良適縮道篆，聞警，即會營督派兵練三路進剿。幸數日之內即就撲滅，未致蔓延。查鳳、乾、永三聽苗民，自嘉慶初年裁定以來，涵濡累朝德澤，非復昔時冥頑，故前此黔苗滋事多年，楚苗無一蠢動。此次石老華以散勇、無賴勾結梵净山餘匪滋事，各苗寨不爲煽惑，黨羽無多，用能辦理迅速，是欲日久之無事，端在平時之撫輯。當會同詳議善後章程八條，以及整頓屯務，挑練選鋒，興利以裕民，勸學以化俗，各事宜均次第請行焉。原稿附錄各門後。

卷一　地理考

二品衛前署湖南辰永沅靖道但湘良纂

輿　　圖

《苗防備覽》云：輿圖之學，古人所難，而在苗疆爲尤難。蓋就全局以言，紅苗瘠處楚、黔、蜀三省之間，地方固極遼闊。即就楚省言，三廳永、保村寨，犬牙相錯，亦已紛如亂絲，兼其岡巒沓互，溪澗阻深，多人迹所罕到，故雖生長苗境，而足跡未嘗遍歷，不能得其要領也。即足跡已嘗遍歷，而非留心邊防，則危途吁噎，方踣頓於猱崖猿徑之中，亦無暇攬其形勢，將圖千數百里於咫尺，詎不難哉！茲圖之成，用古人開方法，先取三省大勢區分之，若者楚，若者黔，若者蜀。次取各屬苗疆區分之，孰爲東，孰爲南，孰爲西北。方位既定矣，復爲考鄰村相連、遠寨相通之處，按地而求其人，因人而定其地，詢之於土著士民，徵之於熟苗土蠻，稽之以行軍檔案，參之以舊志新圖。凡四至八到，務求其可分可合、隨時考究者。歷數年，易底本百餘次，始定今圖焉！敢曰蟻封鼠穴茲盡軒豁呈露乎！而形勢之所存，已略得其梗概。後之有事五溪者，覽於此而行軍之往來、屯戍之要害、文報之遞傳、轉輸之徑路，俱可不至惘迷，則意匠經營區區之苦心，未必非壯猷之一助。

圖（略）

水道 <small>辰江 峒河 北河</small>

辰江一名錦江，爲九江之一。在黔則名銅仁河，至楚則曰麻陽河，發源於銅仁之梵净山。此山九峰蜿蜒，故一名九龍山。江東南至烏羅司，乜江、羊溪二水注之。又東至提溪司，提溪水自西注之。又東至省溪河，寅羅江水注之。又南至交筆洞小江源，出瓮濟洞者南流注之。又東至銅仁治南，大萬山水東北來注之。

又東至施溪司入麻陽界，施溪自北注之。又東至小坡，銅信溪水南流注之。又東北繞縣治，至江口、西陂、溪石、龔溪、曹家溪，次第注之。又東折至窰里，樂濠溪自北注之。又東至淥溪口，淥溪自西注之。又東至濫泥，麻伊溪自北注之。又東至太平塘，太平溪自北注之。又東北至官渡，蠻村溪水注之。又東至石馬灣，龍門溪自南注之。又東過迷河塘，東行三十里至丹山洞下，與沅江①相會。

按，此河由銅仁至辰谿，兩岸千仞壁立，中間一綫，溪河險灘鱗次。每遇夏令，大雨時行，或苗巢山水陡發，小船可直達銅仁。至秋冬乾涸，麻陽以上，不但重載難行，即小船亦難行走，牽挽之勞數倍大河矣。由辰谿縣西進辰江，十里至潭灣，十七里至石馬塘，十里至迷河塘，麻陽界。十里至九溪灣塘，十里至桑林塘，十里至濫泥塘，十里至逢伊塘，二十里至高村塘，二十里至龍家鋪塘，二十里至江口塘，三十五里至石菴潭，三十五里至麻陽縣。由城西南行十里至渡頭塘，十里至銅信塘，十里至小坡塘，十里至米沙塘，七里至牯牛坪，五里至施溪司，交貴州界。五里至馬腳巖，十五里至黃臘關，二十五里至銅仁府城。

附，由高村西窰里而進，有小河一道，名曰樂濠溪。舊稱可行小船，其實溪中爲沙石壅塞。至夏令，山水漲發，小船間或可至巖門石羊哨，所載不過數石，水手數人從沙石中拖扛而行，雖爲路無綫，而船進極爲費力，觀者當爲吟上瀨行也。此水發源貴州巖坳各苗寨，南折東流至雙盆溪，溪水注之。又東流至廖家橋，老田坪，各溪水注之。又東流至米巖村，米巖溪水西流注之。又東北流至雙江口，水田溪北流注之。又東至巖門車頭，雨羅溪、黃安溪、衆思溪各水西流注之。此水經由之地，計程不過百餘里，源短流近，灘泓中時有乾涸之虞焉。

峒河即古之武溪，馬援門人所歌《武溪深》是也。一名盧江。此水深在苗巢之中，源分三處，西一支爲烏巢河，中一支爲萬溶江，北一支爲高巖河。值苗巢山水漲發，西一支船可至冒州之老虎口，中一支船可至乾州城下，北一支小船可達高巖貯糧之所，乘漲運載，未能常通舟楫也。烏巢河發源苗寨之小天星寨，西折流至釀水沱，龍角洞②諸水注之。又西過大新寨，繞上、下猿猴寨，南至麻衝

---

① 沅江，縣西五十里。自沅州黔陽縣流入境，又北入辰州府辰溪縣界。志云：沅水入境，過長潭、雲潭、文溪、金溪，至托口與郎江合。（《讀史方輿紀要》卷八十一《湖廣七》）

② 龍角洞，城北八十二里，在天星寨北，鴨保寨西，兩面高山，中有衝壟，蛇徑盤屈，爲苗中扼要之地，征苗時設糧臺於此。（《苗防備覽》卷四《險要考上》）

小鳳凰營①，水東來注之。又東南過馬頸灘，繞盛華哨②至提溪，白巖江水西北流注之。又東繞鎮箪城，稱此水曰沱江。又東流至城東，新地溪水西流注之。又東北流至雷公洞，萬根溪水北流注之。又東北流至溪口，小溪水注之。東北流至冒州入瀘溪界，下老虎口至將軍巖，茨衝諸水注之。又東北流至河溪與萬溶江，合萬溶江發源苗寨之大天星寨③，南行繞巖口汛至木里汛④，折而東至老蟠潭，西門江北流注之。又東北繞三脚巖，過龍滾營⑤至箪子哨⑥，發源苗巢之鵠如寨，諸水東南流注之。又東北流至灣溪，上茶園龍爪溪、三岔溪諸水俱會東南流注之。又東北流至乾州城，武溪水東流注之。自後，稱此水曰武溪。又東流至鴉溪，鴉溪水南注之。又東至張牌與高巖相會，高巖河發源永綏之大、小龍峒，合潮水、老寨、黃土諸溪水流至高巖，即可通小船東至小衝，小衝溪水注之。又東過偉者，平郎溪水南注之。又東至溪頭汛，呂洞諸水南注之。又東至鎮溪所⑦鎮溪，新寨溪諸水注之。又東南折至張牌寨，與武溪會。又東南行十餘里至溪口，與沱江合。統名曰峒河。東至楠木橋，楠木溪水北注之。又東至思麻溪口，思麻溪水南注之。又東至潭溪口，潭溪水北注之。又東至能灘，發源巴斗山之灣水，繞四都、五都至茅坪，合馬旺溪、桑溪諸水東南來流注之。此水亦可通小舟數十里。又東至洗溪堡，洗溪水北注之。東至蘇木溪口，蘇木溪水注之。又東至瀘溪城，入沅江。

---

①　鳳凰營，舊名鷄公寨，城西南六十里。山路紆蟠，地勢高廠，東連永寧，南抵天星，西鄰貴州龍潭，北通生苗巢穴，其地聯絡上下巖口、楓香樹、茶坪、大陽等處苗地許保屯，極爲扼要，新築堡加防。(《苗防備覽》卷四《險要考上》)

②　盛華哨，城西三十里，舊名魚洞坡，峰巒不甚高，哨址平廠，爲苗中要地，明時設哨於此，侯加地稱其隔越溪河，春水泛溢，舟梁不通，每慮應援難及。(《苗防備覽》卷四《險要考上》)

③　天星寨，城北七十二里。在巖口汛北七里，上土下石，中頂平坦，有泉可汲，能容千人。劉應中《平苗記》言其四面陡削，爲苗中絕險之地，兇苗屢憑爲固。(《苗防備覽》卷四《險要考上》)

④　木里汛，城北三十八里。在駱駝衝東北，山勢崒嵂，扳援而上，極爲崎嶇，舊汛近撤。(《苗防備覽》卷四《險要考上》)

⑤　龍滾營，城北六十里。山勢險峻，下臨深澗，當箪子洞口之中，新設官弁防守。(《苗防備覽》卷四《險要考上》)

⑥　箪子哨，城北七十五里，峰巒環繞，溪流映帶，地勢頗爲平衍，明置土司守其地，爲三磴坡、火麻塘、白羊洞各苗寨總路，與乾州鎮溪所俱爲扼要之地，鎮箪得名由此。(《苗防備覽》卷四《險要考上》)

⑦　鎮溪所，城東北二十里。在高巖河東，枕山帶溪，地勢平衍，頗有水田，廳中惟此與南鄉稱沃壤，又爲往保靖要衝，明時設千户所於此，與箪子坪土官分寨管理，鎮箪所由得名。新築堡一座，設大營駐防。(《苗防備覽》卷四《險要考上》)

按，由瀘溪進峒河，十七里至蘇木溪，十里至洗溪塘，二十一里至能灘，十五里至潭溪，十里至大陂流，十里至扯旗，三十里至河溪，折北行十里至張牌寨，進小河中經大莊、小莊，共五十里至乾州城西北。由高巖河進十五里至鎮溪所，十五里至仙鎮營，十里至鎮寧營，二十里至平郎，五里至偉者，八里至巡檢坪，二十里至高巖汛。其南由沱江口進，經溪口將軍巖，過冒州，至老虎口約五、六十里。過老虎口由木櫳底江至鎮筸城，亦約六、七十里。

按，此河中峭巖劍立，怪石戟森，奔流湍激，駭浪澎騰。舟行稍不戒，未有不立碎者。秋冬乾涸，運載維艱。祇當夏令，苗寨山水陡發，小船尚可往來。然巖崎石角，因漲增險，一灘每至一日，扛拖拽灘之苦，倍加於他河矣。

北河即九江中西江，一名受水。源分三支，中支自四川西陽州來，北支自湖北宣恩縣來，南支自貴州松桃廳來。自宣恩來者，南流至穿天河入來鳳界，東至李家河，李家溪水注之。又東至來鳳縣治，又東南至紅巖堡，又東南至百福司，水從卯洞伏流，此江上下可通舟，而中阻卯洞。又南過老家場至大溪口，大溪水注之。又南過西頭場至後溪場，後溪水注之。又南過魚潭場至石提司，秀山境。與西陽州水相會，西陽州水發源於龍池鋪犀牛潭，伏流二十里至泉孔而出，環繞城南至何家壩，洞口水入之。又伏流五十里出蒲海場，過梅樹龍潭至溪口場，大溪水注之。東至廟前秀山縣，發源邑梅司之秀水，繞縣城合鳳凰山、貴圖諸水，經烟陽嘴至廟前，與西陽州水相會合流。過龍圖壩、麻寨至石堤，與宣恩縣水相會合流，至里耶，保靖界。茱萸界諸水北注之。東至鋪土巴兔，車溪水南注之。又東至保靖縣兩河口，與松桃南支水會。南支水有二源，一出平頭司西南，經太平營之北折而東北；一出平頭司之西北，自西而東與南支相會，共道而東。又受三不管之水，經雲羅宲至松桃城，張鬼溪、馬乾溪水先後注之。過篙坪至米糯，米糯溪水注之。又北至木樹汛，木樹河水注之。又北至潮水溪塘，潮水溪注之。又北至臘耳堡，大帽溪、合剛溪、老木溪、隆團溪、以齊溪、夯溪諸水東北來注之。又東北至古銅汛，古銅溪水注之。又東北至兩河口與西陽、宣恩二水相會合流，東至惹毛溪、七溪、牛欄諸水先後注之。入永順縣界。又東至那集溪塘，有源自桑植中建司來之猛峒河，會合府治東西諸水，經虎視坪、巖弄、凡鋪，至王村司上注之。此水春夏可通小舟，徑達府治。但源短流細，至秋冬乾涸，行人踩淺而過，小舟亦寸步難行矣。又東至村下，施溶溪水注之。又東至羅衣口，羅衣溪水注之。又東至會溪口，會溪水注之。入沅陵界。又東至葉口堡，明溪自東注之，深溪自西注之。又東至烏宿堡西溪，合草潭溪、施溪、葛竹溪、耍利溪、妙溪諸水，繞小西山下東北來注之。又東至辰州城虎溪山下，與沅水相會。內羅衣溪，春夏小船可至古仗坪，計灘路四十里。

按，此河中，兩岸層巒疊嶂，高插入雲，舟行於卓午，始見日光，常有霧氣迷漫。又石角巖崎，節節皆有。當春漲發時，動輒數日阻水。至其形勢之險惡，白樂天所云"難於尋鳥道，險過上龍門"者庶幾近之。舊惟沅陵之荔溪，船往來其間，如閬中九龍灘，必九龍居人爲舵師也。軍興以來，當夏令，川、黔各邊山水陡發間，亦雇麻陽、半波各小船從此河轉運，而船必用荔溪人爲舵師。每上一灘，數十人或撐或扛，或牽或挽，譬呼用力之聲，與怒濤共喧。由辰州至保靖，計程五六站，無一日可揚帆徑進者。自保靖入南小河，雖輕舠可至松桃城下，而水分灘洞，視此河之陡險又有加焉。所載不過數石，計程日不過十餘里。由沅陵至保靖，水路通計二百七十里，而舟行必十餘日。至保靖入小河，或乘漲舟運，不可以里數計。永綏開廳之始，花園、米糧兩處皆設倉貯米，而舟行難以按期交兌，故米糧之運貯旋行停止。

鳳、乾、永、保、古、瀘、麻七廳縣官、民道路

鎮箄城即鳳凰廳城

辰州往鎮箄官路。自辰陽驛至辰谿縣①俱由往雲貴大路，由辰谿縣城南門外渡河十里至潭灣，五里至雷打巖，五里至九溪灣，十里至太平溪，十里至李家坪，十里至桑林坪，五里至孫營，五里至濫泥堡，即蘭里。十里至茅坪，五里至袁坪，七里至淥溪口，五里至高村堡，二里至窯里，渡小河。三里至藍家，十里至龍池，十里至巖門堡，五里至滴水巖，五里至楊柳坪，五里至石羊哨堡，過小溪此處爲鎮箄糧運起陸路。十里至十里牌，五里至蘆荻坳，五里至鎮箄城。

按，此路地勢平夷，無崇山大嶺。而自辰谿至窯里，皆沿辰江西上。西北後山一帶，時有苗佬出沒。自窯里渡河至石羊哨，沿樂濠溪東上，通右營、前營苗路；再自石羊哨過溪，至鎮箄長坂、危磴，羊腸一綫，俱從崇岡上下矣。

麻陽往鎮箄官路。由麻陽縣城西門外渡辰江十里至蓬溪塘，十里至長梁坳，渡河十里至函池坳，十里至潭家寨，分路十里至白泥，又十里至巖門堡。五里至桐油坪，五里至桐水溪，五里至楊家寨，八里至梅田，八里至石羊哨，與辰谿大

---

① 辰谿縣，府西南百二十里。西至麻陽縣八十里，南至黔陽縣二百十里。漢武陵郡辰陽縣，晋、宋以後因之，隋改曰辰谿縣，屬辰州。今城周五里。編户八里。(《讀史方輿紀要》卷八十一《湖廣七》)

路會。

按，此路通長寧哨、丫喇營，爲鎮筸前營。花苗出沒之所，連山疊嶂，跋陟維艱。

附，往鎮筸永安哨①小路。由麻陽縣城南五里至官村，十五里至乾洞，十五里至黃羅寨交鎮筸地界，十五里至水打田，分路至楊家寨，通石羊哨大路。五里至巖屋田，五里至易家坳，八里至大都羅，八里至白泥江，過小溪十里至永安哨。此路登山涉澗，密邇苗巢，頗爲崎嶇。

沅州往鎮筸官路。由沅州府城東門外十里至冷家塘，十里至唐家塘，十里至真武塘，十里至崇溪塘，即松樹坪腰站。十里至石板塘，十里至齊天塘，分路十里至龔家塘，十里至石惹塘，十里至南村塘，十里過河至麻陽縣。十五里至江口塘，係河岸小市。沿河十里至龍家鋪，渡河五里至木寨，十里至椒林坡，十里至巖門堡，與辰谿大路會。

按，此路稱平夷，惟齊天塘崇岡高嶂，及椒林上下坡山坳頗爲崎嶇。

浦市往鎮筸民路。由浦市堡南門外上庵五里至巖底，五里至新堡，五里至螞蝗溪，五里至白頭溪，十里至達蘭橋，五里至達蘭坳，五里至都用，十里至各水，分路東行，十里至冷風坳，五里至巖寨，十里至雄山，十里至蘿蓄溪，十里至濫泥，會辰谿大路。八里至木隴，八里曬竹田，五里至天堂，馬路頭、沙子坳俱上下不過里許。五里至踏虎堡，西行分路十里至馬路頭，五里至巖坡，五里至五路坪，五里至興隆場汛地。南行五里至丁牛寨，分路西行七里至新寨，十二里至木江坪。南行五里至地藤溪，分路東南行五里至瘦田，經過武巖、板栗樹、大寮、上潭與高村大路會。南行七里至通通坳，十里至茅坪衝，五里至溪口，十里至官莊，東行分路過蠻山、黃柔衝，至巖門東南門分路過上下萬招、茶羅、雨羅溪，會石羊哨大路。五里至長坪，五里至椅子坳，十里至鎮筸城。

附，浦城往太平溪山路。浦市堡外浦溪，五里至巖隴，五里至高隴頭，五里至青草坪，五里至中塘，五里至隴頭園，五里至高橋，五里至橋頭，五里至桐山，十里至太平溪，通鎮筸大路。

鎮筸往乾州營路。出北門一里過小溪至擂草坡，三里至四方井，五里至奇梁橋，此地頗險，行人辟其險，則由四方井北分路繞黃坡、杜壤，可至清溪哨。五里至黃

---

① 永安哨，一名牛坳堡，城西南二十里。哨址寬廠，東通黃臘關，南抵都羅金子江，西距永安營，北連烏巢河，各苗寨附近，菖蒲塘、廖家橋，當楚黔要路，新添額兵，設大營於廖家橋，築碎石堡一座。(《苗防備覽》卷四《險要考上》)

土凹，五里至清溪哨，五里至黃巖江①，五里至靖疆營，五里至高樓哨②，五里至得勝營，鎮筸右營苗由高樓哨出者，經鼓衝、得家出務頭則至溪口，出杜壤則至官莊。由得勝營出者，經由頭巖、魚梁頭、楠木坨、寡脚巖、夾脚巖、猪樓門，則至底江木壘。二里至西門江，五里至三脚巖，五里至龍潛營③，五里至瑞安營，五里至龍鳳營，五里至曬金塘，此路二十餘里極險。如辟其險，則由西門江東北分路，從高坳、狗田、龍滾營沿溪而下，可至筸子哨。五里至重郎坡，五里至筸子哨，鎮筸右營、乾州左營苗人出口者，多由此過。舊司坪或從廟坳、平蠻至將軍巖過茨衝，或從治略、茶園坳、利略、冒州至狗蠢巖、巖隴。五里至灣溪，五里至二炮臺，五里至乾州城。

按，此路極爲崎嶇，安營設汛，星列棋布。沿途分東北爲民地，西北爲苗寨。西北苗寨即鎮筸右營生苗，乾州左營生苗是也。計程不及百里，而處處苗口，其路如髮，特詳其往時經由之要途云。

鎮筸往乾州民路。出東門五里至平皋，五里至小田，三里至蠻寨，五里至新路口，五里至官莊，通巖門路已詳前。十里至溪口，通巖門高村路詳前。五里至大灣萬牙，五里至木江坪，通踏虎高村路已詳前。十里至巖隴，五里至萬溪口，五里至蘿蔔溪，五里至狗蠢巖，北通浦市，路詳後乾州廳路下。過溪三里至冒州，三里至務鋤，三里至皮兒坨，十里至雙塘，八里至硯池井，八里至彭家寨，八里至楊家寨，十里至乾州城。由狗蠢巖沿溪下，過將軍巖、溪口、毛蘭坪，可至河溪堡。

按，此路較營路略爲平夷，而自官莊以下至狗蠢巖，傍山繞溪，甚爲埼仄。渡溪之後，則皮兒坨、硯池井諸處，亦在山峽中行焉。

鎮筸往銅仁府正大營營路。出鎮城南門外行五里至冷風坳，五里至水塘坳，東南行里許至涼水井，通石羊哨，詳前麻陽縣路下。十里至廖家橋，即菖蒲塘南下里許爲永安哨舊址。十里至全勝營，十里至木星關，五里至丫喇營④，分路南行，山梁

---

① 黃巖江，城北二十三里。兩山雄峙，一徑盤紆，東西隘口數處，可作炮臺，爲民間禦苗之地，新設兵弁防守。(《苗防備覽》卷四《險要考上》)

② 高樓哨，城北三十七里。在高山脚下，負山而立，頗爲雄峻，前臨數峰，可設卡助聲勢，新添官弁防守。(《苗防備覽》卷四《險要考上》)

③ 龍潛營，在三脚巖北五里。與瑞安營聲息相援，此路自三脚巖至曬金塘，近三十里，皆前阻深澗，後負峻嶺，一徑綠石壁中，極爲嶮巇，往時俱設有汛卡。(《苗防備覽》卷四《險要考上》)

④ 丫喇營，城西四十五里，即古永寧哨，兩面高山，中間羊腸一線，東連永安，南抵小坡，西至鷄公寨，北通烏巢河，生苗寨落、巖落、天馬等處乃其門户，附近之大汉、木星皆必守之險，新添兵弁防守。(《苗防備覽》卷四《險要考上》)

上十五里至犀牛塞，五里至柳木塞，十里至豹子場。十里至浪中江①，十里至鳳凰營堡，十里至盤塘營，十里至大營堡。

附：廖家橋往施溪司民路。由廖家橋十里至余家橋，十里至古衝，十里至新場，一名巖巖，分路西南，五里至犀牛塞，即往豹子場路。五里至桐木坳，五里至巖坳，五里至亭子關，十里至馬槽溪，十里至馬脚巖，過河爲施溪司。

按：鎮篁往正大營之路，雖在山峽中行，而峰巒不甚險峻。廖家橋一帶，地近長坪，黑苗滋擾麻陽上半縣，多由此數口，木星衝、丫喇營尤爲此路險隘。自鳳凰營至正大營，則皆山腹中迤邐而行，無甚險路矣。

鎮篁往舊永綏城營路。出北門過小溪，沿岸行險路十里至長寧哨，往時哨地。二里至潭江，傍山沿溪行六里險路至四路口，山峽中行六里至長坪，一名箭塘。上大坡，行五里至糯塘緣，大坡山腰行險路十里至得勝坡，上山脊行亂巖路十里至得勝坡，下陡坡磴路五里至烏巢河，過小溪上陡坡磴五里至新山梁，上行十里至苟若，行二里上蘇馬坳，過池荷營，山梁上行險路十里至栗林，山梁上行險路十里至黑土寨，一里至泛石巖，交永綏廳界。山峽中行險路十里至鴨酉寨，山峽中行險路十里至排打叩，下坡過洞水溪橋至董維走小田隴，共行險路十里至夯尚，行山衝路五里至補抽，上坡行山路七里至舊永綏城。

附：鎮篁城至盛華哨舊路。出鎮城西門不過溪，沿溪彳亍石徑中，過老師巖共險路十里至白巖峽，行巖峽中險路五里至木林橋，出巖峽行山隴中路，至河坎共險路五里至火燒灘，渡小溪上坡經長坳，行險路十三里至盛華哨。由此處東北行，橫過大凹，共險路十五里至長坪。

按，此路爲永綏開廳之初舊辟營路，兩面生苗寨落，中間一綫羊腸，共計一百三十餘里。雖設有營汛，而勢甚孤危，是以各大帥議將此路營汛撤出，既未立有營伍，即未可爲營路。但苗巢有事多從此中犁巢搗穴，其徑路之險夷，里數之多寡，亦必詳誌，用備參稽。

乾州廳

瀘溪往乾州官路。出南門行十里至上堡，七里過溪至蘇木溪，七里洗溪堡，十里至能灘，十五里至魚梁坳，五里至潭溪，五里至小壁流，八里至大壁流，五

---

① 浪中江，城西南七十里。兩面高山，中有田衝，楚黔要隘，與小鳳凰聲息相援。(《苗防備覽》卷四《險要考上》)

里至下扯旗，五里至中扯旗，五里至上扯旗，五里至丑坨，五里至楠木橋①，二里過溪至河溪堡②，三里至百里，七里至張牌寨，二里至五經坪，過溪二里，過上下巖屋，三里至大莊，八里至小莊，二里至小溪橋，五里至乾州城。

按，此路沿武溪而進，直至河溪堡爲乾州所轄。兩面高山，路繞山脚，溪岸與馬俱便，中數魚梁坳、丑坨二處較險峻焉。由河溪至乾州，則上下巖屋亦稱崎嶇。苗疆中無康莊，此路自瀘溪至廳城共一百二十餘里，雖非內地坦途可比，然他處往乾州者俱一面民地，一面苗寨。惟此路兩面俱爲民村，無伏莽之慮焉。

浦市往乾州民路。由堡外瓦寨壟，五里至楊球坪，十里至高山坪，五里至使人坡，五里至當門坡，二里至都奇坪，七里至黑衝，三里至三灣，四里至蕎地坪，五里至高顯場，五里至長衝，二里至銅撐坡，三里至三層坡，三里至三衝坪堡，分路東南行，五里至下廣，五里至上廣，七里至東瓜寨，三里至下得堡，三里至後塘，三里至興隆場汛地。分路正南行，十里至迷登，三里至田家寨，七里至武偃，四里至都里坪堡，三里至六保，五里至乾田坪堡，二里至龍頭寨，五里至龍潭衝，十里至檻木板，五里至已溶，十里過龍滾坡，至狗㟏巖與鎮算下乾州民路合。由三衝坪西南行，五里至烟竹坪，從此地入五都佗佬地。五里至小章，十二里至舊寨，三里至穿洞。分路西横行二里至大章，五里至池梁，五里至門樓坳，五里至硬寨，五里至高寨，五里至鐵枕巖，過溪十里至毛蘭坪，三里至桃花坪，五里至狗兒寨，五里至三十撈，十五里至乾州廳。由穿洞西南行三里至黃桑衝，五里至竹坪，東南横行過地灰壟，十五里至龍潭衝汛。西南行三里至略寨，四里至牛洞。西行四里至蓑衣坳，八里至魚梁坳。由牛洞西南行，二里至臘樹坳，五里至萬溪山，五里至茨衝，六里至魚梁坳，過溪五里至乾州溪口，八里至廟坳，出佗佬寨至民路。七里至岑盤，五里至三十撈，十五里至乾州城。

附：浦市往大、小章山路。由高山坪分路西行，五里至巖門，八里至磨刀巖，六里至野猫界，六里至桑溪。分路西行，五里至馬旺溪，五里至大坪，四里至川坳，五里至茅坪，五里至中灣水，入佗佬地。由桑溪西南行，五里至湖田，五里至█木坨，入佗佬地。十里至大西老，三里至烟竹坪，五里至小章，通乾州路。

附：浦市往能灘、潭溪山路。由浦市堡外五里至花園坪，七里至會得坳，三里至小蠻，五里至朝陽山，五里至巖陀山，十里至唐家寨，五里至下麻溪，五里

---

① 楠木橋，城東三十五里。當沱江東岸渡河即爲河溪，兩面高山如屏，一線羊腸，蟠於山脚，河坎極爲衝地。(《苗防備覽》卷四《險要考上》)

② 河溪堡，城東三十五里。山峽中地稍平衍，爲沱江高巖河二水相合之處，永乾糧運俱由此進，爲瀘溪至廳第一要隘，乃本廳之咽喉，最宜防範，近築石堡一座，設兵弁防守。(《苗防備覽》卷四《險要考上》)

至上麻溪，五里至胡麻田，五里至能灘，會由潭溪往乾州大路。

附：浦市往洗溪堡山路。由花園坪分路北行，八里至青竹坪，十二里至丫山頭，五里至桐木坳，十里至蘇木溪，會洗溪往乾州路。

按：此路至乾州城一百三十餘里，由高山坪進，一望危峰峻嶺，路從山峽中行。至烟竹坪，則入五都仡佬村寨。計自烟竹坪至乾州之溪口，四五十里悉仡佬地方，浦市重地。而民、苗、仡佬俱經由於此，故特詳於簡云。

乾州往永綏路。由乾州城出西門外，行山衝路十里至衝角，山衝路十里至寨陽，軟坳路八里至鬼板過溪，沿溪傍山，八里至平郎，再行十里至偉者，經由高山麓行，過逼仄路，十里至黃臘寨，五里至巡檢坪，十里至高巖汛，上大坡險路，十里至望高嶺[1]，山梁上行六里至分水坳，山梁上行十里至永綏城。

按，此路八九十里，一綫羊腸，兩面皆苗寨。自鬼板過河，左臨深澗，右傍峻嶺，直至高巖，俱稱崎嶇。由高巖上望高嶺，則所云山從人面起矣。扳援而上，極為難行。及至嶺，則由山梁迤邐而行，雖高出雲表，而路頗平坦。此路關永綏糧道，用特詳之。

乾州往鎮筸營路，詳前鎮筸城下。

乾州往保靖、永順路，詳後保靖永順下。

永綏廳

永綏舊治，即吉多坪。往永綏廳營路，由永綏舊城出西門，行山衝路五里至董馬，行下坡山衝路五里至大排吾，五里至小排吾，行山峽中路十里至北鴨保汛，行山峽中崎嶇路十里至張坪，馬行山衝險路十里至龍團堡，行山衝路十里至排樓鋪，之後上坡，上坡進山衝三里至擺頭衝，高山峽中行，過豐和鋪，其十里至窩郎榜，山腰上行五里，下河坎，至永綏廳城，即綏靖鎮城。

按，此路七十餘里，兩面俱係苗巢，中間一綫羊腸。出城即行下坡磴路，自大排吾至張坪馬，中經石麒麟各處。左傍危巖，右臨幽硐，亂石屼岈，山徑詰屈，號稱極險。擺頭衝至窩郎榜在高山峽中，往來亦為幽暗，行人常有戒心云。

永綏往四川秀山縣民路。由永綏城西行十里至風火場，五里至巴東坪，五里至龍山田，五里至攬蒿，過河五里至裁蓉，沿河上行十里至洪安汛，西向山衝小壟中行十里至平馬場，山衝小壟中行十五里至鬼刀溪場，上丟草坡，下抵溪坎，上二十里至洪安溪，沿溪行大山腳下路二十里至三腳巖，田壟路五里過溪至秀山縣。

---

[1] 望高嶺，城東十五里。由高巖而上，至此已在山脊，地勢高廠，上入雲表。(《苗防備覽》卷四《險要考上》)

按，此路自花園至攬蒿，俱經由永綏花苗寨落，重岡疊嶂，路從山峽中行。自芙蓉渡河，爲秀山縣土人村寨。平馬場一帶尚爲坦夷，惟丟草坡及三腳巖當鳳凰山麓，頗爲逼仄。

永綏往松桃營路。由永綏廳城至舊城，即吉多坪。西行十五里至葫蘆坪，繞老鳳山①腳，行坳路五里至箅子坳，再行山峽中坳路十里至芭茅坪，由山衝中上坡行山路十里至嗅腦汛，山腰中軟坳路十里，上坡至盤陀營堡。西南行坡路十里至馬乾溪，沿山傍澗，行十里至十里牌，山壟中行十里至平所，五里過河至松桃廳城。

按，此路七十餘里，路在高山峽中，一徑盤紆，兩面亦苗人寨落。但沿途多小隴軟坳，惟馬乾溪一帶頗爲逼仄，餘則輿馬往來，無甚艱阻。永綏在萬山之上，高出雲表，東、北、南三面俱極崎嶇，獨此路稍坦夷。於役其間者，尚宜審於借徑焉。

永綏往鎮箅營路，詳鎮箅。

永綏往乾州路，詳乾州。

永綏往保靖路，詳保靖。

保靖縣

保靖往乾州營路。出東門陽斜行上坡路二十五里至積穀莊，係土人村寨。山腰陽斜行十五里至塗乍塘，山腰行險路十里至魚塘，塘在高山腰中。山梁上行崎嶇路十七里至葫蘆汛，上坡行巖窠路十里至尖巖，一名自生橋，兩山削立，中有竹根結成，橋上覆以土用便行人。下大坡行巖窠中險路十五里至亂巖溪，上山坳行險路十里至喜鵲營。入乾州境，山路五里至椆木坪②，山坳行崎嶇路五里至馬頸坳，山衝中行盤曲路十里至大灣，山衝軟凹路十里至振武營③，山坳路五里至鎮靖營④，在鵓粟坡上，從此東北行山路十五里至著落汛，又山路八里至把布，山路八里至把金，俱乾州仡佬地。東行行下坡路五里，過河至鎮溪所堡，過了溪，行山衝軟

① 老鳳山，俗名望鄉臺，城西南二十餘里。高數千仞，插入雲表。自北鴉保汛至松桃之排朵，俱爲此山支分。長五十餘里，闊八里許，跨連兩省。蘭草坪馬烈溪各兇苗，俱附其麓。環山上下，寨落極多。(《苗防備覽》卷四《險要考上》)

② 椆木坪，城北五十里。與喜鵲營相爲犄角，山路崎嶇，如蟻緣蛭，最難登跋。(《苗防備覽》卷四《險要考上》)

③ 振武營，城北三十里。山勢崢嶸，徑路崎嶇。(《苗防備覽》卷四《險要考上》)

④ 鎮靖營，城北二十五里。距鎮溪所五里，在鵓粟枝上，地勢險峻，與鎮溪聲息相援，新設兵弁防守。(《苗防備覽》卷四《險要考上》)

坳路十五里至乾州城。

　　按，此路由積穀莊即集古汛。至亂巖溪，內爲土人村堡，外爲苗人寨落。由亂巖溪直至乾州城，兩面俱苗人寨落，仡佬、土、客間亦雜居。中間椰木坪、亂巖溪一帶，山既峻惡，尖巖坪在青山之腹，路尤崎嶇。惟苗情視他處尚易箝制，故其道亦易通焉。

　　保靖往永綏營路。出保靖南門軟坳路五里至魏家莊，山衝路五里至董維，軟坳路十里至新寨，軟坳路行十里至古董溪，與永綏交界。軟坳路十里過小溪至臘耳堡，沿河傍山行五里至河口汛，二里至綏靖鎮城，此後往永綏路，詳永綏廳。

　　按，此路兩面黑苗寨落，山雖不甚陡惡，而路從山衝中行，頗亦幽曲，至新寨臘耳堡，則通永綏生苗矣。往來其間者，恒不忘警露之戒云。

　　保靖往秀山，自城至綏靖鎮，詳前條。自綏靖鎮至秀山城，詳永綏。

永順縣

　　永順古丈坪往永順府營路。由古丈坪同知署五里至龍潭坪，十里至黑潭坪，十里至一碗水，五里至馬路口。以上皆行土人村寨中。自馬路口過北河渡上大坡路，十里至博古塘，十里至小龍村，下陡坡落牛路河，又上陡坡，共險路十里。至視坪塘坡界上行十里至別些坡，繞高峰坡山腰行十里至金魚塘，下山陽斜行十里至永寧塘，山衝路十里至永順城。

　　按，永順地方向本土宣慰所據，其山川之險峻，道路之崎嶇，與苗寨無異。故有兩山相望，而一上一下輒數十里，此路中如牛路河，下墮深澗，上援層磴，行者莫不有蜀道難之嘆。

　　永順古丈坪往保靖民路。由同知署二里至新寨汛，十里至蔡家莊，十里至排沙汛，十里至洗溪塘，十里至排若汛，十里至魚塘塘，十八里至塗乍塘，十一里至集古塘，二十七里至保靖城。

　　按，此路繞土寨中行，若由蔡家莊小路北橫至馬路口，十里至王家洞，十里至田家洞，十五里至白棲關，二十里至城，則在保靖往永順大路中行矣。

　　永順古丈坪往辰州大路。由同知署十五里至黑潭坪，十里至叢樹坪，十里至茅坪，西行十五里至一碗水，即會往永順府大路。二十里至水井坪，上大坡即高望界險路二十里至沅陵之葛竹溪，險路十里至石板塘，十里至李子塘，十里至楓香塘，十里至施溪塘，十里至榆溪塘，十里至落潭村，十里至烏宿營，十里至羅仙鋪，十里至白泥塘，十里至辰州府城。

　　按，此路經由土人村落之中，鳥道羊腸，與苗寨無異。而高望界石脊嶙峋，高出雲表，行人扳援而過，罔不目眩心驚云。

永順古丈坪往瀘溪小路。自同知署十里至巖坳汛，十五里至旦武營①，十里至曹家坪塘，十五里至土蠻坡，與瀘溪之司馬衝交界。又由旦武營十五里至下河蓬塘，十三里至瀘溪之司馬衝。又由老旦武營至下河蓬，轉東北十五里至床機坡，十五里至山濛溪，再十五里至沅陵之拱辰坪。

按，三路俱從苗寨行崎嶇路。瀘溪之北、沅陵之西南與永順之東南，三處地相毗連，故其徑路亦到處相通。

永順古丈坪往乾州。由巖汛十里至白巖寨，十里至毛坪，十里至排己魯，十里至保靖之亂巖溪，與保靖往乾路會。如由白巖經由櫻桃坳，共二十里至龍鼻嘴，十里至蕩它，則徑達乾州之喜鵲營。又由龍鼻巖行上坎、中坎、下坎絕險路二十九里至土蠻坡北，往瀘溪南行十餘里至窩米溪，與乾州之野毛坪路相會。

按，永順至乾州，經由亂巖溪、喜鵲營，均由營路。其由龍鼻巖、土蠻坡之小路，雖亦立有營汛，而猱巖猿徑，爲人跡所罕歷矣。

永順古丈坪至乾州小路。由古丈坪南行險路五十五里至平拔高嶺，上行崎嶇路二十里至葛藤寨，山澗崎嶇路二十里至尚老，再行坡路十二里，下坡過河至鎮溪所，十五里至乾州城。

按，此路從熟苗、仡佬、土人各村寨中徑行，山勢陡峻，羊腸詰曲，尤爲奇險，爲行旅所不便。

瀘溪縣

瀘溪往鎮筸官路。出南門渡河，由稱鉈山下，二十里至船溪驛，與沅陵大道會。

瀘溪往鎮筸小路。由縣城至洗溪堡，五里至鄧家坪，山路五里至楓香坡，五里至黃鼠坡，大坡路五里至桑溪，大山衝險路十里至杉衝坡，山衝磴路五里至門級坳，山梁上行十里至三層坡，下坡五里至三衝坡，小田壋路五里至下廣壋路，五里至上廣。分路東行五里至溪頭，十里大坡路至六里衝，二里山衝路至巖坡，山衝路八里至白頭溪，通浦市。南行山衝路七里至東瓜寨，田壋路三里至下得保。分路西行八里至興隆場。南行山衝五里至上得保，七里山坡路至彭總營。分路正南行八里至平沙溪，五里山坳路至曬竹田。西南行山坡路至路馬頭堡，行山衝路十里至馬路口，五里山衝路至踏虎堡，與浦市往鎮筸民路會。

----

① 旦武營，古仗坪南三十里。營旁俱苗人寨落，群峰環合，高險幽阻，攢鋩列戟，覘瞷左右，爲乾永接界要區，新設汛防。（《苗防備覽》卷五《險要考下》）

按，此路往鎮篁頗徑直，而重山疊巘，鳥道羊腸，極為難行，山民往來其間，官商不取道焉。

瀘溪往保靖民路。出北門從大坡山腰行十里至鐥架山，五里至涼亭坳，山腰行十五里至都來山，灣中盤折行十里下坡至大田坪山，壟行二十里至大路口，分路西行二十里至古丈坪。西北行軟坳路十里至茅坪，西行沿河上十五里至馬路口，對河即永順之王村。西行沿河上大坡，十五里至王家洞[1]，山腰橫行十里至田家洞[2]，山衝軟坳路十里至白棲關，二十里至保靖城。

按，此路山徑逼仄，輿馬亦不甚便，而去苗寨尚遠。至大路口一帶則往來土民村落，土人極為馴良，而力能禦苗。由瀘溪繞辰州至保靖，取徑甚迂，道尤險阻，故於永保者多借途於此。

瀘溪往乾州路，詳乾州。

瀘溪往辰州民路，沿河直上，無甚險阻，無事詳志。

麻陽縣

麻陽縣往銅仁府[3]營路。由縣城出西門行十里至渡頭塘，十里至銅信塘，十里至小坡，由小坡分路西南北行，至乾河通黃羅寨為鳳凰廳地。十里至米沙塘，十里至牛牯坪，過河五里至施溪，係思州府管。沿河上十五里過河至黃臘關，十五里至小桶，十里至銅仁府。

按，此路銅信、小坡為舊時設哨之所，沿河上下路尚坦夷，自施溪至銅仁，傍山沿河，頗為險仄。

麻陽往鎮篁，詳鎮篁。

麻陽往乾州，由高村進土潭、大寮至溪上，與鎮篁往乾州民路會。

麻陽往沅州，詳沅州往鎮篁路。

---

[1]　王家洞，城西南一百里。峰巒復沓，洞壑阻深，土人寨落民風勁勇，為苗所畏，與田家洞號曰田王二洞。(《苗防備覽》卷五《險要考下》)

[2]　田家洞，城西南一百一十里。舊設長官司為永、保苗路，土人寨落攢簇排列，重岡疊嶂，地險民勁，奸苗不敢輕犯。(《苗防備覽》卷五《險要考下》)

[3]　銅仁府，隸貴東道。副將駐。順治初，因明制。康熙四十三年，平紅苗，設正大營，以同知駐其地。雍正八年，平松桃紅苗，移同知駐，以正大營地割隸銅縣。嘉慶三年，升松桃為直隸廳。光緒六年，移銅仁縣治江口，即提溪吏目駐地，分府屬五硐歸縣。西南距省治六百六里。廣一百七十里，袤二百七十里。領縣一。(《清史稿》卷七十五《地理二十二》)

巡閱苗疆陸路程途

鳳凰廳城，四十五里至得勝營尖，四十五里至乾州廳宿，三十五里至馬頸坳尖，三十里至保靖縣萬巖溪宿，三十五里至保靖縣印山臺尖，三十五里至保靖縣塗乍宿，一十五里至保靖縣水蔭場尖，五十里至永綏廳城宿，四十五里至保靖縣，登舟由永順縣之王村、沅陵之鳥宿，計水程二百七十里至辰州府。

各廳縣苗寨

鳳凰廳苗寨

潭江，長寧哨，都牛坪，四路口，上箭塘，中箭塘，下箭塘，毛土坪寨，長凹，大凹，扁洞，香鑪山，木里寨，龍井，總兵營，官畚坪，東瓜坡，濫壩，凉洞坪，司門前，老柴溪，都良田，萬溶江，巖板溪，紅巖井，郎木樹，兩頭羊，下官莊，上官莊，上大塘，下大塘，錫皮寨，成廣寨，麻陽寨，上楓木坪，下楓木坪，唐寨，新化寨，兜沙，新寨，上巖口寨，老寅寨，下巖口寨，貓兒垔，千潭，卞洞寨，下水寨，夯柳寨，箪子寨，臭屎寨，構皮寨，沙坪，半坡，大天星寨，小天星寨，得勝坡，迷亮，馬鞍山，猪槽坑，黃茅嶺，糯塘寨，芭茅沱寨，駱駝寨，歇埸坨寨，太陽山，狗腦坡，竹山寨，三江寨，混水塘，田家寨，梅山坪，大梅山，毛都塘寨，後寨，雄龍寨，良垔寨，上茶山寨，下茶山寨，排樓凉，上老菜溪，下老菜寨，床機寨，管舍坪，消水壟，老王山，消水沱，龍蛟洞寨，蝦蟆洞，蟲寨，都沙寨，黃茅坪寨，鵝里，新垔寨，泉水洞寨，竹洞寨，韭菜坡寨，新洞坪，林家寨，巖落寨，喇叭寨，上猿猴寨，中猿猴寨，盤塘窩寨，釀水沱寨，下猿猴寨，宣潭寨，盛華哨，三角塘寨，火燒灘寨，馬屎垔寨，七兜樹寨，田衝寨，川洞寨，古桑坪寨，教場，冒頭溪，孤塘寨，水沱寨，芭蕉沱寨，石灰窑寨，竹山灣寨，楊家洞寨，火略塘寨，新洞寨，豹子洞寨，中池河營寨，茶坪，下爆木林，上爆木林，茶林，火麻沱，赤蘭坪寨。

以上前營苗寨。

大鳥巢河，黑上寨，糯塘山，大新寨，盤若，上牛練塘，下牛練塘，葫蘆寨，大池河營，牙梳，芭茅坪，下窩黨，上窩黨，上苟若，下苟若，上打郎，中打郎，下打郎，老家寨，巖板井，小池河營，鷄公寨，鴨寨營，巖板橋，坡木樹，欂木山，中麻衝，大樹坡，興隆山，上麻衝，下麻衝，下巖口，上雷公山，下雷公山，小臘耳山，大臘耳山①，板凳寨，上西凉，中西凉，下西凉，大小五頭，後洞，高雲洞，五箭塘，安靖關，紅花寨，三斗丘，鐵馬山，欂木關，上仡佬寨，下仡佬寨，蜂桶寨，上田坪，下田坪，蘇馬寨，大塘，新龍寨，落豪坪，旱田坪，野鷄衝，地陷江，貓兒壟，上勾補，中勾補，下勾補，鬼塘，栗林，盤儺寨，野牛塘，洞里，渭水沱，大坪，龍公寨，立坳寨，五斗寨，通踏林寨，猪嘴坡寨，同保寨，馬頸潭，龍鄂營，大頭坡，上硬寨，竹子坳，巖壁喇，下硬寨，古桑營，巖洞寨，滾牛洞，椰木寨，蠟洞坡，喇叭寨，滑板，新廣寨，乾洞，魚井。

以上中營苗寨。

中麻衝，泡水寨，菜口衝寨，木葉潭，高寨，上洞脚寨，中洞脚寨，下洞脚寨，桐油坪寨，牛洞坡寨，毛古壟寨，倒沱寨，三壟坡，犇犇寨，大麻營，歐陽坡，上魚孔寨，下魚孔寨，官莊寨，上洋管衝，中羊管衝，下羊管衝，猴兒衝，騎馬寨，把鷄寨，地良坡，補頂寨，桃花寨②，欂木營③，打革坡，茶山寨，平平龍，新寨，老家寨，下老家寨，竹山坪，高都大寨，彼革寨，清水塘，巖科寨，苟條寨，麻力灣，十八灣，美良坨，鬼以坡，夯卡寨，至喇寨，排灘寨，米沱，杉木寨，茶藺寨，上坪壟，皮寨，鬼猴溪，龍爪溪，岑頭坡，排寅寨，鴨保寨④，大塘，鵲兒寨，磨手寨，邦溪寨，都司，竹沱寨，當洞寨，高巖寨，得傍寨，仡佬寨，追壟，董儺寨，旦喇寨，欂木寨，拖板寨，阿排寨，苟沙寨，隆朋寨，格條寨，羅卡寨，己齊寨，巴柯寨，科甲寨，鵝立寨，興隆寨，營盤寨，排略寨，雷公洞，夯勒寨，夯沱寨，巖危坡寨，下米流，上米流，苟鮮寨，黃腦寨，魚路寨，大隆洞寨，牛角寨，得者寨，朵石寨，曬金塘寨，洞江寨，簟子

---

① 大臘耳山，城西七十里。高十餘里，山勢甚大，跨楚黔兩省，東之鴨有夯尚，南之栗林有泥，西之亢金嗅腦，北之葫蘆簟子坳。俱係此山支派，綿亘百餘里，其上苗寨甚多，故往史稱湖貴苗生恤者必臘耳山，其間極險者，在關上下十餘里，詳道路門。(《苗防備覽》卷四《險要考上》)

② 桃花寨，城北八十里。與天星寨相連，山勢陡峻，高入雲表，天星險比此，十不及二三焉，生苗憑以爲固，遇有大軍攻討，輒藏糧糗牲畜其上。(《苗防備覽》卷四《險要考上》)

③ 欂木營，城北八十里。在天星寨東北，萬山之中，地勢寬平，縱長五六里，橫廣三四里，有泉塘七八口，可供汲飲，爲苗巢好營地，自來有事苗疆者，多札營於此。(《苗防備覽》卷四《險要考上》)

④ 鴨保寨，在鴉保山中，城北九十三里，當欂木營西北十里，苗地自正大營迤邐而上，漸登山界，至寨前爲山界之巔，澗壑幽曲，灌莽叢集，地極高寒。衝壟中有魚塘數口，産玉禾米及山藥，苗介吳隴登世居其地，滋事時憑以爲固。大軍征苗楚中設糧臺於此，與黔省接運。(《苗防備覽》卷四《險要考上》)

坪，重郎坡寨，塘衝寨，坳馬坡寨，中麻衝寨，下麻衝寨，上麻衝寨，大田寨，茶溪寨，廖家大寨，上舊司坪，下舊司坪。

以上右營苗寨。

新增苗寨：

清水塘，柳瓦，高坡，凉水井，上蘇麻，中蘇麻，下蘇麻，保農，小烏巢河，狗腦坡，巖畢灣，撮箕灣，赤河營，古哨營，大馬馳，板晉寨，夯柳寨，巖尾坡，普定寨，連雲山，濫泥溝，新龍山，霧露山，豹子防，下梁新寨，黨槽，三家苗，沙兜寨，盤喇寨，多喜寨，汲河寨，科受榮寨，盤基坳，科榮寨，俄戴寨，科受寨，仍涯寨，猛蓋寨，撒罕寨，毛章寨，誅苗坪，炮桐井，螞衝，槔木樹，貓頭，苗屋場，豆田，夯卡，觀音寨，火雞衝，楊柳塘，烏壟巖，茶安山，巖洞，臘耳門，鄧坎，卧黨，構沙，敞基，大窩，平灘，土地塘，銅巖寨，巖扛寨，上蠟衝，下蠟衝，巴溝寨，黃毛坪，北雞寨，太平寨，子母寨，硝水寨，古長灣，巖碧灣，摩手寨，上水寨，下水寨，重寨，扣堡寨，斗沙寨，斗思寨，科峒，大坡腦，雷建山，馬腦寨，豬草寨，殺苗坪，竹子寨，巖板井，溪頭樹，綠豆衝，關箱坪，謙恭寨，磨水山，大高巖，小高巖，喜鵲坡，尖巖山，清平山，高多寨，卧盤寨，廓家寨，黃衝口，巖窩山，騎牛山，上寨坡，大地坡，小峰，高斗山，騾馬寨，坡腳寨，雨盆河，川河，百果寨，五里牌，漢巖，臘雞寨，金嶺衝，游馬坨，大坨，八約寨，硃石寨，拖板寨，吉吉寨，河洛坪，斗角寨，巖洞寨，猴子山，蛇退嶺，火里坪，壁多山，九龍溝，高吉灣，巴金灣，鵲兒嶺，平逆坳，久蘇坪，瀑水，新寨灣，禾粟山，納共山，貴道嶺，牌人寨，七星坡，苹坡，擺十寨，塘坡，噶拉寨，苗家坨，梯子山，三峰拉，洪翹山，捷定坪，筆架山，層石岡，勤兆坡，北拉寨，瀑水源，武定山，茨巖，長吉山，稻田山，相見坳，戈定山，雲極山，結石岡，甘露嶺，牧牛坪，竹石坪，吉士坡，官道溪，管塘坡，羊蹄坡，息戟寨，望城坡，得羅寨，豹盤寨，紫泥山，牛羊坡城，細灣，茶坳。

以上鳳凰各苗寨，中營分屬苗守備三人管理，前營分屬苗守備四人管理，右營分屬苗守備四人管理。

按，苗民父子兄弟無共處一室者，子長分爨，架數椽爲屋，即另一戶矣，不能聚族而處。往往舊時一寨，數十年輒分成數寨，沿本名而別之曰老、曰新、曰上、曰下、曰中，或即所處地形，別自呼其寨曰某某，平日不當徭役，無尺籍可稽，稱爲某寨。不過據寨長降苗所言，而蠻音駃舌，有聲無字，依稀仿佛，彼此混淆。故鳳凰一廳，新舊寨落，共計千數百處，而於舊志三百餘寨外能舉其名者，祇大兵剿撫之百數十處而已。然誠知今日之苗寨千餘，要不過即往時之三百餘寨，有添寨，無增地，亦足見苗疆之生齒繁多，數倍往時，地狹人衆，各當事之妥爲安輯者，擘畫爲不易矣。

永綏廳苗寨

吉多，臘盆寨，著盤下寨，如臘寨，帀紫塘，鐵廠寨，瓦豪寨，小洽子塘，下龍洞，破口寨，土蠻寨，老惟田，高腳寨，大西寨，兔子寨，排九州寨，墨容寨，馬嘴寨，大門洞，高巖寨，高望寨，止耳寨，東瓜寨，慕陽寨，料戎寨，巖洞新寨，下水寨，排酌寨，奪柱寨，當老排寨，排吉地寨，吉布寨，休格寨，大酌寨，小掩寨，補抽寨，杉木寨，良茂寨，上雀如寨，葫蘆寨，西陽寨，悶洞寨，大本寨，盤塘寨，雅渚寨，排臘寨，排沙寨，盤塘阿，董葦寨，排赭寨，油麻陀，鴉酉寨，上水寨，養由寨，美戎寨，吉壩寨，提禄寨，居始寨，斗蠟寨，下新寨，大小水寨，巴天寨，躲鬼寨，窩大凱，古榴流，嘉馬地，夯尚寨，小哨寨，紅巖壁，矮坡寨，大哨寨，阿大開，白蠟寨，巖科寨，保果寨，上張刀，中張刀，下張刀，小龍洞，洞衝寨，臥龍寨，白楊寨，壩滾寨，排比寨，排比乜，丙池寨，蜂糖寨，排蠟寨，安格寨，八排寨，補格寨，格戎寨，排蠟弩，上窩乍罩，下窩乍罩，蠟早寨，豆子寨，大樹坪，瓜衝寨，竹子寨，排大一，飛蟲寨，拔乃寨，孃查寨，巴壤寨，補豪寨，德夯寨，補騰寨，達瓦寨，巖落，帽纓寨，排科寨，窩谷寨，阿那寨，科戎寨，桐木寨，排讓勒，美喇寨，排乍寨，巖門寨，美略寨，排補美，轉窮寨，板栗小，唐己寨，來功寨，巖板寨，小板栗，雷公寨，板栗大，幾步嶺，讓乍寨，幾投寨，科兒寨，老寨，溜都寨，美洞寨，廣車寨，紫花寨，董當寨，明湖寨，果垤寨，朱石寨，新利寨，亂巖寨，柯沙寨，尖巖寨，馬後寨，商酌寨，阿壩寨，梁家寨，望高坡，夯都寨，留門里寨，阿杓寨，五讓寨，略把寨，老鐵坪，花香寨，谷坡，巖寨，著留杖寨，排首寨，木古寨，武戎寨，臥忿臘，牙八吉，長潭，米泊寨，攉馬卡寨，撈車寨，中家溪，芒乃宮，水坪寨，巖科寨，旦笷寨，下寨，沙平寨，葛皮寨，黃善寨，夯魯寨，補若寨。

以上左營苗寨。

幾板寨，磨子寨，猴子寨，槂木樹，馬鞍寨，結磯寨，結押寨，牽牛坪，空包寨，構哨寨，小洞樹，上水田溪，土宝寨，下水田溪，人坐寨，掃把寨，通草寨，豆子寨，各欠寨，上土孔，下土孔，果肉寨，籬把寨，鉛廠寨，千工牛，老旺新，洞里寨，蜂糖寨，洞乍寨，紙毫寨，官寨，楊家寨，米糯，白果樹寨，老虎洞，下土㪷寨，河口村，分水坳寨，大塘村，果兒寨，描茹寨，鴉保寨，丁牛寨，巖板寨，二良寨，大凉寨，董馬寨，夯彩寨，磯彩寨，小排吾，大排吾，新寨，上楓樹衝，老忙山寨，上止蠟寨，敦留寨，小水孔寨，溜漕寨，後土坡，夯幾寨，風木衝，美容寨，古樓寨，窩陀寨，小寨，中隆團寨，上隆團寨，豆旺寨，沙寨，得料寨，板橙寨，李思寨，豬槽寨，芭芒寨，龍門寨，里美寨，老鈽寨，鷥太寨，白巖寨，八泊寨，里興寨，大木樹，果弄寨，上扛寨，排樓寨，枸曹寨，張坪，排乍寨，至下寨，川巖新寨，柯羅新寨，古瓦臘，己容寨，花園，塔里寨，中豐和寨，上豐和寨，下豐和寨，洞溪寨，蠟如堡，以齊寨，卡地虎寨，老鴉塘，保益新寨，臥郎傍，髦耆寨，瓦水寨，梭落湖，窩別寨，後投寨，齊溪，江排寨，由覺㞢，留坎寨，美若寨，鍾家溪，馬己寨，堯壩寨，賈明寨，己洞坪。

以上右營苗寨。

新增各寨：

工空，臘夷寨，隴孔，大郎坪，葛藤寨，補鎬寨，黃土坪，桃花坪，上巖門，竹子坪，黃皮寨，水羊寨，鷄墮，黃烈溪，卜冉寨，捍子寨，黃瓜寨，牛心山，梁冒寨，野牛塘，巨多寨，稽私寨，朵塊寨，白蠟寨，滾牛坡，腳坡寨，黃土溝，鴉子寨，竹子山，崖板寨，㮴木坨，蘭草坪，十八棧，柳凹，隴保寨，杉木寨，丁高坡，老虎灣，甑子寨，四馬寨，董旺寨，青竹林，董蕩，坡口，虎口渡，盤老，學寨，搭拉塘，補林，田家坡，打子坡，知耳寨，略家寨，豬屎寨，穀坡寨，攄有寨，窩扒寨，上蠻寨，洞買寨，讓伯寨，上坎寨，讓理寨，得狗寨，把若寨，排拐寨，高坡寨，磨英寨，溪婆寨，貢禄寨，小唐衝，夯家寨，窩插溪，著馬啞，排大山，新賽揚，馬衝長，早木潭，亮巖衝，新寨，峩犁寨，葛畢寨，老花園，王家寨，巖門生，水坪寨，打若坪，排起坪，米迫，王連溝，薩必寨，納烏寨，老科寨，葛坡倒念，納廣寨，木溝，葛坡老寨，長潭土寨。

以上永綏各苗寨，五里屬苗守備一人，上六里屬苗守備一人，下六里屬苗守備一人，上七里屬苗守備一人，下七里屬苗守備一人，八里屬苗守備二人，九里屬苗守備二人，上十里屬苗守備一人，下十里屬苗守備一人管理。

按，永綏、乾州本上下十里苗地，乾州爲下四里，明洪武中已編戶當差。上六里則從來不通聲教。明初雖設崇山衛，旋復中廢，故常以野人相擯。自雍正八年，開闢六里，建立廳治，始入我輿圖，其地視鳳凰微狹，而較乾州爲廣，且處萬山脊背，高寒幽險。查黃瓜、鴨酉之類，在臘耳山麓，鴉保、土空各寨繞老鳳山前後，翁坪、廣車各寨當猴兒山椒，向稱獷悍。自排補美至谷坡一帶，則尤號幽邃。幸其東南二面，限以乾、鳳北境之中，亦有保靖外蔽，與民地阻隔。若花園蠟耳堡各村居民相錯住居，則攘竊之患，不能不留心防範矣。

乾州廳苗寨

上寨陽，下寨陽，桂折寨，黃腦寨，上桃枝寨，洞長二房，坡口上下寨，雀兒寨，敖里坡上寨，圃佃寨，龍保寨，巷坨上下寨，巷圃熟上下寨，分宰，萬溪洞，仙鎮營，上三岔坪，下三岔坪，勞神寨，景戎寨，崇寨，勤作頭，巷善寨，上雀如，下雀如，榔梧溪，莊上坪，巖洞，牌門寨，雷公洞，龍洞寨，水孔寨，留覺寨，地母村，蠟汭寨，巖𪤗寨，排楚寨，密流，排枝寨，障防寨，排磯寨，楊孟寨，隔茶寨，洞長寨，旗蠹寨，略順寨，東排寨，排糯寨，堡峙寨，排補寨，大新寨，巖渭坡，萬朋寨，桂衡，仡佬寨，高巖寨，白巖山，團讓寨，仡岔寨，桂妙寨，德讓寨，坡口中寨，地岑，高倚寨，排草寨，斛桶寨，螃蟹寨，巖板寨，圃老寨，木寨，老為田，擺勒寨，豹子寨，桂溪，達沙寨，坡腳寨，董拔寨，約衝寨，溪口寨，大寶寨，上苗障寨，犁溪寨，杓耳寨，百耕寨，排邦寨，界牌，大瓮流，中瓮流，平業寨，下瓮流，鐵鎮巖，下巖窩，圃沙寨，圃勞寨，楓香灣，排坨，小溪，老寨廠，巷圃石，洞上寨，巷圃市，排二帷，對馬寨，仁隆寨，髻老寨，磯流寨，紅巖寨，把藤寨，德農寨，朵牙，田砌，地卡，唐臘，硯臺寨，橫巖寨，彌篳，蕩磯石，上坪，馬驛樓，過道寨，巷達壩，航把拐，坨里寨，龍頭，上平隆，下平隆，仡佬寨。

新增各寨：

三腳巖，軌者寨，力溪寨，跑溝寨，瞿家寨，犁口嘴，得峰山，金壁嶺，馬鞍山，捧風坳，黃連坳，晒穀坡，窯灰坡，田頭衝，三炮臺，長灘，兩頭田，平者寨，野豬衝，兩叉溪，黃土洞，麻里灣，卡壁寨，竹山坡，都魯溪，白蠟坡，炮樓坡，老強虎寨，少強虎寨，龍圖，後坡，新寨，豎耳寨，蕭營寨，茶葉寨，墨斗溪，麥地溪，天塘鋪，羅家寨，蒼茅坳，社神堂，乾溪，黃上寨，隆坪，磨子園，三家坳，巖人坪，象心形，查口洞，平頭梁，下溪溝，大壩角，芥車，孟水衝，打狗坡，獅子坡，觀音坡，甲式溝，老師巖，貴魚坡，養牛坡，麻狗坡，湖耳坳，土貫坡，菜衝，剛息衝，栗口嘴，十八灣，鼎鑽寨，馬頭山，洞溪寨，餘錦坡，巖坳圭，歌歌寨，臘靄寨，散巖衝，知兒衝，得夯衝，龍牙，半衝，龍爪溪，鬼猴溪，打郎溪，坪郎寨，桃田寨，兔板巖，亂巖灘，小新寨，老底寨，岔坡寨，鵝里寨，達白衝，夯坨寨，洞上寨，課瓦寨，然老寨，巴略寨，高尖寨，梯子寨，排坡寨，大紅寨，夯列中，白楊衝，坪業寨，隆港寨，巖科寨，中阿隴，補沙寨，補有溪，夯補溪，川洞寨，茶葉衝，拘尖寨，百壟寨，大檢臺，古者寨，小檢臺，魚塘寨，夯理漆，下麻里，提卡寨，塘臘寨，大然杓，土地堂，包腦寨，小然杓，楓香灣，高糧衝，夯把衝，米衝寨，答筍寨，土平石，長衝寨，夯沙寨，夯把拐，蛇長寨，花葉坡，障木溪，沙土寨，上高坡，夯止招，石家灣，升凹寨，上夯陀，下密必，牌己略，下夯陀，楊家寨，夯知加，汪依吾，磨石溪，小河沱，望二色，冷水井，洞歪寨，阿可坪，坪郎寨，官田坪，馬易略。

以上乾州各苗寨，俱分屬苗守備四人管理。

按，鳳凰、乾州二廳，向時寨長頭人分管於鎮筸鎮四營，屬某營者曰某營苗，迄今猶相沿以稱也。前、中、右三營，皆在鳳境。隸乾州者祇左營一營，故乾州苗在三廳中爲差少。見諸志乘者，不過百數十寨。自承平日久，生齒彌繁，寨落日析，剿撫之所及，不下四五百寨，撫今昔之异規，而知防維之不易也。高巖河南岸平隆、石隆、筆衛、葦猴之屬，苗極獷悍，屢煩捷伐。北岸天門山後，楊孟一帶，地險寨大，尤爬梳之所難及，攝之以威，綏之以德，俾蟻屯蜂聚之衆各安耕鑿，有非一朝夕之故者矣。

永順縣古丈坪苗寨

蕩坨寨，龍鼻嘴，排娘寨，上寨，塘上寨，老虎廳。

以上六寨，連溪住居。惟老虎廳在坡上溪水，通土蠻坡營，抵喜鵲營，大路十里，其間有夯娘長衝，地頗幽險。

上潭溪寨，中潭溪寨，下潭溪寨。

以上三溪，不通大路，過溪四里抵乾州鴉枝寨，下溪上坡行八里，抵老虎廳。

買若寨，梛木坪。

以上二寨，不通大路，二里抵乾州鴉枝，三里下坡抵潭溪。

排己魯，己著坪寨。

以上二寨，上下對溪住，五里抵亂溪，五里下溪抵龍鼻嘴。

上下叭喇寨，巖坎寨，上寨，客人寨，夯河卡，土地堂寨。

以上六寨，接壤坐大路旁，上十里抵旦武營，下十里抵巖坳汛，中間巖坳最險。

桐木寨，巖寨。

以上二寨，并住大路旁，五里抵亂巖溪，其間有榔木坳最險。

下茅坪寨，中茅坪寨，上茅坪寨。

以上三寨，上下相連，二里抵宋家若寨，其間排口最險。

上下官壩，尖鐵寨，中洗溪寨，竹灣溪寨，龍頭坳寨，失鑪官廳寨。

以上六寨，環溪住居，大路五里上梳頭溪，小路五里下列麥溪。以上大小三十寨，設苗千總一人管屬，俱皆安業。

排布平寨，浪田寨，几石潭寨，龍潭寨，止明寨，夯粑寨，中寨，老寨，九龍洞寨。

以上九寨，環溪住居，大路五里抵土蠻坡，六里抵乾州鴉枝寨，小路十里抵龍鼻嘴，十五里抵半坡鬼溪，風同內地，不爲要隘。

老虎溪寨，板栗寨，葛藤寨，曹家坪，對門寨，大田寨，榔木坪寨，兌衝溪寨。

以上八寨，環山界住居，惟兌衝溪在對界上，大路十五里抵丫角山，十里抵旦武營，十五里抵床機坡，地極險固。

毛坪寨，旱衝溪。

以上二寨，大路八里抵丫角山，小路五里抵兌溪衝。

窩喇寨，鬼山寨，鬼溪寨，下叭喇寨，夯窩乍寨，新寨，老寨，葬平寨，半坡寨。

以上九寨，環山界住居，大路五里抵窩喇溪，小路十五里抵曹家坪，地頗平夷。

以上大小二十八寨，設苗千總一人管屬，俱皆安業，共計古丈坪所管苗五十八寨。

永順縣古丈坪土寨

龍潭坪，小溪半坡，黑潭坪，樹西料，它腰寨，隴家寨，栗木山，張家衝，下茅坡寨，叢樹坪，阿漢溪，嘰咱哈，惹必溪，官坪寨，焦溪寨，羅衣溪，青魚潭，牛路山，茅坪寨，一碗水，會溪坪，抵里寨，塘客寨，客坪寨，上半溪，下半溪。

此帶古丈坪與沅陵交界。

竹溪寨，大塘寨，舒家寨，剛大坪，箭潭口，上茅坪寨，竹坪寨，馳把溪，車度庫，大地面，蔡家莊，車信寨，大蔡坪，新寨，鬼溪寨，馬田寨，水田溪，客土寨，高梁岡，溪墨寨，梳頭流，白巖寨，排打牛，李家寨，回家寨，吳家寨，丫角山，矮坳寨，葛藤寨，曹家坪，巖坳寨，巖寨，松樹坪，乾坪寨，川洞寨，河蓬寨，魚東寨，沙坪寨，床機坡，桑木坪，白洋坪，排打老，標金界，峒上寨。

此帶古丈坪與乾州交界。

槁根界，豹狗寨，上峒溪，喬子莊，了施溪，野豬坪，磨子坪，梓木坪，棉花寨，土溪寨，剪刀洞，坪家寨，相殺坡，芭蕉溪，年溪寨，峒坪寨，草堂寨，竹山寨，桐木寨，巖頭巖，碗坪寨，魯了寨，巖它寨。

此帶古丈坪與瀘溪交界。

高寨，扁桶溪，別州寨，碗葛寨，窩喇溪，了家寨，坪扒寨，夯達邊，堂己使，野毛坪，張五村，夯兩界，把天寨，白巖寨，蘭草營，藕絲橋。

此帶古丈坪與乾州、瀘溪交界。

田家峒，習風坪，習達寨，白棲關。

此帶古丈坪與保靖交界。

湖田坪，王家洞，剛大坪，王村口，洞上寨，長潭寨，熱且寨，宋家若，惹皮溪，半溪寨，白毛寨，蒲扇寨，張坪坡，泥灣潭，唐上寨，夯仰衝，保家樓。

以上古丈坪各苗寨，總屬苗守備一人管理。

按，永順本宣慰所轄。雍正間改土歸流，古丈坪一帶爲白巖洞、施溶洞、田家洞各長官司地。往時各土官於間地招生苗開種，故近乾州一帶間有苗寨。然土官威足箝制，遇有徵調，輒抽苗丁，令土弁督爲先驅，無敢違者。歸化既久，苗猶知畏上也。其種類與在保靖者俱屬黑苗，言語、服飾與三廳無甚區別，而風氣稍馴，鮮伏草攖人之習云。

保靖縣東南苗寨

中壩寨，新寨，排加糯，米塔溪，翁曹寨，邦邦寨，上大巖寨，下大巖寨，矮坡寨，螃蟹寨，半排寨，爾客寨，喬上寨，瓦廠寨，葫蘆寨，官莊寨，盤糟寨，夯水牙，向人坳，亂巖溪，隴家寨，排已寨，青陶寨，碗柜寨，烏草河，兩岔河，黃金寨，蕩它寨，腦寨，馬頭山，五凹寨，雷打巖，白果坪，虎衝寨，梨口寨，楊梅溪，杉木寨，魚塘坡，荷包田，卡必老，熟結寨，夯魯寨，桐油坪，巖門寨，烏蘇寨，邦白寨，水洞寨，馬列坪，然打鐙，排補叩，翁六寨，水都寨，半坡寨，唐生寨，巖鼻寨，排扭寨，夯隴寨，夯不都，鵝梨寨，唐西寨，排夯毋，毛連寨，鑪金寨，夯草古，當即寨，龍頭山，兩岔口，亭子寨，老寨，鼻子寨，新田寨，排門寨，掃沙寨，夯水寨，柏芮寨，巖板寨，小花園，周家寨，書卜寨，拋老寨，木隴寨，隴貴寨，門頭山，隆六河，排銀寨，尖巖寨，鵝里寨，巖上寨，桅桿寨，排羊寨，桐木寨，盤沙寨，青崗寨，麻陽寨，排臘寨，茶坪寨，四十八丘，栗子寨，盤當寨，洪甲寨，夯不吾，愛口寨，上公萬寨，遏土寨，五其寨，己皮寨，巖坎寨。

保靖縣西南苗寨

毛坪寨，梯子寨，翁牙若，排大方，唐付跳，臘坡寨，白果田，空坪寨，他者寨，上水田，阿稞寨，己糯寨，夯略寨，黃皮寨，盤錯寨，夯沙寨，小隆團，格若寨，小龍塘，大峰衝，竹子寨，金家寨，木鬼溪，洞口寨，大樹坪，其鐵寨，光大乎寨，浦竹寨，若土坡，鐵嶺，陡且寨，窩己寨，喬公寨，野猫寨，夯達它，水銀山，它己寨，章王寨，二酉寨，夯多貴，五科寨，牛都心，下水田，踏坡寨，夯上寨，苟打乃，蜂糖寨，排隴寨，斗惹寨，唐家衝，老王喬，白家寨，卓板寨，梁家寨，余家寨，窩必容寨，夯當寨，帕衣寨，野猫山，蝦公寨，馬尾坡，夯羅寨，排川寨，都耳寨，哄哄寨，牙弓山，五敖寨，竹子寨，續周寨，張蒙寨，蕎頭寨，周陶寨，雨牙寨，卡大讓寨，馬鞍寨，相人坳，夯己斗，川洞寨，夯己北，排沙寨，科國山，排子坳，白巖衝，毛張寨，烏草寨，普海寨，打鼓寨，夯囊寨，夯排寨，俿捲寨，向土寨，己讓寨，高耳它，雀兒寨，望天坡，夯己寨，白羊寨，巖人寨，果簡寨，排怕寨，箄子坰，大紅衝，中阿彼寨，科歸寨，月升寨，十字坡，燃矗寨，瓜絨寨，呂洞山[①]，排奉寨，補柱寨，石家寨，雨羊河，得補界，萬開，陽家寨，老子溪，陽米寨，罷白寨，排子寨，夯能赤，他步毛坪，老虎寨，賭兄寨，沾拐寨，野茅寨，夯界價，排公衝，喬保寨，它基寨，窩結頟，牌竿西，牌羊坪，木卜寨，春木寨，隴家半坡，平立寨，鳳升巖，隆講寨，甫牙寨，籠有寨，洪巖排，夯隴寨，葛耳朵寨。

以上保靖四都、五都、六都、七都、八都苗寨，分屬苗守備四人管理。

苗寨道路

由鎮箄北清溪哨營路，西橫行五六里，過黃土坳可達潭江。

---

① 呂洞山，城西北五十里。綿亙數十里，複山疊嶂，其北麓爲保靖之夯沙、夯略各寨，南聯永綏之谷坡，東接永順之青山，南與天門諸山崢嶸爭勝。山阿中生苗寨落甚多，高數千仞，晻曖翁鬱，四時雲端現，歲旱，土人捕蛇祈禱，風雨立至，苗民稱爲神山云。(《苗防備覽》卷四《險要考上》)

由鎮箪北靖疆營營路，西橫行五里至都營，五里至蘆塘，五里至牛隘，五里至扁洞，五里至長坪舊營，此路係邊墻內熟苗寨落，在軟坳上行，不甚崎嶇。

由靖疆營路，西北山衝中進三里至倒拖，五里至太平關，五里至司門前高山梁，上行五里至木里汛，折南下陡坡行山灣中，八里至駱駝衝，西南山灣中行八里至長坪舊營。

由鎮箪北得勝營堡營路橫進過小溪，由山衝中行二里至老嶓潭，上打喊坡陡險路八里至赤蘭坪山腰，行險路八里至廟坳，上山脊行險路八里至火略坪，折南山梁行四里，糖寨下陡坡，行險路八里至萬溶江，由山溝中上陡坡，極險路十里至龍井山脊，上行四里至木里汛，與靖疆營往長坪路會。北從山梁上行懸崖路五里至巖口汛，山梁上行五里至天星寨，下陡坡險路十里至龍角洞，西從山溝中行險路十餘里至牛練塘，西向山溝中上大坡，行陡險路十餘里至栗林，與鎮箪往永綏舊時營路相會。

由鎮箪北箪子哨營路，西南從山衝行七八里至廖家衝，西行十里至火麻營，高山峽中行十餘里奇險路至結石崗，再從山峽中行十里過上下麻衝，上陡坡行險路五里至地良坡，分路南行過大坡，五層險路十餘里至欏木營，山溝中行險路十餘里至天星寨。西從山梁山上行險路十餘里至鴨保寨，下陡坡行山溝中十餘里至龍角洞，與得勝營苗路相會。

由鎮箪北灣溪營路，西南從山峽中行，上坡坳十餘里至龍團，山梁上橫行七八里至強虎哨，由山中小坪西向山溝中行詰屈路八里至兩岔溪，西向山溝中行詰屈路十里至龍爪溪，即九龍溝。由溝上陡坡極險路十餘里至岑頭坡，山梁上行險路七八里至狗兒寨，山梁上行險路七八里至鴨保寨，南行與箪子哨苗路相會。西行上峻嶺密竹中險路七八里至袛喇，南下五六里至隆朋，南行五六里至勾補，南行五六里至栗林，與鎮箪往永綏舊路相會。由鴨保寨西北行，溝中行七八里至臥盤寨，再西北從山溝中行五六里至廓家寨，與平隆小路相會。

由鎮箪西不過河，經白巖至盛華哨苗路，詳見鎮箪。北行山坳路五里至竹刷，山坳路五里至孤塘，山坳路五里過小溪至火燒潭，傍山沿溪行詰屈路七八里至打郎汛。又東過小河上陡坡險路五里至猿猴下寨，三里至猿猴上寨，翻大坡行山梁險路十里至梁頂山脊上行翻一界，再上大坡，共險路七八里至馬鞍山[1]，從亂巖窠中下石磴險路七八里至烏巢河，過河上石磴絕險路八里至大樹坡，此地即

---

[1] 馬鞍山，城西南五十里。高約八九里，山勢險峻，形似馬鞍，山頂有井取汲不竭，山衝頗有水田，爲生苗歷憑之險，西即上下猿猴各寨。（《苗防備覽》卷四《險要考上》）

新寨與鎮筸往永綏舊路相會。

由鎮筸西南全勝營營路，北上山衝險路五里至拉毫南，北行五里至老田衝，西上駝子嶺，沿山梁行八里至隘門，再西行山險路五里至龍鄂營，西南行山險路至吖喇營，折南行與鎮筸往正大營營路相會。

由鎮筸西南小鳳凰營營路，東北行山衝三里至教場坪，東北上大坡險路五里至巖板坳，下坡行山衝軟坳路十里至都里小隴，軟坳路七八里至木林隘①，與鎮筸往正大營路相會。

由鎮筸西南鳳凰營營路，東北上坡三里至威遠營②，下坡從小溪行五里至兩岔河，上陡坡險路七八里至坡木樹，山梁上七八里至太平山，下陡坡傍山沿溪行詰曲路至馬頸潭③，過小溪東北上陡坡行險路十里至油麻坳。即蘇麻寨與大新寨相近。再東北行險路五里至下西梁，二里至中西梁，一里至上西梁，北行險路七八里至雷公灘，對面即小烏巢河，東北下陡坡過小溪，上山坳上行共險路十里至盛華哨，通鎮筸往永綏舊路。

由鎮筸西南鳳凰營營路，西北行山衝軟坳路十餘里至龍潭河，東行過沙子河，險路十餘里通馬鞍山。東北向山峽菁林中行詰曲路五六里至巖塘，山坳路行五六里至巖坳汛，山坳中行過老虎寨，共險路七八里至楊柳坪，即柳皮寨，近清水塘各苗。山坳險路七八里至仡佬寨，從山坳上大坡行險路七八里至新寨，與鎮筸往永綏舊路相會。

由鳳凰營西小路進山衝七八里至王會營，山坳路五里至高雲洞，再行七八里過銅仁之豹子場。

由乾州南五里之二炮臺營路，西南從山衝中行十餘里至龍團折北下坡行山溝中路十餘里至三岔坪。西，由山梁上行五里至強虎哨，詳見鎮筸筸子哨苗路。

由乾州西南行山衝路五里至捧風坳，三里至竹山坡，西南行崎嶇十里至勞神寨，西南極險路八里至老虎寨，再上大坡五里至平隴，五里絕險路至馬頸山。又十五里至石隆，西南行崎嶇路十五里至地母寨，十五里山溝路至龍牙。

由乾州西南行山衝路四五里至下三岔坪，二里至上三岔坪，西南從山溝中行

---

① 木林隘，城西北三十里。高山夾峙，一徑中盤，磴路陡險，輿馬難行。（《苗防備覽》卷四《險要考上》）

② 威遠營，城西南六十里。高山灣中，地勢峻險，與教場坪聲息相連，楚黔接壤要隘。（《苗防備覽》卷四《險要考上》）

③ 馬頸潭，城西三十里。西倚峻嶺，東臨深澗，扼太平山欂木樹一帶苗口。（《苗防備覽》卷四《險要考上》）

詰屈路七八里至麥地溪，<small>南分從山溝中行十餘里，可至火麻營。西南從山溝中上大坡</small><small>行十餘里，可至平隆。</small>西南上大坡險路五六里通勞神寨南，沿坳下山溝中行詰屈路七八里至鬼猴溪，<small>對面即偉者。</small>西南高山峽中行詰曲路七八里至三郎溪，從山溝中上陡坡行險路五六里至萬郎坡，從山梁上西行險路十餘里至下葦董，山溝中行二三里至上葦董，西行十餘里至補抽，與永綏舊路相會。從西南山溝中上陡坡，由葦董行五六里至祇喇，由山丫翻大坳南行五六里至鴨保寨，與鎮篁篁子哨苗路相會。

由乾州西經衝角寨陽至鬼板，沿高巖河東岸而上，行詰曲路十餘里至鬼猴溪，過小溪上陡坡五里至鬼衝，四面高山，路從山溝中行極詰曲路十餘里至小龍洞，西北行山溝中崎嶇路七八里至大龍洞，<small>分路西通夯尚。</small>西南行山溝中上陡坡，共險路十餘里至郎當，再西南從山脊上行絕險路六七里至龍角洞，與鎮篁得勝營苗路相會。

由乾州東至大莊，過河山坳路行七里至阿那，上陡坡山梁上行二十里至涼亭坳，<small>對面即丑坨。</small>山梁上行十里至芒東寨，緣坡行山路十里至居住山，東南下陡坡行山溝中險路五六里至司馬溪，沿溪繞山腳行十餘里至澤溪。此路爲乾、瀘民路，而沿途有仡佬寨落，故附載於茲。

由乾州東北鎮溪所過高巖河，西北行山衝路八九里至小溪口，山峽中行十餘里至穿洞山，溝中行崎嶇路十餘里至紀略，繞呂洞山腳行崎嶇路五六里至夯坨，再北行山衝路十五里至夯沙坪，爲保靖所轄。

由乾州東北鎮靖營營路，西北行山衝路五六里至溪頭汛，上陡坡行崎嶇路五六里至新建營，再上大坡繞山梁行崎嶇路六七里至良章營[①]，<small>分路北行山坳路七八</small><small>里至喜鵲營，與乾州往保靖路會。</small>分路西北行山梁崎嶇路七八里至然灼，下山溝復上陡坡，共行七八里至然燭腦，崎嶇路行五六里至夯坨，與保靖路會。

由乾州北五里山路至仙鎮營[②]，沿高巖河東岸行詰曲路七八里至滾馬坡，再沿河東岸行逼仄路十餘里至鬼板，與永綏路相會。

由乾州北仙鎮營過河，沿高巖河西岸行五六里至鎮靖營，再沿河繞山北西行崎嶇路七八里至木林隘，上香鑪山腰迄邐行，下山衝至河坎，共行崎嶇逼仄路十餘里至老坪郎，與乾州往永綏路相會。

---

① 良章營，城西北三十五里。東連梛木坪，南接新建營，連山疊嶂，磴路崎嶇，設兵弁防守。(《苗防備覽》卷四《險要考上》)

② 仙鎮營，城西北六七里。在高巖河東，負山臨澗，徑路逼仄。(《苗防備覽》卷四《險要考上》)

　　由乾州北鎮寧營北行山衝路十餘里至硯臺寨，繞銅鼓山腳至呂洞山腳，共行山溝崎嶇路二十餘里至溪子寨，再東北行山溝中十餘里，與保靖苗路相會。

　　由乾州西至偉者北，上陡坡石磴險路十餘里至排壁猛進衝，上陡坡行極崎嶇路十餘里至楊孟[①]，由山腰北下陡澗中行七八里，爲呂洞山之南麓，再北從山溝中行詰屈路七八里至排料，再北向山溝中行險路十餘里至溪子寨，與前往保靖苗路相會。

　　由乾州偉者西北，從山腰中橫進衝，行大坳險路十餘里至排彼，再從山灣中上大坡，行詰屈路十餘里至排補美，爲永綏所轄。

　　由永綏東至望高嶺，下大坡險路十餘里至黃腦寨，山脊上行險路七八里至大新寨，北行五六里至排楚，通排彼一路。東北行山脊險路七八里至桃枝寨，下陡坡極險路十餘里至偉者，與乾州往永綏路相會。

　　由永綏出城，東北山梁上行崎嶇路十餘里至翁盆塘，再從山梁上行崎嶇路十餘里至廣車，向北山梁上行崎嶇路十餘里至排補美，再向北山梁上行崎嶇路十里至巖落寨，再向北山梁上行崎嶇路十餘里至排料，下陡坡山溝中行極險路十餘里至溪子寨，與乾州往保靖苗路相會。

　　由永綏北臘耳堡營路向東，傍山沿溪，行詰曲路十里至長潭東北，上陡坡險路十里至擢馬卡，山腰中行幽險路十餘里至擢水，山溝中行詰曲路十餘里至龍家寨，此帶係保靖土人村寨。再東向山衝行十餘里至張家坪，山腰中行十餘里至吳家寨，再東上青山大坡險路十餘里至茄樹坪，與乾州往保靖營路相通。

　　由永綏北花園營路東上陡坡，山梁上行十五里至馬騎落，上下大坡行白竹叢中十餘里至乾塘，再從東大坡山腰中行白竹叢中十餘里至夯都，下大坡落小田壠中行十里至尖巖汛，此處南行二十餘里龍團。上陡坡行險路十里至巖落汛，再北行經由排補美、排彼詳前。至乾州楊孟，此路向爲保靖、花園往乾州營路，近因深入苗巢，將各汛撤出。

　　由永綏東北尖巖汛苗地，東上陡坡行崎嶇路十餘里至把略，山梁上險路十里至老鐵坪，再東上大坡險路八九里至谷坡，東通乾州，北通保靖。

　　由永綏北窩郎榜營路南，向山衝中行七八里至風火場，山衝中行七八里至己東坪，與往松桃路相通。

　　由永綏北隆團堡營路西南，上陡坡五六里至排樓，西南行險路七里至李梅

────────────

　　① 楊孟，城西六十里。由鬼者上天門峰至此，磴道二十餘里，山勢峻惡，爲乾州生苗巢穴，永綏紅苗出入亦由其間，地當乾、永二廳交界。(《苗防備覽》卷四《險要考上》)

塘，由山梁上行險路十餘里至老旺寨，北下坡七八里即己東坪。西上陡坡行幽暗路七八里至倒馬坎，下陡坡行幽暗路七八里至茶洞汛，汛在河坎上，對面爲秀山之洪安汛，南爲松桃之貴州營。

由永綏北隆團營路西上陡坡，行險路七八里至三橋坪，從山梁行七八里至篁子坪，再從山梁行七八里至鉛廠，下陡坡落山溝中行詰屈路十餘里至洞乍，從山溝中上陡坡行密叢中十里至潮水溪塘，對河爲松桃苗地。

由永綏西北鴉保汛苗地西登陡坡，一上一下，經過丁牛、柳斗各寨，共行極險路二十餘里至剛溪汛，西南橫從山溝中行詰曲路十餘里至米糯汛，陽斜下坡行詰曲路至木樹汛，與松桃苗路相會。

由永綏西北鴉保汛營路東沿溪進山衝，行詰曲路十餘里至己皮寨，過溪上坳，行山衝中路五六里至黃土坪，東上陡坡行極險路十餘里至廣車，經排補美與乾州楊孟相會。

由永綏城西門外山梁，上行崎嶇路十餘里至蓑衣寨，再從山脊上南行崎嶇路十餘里至望鄉臺，下陡坡南入山溝中行極險路五六里至土空折，北行十餘里至水田溪，五六里至下石花寨，過河爲上石花寨，如不過河，轉從山溝中上大坡，共行險路十餘里至白果坪，西向山腰中行詰曲路七八里至米糯，與前往木樹汛路相會。

由永綏南鴉酉汛舊營路西，從山衝中上陡坡行崎嶇路十餘里至檫木磴，山梁上行崎嶇路十餘里至雷公坪，西南分路十里至滾牛坡，由坡正北向山梁落山溝中行極陡險路十餘里至雞爪溪，山溝中行十餘里至隆團，與永綏北營路相會。

由永綏南排打扣①舊路東，從山衝中行十餘里至郎當，山溝中行五六里至米坨，向南上坡五六里至祇喇，下龍角洞，與鎮筸得勝營苗路相會。

由銅仁東北正大營營路東北，上山行軟坳路十餘里至地所坪，山梁上行崎嶇路十餘里至巖坳塘，再東行山路七八里至清水塘，與鎮筸小鳳凰營路相通。山路七八里至仡佬寨山坳。又上大坡東北行崎嶇路十餘里至栗林，與鎮筸往永綏舊營路相會，可通鴉保寨。

由銅仁東北報國場進山衝中行五六里至牛欄衝，西行崎嶇路七八里至川洞，此內皆大苗寨，與包家坪、何家山兩路相會。

由銅仁東北正大營營路東北，上山衝至寄保營一路爲臘耳山苗路。近因大兵

① 排打扣,城南二十里。當高岡之中,山谷幽曲,灌莽叢雜,且多亂石森嵫,徑路極爲崎嶇,附近苗寨,俱皆兇悍,苗變初,明鎮伊協被害之地。(《苗防備覽》卷四《險要考上》)

進剿，沿途安營設站，已爲官馬大路，詳見前銅仁營路中。

由松桃東十里牌營路北向大山山腰中行崎嶇路十餘里至大汉，東北山梁上行崎嶇路十餘里至溜沙，行高山溝中極崎嶇路十餘里至濫草坪，在老鳳山下轉東行山溝中七八里至著落汛，從山溝上陡坡行七八里至篁子坳，與松桃、永綏舊路相會。

由松桃東馬乾溪營路北上陡坡險路十里至小紅巖，五里至亢金，分路北路即噢腦汛。東從山梁上行崎嶇路七八里至黃土坪，落山溝中行詰屈路七八里至有儀塘，山溝中行詰屈路七八里至草鞋坪，從山溝中上陡坡行崎嶇路十餘里至栗林，與鎮篁、永綏舊路相會。此路由松桃至乾州不過百五六十里，舊時苗寨中小販往來，多由於此，但路絕險，非輿夫所便，生長苗境者亦鮮經行。

由松桃東北盤陀營堡營路東北上陡坡極險路十餘里亦可至亢金，東北進菁山，行詰曲路十餘里至郎木坨，下山坡又上陡嶺，共險路五里至黃瓜山，下山陡路二里至黃瓜寨，上陡坡行山丫中崎嶇路五六里至上強坳，下陡坡過小溪數次，行山溝詰屈路十餘里至青樹坪，行詰曲路十餘里至土橋隴山衝中，上坳行崎嶇路十餘里至鴨酉，與鎮篁往永綏舊路相會。此路從大小臘耳山時上時下，極爲陡險。

由松桃東北盤陀營堡營路北上陡坡極險磴道十里至小臘山，過小墊，又上陡坡十里至臘耳關，繞大臘耳山東北，從山梁上行十餘里落至山腰，爲鴉酉寨，與鎮篁往永綏路相會。此路雖爲捷徑，而地勢奇險，必扳援上下，苗地小販往來亦鮮由焉。

由松桃城北五里至教場坪，行山坳路五里至十八灘，沿河傍山，下五里至羅塘汛過渡，東北往山衝中行四五里至蒿坪，北從山衝中上陡坡行崎嶇路十餘里至白果坪，分路西北，山溝中行崎嶇路七八里至果兒坪，與永綏米糯苗路相會。又東從山溝中行十餘里至水田溪，與永綏望鄉臺下上空巖板寨一帶苗路相通。

由松桃北卡落長衝苗路，經由水田壩洞口一帶至木樹汛對面，爲永綏苗寨，路亦崎嶇。因與長行鋪各汛相近，詳前長行鋪營路中。

由松桃南渡河五六里至坪頭，再南從山衝中行崎嶇路十餘里至怕龍，上坡行崎嶇路十餘里至太平營，西行營路十里至十里坡，從營路南進衝，兩面高山，中通蛇徑極崎嶇路三十餘里至石峴，此內生苗極悍，常結隊於十里坡、龍頭營等處伏草，商賈往來至此，常有戒心，或雇順苗護送，行此數十里，西至平城汛，東至盤勝營①，則坦行無慮矣。

由保靖南土民村中行十八里至格者塘，再南從土民村中行十八里至塔普汛入苗寨，中行八里至中壩，折西南行苗寨中險路八里至排大方，再西南過臘坡險路八里至空坪，再西南繞馬尾坡行崎嶇路十一里至阿稞塘，再西南進大紅衝，繞大紅巖行崎嶇路十一里至格若，西通永綏排乍各寨，南行十里至夯沙，與乾州苗寨相通，詳乾州苗路。

由保靖南苗寨排大方南行崎嶇路十三里至鼻子巖，轉西南繞夯羅，行崎嶇路七里至卡大讓，西南過周陶、兩牙，繞夯囊山麓，行崎嶇路十五里至夯略，西行十里至夯沙，南行經望天坡行崎嶇路十五里至夯己，與乾州連界。又從夯己轉行崎嶇路十五里至夯不吾，折北行山澗幽暗路十五里至兩岔河，由此路過上公萬、五其等寨，至蕩它，與乾州喜鵲營相通。

由永順古丈坪西二里至新寨，西由土民村中行二十里至上洗溪，西向苗寨傍山沿澗，行仄仄路十里至排若塘，再西行二十里至鱼塘，與保靖大路會。

由古丈坪新寨東南行苗寨中崎嶇路十五里至高梁洞，再東南行十五里至旦武營，折東行大坡崎嶇路十七里至下河蓬，再東行山坳詰屈路十五里至床機坡，分路東南行十餘里至桑木洞，與廬溪、思麻溪接。東行山澗幽險路十五里至山棗溪，與沅陵拱勝坪接界。

由古丈坪旦武營南行巖窠崎嶇路十里至對衝溪，再南行過上下叽喇，行詰屈路十里至上窩喇，折東過鳥龜界，行陡路十二里至土蠻坡，再東行至平扒、窩米等寨，爲乾州、瀘溪交界之地。

由古丈坪新寨西南行巖壑崎嶇路十五里至白巖，再南行幽險路十里至上茅坪，西南行仄仄路十里至桐木寨，<small>分路西橫行五里至保靖葫蘆汛。</small>南行大山崎嶇路十三里至己著它，再南行繞蕩羅坡陡險路十二里至龍鼻巖，西南行崎嶇路十里，與乾州喜鵲營路會。

由龍鼻巖折東行五里至老寨爲上坎，十里至中寨爲中坎，十里至智明寨爲下坎，五里至土蠻坡與瀘溪思麻溪交界。計自上坎至下坎，巉巖如削，路行巖峽，扳援上下，極爲陡險，詳見險要。以上均係苗窠徑路。

---

① 盤勝營，城北七十里。群峰環衞，林谷阻深，山衝之中，間有水田，爲往松桃要路，設有汛兵防守。（《苗防備覽》卷五《險要考下》）

苗疆府廳州縣四至疆域

辰州府在布政司西八百五里，東至常德府①桃源縣界百六十里，西至乾州廳界百九十里，南至寶慶府②武岡州界四百十里，北至澧州③永定縣界二百四十里，東南至寶慶府邵陽縣④界四百十里，西南至沅州府芷江縣界二百五十里，東北至澧州慈利縣⑤界三百里，西北至永順府永順縣界百六十里。由府治東四千五十八里達於京師。東西廣三百五十里，南北袤六百五十里。

沅陵縣⑥，附郭：東至常德府桃源縣界百六十里，西至瀘溪縣界五十里，南至溆浦縣⑦界八十里，北至澧州永定縣界二百四十里，東南至溆浦縣治八十里，西南至辰谿縣⑧治百十里，東北至澧州慈利縣治三百里，西北至永順府永順縣界百六十里。東西廣百九十里，南北袤百七十里。

瀘溪縣在府西南七十里，東至溆浦縣界四十里，西至乾州廳界百二十里，南至辰谿縣界六十里，北至沅陵縣界二十四里，東南至辰谿縣治八十里，西南至沅

---

① 常德府，舊隸湖廣布政使司。康熙三年來屬。東南距省治四百十五里，廣四百二十里，袤六百二十里。領縣四。(《清史稿》卷六八《地理十五》)

② 寶慶府，舊隸湖廣布政使司，康熙三年來屬。東北距省治五百里。廣六百六十里，袤六百三十里。領州一，縣四。(《清史稿》卷六八《地理十五》)

③ 澧州，即澧州直隸州，舊爲嶽屬州，雍正七年升，割石門、安鄉、慈利來隸，并置安福。十三年增永定。東南距省治六百有五里。廣四百三十五里，袤二百有五里。領縣五。(《清史稿》卷六八《地理十五》)

④ 邵陽縣，漢置昭陵縣，屬長沙國，武帝封長沙定王子重爲洛陽侯。後漢屬長沙郡，三國吳寶鼎元年改昭陵曰邵陵，爲郡治，晋以後因之。隋廢郡，改縣曰邵陽縣，屬潭州。唐復爲邵州治。五代晋時曰敏政縣，漢復舊。今編戶四十六里。(《讀史方輿紀要》卷八十一《湖廣七》)

⑤ 慈利縣，州西一百六十里。東至石門縣八十里，南至常德府桃源縣二百十里。本漢零陽、充二縣地，隋開皇九年置零陵縣，屬崇州，十八年改曰慈利縣，大業初州廢，縣屬澧陽郡。唐屬澧州，宋因之。元元貞初升爲慈利州，明初復爲縣。城周二里有奇。編戶六十一里。(《讀史方輿紀要》卷七十七《湖廣三》)

⑥ 沅陵縣，漢縣屬武陵郡，高后封長沙王芮子陽爲侯邑。後漢仍爲沅陵縣，晋以後因之。陳爲沅陵郡治，隋爲辰州治，唐、宋因之。今編戶五十八里。(《讀史方輿紀要》卷八十一《湖廣七》)

⑦ 溆浦縣，府南二百七十里。東北至寶慶府新化縣二百里，南至寶慶府城步縣二百七十五里。漢武陵郡義陵縣地，隋爲辰谿縣地，唐武德五年析置溆浦縣，仍屬辰州。土城，周九里有奇。今圮。編戶三十四里。(《讀史方輿紀要》卷八十一《湖廣七》)

⑧ 辰谿縣，府西南百二十里。西至麻陽縣八十里，南至黔陽縣二百十里。漢武陵郡辰陽縣，晋、宋以後因之，隋改曰辰谿縣，屬辰州。今城周五里。編戶八里。(《讀史方輿紀要》卷八十一《湖廣七》)

州府麻陽縣界八十里，東北至沅陵縣界百里，西北至永綏廳界二百里。東西廣百三十里，南北袤百六十里。

辰谿縣在府南百七十里，東至漵浦縣界百三十里，西至沅州府麻陽縣界二百三十里，南至沅州府芷江縣界二百二十里，北至瀘溪縣界十五里，東南至漵浦縣治百里，西南至沅州府治二百十里，東北至沅陵縣治百十里，西北至瀘溪縣治八十里。東西廣六十里，南北袤百五里。

漵浦縣在府南二百七十里，東至寶慶府新化縣①界百九十里，西至辰谿縣界百二十里，南至寶慶府武岡州界三百四十里，北至沅陵縣界百八十里，東南至武岡州界百八十里，西南至沅州府黔陽縣②界八十里，東北至長沙府③安化縣界八十里，西北至辰谿縣治百里。東西廣百九十里，南北袤四百三十里。

永順府在布政司西北九百二十三里，東至辰州府沅陵縣界百五十里，西至四川酉陽州界三百四十里，南至乾州廳界二百八十里，北至湖北鶴峰州界三百九十里，東南至沅陵縣界百七十里，西南至永綏廳界百三十里，東北至鶴峰州界二百九十里，西北至湖北來鳳縣界二百五里，由府治東四千一百七十六里達於京師。東西廣五百里，南北袤五百五十里。

永順府，附郭：東至澧州永定縣界百十里，西至龍山縣界八十里，南至保靖縣界八十里，北至桑植縣界四十里，東南至辰州府沅陵縣界百七十里，西南至乾州廳界四十里，東北至桑植縣界三十里，西北至龍山縣界六十里。東西廣三百里，南北袤三百二十里。

保靖縣在府南百四十里，東至永順縣界三十五里，西至四川酉陽州界百三五十里，南至乾州廳界百十里，北至永順縣界三十里，東南至辰州府瀘溪縣界百二十里，西南至永綏廳界五十里，東北至永順縣界四十里，西北至酉陽州界百里。東西廣百七十里，南北袤百四十里。

龍山縣在府西二百二十里，東至永順縣界百三十里，西至四川酉陽州界百八

---

① 新化縣，府北百八十里。東北至長沙府安化縣百四十里，西南至辰州府漵浦縣二百里。漢長沙國益陽縣地，自晉以後皆爲蠻地。宋太平興國中發兵平大猺洞，以其地置五寨，熙寧五年始置新化縣，屬邵州。今土城周三里有奇。編戶二十四里。（《讀史方輿紀要》卷八十一《湖廣七》）

② 黔陽縣，州東南八十里。東南至靖州會同縣九十里。漢鐔城縣地，屬武陵郡。梁爲龍標縣地，唐貞觀八年析置朗溪縣，屬巫州。五代時縣廢。宋熙寧七年置黔江城，元豐三年升爲黔陽縣，屬沅州。今城周不及三里。編戶二十二里。（《讀史方輿紀要》卷八十一《湖廣七》）

③ 明隸湖廣布政使司。康熙中，偏沅巡撫自沅州徙駐，爲省治。雍正二年改湖南巡撫。東北至京師三千五百八十五里。廣一千里，袤五百九十里。領州一，縣十一。（《清史稿》卷六八《地理十五》）

十里，南至保靖縣界百五十里，北至湖北宣恩縣界六十里，東南至永順縣界百里，西南至四川黔江縣①界二百里，東北至宣恩縣界八十里，西北至湖北來鳳縣界五十里。東西廣三百十里，南北袤二百十里。

桑植縣在府北百二十里，東至澧州慈利縣界百二十里，西至永順縣界五十里，南至慈利縣界八十里，北至湖北鶴峰州界百八十里，東南至澧州永定縣界百里，西南至永順縣界六十里，東北至鶴峰州界二百里，西北至鶴峰州界二百里。東西廣百七十里，南北袤百四十里。

沅州府在布政司西南一千一百三十五里，東至辰州府辰谿縣界百三十五里，西至晃州廳界八十三里，南至靖州會同縣②界百二十五里，北至鳳凰廳界百三十里，東南至會同縣界百九十里，西南至貴州天柱縣界八十里，東北至辰州府瀘溪縣界二百二十里，西北至貴州黃道土司界百八十里，由府治東北四千三百八十里達於京師。東西廣二百八十里，南北袤三百五十五里。

芷江縣，附郭：東至辰州府辰谿縣界百三十五里，西至晃州廳界八十三里，南至黔陽縣界四十五里，北至麻陽縣界七十里，東南至辰谿縣界百四十里，西南至貴州天柱縣界百十里，東北至辰谿縣界百三十里，西北至貴州黃道土司界百八十里。東西廣二百七十里，南北袤百十里。

黔陽縣在府治東九十里，東至寶慶府武岡州界二百四十里，西至芷江縣界四十五里，南至靖州會同縣界三十五里，北至辰州府辰谿縣界百八十里，東南至寶慶府武岡州界百六十里，西南至貴州天柱縣治百八十里，東北至漵浦縣治二百里，西北至沅州府治九十里。東西廣百六十五里，南北袤百里。

麻陽縣在府治北百三十里，東至辰州府辰谿縣界百三十里，西至貴州銅仁縣界五十里，南至芷江縣界五十里，北至鳳凰廳界五十里，東南至芷江縣界百二十里，西南至芷江縣界百三十里，東北至辰州府瀘溪縣界九十里，西北至鳳凰廳界五十里。東西廣百七十里，南北袤百里。

乾州廳在布政司西千三百五十里，東至辰州府瀘溪縣界四十五里，西至永綏廳界八十里，南至鳳凰廳界四十里，北至永順府保靖縣界五十里，東南至辰州府

---

① 黔江縣，府東八百三十里。東至湖廣施州衛二百六十里。元屬紹慶府，明初改今屬。縣舊有城，周不及二里。編戶二里。(《讀史方輿紀要》卷六十九《四川四》)

② 會同縣，州東北百里。西北至沅州黔陽縣九十里，西至貴州思州府二百五十里。宋渠陽縣狼江寨地，崇寧初置三江縣，二年改曰會同縣，屬靖州。今城周二里。編戶二十七里。(《讀史方輿紀要》卷八十二《湖廣八》)

瀘溪縣界九十里，西南至鳳凰廳界十五里，東北至瀘溪縣界九十里，西北至永綏廳界六十里，由廳治東四千二百八十八里達於京師。東西廣百二十五里，南北袤百二十里。

鳳凰廳在布政司西千五十里，東至辰州府辰谿縣界百里，西至貴州銅仁縣界八十四里，南至沅州府麻陽縣界四十里，北至永綏廳界八十里，東南至麻陽縣界二十里，西南至銅仁縣界八十四里，東北至乾州廳界八十里，西北至貴州松桃廳界七十里，由廳治東北四千三百三里達於京師。東西廣百八十四里，南北袤百二十里。

永綏廳在布政司西千一百九十里，東至永順府保靖縣界二十五里，西至貴州松桃廳界六十五里，南至鳳凰廳界百二十里，北至保靖縣界三十五里，東南至乾州廳界七十五里，西南至松桃廳界七十里，東北至保靖縣界二里，西北至四川秀山縣界五十里，由廳治北四千三百九十八里達於京師。東西廣九十五里，南北袤百五十五里。

晃州廳在布政司西南千二百四十五里，東至沅州府芷江縣界二十七里，西至貴州玉屏縣界二十五里，南至貴州青溪縣界百十里，北至玉屏縣界三十五里，東南至芷江縣界二十八里，西南至青溪縣界九十里，東北至貴州黃道土司界三十三里，西北玉屏縣界二十五里，由廳治東北四千四百九十八里達於京師。東西廣百七十里，南北袤百二十里。

靖州在布政司西南千二百八十五里，東至寶慶府武岡州界二百六十里，西至貴州黎平府界百十里，南至廣西融縣①界百九十里，北至沅州府黔陽縣界百八十里，東南至寶慶府城步縣②治二百五十里，西南至貴州開泰縣界八十五里，東北至黔陽縣界二百九十里，西北至貴州天柱縣界三十里。本州東至綏寧縣③界六十

---

① 融縣，府西北二百五十里。東至桂林府永寧州二百八十里，東北至懷遠縣九十里。元曰融州路，至元二十二年降爲州。明朝洪武初以州治融水縣省人，十年降州爲縣。編户七十里。(《讀史方輿紀要》卷一百九一《廣西四》)

② 城步縣，府西北百四十里。西至靖州綏寧縣百三十里，北至辰州府漵浦縣二百七十五里，南至廣西全州二百六十里。明初爲城步巡司，弘治十七年始析置縣，即故城步巡司爲縣治，屬寶慶府。土城，周二里有奇。編户十三里有奇。(《讀史方輿紀要》卷八十一《湖廣七》)

③ 綏寧縣，城東百十里。南至廣西義寧縣二百七十里，東至寶慶府城步縣百三十里。元屬武岡路，明洪武三年改今屬。城周不及二里。編户三十三里。(《讀史方輿紀要》卷八十二《湖八》)

里，西至開泰縣界八十五里，南至通道縣①界四十五里，北至會同縣界六十里，東南至綏寧縣界百里，西南至開泰縣界八十五里，東北至會同縣界百八十里，西北至天柱縣界三十里，由州治東北四千五百四十八里達於京師。東西廣三百六十里，南北袤三百七十里。本州東西廣百四十五里，南北袤百五里。

綏寧縣在州東百十里，東至寶慶府武岡州界八十里，西至州界百二十里，南至廣西義寧縣②界百八十里，北至會同縣界二百四十里，東南至寶慶府城步縣治百五十里，西南至通道縣治百八十里，東北至武岡州界二百里，西北至會同縣界百二十里，東西廣百六十里，南北袤二百四十里。

會同縣在州北九十里，東至沅州府黔陽縣界七十五里，西至貴州天柱縣界六十里，南至州界四十里，北至沅州府黔陽縣界百十里，東南至綏寧縣治百七十里，西南至貴州黎平府③界百四十里，東北至黔陽縣治百十里，西北至沅州府治百六十里。東西廣百六十五里，南北袤百里。

通道縣在州南八十里，東至綏寧縣界十五里，西至貴州黎平府界百二十里，南至廣西融縣界八十里，北至州界三十里，東南至綏寧縣界二十里，西南至廣西懷遠縣④界九十里，東北至綏寧縣治百八十里，西北至黎平府界五十里。東西廣九十里，南北袤百二十里。

---

① 通道縣，州南百里。西至貴州潭溪長官司百三十里，南至廣西融縣百七十里。本蠻地，宋元豐八年置羅蒙寨，元祐三年廢。崇寧初置縣，二年改爲通道縣，屬靖州。今城周不及二里，編戶五里。(《讀史方輿紀要》卷八十二《湖廣八》)

② 義寧縣，州東百里。東南至府城八十里。唐靈川縣地，石晋天福八年湖廣置義寧鎮，尋升爲縣，屬桂州，開運初改屬溥州。宋開寶五年廢。後復置，仍屬桂州。明朝因之，隆慶四年改今屬。編戶十三里。(《讀史方輿紀要》卷一百七《廣西二》)

③ 黎平府，順治初因明製從。雍正三年，以湖南五開、銅鼓二衛來屬。五年，改二衛爲開泰、錦屏二縣，又以湖南靖州之天柱縣來屬。七年增設古州廳。十一年改天柱屬鎮遠府。乾隆三十五年增設下江廳。道光十二年，降錦屏爲鄉，以其地屬開泰。西北距省治八百八十里。廣四百七十里，袤四百三十里。領廳二，縣二。(《清史稿》卷七五《地理二十二》)

④ 懷遠縣，府北三百十里。北至貴州永從縣二百里，東北至湖廣通道縣三百七十七里。本牂牁縣夜郎蠻地。明朝洪武十年縣廢，置三江鎮巡司。十四年復置縣。改今屬。編戶九里。(《讀史方輿紀要》卷一百九《廣西四》)

鳳凰廳四營苗寨四至里數

鳳凰廳四營苗寨，周圍共四百八十里。中自殺牛坪起，由新洞坪至老田衝，與前營交界止，二十五里。前自旱田衝起，由古桑營、龍鄂營、欏木關、鳳凰營，與貴州交界止，七十里。又自夯柳起，由蘇麻寨、蜂桶寨、田坪、酉泥、小坪、大坪、墐倒、小黄爪寨，與永綏交界止，九十五里。右自黑土寨起，由兩岔河、得傍當、瓇窩、若窩、排隆、朋芷宝，與左營交界止，九十里。左自科甲起，由大龍硐、露魚寨、木頭寨、巖尾坡、米良坨、芭科、硐奇、九十九硐，與乾州交界止，九十里。又接右營夯來、芷瓇、茶寨、比多、排雲、大塘、鵲兒、磨巖，與左營交界止，四十里。又接左營欏木營、補頂寨、九龍溝、茨巖、茶山、打狗坡、鬼道溪、捧捧坳、廖家衝、三拱橋、晒金塘，與右營交界止，九十里。又接右營油房坡、赤蘭坪、老婆潭、司門前、木里、官畣坪、毛古塘，與中營交界之殺牛坪止，五十里。

卷二　建置考

二品銜前署湖南辰永沅靖道但湘良纂

苗疆府廳州縣建置沿革表

辰州府，治沅陵縣。舊領州一：沅州。縣四：沅陵、瀘溪、辰谿、漵浦。州領縣二：黔陽、麻陽。康熙四十三年，以府境鎮溪所地置乾州廳。四十八年，以鎮筸鎮地置鳳凰廳。雍正九年，以吉多營置永綏廳。乾隆元年，升沅州爲府。嘉慶二年，升乾州、鳳凰、永綏爲直隸廳。今領縣四：沅陵、瀘溪、辰谿、漵浦。瀘溪本作盧溪，康熙間改盧爲瀘。辰谿本作辰溪，乾隆間改溪爲谿。

永順府，治永順縣。舊爲永順、保靖二宣慰司，桑植安撫司地。雍正四年，設永順、保靖二同知，隸辰州府；桑植同知，隸岳州府。七年，以永順同知地置永順、龍山二縣，以保靖、桑植二同知地置保靖、桑植二縣，罷三同知，置永順府。今領縣四：永順、保靖、龍山、桑植。

沅州府，治芷江縣。舊爲沅州，隸辰州府。領縣二：黔陽、麻陽。乾隆元年升府，以州地置芷江縣。嘉慶二十二年，析芷江縣晃州巡司地置晃州直隸廳。今領縣三：芷江、黔陽、麻陽。乾州廳：舊爲鎮溪千户所地。康熙四十三年，置乾州廳，隸辰州府。嘉慶二年，升直隸廳。

鳳凰廳，舊置五寨、筸子坪二長官司。康熙三十九年，設鎮筸鎮。四十三年，於鎮地鳳凰營設通判。四十八年，移通判駐鎮城，置鳳凰廳，隸辰州府。嘉慶二年，升直隸廳。

永綏廳：舊爲六里苗地。雍正八年，建吉多營。九年，以營地置永綏廳，隸辰州府。嘉慶二年，升直隸廳，移治花園堡。

晃州廳：舊設晃州巡司，隸沅州。乾隆元年，沅州升府，設芷江縣巡司隸之。嘉慶二十二年，移府屬凉傘汛通判駐晃州，爲直隸廳。

靖州，舊爲直隸州。領縣四：會同、通道、綏寧、天柱。雍正七年，天柱縣改隸貴州鎮遠府①。乾隆三年，以寶慶府城步縣來屬。七年，復歸寶慶。今領縣三：綏寧、會同、通道。

補，道光二年，分永順縣地置古丈坪廳，改永順府古丈坪督捕同知爲撫民同知，仍屬永順府。

		辰州府	沅陵縣	瀘溪縣	辰谿縣	漵浦縣		
辰州府	兩漢	秦置黔中郡,漢爲武陵郡地	沅陵縣屬武陵郡	沅陵縣地	辰陽縣漢置屬武陵郡	武陵郡	前漢置,後徙	義陵郡郡治,後漢省
	晋宋		沅陵縣後徙		辰陽縣			
	齊梁		沅陵縣屬武陵郡		辰陽縣			
	陳	沅陵郡天嘉初置沅州通寧郡,大建七年廢州改置	沅陵縣郡治		辰陽縣			
	隋	沅陵郡初廢郡置辰州,大業初又改	沅陵縣	隋末析置瀘溪縣	辰谿縣更名移治,屬沅陵郡			
	唐五代	辰州瀘溪郡復置,州屬江南西道,五代屬湖南	沅陵縣	瀘溪縣屬辰州	辰谿縣屬辰州	漵浦縣武德五年置,屬辰州		
	宋	辰州瀘溪郡屬荊湖北路	沅陵縣	瀘溪縣乾道中移治,屬辰州	辰谿縣	漵浦縣		
	元	辰州路至元中升路,屬湖廣行省	沅陵縣路治	瀘溪縣屬辰州路	辰谿縣屬辰州路	漵浦縣屬辰州路		
	明	辰州府屬湖廣布政司	沅陵縣府治	瀘溪縣屬辰州府	辰谿縣屬辰州府	漵浦縣屬辰州府		

① 順治初因明制。西南距省治四百五十二里。廣一百七十五里,袤二百五里。領廳二,州一,縣三。（《清史稿》卷七五《地理二十二》）

		永順府				永順縣	保靖縣	龍山縣	桑植縣
永順府	兩漢	武陵郡地				酉陽縣屬武陵郡	遷陵縣屬武陵郡	酉陽縣地	充縣地
	晉宋齊	武陵、天門二郡地				酉陽縣	遷陵縣齊省	黚陽縣屬武陵郡	臨澧縣地
	梁陳					大鄉縣梁改置	大鄉縣地	黚陽縣後省	
	隋	沅陵、澧陽二郡地				大鄉縣屬沅陵郡			崇義縣地
	唐	溪州靈溪郡屬江南道,天授二年置州,後改郡				大鄉縣郡治	三亭縣貞觀八年析置,屬溪州	五寨白崖峒地	慈利縣地
	五代	下溪州沒於蠻	溪州晉天福中馬希範從置蠻酋彭氏世居之			廢	蠻廢置保靜州	蠻地	蠻地
	宋	羈縻永順州屬荊湖路	羈縻下溪州	羈縻上溪州	羈縻溶州屬荊湖路,後廢	羈縻南渭州屬荊湖路	蠻州有三,曰上、中、下溪。又有龍賜等,總二十州,而以下溪州刺史主誓謂之誓,下州	羈縻保靜州屬荊湖北路	白崖
	元	永順等處軍民宣撫司初置安撫司,至正中改	初并入永順安撫司	廢	施溶州至元十年置,屬思州安撫司,後廢	南渭州屬葛蠻安撫司,後廢	永順宣撫司治,又爲麥著、土村、會溪、施溶等處及臘惹、驢遲二洞地,屬思州安撫司	羈縻保靖州屬葛蠻安撫司,改靜爲靖	白崖峒安官司屬葛蠻安撫司	桑植安撫司初置後改桑植宣撫司,至正末廢
	明	永順等處軍民宣慰使司洪武六年升屬湖廣都司	上溪州洪武二年復置,屬永順司	施溶州洪武二年復置,屬永順司	南渭州洪武二年復置,屬永順司	永順宣慰司治,洪武三年置臘惹洞、麥著黃洞、施溶溪、驢遲洞四長官司,改屬永順司,又置田家洞長官司,屬永順司	保靖軍民宣慰使司初置保靖州安撫司,洪武六年升置屬湖廣都司	白崖峒長官司屬永順司	桑植安撫司永樂四年復置,屬九溪衛

	沅州府	芷江縣	黔陽縣	麻陽縣
兩漢	武陵郡地	無陽縣屬武陵郡後漢省	潭城縣地	沅陵、辰陽二縣地
晋宋		舞陽縣晋復置,屬武陵郡,尋徙	舞陽縣晋徙治,屬武陵郡	
齊		㵲陽縣地	㵲陽縣改名	
梁陳		龍標縣地	龍標縣改名	
隋	沅陵郡地		龍標縣屬沅陵郡,後廢	龍標縣地
唐五代	敘州潭陽郡 貞觀中置巫州,天授初改沅州,開元初復舊名,屬江南西道,五代時没於蠻	潭陽縣先天二年置,屬敘州 / 獎州龍溪郡 長安四年置舞州,開元十三年改鶴州,二十年改業州,大曆五年又改江南西道,五代時蠻廢	峩山縣州治 / 渭溪縣屬獎州 / 龍標縣 武德七年復置,屬辰州,後爲敘州治,五代初屬湖南,後廢於蠻 / 朗溪縣貞觀八年置,屬沅州,敘州,五代時蠻廢	麻陽縣武德三年置,屬辰州 / 錦州盧陽郡垂拱中置,屬江南西道 / 盧陽縣州治,五代時蠻廢
宋	沅州潭陽郡 初爲羈縻懿州,屬荆湖路,熙寧七年收復,置州郡,屬荆湖北路	盧陽縣地	黔陽縣元豐二年置,屬沅州	麻陽縣移治,屬沅州 / 盧陽縣熙寧中復置,爲州治
元	沅州路至元中升,屬湖廣行省		黔陽縣屬沅州路	麻陽縣屬沅州路 / 盧陽縣路治
明	沅州初改府,洪武八年降州,屬辰州府		黔陽縣屬沅州	麻陽縣屬沅州 / 洪武八年省

沅州府

		乾州廳	鳳凰廳	永綏廳	晃州廳
乾鳳永晃四廳	兩漢晋宋齊梁陳	武陵郡地	武陵郡地	武陵郡地	武陵郡地
	隋	沅陵郡地	沅陵郡地	沅陵郡地	沅陵郡地
	唐五代	辰州地,五代蠻地。案,唐夷州義泉郡爲今貴州石阡府龍泉縣地,舊表誤列今廳	唐以宋沱洞、烏引洞、蘆荻洞、杜望洞、白崖洞立五寨,土官田氏世居之	溪州地案,唐綏陽縣爲今貴州石阡府龍泉縣及遵義府綏陽縣地,舊表誤列今廳	**羈縻晃州**屬黔州都督府,獎、錦、懿、晃皆田氏蠻居之
	宋	嘉祐三年置池蓬砦,熙寧三年置鎮溪砦,八年置黔安砦,俱屬辰州	**招諭縣**大平興國七年置,屬沅州,熙寧七年并入麻陽,仍爲五寨地	熙寧間置豐溪砦	**羈縻晃州**熙寧七年并入盧陽縣,屬沅州
	元	盧溪縣地	五寨地,屬思州安撫司	六里苗地	盧陽縣地
	明	洪武三年置鎮溪軍民千户所,盧溪縣又有河溪巡司,後廢	**五寨長官司**洪武七年置,屬保靖宣慰司	**筸子坪長官司**初置元帥府,永樂三年改置屬保靖宣慰司	晃州巡司地,屬沅州
				洪武二十八年置崇山衞	

	靖州		綏寧縣	會同縣	通道縣
兩漢	鐔成縣屬武陵郡		都梁、鐔城二縣地	鐔城縣地	鐔城縣地
三國	鐔成縣				
晉宋齊	鐔成縣東晉省		宋舞陽縣地	宋舞陽縣地	宋舞陽縣地
梁陳隋	隋龍檦縣地			隋龍檦縣地	
唐五代	敘州南獠地,五代蠻置徽、誠二州		五代蠻置徽州	朗溪縣地,五代蠻地	朗溪縣南獠地,五代蠻地
靖州　宋	靖州初爲羈縻州,熙寧中收復,元豐中復置誠州,元祐二年廢爲渠陽軍,三年又廢,五年復置誠州,崇寧二年更名,屬荊湖北路	永平縣元豐六年置渠陽縣,爲州治,崇寧中更名	綏寧縣元豐四年置蒔竹縣,熙寧九年廢,崇寧五年復置,改名,屬武岡軍	會同縣崇寧二年置。三江縣,尋更名,屬靖州	通道縣崇寧二年置羅蒙縣,尋更名,屬靖州
元	靖州路至元十三年屬湖廣行省	永平縣路治	綏寧縣屬武岡路	會同縣屬靖州路	通道縣屬靖州路
明	靖州初降爲州,洪武三年升府,九年復降,屬直隸湖廣布政司	省	綏寧縣洪武三年改屬靖州	會同縣屬靖州	通道縣屬靖州

附,考鳳凰廳舊志山川古蹟類:唐渭陽廢縣在鳳凰營東南,唐武后垂拱二年析麻陽縣置。《一統志》:渭陽廢城在廳西南四十,明末威武府向登位駐兵,增擴一層,顏曰浪營,今訛稱鴉拉營,城郭亭臺遺趾猶存。考《新唐書·地理志》:唐垂拱三年,以辰州麻陽縣地及開山洞置錦州盧陽郡,領縣五,盧陽、郡治。《方輿紀要》:在今縣西三十里。招諭、在今縣東北。渭陽、在今縣西。萬安、洛浦。在今永順境。是鳳凰廳確爲唐渭陽地可證。至招諭至今尚在麻陽境內,始終與鳳凰無涉,《沿革表》以鳳凰爲招諭,似誤,宜從廳志爲是。

六里善後事宜疏 雍正八年湖南巡撫趙宏恩

六里新設營制。今奉欽定永綏協凡一切善後事宜,先據辰永沅靖道王柔、永綏協副將張鶴、保靖營游擊王進昌同繪圖摺。又據布政使張燦、按察使胡瀛、驛鹽糧儲道李正茂等詳稱,永綏協係新闢苗疆,屢經文武會勘,咸稱吉多坪實爲扼要之區,地勢寬闊,兼有溪河縈帶,應請於此建造城垣官署。現令鳳凰通判徐嘉惠會同永綏同知李珣估計一切工科,即於雍正九年地丁銀兩內動支修造。又營汛兵房概准給帑,令永綏同知蓋造瓦房,其旗幟等項赴廣東製備,盔甲等項赴湖北製造,炮位照武岡營式仿製。又議永綏城內與花園二處各建倉十間,各貯穀三千石,以備兵苗借糶。但目今城垣及文武官署尚未創建,應俟竣功之日,然後將應儲穀石、建倉工料、動支公帑,飭發永綏同知辦理,并令收管備糶,年底結報。又苗民耕種原有勤惰不一,今永綏新闢地方自應責成文員督率獎勸。又稱：永綏地方原隸乾州，向設百戶，今應照舊安設，各里駐有汛弁之所一同住居，遇事商辦，有急同報，應無歧誤。又稱：永綏雜糧，從前額設七十二石八斗四升，責令各百戶徵收，撥充鎮篁兵米。今建設營制，業已清編。苗寨烟戶，除老幼孤寡免徵外，其餘年壯有室家之苗，則令永綏同知於各里戶口，按照七十二石八斗四升原額，逐戶均攤，免使偏重偏輕。每年徵收稅銀，以充兵米。其鎮篁兵米，應請另給折色。又稱：永綏民苗兵丁，宜結姻親，以潛移習俗。查苗民既已嚮化，則是與民無異。應如所議，准許民苗兵丁結親，令其日相親睦，以成内地風俗。又稱：六里每里設立義學兩處，於乾、鳳兩廳苗生中擇其通曉文藝者，各里延師二人，每年於通省公項内，請給廩餼十六兩，令其化導苗童。夫性近習遠，在在皆然。各苗從前之所以掠劫爲非者，猶未覿詩書禮法。今自應乘苗童知識乍開，擇立苗生，講解教習。若從學日多，義館不敷，許其隨時請增。日後久道化成，另請設立學校。又稱：苗糧宜照鎮篁事例，存留守餉二十分。選擇熟諳苗目，量其勞逸，定其多寡，按季給以工食，以爲踩緝引路之資。又稱：永綏千總缺出，即於本營把總内揀選，呈送考補。把總缺出，擇外委馬兵百隊考補，外委擇馬兵考補，俱於本營内擇諳練邊情、人地相宜者，呈送考驗。其或弓馬稍平，果屬人地相宜，亦聲明請准拔用。又稱：兵丁月米，應仍按季給以本色，令辰州府經由花園、高巖南北兩河，在於各屬倉穀按數動支，碾米辦運。并請動公項，飭令永綏同知在於吉多坪、排補美、花園、米糧四處，各建倉貯收支，放給本汛并各附近大小汛防兵糧，就近關領。其糧到河岸，苗地無夫可雇，即令同知會同武員撥兵運貯，仍量賞腳價，於公項支給。其兵米逐月分放，年底出結奏報。應領折色，請援永順之例增給。飭遵自雍正十年正月起，照數扣交。辰州府，查照各屬撥運米糧數目，按數分發，秋收買補還倉。俟本地耕種日廣，可以采買，即行詳請發給折色，令其自行買食。又稱：永綏副將一員、同知一員、經歷一員、巡檢二員，均應請給印信、關防等情。臣覆查無異，除將圖摺送部外，所有永綏一切善後事宜，相應據詳會疏具題。

奏改鳳、乾、永三廳爲直隸廳，并改巡檢爲經歷兼管司獄添設縣丞巡檢摺 嘉慶元年廣州將軍明亮

奏爲酌定苗疆邊俸年限，并請旨加給文職升銜，及酌添佐貳人員各事宜。恭摺具奏，仰祈聖鑒事。

竊照前次欽奉諭旨：令於三廳内或酌改知府一員，以資彈壓，歸入善後事宜

内，一併酌辦等因。欽此。仰見聖主慎重苗疆，因時制宜之至意。伏查，楚省鳳凰、永綏、乾州三廳，地方遼闊，苗情詭詐，向稱難治。於三廳内，酌量改設知府一員，於駕馭彈壓事宜，自能得力。惟念府、廳職分，相去本不甚遠，而設官體制各殊。如現在三廳，均係辰州府分駐廳員。若一經改設知府，則所屬州、縣等官，必須移改添設，未免紛更。臣姜晟前在軍營，曾與和琳再三商酌。當經和琳籌定，莫如將三廳俱照四川松潘雜谷之例，改爲直隸廳。凡有民苗交涉事件，盡歸辰沅道核轉，則事權可期歸一。并查苗疆人員，舊例五年俸滿，准以應升銜留任。兹當苗疆甫經戡定之際，正應量爲變通，相應請旨，將三廳同知於到任之始，即行准給升銜。不但外示觀瞻，兼足以寓鼓勵。如三廳既給升銜，則辰沅一道爲苗疆統轄大員，亦應加恩賞給按察使銜，於表率屬員，彈壓地方，均有裨益。至苗疆向例，五年俸滿，准以升銜留任注冊。須俟再滿三年，察其治行卓越，撫綏得宜，方以應升缺出題補。如政績未能卓異，人才僅屬穩妥，准題明留任三年。果能奮勉，仍准保題升銜，再滿三年題升等因。查從前立法之初，原欲以收久任之效。惟是八年、十一年之例，年分太遠，在無志上進者，但以循分爲養安之地；其才具可用者，又不免以久滯而生怠惰之心，殊非慎重地方之道。且現當苗頑乍格，更須講求吏治整飭有爲，合無仰懇聖恩，將辰沅道以下至三廳佐雜、現任人員，如果辦事實心，撫綏有效，概以三年俸滿，即准分別保題升用。俟此任之後，善後事宜全竣，地方照常寧謐，所有三廳及永順苗疆，仍定以五年俸滿，以應升之缺即用。如此，則久暫合宜，可期行之永遠。此項苗疆人員三年、五年之内，仍令該督撫隨時察看。倘有不能勝任之員，即隨時參劾，毋任姑容貽誤，亦不得於平庸之員濫行題補。至三廳所屬鳳凰廳，原設巡檢兩員，分駐小鳳凰營及五寨司。永綏廳原設經歷一員、巡檢兩員，分駐花園、排補美。乾州廳原設巡檢一員。兹三廳既改爲直隸同知加知府頂戴，則該衙門應各設經歷一員，以符體制。除永綏本原設有經歷，毋庸置議外，其鳳凰廳五寨司及乾州巡檢，均應改爲苗疆經歷兼管司獄事務，在外揀員升補。并應於乾州廳屬添設巡檢一員，分駐河溪，以資彈壓。其排補美地方，孤懸苗地。此刻苗境内營汛既已歸併，則該巡檢衙門止應移駐隆團，用資聯絡。又麻陽一邑，前經臣姜晟奏改爲繁缺。所管巖門地方，實爲鎮筸緊要後路。該處原設有巡檢一員，缺分過小。應請添設麻陽縣縣丞一員，分駐巖門。其原設巡檢移於高村，更爲得要。如蒙俞允，所有應定廉俸、役食及建造衙署事宜，容臣姜晟會同督臣另行籌定，奏明辦理。以上各事宜，從前和琳既經分別酌定，未及具奏。兹當大功將次告竣，正應再加調劑。其武職營制一切章程，統俟疏通大路之後，再行詳細核辦，合併聲明。爲此，不揣冒昧，恭摺奏聞。是否有當，伏乞皇上睿鑒，敕部核議施行。謹奏。

前案部復 <small>嘉慶元年十二月准咨</small>

吏部咨開文選司案呈內閣，鈔出將軍明亮等奏酌定苗疆邊俸年限，并加給文職升銜，酌添佐貳人員各事宜一摺。嘉慶元年十一月二十五日奉硃批：軍機大臣會同兵部速奏。欽此。

據稱，前次欽奉諭旨，令於三廳內或酌改知府一員，以資彈壓，歸入善後事宜內，一并酌辦等因。查府廳職分，相去不遠。現在三廳均係辰州分駐，若一經改設知府，則所屬州縣等官必須移改添設，未免紛更。莫如三廳俱照四川松潘雜谷之例，改爲直隸廳。凡有民苗交涉事件，竟歸辰沅道核轉。查舊例，五年俸滿，升銜留任。茲當苗疆甫經戡定之際，正須量爲變通。相應請旨，將三廳同知於到任之始，即行准給升銜，不但外示觀瞻，兼足以寓鼓勵。如三廳同知於到任之始，即行准給升銜，則辰沅道亦應請給按察使銜，於表率屬員，彈壓地方，均有裨益。至苗疆向例，五年俸滿，加銜三年，以升缺題補。惟是年分太遠，在無志上進者，以循分爲養安之地；才具可用者，又不免久滯而生怠惰之心。仰懇聖恩，將辰沅道以下至三廳佐雜、現任人員，概以三年俸滿，即准分別保題升用。俟此任之後，善後事宜全竣，地方寧謐。及永順苗疆，仍定爲五年俸滿。至鳳凰廳原設巡檢兩員，分駐本城及小鳳凰營。永綏廳原設經歷一員、巡檢兩員，分駐花園、排補美。乾州廳城原設巡檢一員。茲三廳既改爲直隸同知，應各設經歷一員，以符體制。除永綏經歷毋庸議外，其鳳凰廳巡檢及乾州廳巡檢，均應改爲苗疆經歷兼管司獄事務，在外揀員升補。另於乾州廳屬添設巡檢一員，分駐河溪。其排補美巡檢，移駐隆團，用資聯絡。又麻陽一邑，所管巖門地方，原設巡檢一員，缺分過小，應請添設縣丞一員，分駐巖門。其原設巡檢，移於高村，更爲得要等語。查定例，湖南辰州府乾州同知、永綏同知、鳳凰同知，令該督揀員題補，五年俸滿保題以升銜留任。再滿三年，遇有應升之缺，題請升用。又各省應需人員管理，止准於通省內改調，不得具奏增添，致滋糜費等語。

今湖南鳳凰、永綏、乾州三廳，前經欽奉諭旨，令於三廳內酌改知府，歸於善後事宜酌辦。現據明亮等奏稱，改爲直隸廳及添設縣丞，巡檢酌改知府經歷，與尋常更改者不同，應如所請鳳凰、永綏、乾州三廳，准其改爲直隸同知。凡苗民事件，歸辰沅道核轉。鳳凰城巡檢、乾州城巡檢，准其改爲苗疆經歷兼管司獄事務。乾州廳屬，准其添設巡檢一員，移駐河溪。永綏廳排補美巡檢，准其移駐隆團。麻陽縣准其添設縣丞一員，分駐巖門，其原設巡檢，准其移駐高村。至所稱鳳凰、永綏、乾州三廳，改爲三年俸滿。查核三廳，向係五年俸滿，方准保題加銜。再滿三年，方准升用。今既改爲直隸廳，足資彈壓。若遽准三年俸滿升用，未免過優。但據稱年分太遠，則無志上進者，惟知循分養安；具可用者，不免久滯生怠等語。自爲隨時鼓勵賢員起見，臣等會同詳議，應請酌定年限。該三廳改設各官，定以三年俸滿，准其加知府銜留任。再滿三年，准其保題以知府升用，以歸核實，而示獎勸。自此任之後，善後事宜全竣，地方照常寧謐，仍照舊例辦理。其所稱鳳凰、永綏、乾州三廳，到任後給予升銜，辰沅道給予按察使銜之處。查各省海疆、苗疆、烟瘴各員，俸滿之後，方准給予升銜，并無一經到任，即題請給予升銜之例。其道員加按察使銜，均係奉特旨賞給，亦未便援以爲例。應將明亮等奏請鳳凰、永綏、乾州三廳，到任後給予升銜，其辰永沅靖道加按察使銜之處，均毋庸議。所有改設官員，應定廉俸及建造衙署各事宜，應交該督撫會同籌議具奏，到日再行核辦。所有臣等悉心會議緣由，謹繕摺具奏。是否有當，伏候皇上睿鑒，訓示等因。

嘉慶元年十一月二十六日奉旨：依議。欽此。

部覆新設麻陽縣縣丞、乾州廳巡檢，俱定爲苗疆要缺在外揀調
嘉慶三年七月准咨

吏部咨開，文選司案呈，准總督銜湖南巡撫部院姜咨稱：新設麻陽縣巖門縣丞、乾州廳河溪巡檢，奉部行令，擬定繁簡字樣，報部注冊等因。查麻陽縣巖門地方，爲鎮篁緊要後路，逼近苗疆。又乾州河溪地方，孤懸苗地。今巖門添設縣丞一員，河溪添設巡檢一員，均非初任之員所能勝任。應請俱定爲苗疆佐雜要缺，在外揀調升補，相應咨遠示復等因前來。查嘉慶元年十一月，將軍明亮等酌定苗疆邊俸案內，乾州廳添設巡檢一員，分駐河溪，麻陽縣添設縣丞一員，分駐巖門。當經本部照例准其添設，行令該撫等，擬定繁簡字樣，報部注冊在案。今該撫等，以麻陽巖門地方爲鎮篁緊要後路，逼近苗疆。乾州廳河溪地方，孤懸苗地。應請俱定爲苗疆佐雜要缺，在外揀調升補等語。應照咨新設麻陽縣巖門縣丞、乾州廳河溪巡檢，俱准其定爲苗疆要缺，在外揀調。俸滿之員，照例咨部核辦，相應咨覆該撫可也。

部覆鳳、乾、永三廳各官換鑄關防印信 嘉慶三年九月准咨

　　吏部爲咨行事。議得禮部咨送禮科鈔出湖南巡撫姜晟等疏稱：湖南乾州廳等各員，經部議准，分別改設移駐，所有關防印信應行擬定，題請鑄給。兹據湖南布政使鄭源濤等詳稱：乾州、鳳凰、永綏廳各員，准其改設移駐，所有關防印信合行擬定字樣，詳請題明鑄給。其乾州廳巡檢，准其改爲經歷兼管司獄。所有應鑄印信，擬以“乾州廳經歷兼管司獄事務印”字樣。添設河溪巡檢，擬以“乾州廳河溪巡檢司之印”字樣。鳳凰廳巡檢，准其改爲經歷兼管司獄。所有應鑄印信，擬以“鳳凰廳經歷兼管司獄事務印”字樣。永綏廳排補美巡檢，准其移駐隆團。所有換鑄印信，擬以“永綏廳隆團巡檢司之印”字樣。麻陽縣准其添設縣丞一員，分駐巖門，所有應鑄關防，擬以“麻陽縣巖門縣丞兼管驛務之關防”字樣。其原設巡檢，准其移駐高村，所有應換印信，擬以“麻陽縣高村巡檢兼管驛務印”字樣。又乾州、鳳凰、永綏三廳原鑄關防，乾州、鳳凰二廳均有“辰州府分防”字樣。其永綏廳關防，雖無“辰州府分防”等字，但有“吉多坪”三字。今三廳既改爲直隸廳，與郴、靖、澧、桂四直隸州相等，四州印內均鑄某州之印，并無“直隸”字樣。所有乾州廳擬以“乾州廳同知之關防”，鳳凰廳擬以“鳳凰廳同知之關防”，永綏廳擬以“永綏廳同知之關防”，以符體制，而昭畫一各等情。所有擬定關防印信字樣，會同湖廣總督伯臣景安具題，伏乞敕部查核鑄給。再原頒乾州、鳳凰、永綏三廳并各處巡檢關防印信，俟新頒到日，另行鐫字繳銷等因具題。奉旨：該部議奏。欽此。欽遵咨送到部。

　　今湖南巡撫姜晟等疏稱：乾州、鳳凰、永綏三廳，并移駐添設縣丞、經歷、巡檢，應換鑄各印信關防，擬定字樣，并聲明乾州、鳳凰、永綏三廳原鑄關防，乾州、鳳凰二廳均有“辰州府分防”字樣。其永綏廳關防雖無“辰州府分防”等字，但有“吉多坪”三字。今三廳既改爲直隸廳，與郴、靖、澧、桂四直隸州相等。四州印內均鑄某州之印，并無“直隸”字樣。所有乾州廳擬以“乾州廳同知之關防”，鳳凰廳擬以“鳳凰廳同知之關防”，永綏廳擬以“永綏廳同知之關防”，以符體制，而昭畫一等語。并造具清册，題請鑄給前來。應如該撫等所議，乾州廳同知之關防，乾州廳經歷兼管司獄事務印，乾州廳河溪巡檢之印，鳳凰廳同知之關防，鳳凰廳經歷兼管司獄事務印，永綏廳同知之關防，永綏廳隆團巡檢司之印，麻陽縣巖門縣丞兼管驛務之關防，麻陽縣高村巡檢兼管驛務之印各

字樣，候命下之日，臣部兼寫清漢移咨禮部，照例鑄就頒發。其舊用關防印信，統俟新關防印信頒發到日，令該撫徑咨禮部銷毀，合并聲明等因。

於嘉慶三年七月十八日奉旨：依議。欽此。

部覆苗疆改設、添設各佐雜分管村莊道里 嘉慶三年十月准咨

吏部咨開，文選司案呈，准總督銜湖南巡撫部院姜咨稱：奉准部咨，鳳凰、乾州、永綏，准其改爲直隸同知。鳳凰城巡檢、乾州城巡檢，准其改爲苗疆經歷兼管司獄事務。乾州廳屬，准其添設巡檢一員，移駐河溪。永綏排補美巡檢，准其移駐隆團。麻陽縣准其添設縣丞一員，分駐巖門。其原設巡檢，准其移駐高村等因。所有改設、添設、移駐各佐雜各員，分管村莊四至八道、程途里數，逐加查議。鳳凰廳原設五寨司巡檢，改爲經歷一員。請將鎮城東路、小田、牙衝、蠻寨、坪高、栗坪、龍潭、長坪、官莊、黃坡、度夜、偉家橋、上下萬召、得都塘、半坡、茶羅、塘衝、溪口、大灣坪、桑毛坪，至通踏坳，與麻陽屬交界。鎮城南路、山頭巖、黃公衝、三江口、牛欄山、地坪、土黃潭、濫泥山、川溪坑、栗山坡、麻都灣、水打田、白毛坳，與麻陽縣交界。都洛約，大都落、小都落、米巖溪、皂泥潭、三口、毛塘、司馬坳、木林、古坪、山背、長良、古牛坪、茶坪、稱坨巖、栗元塘、官畜坪、檔木坪、葛水、朝天寨、濫堪壩、林寨、金沙坪、巖坎衝等處，係境內。黃落約，黃落寨、楊家寨、中寨、蔡家坪、青水哨、毛都宿、馬路、猴往同，與麻陽縣江夏溪、巖洞寨等處交界。都桐約，竹坪溪、十八坪、鹿角洞、芭蕉腦、黃家寨、沙羅寨、石柱、茶田、大灣都、素都同、新地溪、塘坳、麻子坳等處，與黔省思州府①交界。鎮城西路、大坳、提溪、白巖、木林橋、菖蒲塘、土橋坳、回龍溪、詺潭溪、水東坪、龍井、上下栗林公、廖家橋、落毫、永興坪，外有營哨、民苗村寨，係鳳凰營巡檢經管，至龍潭河與黔省正大營交界。大汉約，燕窩場、高坡、高翁來、大汉、楓木林、上下天星塘、犀牛、安靖關，與黔省交界。治牙約，巖寨、治牙、楠木衝、杜望、舒家塘、上下桑田、白果、東坳坪、亭子關，與黔省交界。鎮城北路上都吾約，黃衆寨、坪撩、長寧哨、殺牛坪、花狗田、奇梁橋、青溪哨、瓦湯、牛耳洞、黃巖江、都洛、瀘潭、白巖洞、牛隘，外係前營苗寨，鳳凰營巡檢經管，至新寨泛石

---

① 順治初，因明制。領長官司四，不領縣。雍正五年，割湖廣平溪、清浪二衛來屬。尋改玉屏、青溪二縣。西南距省治五百四十里。廣一百九十里，袤二百六十里。領縣二。（《清史稿》卷七五《地理二十二》）

巖，與永綏廳交界。丁都吾約，靖江營[①]、古衝、都吾寨、茶園坳、斗楠山、澎水井、米蜡樹、白腦田、崗門等處，與瀘溪堰水隴交界。外有右營民村箄子坪、衝箄、長潭、忙落、灣溪，餘係苗疆，與乾州廳交界。務頭約，深陂、楚里、中寨、黃連溪、弓兵洞、青山溪、黃土坳、得架塘、坨板，以上等處係境內。麻良約，萬牙、大坪、木江坪、罵楚、牛場、毛坪、萬壟溪、半衝、巖隴、底江、水尾、長浦溪、長車、小竹山、均牛坪、雷公洞，與瀘溪、麻陽二縣交界。以上各約村寨，分歸鳳凰廳經歷經管。乾州廳原設巡檢改爲經歷，并添設河溪巡檢，分管村莊四至八道、程途里數：東至瀘溪縣屬猪腳洞交界，計五村：田家園、溪口、鐵鎮巖、硬寨馬；南至瀘溪縣屬兔巖交界，即在廳城對河，計十六村：上岑盤、下岑盤、狗耳寨、科目寨、胡家園、龔家寨、紫荆坪、大壩坪、雙塘、塘後廟、坨桂、花塘坪、蠻坡、耳坨、龍潭；西至鳳凰廳屬三炮臺交界，計一村：兩頭田；北至保靖縣蕩坨交界，計五十二村：鎮溪所、陳家坪、望景坳、烏帽衝、新寨、水井坨、老寨場、檀木井、樟木溪、竹坨溪、巖寨、狗塘寨、桐木潭、鐵寨、蜡洞溪、上撈、迷婆、竹寨、深坳、高壩、大灣營、振武營、溪頭、凉水井、補弩寨、馬頸坳、康家坪、溪舟、大坪洞、長寨、上廣寨、上坪、孫家坨、杜鴉江、底達、仡壤、榔木坪、蕩磯石、馬驛樓、喬六寨、大塘坡、然洞坪、隘口、鴉枝寨、龍頸寨、著落村、大著落、毛坪、小著落、小江底、大戶坪、喜鵲營。以上各村分歸乾州廳經歷經管；東南至瀘溪縣屬上且己交界，計三村：楠木溪、上丑坨、下丑坨；南至瀘溪縣屬茨衝交界，計三村：地蜡坪、多除溪、桃花坪；西至永綏廳屬上高衝交界，計十九村：巖落寨、石排寨、百里、黃泥灘、新寨灣、張排寨、五金坪、阿那、毛坪、卑討寨、馬溪、二排、己肉、海螺潭、夯昔塔、太平溪、五龍寨、桐油坪、老樹村；東北至永順縣屬保家樓交界，計三十一村：黃東寨、把金家、鴉杓寨、下百戶、上百戶、欄草坪、藕茶、茶坪、小梁家、大梁家、把布寨、那金寨、螞蟻村、標金、柳坪、大新寨、小新寨、白巖、古石村、上鑪峰、下鑪峰、中鑪峰、野毛坪、路魚坪、王家屋場、小茶坪、張武村、破片坪、清水坪、下標金、上標金，以上各村，分歸河溪巡檢經管。永綏廳原設排補美巡檢，移駐隆團，所管里分四至八道、程途里數：九里、上五里、上六里、上七里、上八里、上十里。東排科寨，與乾州廳屬陽孟寨交界，南至泛石巖，與鳳凰廳屬黑土汛交界。西至葫蘆坪，與貴州松桃廳屬芭茅坪交界。北至米

---

① 靖疆營，城北三十里。高山峽中，地勢平廠，往時結營善地，扼太平關苗路附近之油草塘、羅平各處，俱可設立炮臺，新添官防守。(《苗防備覽》卷四《險要考上》)

糯，與貴州松桃廳屬木樹汛交界。東南至高巖，與乾州廳屬高巖交界。西南至篁子坳，與貴州松桃廳屬篁子坳交界。東北至谷坡，與保靖縣屬水田汛交界。又與花園分都交界。西北至茶洞，與貴州松桃廳三叉塘交界。又與四川秀山縣屬洪安汛交界。以上分歸永綏廳隆團巡檢經管。下五里、下六里、下七里、下八里、下十里，東至躍馬卡，與保靖縣屬未大湖交界。南至排樓寨，與隆團交界。西至窩郎榜，與隆團老望寨交界。北至大木樹，與保靖縣屬楊家坪交界。東南至蜡耳堡，與保靖縣古銅溪交界。西南至夯都，與隆團、隆安寨交界。東北至騎馬坡，與四川秀山縣屬峨容交界。西北至毛溝寨，與保靖縣屬永和村交界。以上分歸永綏廳花園巡檢經管。麻陽縣添設巖門縣丞，所管村莊四至八道、程途里數：巖門約、石羊哨、甲午巖約、車頭甲、逢耶、白龍約、潭石約、白泥甲、白羊甲。東至濫泥站，南至沅州城，西至縣城，北至鎮篁城。東路道通逢耶約，與高村司所管之高村交界。南路道通顏家坪，與縣屬之齊江約交界。西路道通寒池坳，與縣屬之長良約交界。北路道通石羊哨，與鳳凰廳所屬之白栗樹交界。東南路道通大蠻灣，與芷江縣所屬之隆婆溪交界。西北路通道桐油林，與鳳凰廳所屬之白茅坡交界。西南路道通移林灣，與縣屬之南山交界。東北路道通白羊甲，與高村司所管之招諭交界。以上各約甲，分歸巖門縣丞經管。麻陽縣原設巖門巡檢，移駐高村，所管四至八道、程途里數：高村約、陶陽約、袁坪約、濫泥約、下所約、新營約、倒牛約、桑林約、桐茶約、東義甲。東至倒牛坪，與辰谿縣所屬之永旺莊交界。南至黑衝，與芷江縣所屬之巒山交界。西至巖門棧，北至辰谿縣棧。東路道通全谿，與辰谿縣所屬之中莊交界。南路道通蠻衝山，與芷江縣所屬之濫竹山交界。西路道通窑內渡口，與巖門縣丞所管之逢耶交界。北路道通桐茶約，與辰谿縣所屬之石灰坳交界。東南路道通夏江田，與芷江縣所屬之凉亭坡交界。西北路道通巖寨，與瀘溪縣所屬之葛樹交界。西南路道通河路溪，與巖門縣丞所管之痣木木嶺交界。東北路道通九曲灣，與辰谿所管之橋頭交界。以上各約甲，分歸高村巡檢經管。即按撥定村莊，飭令改設、新設各員，經管巡緝。凡有奸匪逃盜以及私宰賭博等事，責成查拿，解交該廳縣審究。戶婚、田土等事，不得擅自管理。所管地方遇有疏防等事，即將該經管縣丞、巡檢查參，毋庸再參典史。

　　又查乾州廳經歷、永綏廳經歷、隆團巡檢，俱係佐雜要缺，例應在外揀選調補。麻陽縣高村巡檢，應歸月選。所有新設乾州廳河溪巡檢、麻陽縣縣丞二缺，業已咨部，俱定爲苗疆佐雜要缺，在外揀調升補在案。又原奏辰沅道以下三廳佐雜、現任人員，概以三年俸滿，即准分別保題升用。自此任之後，善後事宜全竣，地方寧謐，俱照舊例辦理。定以五年俸滿，應將各該員分管村莊，咨部示覆等因。前來查定例，湖南苗疆各缺，令該督撫在外揀調升補，五年俸滿，咨部即升等語。又嘉慶元年十一月，將軍明亮等，奏酌定苗疆邊俸年限，酌添佐貳案內。請將辰沅道以下三廳佐雜、現任人員，概以三年俸滿，俟此任之後，善後事宜全竣，仍定爲五年俸滿。再鳳凰廳、乾州城巡檢，請改爲苗疆經歷。乾州廳請添設巡檢一員，移駐河溪。永綏廳排補美巡檢，移駐隆團。麻陽縣添設縣丞一員，分駐巖門，原設巡檢移駐高村，用資聯絡等語。經本部會同軍機議准在案。今據該撫等，將新設各官分管村莊里數，造冊報部，應如所擬辦理。飭令新設各員經管，凡有奸匪逃盜以及私宰賭博等事，責成該員等查拿，解交該廳縣審究。戶婚、田土等事，不得擅專管理。所管地方，遇有疏防等事，即將該經歷、縣丞、巡檢查參，毋庸再參典史。相應咨復該撫等，并知照刑部可也。

奏請移駐永綏廳協并改設營汛摺 嘉慶六年湖南巡撫祖之望

奏爲永綏一廳，今昔情形不同，會籌量爲變通，扼要布置，劃清民苗界址，以資控制而杜釁端，奏請聖訓事。

臣等伏查苗疆三廳城垣應否移建，曾欽奉諭旨，令和琳等於事竣後查勘具奏。嗣於善後案內，經和琳奏明，毋庸移動。并稱永綏四面皆苗，惟花園一帶本係民村，仍聽民居住復業。其餘苗地，悉行歸苗。并將永綏城附近大小塘汛四十八處，全行裁撤在案。其修葺永綏城垣及建造月城、炮臺，西北山梁、黃土坡碉堡等項，共估需工料銀三萬五千三百四十餘兩。臣祖之望到任後，因未據該廳等領項興修，當即查案飭催。旋據該廳同知王廷瑛等稟稱，該廳地勢低窪，孤懸苗境，城外寸土皆苗。樵汲維艱，珠米桂薪，兵、民均難存立。惟查鎮標茶洞汛地方，沿邊臨河，極爲扼要。若修建石堡，移駐該處，聲勢聯絡，兵、民均有裨益。曾經永綏協副將仙鶴林[①]，會同該廳并升任辰永沅靖道成甯，據實通稟。奉前任督臣倭什布批飭藩司，會同辰沅道籌議查核。擬俟親赴苗疆，確勘情形，會同撫臣酌辦，并經提臣札商。是以該廳未敢冒昧領項興工，恐將來或有移動，致以有用之錢糧，置之無用之地等情。該管道鄭人慶亦稟同前由。臣以該廳建置已久，戡定後既未經移改，豈可遽議更張。一面嚴行駁飭，一面察切咨訪。凡來自永綏花園土人及熟悉苗地者，遍加密詢。僉

---

① 仙鶴林,山東滋陽人。由行伍於乾隆三十八年補臨清營把總。嘉慶元年,擢廣東督標參將,調赴湖南剿捕苗匪。八年十一月,調湖南鎮篁鎮總兵。九年,擢湖南提督。(《清史列傳》卷二十九《大臣傳次編四》)

以現在情形，實爲不便。若能移建茶洞，民苗俱得安貼等語。

臣祖之望究以章程久定，未宜輕動，并嚴飭道廳，毋許稍露風聲，或啓匪苗覬覦之漸。然反覆思維，若果於苗疆大局實有裨益，似不得因循目前，致貽後累。但究無真知灼見，未敢遽行瀆陳。臣書麟前於巡閱鎮遠官兵及此次調任路過貴州時，接見臬司成甯，亦已詢悉大概。今臣書麟、臣祖之望先後到辰，就近備細體察情形，與臣王柄悉心籌議，實有今昔異情，不得不因時措置，爲日久相安之計。伏查永綏爲六里苗地，原係保靖土司管轄，前皆以土制苗。自雍正年間改土歸流，永順創設府治，永綏繼隸版圖。因爲創建廳城，設官涖長，始亦禁民苗雜處。迨乾隆三十九年，奏准互通婚媾，意使漸通聲教，化苗爲民。維時甫免土司之殘暴，共沐皇化之寬仁，苗民皆欣欣然有樂生之意。而又防維周密，自廳城抵松桃，爲西路；自高巖偉者達乾州，爲東路；自新寨、長坪至鳳凰廳，爲南路；又自隆團、花園至保靖，爲北路，中置大小營汛四十八處，星羅棋布。且有高巖倉，貯米石以供餽餉。又值乾隆四、五兩年，大加懲創之後，兵力盛則苗心懾服，民氣固則苗情漸馴。今該廳一線營汛，透迤七十餘里，惟花園一路可通，其餘各路皆未清出。即將前設各路營汛概行裁撤，廳城形如釜底，孤懸苗境之內，不能示威，轉啓其玩，兼以高巖河道梗塞，糧倉貯糧，廳協官兵赴花園支領，往返一百四十餘里。一遇雨雪封山，即虞匱乏。所過苗寨，山路深險，人有戒心。又苗地歸苗，城外即屬苗地，樵汲不便。柴薪必須買自苗人，雖草根每石亦需銀二三錢不等，兵役人等，所得糧餉工食，不能養贍家口，往往兵役缺出，募補乏人。且乾、鳳兩廳舊有邊墻，自亭子關至喜鵲營，民苗易分界限。而永綏一廳，惟原奏所稱花園民村，在六里沿邊地方。其餘五、七、八、九、十里，皆包絡苗寨之內。廳城在九、十里間，山多田少。從前居民亦本寥落，非苗人姻親不能存立，更難免民苗雜處。以今視昔，揆之情形，均多未便。至該道廳協所禀之茶洞，在花園西面六十里，本屬漢土民村。但有土城汛地，臨河扼要，北係保靖河之對岸。西距四川洪安汛三里，至秀山縣八十里。南距貴州三叉塘三里，至松桃廳百二十里。即諺云"一眼望三省"者。若於其地修建石堡，密布汛卡，民堡相間，隆團東犄，花園北峙，可與鎮箪、綏靖二鎮，乾州、永綏二協，保靖、古丈坪二營相接，一律俱環苗境，在外四面防禦，并駕馭苗官在內，約束散苗。不惟楚省藩籬周匝，即黔、蜀兩省，聲勢倍加聯絡，全局咸資控制，民人皆可沿邊居住，且耕且守，更得劃清界址，似於營務兵民均屬有裨。并查明，永綏舊城低小，多已坍塌，柴草、木料、磚瓦，不能應手，應請毋庸修補。臣等擬將舊城作爲汛地，先在花園、茶洞兩處搭蓋廳協行署，令其往來駐劄，漸次移撤，不虞張皇。即將前估修城各費，爲修建石堡等項之用，尚不致於多費。臣等通盤籌酌，目擊情形，不敢不據實陳明，謹奏。

附奏查勘移駐永綏廳協情形片 嘉慶六年湖廣總督吳熊光

再永綏廳協移駐一事，屢奉旨，飭令妥辦議奏。

查永綏廳城孤懸苗寨，必須分別移駐，方足以資控制。惟一應移駐安汛各事宜，尚須詳悉查看，妥籌定議，爲一勞永逸之計。前經臣馬慧裕奏明，責成鳳凰廳同知傅鼐，隨同道員鄭人慶，確查籌議詳辦。時值黔苗滋事，該員等分投防堵。旋因收成在即，恐窮苗乘間搶竊，親督巡查彈壓，未暇分身。茲該道、廳飛報，收成已竣，地方靜謐，即日前往會同確勘。俟詳到，另行會核議奏，恭請聖訓。理合附片奏明。

奉硃批：覽。欽此。

部覆移駐永綏廳協安營設汛各事宜 嘉慶七年正月准咨

吏部咨開，文選司案呈內閣，鈔出據湖廣總督吳熊光等奏，稱永綏廳協移駐花園、茶洞，俟籌議移駐安汛各事宜，再行奏請訓示等因。

欽奉硃批：俟奏到時降旨。欽此。又欽奉上諭：據祖之望奏請，將永綏廳協移駐花園、茶洞一摺，并繪圖貼說進呈，因令軍機大臣詢問祖之望。據稱，永綏一廳，孤懸苗地，不足以資控制。應將永綏同知移駐花園，永綏協移駐茶洞，於沿邊一帶安設碉卡，在外四面防維。不但楚省苗民劃清界限，即川、黔沿邊，聲勢亦倍加聯絡。其永綏舊城，久經坍塌，難以修葺，應即作爲汛地，交與苗弁駐劄，管束各苗寨等語。所奏自係實在情形。至此次黔苗滋事，由於楚苗勾結。前據琅玕奏，皆緣從前黔省，并未設有苗防兵丁所致。現在如何籌辦其永綏一協移駐茶洞，是否於川、黔沿邊，皆足以資控制之處，難以懸擬。著馬慧裕會同琅玕悉心妥辦，詳議具奏。欽此。

又奉上諭：琅玕奏查明黔省邊境情形一摺。據稱，楚省遷移永綏廳，與黔省邊防無益。及詢之傅鼐查閱原案，自應移駐爲是等語。此事經祖之望具奏時，即降旨交馬慧裕查明辦理。應俟馬慧裕奏到時，再降諭旨。欽此。經臣馬慧裕責成鳳凰廳同知傅鼐隨同道員確查，籌議詳辦，節次奏蒙聖鑒。茲據辰永沅靖道鄭人慶督同傅鼐，會銜護永綏協副將于天禄、永綏廳同知王廷瑛、署浦市通判姚興潔，親詣查勘，齊集花園，與綏靖鎮臣魁、保署保靖縣胡如沅、保靖參將五十一等悉心會籌，酌議移駐安汛事宜，通詳核辦前來，并據鳳凰廳同知傅鼐於查勘事竣，順便來省。臣馬慧裕復詳悉面詢。據該員指陳形勢，歷歷如繪。臣吳熊光遠在北省，素知現任湖北按察使成甯，曾任辰永沅靖道，於湖南苗疆最爲熟悉。而永綏移駐一事，先係該司在道任內籌議通稟，當經就近詢悉大概。臣王柄於永綏、保靖沿邊一帶，屢經親歷，目擊情形。今臣等復往返籌商，採集群議，實已衆謀僉同。伏查永綏廳建立苗疆深處，從前廳城四面，大小四十八營汛，以資控馭。嗣於平苗善後案內奏明苗地歸苗，將各路營汛全行裁撤，僅存該廳一城，并隆團一綫營汛，孤懸子立，四面皆苗，不特無以示威。且一切日用薪蔬，無不仰給苗人，往往居奇壟斷。而官兵糧餉，必須遠赴花園支領。經由苗寨，領運維艱，兼之兵役難招，工作難興，種種窒礙，實有難以存立之勢。若欲復設原裁營汛，而苗地既已歸苗，勢又不能復行安設。此因時制宜，不得不變通移駐。查永綏管轄六里，俱係苗寨。惟花園、茶洞一帶，係屬民村，應歸民人居住。因花園至茶洞，汛少兵單，其地多爲苗人占據。民苗界址未清，不能復業歸耕。其保靖縣之四都民村，與永綏七里苗地緊接，而該汛防轉在民村之後，以致七里匪苗往往潛出滋擾。必須通盤籌畫，將各處界限一一畫分，相地安汛，以資防衛。

今查綏靖鎮標原管之茶洞汛，沿邊臨河極爲扼要，即修築石堡，將永綏協移駐該處。自茶洞西南之八排寨起，東至老鴉塘止，計程四十九里，改爲永綏協汛地。所有原設永綏城及西山梁、北山梁、滾牛坡、葫蘆坪、篁子坳、吉多坪、黃土坡、小排吾、董馬、鴨保，一城十汛，原駐官兵一千二百三十八員名，全行撤回。內派撥一千三十四員名，於八排寨、茶洞、老石山、立樹、小寨、曾門、路沙、老旺寨、巖坳、吉洞坳、口峨碧、老鴉塘十三處，安設一營十二汛。其餘官兵二百四員名，撥赴保靖營安駐。又自老鴉塘迤東之依樓起，由花園東至躍馬卡止，計程五十四里，作爲綏靖汛地。所有鎮標原設之牌樓、剛剛寨、隆團、張坪馬、沙子坳五汛官兵，深處苗巢，亦應全撤。并將改歸永綏協之茶洞、老經寨二汛，原設鎮標官兵，一併撤出，於依樓、三腳巖、登高坡、洞溪坪、望城坡、導褥、獅子橋、得勝坡、躍馬卡九處，添設九汛。并原設花園一堡及涼水井、河口、蜡耳堡三汛，共一堡十二汛，安設本鎮官兵一千四百三十一員名。又自獅子橋迤東至牙科，接塗乍汛，原屬保靖縣地方，係永綏七里苗寨，與該縣四都民村交界處所，向無營汛，應請添設汛防。除獅子橋、得勝坡、躍馬卡歸於綏靖鎮，安設三汛外，擬於躍馬卡東南之保界禾坡、梭西、班洞、鳩井、五里坡、水蔭場、官莊、牙科八處，計程六十里，分設八汛，作爲保靖營新設汛地，共分設官兵四百一十員名。將改歸綏靖鎮之獅子橋汛原駐官兵撤去，并於該營後路各汛，酌量抽裁，共移駐官兵二百六員名，其餘二百四員名，即於綏協標內撥駐。以上各官兵，均於各鎮、協、營通融移駐，毋庸另添糧餉。惟永綏官兵改撥二百四員名，歸入保靖營，所有糧餉應隨案改歸保靖營關支。其獅子橋、得勝坡、躍馬卡三處，本係保靖地方，今改爲綏靖鎮汛地。所有一切民事，仍歸保靖縣管理。如此擇要移駐，密布汛卡，與鎮筸、乾州、古丈坪各鎮、協、營相接，均有沿邊防守，一律包環，苗境在外，內民外苗，劃清界址，民人皆可沿邊耕守。仍於各汛之中，相度形勢，仿照鳳凰、乾州二廳，一體添建碉卡，并均田設，互相守望。藩籬既固，民氣日壯，苗匪不敢窺伺。從此邊境無虞，防兵可撤，經費漸歸節省。至黔省磐石營至松桃沿邊一帶，毗連楚境，永綏一城孤懸，營汛無多，本不能恃爲屏障。現經雲貴督臣琅玗，於黔邊一帶建碉置守，防範已屬周密。而茶洞一處，西距四川洪安汛三里，至秀山縣八十里，南距貴州三叉塘三里，至松桃廳一百二十里，聲息相通，得協將大員駐劄，實於川、黔、楚三省，全局咸資控制。永綏協既經改移，汛防裁撤，該廳同知應即移駐花園，與綏靖鎮同城辦公，以符體製。教職、經歷等官，亦應隨同該廳一併移駐。其原設花園巡檢，應請改爲永綏廳知事，與永綏協副將同駐茶洞，商辦一切軍民、苗人交涉事件。所遺花園巡檢衙署，即可抵給經歷居住。至原設隆團巡檢，應隨汛裁撤。

　　查鳳凰廳西南自落潮并起，東北至木林坪，計長二百三十餘里，惟鳳凰營設有巡檢一員，其東北九十餘里，并無文員。擬請將隆團巡檢改爲鳳凰廳知事，移駐得勝營，與鎮筸鎮右營游擊同城，以資辦公。知事視巡檢職分較大，呼應較靈，亦於公事有益。仍俱作爲苗疆要缺，在外咨補。其應得廉俸及應設人員，均隨缺改移，毋庸增減。如蒙允准，即飭趕修汛堡，將各路官兵次第撤移改駐。仍於移撤之時，派撥苗防兵勇，分段防護，以昭慎重。至永綏舊城，即照原奏交與苗弁駐劄。仍隨時妥爲駕馭約束各散苗，俾臻馴順。除茶洞應建石堡兵房及各汛塘堡、衙署、官兵房屋、監獄、倉廒一切等工，將原估修葺永綏城垣并各處堡座、兵房等項，工料價值抵用，衙署照例借支廉俸興建。其永綏廳城舊有兵房，年久朽壞，且距茶洞及新設營汛計百餘里不等，搬運舊料徒糜腳費。另行一併委員，撙節估計，據實題咨辦理外，所有臣等會籌移駐永綏廳協，沿邊設汛緣由，謹恭摺具奏。

嘉慶六年十一月二十九日奉硃批：軍機大臣會同該部速議具奏。欽此。遵於十二月初二日，鈔出到部。查例載，設官分職，原爲因地制宜起見，今昔情形不同，該督撫自當隨時酌改，庶於地方有益等因。今據該督等奏稱，永綏一廳孤懸苗境，無以示威，且糧餉等項，領運維艱，種種窒礙，必須籌畫移駐等因。自爲因地制宜起見，應如所請，永綏廳同知，准其移駐花園地方。教職、經歷等官，亦應准其隨同該廳一併移駐花園。其花園巡檢，准其改爲永綏廳知事，駐劄茶洞地方，即以巡檢衙署，抵給經歷居住。隆團巡檢准其裁撤，改爲鳳凰廳知事，駐劄得勝營地方。俱准其仍作爲苗疆要缺，在外調補。至奏稱永綏協地方，俱係苗寨，汛少兵單，苗匪往往潛出滋擾。綏靖鎮標原管之茶洞汛，沿邊臨河，極爲扼要，擬即修築石堡，將永綏協副將移駐該處等語，亦應如該督等所請，綏靖鎮原管之茶洞汛，准其修築石堡，將永綏協副將移駐。茶洞西南之八排寨起至老鴉塘止，一城十汛，原駐官兵一千二百三十八員名，准其全行撤出。內撥派一千三十四員名於八排等寨十三處，安設一營十二汛，其餘官兵二百四員名，准其撥赴保靖營，安設老鴉塘、躍馬卡等處，作爲綏靖鎮汛地。所有原設之牌樓、剛剛寨等處官兵，准其全行撤出，於依樓、三角巖等九處，添設九汛，并原設花園一堡及涼水井三汛，共一堡十二汛，安設本鎮官兵一千四百三十一員名。并准於躍馬卡八處，分設八汛，作爲保靖營添設汛地，共分駐官兵四百一十員名。將改歸綏靖鎮之獅子橋汛原駐官兵撤出，并於該營後路各汛，酌量抽撤，共移撥官兵二百六員名。其餘二百四員名，即於永綏協標內撥駐。以上各官兵，均照該督等所開清單，於各鎮協營內，通融抽撥移駐，毋庸另添糧餉。如此擇要移駐，與鎮篁等協營，均在沿邊防守。仍令該督等，於各汛之中，相度形勢，添建碉卡，互相守望，有星羅棋布之勢。且茶洞一處，西則近接四川洪安汛，南距貴州之松桃，不過百二十里，三省犄角相峙，聲勢聯絡，於川黔沿邊扼要，更足以重撫馭而壯聲威。其保靖營之獅子橋、得勝坡、躍馬卡三處，內係保靖縣地方，所有一切民事，自仍歸保靖縣管理。其永綏舊城，准其交與苗弁駐劄。仍令該督撫督率文武各官，隨時妥爲防範。

再查，本年六月十八日，據雲貴總督琅玕奏，黔省正大營等處沿邊一帶，設立石碉一摺。奉硃批：軍機大臣會同該部議奏。欽此。隨經臣等奏明，俟馬慧裕議奏湖南移駐永綏廳協事宜，到時，再行核議在案。今馬慧裕等既經奏到所有，琅玕奏請黔省正大營等處，設立石碉之處，另行詳議具奏，至均田設屯等事宜，令該督撫等分別題咨，由戶部核辦。應建石堡兵房及文武官員衙署、監獄、倉廒，并一切未盡事宜，該督等既稱另行分別題咨辦理，應俟查辦到日，再行核覆。所有臣等核議緣由，理合恭摺具奏。

奉旨：依議。欽此。

奏湖南移駐永綏廳協及辦理均田，苗民不願，應再籌議情形摺
嘉慶七年貴州巡撫初彭齡

奏爲陳明湖南移駐永綏官兵現在情形，請旨飭令巡撫高杞再行籌議事。

竊臣代辦黔撫，據貴東道周緯面稟，前聞楚省永綏廳協定議內移，曾親至邊境密詢楚苗情形。皆以官民一經內移，一切食鹽、衣、布，商販不至，購買爲難，均不甚願，欲行控阻，隨約會鳳凰廳同知傅鼐面議。據云：事在必行。設有苗衆阻撓，即當懾以兵威。將來須從黔省正大營一帶繞道行走，黔省亦宜預爲防範。且聞三廳辦理均田一事，民情亦不樂從，恐民苗構釁滋事等語。臣於楚、黔苗疆各情形，未能深悉。因藩司百齡曾任湖南臬司，當即詳細面詢，據稱，湖南永綏一廳，孤懸苗境，不足以資控制。前經黔、楚督撫會議，將該廳協移駐花園、茶洞，并於黔、楚沿邊一帶築建碉卡，設汛防範。其永綏之舊城，即交苗弁駐劄，管束苗衆，均經奏明辦理。自係因時度地變通籌議之道，但思永綏苗衆寨落約計四百餘處，自雍正年間建城設汛以來，民苗錯處已久。一旦改撤內移，不但苗衆無以爲生，不願官兵移撤，并恐該處久居之百姓等亦未盡願棄其田廬而去。如果民苗樂從，移駐固屬善策。若竟如近日傳言，苗衆抗不願移，雖臨以兵威，而在城之官民等，必受悍苗之荼毒。即使目前畏懼，內移此後，數萬苗人竟似置之化外，雖有苗弁在彼約束，日久終難保其不肆出搶竊。若令豕突狼奔，則黔、楚兩省邊防碉卡處所，必須時時堵剿，亦非一勞永逸之策。況移撤官兵經由黔境，不特驚撼黔苗，并恐楚苗遷恨於黔苗，別生他慮，似宜預爲籌計。至於楚省辦理均田屯守之事，將民戶田畝均出，資養戍卒。如果百姓急公，出於情願，事固可行。但恐邊民多年世業，强之均分，未必盡屬踴躍。更難保無紛紛控阻及與戍卒爭擾情事。在該廳傅鼐，熟悉苗疆一切置卡屯勇，實心經理，誠爲可靠之員。惟改移邊防舊制，不可不深思遠慮，計出萬全等語。臣思永綏廳協內移，於黔、楚兩省邊疆，均有關係。必使民、苗兩便，庶得日久相安。與其規一時之利弊，輕議更張，曷若籌久遠之章程，戡安衆志。臣前據周緯所稟，即飭令該道趲赴邊界，嚴密防範。一面檄詢湖南撫臣高杞，確查辦理，恐該省因此事業經奏辦

在前，不敢中止，勉強從事，致有他虞。據實奏明，請旨飭交高杞會率鎮道等，體察近日苗民情形，再行妥議。如該處廳協必應移建，勢須由黔境之松桃正大營一帶行走，亦令將如何分起行走、照料防護之處，先期會商辦理。倘事可緩行，或酌量於該處分駐員弁，藉聯聲勢，免致全行動移。似亦不必拘泥前奏，以昭核實。其均田一事，是否輿情所願，不致另起釁端。并令再行妥籌，據實覆奏。臣因現在情形，關係緊要。督臣琅玕駐劍川，未及會商，謹由驛四百里奏聞。

奉硃批：另有旨。欽此。

附奏永綏廳協現已移駐片 <small>嘉慶七年湖南巡撫高杞</small>

再前任撫臣祖之望、馬慧裕先後奏蒙恩准，移駐苗疆永綏廳協一事。

此時秋收已畢，天氣晴和。先經札飭辰沅道暨總理邊務、鳳凰同知傅鼐，并移行鎮協，察看情形。若可移動，即宜及早趕辦。旋據該道廳等稟覆：同知傅鼐已前赴永綏，會鎮協督同文武員弁，調派兵勇、苗弁，扼要防範，慎重辦理。現將該廳所有兵民及軍裝、火藥等項，次第移出，逐程轉運，妥爲護送。苗弁等無不踴躍出力，遠近苗情俱甚寧帖等語。除俟全數移出，另將辦理情形詳悉具奏外，合將現在具報緣由，先行附摺奏聞。嘉慶七年十一月初四日，奉上諭：前因初彭齡奏稱移駐湖南永綏一事。楚苗不願官兵移撤，欲行控阻等情，是以特降諭旨，令黔、楚兩省督撫詳悉會議具奏，想高杞等尚未接奉此旨。茲據高杞奏，現將該廳所有兵民及軍裝、火藥等項，次第移出，逐程轉遞，苗弁等無不踴躍出力，遠近苗情均屬樂從。此時該廳既已內移，若再有更張，轉屬不成事體。該撫惟當查照奏定章程，妥爲經理，以期苗民永遠相安。至移撤官兵經由黔境，於黔苗有無不便之處，仍著令黔撫詳悉具奏，將此諭令知之。欽此。

附奏湖南永綏廳協業已移駐片 <small>嘉慶七年雲貴總督琅玕</small>

奏，再奴才昨准署貴州撫臣初彭齡咨會，欽奉上諭：永綏一廳准其遷移。原係因時度地籌議變通，俾於苗民兩便。今楚苗既欲行控阻，而百姓又不樂從。其中必有未盡周妥之處，自當會商熟籌，以爲久遠之計。高杞甫任湖南巡撫，從前并未入議，無所用其回護。著會同黔、楚兩省督撫，體察情形，再行悉心籌議具奏。將此傳諭高杞、初彭齡，并諭吳熊光、琅玕知之等因。欽此。仰見皇上慎重苗疆，務期安善之至意。此事，奴才前於威遠途次准署撫臣初彭齡鈔摺咨會，當查照黔省銅仁府所屬之磐石營、桿子坳、芭茅坪一帶，均逼近湖南永綏廳境界邊圍要地，誠恐永綏苗民不願官兵內移，藉滋事端，防範尤宜，嚴密隨飭。該管文武督率沿邊各汛弁兵，不動聲色，慎密巡邏，毋得稍涉張皇，駭人觀聽。茲據該管道府廳縣及鎮協等先後稟報，鳳凰廳傅鼐會同楚省鎮協，帶領兵勇前赴永綏，犒賞該處苗弁人等。自九月十二日起，將軍火、器械逐日搬移，於十九日全數運竣，其永綏城內居民亦均移出。內有貧老無力者，官為資助。黔、楚兩省邊界地方，均屬寧帖等情。除批示該道等照舊實力嚴防，毋稍疏懈外，理合附片奏聞。謹奏。嘉慶七年十月二十四日具奏。

十一月二十七日奉硃批：覽奏。不甚明白汝之所轄苗人是否樂從，再行回奏，欽此。又奉上諭：琅玕另片奏，移設湖南永綏廳一節，所奏不甚明白此事。前據初彭齡奏，楚苗不願遷移，欲行控阻，而移撤官兵經由黔境於黔苗，亦多擾累。是以諭令黔、楚督撫，會同籌議。旋據高杞奏到，該廳業已內移楚苗均屬樂從。今又據琅玕奏，該處苗弁人等自九月十二日起，將軍火器械逐日搬移，於十九日全數運竣等語。該處兵民既於九月內全行移撤，并無安土重遷，不願移撤情事。則初彭齡前奏所稱，擾累黔苗之語究為何意，且初彭齡係由四百里馳奏此事，竟似該廳一經移撤，苗民必滋事端。摺內稱：詢之藩司百齡，該司何所見而云然。今高杞與琅玕先後奏到情形，又稱民苗無不踴躍出力。究竟此事於黔苗有無不便，聲敘殊未詳悉。著琅玕查明，一併據實具奏。再黔省苗地逼近永綏廳地界，衹須飭令沿邊各汛弁兵，照常慎密巡邏，不必添設多兵，轉致該處苗民，心生疑駭。將此由四百里諭令知之，欽此。

會奏永綏廳協全行移駐，并酌撤留防官兵、土塘苗兵摺 嘉慶七年湖南巡撫高杞、湖廣總督吳熊光、湖廣提督王柄

奏為苗疆永綏廳協全行移駐，并酌撤留防官兵、土塘苗兵，恭摺奏聞事。

竊照苗疆永綏廳協，前經臣吳熊光、王柄，會同前湖南撫臣馬慧裕，公同籌議，奏蒙欽准移駐於花園、茶洞兩處。臣高杞抵任後，復又查詢情形，實屬應行辦理。當於將屆秋收時，飭經辰沅道鄭人慶、鳳凰廳同知傅鼐，會同鎮協廳營等，將該廳兵民軍火次第移出。臣高杞已將據報辦理緣由於前月初八附摺奏聞。

查得該道廳等先後稟報：鳳凰同知傅鼐於九月初旬，自鎮箪起程赴永綏，與綏靖鎮魁保暨廳協各員酌議，將永綏城現存炮位、軍裝、火藥等項，共十二萬九

千餘觔，先後運送完竣。再將兵民以次移撤。因自永綏至茶洞計程九十餘里，難以一日行走，須將各項先行運至適中之隆團地方接收，再行轉移茶洞。當即會同鎮協廳營，并督率文武員弁察看道路，并傳集各里苗弁目，諭以永綏地方樵采不便，而花園、茶洞一路係屬邊要，因今昔情形不同，大皇帝欲使民苗各得其所，是以奉旨移建。此後苗地一切事宜，責成好爲辦理。其舊永綏城即作爲汛地，交與苗弁駐劄，管束散苗。并諭以民苗各有界限，除設立集場交易外，苗人不得出外滋事，漢民亦不得入寨構釁。當即犒賞銀牌、牛酒，衆苗弁目無不悦服遵從。傅鼐先於鎮篁撥有得力練勇一千名，陸續到永，并分派衆苗弁，各帶土塘苗兵共二千餘名，分撥劄卡。仍派文武員弁，分投督率管領。又復派撥文武大小各員，帶領官兵、練勇，按定段落，或接替護送，或梭織巡邏，均屬勤慎出力，甚形嚴密。當自永綏以抵隆團，由隆團而至茶洞，均由本省原設塘汛之路行走。於九月下旬，業將永綏、隆團軍火、兵民陸續全行移出。官兵等俱照原奏章程，分駐於新設各汛堡。其未經竣工之處，即於各該汛地先行紮卡暫劄。俟修築完工，次第進駐。其移出之居民、兵眷，俱於花園、茶洞兩處城堡關廂內安頓棲止，并無失所。移撤時，一路苗情亦俱安貼各等語。臣等復又隨時諄飭該道廳等，查察防範。於黔、楚交界各處，尤須留心撫馭，以期一律安帖。并令將各處未完汛堡趕緊修築完固，俾兵、民等早得安居樂業。復查苗疆留防兵勇，上年九月，臣吳熊光、臣王柄會同撫臣馬慧裕，於會籌邊備，裁撤、添防兵勇案內奏明：鳳、乾二廳原防兵勇，俟增築碉卡、均田練勇分授定局，分別撤伍歸屯。永綏、保靖二廳縣原防兵勇，俟移駐事竣，再行酌量裁撤。土塘苗兵二萬名，俟邊防完固，永綏措置妥協後，陸續減撤。欽奉諭旨，以未撤兵勇尚多，如屯田不敷分給，仍須暫行留防。總應察看苗情實在安帖，再將各處兵勇陸續裁撤，毋庸亟亟等因。欽遵在案。

今永綏廳協業已移駐，節經臣等咨行鎮協、道廳等，察看情形，應否裁撤。現據覆稱，鳳凰廳留防官兵一千八百八十一員名，乾州八百四十五員名，永綏八百五十五員名，保靖二百八十二員名，共三千八百六十三員名。截至嘉慶六年底止，除陸續病遣回營外，存有官兵三千七百二十六員名。苗疆經理甫定，未便遽行全撤。今於本年十月，已撤回一千七百三十二員名。擬俟十二月底，全數歸伍，分別住支鹽菜。至留防鄉勇，鳳凰廳二千二百二十名，乾州裁存八百名，永綏四百名，保靖二百名，共三千六百二十名。除陸續病遣外，截至嘉慶六年底止，存有鄉勇三千五百四十七名，本廳一體酌裁。緣鳳凰廳酌定守邊屯勇六千名，除將均出之田分授四千名外，尚有二千名，應授田一萬畝。奏明於貼近鳳屬之瀘溪、麻陽二縣各民户内，酌量均出撥補。現止均出五千畝，尚缺田五千畝。乾州酌定屯勇六百名，需田三千畝。現尚缺田一千五百畝，俱須均丈足數，方可歸屯耕守。所有鳳、乾二廳共留鄉勇三千二十名，請俟屯務辦竣，再行裁撤。其永綏、保靖甫經移營設汛，築建碉座，正需鄉勇駐守，應請從緩議撤。又三廳、古丈坪、保靖，安設土塘苗兵二萬名，多係無業窮苗。鳳凰廳所屬寨落較乾州、永綏、保靖爲多，而花、黑各苗，尤爲兇悍，是以鳳屬所設苗兵爲多，留之實覺縻費，去之又恐爲匪，歷年籌畫，不能裁撤。嗣經該廳傅鼐於每月放給土塘工食，諭以國家經費有常，不能久而不撤，俱責成各寨誠實弁目，教以開山種地，搏節工食，所餘買牛置具。現在鳳、乾二廳屬稍能謀生者，約有十之三四。現經會同廳協，曉諭衆苗，截至本年十二月底止，鳳凰廳裁退四千名，乾州裁退一千名。其永綏、保靖、古丈坪，原設土塘，因現在均值修邊吃緊之時，未便議撤，應請與鳳、乾裁存之數，仍照原奏，俟邊防一切措置妥協後，陸續裁撤。臣等確查，均係實在情形。所有永綏廳協全行移駐，并酌撤留防官兵各緣由，謹合詞恭摺奏聞。

奏覆永綏廳協應行移駐并均田情形摺 嘉慶七年湖南巡撫高杞

奏爲遵旨覆奏事。

嘉慶七年十月十二日，承准軍機大臣字寄，九月三十日欽奉上諭：初彭齡奏湖南移駐永綏官兵現在情形一摺。前因湖南永綏一廳，孤懸苗境，不足以資控制。經黔、楚督撫會議，將該廳協移駐花園、茶洞，業經議覆准行。兹據初彭齡奏稱，該處自建城設汛以來，民苗錯處已久，一旦官兵内移，一切食鹽、衣布，商販不至，購買爲難。苗人既不願官兵移撤，欲行控阻，并恐該處久居之百姓，亦未必盡願舍其田廬而去等語。永綏一廳准其内移，原係因時度地，籌議變通，期於苗民兩便。今楚苗既欲行控阻，而百姓又不樂從，其中必有未盡周妥之處，自須會商熟籌，以爲久遠之計。初彭齡甫經到黔，於苗地情形自未深悉。即百齡亦到任未久，其辦理苗疆事務自不如傅鼐之熟諳。但移駐一事，或竟係伊一人偏見，亦未可定。高杞甫任湖南巡撫，從前并未入議，無所用其回護。著會同黔、楚兩省督撫，體察情形，再行悉心籌議，不可因奏准在前，稍涉回護。亦不必因有此旨，意存遷就。總期於官兵妥便，而黔、楚苗衆亦均願從，方屬可行。并著繪圖貼説，詳悉具奏。其均田一事，是否興情所願，亦著一併妥議。總之，撫綏外夷之道，動不如靜。若無必不可已之情節，總宜率由舊章。拘守之人總無大謬，好更張者終有差訛也。將此傳諭高杞、初彭齡，并諭吳熊光、琅玕知之。欽此。

跪讀之下，仰見皇上廑念邊圉，體恤苗民，籌策萬全之至意，曷勝欽感。臣仰蒙恩簡，抵任湖南，即思苗疆移駐一事，最關緊要。查永綏廳城毗連黔境，自創設以來，已歷七十餘年。且戡定未久，復議改移。雖經楚、黔督撫奏，奉准行在先，而於如何不便沿舊應行改置之處，必須詳加考究。若稍有窒礙，誠如聖諭"動不如靜。若無必不可已之情節，總宜率由舊章"，洵爲撫綏外夷至道。無論此事出自前督撫臣所議，即使曾經與議，亦斷不敢始終偏執。抵任後，凡遇官弁等來自苗疆者，無不詳爲詢訪。適辰沅道鄭人慶來省，亦即細加詰詢。僉稱，永綏廳居楚省苗境之西北，南通鳳凰，東接乾州，形勢犄角，向俱安營設汛，有路可通。該廳四面，原設大小四十八營汛，以資捍衛。嗣於平苗善後案內，奏明苗地歸苗，全撤各路營汛，僅存該廳。迤北由隆團以至花園，今改爲綏靖鎮之一綫道路。雖中間設有營汛，然透迤七十餘里，俱在苗寨之中。山徑險仄，解運兵糧、軍火以及行旅往來，俱多艱阻。該處既不能設堡屯勇，而防兵又不能久而不撤。倘苗巢中小有不靖，即可立時梗塞。且該廳城外，寸土皆苗，并無民田。居民既不能租種苗地，而一應樵採所需，皆須購自苗寨。數倍增昂，受其挾制，難於度日，實有杌陧難安之勢。惟原奏將永綏協移駐於茶洞地方，在花園西南六十里，與四川洪安汛、貴州三叉塘汛，均屬密接，且係漢、土民村。若築堡移駐此處，於兵民均屬妥便，而於守禦亦屬得宜等語。核與前此督撫臣原奏均屬相符。現在提臣王柄巡閱來省，於該處情形俱所熟悉，臣復與細爲講論，所言亦復相同。伏思馭苗之道，撫之固貴有方，而制之尤須得要。從前之設立永綏，原以疏通道路，彈壓苗巢。迨後苗地歸苗，全撤營汛，而使孑然一城，孤懸於四面皆苗之地，居者既耕無寸土，行者復又有戒心，不惟無以制苗，且反爲苗制。今將永綏廳協分駐於茶洞、花園兩處，與保靖、古丈坪、乾州、鎮篁各鎮協環峙包羅，更於扼要之處加設汛卡，周回密布，以絕其出没窺伺之路。仍復沿邊安設集場，定期貿易，使其靜不失所動，而有制撥之理勢，自較妥協。是移駐一事，於楚省實有必不可已之勢。第念永綏界接黔邊，互爲聲援，惟恐一經移動，若於黔境有礙，又不可顧此失彼，亦曾詳爲札詢。

據傅鼐稟稱，於本年五月初間，前赴黔邊，與貴東道周緯及松桃廳協等面晤，將楚省定見移撤之處詳細告知。據稱正大營一帶，經雲貴督臣琅玕奏請，修建石碉。自鎮筸接壤之夥哨營至永綏交界之芭茅坪止，修碉一百座。現在戡定興修，已募新兵八百名，分撥防守。此次九月初，自鎮筸起身赴永，又取道黔省松桃廳，會晤該協劉廷奇、同知鄭錕，將現在赴永移撤之處逐一告知。據稱該廳應修邊備碉卡工程已有七分，與楚疆相接之各處汛卡現俱留心防範等語。是黔境亦已預爲設備，且永綏既孤立苗巢，難於自固，即使不撤，萬一邊隅有警，在楚省徒多一牽制之處，而黔境仍不能恃爲屏障。此永綏廳定見移撤之情形也。前於九月中，曾接貴州撫臣初彭齡來札，以移出永綏兵民、軍火等，聞欲取黔境之芭茅坪、盤石營等處行走，且聞苗衆不欲兵民內移，恐生事端，囑令妥商辦理等因。惟時雖未據該道廳等稟報，全行移撤，然就節次所稟籌辦情形，并未有取道黔境之說。且查閱地圖，亦覺由黔取道，程途較遠，自不出此紆回之計。當經一面將據報情形札覆，旋據該道、廳等稟報，已將永綏廳協全行移駐，據稱民苗尚俱安貼，惟黔境既聞有苗人布散之言，亦必須切實查明，以防滋生事端。即經飛札該道、廳等，令將詳細情形查明稟覆。

旋又接初彭齡來咨，據貴東道周緯等稟報，探聞自永綏移撤後，所有城內外汛堡兵民房屋，盡被痞苗拆毀，并爭占地土，互相仇殺，時聞槍炮之聲。苗弁等不能約束，反欲移居黔地，且於黔、楚接壤之箄子坳地方，時有楚苗執持標槍，往來窺伺。該道等傳至堡內，面加詢問。雖據稱自行防禦冤家，并不敢滋事。當以好言撫導，諭以嗣後不許携帶器械到此，亦俱應諾而去。但時屆隆冬，苗人叵測，防維均須嚴密等因。移咨前來。臣細思苗人頑悍性成，即其平日因錙銖之利，睚眦之怨，自相持械仇殺，久成習俗。今見該處城汛，既撤歸苗管，所存房屋基址已屬空虛，無業痞苗即思拆毀爭占，互逞兇頑。其蠻觸相爭，亦祇在巢窟之中。惟既據黔省咨會，有痞苗自相爭鬥之事。復又星飛移行鎮、道、廳等，密查苗寨中如何爭占、仇殺，并有無窺伺邊境情形。無論在楚、在黔，總須協辦熟籌，并駕馭苗弁，一律辦歸安妥。一俟楚、黔兩境將沿邊堡卡趕緊修繕完密，周圍控制，俾匪苗等無從覬覦，自不致更生他慮。當此移駐重畢，縱或屬員等祇顧安全本境，不及兼顧鄰圻，而仰蒙高厚，職任封疆，必當不分畛域，通盤籌畫，計出萬全。即使楚境果臻寧謐，而黔境稍有未妥，即非乂安邊境之道，斷不敢專顧本省而置全局於不問。至均田一節，抵任後據該道、府等稟報，已辦有六七成，輿情均屬踴躍。緣該處民人，深知屯丁之設專以保衛田廬，地方官吏斷不能從中牟利。且附近苗疆田畝，前俱爲苗所占，戡定後悉經傅鼐勘丈清釐，始得各歸民業。今雖均出贍丁，仍以保其家室，無不樂從。到任以來，曾有麻陽、乾州兩處生監呈狀二紙。細核情節，該生等惟以離苗較遠爲詞。查乾州、麻陽二廳縣，貼近苗疆統一境之中，不能無分遠近，守邊屯丁共有六千六百名，需田三萬餘畝。在離苗較近之民，衛身念切，固已無不樂從。然祇就近者，均出田畝，豈足以敷分授？萬一苗衆稍有滋擾，在近者固受其累，即稍遠者亦豈能晏然無驚？是以稍遠之處，一經剴切勸導，亦俱情願。現據稟報，已均有六七成。今該生等不過因囿於一隅之見，偶有控阻，當經臣詳爲開導、批駁，去後，現在并無續控之人。體訪各處，尚俱寧帖。總之，移駐、均田二事，何等重舉？苟非事勢之所必應，輿情之所允愜，傅鼐一人，斷不能執其偏見，而使官吏、軍民等齊心協力，以底垂成。現將欽奉諭旨，飛飭該道廳等，再行悉心籌議，繪圖貼説。務期於全局大勢，悉臻周妥，以冀久遠敉寧。除俟稟覆到日，與督臣吳熊光并黔省督撫臣熟籌萬妥，會議具奏外，謹將到任體訪情形，先行奏聞，伏乞皇上睿鑒。謹奏。

嘉慶七年十二月十六日奉上諭：前因初彭齡奏湖南永綏廳協移駐花園、茶洞一節，苗人欲行控阻，百姓亦不樂從，恐其中有未盡周妥之處，特降旨諭，令高杞會同吳熊光，并黔省督撫，體察情形，悉心籌議具奏。旋據高杞奏，已全行移撤。復降旨，諭令不必更張。茲該撫接奉初次諭旨覆奏。據稱，從前設立永綏，原以疏通道路，彈壓苗巢。迨後苗地歸苗，全撤營汛，而使一城孤懸於四面皆苗之地，不惟無以制苗，且反爲苗制。今將該廳協分駐於茶洞、花園兩處，與各鎮協營環峙包羅，更於扼要之處，加設汛卡，使其静不失所動，而有制撲之理勢，自較妥協等語。永綏廳協孤懸苗巢，既不能設堡屯勇，而居民亦杌陧難安，是移駐一事，於楚省實有必不可已之勢。況現已全行移撤，自毋庸另議。至所稱痞苗等折毀房屋、爭占逞兇一節，該廳業已移駐，所存空房，苗人等彼此占奪，不過蠻觸相争，原毋庸官爲致詰。惟當於扼要處所，加設汛卡、官兵等，聲勢聯絡。設遇苗人出没窺伺，即當立時懲辦，使知畏懼，地方自可永臻寧謐。著該撫等，將如何加設卡座，嚴密巡防之處，仍會同黔省督撫妥議章程具奏。將此傳諭高杞，并諭吳熊光知之。欽此。

覆奏湖南移駐永綏廳協兩省邊界寧貼情形摺　嘉慶七年雲貴總督琅玕

奏爲遵旨查明，據實覆奏，仰祈聖鑒事。

竊奴才前次附片，具奏湖南移駐永綏一事，欽奉諭旨：所奏不甚明白。此事前據初彭齡奏，楚苗不願遷移，欲行控阻，而移撤官兵經由黔境，於黔苗亦多擾累，是以諭令黔、楚督撫會同籌議。旋據高杞奏到，該廳業已內移，楚苗均屬樂從。今又據琅玕奏，該處苗弁人等，自九月十二日起，將軍火、器械逐日搬移，於十九日全數運竣等語。究竟此事於黔苗有無不便，聲叙殊未詳悉。著琅玕查明，一并據實具奏。再黔省苗地，逼近永綏廳地界，祇須飭令沿邊各汛弁兵照常慎密巡邏，不必添設多兵，轉致該處苗民心生疑駭等因。欽此。仰見我皇上慎重苗疆、睿慮周詳之至意。伏查湖南永綏廳，因孤懸苗境，難資防守，經楚省督撫吳熊光奏，將該廳兵民撤移所屬之花園地方，奉准部覆在案。其貴州松桃廳銅仁縣與永綏係屬接壤，今楚省既因難於控制，奏明撤移，係因該處情形起見，而楚省遷移兵民，本於黔省無涉。前據黔省沿邊文武探聞，該處苗弁曾有兵民內移，則商賈貨物不通，於苗人諸多未便，聲言欲行控阻。且聞楚省於移撤之時，并有假道黔境之語，誠恐楚苗不願永綏兵民遷移。如由黔省境內行走，恐致擾累黔界，并結怨楚苗，以致別生枝節。是以具稟署撫臣初彭齡，據情奏明，另請飭議，亦爲慎重苗疆之意。嗣奴才接據該鎮道府廳等來稟，據稱楚省業於九月十二至十九等日，已將永綏城內兵民及軍火、器械，均從永綏本境移駐該廳所屬之花園地方，楚苗亦無阻攔之事，兩省邊界均屬寧貼等情。是以奴才夾片具奏，仰慰聖懷。所有永綏兵民係撤移楚省境內，并非移於黔境，亦未由黔行走，於黔苗實無擾累未便之處。奴才前摺內未將以上情節詳細聲叙，致煩垂訓，實深惶悚。至黔省邊界，逼近永綏，前因該廳有移撤之信，誠恐楚苗越境滋事。是以奏明添設碉卡、營汛，足敷防禦。誠如聖諭，毋須添設多兵，反令苗人疑懼。奴才惟有嚴飭道將等，隨時稽查督率，鎮靜守禦，不使楚苗越境滋事，以期各守各地，永靖邊圉。所有遵旨查明緣由，謹據實恭摺覆奏，伏乞皇上睿鑒。謹奏。

附奏移駐永綏廳協加設營汛嚴密巡防片 嘉慶八年湖南巡撫高杞

再，奴才於上年十二月初二日及本年正月十五日，先後承准軍機大臣字寄，欽奉諭旨，以奴才具奏永綏廳移駐情形，飭令查照奏定章程，妥爲經理。其移撤官兵，經由黔境，於黔苗有無不便之處，仍著會同黔撫詳悉具奏。并以移駐一事，於楚省實有必不可已之勢，現已全行移駐，毋庸另議。惟當於隘要處所，加設汛卡。設遇苗人出没窺伺，即當立時懲辦，使知畏懼。仍飭將如何加設卡座、嚴密巡防之處，會同黔省督撫妥議章程具奏等因。仰見聖明睿照，指示周詳，何勝欽服。伏查楚省永綏廳協，於上年九月内移駐於茶洞、花園兩處，皆取道本省原設塘汛之路，并未經由黔境，業經奴才奏蒙聖鑒在案。該廳協早經内移，兵民樂從，誠如聖諭，若再有更張，轉屬不成事體。奴才伏思永綏一城，向立苗巢，兵民日用所需，無不受制於苗。一旦内移，痞苗無所居奇，自不能滿其所願。而移撤後所存空房，乘機圖占，因而散布謠言，自爲蠻觸之鬥，恐所難免。且窮苗每屆年底，潛出掠食，歲咸有之，不可不嚴爲防範。奴才先已飭令傅鼐前赴黔省沿邊處所，密派練勇，擇要分布，銷弭彈壓。設有匪苗等出没窺伺，不難立時懲辦。現在楚省邊卡漸臻完固，黔邊堡卡是否盡臻周密堅固，奴才復又飭令傅鼐就近會晤黔省道廳等妥商熟計，趕緊查辦，務使一律完整，不留罅隙。一面詳細札致貴州撫臣福慶，確切查明，嚴行督飭辦理。一俟各處具覆到日，奴才即當遵旨，與黔、楚督撫臣會同酌定章程，妥議具奏。所有欽奉諭旨及現在辦理緣由，合先繕片奏聞。謹奏。

部覆移駐永綏廳協文武官員兵役俸餉工食各事宜 嘉慶九年八月准咨

吏部鈔出湖廣總督吳熊光等題湖南永綏廳、協移駐花園、茶洞應設文武各官、兵役俸餉、工食事宜一案。

嘉慶九年正月二十日題，三月二十二日奉旨：該部議奏。欽此。遵於本月二十九日，經吏部將原鈔咨送户部。該臣會議，得湖廣總督吳熊光會同湖南巡撫阿林保、湖廣提督王栛，將永綏廳、協移駐花園、茶洞，應議文武各官、兵役俸餉、工食事宜，列款具題前來，相應按款議覆，開列於後。

一、據疏稱，永綏廳移駐花園，文武俸廉役食，應核實支食也。查，永綏廳協移駐花園，原設同知一員、訓導一員、經歷一員，隨缺改移駐劄。其花園巡檢一員，改爲知事，移駐茶洞。隆團巡檢一員裁撤，改爲鳳凰廳知事，駐劄得勝營。各官廉俸役食等項銀兩，原請均隨缺改移，并無增減。惟花園、隆團二缺巡檢，今改爲知事，食俸稍異。但巡檢係從九品，食俸銀三十一兩五錢二分。今既改爲知事，查向例内載，知事係正九品，應食俸銀三十三兩一錢一分四釐，應請查照定例更正支俸。除將原設該二處巡檢各食俸銀三十一兩五錢二分，抵給知事俸銀外，尚應各補足知事俸銀一兩五錢九分四釐。亦應請按年，在於司庫地丁項下動支，照例報銷。庶支食俸銀與品級定制相符，一遇缺罰，按品扣解，得歸畫一等語。查，先據該督吳熊光等奏請，將永綏廳同知訓導、經歷等官，稱駐花園。原設花園巡檢，改爲永綏廳知事，移駐茶洞。原設隆團巡檢，改爲鳳凰廳知事，移駐得勝營，應得廉俸均隨缺改移，毋庸增減等因。經軍機大臣會同吏部等部議覆奏。奉旨：依議。欽遵在案。又，定例中外大小文員，按品級食俸，正九品歲支俸銀三十三兩一錢一分四釐，從九品歲支俸銀三十一兩五錢二分等語。今據該督吳熊光等，以巡檢係從九品，原食俸銀三十一兩五錢二分。今改爲知事，係正九品，應得俸銀三十三兩一錢一分四釐。題請查照定制更正。戶部查，與定例相符。所有改設永綏、鳳凰二廳知事二員，每員每歲應食俸銀三十三兩一錢一分四釐，應准其將原該花園、隆團巡檢二員，每員每歲原食俸銀三十一兩五錢二分，動支抵給外，仍於藩庫地丁項下各補足銀一兩五錢九分四釐。按年造冊，題報核銷。遇有缺罰，照例按品扣解。

一、據疏稱，永綏協并廳標撥歸保靖、綏靖二員官兵，所需俸薪、餉乾、養廉等銀，應請在於原估銀內，劃分支給造報也。查，永綏協駐茶洞，抽出官兵二百四員名，撥歸保靖營管轄。又將永綏廳標弁兵一百二員名，撥赴綏靖鎮管轄。俱係額內更調，并無增添應需俸薪、餉乾、養廉等銀。應請即於永綏協原估銀內，於裁撥歸併之日，劃分支給，各歸各營，請領造報，以歸核實等語。查，綠營官兵俸餉等項，向係預行估撥。如遇裁撥歸併，自應於原估銀內劃分，支給造報，以歸核實。今據該督吳熊光等疏稱：永綏協移駐茶洞，抽出官兵二百四員名，撥歸保靖營管轄，并將永綏廳標弁兵一百二員名，撥赴綏靖鎮管轄。俱係額內更調，并無增添，應需俸薪、餉乾、養廉等銀，即於永綏協原估銀內，以裁撥歸併之日，劃分支給，各歸各營，請領造報等語。應如所題辦理。仍令該督等，按年分案造冊，題報核銷。仍將永綏廳協標弁兵一百二員名，撥赴綏靖鎮管轄之處，於何案內奏明，先行查明，報部查核。

一、據疏稱，改撥兵丁所需公費銀兩，應照各營舊製，核定數目，以便遵循支給造報也。查，永綏廳標兵一百名，每年應需公費銀四十九兩八分。原係彙同永綏協請領，另冊造報。今全數撥歸綏靖鎮管轄，并無增減，所有該廳標公費，應請於嘉慶八年爲始，彙同綏靖鎮請領，另冊造銷。其永綏協撥歸保靖營兵丁二百名，保靖營應添公費銀兩，應請照依保靖營舊制科算數目，於嘉慶七年冬季爲始支給。永綏協於嘉慶七年秋季底止截支，各歸各營，造冊報銷，以歸畫一。現在另造清冊同送，應請查核等語。查，湖南各標協營應需公費銀兩，向係每兵百名酌留戰守三分，按營繁簡，分別全留戰糧，并戰二守一，以及戰守各半之數科算。仍刪除名色計共銀數作爲公費，扣除朋銀。遇閏不增，小建不扣。本色米石，以每石六錢核計，在於地丁項下按年估撥，歷經辦理在案。今據該督吳熊光等疏稱，永綏廳標兵一百名，應需公費原係彙同永綏協請領，另冊報銷。今全數撥歸綏靖鎮管轄，應請於嘉慶八年爲始，彙同綏靖鎮請領，另冊造銷。永綏協撥歸保靖營兵丁二百名，應添公費銀兩，并請照依舊例，科算數目，於嘉慶七年冬季爲始支給。其永綏協於嘉慶七年秋季底止截支，各歸各營，造冊報銷。現在另造清冊同送，應請查核等語。應如所題辦理。戶部按冊逐一核算，數目亦屬相符。所有湖南通省各標、鎮、協、營，應需公費共銀一萬四千六百五十二兩八錢四分，應請在於地丁項下，按年動撥。仍令該督等，將用過銀數，按年分晰核實，造冊題報核銷。

一、據疏稱，改撥弁兵操馬，應畫分數目報倒也。查，楚南各營操馬，每年按倒三分報倒。今永綏協并廳標，原額操馬五十八匹。除撥歸保靖營操馬九匹，并廳標額外、外委操馬一匹外，實存操馬四十八匹。每應報倒馬一十四匹。保靖營原額操馬四十八匹，今新設操馬九匹。合原設添新馬五十七匹，每年應報倒馬一十七匹。應於嘉慶八年爲始，按年入於各該年朋馬奏銷冊內，照例報倒，以符定例。至改撥綏靖鎮廳標額外、外委操馬一匹，不足報倒分數，毋庸置議等語。應如該督所題辦理可也等因。

嘉慶九年七月十三日題。本月十五日，奉旨：依議。欽此。

部覆古丈坪督捕同知改爲撫民同知并移下峒巡檢爲古丈坪巡檢
道光二年十二月准咨

吏部等部咨開，文選司案呈內閣鈔出，調任湖廣總督陳若霖等奏前事等因。道光二年八月二十八日，奉硃批：吏部議奏。欽此。

會議得調任湖廣總督陳若霖等奏稱，湖南永順府屬之永順縣，係苗疆要缺，於雍正七年改土歸流，創設縣治。該縣管轄之西英、衝正、羅依、功全四保地方，幅遼闊，民苗雜處，距縣城一百七十餘里，向歸永順府古丈坪同知稽查彈壓，其命盜詞訟仍歸永順縣審理。惟是該四保地方，距縣窵遠，民間命盜等案此控彼訴。及往來差喚，跋涉維艱。兼有刁健之徒，恃遠抗避，延案莫結。從前民淳事簡，治理尚易；近來訟獄較繁，實有鞭長莫及之勢。本年春間，臣陳若霖閱兵，前至該處，體察情形，實多不便。查永順府督捕同知，駐劄古丈坪地方，酌改就近分理，方臻妥善，而便民苗。當飭辰永沅靖道趙文在查議詳辦。去後，茲據該道趙文在查議，請將永順府古丈坪同知改爲撫民同知。該西英等四保地方，一切命盜、詞訟案件，概歸該同知管理審辦，應行添建監獄，專員經管。查，該府各屬佐雜員缺，均關緊要，未便裁撥。惟桑植縣下峒巡檢，事務簡少，堪以裁汰，移駐該處，專管驛捕，兼理獄務等情。臣等伏查永順縣所轄之西英等四保地方，距縣窵遠，民苗各有命盜等事，跋涉守候及差傳往來殊多未便。該府古丈坪同知本有稽查彈壓該四保之責，而桑植縣下峒巡檢政務簡少，以之分別改移，實屬因地制宜。相應奏懇聖恩俯賜，准將永順府古丈坪督捕同知改爲撫民同知，就近分管永順縣西英、衝正、羅依、功全四保地方民苗詞訟案件，并將桑植下峒巡檢裁汰，移作古丈坪廳巡檢，專管緝捕，兼理獄務，與同知均定爲苗疆要缺，由外揀選調補。該同知既管理命盜案件，如有承審遲延及失察、疏防承緝命盜等案，即以該同知職名開參，軍流以上重犯仍解永順府勘轉。其錢糧、考試等事，照舊歸於永順縣管理。所有該同知原管永順縣十八保捕務，除西英等四保外，其餘各保及保靖縣捕務俱改歸永順府通判督理，以專責成。如此酌加改移，於民苗實有便益。如蒙俞允，其餘一切未盡事宜，容再酌核妥議，咨部辦理等因前來。查定例，各省大小各缺，均不得妄請更改，如有實因繁簡不符，必須隨時酌改之處，令各督撫分別缺之大小。如丞倅、牧令之缺，應請改繁者，即於丞倅、牧令缺內改簡互換。其佐雜之缺，即於佐雜內酌改，不准將州縣以上之缺，與佐雜互異等語。

今據該督等奏稱，永順府屬之永順縣，所轄西英等四保地方，距縣窵遠，民苗各有命盜等事，跋涉守候及差傳往來，殊多未便。該府古丈坪同知本有稽查彈壓該四保之責，而桑植縣下峒巡檢政務簡少，以之分別改移，實屬因地制宜。相應奏懇聖恩俯賜，准將永順府古丈坪督捕同知改爲撫民同知，就近分管永順縣西英、衝正、羅依、功全四保地方民苗詞訟案件，并將桑植縣下峒巡檢裁汰，移作古丈坪廳巡檢，專管輯捕，兼理獄務，與該同知均定爲苗疆要缺，由外揀選調補。該同知既管理命盜案件，如有承審遲延及失察、疏防承緝命盜等案，即以該同知職名開參，軍流以上重犯仍解永順府勘轉。其錢糧、考試等事，照舊歸於永順縣管理。所有該同知原管永順縣十八保捕務，除西英等四保外，其餘各保及保靖縣捕務，請改歸永順府通判督理，以專責成等語。該督等，係爲今昔情形不同，隨時酌改，與例相符，應如所請。永順府古丈坪督捕同知，准其改爲撫民同知；桑植縣上、下二峒巡檢，准其裁汰，移作古丈坪廳巡檢，均定爲苗疆要缺，在外揀選調補。查桑植上、下二峒巡檢，本係部選之缺，今既改爲要缺，應令該督撫等，於通省要缺佐雜內，擇其事務稍簡者，酌改一缺，歸部銓選，以符定制。西英、衝正、羅依、功全四保地方民苗詞訟案件，應令該同知就近管理審辦。桑植縣下峒巡檢裁汰，准其移作古丈坪廳巡檢，應行添建監獄，專管緝捕，兼理獄務。如有應行議處者，即將該巡檢職名開參。該巡檢既有兼理獄務之責，自應添建監獄，以昭慎重。該同知既管理命盜案件，如有承審遲延及失察、疏防承緝命盜等案，即將該同知職名開參，軍流以上重犯，仍解永順府勘轉。其錢糧照舊歸於永順縣管理之處，應如所奏辦理。考試等事，禮部查考試一事，應如該督所奏，仍照舊歸於永順縣管理。該同知原管永順縣十八保捕務，除西英等四保外，其餘各保及保靖縣捕務，應如所請，改歸永順府通判督理，以專責成。至現任之員，是否能勝新移之任，并一切未盡事宜，應令該督等，詳細分別題咨各部辦理等因。

道光二年十一月初六日奉旨：依議。欽此。

部覆新設古丈坪巡檢定爲苗疆要缺并添建衙署換鑄關防添設書役 道光五年六月准咨

刑部鈔出工科外鈔，湖南巡撫嵩孚疏稱，所有桑植縣下峒巡檢裁汰，移作古丈坪廳巡檢，定爲苗疆巡檢要缺應於要缺佐雜內改設一缺，歸部銓選。已將由外擇調之城步縣典史苗疆要缺，改爲簡缺，歸部銓選。詳請咨奉吏部覆准在案。至現任之古丈坪同知譚震，係由桃源縣知縣升補。現任古丈坪廳巡檢顧紹義，係由江華縣錦岡巡檢調補，與新改要缺，均能勝任，應毋庸另行揀調。今據永順府知府吳玉堂會同古丈坪同知譚震，將應建巡檢衙署、監獄，并改鑄關防印信，以及應添各役，逐一籌酌議詳，由辰永沅靖道張映蛟覆核移咨前來。查古丈坪同知向有衙署，應飭循舊樓止辦公。如有朽壞之處，照例借廉興修，毋庸動項修建。至新設古丈坪廳巡檢，係由桑植縣下峒巡檢裁汰移駐。該巡檢舊有衙署，相距窵遠，難以拆卸搬移。應請動項，另建巡檢衙署一所，以資樓止。又該同知經管命盜詞訟，有應行監禁人犯，應動項建造監獄一所，以資羈禁。所有應建巡檢衙署及監獄，候奉部議准後，再行委員勘估，造冊詳辦。其下峒巡檢舊署飭令，桑植縣估變價銀，解司報撥。又該同知原奏頒發關防，係“永順府同知”字樣，今改爲撫民同知，應請改鑄“永順府古丈坪廳撫民同知關防”字樣。其移駐古丈坪廳巡檢兼管獄務、緝捕，亦應改鑄古丈坪廳巡檢，專管緝捕兼理獄務之印。至永順府同知，原管永順縣十八保捕務，除西英等四保，現仍同知管理外，其餘各保及保靖縣捕務改歸永順府通判經管。原頒關防，係“永順府通判關防”等字，并未鑄有管理某處捕務字樣，應毋庸改鑄。所有下峒巡檢舊印，現在已交便員解部銷毀。其古丈坪同知原頒關防，俟改鑄關防到日，另行繳部查銷。又該同知衙門，原設書吏十二名、皁快八名、民壯十五名、捕役十二名、門子二名、鋪司二名，均足敷用，毋庸另添。惟皁快、捕役，尚有不敷，應請添設皁隸四名、捕役八名、快役八名，并添設禁卒四名、庫子二名、仵作一名。再於額設仵作之外，另募一二人，令其跟隨學習，不支工食。以上應添各役工食，俟奉部議准後，在於通省役食內均勻抽撥，另外詳咨。至古丈坪廳巡檢，係由下峒巡檢移駐，原設弓兵十四名、皁隸二名，足敷應用。兼管獄務，業已添撥禁卒，亦毋庸另請增添。謹會同湖廣總督恭疏具題等因。

　　道光四年十二月二十日題。五年二月二十六日，奉旨：該部議奏。欽此。於三月初五日鈔出到部。查係工科外鈔，應聽工部查明正鈔辦理，仍知照湖廣總督可也。

部覆古丈坪營餉准寄古丈坪同知庫內 道光五年八月准咨

　　戶部咨開，湖廣司案呈，准湖廣總督李咨稱，據兼署湖南布政使王楚堂詳，古丈坪營領回官兵俸餉，向係寄貯永順縣庫內，知縣監同散放。前據該營，以距縣陸路一百四十餘里，水路二百餘里，赴領維艱。有同駐一處之古丈坪同知已改爲撫民同知，請改貯撫民同知衙門，移會辰永沅靖道查明。該同知署內，現有房屋堪作庫屋，毋庸另行建造。應請嗣後古丈坪營領回官兵俸餉，寄貯古丈坪同知庫內，由該同知會同營員，按季監放出結，俾得就近請領等情，相應咨達等因。六月二十九日，又准兵部鈔錄湖廣總督來文，咨部核覆前來。查，湖南古丈坪營領回官兵俸餉，據湖廣總督咨稱，向係寄貯永順縣庫，由縣監同散放，路途較遠，赴領維艱。有同駐一處之古丈坪同知，已改爲撫民同知，署內現有房間堪作庫屋。請嗣後改貯該同知庫內，由該同知會同營員按季監放出結，俾得就近請領。事屬可行，應如所咨辦理，仍咨覆湖廣總督可也。

部覆換鑄古丈坪同知巡檢關防印信 道光五年九月准咨

　　禮部咨開，儀制司案呈，准吏部咨稱，吏科鈔出本部會題湖南永順府古丈坪同知、巡檢改鑄關防印信等因一疏。據該撫疏稱：永順府督捕同知，請換鑄永順府古丈坪廳撫民同知關防。其古丈坪廳巡檢，亦應改鑄古丈坪廳巡檢，專管緝捕兼管獄務之印等語。禮部查定例，文武官員印信、關防，直省由該督撫具題，文職由吏部議准，撰擬字樣，送部鑄造等語。今湖南永順府同知，請換鑄永順府古丈坪廳撫民同知關防一顆。又移駐古丈坪廳巡檢兼管獄務緝捕，應改鑄古丈坪廳巡檢，專管緝捕兼管獄務之印一顆。均應如該撫所請，准其鑄給，以昭信守。仍照例，由該撫造具印模、清冊，徑送吏部撰擬字樣，兼寫清漢，送部鑄造頒給。所有永順府同知舊用關防，俟新關防到日，鐫字，繳部銷毀。其永順府通判關防一顆，既據該撫聲稱，并未鑄有管理某處字樣，自毋庸改鑄。至下峒巡檢舊印，業經該撫照例送部銷毀等因。

於道光五年五月二十九日奉旨：依議。欽此。欽遵移咨前來。相應行文該撫遵照辦理可也。

部覆古丈坪廳添設書役 道光五年三月准咨

吏部等部咨開，文選司案呈，吏科鈔出湖南巡撫嵩孚等題前事等。由道光五年二月二十六日奉旨：該部議奏。欽此。議得湖南巡撫嵩孚等疏稱：永順府古丈坪督捕同知改爲撫民同知，桑植縣上下二峒巡檢裁汰，移作古丈坪廳巡檢，均定爲苗疆要缺，應請添設皁隸四名、捕役八名、快役八名，并添設禁卒四名、庫子一名、仵作一名，再於額設仵作之外，另募一二人，令其跟隨學習，不支工食。以上應添各役工食，俟奉部議准，在於通省役食內均勻抽撥，另行詳咨各緣由，咨移前來。既據疏稱，該同知衙門應添工食，在於通省役食內均勻抽撥之處，核與定例相符，仍令另行專案報部核辦可也。

卷三　征服考上

二品銜前署湖南辰永沅靖道但湘良纂

康熙二十四年平苗記_{護監軍道辰州知府劉應中}

康熙二十四年，紅苗出劫常德衛轄之鎮溪所、魚梁坳。防弁領兵深入，伏苗四起，陷於巢者，守備、把總三人，兵丁七十餘人，及隨行邊民數十人，百計要挾。協鎮郭忠孝，守備陳赤、徐三奇、張其蘊往援。副將靳起功，參將趙文實，游擊王子明，守備胡奇、劉旭，領長沙、常德各協，及永、保兩土司兵相繼進。沿邊三岔等二十五寨，及近逆苗之排那等十三寨，爭先納款，惟巨憝恃險奔突。忠孝於十月初進兵，苗踞地良坡，布列滾木壘石。諸弁分途攻取，由火麻營進陽衝關，破清水塘，抵地良坡後路。文實奪歐陽坡，由山梁進攻。子明奪新店坡，出地良寨進攻。忠孝身先將士，自巳至申夾攻，奪地良坡，抵爆木營下寨，斬逆苗二千有奇，獲弩刀槍牌無算。越旬日，苗首吳二過、吳老叟領黨千餘，攢據高險，官兵困其四面，凡四晝夜。追至東衝茨巖，擊殺百餘，生擒吳老覽等。大吏檄委應中駐劄沅州督餉。苗地嵐霧昏晦，尋丈外不辨鬚眉。瀘溪城下有小河，西通乾州，餉運易達。然僅容數石之舟，又值冬涸，牽挽不前。遴委土弁，沿河鼓勵，令居民填塞河壩，截水歸河。復覓石工，鑿石以通舟。而大兵已深入苗巢，陸運更遠，乃易爲安塘遞運之法。於上麻衝設立腰站，偪近地良坡，弁兵防護山頂，則鎮箪協中營單國統兵之營在焉。自乾州十里至灣溪，又五里至箪子哨，又三里許即副將李應龍營，再十五里到上麻衝，又二十八里至爆木營，乃大營也。其自乾州至上麻衝，山徑頗平，及越上麻衝，登地良坡，愈行愈峻，跨山越嶺，始達箪子哨。酌其遠近險易，安設人夫，巡檢等官督押，每運米人止三斗，撥兵押送，逐塘交替。其初運道過箪子坪，溪河復寬深，用船挽渡，穿溪十餘里，始至上麻衝。春初雪消溪漲，運夫跋涉爲艱，欲遍架橋梁，爲力甚大。應中往勘，詢之寨老，箪哨之右四公壩有路直通上麻衝，乃舊運糧道，堙榻已久，且數里許，有所謂密潭者，石壁陡立，乃召石工鑿孔架木爲梯，有平路上行數里，泡水在前，斬木駕橋，直至上麻衝，以篁子哨汛塘移於此路之舊司坪，而糧可刻期至矣。時苗衆復聚革多夯、勒雞、齊把角等處。

二十九年正月，忠孝會商各營，雪夜抵排那，分兩路進發，昧爽至其地，凶苗衝殺諸將，奮斬二百餘級，生擒石老蟲等。抵天星寨，寨最高險，生苗巢穴也。官兵遂於對山列炮環打，分兵扼要，斷其後路，寨上砍木爲城，有糧有水，或穵窖以避炮，或泥屋以防火，其黠若此。二月十五日夜，苗衝我營，計欲奔逃，堵截嚴密，不得出，斬殺滾跌死者不可勝數。忠孝宣諭就撫，苗稱必俟監軍道到寨，方爲憑信。應中遂由乾州啓行，自乾州西南行十五里至篁子哨，又東北行徑上麻衝、中麻衝、火麻營，計二十里至地良坡。其山自上視下，其頂平然，自坡仰視，則兀然直上也。登者手足并行，如蟻緣壁。將三里許，復折而左，繞山腰一綫羊腸，亦三里許。絕壁千仞，下臨深谷，石路如鋸齒，雪濕泥滑，稍一失足，即殞於無窮之壑。過此稍坦，斜行二里許，方至頂，則又是一重山矣。四望峰巒向背，千態萬狀，坡上有塘，可種菽麥。緣山而過，越四五大山，而抵爆木營。自地良坡至此，約十餘里，其地形如鍋底，東西闊三四里，南北長五六里，中有大魚塘數口。漢土各老營，南北分布，四圍木城，中接市肆，恍若城鎮。適忠孝來迎，次日同往天星寨。山徑上下，如登天入地，險不容馬，徒走傴僂扶携而前，回合迷冥，不知東西。過五六山，徑八斤、臭矢等寨，止存空茅舍，蓋糾合於天星寨中也。一路土黑而肥，諸苗倚以爲生。至寨計十里，東西兩山對峙，下有小澗，曲折奔流。漢土各大營，列於東山上，與天星高相若，聲響相應。隘口復列十餘營，即二月中旬，苗乘夜衝突被衄處也。寨西復設數營斷其後，然山澗幽深昏窈，如在葫蘆谷中，灌莽叢集，蛇蟲肆毒，雖防守軍士土番，面上黃腫如癡者，十之四五。東山有平土，可以越歷。其西則大山簇擁，縣邈若風濤起伏，深菁茂林，一望如墨。惟天星一寨，孤峰獨聳，下石上土，掘地有泉不絕。相傳昔有某總兵，征圍年餘，苗擲數十斤巨鯉於下，以示有水，理或然也。山頂空平，可容數千家，廬舍參差，宛在目中。山身四面如削，莫可攀緣，惟近北之處，稍有層級，可梯而登。乃令土哨官熊鳴鶴隔山傳呼。余復親至寨口示信，諸苗憑高睇視，歡呼稽首。遂令營弁魯元楚等乘梯上寨，探其虛實，并許以投誠後，釋放陳俘。各苗唯唯，隨下竭者數人，諭以威福，賚以花紅，約限二月二十日，相率至爆木營投誠，忻然而去。爆木營群苗數十，依期而至，皆伏地訴飲血投順。是日，賞賚有差，全活者以萬計。會選土弁陳國典，加外委都司劄，防駐其地。國典本明鎮溪所土指揮，生長苗地，此番剿苗，屢著勤勞。分其地爲東、西、南、北四汛，以哨弁熊鳴鶴、楊正玉、周佳儒、石世龍爲撫苗千總。鳴鶴駐劄老寅寨，帶管塘寨、龍峒等十四寨；正玉駐劄木里，帶管龍井、司門前等二十八寨；佳儒駐劄地良坡，帶管三岔坪、龍皮林等四十一寨；世龍駐劄殘成，帶管龍蓬、阿八等三十三寨。至寨陽、鬼版等十六寨，久屬國典管轄之良苗，切近紅苗，自來聯絡訓練，以堵侵虞者。惟龍蓬一處，在各苗適中之地，今國典移駐。其鳳凰營管轄池河、爛泥塘等二十五寨，沿墻一帶順苗，原係哨弁吳國賢、吳正闓、雷流海等撫慰，聽鎮算協管轄，效順有年，不另議。其沿邊麻陽、篁子、鎮溪各隘口，原係鎮算協安塘堵禦，今仍申嚴巡防。陳獲六十餘苗，蒙俞旨放還，從此畏威懷德，傾心嚮化，永爲王民矣。

康熙四十二年平苗案

康熙四十二年九月，奉旨：著照招撫廣東八排瑤①之例，遣在京大臣帶荆州駐防滿兵千名，并酌帶廣西、貴州、湖南三省兵，直侣鎮算苗巢，勒令歸誠，設立州縣。隨命禮部尚書席爾達，副都統圖思海、徐九如，荆州副都統朱滿，於十一月至鎮算，曉諭群苗，望風歸誠。其違抗者，惟天星、馬鞍山、毛都塘、七兜樹、打郎、湄亮、老家、兩頭羊、糯塘山、老旺山等寨。席爾達與總督喻成龍、巡撫趙申喬、提督俞益謨等，統滿、漢官兵，至天星寨迤東爆木營立營。令益謨攻天星、龍蛟峒、排六梁等寨，貴州提督李芳述攻糯塘山、上下葫蘆、兜河等寨，廣西提督張旺攻馬鞍山、打郎、老旺山等寨，鎮算總兵官雷如攻毛都塘、老家、兩頭羊、湄亮、七兜樹等寨。十二月十日，席爾達自爆木營赴苗穴，成龍、申喬率官兵應援。十三日，令長沙協副將高一靖等分爲四路進剿。是日，益謨逼天星寨，用槍炮攻苗，苗恃土穴不爲動。益謨望小天星寨後山崑高險，恐有伏苗，令大峒參將許士龍等攀崑而上。有苗六七百人迎敵，適一靖從龍蛟峒來，與士龍夾攻，殺四百九十三人，生擒八人，得器械、馬匹、雜糧無算。苗見小天星寨已破，願繳器械歸誠。二十一日，席爾達親臨寨口驗視，苗人男婦老幼匍匐叩繳器械。是日，一靖由篁西入，天柱參將吳郡由篁北入，士龍由篁南入，永定游擊包成循篁傍諸山，以防竄逸。時篁南大山下，有苗千餘人拒敵，成等率兵邀

---

① 連山有八排瑤，性最獷悍，其臀微有肉尾，腳皮厚寸許，飛行林壁，自號瑤公，而呼連人爲百姓。自稱瑤丁曰八百粟，言其多也。(《南越筆記》卷七《瑤人》)

擊，斬八百餘人。芳述赴糯塘山、葫蘆等寨，進至飛㟷屯，斬七百餘人，生擒三十七人。又進至蜂箸㟷，苗聚千餘，官兵抄出其後，苗奔潰，截殺五百餘人，生擒二十九人。張旺赴馬鞍山、打郎寨，令桂林副將王國用入山二里許，有苗千餘迎敵，適游擊劉伏振越山至，合攻之，殺三百餘人。柳慶營守備王朝佐堵截去路，殺百五十餘人。抵打郎山，苗從深箸突出拒敵，右營千總洪珍殺五十餘人。又於老旺山捕至衝下，苗群起，把總雷啓明殺二十四人，千總郭寰殺八十餘人，國用等合攻，殺百餘人，伏振殺九十餘人，獲鳥槍、藥弩、刀槍甚夥。雷如并保靖土司彭澤虹土兵抵毛都塘、大巖圍剿，殺五百二十餘人，生擒十七人。毛都塘緊偪糯塘山隘口，上接老旺山，下接天星寨，乃狡苗聚窟，遣標撫兵兩路，架梁而下，令保靖土兵搜箸而入。席爾達復親臨督兵，苗伐大木塞箸道，官兵奮勇入，直偪高界，殺六百餘人，擒男婦子女五十餘人。移兵轉擊兩頭羊，殺百十五人，獲男婦子女六人。探知逆苗遁藏狗喇㟷後箸峒，飭游擊史讚、胡璉等并保靖土兵分四路入，殺二百三十五人，獲男婦子女九人。計初繳器械歸誠者三百一寨，自十三日起至二十三日進剿搜捕，巨愍既殲，諸苗懾服，願輸課爲良苗。因於辰州府增設乾州、鳳凰二廳，分治苗疆。席爾達乃班師還京。

奏陳苗疆善後事宜九款疏 康熙四十四年湖南巡撫趙申喬

惟鎮筸紅苗，種類甚繁，僻處高山荒野，地實不毛，不耕不賦，性則悍愚，慣爲竊攘，自古不通聲教。我朝中外一統，薄海同風，不忍棄置異視，聽其行爲不法，自陷鋒刃。蒙皇上特遣大臣，統師壓境，恩威并用，以服其心。苗即感畏，傾心歸誠者三百一寨，計户口四千五百二十三，成丁八千四百四十八。今每丁願輸雜糧二升，共納糧一百六十八石九斗六升。又先經大兵臨巢之際，内有毛都塘、馬鞍山諸寨，逃匿窮崖。自辰沅靖道移駐之後，俱各悔罪歸誠，披剃入册，共計一十二寨、二百四十户、三百六十九丁，共納糧七石三斗八升，俱應於康熙四十四年起徵。但紅苗既已歸誠，編户納糧，與民一體，兹當初入版圖之候。而善後事宜，自當斟酌，方可垂之永久。臣謹詳議九款。

一、苗邊文武之事權宜專，武員約束兵丁，巡查汛地，或苗人穴鬥，亦聽文員移會，撥兵彈壓。

一、苗民盜竊及搶奪殺傷等事，俱應照内地州縣命盜之例；

一、紅苗捉人勒贖之例宜嚴，

一、土官之責成宜專，五寨司土官、土民聽廳官統轄。

一、添設廳官之關防宜給，鑄給乾州同知、鳳凰營通判等官關防印信。

一、新設移駐各員應照邊俸，以示鼓勵；

一、新設移駐各官之舍宜置；

一、土司之子弟宜訓，苗民子弟宜設義學教育；

一、接壤之邊釁宜息，黔楚苗人毋得越境操戈構釁。

奏請將鎮溪所所轄上六里苗民歸乾州同知管轄疏 康熙四十九年

湖南巡撫趙申喬

鎮篁有鎮苗、篁苗之分。鎮苗向係鎮溪所管撫；篁苗即紅苗，向係篁子坪長官司管撫。前明，以鎮苗令永順司擔承，篁苗令保靖司擔承，苗仍叛服無常，二土司徒有擔承之名，毫無實濟。後鎮溪上六里之苗，因與保靖司相近，遂歸保靖土司管轄。康熙二十三年，苗赴鎮溪投見，願歸版籍。經辰州府議，若六里歸鎮溪，則必另設官，應仍歸保靖管轄。二十七年，因永、靖二司互爭，經辰、岳兩道會查，以六里附近保靖，詳允仍歸保靖管轄。三十二年，苗民以棄暴歸仁事奔訴永順司，詳經布政司辰沅道查明，今若歸漢，必須設流官坐鎮，莫若仍歸舊土官管理，經前督撫批允如故。今紅苗自四十二年撫攝之後，率皆輸誠納糧，設寨長土百戶，催徵巡緝，移設道員、同知、通判兼轄，并添撥弁兵鎮防，莫不傾心歸化，安耕樂業。是以六里苗民麻龍得等有捨死投生之控，自願改土歸流。當行布政司辰沅靖道辰州府查議，委命土弁宋純漢清查各寨戶口，約束編管。隨據布政使佟國勷暨乾州同知蔣嘉猷①等詳稱：康熙四十九年九月，據土弁宋純漢稟稱，六里苗人龍得思等，願得復歸版圖，請令土弁約束，乾州同知管轄。臣查鎮溪所六里苗民，從前雖應保靖司管撫，今龍得思願為聖朝編戶，歸漢納糧，似難阻其歸誠，相應准令復業。但宋純漢土弁微員，鎮溪既設流官，應將六里苗民責令土弁專司約束，乾州同知管轄，辰沅靖道統轄，則撫馭得人，而苗民永沾聖化矣。

---

① 蔣嘉猷,字蒼濡,清陽湖人。康熙四十二年進士。官辰州府同知,駐乾州,平定苗民起事。(《江蘇藝文志·常州卷》)

奏苗疆要務五款清摺 雍正五年湖廣總督傅敏

一、請禁民苗結親。民以苗爲窟穴，苗以民爲耳目，民娶苗婦，生子肖其外家，虜殺拒捕，視爲常事。凡已經婚配者，姑免離异，其聘定未成者，自本年爲始，不許違例嫁娶。犯者，從重治罪。已經婚娶之兵，則遠移別汛，民則著保甲取結，汛守弁員稽其出入。

一、兵民與苗借債賣產，尤宜禁絕。漢民柔奸，利愚苗之所有，哄誘典賣田產或借貸銀穀，始甚親暱，騙其財物。後即圖賴苗目不識丁，不能控訴，即告官無不袒護百姓者，苗有屈無伸，甚則操刀相向，伏草捉人，報復無已。請自後除糴糶糧食、買賣布帛等項見錢交易，毋庸禁止。至民與苗賣產借債責之郡縣，有司兵與苗賣產借債，責之營協汛弁，自本年爲始，許其自首，勒限贖還。犯者，照例治罪。失察官弁，嚴加參處。

一、苗邊惡習，凡有不平等事，或力難泄忿，或控斷不公，即投入苗寨，勾引多人潛入内地。不論何人墳墓，斸棺取顱；不論何姓人牛，非殺即虜，丟放仇帖，云：某人與我有仇，我故將你出氣。被害之家執帖鳴官，官畏拿苗，惟其仇家是問。其仇家不堪追迫，勢不得不出資取贖，重償燒埋。地方官苟且偷安，不復追究兇苗，以致全無忌憚。請自後凡有勾苗殺掘等事，務必將勾引之人與行兇之苗嚴拿正法，地方官如有憚於拿苗，但據仇帖勒贖者，以不職例參處。

一、奸民兇苗，動輒拒捕，宜專責營弁擒拿。苗地多深山絕壑，鳥道羊腸，拒捕，不能深入。又銃炮刀槍，無一不備。凡有犯罪者，遣人追捕，非負嵎不出，即率衆拒捕。申報上司，令文武協拿，此推彼諉，虛應故事。年深事冷，督撫不復深求，因而奸頑之徒無所顧忌。請自後恃險拒捕者，專責營員，仍嚴飭弁兵不許騷擾，擅拿平民塞責。苗地不產硝磺，亦不能打造鳥槍，明係奸民私造，轉賣溪峒。請自後宜比照販賣出洋例治罪，地方官以失察例參處。

一、鄰省苗瑤，殺虜旁郡。有司詳報，督撫移咨鄰省，轉行所屬，動經旬月，鄰省官弁，既無處分，又憚拿苗，每以并無其人申報。請自後各省邊疆鄰苗有越省虜殺者，仍治其疏防之罪，其緝捕之責專歸鄰省邊界文武官弁。以文到之日爲始，一體勒限緝拿。如協拿不力，照本地官弁例參處。

增補乾嘉乙丙平苗紀略

　　乾隆六十年乙卯正月，貴州松桃苗石柳鄧倡亂，據大寨，焚掠營汛。湖南永綏苗石三保、據黃瓜寨。鳳凰苗吳隴登、據鴨保寨。吳半生、據蘇麻寨。乾州苗吳八月據平隴寨。起應之。鎮篁總兵明安圖、永綏副將伊薩納、同知彭鳳堯①領兵捕剿，皆遇害。賊遂圍永綏、鳳凰、乾州，廳城旋陷。乾州同知宋如椿、巡檢江瑤死之。貴州總兵珠隆阿亦被圍正大營，苗疆大震。石柳鄧所據寨落，或云大塘寨，或云小營寨，惟《苗防備覽》作大寨。考地圖，松桃大塘汛之旁有大寨，今從《備覽》。初，永綏廳懸苗巢中，城外寸地皆苗，不數十年，盡占爲民地。於是奸苗倡言：逐客民，復故地。群苗復苦百户之擾，咸思變，以五十九年歃血於鴨保寨吳隴登家。銅仁大寨苗妖煽其黨，知府會營弁捕之，遁入楚境，遂糾衆攻陷大塘汛，焚掠松桃正大營。正月十八日，永綏黃瓜寨苗石三保焚掠永綏鴨保汛，副將伊薩納、同知彭鳳堯領兵六百，往黃瓜寨捕三保適鎮篁總兵明安圖亦領兵八百，營新寨防黔苗。二十一日，往會永綏兵於鴨酉汛。是夜，苗集萬餘盡焚民屋，圍鴨酉，鎮篁苗吳半生、吳隴登、吳八月同蠢動，火光百餘里，軍中子藥俱盡，短兵接，莫能禦。鴨酉距永綏稍近，議駐永綏防守苗蜂集。二十三日，至排打扣，伊薩納、明安圖、彭鳳堯先後被戕。賊遂圍永綏。同日，乾州、鎮篁皆被圍。乾州本土城游擊陳綸領兵往強虎哨。明日，城遂陷，同知宋如椿、巡檢江瑤、紳士王乙魁、李得豐等俱死之。時永綏僅餘兵二百，都司葉開泰率士民嬰城，固守鎮篁，亦被圍。鳳凰同知沈郟、中軍游擊王文選率士民登陴固守。援兵旋集，時貴州正大營外委張文錦、嗅腦汛守備黃上達守禦甚力，賊攻圍不能陷。

　　二月，命大學士、雲貴總督、忠銳嘉勇公福康安督兵征湖南苗，四川總督和琳領川兵會剿，領侍衛額勒登保、德楞泰贊軍務。是月，川、乾苗掠貴州之平頭四十八溪，四川之龍圖、石堤，湖南苗焚浦市，攻瀘溪，陷花園。大學士公福康安率雲南總兵花連布，統雲貴兵，以二月十四日至銅仁，二十日解正大營圍。旋剿後洞、地所坪等數十寨，破之。以閏月十二日，解嗅腦汛圍。十四日，解松桃廳圍。復剿平旁近十餘寨，降六十餘寨，設卡麥地營，貴州苗略定。四川總督和琳率提督穆克登阿、總兵袁國璜等統川兵，以二月二十七日至秀山縣，次第剿破小塘坡、大蠻坡、洪安汛、木山，直達湖南保靖交界之棚門、小溪，設大小隘口十餘處，以總兵袁國璜守棚門，而自率兵進營木山會剿。

―――――

　　① 彭鳳堯，廣東連州連山縣舉人，揀一等，以知縣用，分發湖南，歷署善化、漵浦、安仁縣事。乾隆五十七年，由永順同知調永綏軍民府，待民苗有恩信。鴉酉之役，血戰兩夜，軍中子藥、糧食俱竭。五月剿苗沙子坳，奮勇當先，陣亡。(《苗防備覽》卷十八《傳略》)

閏二月，雲貴、四川兩道兵攻逆苗石柳鄧於大寨，破走之，毀其巢，乘勝略定黔邊，合兵入湖南。《苗防備覽》。是月廿八日，兩路大兵會攻逆渠石柳鄧所據之大寨營。雲貴兵由施壩山前進，川兵由木山前進，東西夾攻，破之。石柳鄧遁去，乘勝剿焚苗寨四十餘處，銅松投降苗寨二百四十寨，整兵進湖南永綏界，留貴州提督彭廷棟、按察司西成駐正大營，防後路，督糧運。又是月奉旨，福甯調兩江總督，畢沅仍總督湖廣。畢沅至辰州，與巡撫姜晟同理軍儲，撫土蠻張廷仲父子用之，禦苗有功。土蠻者，故土司遺民，亦曰仡佬，處乾、瀘、永、綏各邊境。苗變起，或言土蠻皆從亂陰助苗，而永順了家土人張廷仲尤不軌。督撫察其誣，推誠撫而用之，於是廷仲及子榮炳、瀘溪大小章頭目張子宏、張天貴、張興通、符子玉等，糾合土寨壯丁，爭願自效永保一帶。先得資其助守，自後官兵復河溪擒石三保，土蠻皆有力焉。

三月，大兵剿苗於永綏，解永綏圍。《通志》：時永綏被圍已兩月餘，乃遣總兵花連布將精兵三千往援，首破苗於磐石營，進克箪子坳、葫蘆坪、滾牛塘，且戰且前。三月，抵永綏，又破水洋寨，賊圍始解。提督劉君輔領兵八百，由鎮箪繞道辰州至保靖，與湖廣宜昌總兵張廷彥合兵，攻永綏西北路。苗據花園斲浮橋，以遏官軍，君輔結筏渡，奪其石卡，遂復花園，令廷彥守之，復進攻隆團、鴨保汛，亦抵永綏。考，永綏舊城至花園營路，出西門二十里至鴨保汛，二十里至龍團堡，又二十八里至花園。永綏鴨保係屬汛地，其吳隴登所據之鴨保乃鳳凰苗寨。一南一北相去甚遠。《通志》原文作：進攻龍團，突衝鴨保寨，及六十年正月十三焚鴨保寨。皆誤汛作寨。

四月，大兵剿永綏之黃瓜寨、鳳凰之蘇麻寨、西梁寨，皆破之。逆苗石三保、吳半生遁去，擒賊目龍老障、龍老虎，誅之。《苗防備覽》：初十日，大營分兵由椰木坨、老虎灣、茶山坳、硐頭、劍坡五路，會攻苗首石三保所據之黃瓜寨。十二日，破之，石三保遁去，焚賊卡五十餘處，擒龍老障等百餘名。十九日，諸軍會攻鳳凰苗首吳半生所據之蘇麻寨。次日，克之，吳半生遁往西梁。二十八日，諸軍又攻克西梁寨，吳半生仍遁去。沿途剿破高水井、大小臘耳山二十餘處，擒龍老虎等八十餘名。**調任兩江湖廣總督福甯，兵敗於狗巖，苗復出，擾瀘、麻，攻鎮箪。**先是湖廣總督畢沅駐辰州總理軍儲饋餉，福甯統兵駐鎮箪，以閏二月調任兩江，未行。《通志》：福甯將由瀘溪復乾州，出師僅九十里至狗巖，苗四面圍之。福甯坐輜重中舁還，諸營大潰。苗復出，擾瀘、麻，攻擊民卡，焚高村，復攻鎮箪。又賊久據乾州，於二月初出瀘溪巴斗山，燒浦市，連攻鎮箪，掠永順、保靖、瀘溪、浦市。浦市為商賈舟貨所集，麻陽之高村多富戶，紳士滕家瓚議團勇築卡，橫繞巴斗山麓，直接大章、小章土蠻地，屢截禦有功。

五月，大兵克大新寨，移營大樹坡。湖南提督劉君輔剿苗於鴨保汛，欲通餉道，不果，乃移營龍團，永綏復被圍。大軍移剿黃瓜寨，時留副將富志那守永綏。

《聖武記》：劉君輔在永綏欲復通鴨保，中途突圍數重，幾不免。及隆團，遇袁國璜、張廷彥兩援兵，乃保隆團，而鴨保餉道卒不通。又永綏處生苗突奧，北保靖，西松桃，南鎮箪，東乾州，而賊巢則平隆、鴨保左右營各寨介四廳間，皆疊嶂嶇嶮，惟鎮箪一路，聲勢四接。由瀘溪進乾州，僅九十里，而福、和兩師由黔來，遠從銅仁正大營穿深巢往乾州。道既險遠，劉君輔所請五路進兵策亦不用，苗遂專伺大營所向，據險死拒。而各營亦奉令不得自爲戰，故賊勢益張。及劉君輔隔隆團，苗遂復圍永綏，環攻兩月餘。副將富志那遣告急大營，連數十輩不達。最後達二卒，始遣四川提督穆克登阿往援。苗併力拒援兵，劉君輔復自隆團轉戰入。八月，圍始解，而竟無奏牘云。調任兩江總督福甯、永州總兵蘇靈擊鎮箪，撲城苗，大破之。《鳳凰廳志》。五月二十八日，賊苗自廳城西南路，搶占茶園坡、冷風坳。官兵營盤，直上虎尾峰，逼觀景山梁，俯瞰廳城，總督福甯用紳士曾朝瑞、田祖載策，橄駐魏家莊總兵蘇靈，分兵兩路，一由觀景山前敵進，一由滠溪渡河，繞苗後路截擊，殲苗無算，奪回所失，各營追奔數十里，苗自是不敢復窺鎮箪。四川將軍觀成、荊州將軍公興肇、各率兵至鎮箪。《苗防備覽》。是月十五日，苗匪犯高村、濫泥等處，綠溪口千總趙福力戰，死之。十六日，苗匪撲奪黃瓜寨卡，四川總督穆克登阿擊却之。總督畢沅、巡撫姜晟，招撫乾州、永保投誠苗二百四十餘寨。《苗防備覽》。

六月，苗匪撲大營，官兵擊却之。《苗防備覽》：是月，花連布升任貴州提督。《通志》：是月，大兵攻竹山坳，擒吳添半。《苗防備覽》：是月，苗首石大貴率六十餘寨，詣辰州降，自後頗禦苗有功。石大貴投誠，畢制軍有疏奏。聞見《備覽・藝文志》。

七月，大兵大破苗匪於大烏草河，遂乘勝渡河，并克猿猴寨、狗腦坡、古丈坪等寨。《苗防備覽》：是月初二日，大軍破賊古哨營，會江督福甯、將軍公興肇、將軍觀成，率兵夾攻烏巢河，破之。諸軍乘勝渡河，生擒逆苗龍老發等八十餘人。二十一日，進攻盛花哨、古丈坪，分兵攻狗腦坡，上、下猿猴等寨，皆克之。而劉君輔亦剿破隆團附近之紀容、米惹等寨。考，大烏草河即烏巢河，爲沱水上游，在鳳凰西北六十里，兩岸石壁如削，緣壁鑿石磴，仄容一人足，斜至水際，以通津渡，凡往來鳳、永兩廳必取道於此。行至臨崖，緣石磴下六七里，涉河，緣石磴上六七里，登崖壁頂，始出險境就夷。每入夏，山漲頻發，奔湍怒激，必漲退始可結筏渡。是以五、六兩月，大軍阻此不能進。

八月，大兵克烏隴崖、楊柳坪及茶坨、柳夯，降鳳凰之栗林、排若等七十餘寨。

九月，詔晉封福康安貝子、和琳一等宣勇伯。是月，大兵進營碧雲山，擊敗馬鞍山撲卡苗匪。隨營知縣傅鼐生擒賊目龍喬六、龍人會，斬之。旋合攻高斗寨，擒逆首吳半生，獻俘京師。《苗防備覽》。《聖武記》《通志》《鳳凰廳志》皆云：隨營普洱縣知縣傅鼐誘擒吳半生。今考公升補辰沅道請咨引見履歷，內無擒首逆吳半生之語，惟奉委解吳半生入都。今從《苗防備覽》敘錄。

十月，大兵克大天星等寨，進攻鴨保寨，破其木城石卡，首逆吳隴登乞降，誘擒吳八月以獻。初，石柳鄧、石三保等既起事，巢旋破，而吳八月自云：吳三桂後據平隴，稱吳王，妖煽遠近。石柳鄧、石三保皆附之，平隴黨轉盛。至是爲吳隴登誘擒，而其子廷禮、廷義復與隴登仇殺，負嵎自若。《通志》：十月，大兵克摩手寨、大腦坡、得勝山、高巖、喜雀坡、尖巖山等寨，圍鴨保寨，時所至招撫，凡苗酋降者，皆許奏賞官秩花翎，散苗優以金錢。吳隴登乞降，許殺賊自效，除爲官軍嚮道，擒吳八月以獻。《苗防備覽》：十月十二日，大兵進攻苗首吳隴登所據之鴨保寨，沿途剿破大天星等寨，進營鴨保寨。二十二日，分兵四路，破鴨保山外木城石卡十餘處，占據山梁，生擒賊目吳老引等二十二人，斬之。十一月初三日，吳隴登率各降苗等，誘擒吳八月於卧盤寨，遣其子吳老觀詣大營乞降。初七、八日，吳隴登復縛送賊首龍五勦、龍老三等至大營，斬之。

十一月，吳八月之子吳廷禮、吳廷義糾衆襲奪鴨保寨，大軍擊敗之，遂轉焚降苗楊進元、吳廷舉等寨落，出掠浦市、童山、濫泥等處，守禦兵勇拒却之。《苗防備覽》。

十二月，大軍連克㯿木營、普定寨、擒頭坡、騾馬洞、金沖，進營五里牌。嘉慶元年正月，大軍進營長吉寨，乾州大隴峒河沿各苗寨詣營降。自二月至四月，以次攻克連雲山、壁多山、高吉坨、坪逆坳、納共山、貴道嶺、長吉寨、茶山、茨巖、結石岡、火麻營各苗寨，先後擒賊目石老巖、楊老隴、石老宜、龍莽宜等，并吳八月磔於軍。《通志》：福康安、和琳會奏：大兵緊逼苗穴，凡往平隴山梁隘口處處築城修卡，刨挖深濠，阻斷道路。花連布等帶兵駐劄普定寨前大山，那丹珠等駐劄壁多山，副將玉貴、參將姜敏功等帶兵駐劄銀牌寨，堵截麻衝一帶苗路，温春多、隆武那全、張鵬翥、鄧英雄、諸大榮等兩路夾攻巖口大寨，以分賊勢。另分兵三路直趨納共山，令阿哈保、塞靈額、達音泰等各爲一路。每路分爲四起，占定大小山梁，分搶木城石卡。額勒登保、德楞泰督三布鼐等統領三路，往來督催，臣等督同興肇等繼進。此間山皆陡削，下臨深澗，峰巒層疊，卡隘紛列，逆苗憑高瞭望，守禦甚力。二十二日，各路官兵直取納共山，攀援競上，每路殺賊苗二三百人，奪據納共山寨，趁勢連克貴道嶺各處木城石卡四十餘座，焚燒苗寨三百餘户。復進攻長吉寨，攀援陡坎，奪據木卡三十餘座，四面轟擊，破其石城。復將茶山隴巖占據，皆平隴一帶屏障，放火燒死逆苗無算。又奏，由長吉山進剿平隴，峰巒陡削，逆苗挖溝塞路，官兵攻獲稻田山賊二十餘寨，額勒登保令官兵備口袋盛土壩路，攻克結石岡，奪其石城。又奏，以次攻奪火麻營、太平四卡、山腰石城、廖家衝、連峰坳、石卡山寨。續調兩廣、雲南、四川兵六萬來營協剿。是年正月，湖北教匪倡亂，總督畢沅自辰州馳赴當陽，巡撫姜晟專理辰州軍餉，調派大、小章土蠻與官兵夾攻苗匪於楠木橋、黃連山，克復河溪。《苗防備覽》：乾隆六十年七月，總督畢沅等奏令總兵袁敏率兵，由瀘溪分道會攻乾州。八月，剿破瀘溪沿途苗匪，進至能灘大營，復檄總兵蘇靈自鎮筸往助之。九月，自能灘進營潭溪。四月十三日，續調廣東兵會袁敏軍進克丑陀。十八、九日，姜晟調大、小章土蠻夾攻苗於楠木橋、黃連山，大破之，乘勝渡河，遂復河溪。

五月，貝子福康安卒於軍，奉旨贈郡王爵，軍營一切調度機宜專交和琳督辦。提督劉君輔、總兵張廷彥計擒首逆石三保，獻俘京師。《通志》：劉君輔誘哄哄寨土蠻張子貴等誘石三保至坳溪，導官軍擒獲之。又和琳奏：官軍抵廖家衝後值大雨連旬，平隴一帶山險無路，須先復乾州，再進攻巢穴。

六月，宣勇伯和琳親統大軍連破賊於馬鞍山、尖雲山、黃連坡、曬穀坡、窰灰坡、田頭沖，至三礧臺盡毀。乾州城外賊梁木城石卡七十餘處，大軍追擊斬馘無算。十七日，克復乾州廳城，移師入城。奉旨：和琳賞戴三眼花翎，額勒登保雙眼花翎，各官弁漢、土官兵升賞有差。《苗防備覽》：十八、九日，分兵搜剿長灘村、兩頭四、包柳、麥柳等處苗匪北路，提督穆克登阿剿破白臘寨，擒賊一十二名，送大營斬之。是月奉上諭：湖北賊匪四處糾眾，和琳於乾州擒獲首逆後，酌留官兵一二萬分駐乾州、永綏等處緊要隘口，實力守禦，即帶領應撤之兵馳赴湖北督辦，以期事權歸一等因。欽此。隨覆奏，請敕下畢沅回駐湖南以資料理，一面密籌撤兵，仍一面進取平隴，冀擒首逆，務期趕緊移師楚北，剿捕教匪。

七月，督師宣勇伯和琳陳奏苗疆緊要善後章程六條。軍機大臣遵旨會部核議，奏准咨行。《苗防備覽》：是月十七日，雲貴總督勒保、巡撫姜晟前至大營會籌善後事宜，勒保旋回雲南查辦威寧黑保。大營分兵搜捕附城大小莊、鴨溪、大坡壟、黃茅田等處逸苗，又分兵疏通河溪道路。《苗防備覽》：十一月，派花連布等策應河溪官兵，總兵袁敏、廣東總兵穆騰額帶兵追至老屋巖，兩軍相遇，乾州東路悉通。是月，修復乾州官署倉廠軍稭糧餉，移駐城內。《通志》。三岔坪苗首吳麻五率本寨三百餘戶詣營降。

八月，大軍自乾州進攻平隴，大破苗匪於強虎哨，斬馘三百餘級，勞神、地母各寨詣營乞降。大軍進營強虎哨，以次攻剿後坡、新寨、麻里灣、蕭營、茶葉坪、墨斗溪、天塘鋪等苗寨，皆破之。《苗防備覽》。總兵袁國璜等擒賊首石代噶，解軍前磔示。《通志》：和琳奏：首逆石柳鄧等遣石代噶糾黨滋擾花園一路，欲分大兵之勢。自剿洗大塘汛後，石代噶同石柳鄧逃至黃瓜寨，仍糾衆抗拒。臣督同額勒登保等由强虎哨分兵，攻克後坡、新寨、麻里灣等處賊卡七十餘處，總兵袁國璜於花園派鄉勇張宗武及降苗石蘊裕擒石代噶，解營。是月，總督宣勇伯和琳卒於軍，領侍衛內大臣額勒登保代總軍務。《通志》。《苗防備覽》作額勒登保、巡撫姜晟共總軍務。九月，巡撫姜晟加總督銜。

九月，大軍以次攻克黃土坡、蒼茅溝、興隆坡、社神堂、乾溪、老强虎哨、巖人坡、杏口洞、平頭梁、羅家灣、大壩角，迭有斬獲，進營大壩角。北路官軍駐永綏提督穆克登阿攻剿永綏附近之補林、洞口等寨，斬賊首龍三章、石老寨等。駐隆團總兵袁國璜擒賊目石必文，送大營斬之。

十月，欽差廣州將軍明亮、新授湖廣提督鄂輝來苗疆討賊，酌撤後路守卡，防兵赴前敵助戰，分兵五路會攻平隆逆寨，破之，縱火焚吳八月廬舍，時吳廷禮已死，戮其尸，平隆大寨平。《苗防備覽》。是月，北路官軍駐永綏提督穆克登阿剿破蠟夷苗寨，擒斬三百餘名，永綏六里、七里苗寨數十詣營降。

十一月，大軍分兵進剿平隆附近之茶衝、土貫坡、壺耳巖、麻苟坡、馬頭山、餘錦山等處賊卡。北路官軍提督穆克登阿攻破田家坡、打子坡、巖板、銅木、知耳等苗寨。總兵蘇靈、張廷彥擒癲苗石八月、石七月、李二、劉七官等，解營磔之。

十二月，大軍攻克石隆逆寨陣，斬逆渠石柳鄧，生擒其子石老喬，并殲逆黨無算。捷聞，奉旨：封行營各帥爵、隨征將士，升賞有差。苗匪以乾隆六十年正月起事，首逆石柳鄧、石三保、吳八月、吳半生、吳隴登等分據大塘、蘇麻、平隆、鴨保各寨，自是悉平各首逆，惟吳隴登先降，餘盡伏誅。《苗防備覽》：初三日，大軍攻克貴魚坡、兩叉灣等處賊卡十七處，生擒吳老化等四十七名，斬首一百五十三顆。初五日，分兵四路，會攻石隆寨，大破之。梟首逆石柳鄧於陣，擒其子石老喬并活賊一百三十九名，斬俘無算。《通志》：將軍明亮等奏：言貴魚坡一帶山勢險峻，苗路如梳，苗出沒俱從陡坡上下往來奔竄，其地接平隆後山，山勢環峙，地名石隆，寨落甚多，為首逆巢穴。經額勒登保、領綳布春等督兵從坡下先斷要路，臣明亮等由兩叉灣繞出後路，四面環擊。苗伏坡下，向山攻撲，額勒登保督總兵朱射斗等截殺無數。寨苗抵死守禦，守備王泰和、把總督康恒彩先撲寨連刃數賊，被圍陣亡。巴圖魯等鼓勇競入，獲石老喬，繫石柳鄧養子，供石柳鄧頭著槍傷，竄至寨後，為人割首級去，辨識甚確，傳首黔楚各苗寨落。生擒一百三十九人，梟示平隆，獲大小鐵炮九位，火藥彈丸、糧食無算，傷亡兵弁均咨部請恤。奉旨：明亮封襄勇伯，額勒登保威勇侯，德楞泰子爵，鄂輝男爵，額勒登保賞銀一萬兩，德楞泰五千兩，滿漢屯土官兵賞給五月錢糧，其餘在事員弁俱從優議敘。把總王泰和、康恒彩先登殺賊，致被賊苗裹住，受傷陣亡，甚屬可惜，俱著加兩等議恤。又諭：剿辦苗匪之事大局完竣，前次和琳所奏章程內事竣後酌留兵一二萬名，酌派大員彈壓，鄂輝係該省提督，毋庸另派。又以三廳辰州所屬，而該省提督駐常德府，未免鞭長莫及，曾據請將湖廣提督移駐辰州府，如果應行移駐，即行奏明辦理。自後湖廣提督分駐辰州、常德，歲以半歲爲期。是月，吳八月之姪吳廷梁縛首逆吳廷義至軍前乞降，又擒石柳鄧之子石老貫、石老二并家屬石三保之子石滿宜、石老有，縛送軍前。吳隴登擒獻石三保幼子石老宜，各逆家屬黨與俱捕獲。奉旨：賞吳廷梁五品銜。《苗防備覽》。大軍分兵疏通鎮筸道路，進駐得勝營、曬金塘、舊司坪、筸子坪、茶山、香鑪山、釀水司、門前等處數十寨，詣營乞降。提督男爵鄂輝帶同鳳凰廳同知傅鼐，巡至小鳳凰營，各寨悉平。《苗防備覽》。廳志：官兵由灣溪經筸子坪、曬金塘、武定營、高樓哨[①]等處分搜餘苗，酌中設卡。附近難民，官爲搭棚棲止，令復業。

二年正月，解首逆吳廷義及石老喬等獻俘京師。奉諭：此次逆苗不法石柳鄧與石三保，首先糾結，實爲凶惡渠魁，前經明亮等將石柳鄧家口全數生擒正法，今又曉諭降苗將石三保家屬拿獲，賊目已處以極刑。吳隴登加一等，賞給四品頂戴帶都司銜，賞給蟒緞。吳廷梁賞給五品翎頂并賞大緞。明亮可將善後各要事交畢沅、鄂輝、姜晟，查照和琳奏定章程，以次妥辦，綏靖苗疆。《通志》。鎮筸兵備道成甯、都司傅朝林剿半沖苗寨，擒吳八月之次子吳廷英、吳廷玉，降苗縛獻吳八月之孫吳有富、石三保之兄石老晚、石柳鄧之孫石老五，永綏擒獲始事癲苗石老延、石花保、苗婦石乜妹等，至軍盡斬之。

二月，奉上諭：乾州等處復業人民尚難謀食，乾、鳳、永三廳邊墻以外難民著加恩展賑至六月。瀘溪、麻陽、永順、保靖四縣均展賑至五月。《通志》。考元年克復乾州和帥條陳善後摺內安頓難民一款內稱：現在就賑之民無籍可歸者，請即於苗疆以外，原係民村隙地，酌給搭蓋房屋之資，俾得棲止，再令地方官查明戶口，分別撫恤等語，蓋於辦理軍務之時，業已兼辦賑撫難民等事。是月，大營分兵疏通乾州至保靖一路，會駐永綏提督穆克登阿夾攻嚴寨、沙子坳、塘口、古老等寨，俱破之，丁牛、柳斗等寨三十餘處詣營乞降。提督鄂輝帶兵由鎮筸正大營達永綏，將軍明亮帶兵自乾州至永綏，會疏請旨：獎勵永綏守城官弁、紳士、人民，恩賞有差。苗疆平，湖廣總督畢沅由襄陽赴辰州，與提督鄂輝、巡撫姜晟督留防兵會辦苗疆善後事宜。

---

①　高樓哨，城北三十七里。在高山腳下，負山而立，頗爲雄峻，前臨數峰，可設卡助聲勢，新添官弁防守。（《苗防備覽》卷四《險要考上》）

三月，苗疆大軍凱撤，移剿川、楚教匪。仍酌留貴州兵二千名，兩廣兵六千名，雲南兵三千名，并湖北、湖南官兵周圍安置。

覆奏剿辦湖南苗匪克復乾州密籌撤兵移師楚北剿捕教匪摺

嘉慶元年四川總督和琳

奏爲欽奉諭旨，恭摺覆奏，仰祈聖鑒事。

竊臣疊奉上諭：因湖北賊匪四處糾衆，特令臣於乾州擒獲首逆後，酌留官兵一二萬分駐乾州、永綏等處緊要隘口，實力防堵，即帶領應撤之兵馳赴湖北督辦，以期事權歸一各等因。欽此。臣聞命之下，仰蒙聖主委任諄諄，畀以軍旅重寄，權衡緩急。此刻，剿辦苗匪業已克復乾州，而湖北匪徒正在蔓延滋擾，自應留兵苗疆，嚴密防堵，趕緊移兵楚北，將教匪痛加殄除，以期稍慰聖注。臣前次奉到諭旨：即將苗疆大局通盤籌畫。惟緣重兵深入苗境，次第歸併撤出，必須於趕緊籌辦之中仍寓從容不迫之意，庶不致爲苗匪乘機窺伺，反側立萌，一切情形，自蒙聖鑒。旬日以來，臣一面督兵疏通河溪道路，一面遵照前旨，准將漢民侵占苗疆田地賞給降苗，俾令堅心嚮化，并使未降苗寨聞風解散。如能擒獻逆首石柳鄧等，即准將功折罪。如此恩威并用，雖覺辦理略有躭延，而於事體方能完善。若過於急切，轉恐欲速反遲，非萬全之道。至大兵既經議撤，則各路零星苗匪，勢不能逐路剿捕，一律肅清。仰蒙聖主洞悉機宜，諭令留兵一二萬分駐永綏、乾州等處，洵爲至當不易。惟額勒登保、德楞泰二人諳練戎行，辦事得力，茲當湖北軍務緊要，正應帶同前往。所有此次酌留官兵，惟有於軍營幹練提鎮將領內，酌量存留，統率辦理，以期無誤。俟將官兵數目及周圍駐劄地方撥定後，另行詳晰具奏。至各省兵丁從征苗匪已及年餘，未免稍形疲乏。其傷病未痊之人，既應遣發回營。而川、滇等省沿邊緊要營分，兵力亦未免空虛，正應酌量撤回，俾資彈壓。如屯土各兵自較綠營爲勇健，將來前赴湖北，除將疲病遣發外，亦未能全數帶去。正擬選帶千名，以供調派。茲蒙聖主體恤周詳，特令傳旨，告以一俟各處平定，即令歸屯。臣宣示之下，各屯土頭人、兵丁咸稱此次從征打仗，仰蒙大皇帝疊賞錢糧，賜給翎頂，恩榮優渥。如有應行出力之處，自當勉圖報效，不敢遽思回寨等語。體察情形，實屬人人思奮。所有一切善後章程，臣已擇其目前關係緊要者，另摺奏聞，恭候訓示。惟念苗疆甫經裁定，應辦事件正多，必得熟諳大員統率馭定。前經奏請，敕下畢沅回駐湖南以資料理。如畢沅回至此間，與勒保將黔、楚苗疆分手接辦。臣交代一切，更覺放心，於大局實爲有裨。臣現在一面密籌撤兵，仍一面併力進取平隴，冀擒逆首，務期趕緊移師楚北，剿捕匪徒，以慰聖慈廑注。謹奏。

奏擬湖南苗疆善後章程六條摺 嘉慶元年四川總督和琳

奏爲酌擬苗疆緊要善後章程，先行恭摺具奏，仰祈聖鑒事。

竊臣仰蒙恩命，總統師干，自剿辦苗匪以來，由川入黔，自黔而楚，凡苗地山川之險要，風俗之獷悍，身親目擊，隨時相度情形。而石三保、石柳鄧等勾結起釁緣由，亦經節次研訊，得其確實。蓋係川、黔、楚三省均有苗疆，川省西陽一隅自改土歸流之後，久與齊民無異，雖與黔、楚壤地相接，而風氣各殊。所以上年苗匪不法，秀山沿邊一帶村莊多被焚燒，而川省改土歸流之民并無與苗匪相通滋事者。惟鎮篁三廳及黔省銅仁府屬苗民眾多，地方遼闊，而楚苗之悍，又甚黔苗，生熟不齊，屢煩兵革，或剿或撫，總蒙幬覆優容。迄今數十年，休養生息，雖地畝不在輸納之內，人丁不在徭役之中，但戶口日滋，地界有限，未免生計日絀。兼自乾隆二十九年弛苗、民結親之禁，客、土二民均得與苗人互爲姻婭。因之奸民出入，遂漸設計盤剝，將苗疆地畝侵占錯處，是以苗眾轉致失業，貧難無度者日多。經石三保、石柳鄧等假託瘋顛，倡言焚殺客民，奪回田地。窮苗聞風無不攘臂相從，起釁之端實由於此。自興師剿捕，仰仗天威洪福，疊解圍城，屢捨首逆，大兵所到，苗匪震懾萬分。又蒙聖德好生，准予歸撫。雖蠢頑弗率，一時自即誅夷，而煦育深仁，不忍悉加斧鉞。臣仰體聖意，督兵進剿，除負嵎抗拒、臨陣殲戮不計外，凡有降順各苗，統計黔、楚兩省不下十餘萬。此刻大兵已復乾州，該苗匪等具有人心，正當立時解散以圖生路。乃三廳所屬尚有未降未剿小苗，或固守寨落，或竄匿巖洞。即已降各苗，雖尚始終畏懼，不免心懷觀望。推原其故，皆由於凶悍亡命者，自知造罪已深，未敢遽信爲能邀寬典；其窮苦無歸者，即降順之後，亦不免終委溝渠。所以各路未能肅清降苗逆苗，互相牽制。此時大兵遽撤，既難保無反側旋萌，若專駐兵搜剿，此等零星寨落分布於深山窮谷之間，必欲逐加撿治，不但久遲，且恐難臻靜謐。臣現蒙恩命，特令移師楚北督剿匪徒，固不敢再行濡滯，亦不敢顧彼失此，用特酌量機宜，因勢利導，謹籌善後大綱六條，以期於目前之安撫，事後之防維，均能有益，敬爲我皇上陳之：

一、苗疆田畝必應清釐界址，毋許漢民侵占，以杜爭競也。查節次欽奉諭旨，以石柳鄧滋事，皆因附近客民平時在彼盤踞，事竣後逐一清釐，毋許客民再與苗民私相往來交易。又奉諭旨，客民侵占之地，著辦理善後時，派員清查。如此項地畝本係民產，仍歸民種，本係苗產爲客民所占，竟給良苗耕種，以清界址，而杜後患各等因。欽遵在案。查舊例，漢民原不准擅入苗地。自乾隆二十九年，以苗人嚮化日久，准其與內地民人姻婭往來，弛其禁。立法之始，原以苗情頑梗，不妨令其聲息相通，漸資化導。而日久弊生，漢奸出入，始則以貿易而利其財，繼則因賬債而占其地。在客民之侵占日見其多，則苗疆田地日見其少，是以積忿相仇，猝然燒殺起事。今欲杜爭競之端，惟先嚴漢、苗地界。查鎮筸東南一帶本係民地，西北皆係苗寨。永綏四面皆係苗地，惟花園一帶本係民地。是以乾、鳳舊有土城一道，自喜鵲營起，以至亭子關止，綿亘三百餘里，以爲民苗之限。今城址以外，苗寨少而民村多，此種由來已久，應與花園一帶之民地仍聽漢民居住復業。其自城址以內，直至黔、川交界，三廳所屬苗地，向來悉係苗產。此內如有漢民侵占之田，亦應一并查明，不許漢民再行耕種。至黔省正大、嗅腦、松桃等處，本屬民苗雜處，其原係民村，亦准漢民復業，其餘苗寨內漢人所占插花地畝，均應給還苗民管業。庶苗、民寨落各有界限，不能越畔而耕。其出力降苗及窮苦各苗，伊等寨落附近有無此項田畝，當責成百戶據實查明，通融酌撥，務俾稍沾餘潤。總之，地產漸敷，則民生自裕。臣於攻克乾州之次，即將黔、楚兩省所有降苗百戶、寨長一并傳齊，剴切曉諭。本月初三、四等日，各路百戶人等齊集於鴨保寨五六百名，僉稱仰蒙如此高厚恩施，從此各安生業，誰敢再有反復。及現在未降各寨，一聞此信，想必踴躍前來等語。查看情形，實屬萬分悅服。隨令該百戶等將各協營所管寨落內漢民占踞田地，共有若干，造冊呈報，以憑核辦。去後，連日各降苗互相保結，帶出畏罪未降苗衆一千餘戶，乞恩求命。如此利害分明，則降苗鼓勵有加，日益馴服。窮苗得資餬口，不致散漫無歸。此外，即有被脅負固，逆苗亦當聞風瓦解矣。謹將黔、川、楚三省苗境界址繪圖進呈，以備披覽。

一、苗疆營汛應分別歸併，以聯聲勢也。恭查欽奉諭旨，鳳凰、永綏、乾州三廳兵力稍單，將來事定後，宜擇其要隘處所，酌添兵丁及文武大員，以資彈壓等因。欽此。查湖南鎮筸一鎮，額設兵丁二千七百六十名，永綏一協額設兵一千四百七十名，貴州銅仁一協額設兵二千名。以上額兵分駐苗疆塘汛，每處多或數十名，少止五六名不等，在敉寧無事之日，不過稍資彈壓。其實苗人素性凶悍，往往彼此持械相爭，名爲打冤家。聚衆吃血，慭不畏法。不惟駐劄塘汛之末弁僅帶十數名兵丁者，不能管理，即分汛之都守帶兵百數十名，亦不足以資約束。是以因循日久，苗情驕縱，肆意自如。是此等孤懸苗境之塘汛，不但不能懾服苗民，而且啓其藐視之漸，似應酌量辦理。茲臣再三籌議，惟有定立界限，將苗境內所有零星塘汛全行撤出，歸入黔、楚鎮協及參游都守營，分地方歸併駐劄。無事則捍衛惟嚴，有事則調派亦易。惟塘汛既撤，則楚省三廳及黔省之松桃、正大等處聲勢必應聯絡。臣察看形勢，辰州爲鎮算後路，中間高村、巖門、石羊哨爲扼要；保靖爲永綏後路，中間隆團、花園爲扼要；瀘溪爲乾州後路，中間河溪、洗溪爲扼要。應將此三廳後路中間添建城堡駐兵，以相犄角。其沿途大路自鎮算以至乾州、永綏，中間軌者爲適中之地。又黔、楚交界地方，小鳳凰營、巴茅汛兩處最爲扼要。除大路塘汛照舊安設外，餘均築堡添兵駐劄。至黔省正大、嗅腦、松桃三處均有城垣，道路遠近相等。該處大路塘汛亦照舊安設。凡有零星苗地分防塘汛之兵，即酌量撥出，歸入正大等處，以厚兵力。但現在兵民甫定，恐不免尚有搜剿事宜，專藉本營之兵，不敷調遣，正應遵旨尚留兵一二萬名於周圍彈壓，以壯聲威。將來應否添兵，統候留兵全撤之時察看苗情是否寧貼，應否添兵相制，再行核議，亦不敢稍存惜費之見。其川省酉陽、秀山一帶逼近黔、楚苗疆，止有參將一員，兵力亦極單薄，是否應行添設，亦請於撤兵之後，另議請旨，以副聖主靖鎮邊圉之至意。其移撤歸併塘汛兵丁數目，俟安設之後，另行造冊咨部，以憑查核。

一、苗疆百戶、寨長名目應酌量更定，以專責成也。查川、黔、楚三省，如酉陽、銅仁、鎮算、永順、保靖等處，從前均係土司。嗣後各土司等陸續呈請歸流，始改設州縣營分，統歸文武管轄。其苗寨內，止設百戶、寨長如內地之里正、保甲而已。三廳百戶原額三十六人，設立之初，原因苗人懼見官長。如偶犯細故，即令百戶爲之處分。如必須勾攝到官，亦必令百戶傳喚。但該百戶等人微權輕，苗眾既不甚聽約束，且向例漢人亦准承充，更無非奸蠹無籍之徒，無事則專意欺凌，有事則全無控馭，甚屬無益。近來百戶之數漸濫漸多，無所考其爲誰點放。臣揣時度勢，雖不便仍立土司名目，但此次各降苗內，節經隨同官兵打仗出力，蒙恩賞給翎頂者，頗不乏人。應於此等降苗內，擇其明白曉事、眾所推服者，照各省土司之例，每一營分酌設一二人爲土守備，土守備之下酌設土千把、外委等，俾令管束苗民。其額數之多寡，以所管之寨落多寡爲定，仍由督撫衙門給劄點充。嗣後凡有苗民格鬥、竊盜等事，均著落此種土官緝拿辦理，該土弁等并歸文武地方官約束。倘遇督撫、提鎮查閱營伍，巡視邊境，應令該土弁等前來參謁，核其管理苗民衆心是否悦服，隨時分別獎賞升革，以示懲勸。至苗境内，塘汛雖撤，而往來大路未便，仍令阻隔，應請將原有塘汛，令該土弁另將苗人挑選安設，以伺應遞送文報、公務差遣之用。此項苗人立定數目，并照屯兵之例酌給錢糧，另籌閒款支用。如遇文武大小各員，因公來往巡查經由苗地，不免需用人夫，應令一并當差，給與價值，與漢民一體相待，以示體恤。

一、苗疆城垣應分別修理也。恭查前奉諭旨：鎮筸城四面皆山，形如釜底，著於事竣後查看，據實奏聞。若以該處城形窄小，不足以壯觀瞻而資捍衛，或就舊建城垣量加寬展，將附近高阜地方半圍城中。欽此。欽遵在案。又於上年十一月内，畢沅等奏請花園、巖門等處修築城堡，以爲駐兵之地。仰蒙聖恩允准在案。臣查苗疆地方，跬步皆山，沃野之處甚少。鎮筸廳城形勢皆低，周圍山勢環列，惟建城之處少爲寬廠，附城尚有水道。永綏形勢仿佛，惟乾州四面較爲平坦。然數里之外，層疊皆山，是三廳城垣竟無可以移建之處。現在惟有將撤出苗地内塘汛之兵，即於廳城四面緊要隘口，添建碉卡，駐以官兵，用資屏障。此外於巖門、高村、石羊哨、花園、龍團、河溪、洗溪、巴茅汛、小鳳凰營等處凡有安設官兵地方，均應一律查明，添築城堡，以資守禦。查上年苗匪滋事，凡有塘汛均被焚燒，如正大、嗅腦城墻雖小，而始終鞏固。可知零星塘汛於事無益，其城垣屹立之處，究屬可恃，此其明驗。臣現在酌定駐兵地方，如有必須修築者，即當與勒保、畢沅、姜晟、馮光熊等公同斟酌，委員勘估，分別興工。其原舊有之楚省三廳，貴州之銅仁、正大、嗅腦、松桃，四川之秀山各城，凡有低薄坍塌鼓裂之處，及大路不撤塘汛焚燒坍塌者，一併勘估修理，以期堅固。其餘苗地内各路塘汛均已焚毀，今已議裁，毋庸勘辦。

一、苗疆鳥槍等項器械必應收繳，以去爪牙也。查苗民住居於深山窮谷之中，秉性既極凶悍，且向以打牲防獸爲名，所蓄鳥槍，官所不禁。年深月久，以至比户皆藏，盡户皆有。苗人等童而習之，施放便捷。上年冬間，先經酌派文武分爲十路，查撫降苗。據隨營總理司道等議稱：苗民向來窮苦，自經大兵進剿，耕種失時，雖畏懼來歸而生計益形窮迫。若欲搜其器械，恐苗民等心存吝惜，勢必藏匿不前。若逐寨嚴收，又非綏輯降苗之道。莫若酌給價值，每槍一桿給銀二兩，刀一把給銀一兩，矛子一桿給銀五錢。不甚完整者，減半酌給。如此則器械既可全收，窮苗得此又可少資餬口，不致反側爲匪，亦賣刀買犢之意。當通飭各路，認真辦理。半載以來，黔、楚兩省所收鳥槍、刀、矛已有一萬四五千件，行之頗有成效。兹當續降苗寨月益加多，大兵將撤仍令趕緊收繳，務令一律肅清。

惟兵器不便變價，所需銀兩，應請俟事竣後，實用若干，令各該省公攤歸款。器械即分貯各營，收存備用。至苗境內，出產硝磺處所，均令地方官嚴查封禁。如有偷挖、製造火藥者，惟該土官是問。如有奸民私買私賣者，一經拿獲，從重治罪。別經發覺，則失察之地方官從嚴議處。

　　一、被難民人亦應分別安頓，以示體恤也。查此次苗匪滋事，雖由於客民盤剝地畝有激而成，但客民之在苗地亦非一朝一夕。即有被占田地，有用價置買者，有以貨物易換者，茲因苗匪不法，轉致此等客民全行失業，亦未免向隅。因查客民之內，除回赴原籍及逃亡病故不計外，如現在就賑之民無可歸業者，應即准於苗疆以外本係民村地方，先行酌給搭蓋房屋之費，俾資棲止。然後再令地方官查明戶口，分別撫恤。蓋苗疆以外民村屢被焚掠，隙地亦多，止可官為查核，分給向在苗地內之漢民居住。至於苗匪此時爲因客民盤剝田地，心懷忿恨，其實苗地之鹽斤、布疋等物，胥藉客民負販以供日用。如一概禁絶，又多不便。嗣後民苗買賣，應於交界處所聽其擇地設立場市，定期交易，官爲彈壓，不准以田畝易換物件，以杜侵占盤剝釁端，則苗、民永可相安無擾矣。

　　以上六條，臣自上年以來即曾與福康安計議，并與畢沅、勒保、福甯、姜晟、馮光熊往返剳商。凡有隨營及後路司道各大員，亦令各加籌畫。茲當苗疆甫經戡定，敬擇其緊要事宜，先列大概，恭摺奏聞。其有應行條分縷晰之處，即臣帶兵前往湖北後，仍當與勒保、畢沅，隨時酌核，剳商辦理。固不必過事紛更，亦不可稍爲將就，總以民苗兩便可期，永遠遵行爲主。臣愚昧之見，是否有當，伏乞皇上聖鑒、訓示。謹奏。

　　奉硃批：軍機大臣核議具奏。欽此。

前案部覆 嘉慶元年九月准咨

　　軍機大臣覆奏內開總督伯和琳條奏善後章程一摺。奉旨：軍機大臣核議具奏。欽此。臣等公同詳細核議，并恭照節次所奉諭旨與和琳所奏各條，逐一按款核議，恭呈御覽。

　　一、苗疆田畝清釐界址，毋許漢民侵占一款。據奏，舊例漢民原不准擅入苗地，後因苗人嚮化日久，均與民人姻婭往來，遂致日久弊生，盤剝侵占。請查明漢、苗之界，如係民村、民地，仍聽漢民居住復業。其凡屬苗地、苗產如被漢人侵占，及苗寨內如漢人所占插花地畝，一概查出，仍給苗民管業。惟苗人寨落亦各有界限，不能越畔而耕。其出力降苗及窮苦各苗伊等寨落，就近有無此項田畝，責成百户等據實查明，通融酌撥，俾稍沾餘潤等語。復查，前奉諭旨：以逆苗滋事，皆因附近客民平時在彼盤踞，事竣後著逐一清釐，無許客民再與苗人私相往來交易。復奉諭旨：客民侵占之地，著辦理善後時派員清查。如本係民產仍歸民種，本係苗產爲客民所占，竟給良苗耕種等因。欽此。今據總督伯和琳查明，乾、鳳舊有土城一道，綿長三百餘里，以爲民苗之限。今城址以外苗寨少而民村多，此種民村由來已久，自應與花園一帶民村仍聽漢民居住復業。其自城址以內，直至黔、川交界，三廳所屬，既據查明，向來悉係苗產，如有漢民侵占之田，自應一併查出，不許漢民再行耕種。至黔省正大、松桃、嗅腦等處本係民苗雜處，其原係民村，亦准漢民復業。其餘苗寨如有奸民所占插花地畝，均應給還苗民管業，自應如所奏辦理。其所稱查出田畝，即以出力降苗及窮苦各苗寨落附近者，通融酌撥之處。查此等降苗窮苦，前經奉旨，將查出叛產分給已降無業良苗耕種，并將舊日漢、苗界址分查清楚。凡漢人侵占苗地，胥給降苗及無業窮苗，俾奸民無所圖利，且免煽惑等因。欽遵在案。今漢、苗界址已據分晰查明，其客民侵占苗地，亦據責成百户等據實查明，造册呈報。應俟大功告竣，將各處叛產通行查明，共有若干與現在查出客民侵占之地，一併欽遵諭旨，賞給降苗及無業窮苗耕種。如此分別核辦，則界址既清，可杜奸民煽惑之漸。而恩威并著，益堅苗民感畏之忱矣。

一、苗疆營汛應分別歸併，以聯聲勢一款。據奏，湖南鎮箪一鎮額設兵二千七百六十名，永綏一協額設兵一千四百七十名，貴州銅仁一協額設兵二千名。以上額兵分駐苗疆塘汛，每處多或數十名，少止五六名不等。此等塘汛孤懸苗境，不但不能懾服苗民，且啟窺視之漸。自應立定界限，將苗境內所有零星塘汛全行撤出，歸入黔、楚鎮協及參游都守營分地方，歸併駐劄。應將鎮箪、永綏、乾州三廳後路中間添建大小城堡，其沿邊大路，如得勝營、軌者及黔、楚交界之小鳳凰、巴茅汛，均應築堡。又黔、楚交界地方嗅腦、松桃、正大三處，凡有零星苗地分防塘汛，即酌量撤出，歸入正大等處，以厚兵力。但現在苗疆甫定，正應遵旨，暫留兵一二萬於周圍彈壓，將來應否添兵統俟留兵全撤之時，再行核議。其川省酉陽、秀山一帶兵力應否添設，亦於撤兵之後另議等語。查前奉諭旨：鳳凰、永綏、乾州三廳兵力稍單，將來事定後，宜擇其要隘處所酌添兵丁及文武大員，以資彈壓等因。欽遵在案。今據總督伯和琳查明，該三廳額設兵共有六千二百餘名。雖兵數尚不爲少，但苗疆地方遼闊，一經分駐塘汛地方，多者不過數十名，少者僅止五六名，實覺零星渙散。今據請，將各處塘汛兵丁全行撤出，歸入黔、楚鎮協及參游都守營汛駐劄。無事則捍衛惟嚴，有事則調派亦易，足以壯聲援而昭威重，應如所奏辦理。至塘汛既撤，各處聲勢必應聯絡。今既據查明，辰州爲鎮筸後路，中間高村、巖門、石羊哨爲扼要；保靖爲永綏後路，中間隆團、花園爲扼要；瀘溪爲乾州後路，中間河溪、洗溪爲扼要。自應如所奏，將該三廳後路、中間添建大小城堡駐兵，以相犄角。其沿邊大路，自鎮筸至乾州，中間得勝營爲適中之地。自乾州至永綏，軌者爲適中之地。又黔、楚交界地方，小鳳凰、巴茅汛兩處既爲扼要，除大路塘汛照舊安設外，亦如所奏，均應築堡駐兵。其嗅腦、松桃、正大三處大路塘汛，自應照舊安設。凡有苗地分防之兵，亦應一并酌撤歸入正大、嗅腦、松桃三處營分，以厚兵力。再，所稱各處營分應否添兵，俟全數撤兵時，再行核議。及四川秀山、西陽一帶應否議添，亦俟撤兵後另議之處。查現在各處塘汛之兵，雖經議撤歸入大營，兵力較前爲厚，但楚省三廳後路及適中之地，又黔、楚交界扼要之區均經添築城堡，將來必需添設大小營分，自應酌添兵數。其川省西陽、秀山一帶，既據查明，止有參將一員，兵力極單，是該處亦應添設。其應遵旨，添設兵數若干及文武大員將弁若干，并分別大小營分，作何安設分撥之處，統俟留兵全撤時，即可一面撤兵，一面將各處應添將弁兵丁酌留分撥駐守。即免往返派撥之煩，而人地久經熟悉，於控馭撫綏尤爲得力。事不煩而易集，人已習而相安，似於添設章程較爲簡便。

一、苗疆百户、寨長名目應酌量更定一款。據奏，川、黔、楚三省，如西陽、銅仁等處從前均係土司，嗣因呈請歸流，始行改設州縣營分，統歸文武管轄。苗寨内止設百户、寨長，以資管束。但該百户向例亦准漢人承充，漸有奸蠹無籍之徒從中欺凌生事。請於此次賞給翎頂各降苗内擇其明白曉事者，每一營分酌設土守備、千把、外委等員，仍由督撫衙門給劄點充，并歸文武地方官鈐束。其苗境内各塘汛遇有往來文報，即令該土弁挑選苗人按汛遞送，并酌給錢銀。其因公來往官員需用人夫，亦令此項苗人充當，照民人之例給予雇價等語。查苗疆設立百户、寨長，原爲約束苗人起見。但該百户等人微權輕，苗衆既不能聽其約束，且有漢人承充者，難保無奸蠹無籍之徒從中生事，自應酌量變通，以專責成。此次隨同官兵打仗出力，給予翎頂之各降苗甚多，即於此内擇其明白曉事、衆所推服者，照各省土官之例，每一營分酌設一二人爲土守備。守備之下酌設土千總、外委等員，俾令管束苗民。其額數即照所管寨落多寡設立，仍由督撫衙門給劄點充，并歸地方官鈐束。如有苗民格鬥、竊盜等件，即著落該土弁等緝拿辦理。儻遇督撫、提鎮查閱營伍時，仍核其功過，隨時分別獎賞斥革，以示懲勸。應如總督伯和琳所奏辦理。至苗境內塘汛既經議撤，往來文報必須照舊遞送，方免貽誤。其原有塘汛地方，令該土弁挑選誠實苗人，逐汛安設專司遞送文報，并照屯兵之例籌款支給錢糧。如遇因公往來官員應用人夫，亦令該苗人一體當差，給予雇價。均應如所奏辦理。

一、苗疆城垣應分別修理一款。據奏，苗疆地方，跬步皆山，惟鎮廳建城之處少爲寬敞。永綏形勢仿佛。乾州數里之外層疊皆山，三廳城垣無可移建之處。應於廳城四面緊要隘口添建碉卡，并於安設官兵地方一律添築城堡，委員勘估，分別興工。其原舊之楚省三廳、貴州之銅仁等處各城，及大路不撤塘汛及焚燒坍塌者，一并勘估修理。其苗地各路塘汛，均已燒毀，毋庸勘辦等語。查鎮篁城四面皆山，形如釜底，勢甚窄小，曾經奉旨於事竣後，令和琳等查勘具奏。今據總督伯和琳查明，苗疆跬步皆山，沃野之處甚少。鎮篁廳形勢極低，周圍大山連列，城外即係水道。其永綏、乾州亦無平坦之地，難以移建他處，自係實在情形。應如總督伯和琳所奏，三廳城垣無庸移動，至苗地內塘汛之兵既經議撤，應於廳城四面要隘之處添設碉卡，駐紮多兵，以爲屏障。此外如巖門、高村、石羊哨、花園、龍團、河溪、洗溪、巴茅汛、小鳳凰營等處，凡有安設官兵地方，均宜一律添築城堡，亦應如總督伯和琳所奏，與勒保、畢沅、姜晟、馮光熊公同斟酌，必須審查地勢，扼要據險，星羅棋布，聯絡聲勢，以爲三廳重門保障。并即遴委妥員勘估興築，務使工堅料實，一律鞏固。其原舊楚省之鎮篁、永綏、乾州，及貴州之銅仁、正大、嗅腦、松桃，四川之秀山各城，凡有坍塌鼓裂低薄之處及大路塘汛焚燒坍塌，一并核實，勘估興修，以資捍護而壯觀瞻。其已經議撤者，毋庸辦理。

一、苗疆鳥槍等項器械應行收繳一款。據奏，苗民居住深山向以打牲爲名，所蓄鳥槍官所不禁。上年查撫降苗，收其器械，酌給價值。黔、楚兩省所收鳥槍、刀矛已有一萬四五千件，行之頗有成效。茲當降苗日多，大兵將撤，仍令趕緊收繳，一律肅清。所需銀兩各省公攤歸款，器械即分貯各營備用。至苗境出產硝磺處所，令地方官嚴查封禁，如有偷製火藥者，惟各土官是問。奸民私買者，從重治罪。別經發覺，地方官從嚴議處等語。查苗民賦性剽悍，無不製造鳥槍，施放便捷，向來地方官不加禁止。歷年既久，苗寨藏蓄鳥槍甚多。此番大加懲創，苗民就撫之後自當給價收繳，以杜反側之源。該督查撫降苗，業經派員收買，行之有效。原可仿照辦理，一律收繳。但苗寨皆在深山窮谷之中，苗民等多以打牲爲業，所藏鳥槍未必能全行繳出，或所派各員奉行不能實力，轉恐有名無實。應令該督再加斟酌，如苗民等希圖得價，竟能收繳净盡，或經此番收繳之後，苗不敢從新製造，於事亦屬有益。此節請仍交和琳妥酌具奏，再行核議。至苗境内向來出産硝磺，即可配製火藥。如果查禁嚴密，苗民等無從私製火藥，即便藏蓄鳥槍，亦無所用。應如該督所請，將苗地出産硝磺處所地方官查明，嚴行封禁，責成現設，各土官隨時稽查。如有苗民偷挖硝磺、私製火藥等，惟該管各土官是問。如有奸民向苗民私買硝磺及私行販賣者，一經拿獲，即行從重治罪。若在他處發覺，即將失查之該地方官從嚴議處，以示懲儆。

一、被難民人亦應分別安頓一款。據奏，苗寨滋事雖由於客民盤剥地畝，但客民之在苗寨亦非一朝一夕，所占田地，或用價置買，或貨物易换。兹因苗匪不法，致此等客民全行失業，亦未免向隅。查客民之内，除回赴原籍及逃亡不計外，現在就賑之民無籍可歸者，請即准於苗疆以外原係民村隙地酌給搭蓋房屋之資，俾資棲止。再令地方官查明户口，分別撫恤，聽其照常生理。從前苗匪雖因客民盤剥，心懷忿恨，其實苗地鹽觔、布疋等類，胥藉客民負販以供日用，一概禁止，轉多不便。嗣後民苗買賣，應於交界處所設立場市，定期交易，官爲彈壓，不准用田畝易换物件，以杜釁端等語。查苗匪構釁，雖由客民從前重利盤剥，占耕田畝，但屢遭焚搶之後，現在客民除回籍遷移之外，大抵赤貧失業，概行驅逐，無以資生，亦可矜憫。況苗地處所需鹽觔、布疋等類，均藉客民負販，就近貿易，以資日用，過於禁絶，苗情轉有不便。今總督伯和琳請將此等失業客民查明户口，分別撫恤，於苗疆外舊有民村之隙地，官爲核給，聽向在苗地之漢民居住，照常生理，尚屬推廣皇仁。又請令嗣後民苗買賣於交界處所設立場市，定期交易，官爲彈壓，不准將地畝押抵易换，以杜釁端，亦可使民苗日久相安，不致滋事，均應如總督伯和琳所奏辦理。惟責令地方官此次查明户籍之後，毋許再有客民潛至苗疆居住，一經查出，從重治罪，并將不行實力查辦之地方官，交部嚴加議處，以上各條，臣等會同悉心核議，是否有當。伏候聖鑒、訓示，施行等因。

嘉慶元年八月初六日奉旨：依議。欽此。

奏移邊墻以内失業貧民赴來鳳縣承耕入官叛土摺 嘉慶二年湖廣總督畢沅

奏爲擬移邊墻以内失業貧民赴來鳳縣承耕入官田土，恭摺奏祈聖鑒事。

竊照前伯督臣和琳奏准善後章程内，開乾、鳳舊有邊墻一道，自喜鵲營至亭子關綿亙三百餘里，以爲民苗之限。邊墙以内三廳所屬苗地向來悉係苗産，如有漢民侵占之田，應一并查出，不許漢民再行耕種。又失業民人，查明戶口，分別撫恤，於苗疆外舊有民村之隙地，官爲核給，聽向在苗地之漢民居住，照常生理，各等因在案。臣等查三廳苗境，邊墙以外民人漸次復業，其邊境以内地畝派委文武，會同本營廳員弁，會同各路苗弁，逐一清查。乾州所屬附近邊墙處所，苗人得價賣與漢民受業之田，現在陸續開報。其鳳、永二廳苗、民界址亦已飭速清釐。惟邊墙以内寄居民人，當匪苗起事時，俱被焚掠，紛紛逃散。今將所有田土悉歸苗業，伊等乏術營生，現雖沾沐鴻慈展賑，暫圖口食，終非久計。查永順府屬之龍山界連湖北來鳳縣，距三廳不及四百里。來鳳剿辦教匪所遺叛産，前經督臣福康安奏明，查出入官在案。第該處山深土瘠，地廣人稀，且經兵燹之後一時招種乏人，抛荒可惜。不若移失業之貧民就未耕之曠土，實屬一舉兩得。臣等已派委糧道吳蘭蓀帶同委員前往該處，查勘相度。一面查明此項民人戶口，造具清册，合先恭摺籲懇。如蒙俞允，酌給盤費、房價，即令該民人等移赴棲止。趁此農工甫起，正可趕種夏禾。該民人等，仰叨幬覆生成，并無涯涘。除妥議按戶口酌撥畝數承種，及令按則輸糧撥餉之地，仍請入官各緣由，另行造具花名請册，一并咨部查核，并繕疏具題外，伏乞皇上恩准施行。謹奏。嘉慶二年四月初五日，奉硃批：軍機大臣會同該部議奏。欽此。

再，前任安徽巡撫陳用敷仰蒙恩命，遣令赴楚效力。臣等即奏明，派在辰州總局籌辦軍需，并往大營，事事盡心竭力，從不稍辭勞瘁。前經和琳以其見識開展，人品端方，承辦一切均屬認真，甚爲得力，奏明俟軍務全竣，再行請旨施恩等因，咨會在案。臣等查：陳用敷雖年逾六旬而精神强健，自抵楚南已及兩年，無刻不感激天恩，力圖報稱，盡心籌辦，經理軍需毫無賠誤。其自罰銀三萬兩，早於限内全數完繳。兹當苗疆大功造竣，自應查照和琳知會，據實奏明，請旨施恩。爲此奏聞，伏祈聖鑒。謹奏。奉硃批：著送部引見。欽此。

再，臣姜晟在乾州會同委員督飭，分頭勘辦城堡各工，清理苗、民界址，安頓歸業，均已辦有端倪。緣保靖、永順兩縣境内苗人，前被匪苗勾結，蹂躪民村。嗣經臣與畢沅陸續招撫，寧貼無間。如古丈坪白棲關、田家銅、羅衣溪等處緊要隘卡，應須親履查勘。隨自乾州起程，由鎮溪所、喜鵲營、葫蘆寨、塗乍河一路，看視糧臺堡工。自喜鵲營六十里至保靖縣城，經過該縣所屬六都沿途苗寨，均有弁目接替迎道。察看情形，極爲寧謐。量加賞賚，亦均感悅。及抵保靖查視城伍營卡，又自保至古丈坪察看修建衙署、倉廠各工程。現與臣畢沅、鄂輝會商，將必需舉辦之處撙節辦理。其別處民、苗仰藉酌給籽種，漸起農功，氣象均臻妥適。實已處處安常，足慰宸廑。茲臣於初二日回辰後，與藩司鄭、臬司清安泰等酌定清理辰局要款章程。藩司即於初七日起身回省，臣現督飭局員查催各站員領款出入實數清冊，詳細察核，以憑移赴省垣，設局彙辦報銷，理合繕片奏聞。奉硃批：覽。欽此。

又奉旨：畢沅等奏苗疆添設營汛官兵及修城築堡，酌給新設苗弁餉銀各摺。此等善後章程，既經畢沅等分摺具奏，自應核議施行。但地方事件有治人無治法。從前湖南省苗疆各鎮一切設汛安兵，何嘗不係前人妥爲布置規模？祇因地方大小各官因循廢弛，不能實力整頓，以致苗匪勾結滋事，邪教乘隙作亂。即如湖北省邪教肆擾，本係民人，該省豈無文武管束彈壓？乃任其煽誘蹂躪，輾轉奔竄，至今尚未掃除淨盡。可見楚省地方滋擾不寧，總由封疆大吏等日久懈弛，未能撫輯得宜所致。此次定議之後，若仍不實力奉行，仍屬具文塞責，何以垂永久而靖苗疆。除從前該省貽誤各員，另降諭旨查辦外，所有畢沅等奏到各摺報，著交軍機大臣會同各該部，詳悉議核具奏。欽此。

奏撤調湖南官兵前赴苗疆彈壓摺 嘉慶三年湖廣總督景安

奏爲撤調湖南官兵前赴苗疆彈壓，恭摺奏聞，仰祈聖鑒事。

竊臣於七月初八日，接准提督王柄札，會鎮篁右、前兩營黑苗。因見秋成，欲圖出外搶割田禾。輒敢糾衆數千人，於六月二十四、五等日，將三角巖、龍滾營、曬金塘三處營卡攻破，守備殺賊陣亡。其乾州所屬之舊司坪、木林坪等處營卡，亦被攻破。現在灣溪、强虎哨、得勝營等卡圍裏道路阻塞，該提督業已酌調官兵前往堵剿等情。臣查苗疆戡定以來，仰蒙皇上宥過施仁，屢加恩恤，并設立苗弁，修築卡屯，以資彈壓。實已恩威并用，周備無遺。乃苗性犬羊，復敢糾衆滋擾，殘害弁兵，實爲可惡。臣現在堵禦川匪，正當吃緊之候，似不便捨此而去。接閱之下，不勝焦灼之至。刻下提督王柄已帶兵前往，撫臣姜晟接據稟報，自亦赴辰籌辦。該撫等熟習苗情，布置自能妥協。惟兵力必須充裕，庶可震懾賊苗。今春因教匪由川入楚，臣曾奏調湖南官兵二千名，均係下游之澧州等營官兵。除額勒登保分帶一千赴陝追擊，其餘一千名交總兵王凱帶領，駐防川東邊界。此時南省亦在需兵之際，臣已飛調回南，聽姜晟調遣，所有川東邊境，酌添健勇以資堵截剿捕。其額勒登保帶去之湖南兵一千名，現在剿捕，正急恐不能遽行撤回。臣已咨會勒保察看情形，即於川省酌派官兵前往換回，以期有備無患。臣查苗情本多反覆，而黑苗尤爲兇悍難馴，究其所欲不過貪圖搶割民田，其實別無伎倆，且亦不敢遠出滋擾。此時正當剿捕教匪之候，不能因此復興大兵。臣已密囑姜晟、王柄督率官兵奮力疏通道路，并將得勝營等處迅速解圍後，即於苗疆扼要處所分布兵勇，絕其奔竄之路，如此則藩籬既固，即不能蔓延爲害。一面隨時相機雕剿，仍查明首逆名目，鼓勵各寨安靜，苗弁協同官兵設法誘擒，一得渠魁，其餘黨夥即易於解散，仍俟大勢稍定，再將同惡共濟有名匪苗一一究明，責成苗弁人等全行縛送，俾抵於法，似於大局有裨。儻該苗匪罔知畏憚，敢於始終抗拒，俟教匪剿捕完竣，再移得勝之師併力痛殲，不難一鼓集事。臣愚昧之見是否如此，伏候聖主訓示遵行，謹繕摺具奏。伏乞皇上睿鑒。謹奏。

再，臣接據探報，賊匪張漢潮等尚在川省大坪一帶盤擾無定。其鄖陽等處亦有賊匪往來奔竄，均與楚境不遠。臣現在房竹邊界督率嚴防，俟布置周密，交與襄陽鎮臣路超吉督防。臣查探賊蹤，再行赴剿南路歸巴等處，率同提臣文鎮、臣王凱妥爲籌辦，合行附片陳明謹奏。嘉慶三年七月十八日奉上諭：景安奏鎮篁黑苗因見秋成，欲圖搶割糾衆，致將三角巖等處營卡攻破，并圍裏灣溪等卡一摺。覽奏已悉。苗性本多反覆，此次糾衆搶割民田，不過欲圖掠食，自不敢遠出滋擾。現當剿捕教匪吃緊之際，斷不可因此興兵大辦。景安所奏，於扼要處所堵截一面，隨時雕剿，設法誘擒等語，所見尚未得當。現在王柄已帶兵前往，姜晟聞信自亦即馳赴該處籌辦。但此等悍苗糾搶，或別有起釁，根由未必敢於滋事。姜晟、王柄此時惟當持以鎮靜，妥爲酌辦。前此辦竣苗匪後，三廳地方俱設有苗弁分段管束。此時自當照從前辦理，郭羅克尖壩事例，惟嚴示威。飭令該苗弁等自行曉諭解散，如能鼓勵各寨苗弁將爲首苗匪縛獻，餘衆散歸苗寨，其事即可完竣。儻苗匪怙惡不悛，仍前抗拒。姜晟、王柄亦惟當督率鎮將調集官兵，於各要隘處所遂段分布，慴以軍威，不使肆出滋擾，斷不可深入苗境。一俟川省剿辦完竣，再酌移勝兵前赴該處搜剿，自不難一鼓殄平。此事總在姜晟等駕馭苗弁妥速辦竣，不可輕率舉動，又致激成事端，方爲妥善。至景安現在房竹歸巴一帶督率防堵，亦關緊要。惟當酌量情形，如川匪辦竣，或距楚北邊境稍遠，可以分辦此事。再親身前赴湖南督同辦理，固屬妥善。儻姜晟等在彼足資料理，而房竹、歸巴一帶難以遽離，景安自不便舍之遠去，以致顧此失彼。想該督自能斟酌妥辦，仰副委任也。將此由六百里加緊又緊，各傳諭知之。仍著姜晟、王柄將如何設法堵禦及苗匪是否已經解散情形，加緊又緊，迅速馳奏，以慰廑注。欽此。

奏鎮筸右營黑苗糾衆滋擾旋已解散摺 嘉慶三年湖南巡撫姜晟

　　奏爲鎮筸右營黑苗糾衆滋擾，旋已解散，及現在辦理緣由，恭摺奏祈聖鑒事。
　　竊臣先接鎮筸鎮臣富志那、辰沅道成甯報稱：該處前營各寨花苗均屬安静。惟右營黑苗，因見民地禾稻成熟，欲圖搶割，糾匪攻撲高樓哨汛卡，業經兵勇擊退。復於六月二十三日，猝犯澎水井攔截要路，附近之三角巖、龍滾營二處小汛，弁兵無多，致被沖過。而曬金塘爲各苗出入必經之路，弁兵阻遏不住，被其梗塞，并擾及得勝營、灣溪等處。又接提臣王柄札，會親帶兵三百名就近前往辦理。一面調派各營兵一千二百名，以備防堵各等情。臣查高樓、曬金塘、得勝營一帶二十餘里，係鎮筸至乾州大路，逼近黑苗寨落，設有大小營卡數處。此次黑苗聚集匪衆，圖割民田禾稻，雖近在沿邊大路二十餘里以内，但視前此潛出劫掠，隨時捕獲辦理各案，較爲兇橫。且據稟，有幼童報稱：曬金塘守備張棟被害，經鎮道等通禀。提臣一面親往，一面札會到臣。正擬即行馳赴，旋接鎮道等續報。查係右營黑苗互相驚懼，已漸解散，餘苗皆未附和，未便遽涉張皇。因即委臬司清安泰，令其親赴鎮城，相機會辦。及接提臣抵鎮後來札，得勝營一帶已無匪苗侵擾，現派將弁率兵勇嚴密堤防苗匪不致外竄，并接瀘溪、麻陽二縣疊次來禀：境内照常寧謐，居民在外刈獲，毫無驚擾等情。大概事已安定即可平。復查，鎮筸右營黑苗所居山多地少，前在瀘、麻所屬附近民村，傭工度活者儘多。今自戡定以後，不敢復出，民間亦不雇用。本年，苗地雖屬有收，而無業貧苗乏計營生，起意糾搶田禾，肆其滋擾。自應乘此兵威設法妥辦，業囑臬司與提督、鎮道公同籌辦，俾臻久遠又安，并責令苗弁獻出首從各要犯究理。現據臬司抵辰來禀：探知提督到鎮，已傳苗守備吳龍登等前往解散。苗情并不鴟張，無難就緒，當已馳赴鎮筸等語。俟該司抵筸會辦定局，另行恭摺具奏外，所有右營黑苗糾衆圖搶民禾，據報解散，現在酌辦緣由，謹由驛奏聞，伏乞皇上聖鑒。謹奏。
　　嘉慶三年七月二十九日，奉上諭：姜晟奏鎮筸滋事黑苗解散一摺。覽奏已悉。此事前據景安奏到，即經降旨，照從前辦理郭羅克尖壩事例，嚴示兵威。飭令該苗弁等自行曉諭解散。如能鼓勵該管苗弁將首惡縛獻，餘衆散歸原寨，其事即可完竣。今姜晟於接據鎮道禀報，即令臬司清安泰馳往相機會辦，并令苗弁吳龍登前往解散，責令苗弁獻出首從各要犯。與前降諭旨尚合，亦祇可如此辦理。吳龍登本係降苗，節次加恩，令其前往曉諭，自必倍加出力，著賞給緞疋。該撫等惟當轉飭鎮道鎮静妥辦，一俟首犯獻出，即可無事，不必稍涉張皇，致滋擾累。至鎮筸至乾州一帶逼近苗寨地方，大小營卡，原設官兵，未必得力，總當挑選壯健兵勇，逐段分布，嚴密巡查，勿使苗匪乘間竄出滋事，以資控制。將此由六百里加緊又緊，傳諭姜晟等，并諭景安等知之。仍即將該苗弁等如何遵照曉諭縛獻蕆事之處，加緊又緊，迅速具奏，以慰廑注。欽此。

覆奏查辦鎮筸右營黑苗情形摺 嘉慶三年 湖南巡撫姜晟

奏爲遵旨覆奏并陳現在查辦情形，仰祈聖鑒事。

竊臣接准軍機大臣字寄，欽奉上諭：景安奏，鎮筸黑苗因見秋成，欲圖搶割，糾衆將三角巖等處營卡攻破，并圍裏灣溪等卡一摺。覽奏已悉。此等悍苗糾搶或別有起釁根由，未必敢於滋事。姜晟、王柄此時惟當持以鎮静，妥籌酌辦。飭令該苗弁等自行曉諭解散。如能鼓勵各寨苗弁將爲首苗匪縛獻，餘衆散歸苗寨，其事即可完竣。仍將如何設法堵禦及苗匪是否已經解散情形，迅速馳奏，以慰廑注等因。欽此。欽遵寄信到臣。伏查鎮筸右營黑苗因見民田禾稻成熟，欲圖糾衆搶割。六月二十四、五等日，在苗巢附近之清溪哨、得勝營、曬金塘一帶，糾衆肆擾。旋據續報，勢已涣散。及聞提臣赴筸，群匪畏懾，即漸斂跡。臣恐遽涉張皇，隨委臬司清安泰馳往，隨同提臣等會商妥辦。迨該司抵筸以後，提臣業已扼要布置，張示兵威，各匪苗全行解散，并自知獲罪，浼求苗備吴龍登等懇恩乞命。提鎮、司道當令縛獻各犯究治。經臣於七月十六、二十四等日，節次奏聞。日來接據禀報，苗備等現在趕緊設法搶獻首從各犯，事已即可完竣等因。惟查苗疆戡定已久，民皆安業。如永綏、乾州二廳所轄，及鎮筸中、前二營苗人，俱屬安静。惟右營之苗不能一律守分。雖未遠出滋事，而逞其犬羊之性，糾衆圖搶。誠如聖諭，惟當持以鎮静妥爲酌辦，未便輕舉率動。至苗弁亦非盡屬良善，聞有糾衆出搶者，并有平日不能約束、事後獲犯獻功圖賞者，必須善爲駕馭，以期綏静乂安。臣與鎮道等札牘往來，惟以此意諄致前於臬司清安泰赴鎮時，又詳細囑其與提臣、鎮道熟商籌辦。多集曉事，苗弁真切開導，動其畏懷之實心。并飭地方官妥爲拊循，示以誠信，仍嚴密防堵，不使稍有肆越。一俟辦有端緒，臣即當乘勘驗功程之便，親加巡歷撫馭，務期匪苗咸臻嚮化，久遠綏静，上紓宸注。合將現在查辦情形，恭摺覆奏，伏祈皇上聖鑒。謹奏。

覆奏解散滋事黑苗摺 嘉慶三年湖廣提督王柄

奏爲遵旨覆奏解散滋事苗匪及辦理情形，恭摺奏祈聖鑒事。

竊奴才於本年七月二十六日，奉到上諭：景安奏鎮筸黑苗因見秋成，欲圖搶割，糾衆數千，將三角巖等處營卡攻破，并圍裹灣溪等卡。現在王柄已帶兵前往，著將如何設法堵禦及苗匪是否已經解散情形，加緊又緊，迅速馳奏等因。欽此。竊奴才前接准鎮臣富志那、辰沅道成甯來札，當即酌調官兵，分赴鎮、乾二路防堵。一面馳赴鎮筸，相機酌辦。業經咨明伯督臣景安、撫臣姜晟，先後恭摺奏聞。奴才於抵筸時，查詢得勝營大路，尚未疏通。隨商同鎮、道，派令游擊王文選，由高樓哨引兵，截住澎水井阻路之賊。同知傅鼐帶領兵勇，由古沖、白泥田等處小路，繞赴得勝營，會同游擊施聯科，悉心奮擊。其灣溪一路，經副將阿林布督兵兩面夾攻。苗匪初猶抗拒，兵勇分投齊進，俱各奮勇爭先，極力剿殺，殲斃苗匪百餘名，帶傷者無數。賊勢不能占據大路，俱紛紛潰散。奴才以此次匪苗攻圍營卡，聚黨甚衆，若持之太急，則各寨疑慮，轉致固結難圖。自應示以兵威，先將黨羽解散，以次設法妥辦。適撫臣姜晟委令臬司清安泰到筸，奴才隨公同酌商，喚令苗備吴龍登傳集前、右兩營苗弁前來，面加詰訊滋事緣由。據稱，各寨無業窮苗，一時糾黨搶割民田稻穀，人數甚多，勢難禁止，獲咎甚重，惟求施恩等語。奴才等復開誠布公，責其身爲苗弁，不能管束散苗，本應重辦。姑令爾等務將在外滋事匪苗，全行收回，嚴加管束。查明爲首并同惡共濟要犯，即行縛獻，庶可以贖前愆。該苗弁等各承認遵辦，回寨。日内，匪苗均已斂跡。得勝營一帶，甚爲安静。但苗性反覆，殊難深信。且窮苗甚衆，貪饕無厭，難保其不復竊出滋擾。必須嚴密防堵，以固藩籬。查得勝營至乾州大路内，三角巖、龍滚營、曬金塘、舊司坪等處營汛，均已收復。現在酌添兵勇、碉卡，聲勢即可聯絡。其狗爬巖至乾州一路，爲辰、麻、瀘、浦屏障，各要隘處所，尤須添建碉卡，多設兵勇，使苗匪不致外竄，地方庶可久安。奴才現同鎮臣富志那、臬司清安泰、辰沅道成甯，酌將官兵妥爲布置。現在防兵不敷分撥，即就近召募鄉勇，以資防範，并可隨時相機雕剿。仍一面鼓勵苗弁，協同官兵，一體上緊查拿，務將此案起事首犯拴獲，盡法處治，以示懲儆。除將連次拒賊傷亡官兵查明造册送部外，所有奴才遵旨覆奏，馳抵鎮筸解散滋事匪苗及辦理情形，理合由驛馳奏，伏祈皇上聖鑒。謹奏。

嘉慶三年八月初七日，奉上諭：王柄奏解散滋事苗匪一摺。該處無業窮苗糾黨搶割田穀，經王柄等帶兵到彼剿殺、解散，附近苗衆俱已斂戢，道路疏通。現在曉諭苗弁縛送要犯，并將要路酌添兵勇，以資防範。亦祇可如此辦理。本日又據姜晟奏到黑苗解散情形及令苗備吳龍登等搶獻首犯緣由，與王柄所奏大略相同。吳龍登本係降苗，節次加恩。此次令其前往曉諭，自必倍加出力。姜晟、王柄惟當督飭司道、鎮將等鎮靜妥辦，一俟首犯獻出，即可完事。至鎮筸、乾州一帶營卡仍遵前旨，挑選壯健兵勇，逐段分布，嚴密巡防，勿任苗匪乘間竊出滋事，方爲妥善。至姜晟奏蒲圻教匪滋事，飭令道府等於相近地方防禦一節。該處匪徒聚衆搶掠，人數無多。昨據高杞奏，已攻得賊卡右邊山梁，賊勢漸蹙。務即乘此聲勢，速行搜剿。將首惡王添萬、劉肇開等及黨惡犯，一并拿獲，安輯民居，解散餘黨，勿令賊匪稍有煽誘蔓延。外省習氣，遇有地方搶劫小事，往往張大其詞，以爲見長邀功地步。至激成事端，則又心存畏葸，束手無策。高杞初任巡撫，年少高興，尤當引以爲戒，不可存貪功之念，致有株連擾累。所有湖南撤回兵一千名，姜晟已咨會高杞，預備撤調。著傳諭該撫，酌量情形，如必須此項兵力，方可調用。儻現在足資剿捕，即當飭令歸伍，不可因有此項兵丁可調，張皇生事也。該撫一俟該處辦竣後，即遵前旨，馳赴歸、巴一帶，擇要防堵爲是。至景安，仍當隨時指示，以期綏靖地方。將此傳諭知之，仍將黑苗首犯曾否獻出及蒲圻教匪已經搶捕完竣各情形，加緊迅速馳奏，以慰厪注。欽此。

會奏拿獲滋事匪苗審明辦理摺 嘉慶三年湖南巡撫姜晟、湖廣總督景安、湖廣提督王柄

　　奏爲拿獲滋事首從匪苗審明辦理，現已安輯緣由，恭摺奏聞事。

　　竊照鎮筸右營黑苗糾衆圖割民禾，旋經堵截解散緣由，經臣等先後奏蒙睿鑒在案。臣等遵奉聖訓，一面於鎮筸、乾州一帶添布兵勇，嚴密巡查。一面鼓勵各寨苗弁，飭將爲首匪苗縛獻，并督率廳營兵勇，設法誘搶。旋據苗備吳龍登拿獲磨巖寨爲首匪苗龍滿爾、天星寨匪苗龍老三，解送前來。臣王柄會同鎮臣富志那、臬司清安泰、辰沅永靖道成甯，公同究出此案首夥要犯共十二名。內除吳才保、吳老兩、廖牟兒三犯據供已被官兵臨時槍斃外，其餘有名各犯，復密飭苗弁分赴各寨，并派令兵勇在於隘口，留心偵緝。嗣據苗弁吳龍登縛獻龍老庚、龍老五二名，又據同知傅鼐、游擊王文選等拿獲吳老有、廖老華、吳老省、吳老哄、麻老記五名到案，臣等研訊。據龍滿爾等將因見秋成豐稔，起意出外搶割民田稻穀，商同吳老有、吳才

保等，糾約出搶。在於各處集場揚言，遂有無業窮苗聞風希圖搶割獲利，聚衆肆出滋擾，抗拒官兵等情，供吐不諱。臣等查龍滿爾、吳老有係起意首犯，而隴老三等七名互相糾匪濟惡，均屬罪不容誅。惟查此次滋事黑苗，前經鎮道查訪通稟，多係苗備龍世昌所管寨落，并聞該苗備即係此案首犯，及吳龍登帶同各寨苗弁來鎮箪，龍世昌即在其內。當經詰以因何起事緣由，不特該苗備極口呼冤。供稱，若係滋事首犯，豈肯投案，自罹法網？即吳龍登及各備弁僉稱，龍世昌現在協同誘擒首惡，解散餘匪極爲出力等語。是該苗備實非此案首犯，尚屬可信。除剴切曉諭，令其與衆苗弁一同回寨，妥爲約束散苗外，所有現獲首犯既經審明，即派委文武員弁監視，綁赴市曹。將首犯龍滿爾、吳老有二名凌遲處死。糾衆聚惡之龍老庚、龍老五、廖老華、吳老省、吳老哄、麻老記七名，俱即處斬梟示，以昭炯戒。吳老保、吳老兩、廖牟兒查明實已以先經槍斃，應毋庸議。其餘隨同出擾匪苗畏罪斂跡，苗境安輯如常，免其深求，以仰副皇上，宥過施仁之至意。苗備吳龍登遵旨賞給緞疋，各寨出力苗弁亦均加賞賫，以示獎勵。仍飭各按所管寨落，嚴密約束。并飭地方各官善爲駕馭，務使苗衆畏威懾服，永遠乂安，以紓宸廑。所有拿獲滋事首犯匪苗辦理緣由，理合繕具供單，會同伯督臣景安恭摺馳奏。再，臣王柄於辦竣後，與臬司清安泰於二十日自鎮箪起行，現已各回本署。合併陳明。謹奏。

會奏剿辦鎮箪右營舊司坪寨苗吳陳受等摺 嘉慶四年湖廣提督王柄、湖南巡撫姜晟、鎮箪總鎮富志那

奏爲會籌添調官兵截擊匪苗，旋經生擒首逆，審明緣由，恭摺具奏，仰祈聖鑒事。

竊照鎮箪右營舊司坪寨苗吳陳受糾合衆匪，於九月內連次攻撲碉卡，勢甚凶勇。沿邊數十里碉卡空隙處多原設兵勇，恐不足資抵禦。臣富志那與道廳將備等就近添集壯丁、土民及土塘苗兵，分布協同堵禦。匪苗十餘次攻撲不動，勢漸解散。嗣據督臣倭什布據報具奏，臣姜晟欽奉諭旨，由湖北德安府[①]來南，會同籌辦。於十一月初十日，馳抵辰州與臣王柄晤商。因該處漸臻安謐，惟當遵旨擒辦首逆，并嚴堵卡隘，不使復擾。若撫、提同時會合前進，轉致民苗疑議。臣姜晟先於十二日自辰起身，順道巡閱瀘、麻地方。十七日，抵鎮箪城。臣富志那以舊

---

① 德安府，東至黃州府三百里，南至漢陽府三百二十里，西至承天府三百二十九里，西南至承天府沔陽州三百四十里，西北至襄陽府四百九十里，北至河南信陽州二百五十一里，東北至河南光州四百三十里，自府治至布政司三百二十里，至京師五千六百一十里。(《讀史方輿紀要》卷七十七《湖廣三》)

司坪、曬金塘一帶沿邊寨苗屢肆滋擾，須乘此時多調官兵雕剿幾寨，方知畏懼。臣姜晟因該處寨苗亦有良莠不齊，且苗人氣類相通，恐致不能歇手。莫若固我邊圍，示以兵威，擒獲首夥要犯，嚴辦示懲。隨查前次調集壯丁、苗兵，先已撥回一千名。商定提、鎮兩標附近營內，各調兵五百名，以補其數。俾苗匪知有調兵之信，自加震懾。一面知會臣王柄照數酌派，一面傳到右營，素能辦事苗弁二十七人。吳龍登因老病目昏，久未出寨，令其子及孫并婿前來。臣等面加諭飭，并令廳營詳悉開導，令其設法務獲首惡。去後，臣查曬金塘、舊司坪距鎮城七十餘里，而去乾州僅二十里。自應前詣乾州城留駐，就近督飭償辦。旋於二十六日起行，由得勝營一路閱視碉卡工程。大路在東，苗寨在西，隔溪河劃界，甚為得勢。二十七日午刻，行近舊司坪地方，有苗人在對河喊嚷，投遞呈詞。大意求赦苗人罪孽，若再滋擾，自干認罪，死而無怨等語。所言雖未足深信，既據呈懇。因令苗弁往傳具呈之吳大、老滿八人面訊。旋據傳到吳老吼、吳毛鐵、吳老七三人，餘俱畏罪未至。訊據吳老吼等供與呈詞無異，當加曉諭釋回。鳳凰廳同知傅鼐因臣與鎮臣俱曾密諭誘擒首惡，隨乘機往，與游擊施連科、守備藍枝鳳、千總林勝仲商定，飭令苗弁進寨勸諭各寨苗人，令其就近齊集營卡，飲血具結，以便代求饒恕。苗弁往復數回，各寨始聚有五六十人，於初三日至卡，吳陳受亦在其列。該同知、游擊預先設備，面令飲血，從群苗俯伏求恩。該同知等當眾宣示：爾等本皆罪應坐死，今據情切哀求，當懇大人奏聞大皇帝開寬大鴻恩。至吳陳受為首糾眾，攻卡傷人，罪不容誅。當將吳陳受擒縛，餘苗釋令回寨候示，俱感服散去。將該犯解送到乾，臣王柄於初四、初七等日，先後來抵乾州，臣等會同督率護辰沅道田灝、乾州協副將阿林布，并鳳、乾兩廳直隸同知，監提該犯到堂，嚴加鞫審。據將此次糾約各寨匪苗，攻撲碉卡，希圖出外搶掠，及前此乾隆六十年在巖口等處拒殺官兵各情，不諱。該犯額角及左耳近上有槍傷舊痕二道，當令曾與識面之弁兵認識無疑。臣等即派令辰沅道、乾州協副將傳集眾苗弁，眼同看視，將該首惡吳陳受綁赴市曹，照大逆律凌遲處死，以彰國法。仍梟首懸示寨口，俾苗眾觸目知警。并嚴切出示，遴派能事苗弁持赴沿邊各寨內張貼曉諭，俾良莠各苗咸知感畏。臣姜晟伏查鎮篁三營苗情，右營較中營、前營為難治，而右營沿邊之曬金塘、舊司坪等十餘寨，較腹裏眾苗人更加窮悍。蓋緣該處山多田少，又與瀘、麻二邑毗連。六十年以前，窮苗出赴瀘、麻境內，受雇傭工覓食者甚多，路徑熟悉。今自軍功告蕆以來，窮苗不能出入覓工，輒思糾約滋擾，冀圖搶掠民屯，間被戕害人口，實堪痛恨。鳳凰廳同知傅鼐，年來恢復民人田畝并為築屯，謀其居室農具歸業之民數萬，均已安居。而上年曬金塘匪苗滋事之後，與游擊王文選會商，自得勝營以至乾州灣溪縣延四十餘里，趕緊添築碉卡，聲勢聯絡。此次吳陳受糾衆攻撲，迄未越入邊境，皆得其力。現又勘明空隙要隘處所，剜濠築墻，計日工竣。茲屆殘冬吃緊之時，所有添調兵丁一千名陸續到營，與先經調集之壯勇一千五百名。臣王柄、富志那酌定，分派五股安設最要隘口，互爲聲援，尚備截擊。匪苗出没，官兵丁勇等實力堵截，示以賞罰，勿致疏懈。如匪苗再有怙惡不悛，臣王柄、富志那當酌量雕剿，使知畏懼，以仰副我皇上恩威并用，綏靖苗疆之至意。所有捦獲首惡審明正法，并添調兵勇實力防範緣由，臣等合詞恭摺具奏。

再，臣自湖北回南，徑由常德、辰州而至鎮箪、乾州一路，晴雨勻調，宜麥之區均經種植，蔬菜亦均蕃廡。鎮箪城垣及鳳凰營堡工現已計期竣事，乾州城工已完，係用近山青石大塊砌築。周圍驗閱，鞏固异常。鎮、乾兩處民居鋪屋，稠密可觀，乾州苗情安戢。惟南鄉民户因毗接鎮箪右營，屢被匪苗擾及。秋成雖收租穀，尚未悉數安居。茲右營沿邊碉卡已布置緜密，可杜匪患。該廳營現在會同，趕築堡，添補碉卡，護衛便臻一律綏靖矣。茲臣於拜摺後，即自乾城起行回返辰州，料理一兩日。仍即起程由荆、襄一帶北行赴闕，瞻觀天顏，跪領聖訓。理合繕片奏明。謹奏。

嘉慶四年十二月十八日，奉上諭：據姜晟等奏，調兵截擊匪苗，生擒首惡，審明辦理一摺。覽奏慰悉。此次舊司坪寨苗吳陳受糾合衆匪，搶奪滋事，實屬不法。經姜晟帶兵馳赴該處，會同王柄等商辦。一面示以兵威，一面傳集苗弁，面加曉諭。并令廳營詳悉開導，令其設法擒獲首惡。苗衆畏懼遞呈求救，該督等即傳集衆苗，將爲首糾衆攻卡之吳陳受一犯擒縛。并令衆苗眼同，將吳陳受按律凌遲處死梟示，餘苗釋令回寨。辦理妥協，實屬可嘉。姜晟著賞加太子少保銜，仍交部從優議敘。同知傅鼐設法將首犯擒獲，尤爲出力，著賞給知府銜。如無花翎，即行賞戴。遇有缺出，即行補用。仍交部議敘。游擊施連科、守備藍枝鳳、千總林勝仲隨同出力，俱著以應升之缺升用，仍交部議敘。欽此。

部覆前案議敘 嘉慶五年三月准咨

兵部爲遵旨議敘事，議得内閣抄出嘉慶四年十二月十八日奉上諭：據姜晟等奏，調兵截擊匪苗，生擒首惡，審明辦理一摺。覽奏慰悉。此次舊司坪寨苗吳陳受糾合衆搶奪滋事，實屬不法。經姜晟帶兵馳赴該處，會同王炳等商辦。一面示以兵威，一面傳集苗弁，面加曉諭。并令廳營詳悉開導，令其設法擒獲首惡。苗衆畏懼，遞呈求救，該督等即傳集衆苗，將爲首糾衆攻卡之吳陳受一犯擒縛。并令衆苗眼同，將吳陳受按律凌遲處死梟示，餘苗釋令回寨。辦理妥協，實屬可嘉。姜晟著賞加太子少保銜，仍交部議叙。同知傅鼐設法將首犯擒獲，尤爲出力，著賞給知府銜。如無花翎，即行賞戴。遇有缺出，即行補用。仍交部議叙。游擊施連科、守備藍枝鳳、千總林勝仲隨同出力，俱著以應升之缺升用，仍交部議叙。欽此。欽遵抄出到部。查湖南舊司坪寨苗吳陳受糾衆搶奪，經湖南巡撫升授湖廣總督姜晟等帶兵馳赴該處，即將吳陳受擒縛正法，餘苗釋令回寨，辦理實屬妥協。欽奉諭旨，交部從優議叙。臣等酌議請給與姜晟軍功，加一級軍功，紀錄五次。同知傅鼐設法將首犯擒獲，尤爲出力。游擊施連科、守備藍枝鳳、千總林勝仲隨同出力。欽奉諭旨：俱著交部議叙。臣等酌議，均請各給與軍功加一級等因。

嘉慶五年二月十三日題。本月十五日奉旨：姜晟著軍功加一級，軍功紀錄五次。同知傅鼐首先設法查拿首犯吳陳受，出力可嘉，除照部議軍功加一級外，著加恩再給予軍功紀錄二次。餘依議。欽此。

會奏剿辦三廳散苗吳老麻等摺 嘉慶五年湖南巡撫祖之望、湖廣總督姜晟、湖廣提督王柄

奏爲三廳散苗間出搶掠，節經擒獲，分別懲辦，地方寧謐，恭摺彙奏，仰祈聖鑒事。

竊苗疆甫經戡定，馴悍不齊，大率其性貪頑，見利即競趨，小創則斂退。現當釐定界址，劃清民業之時，本非其所樂從，尤應加意防範。臣等札牘往來，節經諄囑鎮道廳協等，務使堡卡聲勢聯絡，兵力守望相助。未來嚴爲之防，毋令漏越。既來，痛加懲創，俾知無利可圖；既退，勿使窮追，致墮奸計，自無所施其技。并經臣祖之望恭錄，欽奉硃批：訓誨安苗之道，持以鎮静。若有漢奸盤剝民苗者必當痛懲，勿存邀功之念，亦勿存畏懦之念，有犯必辦，無事莫擾等因。移行欽遵恪守，妥辦在案。茲據乾州協副將阿林布、同知閻廣居稟報，有麻里灣匪苗吳老麻、吳老瘦圖占强虎汛附近民田。經苗弁吳老李理論不服，糾集多人將該弁打傷，并槍斃苗兵一名。阿林布當即帶領兵勇追捕，傷斃匪苗八名，生擒首犯吳老麻、吳老瘦，旋亦因傷殞命，戮取首級梟示。其餘隨行散苗畏罪乞命，飭交

苗弁管束。受傷兵勇各二名，給予銀兩養傷等語。并接准鎮筸鎮臣富志那札報，及護辰沅道傅鼐來禀，内開四月初旬，有匪苗疊次至傅家壩、若巖江附近一帶，阻耕奪牛。俱經督率兵勇擊退，先後傷斃匪苗三十餘名，奪回牛隻給還農民。現添卡巡防，不使逸出。受傷兵丁五名、鄉勇四名，傷斃兵丁一名、鄉勇三名。現先籌給賞恤養傷銀兩等因。又准綏靖鎮臣魁保札報，保靖新寨、籠多地方有永綏七里匪苗，偷越焚掠，斃傷民人八名。并據永綏同知王廷（煐）〔瑛〕禀，同前由。臣隨飛移鎮臣魁保，并札飭護辰沅道傅鼐，將被害人口妥爲撫恤。一面責令苗弁，捦獻匪犯，開示威信，不可輕爲舉動，致涉張皇。并飛飭新調辰沅道鄭人慶馳赴，熟商妥辦。旋准提臣王柄、鎮臣魁保各札會，已據苗備龍八月等禀懇，願將滋事匪苗縛獻，隨同文武員弁統率苗弁，將首犯吴流計、夥犯吴後三等三十六名獲解，并盤獲漢奸朱光明一名。臣等又札飭該道鄭人慶會同確審，期於無濫無縱。所獲漢奸尤應盡法處治，以示懲戒。俟審明辦理後，另行會奏外，臣等查各處散苗，皆因耕作之時，先後分出圖搶，事非一時，地非一處。臣等確加查訪，并非同時糾夥，肆出滋擾。今於旬月之間，罪人均各就獲，辦理尚爲妥速。并查據各碉卡加意巡防，苗情益覺帖服。合將節次懲辦匪苗緣由，會同提臣王柄合詞恭摺具奏，伏祈皇上聖鑒、訓示。謹奏。

嘉慶五年五月初十日，奉硃批：即有旨。欽此。又於吴老麻、吴老瘦圖占强虎汛附近民田，於吴老麻、吴老瘦名旁奉硃叉。又於生擒首犯吴老麻、吴老瘦句旁，奉硃批：好。欽此。又於督同文武員弁統率苗弁，獲首犯吴流計、夥犯吴老三、漢奸朱光明各名旁奉硃叉，同日承准軍機大臣字寄湖廣總督姜晟、湖南巡撫祖之望。嘉慶五年閏四月二十六日，奉上諭：姜晟等奏，三廳散苗間出搶掠，節經擒獲，分别懲治辦理一摺，甚爲妥速。此次乾州、鎮筸、保靖三處匪苗强占附近民田，并阻耕奪牛，傷斃民人，實屬兇悍不馴。副將阿林布於乾州麻里灣苗匪滋事時，即帶領兵勇追捕，殲斃苗匪八名，并生擒首犯梟示，甚屬奮勉。著姜晟等查明，阿林布如未曾賞過花翎，著即賞戴。若已經得過花翎，即奏明另行加恩。其鎮筸、保靖兩處苗匪亦經該鎮等上緊督辦，於旬日之間，將滋事首夥均各就獲，亦屬能事。著姜晟等查明，在事出力文武員弁，開單具奏，交部議叙。其傷斃兵勇，著咨部議恤。至三廳所屬地方，苗人往往有越卡搶掠之案。朕聞該處苗人向來不習耕種，皆藉内地民人教之樹藝。自此民苗雜處交易，遂有盤剥苗人、侵占苗地之事。從前乾州等處苗匪驅逐客民，抗拒滋擾，皆由於此。嗣經官兵戡定，所有附近三廳苗地，彼時以七八成歸還苗人，以二三成分給客民，界址仍未劃清，該處客民釀成事端。後經官兵進剿，則紛紛逃避，及至殄平，仍還故處。多有搭棚在彼居住，復思占耕苗地者，苗人又以該處本非民地，不欲客民耕種，每至生事。此時若將棚民概行驅逐，則無藉之徒一旦頓令失業，未免難於安插。然不將苗地清釐，仍聽客民日漸侵占，則苗人又必乘隙搶奪，均非綏靖苗疆之策。姜晟久任湖南，於辦理苗地情形，素爲熟諳。著會同祖之望悉心詳議，具奏。總期苗人得以安業而棚民不致失所，永絕爭端，方爲妥善。將此諭令知之。欽此。

會奏審明已獲匪苗分別首從辦理摺 嘉慶五年湖南巡撫祖之望、湖廣提督王柄

奏爲審明已獲匪苗分別首從辦理，奏祈聖鑒事。

竊照三廳搶掠苗犯，節經擒獲懲創，并飭委辰沅道鄭人慶馳往會審。現獲七里寨苗人吳流計等首夥各犯，業經臣等會同督臣姜晟恭摺奏聞在案。茲據該道會同鎮臣魁保，提集各犯逐一嚴鞫，係永綏苗人吳流計因貧起意焚搶，糾約附近苗人吳後三、吳奉加、吳記保、梁老添、梁老六、吳留烏、吳查後暨在吳後三家傭工之漢奸朱光明等九人，并脅逼吳巖保等十一人隨行。於三月十四日夜，潛至保靖縣新寨地方，放火燒斃民人田祖儒等八人，搶得耕牛二十四隻，吳巖保等俱各畏懼先回。該犯吳流計等又於十六日夜，在保靖籠多地方搶得舊衣物數件。因民人先已知覺逃避，未被焚掠。即經臣王柄據報，會同綏靖鎮臣魁保，督率文武員弁設法查拿，責令苗弁將首夥吳流計等二十名及形跡可疑之苗人吳七兩等十七名，一并縛獻。今經集訊，究悉前情。臣等查苗匪吳流計首先起意焚掠，傷斃多命，實屬不法，合依兇苗糾衆燒村劫殺爲首斬決例，斬決梟示。夥匪吳後三、吳奉加、吳記保、梁老添、梁老六、吳留烏、吳查後、漢奸朱光明等八名聽從劫掠，或分頭放火，或下手斃命，均各依苗人下手殺人放火斬決例，擬斬立決。以上吳流計等九犯，核其情，罪俱無可原，即經移行鎮道，於審明押解赴犯事地方，分別處斬梟示，俾苗衆共知懲戒。吳巖保十一名訊係被脅同行，畏懼先回，并未動手分贓。合依苗人臨時脅從例，枷號一個月。滿日飭交苗弁嚴加管束，毋許再出滋事。吳七兩等十七名，或係舊犯鼠竊，或係首夥親屬，訊明實未隨同焚搶，係苗弁因疑誤拿，應免置議，當據釋放。被害民人，先經捐資撫恤，所搶牛隻、衣物照價給領，苗民現俱安妥。除各案在事出力文武員弁另行確查會奏外，所有分別審辦緣由，理合會同督臣姜晟，合詞恭摺具奏。并另繕具供單，進呈御

覽。伏祈皇上聖鑒。謹奏。

奉上諭：祖之望等奏審明已獲匪苗分別首夥辦理一摺，已交刑部核議具奏矣。至摺內稱此案在事出力文武員弁另行確查會奏，而詳閱供單，則首犯吳流計等係苗備弁擒獲，何以摺內未據叙及？該苗弁等既將匪犯擒拿，自應加之獎賞，豈可專將出力文武員弁查奏而轉遺苗弁之理？所辦未免疏漏。著祖之望等查明此次擒獻匪苗之苗弁係何姓名，係何職銜，并查從前獎賞出力苗弁如何加恩，及現在應如何酌賞翎頂之處，一并具奏。曉諭苗弁，以伊等能擒獻匪苗，現經奏聞，蒙大皇帝深爲嘉許，已令該撫查明加恩。此後如有似此滋事匪苗，該弁等即當自行管束，隨時查拿禀究，自必仰邀恩賞。儻徇庇不辦，以致苗匪復有焚搶不法之事，亦必將該苗弁等治罪。如此明白宣諭，令其知感知懼，認真彈壓，庶可期苗疆永靖。將此諭令知之。欽此。

會奏遵旨廣宣聖諭清釐民苗地界摺嘉慶五年湖南巡撫祖之望、湖廣總督姜晟、湖廣提督王栢

奏爲遵旨廣宣聖諭，曉示苗弁，并將清釐民苗地界情形，及擒捕匪苗出力文武員弁，及苗弁各職名，恭摺覆奏，仰祈聖鑒事。

竊臣等於本年五月初十日接奉上諭：姜晟等奏，三廳散苗間出搶掠節經擒獲，分別懲辦一摺，辦理甚爲妥速。此次，乾州、鎮簟、保靖三處匪苗强占附近居民田土，并阻耕奪牛，傷斃民人，實屬兇悍不馴。副將阿林布於乾州麻里灣苗匪滋事時，即帶領兵勇追捕，殱斃苗匪八名，并生擒首犯梟示，甚屬奮勉。著姜晟等查明，阿林布如未曾賞過花翎，著即賞戴。若已經得過花翎，即奏明另行加恩。其鎮簟、保靖兩處苗匪亦經該鎮等上緊督辦，於旬日之間將滋事首夥均各就獲，亦屬能事。著姜晟查明，在事出力文武員弁，開單具奏，交部議叙。其傷斃兵勇，著咨部議恤。至三廳所屬苗人，往往有越卡搶奪之案。朕聞該處苗人向來不習耕種，皆藉內地民人教之樹藝。自此民苗雜處交易，遂有盤剥苗人、侵占苗地之事。從前乾州等處苗匪驅逐客民，抗拒滋擾，皆由於此。嗣經官兵戡定，所有附近三廳苗地，彼時以七八成歸還苗人，以二三成分給客民，仍劃清界址。該處客民釀成事端，後經官兵進剿，則紛紛逃避。及至殄平，仍還故處，多有搭棚在彼居住、復思占耕苗地者。苗人又以該處本非民地，不欲客民耕種，每至生事。此時若將棚民概行驅逐，則無籍之徒一旦頓令失業，未免難於安插。然不將苗地清釐，仍聽客民日漸侵占，則苗人又必乘隙搶掠，均非綏靖苗疆之策。姜晟

久在湖南，於辦理苗地情形素爲熟諳，著會同祖之望，悉心詳議具奏。總期苗人得以安業而棚民不致失所，永絕爭端，方爲妥善。將此諭令知之。欽此。

又於六月十三日，接奉諭旨：祖之望等奏，審明已獲匪苗分別首夥辦理一摺，已交刑部核擬具奏矣。至摺内稱：此案在事出力文武員弁另行確查會奏。而詳閲供單，則首犯吳流計等係苗備弁擒獲，何以摺内未據叙及？該苗弁等既將匪犯擒拿，自應加之獎賞，豈可專將出力文武員弁查奏而轉遺苗弁之理？所辦未免疏漏。著祖之望等查明此次擒獻匪苗之苗弁係何姓名，係何職銜，并查從前獎賞出力苗弁如何加恩，及現在應如何酌賞翎頂之處，一并具奏。曉諭苗弁，以伊等能擒獻匪苗，現經奏聞，蒙大皇帝深爲嘉許，已令該撫查明加恩。此後如有似此滋事匪苗，該弁等即當自行管束，隨時查拿稟究，自必仰邀恩賞。儻徇庇不辦，以致苗匪復有焚搶不法之事，亦必將該苗弁等治罪。如此明白宣諭，使其知感知懼，認真彈壓，庶可期苗疆永靖。將此諭令知之。欽此。

臣等跪讀之下，仰見我皇上恩録微勞，德周丕冒，務使民苗并生并育，官兵知勸知懲，以期永靖巖疆，同登樂利。臣等實深欽感之至，當即欽遵行知鎮道，分別宣示確查。去後，茲據覆稱：保靖縣新寨籠多地方，被永綏七里匪苗偷越焚搶一案，經鎮臣魁保會同該廳同知王廷瑛，派兵欲行進寨擒拿。苗備龍八月，苗舉人楊紹武，苗目吳現生、吳老我、吳隆記、吳雙喬，保靖縣苗外委吳高尚、苗目梁若二等，稟懇酌派土塘苗兵，交伊等帶往，情願緝拿送究。請將官兵於山梁駐劄，助其聲勢。臣王柄就近會同鎮臣魁保，親往督辦。該廳文武隨率兵前至長潭、排首等賊寨左右山梁分駐。令綏靖中營把總李可仲督同該苗備龍八月等，率領土兵徑進長潭、排首等寨，縛獲吳流計等三十六名解案。該同知王廷瑛當即捐備銀兩，分賞苗弁及土兵等具領在案。茲又遵照傳集苗備龍八月等，宣示欽奉聖諭，即爲講説，并以此通諭各廳寨大小苗弁，咸使周知。各苗弁等跪聽之下，同仰聖德如天，伏地叩頭不已。察其情形，甚爲感畏。三廳民苗交涉之地查明乾州廳屬，自嘉慶二年戡定後照依奏定章程，由二碾臺起至喜鵲營止，民地歸苗，均已劃分清楚。其從前民占苗地均已一律退還，客民全行撤出，妥爲安插。現無客民侵占苗地之事，鳳凰廳屬邊界二百餘里，最爲遼遠叢雜。今該廳文武傳同苗弁，將民苗界址逐一劃分。中營暨上前營一帶，以烏草河爲界。下前營暨右營一帶，以山溪爲界。外爲苗地，内爲民地。所有民人，前在苗寨墾買地畝，盡歸苗人。其下前營之木里關、崙坪、龍井、司門前等處地畝向係民人完糧。因在山溪以外，且早縶有苗寨，不便前往。并將山溪及烏草河以内田地之附近苗寨者，亦均佃給良苗耕種交租。又烏草河以内，間有民苗地界犬牙交錯之處，亦將苗地逐細劃歸苗人耕管。現在實無客民在苗地搭棚居住、分種苗地之事。該廳民人向住苗地，陸續招回原住内地者，均爲修砌圭堡，搭蓋房屋，給與農具、籽種，各復原業。其無業可歸者，或令在附近城關傭工，或佃種均出民田。壯健者挑爲鄉勇，給鹽糧，分交防邊員弁，督領防禦，均各得所。惟永綏廳屬民苗產業，原無確切界址，向俱零星間雜。若逐段劃分，民苗混雜，易啓爭端。該廳會同營員傳集苗弁，將應給民人二成田地積算成數，整段劃出，俾有此疆彼界易於管理稽查。現在已分得田地，計可收稻穀雜糧八千餘運。每運計穀一石二斗。第地少人衆，尚虞不敷分給，現在設法妥爲安置。總核三廳苗情，鳳凰廳前、右二營各寨最爲狡悍，乾州亦惟接近鳳界，時防闌入。永綏廳一綫碉卡，孤懸苗巢，幸苗情較鳳屬稍馴。惟苗人貪狡性成，每於黑夜乘間覬覦搶掠，亦不盡由爭地。苗弁中良莠不齊，亦每藉事邀賞。計惟凜遵聖諭，一視同仁，開示威信，俾其知感知畏，漸臻馴服。臣等荷蒙皇上天恩，畀以封圻重任。惟有同心協力，妥爲經理，以冀稍盡職守，仰答高深。臣一俟秋闈事畢，即親詣該處，會同臣王柄確勘情形，與臣姜晟熟籌妥辦，再行據實會核具奏，恭請訓示。至苗疆文武員弁防捕匪苗，本屬分内應辦之事。仰沐鴻施，逾格令臣等開送職名，交部議叙。該員弁等聞命叩頭，倍深感奮。遵查三廳文武，各有撫馭專責，皆知奮勉。此内鳳凰廳同知傅鼐、乾州協副將阿林布辦事尤爲勇往妥協，熟悉苗情，均最爲苗疆得力之員。阿林布於乾隆六十年攻克黃瓜寨案内，奉旨賞給法克津巴圖魯名號，例戴花翎。傅鼐嘉慶四年拿獲吳陳受案内，奉旨賞加知府銜，遇缺即補。因附近各府缺，均不專管苗疆。現在三廳同知三年俸滿，加知府銜留任。再滿三年，以知府升用等因。今鳳凰廳同知傅鼐、乾州廳同知閻廣居、永綏廳同知王廷瑛，均由知縣題升。今職皆因係苗疆熟手，正值經理善後吃緊之時，臣等未經給咨送部引見。除傅鼐仰邀特旨加知府銜，遇缺即補外，王廷瑛於乾隆六十年三月内奏升同知，是年八月内到任，已逾三年；閻廣居於嘉慶三年八月内到任，是年十一月内題升，將及二年，同一題升人員，該員等因邊缺緊要，未能如期引見，以致未得計限論俸，較之腹地升轉人員未免偏枯。臣等往返札商，合無仰懇皇上格外天恩，請將遇缺即補之傅鼐，先照知府銜食俸，俟有苗疆道員缺出，再予升轉。閻廣居、王廷瑛二員，即請以奉旨升調之日作爲食俸計限，俟苗疆諸事辦理就緒，再行補送引見。如蒙俞允，是現任要缺既無須更易生手，該員等益加感激圖報，臣等亦得收指臂之助矣。

再查永綏苗守備龍八月，前經邀恩賞戴藍翎；苗舉人楊紹武等，亦俱蒙賞給頂戴。此次業經該廳捐賞銀二百兩，俾其分用示獎。查核向來獎勵苗弁成案，均係隨時量功奏聞，酌賞翎頂、銀兩、緞疋、荷包不等。今該苗弁等得有翎頂，自無庸再加升賞。其應如何酌量加賞之處，謹開列該苗弁等職名，同三廳出力文武員弁各職名，分繕清單，敬呈御覽。恭候欽定。臣等謹合詞具奏，伏乞皇上聖鑒訓示。謹奏。

奏剿辦右營曬金塘黑苗吳老包等摺 嘉慶五年鎮篁總鎮富志那

奏爲截擊滋事黑苗，乘勝雕剿首夥，業已獲辦，群苗畏服，地方安謐，恭摺具奏，仰祈聖鑒事。

竊鎮篁右營曬金塘黑苗最爲兇悍，節年肆擾，雖經隨時查辦，總未帖然。上年拿辦吳陳受案內，曾與升任撫臣姜晟會奏在案。今歲夏秋，雨澤稍稀，苗地收成歉薄。曬金塘寨苗吳老包、吳尚保爲首，借乏食爲名，與興隆寨、杉木寨、坨里共四寨匪苗，勾結附近窮苗多人，自六月中旬以來，屢至沿邊偷搶民田稻穀，并零星潛赴瀘、麻民村搶竊。奴才與辰沅道鄭人慶先期駐劄右營地方，督飭嚴防，追擒擊退。并令苗弁剴切開導，設法解散，以期歸於鎮靜。乃該匪等毫無顧忌，突於七月十六日亥刻，糾聚匪黨分作數股，徑撲龍滾溪一帶碉卡。奴才與該道督率廳員及防汛將備等抽集兵勇，併力堵禦。直至十七日卯刻，匪苗多有傷斃，不能衝突，始漸退散。詎有另股匪徒乘隙潛由別路竄入，奴才一經得信，即與該道派令知府銜鳳凰廳同知傅鼐、鎮標中營游擊、升任宜章營參將王文選、右營游擊施連科，各帶弁兵、鄉勇，躡跡跟追。十八日，追至瀘溪境內都用地方，該匪等二百餘名，已將該處都用新田民村焚搶，戕斃民人男婦四十一名口，擄掠婦女五口、耕牛二十四隻、衣物等項，繞道而逸。該同知等跟蹤緊追。是日戌刻，趕至狗爬巖，見該匪等正在擁贓奔走，當即上前奮擊，傷斃多名，將所掠牛隻、婦女、衣物全行奪獲，匪衆潰奔。該同知等由狗爬巖、冒州分路尾追。十九日寅刻，追至沿邊。奴才與該道及苗防游擊李如喬、守備藍枝鳳等，督令卡隘兵勇堵截，擊斃匪苗數十名。有該寨匪黨於沿邊接應，匪徒得以捨命衝出。查曬金塘等寨相近沿邊，恃其地險人多，屢屢竊擾。今竟敢糾衆，明目張膽衝入內地，肆其荼毒，深堪痛恨，斷難稍事姑容，必須掃穴擒渠，以振邊威而彰國憲。當令同知傅鼐、參將王文選、游擊施連科帶領兵勇乘勝直入苗寨，抄圍前面；奴才督

兵撲入，從後合圍，將四寨縱火焚燒，痛加剿殺，砍獲首級七十三個，割得耳記
九十六隻，生擒匪犯吳化保、吳老龍、吳五金、龍老旺、吳二古、吳添保、龍老
聰、吳老耳八名。首惡吳老保被參將王文選帶兵擒獲。吳尚保招呼匪黨抵拒，被
同知傅鼐、游擊施連科督兵撲拿，中槍斃命，割取首級。餘衆向苗寨深處奔逃，
未便突入窮追，當於辰刻撤回兵勇。因探得內地尚有擊散藏匿之零苗，又派該同
知并將備等分路搜山，先後殺斃匪匪九名，生擒龍隆貴一名。奴才會同該道訊，
據吳老包等供認，實因乾旱歉收，遂借乏食爲名邀約出搶等情，不諱。該匪等因
拒捕身帶重傷，恐其倖逃顯戮，俱於訊明後正法梟示。訖旋據苗弁龍老傘稟稱，
有曬金塘苗目吳滿兒等向弁再三哀求。據稱該寨匪徒無知滋鬧，今已多被剿殺，
伊等孽由自作。我們實在畏懼，不敢多事，祇求代爲乞恩免死。弁等細查各寨匪
苗被焚殺者，實有三百餘名。餘苗真知畏懼，此後自聽弁等管束，願出結具保，
亦求施恩等情。伏念匪徒怙惡不悛，實屬罪無可逭，但各寨之中良莠不齊，今首
夥各匪均已授首，餘人既知悔懼，自應上體聖主好生之德，施以威後之恩，使知
畏而知感，以仰副我皇上控馭苗疆、寬嚴互濟之至意。當令苗弁帶領該苗目等到
案，面加曉諭，准其回寨，已逐戶妥爲安插。此番剿辦，凡遠近各寨均皆聞風儆
懼。現今邊隅情形，極爲安謐，堪以上慰聖廑。奴才仍飭各汛防碉卡，照常嚴爲
防範，不使稍有疏忽。如果各寨從此斂戢，自可永遠相安。儻再有糾衆之事，奴
才惟有恪遵聖訓，有犯必辦，不敢稍存畏懦之念。所有被害民村，經該道妥爲撫
恤，奪回婦女、牛隻、衣物等項，均已給領。此次陣亡兵丁五名、鄉勇六名，帶
傷兵勇十餘名，除造冊由督臣衙門照例咨部查辦外，所有辦理緣由，理合恭摺具
奏，伏祈皇上聖鑒、訓示。謹奏。

奉硃批：所辦好，即有旨。欽此。并於摺內曬金塘寨苗吳老包、吳尚保姓名
句旁，奉硃叉。於督兵撲入，從後合圍句旁奉硃批：好。又於首惡吳老包、吳尚
保姓名句旁奉硃叉。又於參將王文選、同知傅鼐、游擊施連科姓名旁各奉硃圈。
欽此。八月十六日，內閣奉上諭：鎮筸鎮總兵富志那奏，曬金塘寨黑苗吳老包、
吳尚保因歉收乏食，勾結匪苗，出擾都用、新田民村，焚搶掠食。經富志那督令
官兵，奮力截擊，直入苗寨，首夥俱已殲擒等語。曬金塘苗匪乏食，出擾民村，
肆行焚搶。富志那乘苗匪外出，寨內無備，直前圍剿，斬獲多名，殲擒首夥，群
苗咸知畏服，情願出結具保，懇求施恩。現今邊隅情形，極爲靜謐，所辦尚好。
富志那著交部議叙。參將王文選先將首惡吳老包擒獲，而吳尚保招呼匪黨抵拒，
亦被同知傅鼐、游擊施連科殲斃，并將焚掠匪苗截住歸路，大加剿殺。均爲出

力，著將王文選、傅鼐、施連科一體交部議叙，以示獎勵。摺并發。欽此。

同日，又奉上諭：富志那奏，截擊曬金塘滋事黑苗，殲擒首夥一摺，并王柄奏報相同，已降旨將富志那及出力之文武各員交部議叙矣。該處黑苗因乏食出擾民村，肆行焚搶，其首夥各犯已就殲擒。王柄現前赴鎮筸，到彼後，可會同富志那等，將防範事宜妥爲料理。其被擾民户，并著祖之望等飭屬詳查，妥爲安撫，毋致失所。所有傷亡兵勇，俱著咨部賜恤。前此通恩到京陛見，曾經奏明，擬將該處防守兵丁，於今冬陸續撤歸原伍。今曬金塘黑苗有糾夥焚搶之事，雖經官兵懲創，群苗畏懼而地近苗疆，防守亦關緊要。其原設防兵應否即行撤回，或尚需暫行留防之處，并著祖之望會同該提鎮，悉心籌辦。總以綏靖地方爲要，不可存惜費之見。將此由三百里諭令知之。欽此。

奏鎮筸右營苗匪竄出焚掠痛加殲剿苗境寧謐摺 嘉慶五年湖南巡撫祖之望

奏爲鎮筸右營匪苗竄出焚掠，痛加殲戮，現在苗境安謐，恭摺奏聞事。

竊臣於八月初六日，監臨鄉試入闈。初十日，放牌。時接據辰沅道鄭人慶、鳳凰廳同知傅鼐等初三日來稟，内稱：七月十六日，有鎮筸右營曬金塘黑苗吳老包、吳尚保以苗地歉收爲名，勾結興隆、杉木、坨里共四寨匪苗，偷撲龍滚溪一帶碉卡，抽集兵勇并力堵禦，至十七日始退。另有匪苗潛由別路竄入内地。又經鎮、道派令傅鼐會同營員，各帶兵勇躡跡跟追。十八日，追至瀘溪境内。該匪苗等二百餘人已將都用、新田二村焚搶，戕斃民人男婦四十一名口，擄掠婦女五口，并耕牛、衣物等項而逃。官兵追及，將婦女、贓物奪回，匪衆潰散。十九日寅刻，追至沿邊。傅鼐與鎮、道等會合，擊斃匪苗數十名。有該寨匪黨接應，餘匪得以衝出。鎮道當與傅鼐并各營員弁帶兵直入四寨，縱火焚毀，痛加剿殺三百餘名，砍獲首級七十三顆，割得耳記九十隻，生擒首惡吳老保暨夥匪吳化保、吳老隴、吳五斤、吳老旺、吳二古、吳添保、龍老聰、吳老耳、龍際貴等十名。助惡之吳尚保中槍斃命，割取首級。并於搜山時，殺斃匪苗九名。當提現獲各犯嚴訊。據各供認，實係吳老包藉歉收爲由，邀約搶劫，不諱。俱於訊供後正法梟示。旋據苗弁龍老傘等稟稱，有曬金塘苗目吳滿兒向弁哀求，餘苗知懼，乞恩免死等情。臣查，三廳苗性，惟鳳凰廳前、右二營最爲兇悍。臣於入闈之先，接據辰州府知府李大霽、通判周士拔、瀘溪縣知縣黄炳奎先後稟報：七月十八日，有匪苗二百餘人，在縣境都用、新田二村焚搶。臣以瀘溪附近各苗寨素常安静，唐沖苗人尤爲效順出力，即意料必係鳳屬匪苗逸出。當即飛檄飭令該道會同將備迅速查明擒捕。并因同知傅鼐熟悉苗情，復飭該員，無分畛域，一體妥爲緝辦，并咨會提臣王柄在案。兹據報，果係該廳匪苗滋擾。既經鎮臣富志那會同道、廳等痛加剿戮，遠近知儆。苗弁龍老傘等復同苗目，代爲乞恩免死。自宜静鎮安撫，俾益畏懷。現准提臣王柄札知得信後，已專遣將弁前往會辦。兹於初三日，親赴撫綏。臣又飛札提臣會同鎮、道，傳集鄰近各寨苗弁，宣示天威聖德，使知有犯必懲，革心即宥，各安本業，倍增静謐。再，本年鳳凰廳早稻收成，計八分有餘。惟六月間，雨澤少稀。至七月中旬，甘霖屢沛，中、晚二稻實有七分有餘。臣查，苗疆自戡定後，每届秋收，匪苗乘間搶奪，已非一次。今吳老包等所稱苗地歉收，明係糾衆以爲搶竊之端。現在嚴飭道、廳等，時加防範，勿令復出滋事，以静邊圉。所有都用、新田二村被難民人，先據瀘溪縣禀報，約計賞給被焚瓦草房屋，并男婦大小兩月口糧，需銀五六百兩。當經札飭，不拘何項，先行動支撫恤。陣亡及帶傷兵勇，查明咨部議恤。再，此次鎮筸匪苗，係由何路漏越，守卡兵勇未能預防，現已咨會提鎮會同道、廳查明處治，以示懲儆。合將鎮筸匪苗出擾瀘溪，業經鎮道廳剿辦，現在平静緣由繕摺附驛具奏，仰紓宸厪。伏乞皇上聖鑒。謹奏。

嘉慶五年九月初七日，奉到硃批：此事疊據提、鎮二臣奏報，已有諭旨。若有成災之處，即行具奏撫恤。再，守卡兵勇，此時不能全裁，陸續撤回方妥。遵行前旨，妥協辦理可也。特諭。欽此。又於此次鎮筸匪苗係由何路漏越，守卡兵勇未能預防，現亦咨會提鎮，會同道廳查明處治句旁，奉硃批：甚是。欽此。

部覆前案議敘 嘉慶五年十月准咨

兵部議得内閣抄出，嘉慶五年八月十六日奉上諭：鎮筸總兵富志那奏，曬金塘黑苗吳老包、吳尚保，因歉收乏食，勾結匪苗出擾都用、新田民村，焚搶掠食。經富志那督令官兵奮力截擊，直入苗寨，首夥俱已殲擒等語。曬金塘苗匪乏食，出擾民村，肆行焚搶。富志那乘苗匪外出，寨内無備，直前圍剿，斬獲多名，殲擒首夥。群苗咸知畏服，情願出結具保，懇求施恩。現今邊隅情形，極爲静謐，所辦尚好。富志那交部議敘。參將王文選先將首惡吳老包擒獲，而吳尚保招呼匪黨抵拒，亦被同知傅鼐、游擊施連科殲斃，并將焚掠匪苗截住歸路，大加剿殺，均爲出力。著將王文選、傅鼐、施連科一體交部議敘，以示獎勵。欽此。

欽遵抄出到部。除先行恭錄上諭，行文總兵富志那等欽遵外，查湖南曬金塘寨黑苗吳老保兒等出擾民村，肆行焚掠，經總兵富志那乘苗外出，寨內無備，直前圍剿，斬獲苗夥多名，邊隅靜謐。欽奉上諭：交部議敘。臣等酌議，請將湖南鎮筸鎮總兵富志那照一等軍功例，給予軍功，加一級軍功，紀錄二次。至參將王文選，先將首惡吳老包擒獲，同知傅鼐、游擊施連科殱斃吳尚保，并截住苗匪，大加剿殺。奉旨一體交部議敘。請將參將王文選、同知傅鼐、游擊施連科均照二等軍功例，各給與軍功，加一級軍功，記錄一次等因。

嘉慶五年九月三十日題。十月初二日，奉旨：富志那著軍功加一級軍功，記錄二次。餘依議。欽此。

卷四　征服考下

二品銜前署湖南辰永沅靖道但湘良纂

奏黔苗滋事親赴邊界摺 嘉慶六年湖南提督王柄

奏爲黔苗滋事，奴才亲赴邊界密爲防範，并现在三廳地方極爲安謐，奏慰聖鑒事。

本年三月十五日，接據鳳凰、永綏廳營禀报，贵州松桃廳平頭司匪苗纠衆焚搶民村各等情。奴才查鳳、永廳營苗界深處與黔寨處處相通，難免勾結。從前戡定時，原將楚省苗寨舊時營汛撤出，設立土塘，責成苗弁管束散苗。因黔苗稍順，借黔寨以禦楚苗。今黔苗蠢動，誠恐楚苗附和同行，奴才隨派左營游擊張樾前赴黔界確探情形。一面咨移鎮、道，并嚴飭各廳營慎密邊防，督飭苗弁，管束散苗，務使黔苗不能勾結，楚苗不敢出境。兹與鎮、道、廳、營商定，鳳凰廳自黔、楚接壤之龍潭河起，至永綏交界之泛石巖止，計長一百餘里，添設三十六卡。永綏自茶洞汛起，至仁廣寨止，共一十六處，各派添兵勇、苗兵，酌加鹽糧，密羅分布。凡有黔苗潛行糾約，或逃竄前來，以及楚苗出界附和，俱令擒獻領賞。并酌派練勇一千名、苗兵五百名，令知府銜同知傅鼐、都司唐光盛於接壤最要之處，往來屯劄，飭令各寨，同心堵禦。復藉巡閱之便，親赴沿邊一带，鎮靜彈壓。總期斷絕楚苗附和黔兵，不防楚苗專力逼剿，迅速蕆事，仰慰聖衷。现在楚省三廳民、苗各安耕鑿，極其寧謐。所有籌辦邊防，親身巡閱，并地方安静緣由，理合恭摺馳奏，伏祈皇上聖鑒。謹奏。

奏黔苗滋事楚省防堵摺 嘉慶六年湖南巡撫馬慧裕

奏爲據報黔苗滋事，楚省现在約束防堵情形，恭摺奏聞事。

竊臣於三月十七日，以後准據提鎮辰沅道及鳳凰、永綏二廳先后咨禀，准貴州松桃廳協知會所屬平頭司地方，於三月初四日夜，被苗匪焚掠。業經通稟，會同查捕，恐苗匪窮竄蔓延，移會一體防堵等因。該文武於未准移會之先，已據差弁等探報，當經分別酌派兵勇前赴接壤要隘處，相機防範等情。臣查楚省苗疆鳳凰、永綏兩廳均與黔省毗連，沿邊三百餘里苗寨縱橫，犬牙相錯。今黔匪蠢動，苗人氣類相通，不無勾結附和情事。而黔省既經籌剿，尤恐被剿情急闖入楚境，必須於各廳沿邊扼要地方分設卡座，嚴密巡防，并駕馭苗弁約束散苗，俾各安分守法，不致暗結助勢，方為妥善。隨即分別移行，一體會商籌辦。去後，茲復准據各處咨稟：鳳凰同知傅鼐，先經稟商鎮、道，會同營員，傳集三營各苗寨弁目，開誠曉諭，即於土塘苗兵內挑選一千石，酌量借給鹽糧。自楚、黔交界之龍潭河起，由銅巖夯等處至永綏之泛石巖止，計長一百餘里，共設三十卡，令其晝夜堵守道路。傅鼐布置後，調集隊勇一千名，於二十三日帶領前赴貴州正大營，會合堵禦。并挑選附近苗兵五百名，交都司唐光盛等帶領，預備接應，巡查苗卡。并據稱，經過民苗村寨，苗人等均知感畏，沿邊一帶屯耕無警。永綏同知王廷瑛、護副將於天禄，亦經稟商鎮、道，於黔、楚接壤之茶洞汛等十六處添撥兵四百九十名、苗兵一千五百四十名名，酌給鹽糧，按卡分布。王廷瑛親身查勘，并開導苗弁約束管下苗人，毋得容留黔匪暗中附和，該弁等俱各凜遵出結。鎮筸鎮臣富志那挑備四營精銳官兵五百名，俟貴州撫臣到銅會商，再進綏靖鎮。臣魁保亦馳赴永綏，酌籌督辦。提臣王柄先經差委游擊張樾前往永綏，會同該處文武查辦，仍酌量何處緊要，即親帶官兵馳往接應各等情前來。查，此次黔苗茲擾焚掠松桃平頭司地方，探係上潮石峴等寨匪苗為首糾約。續據偵報，蔓延至鎮遠府屬之四十八溪。現聞貴州撫臣伊桑阿派撥兵勇分路搜捕，防堵更關緊要。楚省苗疆提、鎮、道員及各該廳、協均熟悉苗情，兼之文武同心協籌布置，頗為妥協。臣復又諄切移行，務須督率各卡員弁兵勇實力防守，凡有黔苗入境，即擒獻領賞。并嚴飭苗弁認真約束散苗，杜黔匪竄入之路，絕楚苗附和之端，俾黔苗勢孤黨解。黔省不虞楚苗之牽綴，得以專力進攻，仍俟黔兵剿進楚界，即相機會合，兩面夾擊，以期迅速藏事，仰慰皇上綏靖邊圉之至意。除咨會貴州撫臣查照外，所有黔苗滋事，楚省現在約束防堵情形，謹恭摺由驛奏聞，伏乞皇上聖鑒。謹奏。

嘉慶六年四月十七日，奉硃批：另有旨。欽此。

附奏苗疆留防兵勇未便據行裁撤片 嘉慶六年湖南巡撫馬慧裕

再查，楚省苗疆留防兵勇，前經督臣書麟等會籌具奏，酌於本年二、三月間，先撤防兵一千名；四、五月春耕後，再撤添防兵勇一千五百名；秋收後，將原防兵勇次第盡數裁撤。欽奉硃批：因時制宜，務期妥協。鄉勇應否裁撤，總以苗安情靜爲度。節省幾月錢糧，殊不足計。欽此。仰見我皇上慎重苗疆，權衡緩急，不勝欽服。茲值黔省匪苗滋事，楚疆正當防禦吃緊之時，自未便據行撤減，應請俟黔省剿捕事竣，楚省苗情安靜，再行奏明。酌量以次裁撤，斷不敢因循留設，虛糜錢糧；亦不敢顧惜小費，致誤地方。理合附摺具奏，伏乞聖明睿鑒、訓示。謹奏。硃批：甚是。欽此。嘉慶六年四月十七日，奉上諭：馬慧裕奏廣東撥赴湖北補額兵丁，業經書麟行文停止。但現在頭二起兵已過長沙，請仍飭令趲赴軍營。其未入楚境之兵，即令就近截回，所辦甚是。至另摺所奏，黔苗滋事、楚省現在約束防堵情形，楚省苗疆均與黔省毗連，難保無勾結情事。馬慧裕務當督率文武員弁，於黔、楚接壤要隘處所分布營卡，嚴密巡訪，倘有黔苗潛竄入境，立即隨時擒獲。其安分楚苗，惟當妥爲綏輯，持以鎮靜，勿令驚疑，此爲最要。再，另片所奏，苗疆留防兵勇未便據行裁撤一節。裁撤兵勇，當隨時酌量辦理，朕曾經批示，總以苗情安靜爲度，節省幾月錢糧，殊不足計。今黔苗又有焚掠之事，楚省苗疆正資防範，所有留防兵勇，著俟黔省剿捕事竣，楚省苗情安靜時，馬慧裕再行酌量情形，奏明以次裁撤。將此由四百里諭令知之。欽此。

覆奏黔、楚苗匪勾結情形摺 嘉慶六年湖南巡撫馬慧裕

奏爲遵旨據實奏事。

本年四月二十五日，承准軍機大臣字寄，四月十八日奉上諭：現在黔苗滋事，節據馬慧裕、王柄奏報，祇稱楚省苗疆與黔省毗連，恐有勾結情事，派兵在沿邊防堵，并未提及黔苗滋事有楚苗在內。本日據琅玕奏稱，係楚苗前往勾結，與馬慧裕所奏不符。若本係楚苗勾結黔苗起事，經楚省官兵轟出，遂稱楚苗現在安靜，此則不可。楚苗既能赴黔煽誘，安保其不又潛回本境勾引伊等親友，幫助爲匪？馬慧裕務當飭令傅鼐等留心防範，嚴密查拿，但需鎮靜，不可稍涉張皇。并將楚苗如何潛往勾結及因何故啓釁，迅速據實具奏，毋得回護等因。欽此。遵旨寄信到臣。伏查

此次黔苗滋事，先准據提、鎮、道、廳咨稟，接據貴州松桃廳協知會所屬平頭司地方，被苗匪焚掠。業經通稟查補，恐苗匪窮竄蔓延，移會防堵等因，并未提及有楚苗在內。臣因黔、楚苗寨毗連，恐有勾結情事，行據各該文武設卡防禦，當經奏蒙聖主垂鑒。嗣准貴州撫臣伊桑阿鈔摺移咨內稱：查係銅仁府所屬石峴、上潮等十四寨窮苗，與楚苗互相勾結，焚掠滋擾等語。則是又有楚苗在內，復經飭查，去後，茲據鳳凰同知傅鼐稟稱，現在探聞黔省官兵攻克石峴匪寨，首夥全獲，業已辦理完竣。并准貴州松桃胡同知先後移稱，拿獲楚苗麻添保、隴老翠、隴老九、隴老文，訊據供認，被上潮隴通明、隴通枚及石峴白老寅等，糾約搶掠等語。且查石峴匪巢深處，黔疆距處邊苗寨百有餘里，中隔黔屬正大、構皮、磐石、麥地等營汛，并未接壤毗連，楚苗亦不能越百里之外圖占田地。自係黔苗起意，勾結楚苗前往滋事。該廳傅鼐現住新寨苗地，督飭弁目確查，附和楚匪，嚴密拘拿。一俟就獲，錄供稟辦等情。查黔、楚苗人犬羊成性，氣類相通，非特不保黔苗之不暗中糾約，并不能保楚苗之必不起意勾結。惟在隨時查察，有犯必懲，俾知懾威斂跡，無所容其諉卸。此次楚苗麻添保等，越赴黔省聽從滋事，既據松桃同知錄供移會，并查石峴匪寨距楚邊苗寨百有餘里，楚苗自不能於百里之外起意，圖占民田。是該犯等先經聽糾越擾黔民，迨楚省嚴密防堵，衆苗均各感畏懾服，未經擾及楚地，邊境敉寧，係屬實在情形。今黔省已將首夥各犯全行拿獲，其因何啓釁，如何勾結，未准錄供咨會。現復嚴飭傅鼐等，確查附和餘匪，不敢稍存回護。仍分別移行各該文武，一體遵照，加意巡訪，鎮靜查辦，毋得少有疏縱，亦不得過涉張皇，以仰副皇上鎮輯邊疆之至意。謹恭摺據實覆奏，伏乞皇上聖鑒。再，欽奉諭旨：吳省蘭請將辰、永、沅、靖四屬報捐監生之人，即以穀石數完納，留爲碾辦兵米。著交馬慧裕體察情形，妥爲安設，具奏等因。欽此。臣現與藩司通恩通盤酌核，妥爲籌議，另容奏請皇上訓示施行，和并陳明。謹奏。

奏剿楚苗附和黔苗摺 嘉慶六年湖南提督王柄

奏爲剿擒附和黔苗滋事匪苗，奴才於巡閱途次馳回鎮筸查辦緣由，恭摺奏祈聖鑒事。

奴才前因黔苗滋擾，密爲防范，并親赴沿邊巡閱彈壓各情由，曾經奏明在案。奴才查得鎮筸边界卡防嚴密，苗情寧貼。同知傅鼐、都司唐光盛等復率領兵勇在於接壤緊要處所，往來屯劄。奴才切諭該員等，凡有黔苗竄入，務即隨時拿

獲。如有聽從勾結之楚苗，亦即擒捕懲辦。總須持以鎮静，勿致苗人驚疑，別起
事端。該同知久諳苗情，尤爲各寨所畏服，實屬可靠。奴才復諄囑鎮、道，嚴密
督飭。查，永綏沿邊与黔省接壤之處，亦屬緊要。奴才於商囑周備後，即自鎮筸
前往。查得永綏花園一帶邊防謹密，苗情亦極安静。本月十一日，回查至保靖，
途次接據同知傅鼐稟稱，卡隘兵勇截獲黔省石峴竄匪白三回、白銀保、白明保三
名，上潮田老四一名，長坪隴老滿一名。訊稱，鳳凰廳屬之鷄籠、蘇麻、風桶三
寨苗人聽從焚搶者，共有三百餘名。該員即同都司唐光盛、署守備事千總杨昌禮
等，帶領兵勇於鷄籠、蘇麻、風桶三寨適中險要山梁屯劄，示以威稜。究獲石老
兩等六十一名，各供認聽从搶劫不諱。而鷄籠一寨聚匪尤多，恃險藏奸，不行剿
除，難絶後患。隨稟商鎮、道，會同都司唐光盛、署都司藍枝、鳳署守備楊昌禮
等，帶領兵勇、苗兵於四月二十三日先將鷄籠寨攻破，砍獲首級四十一顆、耳記
五十七對，即欲乘勝分路圍搜蘇麻、風桶二寨。據隨征苗備隴秀彩、吳顯科等叩
頭稟稱，該二寨良莠不齊，懇求寬恩，願即縛獻。該員准其具限拿送後，即前赴
黔營隨同剿匪。續據苗備隴秀彩、吳顯科等，依限縛獻餘匪石九条等四十三名。
現經該員陸續解赴鎮筸各等情。奴才得信時，即由保靖途次馳轉鎮筸，會同鎮、
道審訊確供，分別辦理，會同撫臣馬慧裕恭摺具奏。所有剿獲匪犯及奴才馳往察
辦緣由，先行奏聞，伏乞皇上聖鑒。謹奏。

　　嘉慶六年五月二十二日，奉硃批：祇可如此了結。另有旨。欽此。同日，奉
上諭：王柄奏剿擒附和黔寨滋事匪苗馳回鎮筸審辦一摺，覽奏俱悉。此係傅鼐未
赴黔營以前之事。黔苗竄入楚省，既經擒獲，解赴鎮筸，自應審訊明確，會同馬
慧裕分別具奏。該寨苗人良莠不齊，業已畏罪縛獻，祇可如此就案了結，亦不必
過事搜求。若獲犯供出，尚有一二匪苗在他寨潛匿者，毋庸輾轉株連致擾。特此
諭令知之。欽此。

會奏拿獲楚界赴黔匪苗摺 嘉慶六年湖南提督王柄、湖南巡撫馬慧裕、鎮筸總鎮富志那

　　奏爲楚界匪苗聽誘赴黔燒搶，現今拿獲，暨苗弁縛獻各犯，公同審辦奏
聞事。

　　竊照本年三月内，黔省石峴及上、下潮等寨匪苗滋事，當經臣等督飭文武員
弁於楚南沿邊一帶安設卡座，酌撥兵勇，嚴密巡防，并駕馭苗弁稽查約束。旋因
查有楚苗被糾，越境助勢，復又嚴飭鳳凰廳同知傅鼐等密切偵拿，務期按名弋

獲，確訊辦理。即經臣馬慧裕奏蒙聖鑒，嗣據傅鼐稟稱，先後據兵勇於卡隘截獲黔屬石峴寨匪苗白三回、白銀保、白明保、上潮田老四、長坪隴老滿等五名。訊據供稱，鳳屬鷄籠、風桶、蘇麻三寨與黔寨附近，該犯等先經潛來勾結楚苗石老兩、隴老塢等，轉糾散苗共有三百餘名，隨往燒搶。伊等因黔屬嚴捕，竄至楚界等情。傅鼐就近密商臣富志那及辰沅道鄭人慶，傳集上、中營各寨苗目，剴切開導，諭以祇究苗匪，并不株連。苗備隴秀彩、吳顯科率同弁目人等，情願協力追拿。經傅鼐會同都司唐光盛、署守備事千總楊昌禮，帶領兵勇於鷄籠等三寨適中險要山梁屯劄，示以威稜，究獲石老兩、隴老塢等六十一名。訊據供認，被石峴等寨苗逆白老寅等糾約燒搶，不諱。而鷄籠一寨聚匪尤多，必須乘此殲除，以絕後患。傅鼐隨同都司唐光盛、署都司藍枝、鳳署守備楊昌禮等帶領兵勇，於四月二十三日相機進捕。臣富志那與道員鄭人慶親往督兵策應，將鷄籠寨密圍攻破，砍獲首級四十一顆、耳記五十七副，即欲乘勝圍搜蘇麻、風桶二寨。據苗備隴秀彩、吳顯科等帶同弁目叩求寬恩，願即縛獻。臣富志那與道、廳面商，以該二寨良莠不齊，既經苗備等懇求，應准其具限拿送。旋據苗備隴秀彩、吳顯科等擒獻餘匪石九桑等四十三名，傅鼐於五月初八日在黔營隨同剿捕。事竣，旋楚，帶押回城。臣王柄於保靖途次接據稟報，獲犯當與臣馬慧裕奏明，馳赴鎮筸察辦。與臣富志那會率道、廳及署浦市通判姚興潔，將先後追獲及苗弁縛獻各犯，逐一提訊。據各犯供認，實因石峴匪苗白老寅、白三回并上潮之隴通明等，先後潛來各本寨勾結，并許以搶得財物分給楚苗，田土歸伊等耕種。該犯等因而輾轉聽從，隨同前往，肆行燒劫，各得牛隻、銀錢、衣物、花用，各供不諱。嚴加詰問，據僉稱，三寨內，往黔搶掠各止有一百餘人及七八十人不等。共原有三百多人，除在黔地被官兵剿殺，餘均被拿及被苗兵官縛獻。此外，俱安耕守法，亦無別寨匪苗附和潛匿，各矢供不移。臣等查：石老兩、吳八月、隴老塢、吳雙補、石隴奇等各於本寨倡糾多匪，越至黔境，疊次放火燒村劫掠，同惡相濟，情罪均無可道。石老兩同勾引之鷄籠寨苗吳黨叟等共二十九名，吳八月同勾引之風桶寨苗隴進日等共十九名，隴老塢同勾引之風桶寨苗隴老滿等共二十九名，吳雙補同勾引之蘇麻寨苗石老文等共十五名，均各依苗人聚衆燒村劫殺，擬斬立決例，俱斬立決。各該犯均情罪重大，未便稽誅。臣等審核明確，即由臣富志那會道提犯驗明處斬。仍將石老兩、吳八月、隴老塢、吳雙補、石龍奇五犯首級，於犯事各寨懸示，以昭懲戒。擒獻匪苗之苗備、苗弁及協捕各出力員弁，容另察明，恭懇恩敘。所有審辦緣由，謹會同督臣具奏。伏祈皇上聖鑒。再，前此堵獲黔省竄匪白三回、白明保、白銀保、田老四、隴老滿等五名，業經傅鼐解歸雲貴督臣行營，質追餘匪，聽歸黔案辦理，合并陳明。謹奏。

嘉慶六年六月十二日，奉上諭：馬慧裕等奏拿獲赴黔燒搶之匪苗，并苗弁縛獻各犯審明分別辦理一摺，覽奏俱悉。楚苗石老兩等各於本寨倡糾多匪，越至黔境放火劫掠，實屬罪無可逭。馬慧裕等於擒獲縛獻後，訊明赴黔煽惑緣由，即將石老兩等一百餘名正法，已足示懲。其餘苗民既各安耕守法，極知畏懼。馬慧裕等自當飭屬，明白曉諭，妥爲安撫，斷不可過事搜求，致有驚擾。其沿邊苗疆一帶，該撫等仍當隨時留意巡防，以期邊界寧謐爲要。至永綏廳城應否移駐花園，前已降旨交馬慧裕等查明具奏。該撫等務當察看該處情形，會同悉心妥議具奏。將此由四百里諭令知之。欽此。

奏銅、松苗匪焚搶摺 _{嘉慶六年貴州巡撫伊桑阿}

奏爲銅仁、松桃一帶匪苗焚搶滋事前往查辦情形，先行恭摺奏聞，仰祈聖鑒事。

本年三月初九日亥刻，據銅仁府稟報，松桃廳屬之平頭司地方，忽有苗匪於初五日夜晚，焚燒居民房屋，搶掠錢糧，延及鎮遠屬之四十八溪地方。又據松桃廳、鎮遠縣稟報，相同。復據署鎮遠鎮總兵、定廣協副將泰林稟報，接據松桃協所稟，即於初九日前赴銅仁查辦各等情。據此，查該處苗人甫經戡定，何以又有焚搶之事，是否漢奸欺壓苗人，激成事端，或係無業窮苗出而搶掠，自應悉心查辦。且該處界連楚省之鳳凰廳，尤關緊要。倘係楚苗越界滋擾，勢須以兵威懾之，使之畏懼斂跡。當即在於撫標左、右兩營，黔城守營內，挑選曾經出師之壯健兵丁五百名，交與藩司常明、撫標中軍參將雙林，於初十日帶領前赴銅仁查辦。至奴才到任後，凡松桃一帶邊要重地，理應前往巡閱。本擬四月內辦完秋審後，即親詣巡查。茲該二處現有苗匪滋擾，奴才即借巡查之便，亦於次日帶同貴東道周緯馳赴該處，相機辦理。迨行抵鎮遠府途次，按據松桃協、廳稟報，查係銅仁府所屬石峴、上潮等十四寨窮苗與楚苗互相勾結，在於平頭司、沙塏場及四十八溪各地方焚搶滋擾。銅仁府縣境內，被掠尚輕。惟松桃廳屬及附近四十八溪、龍眉目等處，擾害稍重等情。奴才查，鎮遠府爲通省門户，而四十八溪又爲鎮遠鎖鑰，設有疏虞，則路徑紛歧，難以堵截。且既係楚、黔苗匪互相勾結，恐致蔓延難遏，不得不添派官兵前往擒堵。惟所調官兵，若俱由銅仁、松桃前進，恐苗匪因見此路空虛，更生覬覦。是以奴才暫駐鎮遠，帶同貴東道周緯、鎮遠府知府張揮吉，招募鄉勇，於要路處所設卡堵禦，并即挑選鎮標兵丁四百名。又於附近之各協、營內，并臺拱等衛屯軍酌量調派，共計兵三千餘名，令其分赴四十八溪及銅仁等處接應備用。一面專差員弁前往查探，旋據稟報，附近四十八溪之龍眉目地方，居民房屋燒毀過半，傷斃數十人，擄去人口、牲畜。向鎮遠、銅仁必由之江口總路，先因苗匪梗塞，迨派兵前往，雖經路通，而苗匪依然窺伺，所幸四十八溪未曾焚搶等情。并據藩司常明來稟，黔苗附從楚苗滋擾者，共十四寨。業經飭令苗弁帶同良苗以及鄉勇，設立內外卡防，兜圍堵截，統俟官兵到齊剿辦等語。奴才當即札飭藩司常明，令其嚴設卡防，相機攻剿。并重立賞格，擒拿首匪，而散餘黨撫恤難民，俾安衆心。總期迅速藏事，仰慰慈廑。現在鎮遠緊要隘口，俱已防範嚴密。奴才隨帶同貴東道周緯馳詣銅仁，沿途一帶，留心察看，居民尚屬安堵。惟被難逃出、在郡聚集者尚多，亟須撫恤。隨委該道周緯率同銅仁府知府劉雁題，被難人民，擇其精壯者，充當鄉勇，隨同兵屯設卡堵禦；稍次者，令充夫役，給與雇價；老幼婦女酌給口糧，分爲安置。并查銅仁附近，僻徑尚多，在在可通楚屬。奴才即飭署鎮遠鎮總兵、定廣協副將泰林、署大定協副將陳時昌，於城外山梁駐劄營盤，以資捍衛。又派署銅仁協副將劉煊，由四十八溪一路，帶同兵勇堵禦要隘，策應進攻。其附近平頭司之太平場地方，現有桃松協副將劉廷奇帶兵堵禦。當飭藩司常明、參將雙林，由正大營一路分攻上潮、下潮、石峴等處逆寨。似此兵分各路，易於剿辦。且常明、雙林、劉煊、劉廷奇等均各屢經出師，帶兵熟手，可期得力。茲據常明稟報，拿獲石峴匪苗白老寅、楚苗隴老波、隴老瞞、隴老五、吳老四等，押解前來。奴才率同貴東道周緯親訊，實係楚、黔苗匪互相糾合，肆行燒搶。據白老寅供，係石峴爲首之犯，情罪較重，當寸磔梟示。其聽從燒搶之隴老波等四犯，亦即正法，以泄民忿。奴才伏思黔屬逆苗共十四寨，如楚苗畏懾潛回，黔省自必斂跡。總之，逆苗若不剿除，則苗匪不知畏懼，而民心亦不能平。但一寨之中良莠不齊，當仰體皇上如天好生之德，相機妥辦，免累無辜。嚴飭藩司常明及帶兵將備等，一體遵照。并將現辦緣由咨明總督琅玕、提督珠隆阿外，奴才仍一面飛咨湖南巡撫馬慧裕、提督王柄，飭屬在於接壤處所，嚴密防範。如黔苗逃竄赴楚，即行擒拿。若楚苗勾結來黔，亦即堵截，俾免疏縱。一俟常明等具報，作何剿辦之處，另行馳奏。再，奴才前據該府廳稟報，理應一面具奏，一面啓行。因未識實在情形，不敢稍涉張皇，以致上增聖慮。并札致琅玕暫緩前來，合并生明。今奴才已抵銅仁所有查辦緣由，謹先繕摺由驛奏聞，伏乞皇上聖鑒。謹奏。

攻克石岷苗寨上諭一道 嘉慶六年（失原奏）

嘉慶二年四月十七日，奉上諭：伊桑阿奏攻克石岷寨緊要隘口，擒獲賊目白仕柏及苗目田茂武等一摺，攬奏俱悉。石岷苗寨陡險，苗匪等負隅抗拒。經伊桑阿飭令，常明、劉廷奇等分路進剿，將賊首苗匪擒獲多名。現在官兵已將石岷苗寨兜圍，即可剋期掃蕩。其上潮、下潮等寨亦必聞風震懾，易於辦理。伊桑阿惟當督率追剿，迅速蔵事。若稍有遲延，恐附近苗寨又復潛行勾結，以致剿辦需時。前已降旨令琅玕馳赴黔省督辦，該督接奉後自必迅速往黔。如琅玕未到之前，伊桑阿業將滋事苗匪辦竣，所有善後事宜交琅玕接手經理，伊桑阿速赴雲南新任。若琅玕到時，苗匪尚未辦竣，該處剿辦之事即著琅玕督辦，伊桑阿亦即迅速赴滇接印任事，以便初彭齡交任起程來京。至苗匪因何起釁緣由，此次仍未奏明。若係由地方官因事激變，伊桑阿亦當據實參奏，不可稍涉瞻徇。琅玕到黔後，亦著將苗匪起事根由，遵照前旨先行查明馳奏，將此由四百里諭令知之。欽此。

奏銅松苗匪滋事摺 嘉慶六年雲貴總督琅玕

奏爲黔省銅仁、松桃苗匪聚衆滋事，由滇馳赴查辦緣由，恭摺奏聞事。

竊奴才於本年三月十七日，接准貴州撫臣伊桑阿來信。內稱，據松桃等處文武官稟報，三月初四、五等日，有石岷、上潮等寨苗匪聚衆多人，到處焚燒搶劫，擾及鎮遠府屬之四十八溪等情。當經飭委布政使常明、參將雙林帶兵先往剿捕，隨亦親往銅仁一帶查看情形，再行詳細知會商辦。事之大小輕重，尚未得悉。囑奴才暫緩來黔，以免張皇，駭人聽聞等因。奴才查，苗衆賊性貪殘，每因挾有仇隙，即逞兇焚搶，事所常有。若果係彼此仇殺搶劫，即經委令常明、雙林先往剿捕，伊桑阿隨即親往查辦，不難立時就獲究辦。但松桃等處係甫經戡定之區，各寨苗民膽敢復作不靖，焚燒搶劫，肆行滋擾，想人數自必不少，更難保無勾結串通情事。惟起事根由及賊勢輕重，各處稟報尚未明悉。奴才聽聞較遠，故未敢遽事張皇，然亦不可不先爲籌備。當即飛移伊桑阿確查知照，并飭常明、雙林等將現在作何辦理，及賊勢有無解散各情形，詳細稟報。并不動聲色，於雲南省標内挑派曾經出師槍箭有準之兵丁五百名，密爲預備。兹於三月二十六日，復接伊桑阿由鎮遠發來一信。内稱，此次苗匪滋事，據常明來稟，係楚苗越境勾結，黔苗附和，共十四寨爲奸，約苗匪數千人。所有鎮遠府屬之四十八溪地方，已委令鎮遠府帶同官兵并雇募鄉勇，設卡防範，俱已嚴密。其松桃一帶，常明稟稱，因山路峻險，難以進攻，已經帶同官兵、順苗、鄉勇等，内外設卡兜圍。現在就近飛調屯、土官兵，一俟到齊，即可進攻。伊率同貴東道周緯，將鎮遠四十八溪設卡防堵及撫恤難民各事宜籌辦完竣，即親往銅仁一帶查看督辦等語。并據常明稟同前由。奴才查，逆苗十四寨既已設卡兜圍，自可乘機痛剿。并據伊桑阿咨明，湖南在於接黔處所嚴密堵截，自不令其再有蔓延。似此烏合之衆，原不值據勞師旅。但該匪等身處黔疆，膽敢與楚苗勾結，擾害良民，及至官兵剿捕，猶不自行服罪投首，仍復盤踞巢穴，思作負隅自固之謀。此等狡惡逆苗，實爲王法所難容，人心所共怒。若不嚴行懲辦，恐將來故智復萌，雖不至釀成大禍，而無辜民苗不時受其荼毒，爲害不淺。必須迅速剿捕，庶不至曠日持久，別生枝節。查，本省所調官兵、屯軍及召募鄉勇，爲數已屬不少，似可敷用。所有原派之滇兵，自應停其調往。奴才仍以查閱營務爲名，即於二十七日由滇起身，兼程前進，於四月初四日抵貴州省城。復接常明稟報，已拿獲爲首之逆苗白老寅并楚苗等四名，解送撫臣審辦等情。看來爲首者既已就獲，其餘自不難於剿滅。奴才拜發摺後，即星馳赴銅仁會同撫臣和衷商酌，趕緊辦理，務使逆苗知有儆畏，錢糧不致虛糜。斷不敢張大其事，亦不敢顢頇了結。除奴才到銅仁後，查明辦理情形，另行詳悉奏聞外，所有奴才由滇馳往查辦緣由，謹繕摺由驛馳奏。再，提臣珠隆阿現在兼署安義鎮，駐劄興義。查銅仁、興義二處均係先後戡定之區。銅仁逆苗現有滋事之案，而興義之處尤不可不嚴加防範。奴才當即札知珠隆阿不必赴銅仁，即在該處留心彈壓坐鎮，毋稍疏虞。理合一并附片奏聞，伏乞皇上聖鑒。謹奏。

嘉慶六年四月十八日，奉上諭：前據伊桑阿奏報，貴州銅仁等處苗匪滋事，當經降旨令琅玕迅速前往督辦。本日琅玕奏，接據伊桑阿來信，即由滇起身，兼程前進，已於四月初四日抵貴州省城，馳赴銅仁趕辦，所奏甚是。伊桑阿初次摺内稱，已將爲首苗犯白老寅等五犯擒獲辦理。昨日摺内稱，常明、劉廷奇等分路進剿。又將賊首白土柏及苗目田茂武等十四犯擒獲，并將石峴緊要苗寨兜圍。看此情形，自可迅速蕆事。琅玕到彼後，務當督率常明等，將上潮等寨上緊兜圍，剋期辦竣，不可稍有遲緩，致苗匪轉相勾結，或致蔓延。琅玕所云：迅速剿捕，不至曠日持久。深得領要。琅玕上年在貴州巡撫任內，辦理該處苗匪甚爲妥速，是以加恩擢任總督，茲復令其赴黔督辦。該督於黔省苗情較伊桑阿自爲熟悉，而常明曾經帶兵剿辦苗寨亦係熟手，諒可迅速蔵事。現在初彭齡已准來京供職，滇省需人彈壓。伊桑阿竟當遵照昨旨，即往雲南接印任事，不必與琅玕一同在黔辦理。至摺內稱，常明來稟，係楚苗越境勾結，黔苗附和爲奸。而王炳、馬裕慧先後奏到，祇稱黔苗蠢動，派兵在沿邊一帶堵禦，并未言及楚苗在黔勾結。并著琅玕查明此次苗匪因何起釁根由，一并據實覆奏。至另片稱，銅仁逆苗現有滋事之案，興義一帶不可不嚴加防範。札知珠隆阿不必赴黔，即在該處彈壓一節，與朕前降諭旨相合。琅玕惟當遵照節次諭旨，妥速辦理，綏靖苗疆，以副委任。將此由四百里傳諭琅玕，并諭伊桑阿知之。欽此。

奏克石峴苗匪完竣摺 嘉慶六年貴州巡撫伊桑阿

奏爲攻克石峴苗匪，將黔省、楚省首夥各要犯全行擒獲，安撫民、苗，辦理完竣緣由，恭摺奏聞，仰祈聖鑒事。

奴才昨於四月初三日，督飭藩司常明暨各將備員弁等，攻克石峴要隘西溪四寨，當將設卡兜圍情形繕摺奏聞在案。奴才伏思石峴苗人於黔省衆苗中最爲獷悍，且恃窩巢險阻，易於潛匿，故時有搶奪之事。此次與楚苗互相勾結，焚燒民寨四十餘處之多，傷斃人命，擄去婦女，并毀及平頭司巡檢、外委衙署，實屬目無法紀。現在攻克西溪等處，奪其要隘，若不乘時攻剿，使知畏懼，或至竄近楚境，復行糾合，則辦理殊費周章。奴才於拜摺後，一面分飭各卡嚴密堵截，仍令署鎮遠總兵、定廣協副將泰林、游擊陳時昌，在銅仁城外山梁紮營彈壓。奴才即於初七日，帶領貴東道周緯，署銅仁協副將劉煊，千總徐又超、甘志樂，把總齊賢、雲騎尉鄧朝龍等，向牛欄場、新寨一帶，親詣石峴，督兵進剿，策應後路。惟查石峴匪巢有上、中、下三寨，前臨石浪溪，後靠大嶲山。其山高峻異常，路徑陡險。匪苗於官兵攻克西溪之後，即將糧食、牲畜及老幼人等搬運上山，僅留強悍驍健者分守各寨，以爲抗拒官兵之計。常明及各路將備員弁於初五、六等日，分占對面之老虎山、三保營一帶高崗，圍逼石峴，踩探各處路徑。惟上、下兩潮寨旁山勢稍寬，可以進兵。但兩處苗人俱係石峴夥黨，勢須懾以兵威，免致濟惡。當挑撥精銳兵勇，壓臨寨邊，作爲必剿之勢。并派苗弁等諭以利害。若於即日內，將首先聽從燒搶之頭目一一縛獻，即可各保身命。倘執迷抗拒，則立刻剿洗，悉數駢誅。該苗人見官兵勢大，極其畏懼，各將爲首之龍通明、龍老夭、龍華探、龍老四等捆縛來營，情願隨同官兵攻剿石峴，在前引路。各路將備等當即帶領兵勇、順苗，由上、下兩潮分撲石峴匪苗寨落。官兵奮勇，槍炮齊施，殲斃五十餘名，生擒帶傷者亦復不少。所有被難之民，見官兵在前攻剿，乘勢搶獲米糧、牲畜等物，燒毀匪寨，苗人即逃上大鼻山拒守。彼時，奴才亦即趕到，隨傳諭各將備等四面兜圍，暫緩攻擊。初八日黎明，派令松桃協副將劉廷奇、守備趙大開、知縣張源帶領官兵攻打左首山梁，參將雙林、守備陳廷玉、縣丞劉日炳，帶領兵勇攻打右首山梁，署清江協副將烏雲珠、千總劉子玉、署知縣崔林帶領兵勇攻打山後，藩司常明、游擊張明成、把總蘇元、署松桃廳經歷李盛佐，帶領兵勇、順苗攻打山前。又派貴東道周緯、知府劉雁題、程卓梁、隨營委員黃似瑤、辜進、龍維祚、湯汝棻、陳似沅、朱輔臣、周熹、鄭英等帶領屯軍、鄉勇，前後左右，往來策應。維時官兵奮勇爭先，常明、劉廷奇、雙林、烏雲珠各督兵勇搶上山腰，四面攻擊，槍箭并發，傷斃者甚多。而山梁上尚有執旗一人指揮衆苗，亦分四路衝壓，毫無畏懼。奴才即傳令帶兵各員先向執旗之人指定放槍，當即擊斃，餘衆四散奔竄，兵勇一齊追殺，生擒三十餘人，内有大頭目何秩生等七名，餘衆勢窮力盡，拋擲器械，吶喊乞命。藩司常明即令署松桃廳經歷、借補開州吏目李盛佐帶同苗守備田老觀進前，諭以若果投誠，即免誅戮。各苗人俱環跪求饒，計男女老幼五六百人，紛紛下山。訊其爲首各犯，實係白老寅、白士柏、隴老八、何秩生、吳老觀、龍勝保、楚苗麻添保、隴老翠、隴老九、隴老文等。今白老寅、白士柏前經兵勇臨陣擒獲，其隴老八一名即係山上執旗之人，業經槍斃。此番白老寅等與楚苗互相糾約，原圖搶擄財物，占踞漢民田土，是以衆苗隨同肆行焚搶，僉供如一。奴才審明後，即將爲首之何秩生、吳老觀、隴勝保、楚苗麻添保、隴老翠、隴老九、隴老文七犯，并上、下兩潮縛獻之隴通明、隴老添、隴華保、隴老四等，立時分別正法，傳首各犯事地方，俾苗人知所儆惕。現在投誠之老幼男婦人等，酌量安置，逃散之人招撫歸業。其附從石峴匪苗之零星小寨，亦經策應各員弁或剿或撫，全行平定。奴才遍視石峴匪巢，共十四大寨，内有小寨二十餘處，皆依山靠澗，毗連楚省苗寨。該匪苗之恃險玩法，已非一日。此次仰仗天威，擒獲各首犯，隨時正法。衆苗人目覩之下，人人震懼，被難之民均各心平。奴才仍移咨湖南提督王柄，飭屬在於接壤處所嚴密防範，俾免越境滋擾。奴才受皇上天高地厚之恩，至深極重，未能安輯民、苗，先事預防，致滋事端，心甚惶悚。且係本省調兵，所需鹽糧等項費用無多，奴才即同司道府等捐廉辦理，毋庸另請開銷。惟所調官兵雖爲期僅止一月，而奮勇爭先，登山越嶺，頗爲出力。奴才業經按每兵一名捐賞銀一兩，以示鼓勵而廣皇仁。所有剿辦石峴匪苗完竣各緣由，理合恭摺謹奏。

再，奴才拜摺後，即馳回省城，趕辦秋審，合并聲明。四月初十日奏：再善後一切事宜，如查緝餘黨、撫恤難民、安輯順苗、留防卡隘等事，應專委大員經理。查，銅仁、松桃、鎮遠等官廳縣，均係貴東道周緯管轄。奴才即責成該道率同知府劉雁題、張暉吉、同知胡翹椿、知縣鄭錕、崔林等妥爲辦理。并令周緯於楚境接壤各苗寨親往巡查，出示曉諭，俾民、苗各安生業，毋得仍前滋擾。所有前調官兵，未便全行撤回。應將鎮遠鎮標兵丁，酌留數百名於緊要處所協同守禦，俟一兩月之後再撤回營，其餘兵力即令陸續各回本營。藩司常明會同貴東道周緯，料理數日後回省趕辦奏銷。理合附片奏聞，伏祈皇上聖鑒。謹奏。

嘉慶六年四月二十日，奉上諭：伊桑阿奏攻石峴匪苗將黔、楚首夥各要犯全行擒獲辦理完竣一摺，覽奏欣慰。該省石峴苗人與楚苗互相勾結，焚燒民寨，實屬目無法紀。伊桑阿督同常明等，四面攻擊，傷斃苗匪甚多。并傳令將執旗指揮苗衆之人，指定放槍擊斃，餘匪四散奔竄，隨剿隨撫，全行平定。其首犯何秩生等，俱經分別正法。所辦迅速，可嘉。伊桑阿著交部從優議敘，賞給嵌花玉搬指一個、珊瑚豆黃大荷包一對、小荷包二個。常明在黔於苗情素爲熟悉，兹帶兵身臨前敵，曉諭苗人，若果投誠，即免誅戮。當經苗人將爲首之隴通明等縛獻來營，并有男婦老幼等紛紛投出，以致不敢復行抗拒。常明因調赴四川徵兵，未能加意挑選，隨營打仗多不得力，曾降旨革去翎頂示懲。嗣常明來京陛見，賞給三品頂戴，仍著革職留任，八年無過，方准開復。此次常明於苗匪滋事親帶官兵，剋期辦竣，殊屬奮勉。常明著賞還二品頂戴，并賞戴花翎。其八年無過方准開復之處，加恩即行開復。仍賞給鑲嵌帶頭一副、大荷包一對、小荷包二個。劉廷奇、雙林、烏雲珠等各督兵勇搶上山腰攻擊，亦屬奮勇。劉廷奇、雙林、烏雲珠，俱著交部議敘。發出瓷鼻烟壺十個、素文房袋十個，交伊桑阿、常明分賞出力將弁，以示獎勵。此外，如尚有在事出力各員，并著查明具奏，候朕再降恩旨。并摺內稱所調兵丁需用鹽糧等項無多，即同司道府等捐廉辦理一節，朕昨因湖北督撫等捐廉賑恤飢難各民，給予議敘，獎其急公。但此事不可爲法，恐滋流弊。甫經降旨，明白宣示，以儆官心。今該省剿辦逆苗所用餉項，自當據實開報，伊桑阿等毋須捐廉辦理。即業經捐辦，亦必照數給還。其打仗兵丁，現經該撫於每名各賞銀一兩。自應如此酌賞，用示鼓勵。現在黔省苗疆業經綏靖，伊桑阿俟孫白秉到任，將善後及秋審事件面爲交代，即可赴雲南新任。琅玗亦可毋庸久駐貴州督辦矣。欽此。

會奏善後摺 嘉慶六年雲貴總督琅玗、貴州巡撫伊桑阿

奏爲籌辦銅仁匪苗滋事案内善後邊防事宜，恭摺具奏，仰祈聖鑒事。

竊奴才琅玗前因松桃逆苗滋擾，馳赴黔省，會同奴才伊桑阿查辦緣由，業經奏聞在案。茲奴才琅玗於四月初五日自貴州省城起身，兼程前進，於十二日至銅仁。維時逆苗之事，已經奴才伊桑阿剿辦完竣，於初十日繕摺具奏。此皆仰托聖主洪福，天威遠震，得以迅速蔵功。奴才琅玗身任總督，既不能先事預防，又未能早到辦理，實屬惶愧之至。惟此事現雖完竣，而善後一切防維均應籌備，奴才等細心商酌。查，松桃界連楚省，該處苗人素稱獷悍。乾隆六十年滋事之案，即係黔、楚兩省之苗勾結起釁。彼時石峴、上潮之苗因已投誠，并未剿殺。迨平定之後，湖南辦理善後事宜，多設碉卡，分布兵勇，密爲防範。而黔省因緊接興義之案，不暇兼顧，未經辦及。故上年湖南鳳凰廳匪苗雖亦稍有滋擾之事，不過本境苗人互相燒搶，并未擾及漢民，亦無與黔苗勾結。而現在松桃逆苗竟至勾結楚苗來黔焚搶，且平日竊盜之案不一而足。總恃巢穴住居險山，官役不敢輕進，以致贓物未起，犯亦難獲，百姓深受其累。此即彼處有備，此處無防之明驗也。今經官兵剿捕，焚燒苗寨，殺斃多名。該苗人等縛獻首逆，乞命投誠，似無戮降之理，自應就事完結。但若不籌畫萬全，苗人性等羊犬，難保不復萌故智。兵至則乞命投誠，兵去則怙惡不改，勢必時生騷擾。不惟良民受害，抑恐屢動官兵，僅爲暫時苗防，實非長久之計。奴才到銅之日，即有本處前經受害之難民等擁道跪求保全日後，且現在夥黨尚未搜查盡淨，官兵亦未撤回歸伍，是善後事宜更關緊要。奴才等不敢以眼前事竣，不顧將來，自應詳細籌畫，親往履勘各處情形。應如何設汛安卡，如何抽撥兵丁，逐一籌辦。奴才伊桑阿現屆秋審之期已經奏明，應先回省辦理。奴才琅玗在銅仁留駐數日，率同藩司常明、貴東道周緯詳細籌畫。并將降苗分別辦理，不使仍回舊巢聚集滋事。務期嚴密防維，有備無患。俾邊隅敉寧，民苗咸歸安堵。一面出示曉諭各苗寨不許窩留餘黨，派撥將弁兵役於深山密箐之中，詳細梭查，不使逃匪漏網。除俟酌定章程，另行具奏，再行回滇外，所有奴才琅玗抵銅，現在會同奴才伊桑阿籌辦善後邊防緣由，理合恭摺具奏，伏祈皇上聖鑒。謹奏。

嘉慶六年四月二十五日，奉上諭：琅玕等奏籌辦銅仁苗匪滋事案內善後邊防事宜一摺，覽奏俱悉。摺內有身任總督，不能先事預防，早到辦理，實屬惶愧之至等語。此次，銅仁苗匪在松桃一帶滋事，琅玕遠在滇省，接到滇省之稟報，即迅速前往。而未到之先，業經伊桑阿督同常明將黔、楚苗首夥各要犯俱行擒獲，辦理實爲迅速，深慰朕懷。封疆大吏遇地方有事，祇期早臻寧謐，不必功自己出，琅玕何惶愧之有！至所稱從前黔、楚兩省苗匪平定之後，湖南辦理善後，多設碉卡，分布兵勇，密爲防範。而黔省未曾辦及，以致復有勾結焚搶之事等語，不曾回護，所見甚是。銅仁、松桃等處苗疆，前次未經分設碉卡，預爲防守，皆係勒保、鄂輝任內之事，或係伊等未曾籌畫及此，抑係該處山險路僻，限於地勢無從設卡守禦。現在琅玕親駐該處，務當悉心審度，因地制宜。應如何分派兵勇，在沿邊一帶立卡防守，爲一勞永逸之計，即酌量妥辦，不可稍存惜費之見。倘經理未妥，日後苗衆或再有滋事，仍須調兵剿捕，是欲節省而轉多糜費也。琅玕俟辦理善後完竣，再行回駐雲南。伊桑阿仍遵前旨，俟孫白秉到任後，即赴滇撫新任。將此諭令琅玕，并諭伊桑阿知之。欽此。

奏查明銅、松匪苗起事緣由摺 嘉慶六年雲貴總督琅玕

奏爲遵旨查明銅仁、松桃一帶苗匪起事緣由，并現在籌辦實在情形，詳悉縷陳，仰祈聖鑒事。

竊奴才於四月二十日在石峴軍營承准軍機大臣字寄，嘉慶六年四月十二日奉上諭：本日伊桑阿奏銅仁、松桃一帶苗匪焚搶滋事，并未訊明起事緣由，殊欠明晰。現在伊桑阿派撥官兵，交藩司常明等帶領前往查辦。該撫亦已由鎮遠赴銅仁彈壓，恐不足恃。琅玕接到地方稟報，應即酌量緩急。如苗匪滋事情形較重，琅玕即同珠隆阿前赴該處剿捕。倘事屬易辦，琅玕亦應酌帶兵力親往督率辦理，珠隆阿即不必前去，該督亦不可存輕視之見，稍涉大意。務須將苗匪首犯悉數擒拿藏事，以期綏靖邊隅。至苗民甫經戡定，何以肆行滋擾，雖據廳協稟稱，查係銅仁所屬石峴、上潮等處十四寨窮苗與楚苗互相勾結。而伊桑阿於常明拿解石峴爲首苗匪白老寅等到案時，并未逐一研訊因何起事緣由，即將該犯等凌遲斬決，實屬草率。并著琅玕將此次苗匪起釁各情節，詳細查明，先行據實具奏。將此由五百里諭令知之。欽此。

遵旨寄信前來。奴才跪讀之下，仰見我皇上廑念苗疆，慎重周詳之意。竊奴

才前因逆苗滋事，於四月十二日馳抵銅仁，得知石峴逆巢已經撫臣伊桑阿督率剿辦完竣，其餘賊匪均已投誠具奏。維時奴才因難民紛紛投訴，餘黨尚未淨盡，官兵亦不撤回，是以奏明暫留銅仁，督辦搜捕餘黨，及邊防善後各事宜在案。奴才當即一面嚴札該司將等搜查逆匪，不使漏網，一面出示曉諭，安撫難民，賞給籽種，俾令即早歸業，乘時耕種。并飭該地方官尋獲奔散婦女給領，以安眾心。旋據該司道等先後拿獲吳光華等十六名，又據銅仁縣鄭錕拿獲吳石保等八名，逐一研訊，均係隨同燒搶之人。據供，惟知得財分用，其如何敢於滋擾，因何不慮及官兵剿捕之處，不能詳細供出。而從前所獲首犯白老寅等已經正法，無從訊究明晰。奴才當於投降各苗人等逐一查訊，究出此內即有逆首一名白雙元，嚴刑審究。該逆係石峴寨頭，乾隆六十年逆苗滋事之時，該逆帶苗人投誠，是以彼時并未剿洗。該寨內外大小九寨，約有四百餘戶，男婦三千餘人。其中有田產者過半，餘皆窮苦無產，專藉偷搶度日。恃山寨陡險，外人不識路徑，新例又不許官役擅入苗寨，無查拿之人，是以遠近苗匪倚為巢穴。從前該逆因係頭人，尚為管束。後因分給贓物，亦即聽從。本年二月內，石峴寨白觀元、白老官、白喬生、白士柏、何再隆等來向商議籌畫，逐日搶奪不過眼前度日，終非常法。想起乾隆六十年，與湖廣苗人同時燒搶起事，貴州苗人先行投順，沒得多占便宜。惟湖廣苗人燒殺起事漢人甚多，後來也准投誠。所有漢人空下田產，俱歸苗人耕種。心想若能多燒村寨、多搶東西，一來目前可以分用，二來漢人奔散逃亡，即有官兵到來，倚仗山險可以抵禦。如到事急，即行投降，亦可免罪。所有空出田地，大家分種，以為計出萬全。於二月二十八日，在上潮河壩同吃血酒，先後糾約上潮、下潮、石峴各寨及巖屯溝、黃茅蓬等十四寨苗人，共五千餘名，以已獲正法之白老寅、何秩生、白士柏、龍通明、龍勝華及未獲之白喬生、何再隆、白觀元、龍元大、龍有保、龍興華、龍老五，并槍斃之龍老八及該犯白雙元等為頭人。又恐人少難以行事，令龍老八等前往勾結松桃連界之湖南蘇麻、風桶、雞籠等寨苗人數百餘名，許以如得東西，楚苗分去，剩得地土盡歸本處苗人。於三月初三、四、五等日，遂從平頭司燒搶起，共燒過民寨大小三四十處。該犯曾分得銀錢、衣物，因見官兵到來剿辦，心存畏懼，將自己房屋燒毀，捏稱被眾苗搶燒，隨同投降，希冀免死。至苗人等，原祇貪圖搶奪財物，占踞田產，實無謀逆之心，等供。此外亦無挾仇圖害情事。反復刑訊，矢口不移。較從前審訊白老寅之供，尚無歧異。是該犯等總因六十年之案，未經痛加剿捕，故該犯等但知貪利得產，竟不畏懼官兵，係屬實情，并非有心謀逆，尚屬可信。此係逆苗起意滋擾之原委也。奴才當於審明後，同續獲各犯正法梟示，眾人無不稱快。并據各該地方官查明，焚燒被擾民寨四十七處，燒毀草瓦民屋三千四百餘間，傷斃人口一百四十八名。較之六十年滋事之案，情事雖輕，但其起意圖占漢人田產，蓄計效尤，先已計及官兵到來，投降倖免，實爲狡惡可恨。仰仗皇上天威洪福，該匪等僅附近勾結十四寨苗人，非如從前蔓延勢大，一時難以收功可比。經撫臣伊桑阿督率文武弁兵，將險要石峴逆巢大鬼山九寨攻克，餘黨俱准投降。是以趕緊具奏，以冀早慰聖懷。現在逃逸夥黨，以次搜獲，似亦可就近完結。惟是奴才到銅仁以來，日有難民紛紛投訴，共稱尚有賊巢未洗，匪黨未净，將來擾害如常，小民難安身命等語。并據常明等稟報，先已乞降之上潮、下潮、巖屯溝等寨，已逾旬日，該寨苗人尚未投營將賊目縛獻，又未繳出器械。是其投降之說實難憑信。況苗性反復無常，早經蓄謀欺謊，若官兵一經撤回，漢民不能復業，又致釀成事端。看此光景，不獨民心疑懼，奴才亦實不放心。奴才當即馳抵軍營，與藩司常明、貴東道周緯及協將等，再四熟籌，此時若不乘此軍威，將逆寨痛加剿洗，始終不知畏懼。惟查石峴險要逆巢，既經攻克，其餘自易蕩平。第日前賊人恃險無備，故我兵得以乘機集事。今上潮等寨先即投降，至今未出該逆苗之巢穴。山徑雖稍遜於石峴，亦屬崎嶇陡險。該逆等先經投降，至今不出，其爲巧詐無疑。此時自必多方防備，必須計出萬全，方可進剿。且若不先行布置妥協，更恐別寨良苗共生疑懼。是以奴才仍以撫恤難民，收服順苗，查拿餘党爲名，派委將弁等官搜查山箐，暗尋出沒路徑。據常明、周緯將現在調來隨同官兵打仗之苗弁內，擇其素爲可信明白之人，密授機宜，各赴良苗寨內，明白曉諭，不使心存疑懼。正在籌度間，適有湖南鳳凰廳同知傅鼐至交界處所堵禦，聞知奴才到此，即帶領平日調揀之勇健鄉兵一千五百名，前來謁見。素知該員熟悉苗情，最爲得力之人，情願幫同剿捕。得此一股兵力，軍威倍加壯盛，更不難辦理。奴才未嫻師旅，深恐釀成巨案，斷不敢稍存貪功喜事之心。但民心未平，值此逆寨無多易辦之時，必應乘機剿洗，示以軍威，既可大省兵力，亦可永除後患。斷不敢冒昧輕躁，激成事端。一俟奴才布置妥協，籌畫萬全，仰仗聖主天威，即可一鼓蕆事，以期綏靖邊圉，永臻寧謐。所有奴才遵旨查明苗匪滋事緣由，及現在籌辦情形，詳悉據實恭摺馳奏，伏祈皇上聖鑒。謹奏。

奏剿巖屯溝摺 嘉慶六年雲貴總督琅玕

奏爲巖屯溝、黃茅蓬賊巢及助惡抗拒之野竹塘、芭蕉灣各逆寨痛加剿洗，生擒著名賊目，縛獲殲斃夥黨多人，恭摺馳奏，仰祈聖鑒事。

竊奴才赴抵石峴軍營，業將遵旨查明苗匪滋事，并籌剿未盡净逆寨，及差苗弁曉諭順苗，派員前往探路各緣由，縷晰奏明在案。查，上潮、下潮在石峴之東，相隔三十餘里。巖屯溝、黃茅蓬在石峴之西，相隔十餘里。道路俱係竣險。先經派委官兵并順苗人等，周圍設卡，嚴密防堵。旋據常明、周圍差去之苗守備田老官、龍巖二等同稱，上潮、下潮之鄰近各寨，均皆畏法安分，并以攻剿逆寨恐有逃竄，均願協力防堵。當即曉喻伊等不得疑懼驚惶，苗人無不感畏。惟巖屯溝、黃茅蓬之毗連各寨，向俱狼狽爲奸，素爲良民百姓所深恨。現在石峴等寨逃匪，在彼處窩藏者甚多，且聞有官兵攻剿時即前來幫助之語，是巖屯溝一路尤爲可恨，若不速爲剿滅，恐致日久人多，又生他慮。并據派委探路之督標千總安朝聘、貴陽營千總劉子玉帶同熟悉路徑之苗弁，分頭踩探。據稟，巖屯溝寨本有兩路可通，俱經逆苗堆砌亂石，晝夜堵守，甚爲嚴密，急難得手。惟山後另有小路兩條，俱係險窄山徑，馬匹難行。現尚無人防守，可以由此進攻，稍遲即恐又被堵塞等語。奴才當即密派藩司常明、副將雙林、鳳凰廳同知傅鼐帶同千把、外委等，及隨傅鼐前來之世職鄭國鴻、把總吳貴，領兵勇一千二百名，令安朝聘前引，爲一路。又派副將劉廷奇、游擊鳥雲殊帶守備陳廷玉、千把、外委等，領兵一千二百名，令千總劉子玉前引，爲一路。由山後兩路進發，約定山頂會齊，出其不意，分攻賊寨。又派貴東道周緯、署遵義協副將游擊劉瑄、黎平府知府程卓梁，帶領備弁及兵勇六百名，爲一路。各從山前攻打石卡，以分賊勢，并授以機宜。如能將石卡攻破，即留兵一半在外防堵，一半進剿。奴才帶領隨營辦事之思州府劉雲景、東同知惲奕、思茅同知王述炳、筆帖式忠福、備弁等官，帶領官兵四百名、苗兵二百名隨後親往督催策應。五路兵勇於二十八日丑刻起身。因山後小路崎嶇險岌，衹容一人一騎，所有領兵各員俱下馬督催兵勇，魚貫拉扯而上。直至天明，兩路兵勇始過山頂。該處雖無墻卡，亦有數人在彼處放哨。瞥見官兵已到，即放槍抵拒。兵勇亦即向上施槍箭。至稍寬之處，乘空擁上山梁，擒獲逆苗一名，砍死一名，餘苗奔跑。常明、傅鼐、雙林等驅兵直抵賊寨，已先設有木柵，逆苗抵死守拒。兵勇槍炮齊放，焚燒木柵。而副將劉廷奇等所帶兵勇，亦即趕上山梁，合兵奮力剿殺。山前兩路官兵見賊寨火起，齊聲吶喊，奮力仰攻。其時，把守山口之逆苗知寨内官兵已入，驚惶失措，無心守禦，俱各回寨抵敵。周瑋、劉瑄等乘勢率領兵勇，將兩處堆砌亂石搬開，各留兵一半防堵，其餘一擁而入。奴才亦督令後隊官弁、兵丁、鄉勇直入，槍炮齊施，打死賊苗無數。該苗等見官兵聲衆，越嶺脫逃，思欲由山逃出，又被槍炮擊回。而各山凹岔口，先經派有隨營委員、營弁，同屯勇并順苗等防堵，難以逃遁。該司將等即將巖屯溝全行洗蕩，燒毀房屋，即催兵至黃茅蓬剿洗。早有逆苗多人放槍迎敵，我兵并力向前。突有二賊目執旗招轉，隨有兩路賊苗從旁蜂擁而出，希圖斷截官兵。該司道將弁等分兵抵敵，將執旗逆苗二人俱行槍斃，痛加擊殺，逆寨概行燒毀。隨於生擒逆苗内訊出，係野竹塘、芭蕉灣、水竹園三寨苗人因聞官兵剿洗，前來救應。與苗弁等所探情節相同。該苗等雖未認隨同燒搶，而此時膽敢助惡抗拒，其爲夥黨無疑，不可不概予洗除，以絕後患。當飭該司道將弁等，分兵將野竹塘、芭蕉灣、水竹園三寨立行圍剿。官兵鄉勇自丑至西，莫不奮勇爭先，共剿過逆寨五處。時已將暮，即將兵勇撤令回營。此次仰仗聖主鴻福，將士用命，并有鳳凰廳同知傅鼐前來助力。該員所練兵勇強健敢先，無不一以當十。而官兵等亦各奮勉爭先。更有難民人等見奴才前赴軍營，紛紛投來，願同助勢殺賊泄忿。一日連克五處逆寨，生擒賊目唐子時、唐老太、隴老華、田在明、麻老瓦、龍金才、田再時、唐復興、龍老榮等九名，夥黨五十一名，老幼男婦二十三口。割獲耳計六百七十六對、首級二十一顆，槍斃、炮打、投河、落崖、燒死者不計其數。搶獲鳥槍九十餘桿，苗刀、長矛等械無數，牛馬、米穀甚多。查，該五處苗人不過三千之數，而生擒、傷斃不下二千餘名。其先經躲避或臨陣脫逃者，仍飭搜查，不使漏網。奴才回營後，查點弁兵鄉勇内，千總劉子玉左手得受矛傷，外委石進德右膀被刀砍傷，其餘陣亡鄉勇一名，兵丁、鄉勇共受傷二十九名。奴才當將陣亡鄉勇及受傷官弁、兵勇酌量先行給賞，擒獲首夥各犯，審明正法。老幼男婦，另行分別辦理。搶獲米穀、牲畜，分賞難民。并於次日又派將備等帶領兵勇進山搜查，拿獲深箐山硐内藏匿逃匪十一名。内有一名何再隆，係上潮爲首之人。該犯兇橫異常，身受五槍，始行倒被獲，亦即立時辦理。人心無不稱快，而各寨苗人俱膽落心驚。即有附近苗弁帶同頭人前來乞命，願隨打仗殺賊。如有逆苗逃往寨中，立即拿獲呈送，不敢容留。并已有拿獲竄匪縛送到營者情形，實在畏懼，當即一一安慰。而去所有石峴以西巖屯溝一帶不法逆寨，俱已肅清，民、苗均知感畏。至上潮、下潮其勢愈孤，更覺易於辦理，約一二日即可剿辦完竣。惟期迅速蔵功，永臻寧謐。所有攻克巖屯溝等五處逆寨緣由理合恭摺由驛馳奏。伏祈皇上聖鑒。謹奏。

奏攻上、下潮肅清摺 嘉慶六年雲貴總督琅玕

奏為攻克苗匪首先起事之上潮、下潮逆寨全行掃蕩，擒戮著名賊首，苗情震懾，全境肅清，恭摺奏報，仰祈聖鑒事。

竊奴才前於剿辦巖屯溝等處完竣後，即將趕緊籌辦剿上潮、下潮緣由奏明在案。旋因連日陰雨，泥濘未能進兵。查上、下潮在石峴之東，兩寨緊連接續。自石峴向東，俱係崇山峻嶺，偏坡山路，約行三十里，至八十坡大山。下坡二三里，又係長山一帶，極其聳峻。中有峽溝一道，直通該寨，甚為窄狹，乃係苗人出入門戶。該逆等即在該處防守，甚為嚴密。入峽溝內，寨前有大溪環抱，水尚不深，亦無橋梁。奴才連日差人踩探，并密傳附近順苗千總隴老三等詢問。該寨四面環山，除此峽溝之外，并無別路可以進攻。惟有厚集兵力，攻破峽溝，始能直搗逆寨。該匪等爬山越嶺，較官兵倍為便捷。恐官兵攻擊之時，四散竄逸，必須密為布置，方能一鼓兜擒。奴才於到軍營之先，已派撥文武員弁帶同鄉勇、苗兵，於四面要隘處所，設卡防守。遂於初三日晴霽之後，密派副將劉廷奇、游擊張明成并備弁等官，帶領兵勇一千名、苗兵一千名。又派貴東道周緯、游擊烏雲珠并備弁等，帶領兵勇一千名，令苗弁隴老三、隴正才引路，由八十坡之左右分往兜圍。俟天亮時，即上山梁助勢堵截。均於一更時起身，隨派藩司常明、參將雙林、同知傅鼐并備弁等，帶領兵勇二千名，由八十坡取道進攻。奴才率同委員備弁等官，督領兵勇、苗弁兵一千名，隨後策應。初三日卯刻，常明所帶官兵行抵坡下，見峽溝以外苗匪數百人屯聚，望見官兵將至，即施放號槍抵敵。常明等催令兵勇并力向前，槍箭齊放。苗匪即退於峽溝，向外擲石放槍，抵死抗拒。而該處地甚窄狹，兵勇又不能多進，遂用炮向內連擊，轟斃數人，賊始後退。官兵、鄉勇一面施放鳥槍，鼓勇搶進，苗匪飛奔溝邊，踩水而渡。兵勇全數由峽溝而入，一齊用槍追擊，直至溪邊。苗匪大半踩過，其在後中槍落水者不計其數。官兵人馬均於水淺處過溪，直逼上潮寨。前有苗匪數百人，搖旗吹角，吶喊前來，刀矛抵拒，施放鳥槍，勢甚兇猛。我兵勇雖有受傷，而齊心奮勇，并力爭先，槍箭齊發，并分兵入寨，搜拿舉火燒毀賊寨。逆苗一見火起，驚惶忙亂，紛紛奔跑。常明等驅兵直指下潮，而下潮苗匪在峽溝把守者，已於溪邊槍斃無數。

餘見上潮已破，官兵勢大不敢抵敵，即往四山高險處逃命。周諱、劉廷奇、張明成、烏雲珠業已帶領兵勇由後山上紮山梁。因山勢陡峻，不能壓下。見苗匪逃竄，四面槍炮并舉，苗匪皆紛紛滾巖落箐，各處藏躲。奴才催令後隊官弁、兵勇齊整，一半紮住溪邊，一半派令前往，協同常明等對面夾攻，隨路截殺焚燒逆寨。其復奔回欲行渡溪者，俱被所扎之兵擊死溪內。并飭將備等帶領兵勇於深林密箐中，到處搜拿。生擒首夥苗匪六十二人，老幼男婦二十一人，割獲首級六十一顆，耳計二百二十對，槍箭殺死及滾巖落水、燒斃者，不計其數。奪獲鳥槍五十二桿，刀、矛一百四十二件，小鐵炮一個，牛馬、米穀無數。奴才隨即撤兵，將擒獲各犯逐一審訊。內有隴元大、隴育保、隴與華、隴老五等四名，俱係為首糾約燒搶之犯，餘供隨同滋事抗拒官兵，俱即正法梟示。所獲牛馬、米穀分給難民，老幼婦女另行分別辦理。查點此次打仗，千總安朝聘石傷左腮，把總蘇元槍傷左手，陣亡兵勇四名，槍傷九名，鄉勇受傷十一名，當即分別給賞。奴才查上潮、下潮地勢之險，雖稍次於石峴，而其窩藏積匪，實與石峴無異。今幸仰仗天威，得以一鼓掃掣，擒獲緊要賊首，立行正法，實足以彰國憲而快人心。奴才撤兵回營時，即有難民及苗弁帶同順苗人等伏地叩頭，齊聲感戴。看此情形，地方民、苗可臻寧帖，足以上慰聖慈。惟據各犯供出之頭人白觀元、白喬生二名，未經就獲，其或臨陣被殺，或餓死深山密箐，抑或免脫逃生，俱未可定。再節次攻剿搜山，被官兵當時擊斃并擒獲正法，以及投崖落水生死之外，亦尚有未獲餘匪。原應查拿盡凈，但若因此大加搜索，驚擾良苗，以致各寨均生疑懼，亦非綏靖苗疆之道。奴才當即出示曉諭，各寨順苗留心稽查，遇有此案餘黨，即行縛獻。倘有知情容留，即照同夥究辦。該苗等無不畏懼連累，斷不敢稍有隱匿，自不致任其漏網。所有苗匪滋事糾約各寨，前已經伊桑阿攻克石峴等寨，奴才續又剿洗巖屯溝、黃茅蓬及現在攻克上、下潮，以及助惡為匪之芭蕉灣、野竹塘等逆寨，全行剿洗完竣緣由，理合恭摺由驛馳奏。伏祈皇上聖鑒。謹奏。

奏熟籌善後摺 嘉慶六年雲貴總督琅玕

　　奏為剿辦苗匪事竣，敬將察看石峴等處情形，熟籌善後，并撤兵安撫緣由，悉縷陳，仰祈聖鑒事。

　　竊奴才於上年春奉命撫黔，仰蒙訓示詳深，以安慰苗人為切要。奴才到黔之後，即嚴飭地方文武，毋得偏護漢民，苛累苗衆。出示曉諭民、苗，各守各業，不許互易田產，致有盤剝。并令該管上司隨時嚴查。伊桑阿到任後，亦通行飭知地方各官，各知凜遵，不敢偏抑苛累。百姓等前車爲鑒，亦不敢債利盤剝。至一切上糧當差，民、苗均無二致。兹石峴等寨匪苗勾結燒搶之案，奴才馳抵銅仁，細加訪察，知石峴地方山居險僻，苗人獷悍。該處田地雖多，而額糧僅征二石有零，且并不按年交納，地方官不能催追，亦從無當夫受雇。凡遇盜竊爲匪，官役不能入寨查拿，山內亦無漢民寨落，不但地方官無從苛累，漢民亦無從盤剝。緣恃有險可以藏匿，遂至藐法橫行。奴才由銅仁前赴石峴軍營一路察看，自正大營至八石坡，約五十餘里，俱傍山溝而進，雖渡水數次，而道路尚平。自八石坡山脊一線直上里餘，越過尖峰，及越山隘數重，方抵石峴。道路之險，或上至山頭，或下入箐底，窄處人不能并肩，陡處馬不能駐足。奴才督同官弁前進，屢有必須下馬步行之處。查，該處斜長二十餘里，周圍七十餘里，其中衆山盤錯，竟無數十步平原之地。奴才於剿辦完竣後，復由軍營親往各逆寨基址復加查看，雖均屬難行之路，有可恃之險，而石峴爲尤甚。該處層層陡峰，處處深箐，山凹岔口甚多。凡有平坦隙地俱係水田，而道路均係斜坡，竟有雙足不能并立之處，俗名呼爲苗道。該匪等窩巢或高踞山頭或低藏箐底，皆係人跡不易到之區。山內并無漢民住址，是該匪等之倚恃險阻，固屬實情。而官役不能搜求，漢民無從盤剝，亦無議。所以六十年滋事之案，大兵未經剿入，即准其投誠。今匪等苗性犬羊，復萌故智。幸仰仗皇上德威遠布，得將險要逆巢全行剿洗。由此，苗疆共慶肅清，邊隅可期寧謐。查，上潮、下潮、屯溝、黃茅蓬、新屯等處，雖係同時勾結之寨，但附近尚有順苗寨落。且細加訪查，此中有於逆苗滋事之先，畏懼連累，先已搬移逃避者。而附近良民，有於官兵進剿之時，幫同出力截堵者。所有各寨田畝，本無石峴之多，似應將逃出良苗招令復業。其餘逆產，應俟查明出力苗人分別奏請諭旨，賞給耕種，以示獎勵而分良莠。惟石峴地方并無守法良苗，而巢穴之險要，亦非他處可比。今既淨掃頑氛，斷不可再令苗人盤踞險巢，復滋事端。所有逆產自應全行入官，仍須仿照楚省苗疆，安汛設卡，派撥兵勇，以資巡防。奴才查石峴西距松桃六十里，東距正大營七十里，南接平頭司及四十八溪二十餘里，實爲黔省苗疆扼要之區。此處設立汛卡，駐剳官兵、屯勇，不獨該處匪苗永遠無險可恃，而四面苗寨均可以資震懾。惟山勢險岫，路徑錯雜，必須設卡百餘座，派兵千餘名，方能防範周密。黔省兵丁既無可抽之處，而又難以額外加增。奴才愚昧之見，惟有仿照九衛屯田之例，招募屯兵，令其守卡巡防。即將石峴逆產給與耕種，俾足以敷養贍，不致再糜糧餉。現飭藩司常明、貴東道周緯及銅仁協府等，妥議設卡處所及屯兵名數，勘明逆産數目。奴才復加酌核，另行具奏請旨。至此案滋事頭人，除拿獲正法及臨陣擊斃之外，尚有未獲白觀元、白喬生二名，其存亡雖未得知，仍應嚴行查拿。其餘在逃夥黨亦宜搜捕淨盡，以期盡絕根株。但查此次滋事首犯除白老寅、隴通明係起意之人，已經正法，其餘爲頭者，不過帶同各本寨之人燒搶，希圖多得一分財物，即謂之首，較別案逆首，衆匪推之爲尊者，情形迥不相同。現在嚴飭各苗寨留心稽查，不許容留隱匿。據各寨順苗具結呈投，倘遇各犯逃竄入寨，即行縛送。并各處所設苗兵，實力查拿。現在各卡已有拿獲送營者，自不致任其漏網。惟是各苗寨聞知奴才督兵進剿，俱心疑欲將伊等寨落，不分良莠，盡數剿除。間有遠避搬移之人，雖經出示曉諭，而愚苗無知。奴才一日駐劄在營，苗情一日疑懼不寧。且恐有無籍游民，希圖生事，捏詞恐嚇等事。是苗人畏懼既深，自不敢再行滋事。而無罪良民，致令失家離業，亦非仰體我皇上安馭苗人、綏靖邊圉之意。現當栽種之期，亟宜息事寧人，俾良苗安心復業。奴才於拜摺後，將隨營弁兵酌留數百名，交與常明、周緯、雙林等在彼彈壓，以便丈量石峴逆苗地畝，查勘設卡之處，就近詳細繪圖。并令苗弁人等將躲避畏懼之良苗，速行招回，令其歸業。奴才即於次日上路，查看民苗情形，仍回銅仁駐劄，將一切善後事宜辦有章程，再行具奏請旨。所有察看石峴等處情形，籌辦善後及撤兵安撫緣由，理合先行詳悉奏明。再，奴才於拿獲要犯時，逐一審訊。僉供，此次苗匪滋事，實係黔苗起意燒搶，糾約附和之湖南蘇麻、風桶、鷄籠等寨三百餘人前來幫助。查，該苗匪等聚衆焚掠，往往黔、楚互相糾約，原無謀逆情事。此番所約人數尚不甚多，經官兵逐細搜剿，楚苗賊目麻天保、龍老波等十餘人窩留石峴等處者，均經按名擒戮。其逃回楚寨各犯，據鳳凰同知傅鼐稟稱，已經會同營員帶領兵勇，將賊匪較多之鷄籠寨焚剿。合計擒戮苗匪及於各寨搜獲者，共有一百六十餘名。續據蘇麻、風桶二寨苗備隴秀彩等，縛獻餘匪四十三名。除在黔拿獲正法外，似已搜捕殆盡等語。該員現在黔營，隨同奴才已將嚴屯溝等寨及上潮、下潮剿辦完竣，即日回廳審明稟報，應聽楚省具奏完結。合并奏聞。伏祈皇上聖鑒，謹奏。

奏誘擒永綏癲苗龍六生等，并追獲舊失關防摺 嘉慶八年湖南巡撫高杞

奏爲追獲舊失鎮筸鎮關防，苗疆現臻寧靜，恭摺奏祈聖鑒事。

竊奴才前以苗疆每屆年底，間有窮苗潛出掠食，且永綏廳甫經內移，疤苗等

争占空房地土，不無散布謠言。密飭傅鼐前赴黔、楚沿邊處所，鎮静彈壓，相機妥辦。并令就近會晤黔省道廳，將黔邊堡卡趕緊修繕，務使一律完整。業於十月十九日附片奏蒙聖鑒在案。兹據傅鼐稟稱，親赴沿邊巡查防範。據委員千總楊昌禮，訪得補抽寨癲苗龍六生，大哨寨癲苗龍大吉、龍五沙等，因山中鋤土，拾得鎮篁鎮舊關防一顆，將紅土塗印傳觀，遂藉此布散謠言，冀圖煽惑。經該丞令其設法追繳。旋據千總李可仁、外委翟上富將爲首癲苗龍五沙、龍大古之子侄龍老那、龍七斤兩人，帶出投見乞饒。供稱，伊父叔龍五沙等，現已逃匿深巢，不敢多事。該丞於黔、楚交界之巴茅坪，整率練勇，以示聲威，剴切曉諭。痞苗等咸知震懾，隨同苗弁陸續投見，願充苗兵。俱經暫爲撫馭，飭令苗弁管束，於滚牛坡、胡蘆坪一帶，紮卡守路。現在訛言已息，邊境粒安等因。奴才查所獲鎮篁鎮舊關防，係乾隆六十年逆苗滋事，前任總兵明安圖在排打扣地方被害遺失。裁定以來，迄無下落。今爲該匪拾得，因而藉圖煽惑。現經傅鼐委弁立時追出，痞苗等無可附和，漸已畏懼解散，陸續投出。其爲首癲苗龍六生、龍五沙、龍大古三人，仍飭傅鼐督飭各弁，并剴諭苗弁，設法誘擒，務在不動聲色，妥爲辦理。仍令傅鼐於上、下九里等地方，嚴密巡防，并將投出各苗人撫馭得所。俾群苗咸歸約束，各務春耕，以期邊境永静，上紓慈廑。所有追出舊失鎮篁鎮之關防，除飭辰沅道鄭人慶委員齎省驗明，遇便解部查銷外，理合恭摺奏聞，伏乞皇上聖鑒。謹奏。

嘉慶八年二月十八日奉硃批：鑒奏俱悉。欽此。

奏審辦前案匪苗摺 <small>嘉慶八年湖南巡撫高杞</small>

奏爲提訊匪苗，訊明首夥，分別辦理，恭摺奏聞事。

竊照永綏所屬補抽、大哨等寨癲苗龍六生、龍大古、龍五沙等，因拾獲舊失鎮篁鎮關防，糾衆斂錢滋釁。經該處鎮道并總理邊務之鳳凰廳傅鼐，會督廳、協、營弁，先後設法誘獲。奏奉旨：著飭提訊確供，定擬具奏等因。欽此。當即札飭辰沅道鄭人慶，委員將首匪龍六生、龍五沙、龍大古等迅速解省。一面將附和餘黨就近嚴審，確供具報。去後，嗣據該道稟稱，龍大古一犯於訊供後患病沉重，難以起解。現將龍六生、龍五沙，并續獲隨同糾衆情節較重之麻沙壳、吳老黑，并復經查出該癲首尚藏有原失永綏右營守備關防，一并追獲解送等語。查閱該道等齎到龍大古供詞，原同龍六生、龍五沙首先造謀，自稱天王，希圖搶村劫汛，情罪極爲重大。誠恐該犯病斃，轉得幸逃顯戮。隨飛飭該道，就近先將該犯正法梟示。旋據委員於六月初六日，將龍六生等四犯管解到省，率同在省司道，提犯親加研鞫。緣龍六生、龍五沙，同已正法之龍大古，均係永綏九里苗人，分住補抽、大哨各寨。乾隆六十年苗匪滋事之時，該三犯俱曾隨同燒搶，抗拒官兵。旋均投誠免死，種土度日。嘉慶七年十一月，龍六生因鋤土挖得舊失鎮算鎮關防一顆，後又拾獲守備關防一顆。該匪苗以官府憑信即可調兵徵糧，今連獲兩印，諒係神賜爵位，頓萌逆念。商允龍五沙、龍大古同時假裝瘋癲，龍六生與龍大古各自稱天王，龍五沙自稱五雷將軍。并有補抽分寨，窩大凱苗匪麻沙壳、吳老黑二犯聞知情願入夥，同趨天王廟，宰牛歃血，拜印跳舞，各受龍六生假封，俱稱總督，即分赴各寨。糾得補抽、窩大凱兩寨之龍老化、吳老三等三十三名，大哨之龍老喬等三十一名，小哨寨之龍老隆等六名，陡喇寨之龍老花等十六名，巖科寨之龍老翠等八名，排喇寨之麻老觀等五名，鵝票寨之石老四等三名，以上共一百零二名，亦俱願從入黨，同至天王廟。經龍六生等點名齊集，均各給以僞號，或稱太爺，或稱總爺。將鍋煤做墨紅土，研成印色，信手寫做文書用印，分給麻沙壳等，轉向蠟一坪、龍孔、樓魚等寨，逼脅衆苗，收得糧三百餘石，錢二百餘千文，混稱儲備。攻打黔汛芭茅坪、盤石營及楚境花園、茶洞等處。因各碉卡防堵嚴緊，未能得手，將錢米自行食用。旋經文武官弁聞信，督率兵勇前赴剿辦，衆苗各自解散。千總楊昌禮、李可仁、外委翟上富等，復深入苗巢追獲舊失鎮算鎮關防，并將龍六生、龍五沙、龍大古先行誘獲。訊據供出夥犯麻沙壳、吳老黑及甘心從逆之補抽等寨痞苗龍老花等一百零二名，全數拿獲。此外，被脅附和之蠟一坪田老四等六十二名、龍孔寨之龍章四等四十七名，樓魚寨石老三等六名，共一百一十五名，俱先後畏罪，自行投首。提訊之龍六生、龍五沙、麻沙壳、吳老黑，各供認前情，歷歷如繪，與該道廳原訊各供符合。除龍大古一犯業因患病，先經飭令就近正法梟示外，查龍六生、龍五沙於乾隆六十年，隨同匪苗焚搶抗拒，投誠免死之後，因拾獲舊失關防，膽敢藉端煽惑，自稱天王及五雷將軍名號，糾集痞苗，混給僞封，向各寨收歛錢米，倡言欲劫營汛。雖經營汛防範嚴密，未得起事，而其造蓄逆謀已屬顯著，洵堪髮指。該二犯俱應照大逆，凌遲處死。至麻沙壳、吳老黑二犯，聽受僞封總督名號，分赴各寨糾衆歛財，即屬助逆黨惡，應照謀叛律，擬斬立決。查苗疆年來甫經戡定，現當建碉屯勇，邊備鞏固之時，該犯等復敢妄生覬覦，恣不畏法，非立正典刑，不足以昭炯戒。臣於訊明後，即恭請王命，飭委臬司韓封、臣標中軍參將宣朝綱，將龍六生等四犯綁赴市曹，分別凌遲處斬，訖仍將該犯等首級傳至犯事地方，同龍大古首級一體示衆，使苗人觸目儆心，咸知震懾。其補抽等寨之龍老化等一百零二名，既據訊係甘心從逆，受有僞號，亦難姑貸，即札飭該鎮道等，就近騈斬，不留餘孽。至自行投首蠟一坪等寨之田老四等一百一十五名，訊係被脅所致，且旋各悔罪投誠，情尚可原。已飭傳喚各苗弁，按名領回，嚴加管束，（母）〔毋〕任生事。該苗衆經此番分別辦理，明示恩威。其良善者固愈加感激，即桀驚者亦靡不倍形畏服，諒不敢再萌窺伺。現在邊防整肅，苗境安帖，洵堪上慰聖懷。再，此次續行追獲守備關防一顆及前此追獲舊失鎮箄鎮關防一顆，擬即另行送部查銷。合并聲明。爲此恭摺奏聞，伏祈皇上聖鑒。謹奏。

嘉慶八年七月二十二日，奉上諭：高杞奏提訊苗匪，究明首夥，分別辦理一摺。該省永綏所屬補抽、大哨等寨癲苗龍六生、龍大古、龍五沙等，因拾獲舊失鎮箄鎮關防，輒敢糾集衆苗，混給僞封，向各寨收斂錢米，并欲起意搶劫營汛，實屬不法已極。該鎮道等探知該匪等造蓄逆謀，即分派文武官弁前赴剿辦。千總楊昌禮、李可仁、翟上富深入苗巢，追獲舊失鎮箄鎮關防，當將龍六生、龍大古設法誘獲，并究出甘心從逆之麻沙壳、吳老黑等一百零二名，首夥全數拿獲。經高杞親提研鞫，分別斬梟治罪，所辦甚好。千總楊昌禮、李可仁、外委翟上富等，設法誘擒苗匪，尚屬能事，着以應升之缺即行升用。伊三人如未經得有翎枝，并着賞戴藍翎。所有此次督辦出力之該管鎮、道、廳員等，并令該撫查明，據實保奏，以示鼓勵。欽此。

奏遵保出力人員摺 _{嘉慶八年湖南巡撫高杞}

奏爲遵旨查明苗疆在事出力人員，據實具奏，仰祈聖鑒事。

竊臣前於具奏審辦永綏九里癲苗龍六生等糾衆滋釁一案，欽奉諭旨：千總楊昌禮、李可仁、外委翟上富，着以應升之缺即行升用。如未經得有翎枝，并着賞戴藍翎。此次出力該管鎮、道、廳員等，并令該撫查明，據實保奏，以示鼓勵等因。欽此。仰見皇上慎重邊防、微勞必錄之至意，曷勝欽感。遵查，千總楊昌禮、李可仁、翟上富均未得有翎枝，當經傳宣恩旨賞給戴用藍翎。內千總楊昌禮、外委翟上富業遵前旨，分別以守備、把總升補，千總李可仁遇有應升缺出即予升用。并據該弁等稟稱，仰沐殊恩，實屬夢想不到，惟有益加感奮，以圖出力報效等語，情詞均出至誠。復查，此次籌辦龍大生等糾衆滋事一案，不動聲色，立時設法擒捕，分別懲治，使苗疆得臻靜謐，實由總理邊務之鳳凰廳同知傅鼐先期聞信，親赴沿邊一帶，同文武員弁督率兵勇，相機擒捕，得以妥速集事。而鎮篁鎮總兵富志那，平時與該道廳等和衷協力，籌辦邊防。此次復經派撥弁兵與該道鄭人慶及傅鼐等，商酌機宜，均得要領。綏靖鎮總兵魁保、永綏廳同知王廷瑛，係其本管境內，亦俱派兵勵勇，協助搜擒，均屬不遺餘力。查，鄭人慶、王廷（煐）〔瑛〕二員，均經於本年補行計典保薦，蒙恩允准。富志那、魁保係總兵大員，於防捕匪苗本屬分內應辦之事，傅鼐亦屢經仰沐聖恩，其平日民、苗畏服，居官明正，及辦理一切邊務，實心實力之處，早在聖明洞鑒之中。鎮道廳員可否量加獎勵之處，出自皇上天恩。現在傅鼐因稟商邊防事宜來省，據稱傅鼐疊荷皇恩，以同知食知府俸，加道銜，仰戴天高地厚之恩，感激惶悚，常懼不能上酬萬一；此次獲辦匪苗，分應竭力，斷不敢再邀曠典。惟現署辰州府通判姚興潔，效用苗疆已經九載，節年隨同搜剿匪苗，建設碉堡，襄辦屯勇各事宜，備歷艱辛；此次剿辦九里癲苗，隨同往來布置，解散衆苗，多得該員之力。又委駐永綏花園、茶洞等處幫辦邊防之縣丞常慶及鳳凰廳知事高誠，俱係歷年苗疆勇幹得力之員；此次又復帶屯勇冒險深入苗巢，幫同搜捕，不留餘孽，亦屬真誠巴結。該三員勞績彰著，該處文武實所目擊稔知，不敢掩沒等語。并據該道鄭人慶查稟相同，復加體查無異。查，姚興潔係候補布政使理問，於嘉慶六年經前督臣書麟、撫臣祖之望，暨督臣英□、前撫臣馬慧裕，疊次保奏有案，先經咨部借補湘鄉縣縣丞聲明，例得仍照理問原銜升轉。又縣丞常慶、知事高誠，同爲出力較著，謹遵諭旨，據實保奏。合無仰懇聖恩，俯念邊防重要，鼓勵勞員，將姚興潔照布政司理問，原銜應升之知州盡先升補，常慶、高誠各以應升之缺即行升用。此外，尚有隨同帶領練勇出力之雲騎尉世職鄭國鴻、把總吳貴、盧升等三員，擬即移交提臣存記，遇有營缺量加超拔。其餘在事出力兵勇、苗弁等，先經飭令該道等分別獎賞。內有鄉勇頭目張有升、王大才二名，向在苗疆打仗出力，且管帶練勇多年，均能約束妥協；此次擒捕匪苗尤爲奮勇，應請均以屯把總、外委補用。苗目石三月、麻花耳二名，此次飭令開導散苗，設卡守路，亦屬馴順曉事；并請遇有苗千總缺出，即予拔補，以示鼓勵。如蒙聖慈允准，不特各該員弁等，身受鴻恩，倍加感激。凡在苗疆文武各員，無不同聲欣躍，鼓舞奮興，共圖報效，實於邊防大有裨益。所有遵旨查明據實保奏緣由，理合恭折具奏，伏祈皇上聖鑒訓示。謹奏。奉硃批：即有旨。欽此。

嘉慶八年十月二十八日，奉上諭：高杞奏查明苗疆出力人員一摺。湖南永綏九里癲苗龍六生等糾衆滋釁一案，該管鎮、道、廳員等先期得信，能不動聲色立時設法擒捕，辦理妥速，尚屬可嘉。前經降旨，令該撫查明保奏。茲據高杞將出力各員奏聞。内除道員鄭人慶、同知王廷瑛，業經保薦卓異外，總兵富志那、魁保、道銜同知傅鼐三員，著加恩交部議敘。現署通判布政司理問姚興潔，著加恩以應升之知州儘先升補。縣丞常慶、鳳凰廳知事高誠，均加恩以應升之缺即行升用。又據奏，雲騎尉世職鄭國鴻、把總吳貴、盧升帶領練勇均屬出力，著加恩存記，遇有缺出，量加超拔。鄉勇頭目張有升、王大才，平日管帶練勇妥協，此次尤爲奮勇，著加恩以廳標把總、外委補用。苗目石三月、麻花耳二名，於開導散苗，設卡守路，均屬出力，著加恩遇有苗千把總缺出即予拔補，以示鼓勵。該部知道。摺并發。欽此。

部覆前案議敘 嘉慶九年正月初九日准咨

兵部爲議敘事，會議得内閣鈔出嘉慶八年十月二十八日奉上諭：高杞奏查明苗疆出力人員一摺。湖南永綏九里癲苗龍六生等糾衆滋釁一案，該管鎮、道、廳員等先期得信，能不動聲色，立時設法擒捕，辦理妥速，尚屬可嘉。前經降旨，令該撫查明保奏。茲據高杞將出力各員奏聞。内除道員鄭人慶、同知王廷瑛，業經保薦卓異外，總兵富志那、魁保，道銜同知傅鼐三員，著加恩交部議敘。現署通判布政司理問姚興潔，著加恩以應升之知州儘先升補。縣丞常慶、鳳凰廳知事高誠均加恩，以應升之缺即行升用。又據奏，雲騎尉世職鄭國鴻、把總吳貴、盧升帶領練勇均屬出力，著加恩存記，遇有缺出，量加超拔。鄉勇頭目張有升、王大才，平日管帶練勇妥協，此次尤爲奮勇，著加恩以廳標把總、外委補用。苗目石三月、麻花耳二名，於開導散苗，設卡守路，均屬出力，著加恩遇有苗千把總缺出即予拔補，以示鼓勵。該部知道。摺并發。欽此。欽遵鈔出到部。除道員鄭人慶、同知王廷瑛，業經保薦卓異。布政司理問姚興潔已欽奉恩旨，以應升之知州儘先升補。縣丞常慶、鳳凰廳知事高誠，以應升之缺即行升用。雲騎尉世職鄭國鴻、把總吳貴、盧升，遇有營缺，量加超拔。鄉勇頭目張有升、王大才，以把總、外委補用。苗目石三月、麻化耳，遇有苗千、把總缺出，即予拔補，均毋庸議。并先行恭録上諭，行文該撫欽遵辦理外，此次湖南九里癲苗龍六生等糾衆滋釁，經總兵富志那、魁保，道銜同知傅鼐等先期得信，不動聲色，立時設法擒捕，辦理實屬妥協。欽奉諭旨，交部議敘。臣等酌擬，請將前任湖南鎮箪鎮總

兵、今授貴州提督富志那、湖南綏靖總兵魁保、道銜鳳凰廳同知傅鼐，均照一等
軍功例，各給與軍功加一級，軍功記錄二次等因。嘉慶八年十二月初五日題。本
月初七日，奉旨：富志那、魁保，俱著軍功加一級，軍功記錄二次。餘依議。
欽此。

會奏剿辦永綏匪苗石宗四等摺 嘉慶十年湖南巡撫阿林保、湖南提督仙鶴林

　　奏爲痛剿逆苗寨落，擒獲首夥各犯，審明分別辦理，苗情懾服，邊境肅清，
恭摺奏聞，仰祈聖鑒事。

　　竊照永綏八、九、十等里苗情最爲狡悍，而該處崇山峻嶺，地勢極險，從前
大兵剿辦，從未至其境內，無所懲創。其中不法匪苗盤踞勾結，每懷反側，未能
革面洗心。伏查苗疆戡定之後，曾欽奉諭旨：有犯必懲，無事莫擾。洵爲治苗要
道。上年，總理邊務加道銜鳳凰廳同知傅鼐來省稟商邊備情形，臣阿林保面爲諄
囑，講求恪遵聖訓，留心防範，妥爲籌辦。茲據傅鼐稟稱：本年正月內，前赴永
綏會辦邊防事宜。查知八里丁牛寨積惡石宗四與下十里巖落寨積匪石貴銀起意爲
首，糾聚附近各寨及九里苗人，欲行攻擾邊汛，并枷禁苗守備龍長宮、苗千總龍
添生，圖搶官糧，殺斃良苗及苗把總石老那。并探知該匪等已聚多匪，欲攻涼水
井一帶內地汛卡，隨會同綏靖鎮魁保、永綏同知王廷瑛密爲布置。該員等帶領兵
勇由吉溪進至夯坨，該匪等輒敢過河放槍抵拒，當即督率兵勇奮擊，乘勝追剿。
自二月初四日至二十日，屢次接仗，擒斬多名，先後焚剿匪寨十六處，錄取生獲
匪犯各供，將首逆石宗四、石貴銀及糾衆要犯龍六兒、龍天心、石子戈，親押赴
省，聽候審辦。現在衆苗聞風震懾，良苗安堵，地方益臻靜謐等情。復接據綏靖
鎮臣魁保、辰沅道鄭人慶咨稟，相同。臣仙林駐劄常德，聞信馳往辰州，業已剿
辦竣事，查明所稟情形屬實。臣阿林保接稟後，即派員迎提各犯到省，隨率同藩
司成寧、臬司金應琦，提犯研鞫。緣石宗四係永綏八里丁牛寨苗人，乾隆六十年
苗匪滋事，該犯自稱將軍，率衆肆出焚搶。石貴銀係十里巖落寨苗人，前曾受過
首逆吳八月僞封總統，均於嘉慶二年隨衆投降，免死羈縻。石宗四恃其寨險富
強，屢屢滋事，攻擾汛防，梗塞道路，欺壓良苗。近因掘獲銅鐵炮六位，妄言神
賜軍器，意圖反逆。即與石貴銀商謀爲首，并令龍六觀、龍天心、石子戈，糾集
夥衆，勾結丁牛寨、巖落、己彩及九里之破口、漏魚等寨匪苗，逼脅各里苗人，
隨伊攻擾邊汛，入內焚掠，聲言如有不從，先行燒殺。良苗不敢附和，多被捉拿

枷禁。經八里苗守備石季三等稟知，傅鼐等隨同密飭該苗備石季三、苗千總龍添生，上七里苗守備龍隴長宮等，前往曉諭。乃石宗四與石貴銀糾聚各苗匪，於本年二月初一日伏路，將龍長宮、龍添生截拿枷禁。并因沙窠寨苗把總劉老養承催額徵官糧七十餘石，尚未運城交倉，即率衆將該寨攻圍，槍斃良苗五名，搶去糧石。復攻打五里洞乍寨，殺斃苗把總石老那及土塘苗兵七名。各苗弁先後奔赴永綏廳城，紛紛求救。并探得該苗匪等，現由夯坨、吉溪而來，欲攻凉水井一帶内地汛卡。傅鼐因該匪等逆跡已著，事在緊急，即商同鎮臣魁保、永綏廳同知王廷瑛，先派熟悉苗情之守備李可仁、楊昌禮、千總盧升、經歷高誠，帶領苗兵，發給告示，曉諭各寨，散其黨類，并分調官兵、鄉勇防沿途各路。初三日，傅鼐即會同鎮廳，親督鳳凰廳把總吳貴、外委田興章、雲騎尉世職王茂蘭、候補廳標把總張有升等，帶領練勇一千名，守備魏光德、萬榮帶兵四百名，馳赴吉溪。苗守備龍八月告請出力，與各里苗備弁石季三等挑帶土塘苗兵二千四百名聽用。守備李可仁、楊昌禮、千總盧升、經歷高誠，亦於是日趕到。初四日，進至夯坨。石宗四已糾集匪苗四千餘人，蟻聚該處一帶山梁，竟敢過河放槍抵拒。傅鼐等督率官兵、練勇奮力擊退，乘勢過河，直撲山前，分派練勇抄赴山後，搶上山梁，壓下夾攻，賊衆潰散。因吉溪、沙窠寨皆係苗巢適中緊要之處。初六日，魁保駐劄吉溪，王廷瑛進駐沙窠寨，彈壓接應。傅鼐進攻丁牛寨，苗匪復行拒敵。經兵勇奮力剿殺，并縱火將丁牛寨焚燒，匪衆驚潰。隨於初七日乘勢，分別將從逆己彩、衝裏、豹腦、白巖、裏坳、嶂架等六寨焚剿，救出苗弁龍長宮、龍天生、石宗四等，俱逃奔巖落寨。該處一路，地勢極爲險隘。傅鼐帶領兵勇，由排補美繞進陽孟寨，折回搜捕。該匪等仍敢抵拒，復經兵勇擊潰。十二日，乘勢進攻，將巖落寨焚燒。石宗四、石貴銀帶同匪黨，繞山向九里之破口寨逃匿，傅鼐跟蹤追襲。維時破口寨匪黨龍添六等，與附近之漏魚、新寨、麻陽等寨，先期吃血，聚集匪徒，將石宗四等接入，負嵎抗拒，我兵駐劄蠟一坪。二十日，該匪等竟敢邀集匪黨黲夜撲營。傅鼐督率備弁、兵勇、苗兵奮力擊退，即分投將破口、漏魚、新寨、麻陽、迷溝、捕抽、巖窠、排結洲等八寨，一并焚剿。千總盧升、把總吳貴將首逆石貴銀拿獲。石宗四逃向乾州廳屬寨落，當即知會該廳褚爲章、副將張雲撥兵截拿。經署鎮溪營游擊、古丈坪都司鞠中鰲，於平朗地方將石宗四捕獲，解交究辦。此次焚剿匪寨十六處，皆係峭壁飛巖，异常險峻。千總盧升、把總吳貴，打仗攻寨，極爲奮勇，并擒獲首逆石貴銀。世職王茂蘭、把總張有升、外委田興章、鄉勇頭目吳世考，帶領練勇屢次先登，手斃苗匪數十名，搶獲銅鐵炮三位。守備李可仁、楊昌禮、經歷高誠，先經曉諭，各解散匪黨，復同打仗擒獲要犯多名，搶獲銅鐵炮三位。各里苗弁帶領苗兵，亦皆真心效用。而苗守備龍八月尤爲出力，共計先後割獲首級二百十五顆，耳記二百八十四隻，并生擒匪苗一百四十三名。此外，墮巖滾溝者不計其數，尸骸遍滿山谷。其餘震懾兵威陸續自行投首，共有二千餘名。僉稱，實係逼脅隨行，并無甘心從逆。并據呈繳器械，乞全生命。并搜出石貴銀收存僞封票札一紙，驗明銷毀。搶獲炮位暫貯廳庫，奪獲槍矛刀械五百餘件，呈繳器械一千八百餘件，發給各練勇領用。搜獲各寨歷年擄掠民人子女三百二十八名口，訊明傳屬認領。又搜出被拿枷禁良苗一百零六名，亦已發回原寨。傅鼐於罪人即得之後，即行撤兵。查明兵丁帶傷四名，練勇陣亡八名、帶傷十名，苗弁陣亡五名、帶傷九名，分別俱咨部賜恤，優加恤賞。餘無傷損。茲提訊之下，據石宗四、石貴銀及聽從糾衆助逆之龍六觀、龍添生、石子戈，俱各供認前情不諱，核與傅鼐原訊各供符合。查，石宗四、石貴銀前於乾隆六十年隨同匪苗滋事，或自稱將軍，或身受僞封，迨投誠免死之後，猶不知改悔，復敢恃強糾衆，逼脅衆苗，蓄謀攻掠邊汛，抗拒官兵，實屬怙惡不悛，殊堪髮指。該二犯俱應照大逆律，凌遲處死。龍六觀、龍（天）〔添〕生、石子戈，聽從糾衆，即屬助逆黨惡，應照謀叛律，擬斬立決。臣於訊明後，即恭請王命，飭委枲司金應琦、臣標中軍參將宣朝綱，將石宗四等五犯綁赴市曹，分別凌遲處斬訖。仍將該犯等首級，傳至犯事地方示衆，俾衆苗觸目驚心，咸知儆懼。所有臨陣擒獲之龍六觀等一百四十三名，除龍六觀三名已解省審明辦理外，其餘龍六爾等一百四十名，訊據石宗四等供，係聽從糾逆，隨同拒敵官兵，亦難寬貸，即移行該鎮、道，就近駢斬，不留餘孽。此外，自行投首苗衆，據實查係被脅所致，且致各悔罪繳械投誠，情尚可原。已飭傳諭各苗弁保領，嚴加管束，毋許生事。查，石宗四等均係歷年積惡，苗人、良民俱受其害。此番全行剿除，民、苗無不欣悅，邊境可期乂安。至此次剿除匪寨，爲日無幾。兵勇等所需鹽糧恤賞等項費用無多。臣與司、道等捐廉給發，毋庸請銷。所有剿除逆苗及審明辦理緣由，并開具獲辦首夥各犯名單，謹恭摺由驛奏聞。伏祈皇上聖鑒。謹奏。

嘉慶十年四月初三日奉上諭：據阿林保奏痛剿永綏廳逆苗寨落，擒獲首夥各犯，審明分明辦理一摺。此次，逆苗石宗四與積匪石貴銀起意謀逆，膽敢糾集附近苗人，欲行攻擾邊汛，并將苗守備、千總枷禁，圍搶官糧，殺斃良苗。經鳳凰廳同知傅鼐探知，即商鎮、廳，派令員弁，分調兵勇，馳赴進擊。該逆苗竟敢放槍抵拒。復經傅鼐督率官兵、弁勇，奮力圍剿。該逆苗逃奔竄匿，猶復負嵎抗拒，黃夜撲營。傅鼐督兵屢次追捕擊拿，經千總盧升、把總吳貴，將石貴銀拿獲。石宗四逃向乾州，復經都司鞠中鰲捕獲，并先後擒斬逆黨三百餘名。現在衆苗聞風震懾，自行投首，呈繳器械，良苗安堵，地方均臻靜謐，所辦實屬妥協。此皆傅鼐熟悉苗情，調度得宜，故能迅速俘渠，殊可嘉尚。傅鼐著交部從優議敘，都司鞠中鰲著以游擊升用，千總盧升著即以守備升用，把總吳貴著即以千總升用。并據稱，苗守備龍八月帶領苗兵尤爲出力，著加恩賞給都司銜。如未經賞有花翎，即著賞戴，以示獎勵。其餘在事出力之世職王茂蘭等各員名，均用硃筆點出，應如何分別擢用之處，著阿林保等酌量保奏，候旨加恩。所有傷亡兵勇數名，均著分別恤賞。摺并發。欽此。

會奏遵保出力人員摺 嘉慶十年湖南巡撫阿林保、湖南提督仙鶴林

奏爲遵旨保奏出力人員，仰祈聖鑒事。

竊臣欽奉上諭：據阿林保奏痛剿永綏廳逆苗寨落，擒獲前夥多犯，審明分別辦理一摺。此次逆苗石宗四與積匪石貴銀起意謀逆，膽敢糾集附近苗人，欲行攻擾邊汛，并將苗守備、千總枷禁，圍搶官糧，殺斃良苗。經鳳凰廳同知傅鼐探知，商同鎮、廳，派令員弁，分調兵勇，馳赴進擊。該逆苗竟敢放槍抵拒。復經傅鼐督率官兵弁勇，奮力圍剿。該逆苗逃奔竄匿，猶復負嶋抗拒，黃夜撲營。傅鼐督兵屢次追捕擊拿，經千總盧升、把總吳貴，將石貴銀拿獲。石宗四逃向乾州，復經都司鞠中鰲捕獲，并先後擒斬逆黨三百餘名。現在衆苗聞風震懾，自行投首，呈繳器械，良苗安堵，地方均臻靜謐，所辦實屬妥協。此皆傅鼐熟悉苗情，調度得宜，故能迅速俘渠，殊可嘉尚。傅鼐著交部從優議敘。都司鞠中鰲著以游擊升用，千總盧升著即以守備升用，把總吳貴著即以千總升用。并據稱，苗守備龍八月帶領苗兵尤爲出力，著加恩賞給都司銜。如未經賞有花翎，即著賞戴，以示獎勵。其餘在事出力之世職王茂蘭等各員名，均用硃筆點出，應如何分別擢用之處，著阿林保等酌量保奏，候旨加恩。所有傷亡兵勇數名，均著分別恤賞。摺并發。欽此。仰見聖主垂念微勞，優加鼓勵之至意。該員等聞命之下，靡不同深欣感。遵查，苗守備龍八月從前得有藍翎，當即檄飭傅鼐傳宣恩旨，賞給都司銜，并換戴花翎外，復查此次痛剿逆苗，欽奉硃筆點出之雲騎尉世職王茂蘭、候補廳標把總張有升、外委田興章、鄉勇頭目吳世考，係帶領練勇，屢次先登，擒戮苗匪，搶獲炮位。守備李可仁、楊昌禮、經歷高誠，先經曉諭各寨，解

散匪黨，復同打仗，擒獲要犯多名，搶獲炮位，洵屬勇往出力。應請旨，將雲騎尉世職王茂蘭以應補之守備儘先補用，守備李可仁、楊昌禮以苗疆都司升用，經歷高誠以應升之知縣缺即行升用，把總張有升、外委田興章各以應升之缺升用，鄉勇頭目吳世考以廳標外委拔補。此外，尚有守備魏光德、萬榮，前據傅鼐稟稱，該二員帶領官兵始終隨同，深入苗寨，追襲焚剿，甚屬認真出力。應請給與都司銜，以示鼓勵。如蒙聖慈允准，該員等感激天恩，自必益加奮勉，力圖報效。除傷亡兵勇咨部議恤外，所有遵旨保奏緣由，臣謹會同湖南提督臣仙鶴林恭摺具奏。伏乞皇上睿鑒。謹奏。奉硃批：即有旨。欽此。

　　嘉慶十年五月十七奉上諭：前據阿林保奏剿辦永綏廳逆苗，擒獲首夥要犯，當經降旨諭令該撫將在事出力各員酌量保奏，候朕加恩。茲據所奏，雲騎尉世職王茂蘭、候補廳標把總張有升、外委田興章、鄉勇頭目吳世考，均帶勇擒戮苗匪，搶獲炮位。守備李可仁、楊昌禮、經歷高誠，先經曉諭各寨，解散匪黨，復率練勇擒獲要犯多名，洵屬勇往出力等語。雲騎尉世職王茂蘭著以應補之守備儘先補用，守備李可仁、楊昌禮著以苗疆都司升用，經歷高誠著以應升知縣缺即行升用，把總張有升、外委田興章著各以應升之缺升用，鄉勇頭目吳世考著以廳標外委拔補，守備魏光德、萬榮均著賞給都司職銜，以示鼓勵。該部知道。摺并發。欽此。

部覆前案議敘 嘉慶十年

　　兵部為議敘事，議得嘉慶十年四月初八日，准吏部咨稱：內閣鈔出本月初三日奉上諭：據阿林保等奏痛剿永綏廳逆苗寨落，擒獲首夥各犯，審明分別辦理一摺。此次逆苗石宗四與積匪石貴銀起意謀逆，膽敢糾集附近苗人，欲行攻擾邊汛，并將苗守備、千總枷禁，圍搶官糧，殺斃良苗。經鳳凰廳同知傅鼐探知，商同鎮、廳，派令員弁，分調兵勇，馳赴進擊。該逆苗竟敢放槍抵拒。復經傅鼐督率官兵、弁勇，奮力圍剿。該逆苗逃奔竄匿，猶復負嵎抗拒，黃夜撲營。傅鼐督兵屢次追捕擊拿，經千總盧升、把總吳貴將石貴銀拿獲。石宗四逃向乾州，復經都司鞠中鰲捕獲，并先後擒斬逆黨三百餘名。現在衆苗聞風震懾，自行投首，呈繳器械，良苗安堵，地方均臻靜謐，所辦實屬妥協。此皆傅鼐熟悉苗情，調度得宜，故能迅速俘渠，殊可嘉尚。傅鼐著交部從優議敘。都司鞠中鰲著以游擊升用，千總盧升著即以守備升用，把總吳貴著即以千總升用。并據稱，苗守備龍八月帶領苗兵尤爲出力，著加恩賞給都司銜。如未經賞有花翎，即著賞戴，以示獎勵。其餘在事出力之世職王茂蘭等各員名，均用硃筆點出，應如何分別擢用之處，著阿林保等酌量保奏，候旨加恩。所有傷亡兵勇數名，均著分別恤賞。摺并發。欽此。查，督兵剿捕逆苗，將首夥全行擒獲，所有出力之同知傅鼐議敍，係屬軍功，相應移咨兵部查辦等因前來。除先行恭錄上諭，行文該撫等欽遵辦理外，查定例出征立功，奉旨交部從優議敍，文武官員列爲一等者，准加三級等語。此次逆苗石宗四膽敢糾集附近苗人圖搶官糧，殺斃良苗。經鳳凰廳同知傅鼐探知，即督兵屢次追剿，先後擒斬賊苗三百餘名，良苗安堵，地方均臻靜謐。該同知熟悉苗情，調度得宜，迅速（伴）〔伏〕渠。欽奉諭旨，交部從優議敍。准吏部咨，係屬軍功，應歸臣部辦理。臣等酌議，請將湖南鳳凰廳同知傅鼐照一等軍功從優議敍例，給與軍功加三級，恭候命下，遵奉施行等因。

嘉慶十年五月十八日題，本月二十日奉旨：依議。欽此。

部覆前案恤賞 嘉慶十一年

兵部咨開：准湖南巡撫阿［林保］咨稱：嘉慶十年二月内，永綏匪苗石宗四等，糾衆滋事，進攻丁牛寨、己彩、巖落、破口、漏魚等寨。奉旨：所有傷亡兵勇數名，均著分別咨部恤賞。欽此。應將陣亡苗兵、練勇并受傷兵勇、苗兵，分別造册咨部核議等因前來。除綠營兵丁，臣部另案核議外，查定例，陣亡屯練降番綠營步兵之例，賞銀五十兩。至受傷列爲頭等者，給銀十五兩，二等者給銀十二兩五錢，三等者給銀十兩。其傷亡兵丁應給之銀，如無妻子親屬承受者，給銀二兩，該督撫提鎮委員致祭等語。應將陣亡練勇周正旺、李文達、田枝盛、楊超群、向正西、張連元、梁一桂、王大棟八名，陣亡苗兵石老馬、吳老花、吳老兩、石開花、龍老良五名，均照屯練降番之例，各賞銀五十兩。此内應給銀兩，如無妻子承受者，給銀二兩，該督撫提鎮委員致祭。受頭等傷練勇田升、姚廷秀、劉國茂三名，苗兵石老友、吳老咳、龍老却三名，照例各賞銀十五兩。受二等傷練勇周文一名，苗兵吳阿柳、石老賀、吳老繩、龍化保、龍天甲五名，照例各賞銀十二兩五錢。受三等傷練勇陳秀英、向振山、劉廷相、尹吉、向生珪、吳遇安六名，苗兵吳在保一名，照例各賞銀十兩。其應給銀兩，應令該撫照數給領，造報戶部核銷，并造册送部查核等因。

嘉慶十一年二月二十二日題，本月二十四日奉旨：依議。欽此。

附奏收繳苗人槍械并嚴禁椎牛祭鬼惡習片 嘉慶十二年湖南巡撫景安

　　再查，苗人麇處各寨，地險巢深，執持槍矛，是其長技。往往恃有利器，入則自相仇殺，出則焚掠犯邊，爲害不小。自嘉慶十年震懾兵威之後，經該道傅鼐曉諭收繳，已呈出二萬餘件，業經前撫臣阿林保奏蒙聖鑒。奴才到任後，復諄囑該道設法催收。兹據該道督率委員、苗弁分路收繳，又陸續收繳鳥槍、刀矛二萬一千餘件，先後共收過四萬一千餘件。據苗備弁目稟稱，自近邊以至深巢，均已悉數呈繳，并出具不敢隱匿切結存案，體察苗情，倍形帖服。又訪查，苗人生長邊荒，多疑畏鬼。凡遇疾病灾殃，則必延巫師，私宰耕牛，聚衆禳解，名爲做鬼。及至秋冬，淫祀繁興。小則附近寨落百十爲群，大則聚集鄰省苗人盈千累萬。巫師妄言禍福，以惑愚頑。從前癲苗滋事，皆從此起。且每歲秋成，必將所蓄耕牛恣行宰殺，次年東作則又稱貸買牛，遂至窮困，流而爲匪。是椎牛祭鬼，實爲苗害。前據道稟陳，飭令善爲諭禁。現據詳復，於上年剴切開導，衆苗均知從前之所爲，實屬無益有損，現各悔悟，巫師亦皆改業。既可杜其煽惑之漸，而一歲之內，已全活耕牛數萬頭，於苗人農功生計更爲寬裕，是此時苗情風俗又爲之一變。誠恐查察稍疏，或致故智復萌。奴才現在申明例禁，專責苗弁實力稽查。嗣後如有私製槍械及重興淫祀，立時拿究。該管苗弁知而不報，分別治罪。地方文武官弁失於覺察，照例議處。仍飭每屆年終，具結詳報，務使咸知遵守，以期永遠敉寧。除將該道造送收繳槍械分別銷毀，撥存各數清册咨部立案外，理合附摺奏明。伏乞聖鑒。謹奏。

　　嘉慶十二年十月二十一日奉硃批：覽。欽此。

前案部覆 嘉慶十三年九月准咨

　　兵部咨開，武庫司案呈，准湖南巡撫景咨稱，據湖南布政使史積容、按察使曾煥會詳，准兵部咨開，准湖南巡撫景將鳳凰、乾州、永綏、古丈坪、保靖五廳縣收繳苗寨苗人呈出槍炮刀矛，編列字號，發給丁勇，并備存留操防領用，以及挑貯公局改製農具各數目造册送部前來。相應移知該撫，將册造分貯公局鳥槍、刀矛、手炮等項，該廳縣有無應用處，即行查明報部，以便核辦等因。當經轉移，去後，兹准湖南辰永沅靖道傅鼐移稱：查，收繳苗人槍械。前奉升任前撫部院阿奏明，將不堪應用各件隨時銷毀，改製農具。餘俱編列字號，造冊呈貯，以備將來撥補各勇丁、苗兵操防之用等因，遵奉在案。此項收繳鳥槍、刀矛、手炮內，除銷毀改作農器外，僅撥補練勇、屯丁六千二百六十件，并備存苗兵領用五千件。其餘存貯公局槍矛、刀炮二萬一千五百八十六件，原爲將來撥補各丁勇、苗兵操演之用。且查鳳凰、乾州、永綏、古丈坪、保靖五廳縣，共設屯丁七千名，又鳳凰廳備戰練勇一千名，又各該廳縣共設苗兵五千名，總共一萬三千名。該丁勇等俱遵照奏定章程，按期勤加操演，遇有槍械損壞，將來無須另行製造，應請將分貯公局鳥槍、刀矛、手炮等件，留於各該廳縣，以備丁勇、苗兵隨時換給領用。仍將陸續損壞槍矛等件，改製農器，每屆年終，造冊具報。茲奉前因，移復查照等因到司。本司等復查，苗疆各廳縣設立屯丁、練勇、苗兵，均須按期操演，一切槍械難免損壞，及改製農具均無項製補。今分貯公局鳥槍、刀矛、手炮等件，所請留爲各丁勇、苗兵換給領用，自應俯如所咨辦理。仍令將損壞及改製農器，於年終造冊報查。緣奉前因，相應詳請察閱，咨復兵部暨戶、工二部查照等情。除分咨外，相因咨達等因。隨經本部移咨該撫，即將從前奏准原案全行鈔錄送部，以便核辦去後。今於嘉慶十三年六月二十日，准該撫將原奏鈔錄送部前來。查，湖南收繳苗人槍械，既據該撫從前奏明，將不堪應用各件隨時銷毀，改製農器，餘俱編列字號，造冊存貯，以備將來撥補各勇丁、苗兵操演之用等因。今分貯公局鳥槍、刀矛、手炮等件，請留爲各丁勇、苗兵換給領用，核與奏明原案相符，應如所咨辦理。仍咨該撫轉飭將動用數目，年終造冊，送部查核，并知照戶、工二部可也。

附節鈔廳志原稟<small>辰沅道傅鼐</small>

　　伏查苗人麇處各寨地險巢深，執持槍矛是其長技。入則自相仇殺，出則屢次犯邊。迨至剿捕，則又恃其利器群相抗拒，是槍械一項實爲苗疆禍本。自嘉慶十年春間，痛剿永綏匪逆，震懾威稜。嗣經鼐親歷各寨，遍加曉諭，并派委員督率苗弁分途催收。節據各廳縣稟報，又陸續收獲鳥槍、刀矛四萬一千餘件。據苗備弁目等稟稱，自近邊以至深巢，所有槍械均已悉數繳呈，并據出具不敢隱匿切結前來。鼐細加察訪，與各苗弁所稟無異，已將各處所收槍械逐一查驗，編立字號，計補發練勇、屯丁六千二百六十件，備存苗兵領用五千件，存局二萬一千五百八十六件。其餘殘廢不堪應用者八千二百九十件，俱行銷毀，改作農器，補發屯丁苗兵。迄今收繳淨盡，苗情倍形帖服。又查，苗人生長邊荒，多疑畏鬼。凡遇疾病灾眚等事，則必延巫師宰耕牛，聚衆禳解，名爲做鬼。及至秋冬，繁興淫祀，比户皆然。小則附近寨落百十爲群，大則聚集鄰省苗人盈千累萬。巫師妄言禍福以惑愚頑，從前癲苗滋事皆由此起。且於每歲秋成必將所畜牛隻恣行宰殺，次年東作無以翻犁，則又稱貸買牛，遂致窮困，流而爲匪，是椎牛祭鬼實爲苗害。蕭於上年剴切開導，并出示嚴禁，當據各苗備弁出具切結，咸知遵守。約計一歲之內，全活耕牛數萬頭，不特農功有裨抑，且孳息蕃多，於生計尤爲充裕。刻下群苗知從前之所爲，實屬有損無益，俱各悔悟，巫師亦已改業。苗疆風俗頓覺改觀，但恐日久玩生，應請申明例禁。嗣後專責苗弁實力稽查，如有私造槍械及重興淫祀，立時拿究。倘該管苗弁知而不報，分別治罪。地方文武官弁失於覺察，照例議處。每屆年終，具結詳報。如此嚴行查禁，自可永遠無虞矣。

詳禁擅用苗夫 嘉慶十四年湖南布政使司朱紹曾、湖南按察使司傅鼐

爲禁止擅用苗夫，詳請飭遵事。案奉憲臺批，據本臬司前在辰沅道任內詳稱，嘉慶十四年三月十五日，據鳳凰廳苗守備麻老貴、乾州廳苗守備吳永和、永綏廳苗守備龍八月、古丈坪廳苗守備石把七、保靖縣苗守備石兆泉等三十二名，爲雇用苗夫請定章程，詳明飭遵事。

竊照嘉慶二年，奉前撫、督、提憲籌辦苗疆善後事宜案內，各廳縣苗寨安設苗官，於頒發劄付內議有明條，凡文武大小官員，因公來往巡查，經由苗地，需用人夫，該苗弁即傳所管苗人，與漢民一體當差，聽候給發價值等因在案。備等自應恪遵辦理，何敢妄瀆！惟查嘉慶二年大兵戡定後，苗情尚未寧帖，各路時塞時通。是以文武官員俱未經由苗地，毋庸雇撥苗夫。自嘉慶十年剿辦永綏廳匪寨以來，衆苗懾服，均已歸誠嚮化。各處道路通達，地方文武大小官員因公往來，多由苗地行走，所需人夫，遵照劄付，與漢民一體當差，俱係備等傳喚，所管苗人受價應付，從無貽誤。伏思苗人仰沐皇仁，共游化日，與漢民無异，遇有差務，自應出夫受雇，何敢稍有推諉！但恐將來兵役人等冒充官差，或官員往來非因公事，俱一律應付，未免滋擾。祇得叩稟臺前，明定章程，詳明大憲，飭遵照辦，沾恩無既等情。據此，查苗人充應夫役，奉前撫部院姜、督部堂畢、提督軍門鄂，會同籌定善後章程。凡文武大小官員，因公來往巡查，經由苗地，需用人夫，該苗備等即傳所管苗人，與漢民一體當差，聽候給發價值。細繹憲意，原以

各苗人既經投誠，遇有官員往來，應令其受雇當差，去其桀驁不馴之性。然必各官果係因公來往巡查，方准雇用。其或因私事，及雖非私事而於巡查苗地，及辦理苗務各件不相干涉者，仍不准其雇用，方足以杜騷擾。查例載，雲、貴、兩廣、四川、湖廣等處流官，擅自全取兵夫，徵價入己，贓至該徒三年以上者，各發近邊充軍。其全取兵夫，不曾徵價者，照常發落。又例載，兵丁、差役由經苗寨擅動苗夫，科斂索詐，該管官或有心故縱，或事發不行申報，或并不知情，止於失察，分別革職降調，不行查出之該管各上司，亦分別降調留任各等語。是苗夫一項，原不准官員、兵役擅動。應請嗣後凡遇鎮、道、廳、縣、協、營巡閱苗境，隨時雇用苗夫，仍按名發給價值。其文員、佐雜及武職守備以下等官，如辦理苗務，勢須雇用苗夫若干名，應令其報明該管鎮、將、道、廳、縣，給發印照，方准雇用。如有假公濟私及擅自動用者，察出即行參究。至兵役人等，如有假冒官差使苗人者，一經察出，除該兵役按例究辦外，并將該管官及該管各上司，一并照例參處。如此申明例禁，立定章程，庶苗民永免滋擾，尤於邊圉益臻寧輯。是否有當，理合具文詳請察核，通飭遵行等情。奉批：仰布政司會同按察司查議，通詳察奪。仍候督部堂批示。書冊并發，仍繳。又奉督部堂汪批：仰湖南布政司核議通詳，仍候撫部院批示，繳各等因。奉此，本司等查苗夫一項，原不准官員、兵役擅動，定例綦嚴，應請照議。嗣後，鎮、道、廳、縣、協、營巡閱苗境，隨時雇用苗夫，仍按名給價。其文員、佐雜及武職守備以下等官，如辦理苗務，勢需雇用苗夫若干，應令其報明該管鎮、道、廳、縣，給發印照，方准雇用苗夫。如有假公濟私及擅自動用者，查出即行照例參究。至兵役人等，如假冒官差役使苗人者，一經查出，除該兵役按例究辦外，并將該管官及該管各上司，一并照例參處。俾苗民永免滋擾，邊圉益臻寧輯。緣奉批議，理合具文詳請憲臺俯賜察閱，批示遵。

詳禁苗寨私開集場 嘉慶十四年湖南布政使司傅鼐

為詳明等事。嘉慶十四年十一月初九日，奉護撫部院硃批：前司會同本署司前在臬司任內詳稱，又查苗民貿易，定例在沿邊開設集場，按期趕趁。乃有深巢苗人憚於遠涉，遂在寨內私行開場交易。則私場一設，設有奸民借趕場為名，混入苗地，難以稽查，實所關匪細，不可不預。為防范封閉，亦應請俯如所稟，飭令取具苗官切結，不准再開集場，并飭各地方官隨時查禁，以杜後患。緣奉批議，是否允協，理合會議，詳請憲臺查閱批示，以便移咨辰沅道遵照辦理。爲次具詳。

會奏永綏、益陽會匪滋擾剿辦竣事片 光緒四年湖廣總督李瀚章、湖南巡撫邵亨豫

　　再，臣於八月十三日，據永綏廳直隸同知王恂稟稱，訪聞匪首廖宣明時至該廳之衛城一帶局賭，邀會該丞於八月初一日會同綏靖營弁往捕，當獲入會匪黨羅四旺正法，并擒獲尤廣太回城。詎匪首廖宣明帶領黨羽趕至東門外，聲稱奪取尤廣太。當經該丞即將該匪正法，會營出城攻剿，各匪始行退散等情。時適從黔防調回統領毅新營之記名提督蘇元春在省，臣即飭令馳赴辰州，就近統帶駐防辰沅隊伍往援。去後旋據該廳營稟稱，該匪等疊經剿捕，業已紛紛解散，已將匪首廖宣明擒獲正法梟示，并暫留毅新營勇丁駐紮彈壓，廳境已一律肅清，人心安定。又於八月十八日，據管帶振字營記名提督王永章署，益陽縣[①]知縣福昌稟稱：十五日夜，忽有匪徒甚衆，突入南溪防火劫搶。巡查南溪之什長都司劉昌秀奮力剿捕，衆寡不敵，力竭陣亡。該匪黎明散去，復加率黨羽由南溪對河向千家洲而來。適王永章所派副將蔣其順，帶勇適到離城十五里之曹家河，極力奮殺，轟斃騎馬匪首曹大塊，生擒陳萬勝等訊明正法，匪徒潰散，各勇分途追殺斃匪無數。乃該匪當曹家河擊敗之後，仍敢盤踞村莊，揚言報復，勾結死黨，貪夜劫掠。疊經該提督、該令商飭各員弁嚴密搜捕，陸續捕獲之曹小滿、歐陽春、劉喜麻子等，均係著名巨匪，先後訊明懲辦。刻下匪蹤已靖，人心漸安。臣查湘省人心浮動，伏莽尤多，潛行勾結，時時思逞。現在益陽等處業已安定，猶恐漏網餘匪人多伏匿，現已揀派候補。知府莊賡良前往益陽，細行清查，舉行保甲，責令各清各團，各清各族，其有著名匪類及此次要犯，均令各族團自行綑送。於入會未幾、真心悔過者，亦出示明白曉諭，脅從罔治，准其自新。復飭署永順府知府周鞼前往辰沅一帶乾、永、鳳三廳察看情形，并與鎮營守令會商布置，詳查籌辦庶足，以靖奸宄而清閭閻。除陣亡及受傷勇丁，循例獎恤外，都司劉昌秀駐防南溪，深夜巡查，猝遇匪衆，奮不顧身，立時陣亡，殊堪憫惻。應懇天恩，飭部將劉昌秀照例議恤，以慰忠魂。所有永綏、益陽會匪滋擾，旋即剿辦竣事緣由，謹會同湖廣督臣李瀚章附片奏聞。

---

　　① 益陽縣，府西北二百里。東至湘陰縣百二十里,北至常德府龍陽縣百里。秦縣，漢屬長沙國。三國吳屬衡陽郡,晉以後因之。隋屬潭州,唐仍舊。宋初屬鼎州,尋還屬潭州。元元貞初升爲州,明初復爲縣。城周四里有奇。編户二十二里。(《讀史方輿紀要》卷八十《湖廣六》)

會奏湖南鳳凰廳屬董倒苗寨忽有苗匪蠢動，擬往會剿片 光緒六年貴州提督張文德、雲貴總督劉長佑、貴州巡撫岑毓英

再，臣正拜摺間，疊准鎮遠總兵羅孝連來函，暨署松桃直隸同知陳鈺、署松桃協副將何秀峰，并統帶練軍之記名提督何秀林、黃開運，管帶貴陽營練軍記名總兵高德元等，先後稟報，湖南鳳凰廳屬統道苗寨，忽有苗匪石老化、石華工爲首倡亂，有兄弟五人，父名石老波，皆素有膂力，已糾集苗衆多人，自恃寨內有石洞一穴，豎立白旗，身穿紅衣，口念符咒，蠱惑苗衆。先將該寨自築營壘晝夜防備，於二月初四日，分股竄擾湖南新寨場、苟若寨兩處燒殺，百姓紛紛搬移。探聞該苗匪正在裹脅滋擾，距黔省松桃廳、銅仁府均不過四五十里。除經該員等分派練軍前往正大、盤石兩汛扼要堵禦，并籌辦城防外，飛請查核各等情。據此，臣等伏查，湖南鳳凰三廳同屬苗疆，且與黔屬銅仁、松桃等屬地方犬牙相錯，而黔省下游各屬俱係苗藪，若不早爲殲除，一經聯絡必致滋蔓難圖。日前，松桃廳拿獲盜犯龍才貴，訊係著名苗匪，與統道苗首石老化等會於去臘密約黔苗舉事，因畏官軍，近駐梵净山，未敢應允等語。是該苗匪蓄意謀逆，匪伊朝夕，亟應乘此黨與未成，剋日撲滅，方免貽患。茲值提臣張文德來省面商，會閱營伍事宜，臣與之再三籌議，楚黔唇齒相依，急宜并力掃蕩。提臣籍隸鳳凰廳，地利人情尤爲熟悉，願與閱兵之便，即親督各軍約會楚軍，馳往兜剿。臣一面飛飭各地方官安慰黔屬苗衆，并飭何秀林抽調各營赴松桃廳城及盤石汛要隘，堵擊其梵净山餘匪。暫令營員李正、王用梅、崔金斗等將朝陽寺、舉賢溪等處賊巢嚴密圍捕，毋稍鬆勁。又飭黃開運先駐銅仁府接應各處，其鎮遠鎮中營，暨駐防玉屏之貴陽營練軍。飭令五成隊伍由高德元等帶往正大汛一帶防堵。如此分布，諒不致有竄越之虞。臣出省校閱各營，擬即沿途挑調預備。如果蔓延爲害，即親往督飭辦理。至省城內外尚有四營練軍駐紮，足資鎮壓。除咨湖南撫臣查照會剿外，謹會同督臣劉長佑、提臣張文德附片馳陳，伏乞聖鑒、訓示。謹奏。

會奏鳳凰廳屬董倒地方苗匪滋事登時撲滅，地方照常安静摺

光緒六年湖廣總督李瀚章、湖南巡撫李明墀

奏爲鳳凰廳之董倒寨地方苗匪滋事，登時撲滅，地方照常安静，恭摺馳陳，仰祈聖鑒事。

竊照湖南鳳、永、乾、晃四廳與黔省之梵净山近接，重巖峭壁，路經紛歧，

各處游勇哥匪竄伏其間，不時勾結爲患。臣自上年十月到任後，即飭各屬整頓保甲，銳意經理，與之更定簡捷章程，專以查辦土匪外盜爲先務。嗣聞梵净山積年逋寇，經黔省派軍剿洗，除擒斬外，餘黨多竄他方。湘中以巨餉難籌，甫經汰裁防勇，深恐該匪乘機竊發，流毒邊陲。復經嚴飭各該府廳文武，先事整軍預防，不得稍涉疏懈。茲於二月十一日，據署辰永沅靖道但湘良轉據署鳳凰廳江肇成稟稱，訪聞該廳與貴州松桃廳毗連之董倒坡，有痞苗石老華曾在貴州當勇，與松桃已革苗弁龍有發熟識，夥串梵净山餘匪及不逞之徒數百人，圖爲不軌。正稟報間，詎該逆已於本月初三日由巴茅坪沿竄而來。初四日，擾至新寨地方，放火燒搶，居民紛紛逃避。查，董倒坡離新寨六十里，新寨離廳城六十里，請派兵練前往剿捕。該道當即會商鎮筸鎮唐瑞廷，飭派守備田宗營管帶營兵三百名，守備劉元發、千總王廷顯管帶道標練勇二百名，於初五日卯刻相繼前往。一面移知管帶誠字營，知府朱譿春、游擊梁正瑞撥營會剿等情。臣接稟後，念該匪爲數無多，我兵業經厚集，亟應乘其初起，一鼓聚殲。當即嚴飭該道會商唐鎮，星夜督飭兵練，會合誠營，四面進攻，不許遷延觀望。又念永綏廳之黃瓜寨、螺蝲壋，距董倒坡均止數里，防剿并行吃重。雖據署綏靖鎮劉超勝、永綏廳丁蘭徵咨稟，已派署永綏協鄧第武、保靖參將張言和各帶標兵扼要堵剿，猶恐兵力單薄，復飛檄駐防辰州之毅新營提督蘇元春、駐防靖州之毅安營提督龔繼昌派撥營哨前往會辦，并檄飭附近府、廳、營、汛一體實力防禦，以免此剿彼竄。去後二十二日，續據但湘良稟報，該匪偵知我軍將至新寨，即竄往松桃屬之盤坨，欲取該汛踞爲巢穴，經該汛固守力敵，頗有殲擒。遂於初六日率黨仍回董倒老巢，將要隘堵塞，設卡固守。但湘良、唐瑞廷聞信後，以兵練已近賊巢，不宜坐失機會，亟飭鳳凰廳江肇成、鎮標中營游擊龔紹基密授機宜，馳赴督剿。初八日，江肇成等遂商令守備田宗營、劉元發暨誠營知府朱譿春等，於初九日五更造飯，黎明整隊，分路進攻。守備劉元發、千總王廷顯同土守備吳興朝，由小平西路進攻董倒坡。後路誠營副將彭正輝、參將熊宏榮等，同土守備吳宗信、龍再伸由大平進攻董倒東路，鎮標把總馬玉樹、外委李文星、道標外委趙映軒、土千總吳成獻由大平進攻董倒南路。該逆見我軍勢大，負守不出，午後始見賊匪數人在山頂，將旗亂繞。我軍知賊將戰，遂爲先發制人之計，三路齊上，當即舉火焚燒賊屋數間。該匪見火勢兇猛，有紅旗賊目率百餘匪出巢接仗，經誠字中營哨弁石光德用洋槍擊斃，餘匪奪氣。適永綏廳兵勇圍練，暨乾州松桃各廳、協、營兵勇同時趕到，槍炮齊發，呼聲震天。該匪惶急無措，當斃賊匪數十人，落巖死者十數人，砍獲首級十二顆，生擒苗匪二十二人。內有賊首石老華之父石倻香、弟石老滿及犯屬婦女四人，奪獲旗幟、器械二十一件、偽令二支。餘匪竄伏山洞，因天色已晚，未便窮追，當將蕫倒巢穴全行燒毀，收隊回營。查點各營兵勇，共受傷十七名。初十日，各營復分搜山洞有數十餘匪自洞內衝出，槍傷勇丁二人。我軍憤極直前，斃賊十餘人，生擒賊目龍老隆、吳老明、歐那保、吳老新四名。該匪勢不能敵，伏地乞死投降，計男婦八十餘口，洞內餘匪實已搜剿無遺。其首逆石老華，據生擒賊目吳老明供，該逆兄弟四人，石老華、老添係前母所生，老保、老滿係后母所生。初九日，官軍破寨時，石老華已被殺死，割去首級。伊父石倻香、後母龍氏、弟老滿及老添之妻并伊妹等五人，共被拿獲，惟老添在逃。現在各寨民、苗俱已復業，地方一律安靜。所調誠字營勇擬即撤歸原防，本標營屯兵練亦次第撤回，酌留分紮，以節縻費而資鎮定。未獲各匪，正在緝拿解到各犯，即日分別定擬及料理善後，具稟請示前來。臣查蕫倒坡即黃瓜山，旁附別寨，該山跨連永、鳳，與貴州之松桃，緊接在臘耳山南，複嶺重巒，路極陡險。乾隆末，逆苗石三保即由黃瓜山起事，十年始平。此次痞苗石老華夥串梵凈山餘匪，焚殺搶擄，拒敵官兵，實屬罪大惡極。仰賴皇上威福，將士用命，數日之內，即就撲滅，未致釀成巨案，洵爲地方之幸。惟湘省人心浮動，伏莽所在堪虞。迤西地連川、黔，尤奸宄往來出沒之道。刻下梵凈山之朝陽寺、舉賢溪等處，尚爲餘匪所踞，暗中勾結，防不勝防。是此役雖辛告竣，而後患正爲可慮，苗民易動難靜，關繫非輕。臣現已嚴飭該地方文武及駐防黔邊各該勇營，加意防維，整軍修備，不得以現今藏事，稍涉懈弛。痞苗石老華，實係倡亂元惡。雖據賊供陣斃屬實，未可遽信。已飭該道將砍獲首級十二顆提解親驗，并令附近蕫倒寨素識石老華之民、苗公同辨認，以成信讞。伊弟三人除石老滿現已擒獲，石老添刻尚在逃。石老保一名，據鳳凰廳稟報，初六日攻撲盤坨時，經松桃官兵擊斃，亦應確查下落，與未獲各匪認真訪拿，毋許一名漏網。其松桃已革苗弁龍有發，尤係此案緊要頭目。除責成該道飭屬嚴拿，并飛咨黔撫臣通飭所屬一體嚴緝，務獲究辦。現獲之犯屬男婦及收降各犯，迅督該廳逐一提案研訊，分別定罪安插及善後一切事宜，認真妥爲經理外，所有鳳凰廳屬痞苗聚衆滋事，登時撲滅，地方均已安靜。現籌善後并通飭嚴捕餘匪緣由，謹會同湖廣督臣李瀚章恭摺由驛馳陳。伏乞皇太后、皇上聖鑒訓示。謹奏。

會奏確查董倒逆首石老華等均就殲除,現仍嚴緝逆匪龍有發并經理善後整飭邊防各緣由片_{光緒六年湖廣總督李瀚章、湖南巡撫李明墀}

再,鳳凰廳屬苗匪滋事,登時剿滅,地方照常安靜各緣由,業經臣於二月二十五日會同湖廣督臣由驛馳奏在案。旋於三月十七日承准軍機大臣字寄,光緒六年三月初五日奉上諭:岑毓英奏苗匪糾衆滋事,現籌剿辦等語。湖南鳳凰廳屬統道苗寨石老華等糾衆滋擾新寨、苟若寨兩處,距黔省松桃、銅仁等屬地方相近,亟應及早殲除。即著李明墀、岑毓英分飭各軍相機辦理,務將為首之石老華、石華工按名擒獲等因。欽此。

又於三月二十三日,准兵部火票遞回,原摺承准軍機大臣字寄,光緒六年三月十一日奉上諭:李明墀、岑毓英奏鳳凰廳屬苗匪滋事,當即撲滅一摺。本年二月間,湖南鳳凰廳董倒坡苗匪石老華等勾結貴州梵凈山餘匪,謀為不軌,焚掠滋擾。經該地方文武督兵馳剿,斃匪多名,將董(例)〔倒〕賊巢燒毀,匪黨殲除殆盡,辦理尚為迅速。逆首石老華、石老保是否業經殲斃,抑尚在逃,務須查明實在下落。革弁龍有發係此案緊要頭目,與石老添及其餘未獲各匪,著李明墀、岑毓英督飭所轄,一體嚴拿,按名弋獲,并將善後各事宜,認真妥為經理,檄飭防營嚴加防範,毋稍疏虞等因。欽此。

跪讀之下,仰見我皇太后、皇上綏靖封圻、慎重邊防之至意,欽悚曷勝。臣查苗疆地方較内地關係尤重,月餘以來,迭經嚴飭該道廳悉後懲前,一切認真整頓,不得顧頇了事,稍涉懈馳。兹據署辰永沅靖道但湘良先後稟稱,督同署鳳凰廳同知江肇成再四確查,證以生擒各匪供詞。石老保於二月初六日,隨攻盤坨,身受槍傷,敗回董倒。初九日,官軍破寨,與石老華同時陣斃,提驗首級,公同辨認,實無錯誤。現經懸示滋事地方,以昭炯戒。其石老添一犯亦經捕獲,迭次提案,與後擒到各匪,隔別研訊。石老添、龍老香、吳老新、歐倻保、龍老稿、龍老滿、龍老添、龍隆金等供認,隨攻盤坨、新寨,拒敵官軍。龍老隆、隆老進、吳老明、石老九、麻老管等供認,分路糾人,夥同謀逆,均屬罪大惡極,法無可貸,業於訊明後,立正典刑。石老華之父石倻香,據供狗腦山人,年六十歲。石老華往貴州當勇十餘年,并不知其所為。二月初四日,忽被吳老明將伊和家眷搶至董倒。石老滿係其幼子,現年十歲。石滿妹係伊生女,年十二歲,許嫁本寨吳老貴為妻。現經確查,并訊據該管苗備弁僉稱屬實,應否,與其婦石龍氏、媳石老添之婦石龍氏邀免緣坐,抑應嚴懲。此外,尚有二十二人,訊皆實被裹脅，及確係無辜，已由江肇成傳其親知取保辦理。惟田老發一名係盤坨人，應即解回松桃，由該廳傳訊，辦其龍老發一犯。據龍老進供，初九日官兵破寨時，一路逃走，伊因受傷，跌落巖下，不及扯救，未知存亡。現仍派練訪查，并移鄰近松桃各廳營一體協捕。其被難民、苗各寨及善後一切事宜，遵即會商鎮筸鎮唐瑞廷妥爲撫綏經理，具稟請示前來。臣查鳳、永、乾三廳苗民，自嘉慶初戡定以來，涵濡累朝厚澤，非復昔時冥頑。故前此黔苗滋事多年，楚苗無一蠢動。此次石老華等以散勇無賴勾結梵净山餘匪滋事，各苗寨不爲煽惑，安静如常，黨羽無多，用能辦理迅速。所有被難民、苗各户，臣已屢飭該管文武，妥爲撫恤經理，以安其身而慰其心。石老華之父石倻香律以罪坐，家長之條，本難寬宥，姑念其年已老邁，實不知情，應請貸其一死，發交鳳凰廳永遠監禁。其子石老滿、女石滿妹年均幼稚，應與其婦石龍氏、媳石龍氏并免緣坐，由該管苗備弁出具切實保結，領回嚴加管束，毋許滋生事端。至革弁龍有發係此案緊要頭目，據龍老進供稱，未知存亡，亟應確查下落。臣已嚴飭各屬，并咨會貴州撫臣通飭一體兜捕，毋任漏網稽誅。其善後及邊防事宜，臣仍當隨時督飭，認真經理，嚴密防範，以安邊圉，而慰宸廑。惟念該逆起事之初，連撲新寨、盤陀，兇焰頗張，楚、黔沿邊并爲震動。經該管文武督兵馳剿，立予殲除，未任滋蔓燎原，不無微勞足録。當此用人之際，可否由臣擇尤酌保數人，以昭激勸之處，出自聖主鴻慈。所有遵旨確查逆首石老華、石老保、石老添均就殲除，現仍嚴緝逃匪龍有發務獲，并經理善後、整飭邊防各緣由，謹會同湖廣督臣李瀚章附片復陳，伏乞聖鑒。再據各廳營確查稟復，苟若寨實未被擾，石華工亦無其人，合并陳明。謹奏。

附録稟親詣董倒履勘巖洞查看情形 光緒六年辰沅道但湘良

敬稟者，竊職道業將督同鳳凰廳江丞訊明所獲各匪犯分別議擬，開繕供摺，會同唐鎮軍咨稟憲鑒，伏候示遵在案。隨於月之十八日，單騎减從，親詣董倒，履勘該處巖洞及地方情形。由新寨西北横進至苟若，折而西行至大坪，山峰峭立，路極陡險，索挽步行，始至董倒。該寨居黄瓜山側，在臘耳山南，毗連永綏，重岡複嶺，石壁聳矗，其間苗户雜遝。即乾隆末年，逆苗石三保倡亂之處，西接貴州松桃之亢金、臭腦。查，臭腦寨在楚、蜀、黔交界，舊名三不管，後隸貴州松桃，改置盤石營。盤陀即其外汛，設有游擊巡檢官，守之足以禦敵，而敵踞之即可抗官兵。董倒賊巢與之接壤，危礑嵲岉，路繞石峽中，巖洞錯落紛列，最大爲銷水洞，在深坑石壁，怪石森立，幽僻深邃。坑橫四十九丈，深二十餘丈，由山腳盤旋，下至坑底，始見洞口。口寬一丈五尺，高與坑齊，入則深不可測，且有水阻。洞外山勢合沓，樹木叢繞。不惟洞可藏奸，即密翳深林中盤踞數百人，亦難覓其所向。現經職道督飭，將周圍密樹斬伐，即以其木堆入洞口，將洞填塞，更以巨石壘砌，封築堅固。其餘各水洞，著落該管苗備弁逐一嚴行封閉，永禁復開。惟該處山深路險，地瘠苗悍，向爲楚、黔所棄，歸鳳廳前營土守備營轄，住地較遠，勢難稽查。石老華姐夫龍老隆住此，現已伏誅，尚遺微産。擬將來擇撥該營土千總一員駐此，即以犯産給予耕種，責令駐守此隘，仍由該土守備營管轄。俟與唐鎮妥籌善後，再請酌示。所有民、苗社寨以及邊境，現俱一律安静，春霖應候，秧針漸次出水，堪以仰紓慈廑。職道於二十三日回城，奉讀憲批，以職道稟獲匪犯龍老隆等訊供正法一案，内有石老添與石老滿名字，是否錯誤，飭即確查俱復等因。伏查此案，前獲石老華之父石倻香并其弟石老滿等五名，業經稟報。迨後陸續搜捕，於十三日復獲石老添及先後續獲之龍老進、麻老管、石老九、龍老添、龍老香等，江丞因須即往清查地方，辦理撫恤，遂將該犯等解城候訊，擬候訊明録彙報。是以未經續報，各犯昨已督訊明晰，分別議擬，備録供摺，會同唐鎮分別稟咨在案。惟是職道一介輕材，叨蒙栽植，冰兢時惕，隕越恒虞。此案起首，因恐致乾隆末年之釁，遂即會商唐鎮兵以速出爲貴，幸獲仰賴德威，剋日殄滅。乃各路稟報，各據其詞，致難符合，有煩憲慮。撫衷自問，愆䚡滋深，已荷據情入奏。嗣後，惟有遇事留心，細加體貼，以期仰副指誨諄諄，逾格生成之至意。惟聞前此賊撲盤坨，黔疆之持戈相向者，有難究詰，其攻撲盤坨敗避未回董倒者，尚有逸匪，而革弁龍有發未就弋獲，實爲隱憂。迭經懸立重賞，購線關移踩拿，究無實在下落。兹復督飭江丞并由道挑幹練勇役，分途嚴密訪拿，務將該匪龍有發緝獲懲辦，以慰憲臺除孽務盡，永靖邊圍之念。所有石老添、石老滿，實係兩人先後俱經獲案，業已訊供録呈，分別辦理，并嚴拿龍有發務獲，以除後患。所有職道親詣董倒查看情形，督飭封洞緣由，理合稟復大人，俯賜查核。

附録稟會議善後章程八條 光緒六年辰沅道但湘良

敬稟者，竊照董倒苗匪滋事，業經官軍剿平，獲犯擬辦，迭經稟蒙憲臺批示，飭將善後事宜會同妥爲料理等因。職道與唐鎮軍商籌，苗疆地方界連黔省，山徑叢雜，爲匪徒出没之區。刻下梵净山之餘黨未除，而此案敗逃之匪尚有未獲，即難保不復勾結，乘機竊發。查拿固須嚴密，防範仍應周詳，未可狃於目前乂安，不爲未雨綢繆之計。惟清查匪類，莫良於保甲一法，全在地方官實力奉行，始終罔懈。前奉頒發章程，轉飭各廳、州、縣認真妥辦，已據陸續稟復。此次苗匪滋事，復經督飭廳縣，將保甲事宜極力整頓。其有在外爲匪，逃回藏匿，係民人，責成團保户族綑送；係苗寨，雖與民村情形不同，亦應由地方官慎選苗生，協同苗備，仿照保甲章程，責成寨長各清各寨，仍須由官發給門牌，以免滋擾。遇有外來游匪，即責成苗生、苗備弁查明送究，由地方官訊明，分別稟辦。一面諭飭各屬文武照章會巡，毋得虚應故事。如此則内訌既清，而外匪即無從託足，庶足以戰奸宄而靖閭閻。前經職道籌款飭發鳳凰廳江丞委令清查户口，將被難民、苗妥爲撫恤。其不敷銀兩，准其就近暫借倉穀，另行籌備。已據該丞查明口數，分別極貧、次貧，按户賑恤。其受傷兵勇亦已給賞，概由江丞造報。大凡苗情易於浮動，全在平時善爲撫輯，俾各相安於無事，或不致有意外之變，而狡悍之氣亦可潛移默化矣。然則正本清源，廳員、苗備均須得人而理。職道惟有勉竭駑駘，整躬率屬，庶不致擾累苗民，可期久安長治，以仰副大人綏靖邊陲、子惠元元之至意。合將會議善後章程酌擬八條，開具清摺，稟齎大人，俯賜察核示遵。

一、難民宜撫恤也。此次苗匪石老華竄踞董倒，焚搶新寨，所有該處一帶民、苗顛沛流離，困苦不堪言狀。且值春耕及時，正宜盡力南畝，以免荒蕪。當經出示招徠，一面由職道籌款發交鳳凰廳江丞，查明被燒房屋若干，分別瓦屋、草屋，酌給銀兩，搭蓋棚寮，以資棲止。并清查各户，分別次貧、極貧、大口、小口，發穀賑濟，以資養贍。田畝飭令一律照常承耕，毋許曠廢。現在賑恤事竣，民、苗均已照常，復業田畝亦均蒔秧，民情安帖，雨暘時若。勘以上慰憲廑。所有發過賑恤銀穀數目，由江丞開列花名清册，另文呈齎。至遇害難民及殺斃賊匪尸骸，均經飭令殮埋，毋任暴露。

一、巖洞封塞宜嚴加巡守也。查，董倒即黄瓜山，旁附別寨，爲乾隆六十年匪苗石三保起事老巢。該山跨連永、鳳，與貴州之松桃緊接，在臘耳山南，重巖峭壁，路極陡險。巖洞錯落分列，最大爲銷水洞，怪石森立，幽深僻邃。不惟洞可藏奸，即密箐深林中盤踞數百人，亦難覓其所向。現經職道兩次履勘，督飭將周圍秘樹砍伐，以其木堆入洞口，將洞封築，更以巨石纍砌，永禁復開。惟山深路險，地瘠苗悍，向歸鳳凰廳前營守備管轄，住地較遠。該管千總龍興禮、外委龍林保向往大坪，相隔亦有十餘里，勢難稽查。應請將該營苗千總龍興禮、苗外委龍林保、苗兵十五民，移守該處。即將龍老隆叛產給令耕種，俾薪資稍厚，得安心住守此隘，仍由該苗備管轄，以專責成。該千總等本屬該管苗弁責令住守，并未更改營制，合并聲明。

　　一、保甲宜認真舉行也。查，道光二十八年，呂前道辦理善後事宜，有編查保甲一條。奉前撫憲因須發給門牌，恐滋擾累，未蒙准行。第該苗迄今數十年，生齒日繁，在外當勇，不分民、苗，未必盡皆馴善。所有各苗寨，雖與民村情形不同，仍須以保甲之法，清查匪類。除民人保甲，業已責成地方官督飭團保，認真舉行外，擬請嗣後沿邊各苗寨保甲，應由地方官慎選苗生，協同苗備，責成寨長，仿照保甲章程，各清各寨。惟不必由官發給門牌，免滋擾累，務隨時稽查。如有匪犯潛回及外來游勇奸民混入苗寨，希圖勾結，即令苗生、苗備弁查出，拿送廳縣究治。倘若知情徇隱，一經發覺，即予革究。

　　一、苗備弁宜按月會巡，不可虛應故事也。查，陸前道原議會巡章程尚爲周備，文武會巡，每月三次，武弁酌帶兵丁，文官佐雜酌帶弓兵，於邊界處所周歷巡哨，并飭該管將備各率弁兵，按月輪流統巡一次等因，稟奉批准遵行在案。雖據各該文武按月呈報分巡、統巡各日期，難保不日久懈生，虛應故事。除嚴飭遵照外，所有沿邊苗寨，宜責成苗備弁按照章程，勤加梭巡，毋許怠惰。一年期內，視地方安靜與否，分別記功記過，以示勸懲。如該備弁意存邀功，妄行滋事，查實革究。

　　一、苗弁宜嚴禁混充也。查各里苗弁，向章必擇本里之人，平素爲苗民所矜式者，方准承允。責令常在本處稽查約束，原爲鄉田同井，出入相見，孰良、孰莠，無不周知。遇有苗民不法情事，即可隨時送官究治。且爲苗民素所敬服，約束較易，事至便，法至善也。近年以來，間以他里之人營充地方，人面多未熟悉，何能辨別良莠？既與舊章不符，鈐束更難得力。擬請嗣後務令廳縣慎重選舉，毋許他里之人混充。倘有行賄情弊，一經查出，除將該備弁革究外，并將該廳縣詳請撤參。該備弁務須常川在汛，不准擅離職守。如有因公來城，宜速還汛地，毋許逗留，致啓包攬詞訟之漸。如違，查出究處。

　　一、書院、義館宜實心牗迪，以廣化育也。查鳳凰、乾州、永綏三廳，瀘溪、麻陽、保靖三縣，均經設立書院及屯苗義學，令各廳縣屯苗子弟一體讀書。原所以廣化育，全賴館師認真訓課，不徒事章句，必須於綱常倫紀、忠孝大節隨時牗迪。該苗嚮化已久，教其漸更蠻俗，通曉漢語。各書院掌教，向係由道延請品學兼優之人主講，而屯苗義館，則歸各廳縣愼選師儒，考取報道，均係各廳縣廩貢生員分館教讀。^{職道}抵任後，各書院每逢考課，齎到文卷，均經^{職道}細心校閱，詳加批評，分別等次，優予獎賞。數月以來，各生童應課尚覺踴躍，漸有進境，成效當可覩矣。惟查苗生多不肄業書院，見聞未免較陋，而義學館師每多曠誤，其盡心牖迪者甚寡。應責成各義學館實心訓迪，仍由各廳縣隨時就近查察，如有訓課不勤、荒廢子弟，即行更換，期收實效。

一、黔、楚交界宜遇事商辦，以靖邊疆也。查鳳凰、永綏兩廳，與貴州銅仁、松桃等府廳壤地毗連，兩省苗人不無交涉事件。此次董倒苗匪滋事，雖經剿平，其敗逃之匪尚多伏匿，此拿則彼竄，自應互相查拿，以免漏網。應請咨明貴州撫憲，轉飭銅仁、松桃等府廳，遇有兩省交界處所苗匪游勇勾結之事，彼此移會，不分畛域，會同辦理，務須和衷商辦，以期供濟而靖邊疆。

一、地利宜盡也。苗疆治安日久，生齒益繁。該處田少山多，地皆磽瘠，民、苗水耕火耨，終歲勤動，所獲無多。在豐稔之年，所獲穀石，除完納額租外，僅敷口食，本難餘蓄，一遇歲歉，即形匱乏。^{職道}上年抵任後，唐鎮軍即與商籌，荒山甚多，若任其荒廢，深爲可惜。當會同捐廉購買茶子，散給各營屯民、苗，飭令廣爲栽種。現已長廢，特恐荒山尚多，并飭查明示諭，一律開闢。再由^{職道}多購茶子給與栽種，不過數年後，可收其利。苗疆亦多樹桑養蠶，吐絲甚粗，即貴綢也。^{職道}擬即專人赴下游收買桑秧蠶種，諭令仿照種養成法，當較貴綢爲佳。此地男婦尚多耐勞，真所謂瘠土之民也。若令茶葉、蠶桑開其利源，則小民俯仰有資，即逢歲歉，宜不無小補矣。

卷五　均屯一

二品銜前署湖南辰永沅靖道但湘良纂

會奏苗疆修建碉卡、均田開屯爲邊備經久之計摺 嘉慶六年湖南總督書麟、湖南巡撫祖之望

奏爲會籌苗疆邊備經久之計，漸撤留防，裁減經費，仰祈聖鑒事。

臣等伏思理苗之道，不外剿撫兩端；防邊之策，務使兵民相間。屯以衛民，衛以實堡，有圭堡以資生聚，尤必有碉卡以固防維。均田屯勇，寓兵於農，而後民氣日固，兵威日壯。加以約束苗弁，明示勸懲，庶可漸臻馴服，久遠相安。其間三廳情形，各有不同，而辦理必須畫一。鳳凰廳自嘉慶二年正月以後，先於後路安設圭堡，次於沿邊安設碉卡。經同知傅鼐雇募匠夫，勸諭丁勇，陸續修建沿邊裹圍各路碉卡、哨臺八百餘座，墙壕百有餘里。鎮筸鎮臣富志那督率將備弁兵幫辦，沿邊既已布置嚴密，因得收復廳屬十一約民田，除給各戶復業耕種外，士民皆知恃邊自衛，情願呈出歸公田地二萬餘畝，作爲丁勇屯耕守禦之計。該同知傅鼐會同委員、候補布政司理問姚興潔等，清理丈量，僅敷丁勇四千人分授屯種。查，該廳係苗疆咽喉，爲辰、浦、瀘、麻屏障，沿邊二百數十里，碉卡林立，必得兵勇六千人，方敷更代防守，即可裁去鄉勇鹽糧，撤退留防官兵。其餘不敷分授之田，擬於該同知代爲清理，資給復業，貼近鳳屬之瀘溪、麻陽各民戶內，酌量均出撥補，即飭該同知會同瀘、麻二縣，妥協經辦。乾州自灣溪汛至强虎哨，與鳳凰廳右營苗寨毗連，亦爲吃重。經該協阿林布會同該廳閻廣居，添建碉卡，尚有應行增修嚴密、挑築濠墙之處，亦應一律均田練勇，以實邊防。其永綏一廳，今昔情形不同，現擬扼要移駐，另折奏請訓示。俟欽奉諭旨後，與古丈坪、保靖等廳縣一體籌酌辦理。臣等統會全局，公同熟商，如此布置周密，聯絡聲勢，所有留防兵勇擬於本年二、三月間，先撤添防官兵一千名，四、五月春耕後，再撤添防鄉勇一千五百名，秋收後將原防兵勇次第盡數裁撤。其土塘苗兵二

萬名，原係從前留防苗兵內裁減之數。爲羈窮苗起見，俟邊防完固，永綏措置妥協後，陸續全行減撤。一切屯丁牛具、籽種、房屋修費，酌量緩急，通融撥借，毋庸請項開銷。其建立碉卡處所及均田屯勇章程，統俟辦理完竣之日，分別奏咨立案，以垂久遠。臣等札牘往來熟商，畫一定議，是以繕奏稍遲。合并陳明。謹奏。

嘉慶六年正月十七日奏奉硃批：因時制宜，務期妥協。兵勇應否裁撤，總以苗疆安靜爲度，節省數月錢糧，殊不足計。欽此。

附奏請鼓勵辦理均屯廳員委員片 嘉慶六年湖南總督書麟

再查，楚省苗疆沿邊七百餘里，建碉馭苗，均田屯勇，頭緒紛繁。必須文武同心，兵民協力，方收成效。鎮、協、廳、營各有分守，惟辰沅兵備道統轄苗疆，爲總辦善後之員，非深得兵、民之心，爲苗人畏服者，難冀悉臻完善。該道鄭人慶曾在苗疆軍營辦事，尚爲諳悉苗情。究恐一人照料，未能周匝。鳳凰廳同知傅鼐係欽奉恩旨，照知府食俸，遇有苗疆道缺准與升補之員。該員克勝艱巨，不避勞怨，能得兵民心力。應責成該員幫同該道，往來督率，獨總其成，務於二年之內，竭力妥辦完竣。此外，尚有升任之宜章營參將王文選、候補布政司理問姚興潔、湘鄉縣丞胡如沅，俱久在苗疆，勷辦碉卡、均田各事宜，均能不辭勞瘁，奮勉出力。相應奏懇聖恩，量加鼓勵，仍飭該員等協同各廳縣文武員弁分任其事。如果實心經理，邊圉鞏固，俟撤防後一切妥協，再行奏請逾格獎擢。倘三廳營縣文武員弁及委員等辦理不能妥善，亦即分別嚴參治罪，俾知勸懲。合并奏聞。謹奏。

嘉慶六年正月十七日奏奉硃批：傅鼐實好，朕亦知其官聲，統俟奏到時，再降恩旨。欽此。

會奏籌議苗疆邊備情形酌撤留防兵勇摺 嘉慶六年湖南巡撫馬慧裕、湖廣總督吳熊光、湖南提督王柄

奏爲會籌苗疆邊備情形，酌請裁撤留防兵勇，減省經費，仰祈聖鑒事。

竊照湖南苗疆前於戡定之後，原設留防兵四千餘名，并續募鄉勇三千八百二十名。嗣於嘉慶四年查辦匪苗吳承受案內，復調募添防兵一千名、鄉勇一千五百名，節因窮苗間出滋擾，未便遽行議撤。數年以來，經鳳凰廳同知傅鼐於所屬沿邊圍建

碉卡，修理墙濠，并均田屯勇，爲經久更守之計。其乾、永等處，亦經會籌辦理。本年正月内，經前任督撫臣書麟、祖之望與臣王柄會全局公商布置，奏請於二、三月間先撤添防兵一千名。四、五月春耕後，再將添防鄉勇次第盡數撤裁。欽奉諭旨：因時制宜，務期妥協。兵勇應否裁撤，總以苗情安静爲度，節省數月錢糧，殊不足計。欽此。嗣因本年三月内，貴州苗匪滋事，楚省正當防堵吃緊，復經臣馬慧裕奏明，暫緩裁撤。欽奉諭旨：著俟黔省剿捕事竣，楚省苗情安静時，馬慧裕再行酌量情形奏明，以次裁撤等因。欽此。仰見我皇上垂厪邊防，輕重緩急之間權衡悉歸至當。兹黔省剿捕事宜早經完竣，而楚省雞籠等寨大加懲創之後，衆苗咸知斂跡。本年三廳收成實有八九分，據報地方寧帖，自應酌量裁撤，以節糜費。隨咨行鎮、道、廳、協，確核情形，會商分別裁撤緩撤，酌議請奏前來。查三廳地方，鳳屬苗情較爲兇悍，而沿邊二百三十餘里地方遼闊，原續留防兵勇爲數較多。前據傅鼐酌籌均田屯守，必得六千人，方敷更代。因均出田畝不敷分給，據稟附近該廳之瀘溪、麻陽民户田畝，先經該同知代爲清理，得以復業，情願均出歸公，經前任督撫臣書麟等奏明酌量均補資屯。旋值籌堵黔匪，未及會同查丈。兹通盤籌計，尚有不能一時并撤之勢，應即就鎮篁鎮標增募新兵八百名，并奏准移駐官兵，先經派撥抵邊頂撤添防官兵一千一十二員名歸伍，并將添防鄉勇一千五百名，全數撤歸屯田辦理。其原防官兵一千八百八十一員名，鄉勇二千二百二十名，仍暫行留守，飭令將均田事宜趕緊辦竣。俟明年春間，分授定局，再行酌量情形，分別撤伍歸屯。至乾州廳所屬，苗情大局馴順，現在酌籌增築碉卡、均田練勇，亦未便全行裁撤。應將原防官兵一千四十五員名、鄉勇一千名，先各減撤二百名，餘俟明春察看苗情安静，再與鳳凰廳原防兵勇一體陸續議撤。又麻陽縣屬之橋頭卡，原防官兵五十一員名，該處係在後路之後，毋庸再行留駐，應即撤令歸伍。以上共撤原續留防官兵一千二百六十三員名，鄉勇一千七百名，均於本年九月初一日住支鹽糧。其永綏廳屬原防官兵八百五十五員名、鄉勇四百名，保靖縣原防官兵二百八十二員名，各該處苗情雖均屬安静。但永綏現議移建，保靖逼近永綏下七里苗寨，尚須兵勇巡防彈壓。擬俟移建事竣，再行酌量裁撤，以昭慎重。其土塘苗兵二萬名，原爲羈縻窮苗起見，仍請照依原奏，俟邊防完固，永綏措置妥協後，陸續減撤。臣等遠咨近察，往返函商，酌籌定議。既於經費可以節省，而於邊防無慮空虛。仍隨時督飭文武員弁，鎮静提防，無縱無擾，并駕馭苗弁拊循約束，俾民、苗樂業，永遠相安，以期上副聖主綏輯邊陲至意。再，本年黔苗滋事，楚邊設卡防禦。前經奏明鳳凰廳沿邊添設三十卡，於土塘苗兵内挑選一千名，分布堵守，并另挑附近苗兵五百名，帶領接應巡查，後即隨同剿捕鷄籠寨匪苗。又永綏沿邊茶洞等十六處，添撥兵勇四百九十名、苗兵一千五百四十名，分卡布置，均於三月二十一、四月初一等日起，加給鹽糧。已於四月二十，五月初七、十五、三十，六月初一等日，先後裁撤停支。另將起支鹽糧日期，造冊咨部查核，合并陳明。謹奏。奉硃批：即有旨。欽此。

又奉上諭：吳熊光等奏會籌苗疆邊備情形，酌請裁撤留防兵勇，減省經費一摺。據稱，黔省剿捕事宜早經完竣，而楚省鷄籠等寨大加懲創之後，衆知斂跡。現在地方寧帖，請將鳳、乾屬原續留防官兵一千二百餘名、鄉勇一千七百名，先行裁撤。其永綏廳等屬，原防兵勇暫留彈壓，俟陸續再行減撤，以昭慎重等語。湖南三廳地方，苗情既屬安靜，所有前項留防兵勇，原可量加裁撤。但苗情反覆無常，前此見官兵、鄉勇分投駐紮，嚴密防範，自必心存畏懼，不敢生事。倘兵勇裁撤之後，故智復萌，潛出搶掠，又須撤調他處兵丁。而鄉勇裁撤之後，復行雇募，轉爲費力，并恐裁撤之鄉勇未能安置得所，均須慎重辦理。據摺內稱，現撤原續留防兵勇，均於本年九月初一日住支鹽糧，其各處未撤之兵勇尚多，著吳熊光等酌量情形，如屯田不敷分給，仍須暫行留駐分防，即多費數月鹽糧，亦所不計。總應查看苗情實在安靜帖服，可以放心，再將各處兵勇陸續裁撤，毋庸亟亟也。將此諭令知之。欽此。

會奏苗疆均田興情踴躍摺 嘉慶八年湖廣總督吳熊光、湖南巡撫高杞

奏爲會查苗疆辦理均田興情踴躍，遵旨復奏，仰祈聖鑒事。

竊臣等於十月間，因初彭齡在貴州具奏楚省移駐永綏廳協及辦理均田屯勇，尚須再行妥議，欽奉諭旨，令將移駐事宜，會同黔、楚督撫體察籌議，并均田一事，是否興情所願，亦著一并妥議等因。欽此。除永綏廳協業經內移，民、苗安靜，毋庸再議更張。惟黔邊要隘處所應行遵旨添設汛堡各事宜，現已札商黔省督撫，俟復到日另容具奏外，其均田一事，臣高杞抵任後，當將節次體訪情形，并將現辦均田著有成效各緣由，業經復奏在案。臣等伏思均田一事固專爲衛民起見，然小民每多顧恤目前產業，倘因官爲督率，稍涉勉強，即非固圉安民之善策。當復札飭該道廳等，悉心籌酌，并一面詳加體訪。查得楚南苗疆，東、南、北三面，周圍七百餘里。乾隆六十年匪苗滋事，如鎮篁之上、下五峒，乾州之灣溪、鎮溪，永綏之花園、茶洞，瀘溪之天塘、踏虎，麻陽之高村、巖門，以及保靖之四都，古丈坪之龍鼻嘴等，各路民田，或被占據，或被蹂躪，不可勝計。自

大兵戡定後，復於沿邊寸節修建圭堡、碉卡、哨臺、關門，環以兵勇，邊民始得漸次復業耕種。惟是國家經費有常，防邊兵勇不能久而不撤，遽行裁回，則邊備空虛。該處紳士、兵民等，於廢復情形，均所身親目擊，咸知身家非碉卡不能保護，碉卡非練勇不能駐守，練勇非屯田不能養贍。是以一經傅鼐及辦理邊務之文武各員就近勸諭，紳士、兵民於復業各田内酌量均出，以贍丁勇，無不踴躍樂從，各就地方情形，秉公安設。鎮筸一路，自與黔省交界之亭子關、落潮井起，東北至曬金塘、舊司坪止，邊長路雜，處處與焊苗接壤，共設碉卡八百餘座，計挑選防守及備戰練勇六千名。每名分別等次，量授田四、五、六、七畝不等，共需田三萬餘畝。而鎮筸各民户所均，并近邊清出之田，統計止得二萬餘畝，其不敷田一萬餘畝。經前督撫臣書麟、祖之望暨臣吳熊光，會同前撫臣馬慧裕，先後奏明，即在固資碉卡保障之麻陽、瀘溪二邑，酌量分均，旋於各圭均出田二千九百餘畝。又於瀘邑各圭均出田二千五百餘畝外，尚少田四千五百餘畝。復據該二縣士民呈請，應於麻邑之河西、河東暨上、下鄉，并瀘邑之浦市等處，合力同均，以補鎮筸之不足。又乾州自强虎哨、灣溪起，至喜鵲營止，共設碉卡九十餘座，募勇六百名，約需田三千餘畝，即於乾州東、南、北三鄉内，一體均給耕守。又保靖縣境内，自保安汛起至萬民溪止，設碉卡四十餘座，募勇三百名，約需田一千五百畝。古丈坪境内，設碉卡十餘座，募勇一百名，約需田五百畝。該二處山多田少，恐均不足數，即就近查明苗典内地民田，籌款贖回，按數分給。至永綏廳協，現已移駐花園、茶洞。此一路田土，本屬無糧，前因汛少兵單，苗人越界占種。今已安設營汛，建碉築堡，酌挑壯勇二千名，分布防守，俾癨苗無從入邊强占。將田土清丈，分給各勇并現在邊内之嚮化良苗，一體屯耕防守，以歸周匝。臣等竊思安邊之法，除屯田之外，別無長策。在邊民逼近苗巢者，固樂以有餘之產業，而杜無窮之後患。即離苗較遠及散處後路者，亦知脣齒相依，衛外即所以安内。且所挑壯勇，皆係各廳縣土著民人，并非外來戍卒，其得授田而耕者，非捐户之親族，即本户之子弟，名爲均畝歸屯，而實與各種己業無異。即瀘、麻二邑距邊稍遠之處，丁勇不便往耕，仍交本户佃種，酌量輸租，亦不過分資餘粟，藉以保其藩籬。此外，如近邊無糧墾田及贖回苗典民田，輸之於公，亦祇官爲經理，與各處均出田畝，一律分勇承耕，官吏不能藉以侵漁，而丁民實可永資耕守。并各該壯勇等，既久效力於邊防，復皆嫺習於武藝。倘使資生無策，必致管束爲難。是屯田非僅以固圍，并足以收數千百族貧民，轉爲駕輕就熟之用。是以上年偶有乾、麻二處生監以囿於私見，欲圖控阻，及曉以大義，隨即悉願均輸。現有乾州、麻陽、瀘溪等各屬士民多人，親至臣高杞衙門具呈，以前此尚有一二人之撓阻，恐掩衆百姓之公忱，呈詞剖白，均極懇切真誠。當即傳進，逐加面詢，僉稱，屯勇原爲保護我等百姓，即使均出養贍官兵，也是情願，何況屯勇原就是我們衆百姓親族子弟，自種自守，稍有知識者，斷無不感激樂從。因曉得有麻陽、乾州生監幾人前來控阻，反將我等衆百姓公心埋没，特行具呈剖辨等語。隨用好言獎勵，并告知事竣尚當奏請分別加賞，以爲義敦守望者勸。該士民等無不歡欣叩感而去。臣等除一面札飭傅鼐將未均田畝趕緊妥協辦理，俟一律均足，另將丁勇田數，詳細造具清册，并酌定經久章程，一并送部查核外，所有臣等會議緣由，謹會同恭折復奏。

復奏苗疆均田情形片 嘉慶八年湖廣總督吳熊光

再，湖南苗疆辦理均田事宜，業經撫臣高杞會列臣銜，恭摺具奏。欽奉硃批：總期行之有效，不病民爲要。造册不可疏漏，亦不可冒濫。欽此。又於"除屯田外別無良策"句旁，奉硃批：此是古法，行於今，果合宜否？欽此。由撫臣高杞恭録移知前來。臣跪讀之後，仰見皇上廑念苗疆，諄諄訓示，總期民、苗永遠相安至意。查苗人種類本殊，世守其地，與漢民界限劃然，即有匪苗偶爾不靖，亦不過於附近民地乘隙搶掠，從不敢遠離巢穴。較之教匪四處奔竄，隨地可以聚脅勾結者，情形迥別。是以制苗之法，止須固我藩籬，遏其出擾之路，則如獸歸檻中，莫能肆其奔突。計自元年底定後，於苗疆東、南、北三面，寸節修建堡堡、碉卡，環以兵勇，沿邊居民始得復業耕種。惟是兵勇未能常設，一經裁撤，則邊備空虛，又恐匪苗出而滋擾，惟有練勇屯田，可以久安常處。前經同知傅鼐等勸諭士民，於復業各田內，酌量均出，以贍丁勇。臣以該同知所稟，乃係以民衛民，舍此實別無長策。但辦理必須持以公允，斷不可假手胥役，致有抑勒需索之事。屢經札囑，撫臣高杞就近密行稽查，勿任高下其手，稍滋弊混。現在均出之田，已有二萬數千餘畝，所短不過十之一二。兩年以來，并無赴臣處控告者，似尚不致病民。臣仍留心察訪，如地方官有奉行不善，致胥役從中勒索者，經臣訪聞，或控告到臣，查審確實，立即嚴參，斷不敢稍任滋擾。至永綏移建一事，前撫臣馬慧裕等商定摺稿，來會臣銜時，適值臬司成寧審案到襄，又鎮臣富志那進京過彼。臣面加詳晰詢問，僉稱實有不能不移之勢，是以臣即行會奏。去冬今春，復遍加體訪，知該廳移出後，西路黔省之桿子坳、石花、芭茅坪一帶，緊接楚苗，未免著重。該處原設堡碉，尚須酌量增改，以期一律周匝而嚴戍守。撫臣高杞已札商黔省督撫，俟復到日，再行具奏。因蒙垂訓，理合附摺具奏。

部復議准分授均田鄉勇，并現有生業苗兵
住支鹽糧咨 嘉慶九年十二月准咨

戶部爲遵旨議奏事。內閣鈔出湖廣總督吳熊光等奏鳳凰等廳分授均田鄉勇，并現有生業苗兵住支鹽糧工食等因一摺。嘉慶九年十一月初五日奉硃批：該部議奏。欽此。欽遵鈔出到部。

據奏稱，鳳凰、乾州、永綏三廳地方，惟鳳凰廳苗疆咽喉，最爲緊要。該廳沿邊二百數十里，共建碉卡八百餘座。原議屯丁六千名，更代防守，每丁量授田五、六、七畝不等，共需田三萬餘畝。除鳳凰屬民人呈出二萬餘畝，分授勇丁四千名屯種外，不敷之田，在於貼邊鳳屬同資碉卡保障之麻陽、瀘溪二縣，酌量分均。其乾州等處，各在本境，一律均田屯勇。茲據該同知傅鼐稟稱，麻陽、瀘溪均出田一萬餘畝，業已丈收五千餘畝，分給鳳凰廳原留鄉勇一千零八十一名歸屯。乾州先經報均一千五百畝，亦已丈收，分給原留鄉勇三百名歸屯。二共計歸屯鄉勇一千三百八十一名。本年秋收豐稔，授田歸屯，各兵丁口食有資，若仍與未經授田歸屯鄉勇一體支食鹽糧，無所區別，應請核實住支，以示平允。其餘未經丈收之田，及古丈坪、保靖縣原議屯勇四百名，應均田二千畝，次第攢辦。惟永綏廳一路，原議酌挑勇二千名，分布防守，現須丈清田畝，分給民勇并居住邊內之嚮化良苗，一體屯耕防守，逐細造册，挑丁分給，未便稍有疏漏舛錯，期於來年秋收後，全局報蕆。至裁存土塘苗兵，令其開山種地，撙節工食，所餘買牛置具，漸次安頓。應將現可耕種謀生之土塘苗兵，酌減工食，以節糜費。鳳凰廳減裁二千二百名，乾州、永綏各裁去一千二百名，古丈坪廳裁去一百名，保靖縣裁去三百名，共計裁去五千名，由司道會議具詳前來。臣等伏查苗疆酌留鄉勇及土塘苗兵，截至嘉慶八年止，實存鄉勇三千五百二十二名，土塘苗兵一萬四千九百三十六名。原因均田未竣，鄉勇未經授田，窮苗又無可謀生，驟難裁撤，是以各按奏定章程，支食鹽糧工食。今鳳凰、乾州二廳有已經丈收之田，先得陸續分授各丁歸屯，口食有資。其土塘苗兵，亦經該廳弁令其開山種地，漸次安置得所，實可自謀生業，不致流而爲匪。臣等復加體察，均係實在情形，應將已經授田歸屯勇丁一千三百八十一名，及現有生業之土塘苗兵五千名，均於本年十一月初一日住支鹽糧工食，以節糜費。所有未經授田鄉勇二千一百四十一名，及裁存

土塘苗兵九千九百三十六名，仍照奏定原案，分別支給鹽糧工食，統俟來年均田全竣，另議裁撤，并妥議屯務章程，奏咨立案等語。臣等伏查，湖南省鳳凰等廳苗疆地方平定之後，撤回官兵，酌留鄉勇三千八百二十名，并安設土塘苗兵二萬名，分別給予鹽糧工食，藉資防守。嗣經該督撫續議，均田全竣，次第裁撤。欽奉諭旨：兵勇應否裁撤，總以苗情安靜爲度。節省數月錢糧，殊不足計等因。是以截至嘉慶八年正月，除陸續裁撤外，尚存鄉勇三千五百二十二名，苗兵一萬四千九百三十六名，所需鹽糧工食，照舊支銷在案。今據該督等奏稱，麻陽、瀘溪二縣均出田，已丈收五千餘畝，分給鳳屬原留鄉勇一千八十一名歸屯。又乾州廳原議屯勇六百名，需田三千餘畝。先經報均田一千五百畝，亦已丈收，分給原留鄉勇三百名歸屯。共裁去鄉勇一千三百八十一名，於本年十月初一日住支鹽糧等語。查前項鄉勇，既已授田歸屯，口食有資，因以守禦苗疆，裁去鹽糧，於經費、邊防兩有裨益，自應照該督所奏辦理。其原存土塘苗兵，經該廳縣督率苗弁，令其開山種地，撙節工食，所餘買牛置具。現有五千名可以耕種謀生，於本年十月初一日住支工食等語。查原議土塘苗兵，本爲收養窮苗起見，今開山種地，現有五千名可以耕種謀生，既已養贍有資，自無庸給與工食，亦應如該督所奏辦理。仍令該督等將現存鄉勇二千一百四十一名、苗兵九千九百三十六名，仍令照例支食鹽糧工食，造入報銷案內題報查核。至稱鳳凰廳原議屯丁六千名，更代防守，每丁量授田五、六、七畝不等，共需田三萬餘畝。除鳳屬呈出二萬餘畝，分授勇丁四千名歸屯外，其不敷之田，在於貼近鳳屬麻陽、瀘溪二縣酌量分均。古丈坪廳屯兵四百名，永綏廳壯勇二千名，所需地畝各該處尚須丈清，期於來年秋收後全局報蔵，另議裁撤等語。應令該督等轉飭該廳，將各處未均田畝趕緊清丈，分給鄉勇歸屯。俟兵勇全撤之日，妥定章程，分別造冊奏咨立案，以固邊圉，而垂久遠。是否有當，伏候皇上訓示遵行。謹奏。

嘉慶九年十一月十八，奉旨：依議。欽此。

奏苗人呈繳占田請給良苗耕種納租作爲
苗兵工食摺 嘉慶十年湖南巡撫阿林保

奏爲苗人震懾兵威，繳出强占田畝，分別籌辦，以固邊圉而垂經久，恭摺奏祈聖訓事。

竊臣接據傅鼐稟稱，查嘉慶元年平苗善後案內，經前任四川總督和琳奏明，將查出逆苗叛產，并客民插花地畝，分給無業窮苗耕種，以杜奸民煽惑之漸，而堅苗民感畏之忱。乃當日并未逐一查明，分別清給。凡有前項田土，悉爲强苗侵霸，窮苗未得稍沾餘潤，而桀驁凶苗，輒恃其田多糧廣，力能（句）〔勾〕結窮苗，每生反側之心，其無業苗人，衣食無資，往往私出搶竊，每易聽糾滋事。即如此次剿辦，永綏八里逆苗石宗四名下已查有侵占各寨苗地一千餘畝，其餘各犯亦多有侵占之田，以致煽誘窮苗，蓄謀滋擾，此其明證。現在分別清查，即照叛產歸公，另佃良苗耕種。正在查辦間，旋據各里苗守備龍八月、龍長官及苗千把、外委、行營、寨長，千百餘人，前來叩見，僉稱此次剿除積惡，良苗各得安枕，無不同深感悅。現在遠近寨苗，聞風震懾，各願將從前侵占恩賞田地，全行繳出，懇請收作官田，分佃良苗。查照苗例，每年田畝納租穀三成，山地納雜糧一成五分，以充公用。并稱，伊等承辦一切事件，現有管帶土塘苗兵，足資差遣。將來土塘全撤，伊等毫無兵力，控馭維艱。請於邊防竣事裁撤後，仍挑留苗兵，分交伊等帶領，按界管理，即將此項收穫租糧，賞給苗兵支食。伊等既得辦公無誤，而苗寨亦可免爭占滋事等語。隨詳加體察，各寨苗衆實係懾伏兵威，情願呈繳侵占田地。現在永綏七、八、九、十等里業已繳出一萬餘畝，其餘乾州、鳳凰、保靖等處亦紛紛呈繳，懇求一律辦理，均屬出於至誠。復就近稟商，本道會同鎮、廳、協、營文武，再四講論，似應俯如所議辦理。窮苗既可安置得所，而苗兵仍可酌留，於馭苗、固圉之道均甚有裨益，理合稟請核辦等情。并據另稟稱，鳳凰廳屬苗守備吳顯科，又吳龍登，因年老不能遠出，遣子吳老五同苗千把總麻光桂、吳廷用等四人，又永綏各里苗守備龍八月、龍長官、石記三，苗把總麻老爾、龍正綱等五名，再四堅請帶赴省城，面稟苗民嚮化情形，呈遞稟結，情詞懇切，未便阻止，現在准其隨往叩謁等情。茲據傅鼐帶同各該苗備弁來省，當即傳令進見。據稱，伊等渥沐大皇帝天恩，授爲苗官。因所管衆苗多有恃其寨阻，人强逞兇滋事，伊等不能管束，實深惶悚。今仰仗天威，將永綏八、九、十等里極險苗寨積惡匪徒悉數剿蕩，遠近聞風喪膽，萬分畏服，真心嚮化。此後伊等力能約束，可保久遠無事，情願具結。復據備陳各苗願繳從前侵占田畝，請收作官田，分佃良苗納租，作爲苗兵工食，酌留悍衛等情，悉與傅鼐所稟無異，并據投遞切結前來。臣面爲曉諭，務須妥爲撫馭散苗，無縱無擾，以期相安無事。該苗弁均知領悟，隨酌加賞賚，俱各歡欣感服，仍交傅鼐帶回各寨。臣查乾隆六十年苗匪滋事，後經和琳奏明，將查出逆苗叛產及客民插花地畝，分給無業窮苗耕種。原不應任聽强苗爭占，以致滋事，今既懾威呈繳，仍議給苗人佃耕。在良苗無業而得業，每年除繳租之外，得有餘糧，以資養贍，自然樂從。并責成苗弁，妥爲經理，不許假手吏胥，以杜擾累。一經劃界分授，造冊立案，匪苗不敢爭占，窮苗亦不敢私行典賣，可期世有恒產，永遠守分安居。至於土塘苗兵，每年支領工食，計數萬金之多，原係暫時辦理，現在邊防將竣，國家經費有常，未便久而不撤。惟是此項苗兵，本係無業窮苗，一旦停支工食，竊慮無以爲生，轉致流而爲匪，況聽其游手好閑，無人管束，更恐衆而滋事。前擬於本年秋收後，全行裁撤，一時未得安置之法，正深籌慮。茲據請於邊防事竣裁撤後，仍挑留苗兵，將良苗佃納租糧，支給口食，是以苗養苗，既於情理爲順，而分派各苗弁管帶，其勢散而不聚，亦可無慮生事。且苗弁無兵，難資彈壓，而此項苗兵，久沐豢養皇恩，人思效用，此次攻剿永綏逆苗險寨，無不攀援騰躍，奮勇爭先，深得其力。是裁之歸寨，徒增無業窮苗；留之守邊，實屬有用兵力。現在既有前項租糧，足敷養贍，即無需另籌經費，與練勇之授田屯守，事同一律，實爲一舉兩得。而該苗弁等均各得有兵力，一切巡哨、緝捕，呼應得靈，力能經管，散苗受其約束，既有碉卡、屯勇以悍其外，復有備弁、苗兵以制其內，藩籬益昭鞏固，邊圉永慶敉寧。藩司成寧，前任辰沅道，熟悉苗情，連日與之反覆講求，洵爲安邊經久之策。除飭查明繳出田畝及此次叛產確數，將劃明畛畔，分佃收租，及挑留苗兵、支發租糧各事，宜歸入均屯經久案內，彙核辦理外，謹奏。奏硃批：另有旨。欽此。

嘉慶十四年四月初二日奉上諭：阿林保奏苗人震懾兵威，繳出強占田畝，分別籌辦，以固邊圉而垂永久一摺。據稱，此次剿辦永綏八里逆苗石宗四名下，查出侵占各寨田地一千餘畝，其餘各犯，亦多有侵占之田。正在查辦間，旋據各里苗守備龍八月等呈稱，各處苗民情願將從前侵占田地全行繳出，請收作官田，分佃良苗。查照苗例，每年田畝納租穀三成，山地納雜糧一成五分，以充公用，將來邊防撤後，仍挑留苗兵，分交管帶，將此項租糧賞給支食，以期辦公無誤。現在永綏七、八、九、十等里已繳出一萬餘畝，其餘乾州、鳳凰、保靖等處亦紛紛呈繳等語。從前平苗案內，查出逆苗叛產并客民插花地畝，原應分給無業窮苗，乃當日俱爲強苗侵占，并未均勻分給。現在邊防將竣，土塘苗兵即須停支口食，既慮無以謀生，且該處究少兵力彈壓。既據該苗民等將從前侵占田地自行繳出，出於至誠，著照該撫所議，查明繳出田畝及此次叛產確數，劃明畛畔，分佃收租。將來邊防裁撤之後，仍挑留苗兵在彼捍衛，即將此項租糧支給口食，以爲安邊經久之策。至此項地畝，該苗民本由強占而得，此時懾威呈繳，自應留備兵糈。但該撫仍當妥協經理，約束苗備等，不得借此擾累，強令各寨苗民一概派出，又至失其恒產，方足以靖邊疆而綏苗寨。其如何核辦之處，并著照該撫所請，歸於均屯經久案內，彙核辦理。欽此。

附奏清查苗繳占田熟籌妥辦片 嘉慶十年湖廣總督瑚圖禮

再，臣接准湖南撫臣阿林保來咨，本年二月間，永綏八里丁牛寨匪苗石宗四，與十里巖落寨積匪石貴良等爲首滋釁，糾衆擾邊，當經該處文武各員率領兵勇深入焚剿，擒斬多名，并將首惡石宗四、石貴良等擒獲，解經臣阿林保訊明辦理。并據各里苗人願將從前侵占逆苗田地全行繳出，懇請收作官田，分佃良苗，按年納租，以充苗兵口食等情。因臣遠在北省，尚未接據稟報，是以即由撫臣阿林保就近奏陳聖鑒在案。臣查苗情最爲狡悍，自嘉慶元年戡定後，於沿邊修建堡、碉卡，環以兵勇，布置已屬周密。乃石宗四等復敢糾衆滋事，雖據咨辦理情形，不致延緩滋蔓。現在各里苗人俱已十分寧帖，惟呈出從前強占地畝，議請分佃良苗，以所入歲租作爲苗兵口食，固爲撫馭邊防起見。第此項田畝，當日原奏本係議給窮苗，今另立章程，窮苗能否一律安頓，不致向隅，而清查勘丈以及分給承佃，均須詳愼周匝，方可經久無弊。臣已札商撫臣阿林保，并飭行鎮、道、廳員，熟籌妥辦，務於綏輯之中，持以公允，俾貧富苗人，久安無擾，以冀仰慰聖懷。爲此附摺陳明，伏乞皇上睿鑒。謹奏。

嘉慶十年四月初五日奏。奉硃批：覽。欽此。

奏前赴苗疆核籌均屯事宜并驗收城堡工程摺 嘉慶十年湖南巡撫阿林保

奏爲恭報前赴苗疆核籌均屯事宜，驗收城堡工程，并順道查勘各屬濱湖堤垸，仰祈聖鑒事。

竊照湖南苗疆五廳縣，先經築建碉卡，籌議均田屯勇，爲久安長治之計。奴才蒞任以來，留心體察，并與辰沅道傅鼐加意講求，隨時核商辦理。茲據傅鼐稟報，各路田地均已丈收清楚，所有平苗善後案內，修建城堡各工俱已報竣，稟請前往驗收等情。竊思楚南苗疆沿邊七百餘里，距省遙遠，奴才尚未身歷，其地夷險情形，究未能周知。現在均屯事務甚關緊要，倘布置稍有未宜，即恐難以經久。必須親往巡閱，妥定章程，規畫盡善，庶幾一勞永逸。其修竣各工，亦應分別查驗，照例保固，以垂久遠。現今省城緊要事件，俱以次第清釐。奴才擬於九月初九日自省起程，前往查辦，往返不過月餘，容俟確查定議，會同督臣、提臣，另行奏請聖訓。再查長沙、常德等所屬濱湖各縣，應禁圈築私圍，例應巡撫間年巡查一次。奴才前赴苗疆，經由該府等所屬地方，正可乘此水涸之時，順道親勘，并容查明具奏。所有奴才出省日期，謹先恭摺具奏。

奏巡閱苗疆事竣，敬陳邊防嚴固、苗人馴順情形摺 嘉慶十年湖南巡撫阿林保

奏爲巡閱苗疆事竣，旋省敬陳邊防嚴固、苗人萬分馴順情形，仰慰聖懷事。

竊照湖南苗疆籌辦均田屯勇，爲久遠乂安之計。前據辰沅道傅鼐稟報，各路田畝俱已均丈清楚。奴才隨於九月初九日自省起程，前往查辦，并順道驗收修建城堡工程，當經恭摺奏報在案。兹周歷已竣，於十月十二日旋省。現將屯務一切，因地製宜，妥爲布置。凡所以固防維而計長久者，悉心講求，并采集群議，酌擬條款，咨會督臣公同商核。容俟畫一定議，再行會摺具奏，恭請聖訓。伏查楚南苗疆，沿邊七百餘里。奴才此次身歷其境，親見碉卡棋布星羅，到處聲勢相通。其現派守碉各勇丁，本屬多年留防鄉勇，技藝均屬可觀，而鳳凰廳原有練勇千名，係傅鼐歷年挑選所得。奴才在鎮筸親加校閱，施放連環鳥槍，聲勢聯絡，演打准頭，俱能中靶，兼習長矛各技，超距跳躍，極爲矯捷。現在分別授田養贍，聲威壯盛，洵足長資捍衛。此沿邊藩籬嚴密，戰守有備之情形也。至於楚省苗人，惟鎮筸左、右營黑苗最爲兇悍。而永綏八、九、十等里苗情，恃其巢深寨險，從來大兵未經深入，積惡匪徒俱各盤踞（句）〔勾〕結，心懷叵測。奴才自上年正月到任以後，留心體察，知其反覆無常。隨於夏間檄調傅鼐進省，面爲商酌，揆度形勢，斟酌機宜，必須痛加懲創，先示以威，然後結之以恩，方能消其桀驁之氣，堅其嚮化之心，而舉辦屯防乃可一勞永逸。本年適有永綏逆苗石宗四、石貴良等，倚恃寨險富强，（句）〔勾〕結附近寨苗，謀爲不法。當經示以兵威，并將著名深險十六寨全行剿洗，積匪悉數殲除。遠近各苗始知天威赫濯，無險不破，兇惡之徒終歸殄滅。而無業良苗，經奴才奏明，蒙恩賞給田地，承佃繳租，養贍苗兵，共慶得所。兹奴才巡歷所至，經由各苗寨，皆千百成群，扶老挈幼，夾道歡迎。即素稱强悍之鎮筸黑苗及永綏八、九、十里之凶苗，歷來負嵎不出、頑梗弗率之野苗，亦懇求苗弁帶領出寨，伏道仰見。奴才隨宣布皇恩，曉示利害，諭以爾等既經輸誠效順，即與齊民無異，大皇帝一視同仁。如果守分安居，可以長受天恩，勿再自外生成，致貽後悔。據稱，伊等仰沐大皇帝鴻恩，不全加剿洗，復蒙賞給田地承種，得有養贍，實出意外。伊等共知感激，勉爲良民。此後不特不敢出外滋擾，即伊等苗人，亦不敢自相仇殺。儻再有犯，願照內

地民人治罪。并稱，伊等現已實心歸化，所有槍械，業已無用，情願悉行呈繳，以見真誠等語。奴才復面加慰撫，俱各歡欣喜躍而去。并飭各苗備弁，分赴各苗寨，廣爲曉諭，一體周知。據稟，衆苗實在知感知懼，伊等力能管束，可保永遠無事。并於沿途，各將鳥槍、刀矛紛紛呈出，共收繳二萬餘件。察其懷畏之情，出於至誠，到處紳民聚觀，咸謂今日得覿苗人真心嚮化。伊等生長邊隅，故老傳聞，實爲從來未有之事。自此得安耕鑿，永享昇平，叩感不已。此皆仰賴聖主恩威遠播，俾各革面革心。奴才職司守土，目擊情形，欽感之餘，莫名欣幸。惟有盡心撫輯，安益求安，以冀仰副委任深恩。至裁存原防鄉勇及土塘苗兵，每年尚應發鹽糧工食，共銀八萬二千七百餘兩，米六千三百餘石。從前屢奉諭旨：兵勇應否裁撤，總以苗情安靜爲度。節省數月錢糧，殊不足計等因。欽此。仰見聖主垂念邊防，權衡至當。今奴才親臨察看苗情，實在萬分馴服，而原留鄉勇，既有均出田畝，足敷分授，歸屯苗兵亦得有租糧養贍。國家經費有常，未便因循糜費，應即一律裁撤，於本年十月初一日全行停支鹽糧工食。現擬於均屯章程案內，奏明辦理，以歸節省。再，平苗善後案內，修建城堡等項工程，除乾州廳、綏靖鎮城工，業經撫臣姜晟驗明具奏外，奴才現至鎮筸，登城周覽，悉係條石砌成，并添建月城，以及城外觀景山等處，修建碉樓，規模宏廠，工程堅實。所有各處石堡工程，順道逐一勘驗，均係照依原估，如式修竣。其餘相距較遠零星處所，就近委員分往查勘，一律堅固整齊。現將各工丈尺請銷銀數以及工竣日期，彙造清册，另行咨部，照例起限保固。至苗人呈繳槍械，現交辰沅道傅鼐查明，將不堪應用各件隨時銷毀，改製農器，餘俱編定字號，造册存貯，以備將來撥補各勇丁、苗兵之用。所有奴才巡閱旋省日期，并邊防嚴密、苗人馴順情形，理合恭摺具奏，仰慰聖懷，伏乞皇上睿鑒。謹奏。

嘉慶十年十二月初九日奉硃批：欣慰覽之。欽此。又於"今日得覿苗人真心嚮化"句旁，奉硃批：雖則如此恭順，益當固我邊防，勿使漢奸盤剝。若有潛出剽竊之苗，仍須嚴辦。欽此。

會奏苗疆均屯告蕆，會籌經久章程八條摺 嘉慶十年湖南巡撫阿林保、湖廣總督瑚圖禮、湖南提督仙鶴林

奏爲苗疆均屯告蕆，會籌經久章程，恭摺奏請聖訓事。

竊照湖南苗疆，東、南、北三面，周圍七百餘里，環列苗人二千餘寨。自戡定以後，苗情反覆不常，遂於沿邊寸節籌修屯堡、碉卡、哨臺、關門，環以兵

勇，民人始得漸次復業。而各該士民等，咸知身家非碉卡不能保護，碉卡非勇丁不能駐守，丁勇非屯田不能養贍，俱各情願均出田畝，以贍兵丁。數年以來，陸續丈收田畝，先後分給鄉勇歸屯駐守，停支鹽糧。經奴才於上年十月內恭摺具奏聲明，未經授田鄉勇二千一百四十一名，飭令將各廳縣未均田畝一律趕均清丈，分撥耕守，統俟均田全竣，親赴查勘，另請裁撤，并妥議屯務章程，奏明立案。至裁存土塘苗兵九千九百三十六名。本年自剿洗永綏積惡苗寨之後，遠近苗人震懾兵威，情願將從前強占田地呈繳歸公，并查有逆苗叛產，復經奴才奏請分撥良苗佃種收租，挑留苗兵，以資養贍，均蒙聖鑒在案。茲據辰沅道傅鼐稟報，各路田地均已丈收清楚，奴才隨親往遍閱，目擊沿邊碉卡林立，與各營汛、塘房交接聯絡。而黔邊一帶，亦皆建碉設備，彼此脣齒相依，互為犄角，邊備實屬嚴密。現在按照地方之夷險、碉卡之疏密，酌擬鳳凰、乾州、永綏三廳，古丈坪、保靖二廳縣，共設屯兵七千名，按名授田耕守，并挑留備戰練勇一千名，即於均出田內撥佃收租，資給鹽糧。其苗人呈繳占田及查出逆產，亦經查清分佃。現按歲租之所入，於裁存土塘苗兵內酌留五千名，足敷贍給，其餘皆已撥田佃種，妥為安置。本年收成豐稔，九月底秋收完畢，口食有資。所有每年應發鄉勇鹽糧及土塘苗兵工食，共銀八萬二千七百餘兩，米六千三百餘石，即於本年十月初一日起全行停支，以節糜費。此次巡歷所經，察看民氣安堵，苗情懾服，是均田屯勇洵為久安長治之計。惟事必慎始，法期要終，今大局甫定，設籌畫稍有未周，即恐難資悠久。因查黔省古州等處安設九衛屯兵，行之六十餘年，至今相安，自可酌照辦理。當經咨會貴州撫臣，將乾隆三、四等年前貴州總督兼巡撫事張廣泗議奏軍屯章程，鈔錄移送前來，隨詳加稽核。其中尚有彼此殊勢、今昔異宜之處，必須斟酌損益，以歸妥善。查湖南苗疆屯務，以紳民均出之田，為丁勇養贍之資，既無需加增糧餉，即繕修碉卡、室堡、房屋，以及軍械、牛具等項，均已在外籌辦完備，亦毋庸另行請銷。惟核計每年應需公費為數尚多，若不預為籌備，深恐難以為繼。且各該丁勇授田所得之數，僅敷一年食用。設遇儉歲歉收，即有艱食之虞，而一切應行借墊之項，時所常有，亦應先行計及。但國家經費有常，未便仿照黔省軍屯之案，悉行請項開銷，致多糜費。現計各廳縣共均出歸公田六萬一百餘畝，除分授屯丁承種及提作練勇鹽糧，共田五萬六百九十畝外，尚有餘田九千四百餘畝，自可召佃收租，備充歲支公費，即無需另行籌項。其應行儲備銀穀，現在無款可籌，應即酌量捐貯，以防荒歉，而資緩急。庶幾有備無患，乃可垂支久遠。他如分設屯官，鈐束苗弁，并訓練丁勇技藝，嚴禁私典屯田，以及稽查收支，均應立法勸懲。至於從前苗匪滋事，多藉口於客民之盤剝，此時應即聲明例案，毋許欺凌索擾，尤爲杜漸防微要務。奴才於巡歷之次，與提、鎮、道、廳悉心講求，并咨詢在事文武員弁，酌擬章程八條，復咨商督臣畫一定議，以期於目前之布置、日後之防維，均能有益。謹另繕條款清摺，敬呈御覽，恭候聖明訓示遵行。奴才惟有隨時會率鎮、道、廳、協，督同文武員弁，妥協經理，永遠遵循，不敢因苗疆已治已安，稍存怠忽，以致日久弊生，務使藩籬益臻鞏固，民、苗久遠相安，仰副聖主垂念邊陲，籌畫萬全之至意。除飭造均出田畝授耕佃租各數，暨均户姓名清册，另行咨部立案，并一切未盡事宜，容俟次第酌籌辦理外，所有籌議緣由，謹會同署湖廣總督奴才瑚圖禮、湖南提督奴才仙鶴林，合詞恭摺具奏，伏乞皇上睿鑒。謹奏。

嘉慶十年十二月二十七日奉硃批：大學士會商該部議奏。欽此。

條款清摺

謹將酌籌湖南苗疆均屯經久章程，開列條款清摺，恭呈御覽。

一、各路碉卡，應酌定派駐勇丁，及分授均出田畝，以資耕守也。查湖南鳳凰、乾州、永綏三廳，及古丈坪、保靖二廳縣，歷年籌修石工、汛堡、屯卡、碉樓、哨臺、炮臺、關門，共一千一百餘座，除分駐官兵外，尚有八百餘座，均應安設勇丁駐守。原奏鳳凰廳安設防丁六千名，乾州廳六百名，永綏二千名，古丈坪一百名，保靖縣三百名，茲按照地方之夷險，碉卡之疏密，分別派駐。鳳凰廳止需防丁四千名，足敷分守，其餘四廳縣仍應按原數募駐，并仿照貴州省九衛屯田之製，於屯丁內挑設小旗、總旗、百總，以資管束，通計五廳縣共設屯丁七千名。內，散丁六千九十名，每名給田四畝五分；小旗七百名，每名給田五畝五分；總旗一百四十名，每名給田六畝五分；百總七十名，每名給田七畝五分，通共給田三萬二千六百九十畝，俱於均出田畝內，就近撥給。并已於各屯卡內，蓋造房屋、倉圈，每丁五名，給牛一隻、犁耙一付，每丁各給鋤鐮一付，俾各該勇丁居住耕守，養贍有資，不費糧餉。而以七千名勇丁分布於沿邊七百十三里之碉卡，與各路營汛、塘房交接聯絡，聲息相通。設有警動，一碉鳴角放槍，鄰近碉卡、營汛均可接應，立時赴援，庶苗匪不敢乘隙窺伺，邊境永慶敉寧矣。

一、鳳凰廳原挑精銳練勇，應留備攻戰也。查苗疆五廳縣沿邊碉卡，雖已分布勇丁，而每碉所駐不過數名，僅資防堵。設偶遇匪徒滋事，必須遠出攻剿。若將沿邊戍卒調集遠離，必致碉卡空虛，疏虞堪慮。查鳳凰廳有原挑備戰練勇一千名，係辰沅道傅鼐歷年挑選所得，訓練日久，甚爲精銳。且苗地重山複嶂，跬步皆險，該練勇久習行走，越嶺登山，如履平地。凡苗巢深險之區，皆可直抵其穴。節次攻剿苗寨，皆係該練勇涉險爭先，所向克捷，遠近寨苗無不聞風膽落。必應仍行留備攻戰之用。應以五百名駐劄上五峒適中之新場堡，五百名駐劄下五峒緊要之同全坡，建給房屋，棲止分交，現設屯弁管帶操演。遇有匪苗滋事，相機調遣剿捕，庶精銳常存，有守有戰，聲威益壯。惟此項戰丁，習於戰爭，農事非其所長，且須專司操演，以備隨時調遣，難以分身耕作。應視屯丁寬給田畝，佃租養贍，俾令飽騰，以收實用。擬即於均出田畝內酌撥田一萬八千畝，責成該道督率屯弁管理，召佃收租。苗疆地方磽瘠，歲時豐歉不常，適中核計每年約可得租穀一萬八千石。現計練勇一千名，除每名每年應給食米三石六斗，共需米三千六百石，合穀七千二百石外，尚餘穀一萬八百石，即照依時價變賣，爲支給鹽糧菜銀兩之用。前項練勇一千名內，散丁八百七十名，每名每年應給鹽菜銀十兩八錢；小旗一百名，每名每年給銀十二兩；總旗二十名，每名每年給銀十三兩二錢；百總十名，每名每年給銀十六兩八錢，共需銀一萬一千二十八兩。惟糧價貴賤無常，難以預定，應令該管屯弁，於每年秋後催收齊全，收貯公倉，核明實收穀數，具稟該道轉報。除收存貯應給食米穀七千二百石，按月碾供外，所有餘穀應於糧價稍昂之時，盡數變糶。一面將變價銀數隨時報明，一面照額定應給鹽菜之數，按名按月支放。如遇歉收不敷，准於餘田租穀內撥補。若豐歲多收，支有餘銀，即歸於餘田項下充公備用。其遇閏之年，應行加增鹽菜口糧，亦於餘田租穀項下通融撥給。仍責令該屯弁將每年支銷細數年終造報，由該道查明，詳移院司衙門稽核，以杜弊混。

一、分撥存剩餘田，酌議召佃收租，以資經費也。查各路碉堡、哨臺、濠牆，并屯卡、房屋等項，皆係邊地要工，爲數繁多，自應隨時修葺，一律完整。除小有損壞，即令駐守之兵勇自行粘補外，其有年久朽壞，或風雨吹淋，或山水刷衝，工程較大，勢難責令兵勇修辦，應由屯弁報明該廳縣，親往勘估，通詳興修。又屯丁、練勇，常川操防，均須製給子藥。而丁勇遇有紅白事件，應需惠賞，并陣傷亡故丁勇眷口，亦應酌給養贍，以示體恤。或遇有苗匪滋事，調集練勇堵剿，須給裹帶行糧，及添備藥鉛。辦理一切苗務，應需盤費飯食，并修理倉廠暨倉書、斗級工食等項。兼有備戰練勇，應行加增閏月鹽菜口糧。尚需通融撥補，爲費甚巨，均屬無項可支。查現在均出歸公田六萬一百餘畝，除分授屯丁、練勇共田五萬六百九十畝外，尚餘田九千四百餘畝，應即召佃收租。以苗疆中歲牽計，每年約得租穀九千四百餘石，變價充公。除屯弁應支分例銀三千餘兩外，所餘銀兩即爲歲修工程等項之需，仍飭撙節動用，免致支絀。以餘田之所入，充必需之經費，無需另籌款項。而沿邊各工既得永資鞏固，一切要需亦無慮缺乏，邊防大局可以日久不敝矣。至每年收支之數，并責令經管屯弁，於年終造報廳縣呈道，詳移院司查核，層層稽查，無慮浮冒弊混。應請毋庸報部核銷，以省案牘。

一、各路屯田專設屯弁，以資經理也。查各廳縣防邊勇丁七千名，又鳳凰廳挑留備戰練勇一千名，共屯種、佃種田地五萬六百九十畝。又餘田九千四百餘畝，地廣事繁，必須專員經管。查黔省屯制，分設衛千總九員，以資管束。惟安設屯弁，原以約束屯丁，并無領運之責，未便仍沿衛千總名色，自應改爲屯千總。而南省屯丁均防守碉卡，亦與黔屯軍不同，尚須添設屯把總、外委，藉資分管。鳳凰廳，屯勇四千名，備戰練勇一千名，擬設屯千總四員、屯把總四員、屯外委八員、屯額外八名。乾州廳，屯勇六百名，擬設屯把總一員、屯外委一員、屯額外二名。永綏廳，屯勇二千名，擬設屯千總二員、屯把總二員、屯外委二員、屯額外二名。保靖縣，屯勇三百名，擬設屯外委二員、屯額外一名。古丈坪廳，屯勇一百名，擬設屯把總一員。以上五廳縣共設屯弁四十員名，即於廳標現任候補把總、外委，歷年管帶練勇之百總及熟悉邊情之營弁內，遴選挑補。并於鳳凰廳現設屯弁內，酌派屯千總二員、屯把總二員、屯外委二員、屯額外二名，飭令管帶備戰練勇，勤慎操演。餘各派分段落，將屯丁屯田一切撥防耕守事宜，盡心經理，庶責有專司，可期妥協。仍各歸廳縣管轄，總隸於辰沅道統屬，核其功過，定以考成。并照黔省屯制，定以五年內如果實心辦理，所管屯勇技藝純熟，安分力田，及備戰勇丁訓練有方，技藝日精，著有成效。屯把總、外委、額外，遇有缺出，遞相拔補，千總准以苗疆守備題補。其散丁、小旗、總旗、百總等，有勤能出色者，亦由該屯弁稟明廳縣，據實舉報，以次拔補，庶各知奮勵。其屯千總、把總，亦照營員咨部給札，外委、額外由道發委詳情咨部。至所設屯弁，亦當籌給分例，應照依營制，千總每員歲支銀一百八十餘兩，把總每員歲支銀一百四十餘兩，外委每員歲支銀五十餘兩，額外照馬兵分例，每名歲支銀三十餘兩，共歲支銀三千餘兩，均於餘田租息項下支給，毋庸請動帑項。

一、籌捐存貯銀穀以備荒歉，并資接濟也。查各路屯丁，均各分授田畝，備戰練勇亦經撥田收租，支給鹽菜口糧。豐稔之年，自已足敷食用。惟年歲豐歉靡常，或遇歉薄及青黃不接之時，則艱食堪虞，必須預爲籌備。查黔省九衛屯田案內奏明動項采買米二萬七千餘石，合穀五萬四千餘石，分貯各塞堡，以資糶借，洵爲儲備要務，萬不可少。至各屯弁應得分例，現擬於餘田租穀項下支給。其練勇鹽菜銀兩，亦議收租變價，隨時散放。第前項銀兩，均係按月支領，而佃戶交租，總在每年九、十月以後，勢難枵腹以待。且當秋成時，穀價必平，亦未便遽行賤糶，致有支絀。則數月支款，自應先爲墊發。而苗疆一切緊要之用，更所時有，必須籌款存貯，以應不時之需。但現在均屯案內，建修碉卡、屯房、倉廠、牛具，并置備器械，一切經費均係在外籌辦，未便零星請款，致滋瑣屑，而又別無款項可籌。查湖南平苗軍需報銷內，有例不准銷及續行核減，共銀九十五萬三千餘兩，先後奏咨於巡撫兩司、道、府、州、縣養廉內攤賠。嗣經議定，每年攤扣三成，照實任署事各員全支半支之數，按成扣收，約計每年扣銀三萬兩上下，應扣至嘉慶二十四、五年清完。本屬以公濟公，今邊防要需，非此不能完備，惟有仰懇聖恩，俯允准展扣二年，將嘉慶十一、十二兩年，每年約扣三成養廉銀三萬兩，共銀六萬兩，爲捐備前項之用。應請先於司庫內，照數籌款借撥，發交該道傅鼐，將二萬兩存貯辰沅道庫。遇有應行借墊之項，詳明動撥，隨時歸補，永遠備用。并動銀四萬兩，於糧價平減之區采買穀四萬石內，撥貯鳳凰廳二萬五千石，乾州廳三千石，永綏廳一萬石，古丈坪廳五百石，保靖縣一千五百石，分別建蓋倉廠，加謹收貯。如遇年歲歉收及青黃不接之時，詳明借濟，秋後免息收還。至所需倉廠，約計每穀四百石建倉一間，共需籌建倉廠一百間，約需銀一千餘兩，應即於餘田租穀項下動用趕建。本年苗疆收成豐稔，洵係數十年來所未有。糧價日益減落，而下游各屬稔收價平，自應乘時買貯。其歸屯勇丁，業已停支鹽糧，此時即有應行墊支之項。現在飭司先行籌撥銀三萬兩，發給傅鼐，以二萬兩先買穀二萬石，分撥收貯，以一萬兩存貯道庫備用。餘再陸續借撥足數，分別儲備。仍將十一、十二兩年攤扣養廉，先儘歸還，此項借款後，再行接扣軍需賠項。如此通融捐備，庶幾荒歉無患，緩急有資。在軍需扣項，不過扣展二年，亦不致久懸，而於邊防大局實多裨益。

一、屯丁技藝應嚴加訓練，并隨時稽察也。查安設屯丁，原以鞏固苗疆，其備戰練勇，則專資攻剿，所需槍械均已分別製給，自應因時操練，咸成精銳。惟屯丁俱有耕種之事，不能照營規操演。每年應自收割以後，於十月初一日起至次年正月底止，逢三、六、九日開操。該管屯弁督率小旗、總旗、百總等，認真教習，仍於春、夏、秋三時，農工稍暇之際，督令不時演習各本身技藝，勿致生疏。其備戰各丁，既無事於耕作，應即照營制，每年自七月初一日起至次年四月底止，責成專派管帶之屯弁，按二、六、九日，勤加訓練，務令技藝日益優嫻。倘各丁內有農業不勤，技藝不熟，甚或不守屯規，酗酒滋事，以及私擅離伍，許百總等稟知屯弁，轉報廳員，分別究革，撤田另補。倘百總等有心徇隱，及屯弁失察徇縱，即一并究懲，仍令道廳隨時查察。若不實力稽查，亦照例分別參處。至授田各勇丁，多係捐戶子弟、親族及出力之丁勇，自應令其且耕且守，奉爲世業。該屯丁內，或有年老辭退，或病故出缺，即於該丁子孫內擇選承補。若無人可補，另行撤田募充，總不許將屯田私行典賣。仍將頂充姓名詳注檔冊，以備稽查。如敢擅行典賣，即照盜賣私買官田律治罪，追價入官。其小旗、總旗、百總及該管屯弁，或失於覺查，或通同作弊，分別究革嚴懲。

一、嚴禁民人擅入苗寨，索詐欺凌，以期民、苗相安，永臻寧帖也。查舊例，民人原不准擅入苗地，自乾隆二十九年，以苗人嚮化日久，准與內地民人姻婭往來，漸資化導。而日久弊生，漢奸出入，即有在內地開墾及因賬債准折苗地之事，苗人遂藉口客民盤剝侵占，糾結滋事。數年以來，沿邊民人疊被焚殺，無不受其荼毒。今自屢經痛懲之後，苗人萬分畏服，誠恐被害民人因苗情馴順，輒圖報雪，而奸民故智復萌，或又藉端欺詐，以致復生釁隙，不可不防其漸。現在民、苗界址畫分清楚，應申明舊例，漢民仍不許擅入苗地，私爲婚姻，以免滋事。惟各處集場，原許民、苗按期趕趨，以有易無。應令汛屯員弁，親爲彈壓，無許市儈侵欺，一切公平在市，交易而散。其有苗人控訴詞訟，必須集案質訊，即令苗弁傳送，迅速秉公審結，不許擅差兵役入寨安拿。倘有奸民無故擅入苗地，教誘爲匪，及生事擾害，隨時查拿，按律嚴辦。其各廳縣民人，如有藉稱從前被害，妄行訛詐，或尋釁報復，以及不肖兵役私人索擾，立即查拘，從重懲究。廳縣營汛失於查察，亦分別參處。至各苗備弁俱有約束散苗之責，必須苗心悅服，方足以資駕馭。應令道廳隨時查察，若有挾詐營私、欺凌苗衆者，即詳明革究，另行選充，無得姑容貽誤，庶民、苗彼此相安，邊隅可期永靖矣。

一、清查逆苗叛產及苗繳占田，分佃收租，贍給裁留苗兵，以安苗衆而資外捍也。查本年剿洗永綏各處匪苗之後，群苗震懾兵威，情願將從前強占田地盡數繳出，并查有逆苗叛產，酌議一并歸公，分佃良苗承種納租，即可挑留苗兵，以資養贍。當經奏蒙聖鑒在案。現在遴員率同苗弁，將各寨繳出占田逐一清丈，共田三萬一百餘畝，并清查各逆苗叛產，亦丈收田地五千四十餘畝，共三萬五千一百餘畝，俱經勘明界址，區分畛畔，分別造冊立案，照議分佃收租，計可養苗兵五千名。業經督飭各苗弁，撥給良苗，佃耕納租。所有歷年裁存土塘苗兵九千九百餘名。內有可以自行謀生，應裁令歸寨，及老弱窮苗，一體酌撥田畝，承佃交租外，現在挑留壯健苗兵五千名。內鳳凰廳二千名，乾州廳八百名，永綏廳一千八百名，古丈坪廳一百名，保靖縣三百名，派令苗備弁管帶。每苗守備一名，同苗千總、把總、外委等共帶一二百名不等，各於該管各寨要地，巡查防守，遇有追捕剿辦等事，聽候調用。其苗人應繳租糧，必需公所存貯。現管各苗守踴躍從事，於各苗寨內，自行擇地建倉，以備收貯。每倉由各苗備弁公同議舉誠謹殷實苗弁二三名，專司催收支放。計前項田地三萬五千餘畝，按照苗例，田畝納租穀三分，山地納雜糧一成五分。若遇豐稔之年，約計每年可收籽粒二萬二千餘石，每苗兵一名歲給口糧三石六斗，每年共需糧一萬八千石，計尚餘籽粒四千餘石。查苗疆山多田少，收成本薄，設遇水旱歉收，即恐收租短少，不敷支放。應將豐年所收餘糧積存苗倉，以備撥補而免缺乏，并為加給苗兵閏月口糧之需，仍飭該苗備弁，將每年收得租數據實具報。除苗兵應得口糧按月支給外，計每年餘糧若干，按年造冊報明，廳道隨時查察。倘經管苗備弁有虛捏侵扣情弊，即嚴行究辦。自此苗兵得有租糧養贍，不致失所，而窮苗藉以佃種，亦可安居樂業。且各該苗弁均得有兵力，一切巡哨緝捕，呼應得靈，力能管束散苗，更足以制其桀驁不馴之氣，於安邊大局益資經久矣。

附奏辰沅道傅鼐竭力營繕邊工，毋庸請項開銷片 嘉慶十年湖南巡撫阿林保

再查，鳳凰廳前遭苗匪滋擾，雖經戡定，而各路民田盡被匪苗占據，仍屢次攻圍營汛，并擾及麻、瀘、辰、蒲，肆其毒害。現任辰沅道傅鼐於嘉慶九年十二月內抵鳳凰廳，同知任稔知苗疆溝道如梳，在在可以竄越出沒，非特民人不能復業安居，即沿邊營汛亦有難以存立之勢。遂籌議先於廳屬沿邊備建碉卡，開築濠溝、邊牆，以期禦苗安民。維時苗匪時出攻擾，事在緊迫，必須趕緊相機辦理，斷不能先行勘估，然後興工。當即飭諭兵勇民戶等，定以官為籌辦銀米，雇覓匠夫，本營兵丁及鄉勇民人隨同力作，俱各踴躍趨事。即留防外營官兵，亦知修邊重舉，為固圍撤防長策。因伊等責司戍守，不能隨衆工作，情願將應領餘丁鹽菜口糧銀米量捐歸公，以助修費。傅鼐復百計設措，始能於沿邊裏圍，逐步修建石工、碉卡、哨臺、關門八百餘座，開築壕牆百有餘里，布置兵勇。從此苗匪不敢任意出入，因得收復被占民田。士民皆知恃邊自衛，均願呈出苗地，為丁勇永遠

屯耕守禦之計，并先酌交租穀，以資邊工急需。於乾州、古丈坪、永綏、保靖一帶，復次第籌修碉卡，并製給各丁勇槍械、房屋、牛具，邊防始昭嚴密。此數年以來，傅鼐竭力營繕邊工，及兵勇、民人急公效助，未經請款之實情也。前於嘉慶六年，經前任督臣書麟、撫臣祖之望，將傅鼐勸諭兵勇陸續籌修碉卡、墻壕大概情形，據實奏聞，并聲明一切屯丁、牛具、籽種、房屋修費，酌量緩急，通融撥借，毋庸請項開銷，仰蒙聖鑒在案。茲奴才親歷各該廳縣查驗碉卡各工以及房屋倉圈一律堅實整齊，牛具、農器等項已皆完備。該道傅鼐籌辦實屬不遺餘力，而兵勇、民人趨公籌捐悉皆出於至誠情願。現今完善葳功，自應查照原奏，無庸請項開銷。所有在外籌辦邊工情形，理合據實附片奏明。謹奏。

嘉慶十年十二月二十七日奉硃批：覽。欽此。

前案部復 嘉慶十一年二月准咨

大學士□□□等謹奏，爲遵旨會議復奏事。內閣鈔出湖南巡撫阿林保等具奏湖南苗疆東、南、北三面，周圍七百餘里，環列苗人二千餘寨。自戡定以後，籌修宔堡、碉卡，環以兵勇，各該士民等咸願均出田畝，以贍丁勇。數年以來，陸續丈收，於上年十月內奏明未經授田鄉勇二千一百四十一名，飭將各廳縣未均田畝一律趕均，分撥耕守。至裁存土塘苗兵九千九百三十六名，本年自剿洗永綏苗寨之後，遠近苗人願將從前強占田地呈繳歸公，并有逆苗叛產分撥良苗佃種收租，以資養贍，均蒙聖鑒在案。茲據辰沅道傅鼐稟報，各路田地均已丈收清楚，酌擬鳳凰等廳縣共設屯兵七千名，并挑留備戰練勇一千名，即於均出田內撥佃收租。其苗人呈繳占田及查出逆產，按歲租之所入，於裁存土塘苗兵內酌留五千名，足敷贍給。所有每年應發鄉勇鹽糧及土塘苗兵工食，共銀八萬二千七百餘兩，米六千三百餘石，即於本年十月初一日起，全行停支。現計各廳縣共均出歸公田六萬一百餘畝，分授屯丁承種，及撥作練勇鹽糧，共田五萬六百九十餘畝外，尚餘田九千四百餘畝，自可召佃收租，備充歲支公費，無須另行籌項。其應行儲備銀穀，現在無款可籌，應即酌量捐助，以防荒歉而資緩急。他如分設屯官，鈐束苗弁，并訓練兵勇技藝，嚴禁私典屯田以及稽查收支，均應立法勸懲，并申明例禁，毋許欺凌索擾。除造具均出田畝授耕佃租各數，暨均戶姓名清冊，另行咨部立案，并一切未盡事宜容俟次第辦理外，謹酌擬章程八條，另繕清摺，謹會同署湖廣總督臣瑚圖禮、湖南提督臣仙鶴林，合詞恭摺具奏等因一摺。嘉慶十年十一月二十六日奉硃批：大學士會同該部議奏。欽此。欽遵於十一月二十九日鈔出到部。臣等查嘉慶九年十一月內，據調任湖廣總督吳熊光等據奏，鳳凰等廳縣截至嘉慶九年九月底止，尚存鄉勇二千一百四十一名，苗兵九千九百三十六名，仍令照例支食鹽糧工食，并將各處未均田畝趕緊清丈，分給歸屯，經户部議復在案。今據湖南巡撫阿林保等奏報，各路未均田地丈收清楚，酌擬章程八條。臣等查均田養贍丁勇，原為綏靖苗疆起見，立法務極周詳，而成局期能悠久。今各路均出田地，共丈收六萬一百餘畝，酌於鳳凰等廳縣分設屯丁七千名，按名授田耕守，并挑留備戰練勇一千名，即於均出田內撥佃收租，支給鹽糧。其苗人呈繳占田及查出逆產，亦經查清，按歲租之所入，裁存苗兵五千名，足敷贍給。所有每年應發鹽糧工食銀八萬二千七百餘兩，米六千三百餘石，於本年十月初一日起，全行停支。并聲明舊例，禁止民人擅入苗寨，以杜釁端，辦理尚為妥協。至於設官以嚴約束，訓練以精技藝，召佃以裕經費，捐廉以資接濟，亦為長久安定苗疆之道。臣等按所奏八條，悉心酌議。惟挑留練勇一條，應令該撫轉飭，如有缺額，即行挑選壯勇，募補足數，以資捍禦。召佃撥存餘田、籌捐存貯銀穀、清查逆苗叛產三條，據稱毋庸報部，第恐日久弊生，有侵蝕虧挪情事，應令年終將收支各數報部備查。其餘四條，均應如奏辦理。至一切未盡事宜，應令次第酌籌核辦。謹將核議八條，另繕清摺，恭呈御覽。是否有當，伏候皇上訓示遵行。謹奏。

嘉慶十年十二月十六日，奉旨：依議。欽此。

條款清摺

謹將議復湖廣總督瑚圖禮等會奏酌議湖南苗疆均屯經久章程，開列條款清摺，恭呈御覽。

一、該撫等奏稱，各路碉卡應酌派勇丁，及分授田畝，以資耕守也。查湖南鳳凰等廳縣，歷年籌修石工、汛堡、屯卡、碉樓、哨臺、炮臺、關門，共一千一百餘座。除分駐官兵外，尚有八百餘座。原奏鳳凰廳安設防丁六千名，乾州廳六百名，永綏廳二千名，古丈坪廳一百名，保靖縣三百名，茲按地方之夷險、碉卡之疏密，分別派駐。鳳凰廳止需防丁四千名，其餘四廳縣仍按原數募駐。并仿照貴州九衛屯田之制，於屯丁內挑設小旗、總旗、百總，以資管束。通計五廳縣共設屯丁七千名內，散丁每名給田四畝五分，小旗每名給田五畝五分，總旗每名給田六畝五分，百總每名給田七畝五分，共給田三萬二千六百九十畝，俱於均出田畝內，就近撥給，於各屯卡居住耕守等語。臣等伏查湖南鳳凰、乾州、永綏、古丈坪、保靖等廳縣，與苗寨毗連，原設勇丁以資防守，今各丁均已授田歸屯。據該撫等酌核情形，共留七千名分駐各廳縣，仿照貴州省九衛屯田之制，於屯丁內挑設小旗、總旗、百總與屯丁等，分別授田，共需田三萬二千六百九十畝，俱於均出田畝內就近撥給，分布各屯居住耕守，於邊防實有裨益，應如所奏辦理。

一、該撫等奏稱，鳳凰廳原挑精銳練勇，應留備攻戰也。查苗疆五廳縣沿邊碉卡，所駐勇丁每碉不過數名，設遇匪徒滋事，疏虞堪慮。查鳳凰廳原挑備戰練勇一千名，訓練日久，甚為精銳，仍應留備攻戰之用。惟此項戰丁，習於戰陣，農事非其所長，且須專事操演，難以分身耕作。擬於均出田畝內，酌撥田一萬八千畝，責成該道督率屯弁管理，召佃收租，每年約收租穀一萬八千石。每名每年給米三石六斗，共需米三千六百石，合穀七千二百石，尚餘穀一萬八百石。即依時價變賣，為支給鹽菜銀兩之用，內散丁每名每年給鹽菜銀十兩八錢，小旗每名每年給銀十二兩，總旗每名每年給銀十三兩二錢，百總每名每年給銀十六兩八錢，共需銀一萬一千二十八兩。惟糧價貴賤無常，難以預定。如遇歉收不敷，准於餘田租穀內撥補。若豐歲有餘，即歸於餘田項下充公備用。其遇閏之年，應行加增鹽菜口糧，亦於餘田租穀項下通融撥給等語。臣等伏查鳳凰廳原挑備戰練勇一千名，既該撫等聲稱，訓練有年，甚為精銳，該省苗情反復不常，應准其仍留備用。惟此項戰丁，專事操防，難以分身耕作，亦應如該撫等所奏，酌撥田一萬八千畝，召佃收租，約計每年收穀一萬八千石。除每年碾供穀七千二百石外，尚餘穀一萬八百石，於糧價稍昂之時，儘數變糶，照額定應給鹽菜之數，按月分別支放。如遇歲收歉薄，及有閏之年，應行撥補。如增銀米，統於餘田租穀項下，通融撥給，并將每年支銷細數，於年終造冊送部備查。其練勇內，遇有事故出缺，仍令該撫如數募充，報部查核。

一、該撫等奏稱，分撥存剩餘田，酌議召佃收租，以資經費也。查各路碉堡、哨臺等項皆係邊地要工，自應隨時修葺。又屯丁、練勇常川操防，均須製給子藥，而丁勇紅白事件應需惠賞，并陣傷亡故丁勇眷口應給養贍，及辦理一切苗務應需盤費飯食，并修理倉廠暨倉書、斗級工食等項，兼有備戰練勇應加閏月鹽菜口糧，尚需通融撥補，均屬無項可支。查現在均出歸公田六萬一百餘畝，除分授屯丁、練勇共田五萬六百九十餘畝外，尚餘田九千四百餘畝，應即召佃收租。每年約得租穀九千四百餘石，變價充公。除屯弁應支分例銀三千餘兩外，所餘銀兩即爲歲修工程等項之需，至每年收支穀數，於年終呈詳院司查核，毋庸報部核銷等語。臣等伏查鳳凰等廳縣均出歸公田六萬一百餘畝，除分授屯丁練勇田五萬六百九十畝外，尚餘田九千四百餘畝。據該撫等聲稱，該處歲修工程等費，無款可支，尚需通融撥補，應令即以此項餘田召佃收租，將每年收穫穀石變價充公。除支給屯弁分例銀兩外，遇有興修經費及恤賞養贍等需，統於此款內酌量撥用，仍將每年收支各數，於年終造冊送部備查。

一、該撫等奏稱，各路屯田應專設屯弁，以資經理也。查黔省屯制，分設衛千總九員，以資管束。惟屯弁并無領運之責，應改爲屯千總。而南省屯丁，防守碉卡，亦與黔省屯軍不同，尚須添設屯把總、外委，藉資分管。鳳凰廳擬設屯千總四員，屯把總四員，屯外委八員，屯額外八名。乾州廳擬設屯把總一員，屯外委一員，屯額外二名。永綏廳擬設屯千總二員，屯把總二員，屯外委二員，屯額外二名。保靖縣擬設屯外委二員，屯額外一名。古丈坪廳擬設屯把總一員。以上五廳縣共設屯弁四十員名，即於廳標現在候補把總、外委及歷年管帶勇丁之百總，熟悉邊情之營弁內，遴選挑補。并於鳳凰廳現設屯弁內，酌派屯千總二員、屯把總二員、屯外委二員、屯額外二名，飭令管帶備戰練勇，勤慎操演，仍令歸廳縣管轄，總隸於辰沅道統屬。并照黔省屯制，定以五年俸滿。如果所管屯勇技藝純熟，安分力田，及備戰勇丁訓練有方，著有成效，屯把總、外委、額外遇有缺出，遞相拔補。千總准以苗疆守備題補。其散丁、小旗、總旗、百總等有勤能出色者，亦由該屯弁稟明廳縣，據實具報，以次拔補。其屯千總、把總亦照營員咨部給札。外委、額外由道發委，詳請咨部。至所設屯弁亦當籌給，分例應照營制，千總每員歲支銀一百八十餘兩，把總每員歲支銀一百四十餘兩，外委每員歲支銀五十餘兩，額外照馬兵分例，每名歲支銀三十餘兩，共歲支銀三千餘兩，均於餘田租息項下支給等語。臣等伏查，湖南鳳凰、乾州、永綏、古丈坪、保靖五廳縣沿邊碉卡，既分派勇丁駐紮屯防，自應添設員弁經理，以資彈壓。應如該撫所奏，准其於鳳凰廳添設屯千總四員、把總四員、外委八員、額外外委八名，乾州廳添設屯把總一員、外委一員、額外外委二名，永綏廳添設屯千總二員、把總二員、外委二員、額外外委二名，保靖縣添設屯外委二員、額外外委一名，古丈坪添設屯把總一員。即在於廳標候補把總、外委、管帶勇丁之百總，及熟悉邊情之營弁內，遴選挑補。并准其於鳳凰廳現設屯弁內，酌派屯千總二員、把總二員、外委二員、額外外委二名，飭令管帶練勇，勤慎操演，一切耕守事宜，盡心經理，仍各歸廳縣管轄，總隸辰沅道統屬考核。千總、把總拔補時，咨部給札。

外委咨部注册。額外外委由該道發給委牌，造册報部。千總一項，五年俸滿，如果實心經理，訓練有方，苗民相安，地方寧謐，由該道保送，該督復加考驗，出具考語，送部引見，回任以苗疆守備題補。其尋常供職之員，尚無遺誤，准其留任，咨部換札。其把總、外委、額外外委，并小旗、總旗、百總，著有勤能者，准其隨時拔補。如該弁怠惰廢弛，即隨時咨革，毋得稍事姑容。至所設屯弁，應籌給分例，照營制，千總每員歲支銀一百八十餘兩，把總每員歲支銀一百四十餘兩，外委每員歲支銀五十餘兩，額外外委照馬兵分例，每名歲支銀三十餘兩，共歲支銀三千餘兩，既據該撫聲明，在於餘田租息項下支給，應令就款開銷。

一、該撫等奏稱，籌捐存貯銀穀，以備荒歉，并資接濟也。查各路屯丁、練勇，豐稔之年，自已足敷食用。惟年歲豐歉靡常，或遇青黃不接之時，必需預爲籌備。查黔省九衛屯田案內，奏明動項采買米二萬七千餘石，合穀五萬四千餘石，分貯各宅堡，以資糶借。今湖南平苗軍需報銷內，有例不准銷及續行核減，共銀九十五萬三千餘兩，先後奏咨於巡撫兩司、道、府、州、縣養廉內攤賠。嗣經議定，每年攤扣三成，約計扣銀三萬兩，應扣至嘉慶二十四、五年清完。仰懇皇恩俯准，展扣二年，將嘉慶十一、十二兩年每年約扣三成養廉銀三萬兩，共銀六萬兩，爲捐備前項之用，請先於司庫籌款借撥，發交該道傅鼐。將二萬兩存貯辰沅道庫，遇有應行借墊之項，詳明動撥，隨時歸補。其餘銀四萬兩，於糧價平減之區，采買穀四萬石，內撥貯鳳凰廳二萬五千石，乾州廳三千石，永綏廳一萬石，古丈坪廳五百石，保靖縣一千五百石，分別收貯。如遇年歲歉收及青黃不接之時，詳明借濟，秋後免息收還。至所需倉廠，約計每穀四百石建廠一間，共需籌建倉廠一百間，約需銀一千餘兩，應即於餘田租穀項下動用。本年先行籌撥銀三萬兩，發給傅鼐，以二萬兩先買穀二萬石，分撥收貯，以一萬兩存貯道庫備用，餘再陸續借撥足數，分別貯備，仍將十一、十二兩年攤扣養廉，先儘歸還。此項借款，再行接扣軍需賠項等語。臣等伏查，鳳凰等廳縣屯丁、練勇均已授田收租，豐稔之年，計已足敷食用。惟遇收成歉薄及青黃不接之時，則艱食堪虞，自應預爲籌備。據該撫等奏請，將湖南省攤賠軍需案內，嘉慶十一、十二兩年共應扣養廉銀六萬兩，展扣二年，以資捐備前項之用，係爲該省辦公起見。且於軍需賠項，仍可不致虛懸，應准其先行借扣。其所請於司庫內，預爲借動發交辰沅道庫銀二萬兩，遇有應行借墊之項，詳明動撥，隨時歸補。其餘銀四萬兩，於糧價平減之區，采買穀四萬石，分貯鳳凰等廳縣，加謹收貯。如遇丁力拮据，酌量接濟，均應如奏辦理。至建置倉廠估需銀兩，既據聲明係在餘田租穀項下動用，應令就款開銷。仍將司庫先支給銀三萬兩，并續行動借銀兩，於該撫等應得十一、十二兩年養廉銀內，先行攤扣歸款，并將扣還各數，按年分晰報部查核。其道庫存貯銀兩，各廳縣分貯穀石，并令年終造冊，送部備查。

一、該撫等奏稱，屯丁技藝應嚴加訓練，并隨時稽查也。查安設屯丁，原以鞏固苗疆，其備戰練勇則專資攻剿，所需槍械均已分別製給，自應因時操練，咸成精銳。惟屯丁俱有耕種之事，不能照營規操演。每年應俟收割以後，於十月初一日起，至次年正月底止，至三、六、九日開操。仍於春、夏、秋三時，農工稍暇之際，督令不時演習。其備戰各丁，既無事於耕作，應即照營制例，每年自七月初一日至次年四月底止，責成專派管帶之屯弁，按三、六、九日，勤加訓練。倘各丁內，有農業不勤，技藝不熟，甚或不守屯規，酗酒滋事，以及私擅離伍，許廳員分別究革，撤田另補。倘百總等有心徇隱，及屯弁失察徇縱，即一并究懲，仍令道廳隨時查察。若不實力稽查，亦照例分別參處。至授田各丁，多係捐戶子弟、親族及出力之丁勇，自應令其且耕且守，奉為世業。該屯丁內，或有年老辭退，或病故出缺，即於該丁子孫內，選擇承頂。若无人可補，另行撤田募充，不許私行典賣，仍將頂充姓名詳注檔冊，以備稽查等語。臣等安設屯丁，原以捍衛苗疆，自應嚴加訓練，咸成勁旅。據該撫奏稱，耕種之丁不能照營規操演，請於每年收割以後，自十月初一日起，至次年正月底止，逢三、六、九日開操，仍於春、夏、秋三時農隙之際，不時演習。其備戰各丁，既無事於耕種，應即照營制，於每年七月初一日起，至次年四月底止，責成管帶屯弁，按三、六、九日，勤加訓練。倘各丁內，有農業不勤，技藝不熟，以及不守營規，酗酒滋事，擅離營伍情事，許廳員分別究革。倘百總等有心徇隱，及屯弁失察徇縱，即一并懲處，仍令道廳隨時查察。若不實力稽查，照例分別參處等語，均應如該撫所奏辦理。至授田各丁，多係捐戶子弟及出力之丁勇，自應令其且耕且守，奉為世業。應令該撫於該屯丁內，或有年老辭退及病故出缺，即於該丁子孫內，選擇承頂。倘無人可補，另行撤田募充，不許私行典賣。

一、該撫等奏稱，嚴禁民人擅入苗寨，索詐欺凌，以期民、苗相安也。查舊例，民人原不准擅入苗地。自乾隆二十九年，以苗人嚮化日久，准與內地民人姻婭往來，漸資化導。而日久弊生，苗人遂藉口客民盤剝侵占，糾結滋事。現在民、苗界址劃分清楚，應申明舊例，漢民仍不准擅入苗寨，私爲婚姻，以免滋事。惟各處集場，原許民、苗按期趕趁，應令汛屯員弁親爲彈壓，無許市儈侵欺。其有苗人控訴詞訟，即令苗弁傳送，秉公審結，不許擅差兵役入寨。倘有奸民無故擅入苗地，及不肖兵役私入索擾，立即懲究。廳縣營汛失於查察，亦分別參處等語。臣伏查，鳳凰等廳縣民、苗雜處，邊隙易生。從前原禁止往來，嗣因苗人馴伏有年，始有與內地民人約爲婚姻，以及在內地開墾等事，遂至苗人藉口侵欺，糾結滋擾。現在苗境肅清，不可不防其漸。應如該撫所奏，此後仍不許漢民擅入苗地。惟各處集場仍准其按期趕趁，并飭令汛屯員弁，親加彈壓。至苗人詞訟，即令苗弁傳送，不許兵役入寨。倘有奸民擅入苗地，及兵役索擾，立即懲辦。該管官員失於覺察，亦即參處。

一、該撫等奏稱，清查叛產占田，分佃收租，贍給苗兵也。查本年剿洗永綏各處苗匪之後，群苗震懾兵威，將從前强占田地盡數繳出，并查有逆苗叛產，酌議一并歸公，分佃良苗，承種納租，即可挑留苗兵，以資養贍。現在各寨繳出占田，逐一清丈，共田地三萬一百餘畝，并清查逆苗叛產，亦丈收田地五千四十餘畝，共三萬五千一百餘畝，俱經分別造冊，分佃收租，計可養贍苗兵五千名。所有歷年裁存土塘苗兵九千九百餘名，內有可以自行謀生，裁令歸寨及老弱窮苗，一體撥田承佃外，現在挑留壯健苗兵五千名，內鳳凰廳二千名，乾州廳八百名，永綏廳一千八百名，古丈坪廳一百名，保靖縣三百名。其苗人應繳租糧，經各苗弁於苗寨內自行擇地建倉，以備收貯。每倉公舉殷實苗弁二三名，專司催收支放。計前項田地三萬五千餘畝，約計每年可收籽粒二萬二千餘石。每苗兵一名歲給口糧三石六斗，每年共需糧一萬八千石。計尚餘籽粒四千餘石，積存苗倉，以備撥補，并爲加給苗兵閏月口糧之需。仍飭該苗備弁將每年收得租數，據實具報等語。臣等伏查，永綏廳各處清查各苗占田叛產，共田地三萬五千一百餘畝。據該撫察核情形，將節年裁存土塘苗兵九千九百餘名，除分別佃田歸寨外，餘仍酌留苗兵五千名，即將此項田畝分佃良苗納租，每年約計可收籽粒二萬二千餘石。每苗兵一名歲給口糧三石六斗，共需糧一萬八千石，餘糧存貯苗倉，留爲不敷之用。所奏亦屬可行。仍令該撫飭令，選舉殷實苗弁，繳出租糧存貯公倉，專司收放，并於年終將收支各數造冊，送部備查。

奏請獎勵倡首均田最多士民及出力員弁摺 嘉慶十二年湖南巡撫阿林保

奏爲查明倡首均田最多之士民及歷年經理出力各員弁，恭懇聖恩，分別獎勵。

竊照湖南苗疆籌辦均田屯勇，各廳縣士民咸知身家有衛，踴躍樂從。經臣於上年正月内會同前督臣吳熊光，於查奏苗疆均屯久協興情案内，聲明倡首均田最多之乾、鳳、瀘、麻各士民，請俟事竣查明，請旨獎勵。其勸辦築卡均田事宜，經前督臣書麟、撫臣祖之望派委文武員弁，分任其事。於嘉慶六年附片奏明三廳文武員弁及委員等，如果實心經理，邊圉鞏固，俟撤防後一切妥協，再行奏請逾格獎擢各在案。現在各路田畝，俱已均丈清楚，分撥屯守，邊防嚴固。其鄉勇、苗兵業經全行停支鹽糧工食，一切均臻妥善。伏查各廳縣士民，因沿邊建設碉卡，分布兵勇，捍衛藩籬，民戶始得歸復。慮及兵勇陸續裁撤，邊備仍致空虛，遂倡議均出田畝，募勇屯守。固各爲自衛身家起見，而其好義急公，情殷守望，實堪嘉尚。各士民内，有首先捐産爲衆人倡率，并能始終經理其事，妥善藏功，而核其人之才具，又有可觀，自應懇恩量加優敘。其餘當視捐田之多寡，分別等次。應將捐田四百畝以上及二百畝以上者，分別二等，酌請旌獎。此外，捐田二百畝以下者，人數稍多，請由奴才給予匾額。其捐田在百畝以下者，爲數更多，應飭建碑題名，以光鄉里。至經辦邊防均屯各員弁，本屬分内應爲之事，仰惟聖主微勞必録，未敢壅於上聞。自應擇其出力較久、勤績最著者，分別懇請施恩，用昭復實而杜冒濫。今奴才親歷苗疆，據辰沅道傅鼎分開名摺，稟呈核辦。該道綜理邊防一切，持以公正，是以衆心悦服，自不致稍有偏抑。復就近體訪，詳加甄別，所舉實皆平允。惟有仰懇皇上逾格鴻慈，俯准分別獎勵，庶各士民渥沐恩榮，更足以發其敦睦之心，而出力員弁頂戴天恩，益當勉圖報效；其餘苗疆文武亦必共知觀感奮興，於地方諸務均多裨益。理合恭折具奏。

奉上諭：阿林保奏查明倡首均田最多之士民及歷年經理出力各員弁，懇請加恩獎勵一摺，并分晰開單進呈。湖南苗疆籌辦均田屯勇，各廳縣士民踴躍樂從，或首先倡捐，始終經理，均屬好義急公，殊堪嘉尚。其三廳文武員弁及委員等，分司勸辦一切，均臻妥善，自應照所請分別加恩，俾知奮興觀感。所有單開出力士民内，候補教職周明球，著以知縣即行選用；武生閔宏端，著以新設屯千總補用；候選訓導陳宗璧，著以訓導即行選用；布政使理問職銜陳朝咏、六品頂戴職員滕紹光，均著賞給五品頂戴；從九品職員陳建達、生員楊世敖、唐自建，均著賞給六品頂戴；生員田祖範、田興堂、楊濬，均著賞給八品頂戴；捐田較多之生員艾建詢、宋大章，武生傅祖仁，民人姚桐，均著賞給五品頂戴；貢生李孟賢、楊恢、鄧璵，從九品職員莫持璜，生員楊再傳、吳基、楊際泰，監生周配濂，民人楊竹、黃萬林，均著賞給六品頂戴。其出力員弁内，候補知府同知王廷瑛，著以知府即行選用；典史陳廷柱、從九品王覺，均著以苗疆縣丞、經歷，分別升補；經歷莊心簡、縣丞胡鈞，均著以應升之缺升用；守備許望文，著以苗疆都司即行升用；候補千總吳貴，著加守備銜，以新設屯千總補用；候補州判鄭人紀、候補從九品管景牧、試用縣丞張鴻咸、試用教職王占魁，均著以相當之缺儘先補用；革職典史高煥，著開復原官，留楚補用；同知褚爲章、游擊葛士鳳、於天祿、唐光盛、都司藍枝鳳，均著交部議敘，以示鼓勵。阿林保折并發。欽此。

會奏籌議均屯未盡事宜章程七條摺 嘉慶十二年湖廣總督汪志伊、湖南巡撫景安

奏爲酌核均屯未盡事宜籌議完備，恭折奏請聖訓事。

竊照湖南苗疆均屯田勇，經前撫臣阿林保酌定經久章程，奏蒙聖鑒，聲明一切未盡事宜，次第酌籌核辦在案。奴才於上年八月到任後，適辰沅道傅鼐因公來省，奴才隨詳加詢問。據稱，此次辦理均屯，係就均出歸公田畝，分別布置，其中應行籌辦之事尚多。如原均田畝多在高阜，并傍近溪澗，每遇春夏山水暴發，往往衝刷，甚至石堆沙壓。屯丁既誤耕作，即虞乏食，經費亦有支絀，必應預籌修復撥補之需。又，從前共均出歸公田六萬一百餘畝，除分授之外，祇餘田九千四百餘畝。原議召佃收租，以充公費，今試行以來，約計每年不敷三四千兩。又屯弁經管一切屯務，地廣事繁，照料難周，尚須添設屯長幫同經理。又各路丁勇內，有出力多年并經均出田畝，因年老患病辭退，家無及歲子弟，不能挑丁，及從前有業之家，被苗占據，嗣經收復，全數歸公，現在并無成丁之人，均應量給養贍田畝，以示體恤。又原設苗兵五千名，每名日給稻穀雜糧一升，其中尚有不敷，而凡遇操演、調用，所需子藥等項亦未置辦，俱應一并籌備。他如勵練勇以成精銳，興文教以格愚頑，皆當因時籌辦，俾臻完善等語。奴才查所議各條均屬屯防要務，但必需妥籌經費，方可次第舉辦。并據該道面稟，查永綏廳六里沿邊尚有無糧荒土，曾於上年委員查勘，就近分撥屯丁、窮苗逐漸開墾，俟成熟後丈明確數，即可撥用。并查三廳沿邊一帶內有民户田土前被苗人占據，民人知難歸復，即以賤價當給苗人。迨後劃清民、苗界址，苗人因出有微價不即退繳。現據各苗備弁以此等田土，均在收復歸公田分內，不便仍令苗人占種，且當日所出當價，不及買價十之一二，苗人耕種年久，獲利已多。現在衆苗情願呈出當契，將原田悉數退繳歸公。并據苗守備龍八月、麻老貴率同各苗弁，屢次赴道呈稟，據稱各寨挑留苗兵五千名，日給稻穀雜糧一升，內有未諳農務，不能佃田貼補，日食尚有不敷，必須加給口糧。如遇操演、調用，所需子藥、火繩等項亦應預爲置

辦。該弁等仰沐皇恩，無可報效，公議願將自己業田諒力均出備用。又查各寨苗人未經懾威以前，獷悍之徒將苗人田土恃强霸占，遂致糾衆仇殺，爭奪不休。今已真心嚮化，未便仍留後釁，情願一并呈請歸公，永杜爭端。察其情詞，實出至誠，自應准其分別呈繳，備充公用，統容斟酌籌辦，稟請示遵等情。查該道辦理屯防諸務，盡心經營，心思極爲周到，且十餘年來，深得衆苗之心，必能經理盡善，當囑其妥協酌辦。年餘以來，據將一切事宜隨時稟商，復經奴才分晰指示。去後，兹據該道詳稱，所墾荒土業已成熟，現查堪種雜糧者，共計一萬餘畝，俱於本年佃給原墾之人承種，每年可得租糧三千餘石，隨時變價，以備水衝沙壓屯田，給予修復工本，并接濟丁佃口糧之用。其苗人原當民田，業於嘉慶十一年秋收以前，據苗弁盡數清出，情願呈繳，不敢請領當價。但甫經嚮化，更當加以體恤，是以將是年所收租穀悉行發給，以作當價。其中尚有不敷，於道庫備儲項下暫借銀五千兩，按數補足，取有領狀，并繳出當契存案，衆苗益形悅服。現計共贖回田一萬五千五百餘畝，應即按照各項需費，分別酌撥佃種收租，以公濟公，所借道庫銀兩，即於此項歲收田租內，分作五年先行歸還。又據苗備弁將自己業田均出三千畝，并呈繳苗占苗業，計田土四千餘畝，均按照苗例交租，以爲加給苗兵口糧等項之需。以上各項，均請於嘉慶十三年爲始，按年核實造報。現與鎮、協、廳、縣及委員等悉心集議，酌擬條款，詳情具稟前來。奴才復加查核，并與在省司、道詳悉酌議，均屬必應籌備之事。其所墾荒土，以地利之有餘，補經費之不足。即苗人之退繳當田，本屬民戶之業，當日僅出微價，耕種已逾十年，所獲租利數倍於本。今既自願呈繳，又經按數給還原價，於苗人并無虧損。其原業民人，或挑丁授田，或充勇支食鹽糧，均已得所，亦無向隅。至苗弁均出田地，并衆苗呈繳所占苗業，悉係出於情願，且佃給窮苗承種交租，備充苗兵公用，仍屬以苗濟苗。今因得此田土，一切寬爲布置，既無需另籌經費，而屯防全局悉臻完備。從此遵循妥辦，可期經久不敝，苗疆永慶敉寧，足副聖主慎重邊陲、籌畫萬全之至意也。理合會同湖廣總督臣汪志伊恭摺具奏，并繕具條款清摺，敬呈御覽，伏乞皇上睿鑒，訓示遵行。再，辰沅道傅鼐屢奉諭旨，飭令給咨赴部引見，續經前撫臣阿林保奏明，俟鳳凰廳同知姚興潔回任後，再令進京。本年夏間，姚興潔回任，正值籌辦均屯未盡事宜，不能起程。今章程甫定，尚須該道經理數月，以歸周妥。容俟辦理就緒，即行給咨該道赴部。合并陳明。謹奏。

嘉慶十二年九月二十二日奉硃批：該部議奏。欽此。

條款清摺

謹將酌核湖南苗疆均屯未盡事宜籌議完備章程，開列條款清摺，恭呈御覽。

一、苗疆山溪田土易於衝刷，應爲屯耕丁佃預籌撥補，以垂久遠也。查苗疆跬步皆山，溪流湍激，而均屯田地瘠薄居多，或於山坡層級而上，挖土作塍，或於溪澗兩岸砌石作堤。每當春夏之交，山水暴漲，易於衝刷，往往石堆山壓，必須一二年方能修復，并有竟成陡坎深溝，非人力所能整理。此等屯丁，一誤耕作，便虞乏食。屯田無以繳租，即如練勇鹽糧及各項經費，均有短絀。亟應另籌田畝，以資撥補。查永綏六里近邊之地，尚有無糧荒土。前因苗情獷悍，不能清理，以致廢棄。嗣於嘉慶十年春間，剿辦慴威之後，陸續收復。當經委員查勘，就近分撥屯丁、窮苗開墾，以盡地利。現據屯苗各弁具報，開墾成熟，堪以播種雜糧者一萬餘畝，俱於十二年佃給原墾之人耕種。如遇收成豐稔，約計每年可獲雜糧三千餘石。應將此項租籽存貯公倉，隨時酌量變價。遇有水衝沙壓，應行修理之田，責成廳縣率同屯弁勘報，由道確核，給以開修工本，并爲接濟丁佃口糧。如是年并無衝刷及衝刷無多，即將餘租歸於餘田租穀項下，充公備用。仍將每年所收租籽，及動存各數，按年核實報銷。如此辦理，則原授屯田修理有資，不致廢棄，而丁佃亦不虞乏食矣。

一、屯防經費不敷，應增撥田畝，以免支絀也。查均屯經久章程案內，餘田九千四百一十畝，計收租穀九千四百一十石，變價以充經費。除支給屯弁分例銀兩外，凡丁勇操防子藥、紅白惠賞，并修葺碉卡、倉廠，及倉書、斗級工食等項爲數甚繁，每年已不敷銀三千餘兩。又各廳縣民戶均出田畝，每年應納正耗錢糧，共需銀七百餘兩。該丁勇等終歲所獲，僅敷口食，如再令納糧，未免拮据，應請官爲完解，以示體恤。二共不敷銀幾及四千兩，現於道庫儲備項下通融墊發，亟須照數歸還。若不另籌款項，殊形支絀，應即在官贖田一萬五千五百餘畝內，撥出四千畝，佃種收租，變價以資，每年添補。仍按年附入餘田租穀收支冊內，分項報銷，以歸核實。則一切經費無虞缺乏，而邊防益昭周密矣。

一、屯防地廣事繁，應酌留屯長，以資熟手經理也。查苗疆均田屯勇，事屬創始。各處田地寬廣，民戶均出之產畝分畸零，非能熟習地方情形，難免移丘換段，混淆滋弊。前於各廳縣衿士民人內，擇其公正勤愼、明白諳練者，舉充首士，給以鹽糧，隨同委員清丈造冊，并分管公倉，收發屯穀。年來承辦一切，最爲得力。現屆均屯告藏，此項人等係各廳縣土著，并有倡首均田、奏蒙恩旨賞給頂戴之人，辦事頗爲急公，且於此疆彼界，皆所周知。丁田、民田到處交錯，遇有輳輵之處，伊等易於清釐。此時雖已新設屯弁，各有操防之責。其餘經管倉穀、清查丘段、催收租籽、支發口糧，并修葺碉卡要工，實難一一兼顧。應將各首士改爲屯長，仍令幫辦屯務，并設總屯長稽查統率，以專責成。計鳳凰、乾州、永綏、古丈坪四廳，保靖、麻陽、瀘溪三縣，地方遼闊，應設總屯長四十名，散屯長一百六十名，方足以資經理。惟是該屯長等，既令辦公，亦應酌給田畝。今擬總屯長，每名授田十五畝，計需田六百畝；散屯長，每名授田七畝五分，計需田一千二百畝，共需田一千八百畝，亦應於官贖田內，按畝撥給，由道給發委牌，飭將一切屯務及屯倉租穀，協同屯弁，妥爲辦理。如遇有事故及年老辭退，所遺田缺，仍令士民公舉熟悉屯防之人頂充，由各該廳縣詳道驗補，年終造報，於屯防事務便有裨益。

一、老幼各丁，應撥給養贍田畝，以示體恤也。查鳳凰、乾州、永綏三廳，及古丈坪、保靖二廳縣，原奏額設屯丁七千名，練勇一千名，應挑選年力精壯之人，以備守戰。其有年已就衰或染患疾病，須隨時撤退，另選補充。但此等丁勇俱係每年打仗出力及急公均田之人，一經撤退，生計維艱。更有本身已故，例得於其子弟補充，而其子弟年未及歲，不能充丁者，并有從前本係有業，被苗占據，嗣經收復，全數歸公，現在家無成丁者，均應酌給田畝，以示體恤。今擬設老幼丁二千名，即於官贖田內提撥三千畝，每名分授田一畝五分，俾可糊口。如有病故及年已及歲，挑丁將田撤回另補。所有田畝責成廳縣隨時報導開收，按季造報，毋任冒濫。如此辦理，則老幼疾病，養贍有資，無虞失所矣。

一、挑選技藝較優之練勇，責令教習各丁，酌請加給鹽菜，并百總、總旗應行籌給馬匹，并製備鍋帳等項，以備操演而示鼓勵也。查鳳凰廳備戰練勇一千名，歲支鹽菜口糧已有定額，足敷生計。其中有技藝較優者，應令其教習各丁，俱成精銳，自應量加鹽菜銀兩，使其踴躍從事。而各該散勇，見挑選教習即可多得鹽菜，亦必群希補充，留心演習，久久悉成勁旅。查練勇內，原設百總十名、總旗二十名、小旗一百名，均係技藝出衆。應再於散勇內挑選一百七十名，共足三百名。酌擬每名歲加鹽菜銀三兩六錢，每年需銀一千零八十兩，遇閏按數加增。又百總、總旗三十名，均應學習騎射，擬給操馬三十匹。所需例馬、草乾，俱照營制支給，并旗幟、鍋帳等項，亦應量爲製備。共約需銀二千餘兩，應於官贖田內分撥三千畝，召佃收租變價，照數動支。俟購買馬匹并旗幟、鍋帳等項，製備齊全後，祇須隨時添補。剩有餘租，報明收貯，以作修理器械工費及操演公費等項。仍將每年收支各數，核實造冊報銷。似此量爲鼓勵，則技藝益臻純熟，而勇目等更得操演弓馬，上進有階，於禦侮守邊更有裨益。

一、應設書院、義學，以廣教育而資化導也。查苗疆各廳縣僻在邊隅，士習文風尚多舛陋。前因苗變蕩析離居，弦誦之聲益少。嗣雖安堵，生計稍艱，尚不能專心誦讀，必爲廣修文教，庶以振起休風。今擬於鳳凰、乾州、永綏三廳及瀘溪、麻陽、保靖等縣，各設書院一所，慎選師儒，教迪考取民、苗生童肄業，以資造就。其各處練勇、屯丁荷戈負耒，耕守辛勤，所有子弟無力從師，終於愚魯。議於各屯分設義學五十館，令其就近課讀，至各苗寨嚮化輸誠，槍械已收，頑心頓格，若不於此時教以詩書禮義，究無以約束身心。擬於額設義學外，再於適中寨落增設五十館，令其一體讀書，并於朔望宣講《聖諭廣訓》，庶僻壤山陬之地，風俗日臻醇良。其書院膏火束修，因地制宜。鳳凰廳議束修膏火田五百畝，永綏廳四百畝，乾州、瀘溪、麻陽、保靖四廳縣各三百畝，共需田二千一百畝。屯、苗義學計添設一百館，每館給稻穀十六石，共需田一千六百畝。計需田三千七百畝，俱在於官贖田內動撥，仍選殷實公正紳士及總屯長，妥爲經理。責成道、廳、縣隨時稽查，年終造冊轉報。如此辦理，則民、苗咸知樂群敬業，進取有資，而風俗更爲丕變矣。

一、苗兵口食不敷，應酌籌加給，并製備子藥、火繩等項，以資飽騰而備操演、調遣也。查鳳凰、乾州、永綏、古丈坪、保靖五廳縣，挑留苗兵五千名，議以各廳縣苗人呈出占田叛產，佃給窮苗認種分租，爲苗兵口糧。業經遵照奏案，辦有成效。惟各寨挑留苗兵，前經奏定，每名日給稻穀雜糧一升，口食原屬不敷。內有習於耕作者，可以佃田貼補。其有身力強壯，搜捕勇往，而於農務未諳者，尚需加給口糧。如遇操演、調用，所需子藥、火繩、號衣、號帽等項亦應預爲置辦。現在苗弁等頂感皇恩，情殷報效，願將自己業田呈出三千畝。又據查出各寨苗人，歷年爭占田土四千餘畝。因真心嚮化，不欲仍留恤隙，公議一并呈請歸公，現計共呈出田土七千餘畝。應仍令苗人佃種徵收，責成苗弁妥爲經管。豐稔之年，可收稻穀雜糧五千餘石。擬於苗兵內，察其平日出力，實在不習耕作者，挑出一千名，每名日加稻穀雜糧一升，以果其腹，歲需三千六百石。其餘一千四百餘石，并爲酌製子藥、號衣、號帽等項，附貯官局。凡遇操演、調遣，該苗備弁稟請該管廳縣給發，隨用隨繳。其所加口糧及製辦各項經費，按年核實造報。現已飭派委員查丈，另造田土及苗弁目花名各冊存案。自此各苗寨爭端杜絕，可共相安於無事。而苗兵口食有資，無虞缺乏，且群知苗弁出田添補，自必益遵約束，更可得其巡緝之力，邊防彌形鞏固矣。

前案部復 嘉慶十二年十二月准咨

戶部等部謹奏，爲遵旨議奏事。內閣鈔出湖南巡撫景安具奏湖南苗疆均田屯勇，前經升任巡撫阿林保酌定經久章程，奏蒙聖鑒，聲明一切未盡事宜，次第酌籌核辦在案。茲據辰沅道傅鼐稟報，均屯田畝分別布置，其中應行籌辦。如均田多在高埠、傍溪，每遇春夏山水暴發，衝刷沙壓，屯丁誤耕乏食，必應預籌修復撥補之需。從前均出歸公共田六萬一百餘畝，除分授之外，餘田九千四百餘畝，原議召佃收租，以充公費，每年尚不敷銀三四千兩。又屯弁經管屯務，尚需添設屯長，幫同經理。又各路丁勇有年老患病辭退，家無及歲子弟，不能挑丁，及從前有業之家，被苗占據，嗣經收復歸公，并無成丁之人，均應量給養贍田畝，以示體恤。又原設苗兵五千名，每名日給稻穀雜糧一升，其中尚有不敷。凡遇操演、調用，所需子藥等項亦未置辦，俱應籌備。他如勵練勇以成精銳，興文教以格愚頑，皆當因時籌辦。茲查永綏廳現有無糧荒土，業已開墾成熟田一萬餘畝。又借道庫銀五千兩，贖回苗當民田一萬五千五百餘畝。應按照各項需費，分別酌撥。所借道庫銀兩，於此項歲收田租內，分作五年歸還。又據苗備弁將自己業田均出三千畝，并呈繳苗占田千餘畝，均按照苗例交租，以爲加給苗兵口糧等項之需。以上各項，均請於嘉慶十二年爲始，按年核實造報，理合會同湖廣總督臣汪志伊合詞恭摺具奏等因。

嘉慶十二年九月二十二日奉硃批：該部議奏。欽此。

欽遵於九月二十五日鈔出到部。臣等會查，嘉慶十年十一月內，升任湖南巡撫阿林保等奏報，苗疆丈收均田六萬一百餘畝，除分授屯丁承種及提作練勇鹽糧，共田五萬六百九十九畝外，尚餘田九千四百餘畝，召佃收租，備充公費。酌擬條款章程，經臣等按款議復，其未盡事宜，行令酌籌核辦在案。茲據湖南巡撫景安等奏報，酌議完備章程七條。臣等查，均田分別布置，原爲綏靖苗疆起見，自須立法周詳，以期經久無弊。今永綏廳無糧荒土開墾成熟田一萬餘畝，贖回苗當民田一萬五千五百餘畝。又苗備弁自行均出田三千畝，并呈繳苗占田四千餘畝。該撫等於前議未盡之處，復請添設撥補水衝修費。添補每年經費不敷，酌留屯長以資熟手，養贍老幼以示體恤，酌加鹽菜以示鼓勵。并設書院、義學，製備子藥、火繩等款。臣等按所奏七條，悉心核議，俱屬必須之款，均應如所奏辦理。惟收支一切確數，若不報部，恐啓侵挪之弊，應令年終分別造具細册，送部查核。謹將核議七條緣由，另繕清摺，恭呈禦覽。是否有當，伏候皇上訓示遵行。謹奏。

奉旨：依議。欽此。

條款清摺

謹將議復湖南巡撫景安等奏會籌苗疆均屯未盡事宜完備章程七條，開列清摺，恭呈禦覽。

一、該撫等奏稱，苗疆山溪田土易於衝刷，應爲預籌撥補，以垂久遠也。查苗疆跬步皆山，溪流湍激，而均屯田地遍布於山坡、溪岸之間。每當春夏，山水衝刷，屯丁誤耕乏食，屯田無以繳租。即於各項經費均有短絀，應另籌田畝撥補。查永綏六里近邊之地，尚有無糧荒土，於嘉慶十年春間，經委員查勘，分撥屯丁、窮苗開墾，以盡地利。現據報稱，開墾成熟者一萬餘畝，俱於十二年佃給原墾之人耕種。如遇收成豐稔，約每年可獲雜糧三千餘石，應將此項租籽存貯公倉，隨時變價。如有衝壓應行修理之田，責成廳縣屯弁勘報，由道確核，給以開修工本，并爲接濟丁佃口糧。如是年并無衝刷，即將餘租歸於餘田租穀項下，充公備用。仍將每年所收租籽及動存各數，按年核實報銷等語。臣等查，苗疆山溪屯田，每當春夏之交，山水衝刷，必須一二年方能修復，自應另籌田畝撥補。據該撫等聲稱，永綏廳現有墾熟荒土一萬餘畝，每年可獲雜糧三千餘石。請將此項租籽變價，遇有衝壓應行修理之田，給以修本。如無衝刷，餘租歸公，應如該撫等所奏辦理。仍將此項成熟田畝，每年所穫租糧及撥給修本各實數，於年終造册，送部查核。

一、該撫等奏稱，屯防經費不敷，應增撥田畝，以免支絀也。查均田經久章程案內，餘田九千四百一十畝，計收租穀九千四百一十石，變價以充經費。除支給屯弁分例銀兩外，凡丁勇操防子藥、紅白惠賞等項，爲數甚繁。每年已不敷銀三千餘兩，又需官爲完解，均出田畝每年應納正耗錢糧銀七百餘兩，現於道庫儲備項下通融墊發，亟須照數歸還。若不另籌款項，殊形支絀。應即於官贖田一萬五千五百餘畝內，撥出四千畝，佃種收租變價，以資每年添補。仍按年附入餘田租穀收支册內，分項報銷，以歸核實等語。臣等查經久章程案內，餘田九千四百一十畝，收穀九千四百一十石，變價以充經費。除支給屯弁分例銀兩外，尚多不敷。據該撫等聲稱，應於官贖田一萬五千五百餘畝內，撥出四千畝，佃種收租變價，以資每年添補。仍按年附入餘田租穀冊內，分款報銷。應如該撫等所奏辦理，仍將每年收支細數分晰造冊，并道庫墊發銀兩，即行歸款，一并報部查核。

一、該撫等奏稱，屯防地廣事繁，應酌留屯長，以資熟手經理也。查苗疆均田屯勇，事屬創始，各處田畝寬廣，民戶均出之產，畝分畸零，非能熟悉地方情形，難免移丘換段，混淆滋弊。前於各廳縣衿士民人內，舉充首事，分管公倉，收發屯穀，現屆均屯告藏。此項人等係各廳縣土著，頗為急公，應將各首事改為屯長，仍令幫辦屯務。并設總屯長，稽查董率，以專責成。計鳳凰、乾州、永綏、古丈坪四廳，保靖、瀘溪、麻陽三縣，地方遼闊，應改設總屯長四十名，散屯長一百六十名，方資經理。惟是該屯長等既令辦公，亦應酌給田畝。今擬總屯長每名授田十五畝，計需田六百畝，散屯長每名授田七畝五分，計需田一千二百畝，共需田一千八百畝，亦應於官贖田內按畝撥給，由道繕發委牌，飭將一切屯務及屯倉租穀，協同屯弁，妥為辦理。如遇有事故及年老辭退，所遺田缺，仍令士民公舉熟悉屯防之人頂充，由道驗補，年終造報等語。臣等查屯防均田，自應令人妥為經理，今將首事人等改為屯長，仍辦屯務。并設總屯長四十名，散屯長一百六十名，酌給總屯長每名田十五畝，計六百畝，散屯長每名田七畝五分，計田一千二百畝，共田一千八百畝。據該撫等聲稱，應於官贖田內撥給。如遇有事故及年老辭退，所遺田缺，仍令公舉熟習屯防之人頂充。應如該撫等所奏辦理，仍於年終造具花名清冊，送部查核。

一、該撫等奏稱，老幼各丁，應撥給養贍田畝，以示體恤也。查鳳凰、乾州、永綏三廳及古丈坪、保靖二廳縣，原奏額設屯丁七千名，練勇一千名，應挑選年力精壯之人，以備戰守。其有年已就衰或染患疾病，隨時撤退，另選補充。但此等丁勇一經撤退，生計維艱，應酌給田畝，以示體恤。今擬額設老幼丁二千名，即於官贖田內提撥三千畝，每名分授田一畝五分，俾可餬口。如有病故及年已及歲，挑丁將田撤退另補。所有田畝責成廳縣隨時報導開支，按季造報等語。臣等查湖南鳳凰、乾州、永綏三廳及古丈坪、保靖二廳縣，前據該撫奏明，額設屯丁七千名、練勇一千名，於歷年打仗出力及急公均田丁勇內，擇其年力精壯之人挑選，以備戰守等因，奏准在案。今該撫等奏稱，此等丁勇俱係歷年打仗出力及急公均田之人，其有年衰患病，即應隨時撤回另選。更有本身已故，其子弟年未及歲，不能挑補充丁，一經撤回，生計維艱，請酌給田畝，以示體恤等語。臣等查該勇丁等俱係奏准額缺，與各省鄉勇自衛村莊者不同。現據該撫聲稱，該丁勇等歷年打仗出力，此中有年老患病及子弟幼小不能頂補名糧者，自應如該撫所奏，給與養贍，以廣皇仁。并令該撫督飭該管各官，務須確查，實係打仗出力、年老患病及子弟幼小不能挑補充丁者，方准給與養贍。如有病故及子弟年已及歲，續經挑補名糧者，即行撤退養贍，隨時報部查核，以杜冒濫。其酌給田畝，亦應如該撫等所請，於官贖田內提撥三千畝，每名分授田一畝五分，仍令造具花名細册，報部備查。

一、該撫等奏稱，挑選技藝較優之練勇，責令教習各丁酌請加給鹽菜，并百總、總旗應行酌給馬匹，并製備鍋帳等項，以備操演，以示鼓勵也。查鳳凰廳備戰練勇一千名，歲支鹽菜口糧已有定額，足敷生計。其中有技藝較優者，應令教習各丁俱成精銳，自應量加鹽菜銀兩，使其踴躍從事。查練勇內，原設百總十名、總旗二十名、小旗一百名，均係技藝出衆。應再於散勇內，挑選一百七十名，共足三百名。酌擬每名歲加鹽菜三兩六錢，每年需銀一千零八十兩，遇閏按數加增。又百總、總旗三十名，均應學習騎射，擬給操馬三十匹，所需例馬、草乾，俱照營制支給，并旗幟、鍋帳等項，亦應量爲製備。共約銀二千餘兩，應於官贖田內分撥三千畝，召佃收租變價，照數動支。俟購買馬匹并旗幟、鍋帳等項製備齊全後，祇須隨時添補。剩有餘租，報明收貯，以作修理器械工價及操演公費等項。仍將每年收支各數，核實造册報銷等語。臣等查該撫奏稱，百總、總旗三十名，均應學習騎射，擬給操馬三十匹，應如該撫所奏，准其照數擬給外，仍令該撫將此項擬給操馬價值及購買日期，造册送部查核。其所需旗幟、鍋帳等項，應令該撫即將應製數目報部，到日再行核辦。至所奏鳳凰廳備戰練勇一千名，歲支鹽菜口糧，前據升任巡撫阿林保奏准在案。今練勇內原設百總十名、總旗二十名、小旗一百名，復於散勇內挑選一百七十名，共三百名，令其教習各丁，每名歲加鹽菜銀三兩六錢，遇閏加增。又百總、總旗三十名，擬給操馬三十匹，所需例馬、草乾照營制支給，并旗幟、鍋帳等項，應量爲製備。據該撫聲稱，應於官贖田內，分撥三千畝，召佃收租變價，照數動支，俟購買馬匹及旗幟、鍋帳等項製備齊全後，祇須隨時添補。剩有餘租，報明收貯，以作修理器械工價及操演公費等項，均應如該撫所奏辦理。仍將每年徵收變價以及支用何項各數目，餘剩若干，按年分晰，造具細册，報部查核。

一、該撫等奏稱，應設書院、義學，以廣教育而資化導也。查苗疆各廳縣僻在邊隅，士習文風尚多夸陋，必爲廣修文教，庶以振起休風。今議於鳳凰、乾州、永綏三廳及瀘溪、麻陽、保靖等縣各設書院一所，慎選師儒，教迪考取民、苗生童肄業，以資造就。其各處練勇、屯丁荷戈負耒，耕守辛勤，所有子弟無力從師，終於愚魯。議於各屯分設義學五十館，令其就近課讀，至各苗寨嚮化輸誠，槍械已收，頑心頓格。若不就此時教以詩書禮義，究無以約束身心。議於額設義學外，再於適中寨落增設五十館，令其一體讀書，并於朔望宣講《聖諭廣訓》，庶僻壤山陬之地，風俗日臻良美。其書院膏火束修，因地制宜。鳳凰廳議束修膏火田五百畝，永綏廳四百畝，乾州、瀘溪、麻陽、保靖四廳縣各三百畝，共需田二千一百畝。屯、苗義學計添設一百館，每館計稻穀十六石，共需田一千六百畝。二共需田三千七百畝，俱在於官贖田內動撥。仍選殷實公正紳士及總屯長，妥為經理。責成道、廳、縣隨時稽查，年終造冊轉報等語。臣等查鳳凰等廳縣僻在邊隅，文風夐陋，練勇、屯丁子弟無力讀書，各苗寨嚮化輸誠，宜加訓迪。現據該撫請設書院及義學之處，核與例案相符，應如所請。鳳凰、乾州、永綏三廳，瀘溪、麻陽、保靖等縣，各設書院一所。各屯分設義學五十館，適中苗寨再設五十館。其書院束修膏火、義學穀石，共需三千七百畝，亦應如所請，准其在於官贖田內動撥，年終造冊，報部核銷。

一、該撫等奏稱，苗兵口食不敷，應酌籌加給，并製備子藥、火繩等項，以資飽騰而備操演、調遣也。查鳳凰、乾州、永綏、古丈坪、保靖五廳縣，挑留苗兵五千名，議以各廳縣苗人呈出占田叛產，佃給窮苗認種分租，為苗兵口糧，業經遵照奏案，辦有成效。惟各寨挑留苗兵，前經奏定，每名日給稻穀雜糧一升，口食原屬不敷。內有習於耕作者，可以佃田貼補。其有身力強壯、搜捕勇往而於農務未諳者，尚須加給口糧。如遇操演、調用，所需子藥、火繩、號衣、號帽等項，亦應預為置辦。現在苗弁等頂感皇恩，情殷報效，願將自己業田呈出三千畝。又據查出各寨苗人，歷年爭占田土四千餘畝，因真心嚮化，不欲仍留釁隙，公議一并呈請歸公。現在共呈出田土七千餘畝，應仍令苗人佃種徵租，責成苗弁妥為經管。豐稔之年，可收稻穀雜糧五千餘石，擬於苗兵內，察其平日出力實在不習耕作者，挑出一千名，每名給稻穀雜糧一升，以果其腹。歲需三千六百石，其餘一千四百餘石，并為酌製子藥、號衣、號帽等項，附貯官局。凡遇操演、調遣，該苗備弁稟請該管廳縣給發，隨用隨繳。其所加口糧及製辦各項經費，按年核實造報等語。臣等查鳳凰等廳縣挑留苗兵五千名，原奏每名日給口糧、稻穀、雜糧一升，本屬不敷。內有力能耕作者，可以佃田貼補，而農務未諳者，尚須加給口糧。如遇操演所需火藥等項，亦應預為置辦。據該撫等聲稱，各寨苗人呈出共田七千餘畝，仍令苗人佃種收租，可收稻穀雜糧五千餘石。擬於苗兵內將搜捕勇往、不習耕作者，挑出一千名，每名日加給稻穀雜糧一升，歲需三千六百石。其餘一千四百餘石，酌製子藥、號衣、號帽等項，應如該撫等所奏辦理。仍將呈出田畝每年徵租數目，及挑出苗兵花名、加給口糧、製辦經費，按年分晰，造具細冊，報部查核。

卷六 均屯二

二品銜前署湖南辰永沅靖道但湘良纂

稟辦均田屯守酌議章程三十四條并清摺嘉慶五年鳳凰同知傅鼐

敬稟者，竊照卑廳上、下五峒十一約地方，原係土司所轄。康熙年間，始改土歸流，逼近苗巢，并非苗地。乾隆六十年苗變之後，所有各約民村，盡被苗人占據。雖經廓清恢復，招集民户，修立圭堡，給發槍械、口糧、牛具、籽種，暫令通力合作。而匪苗仍復阻耕奪牛，焚掠不已。遂於各要隘地方，安設碉卡、哨臺，嚴密防維，難民始得安居復業。竊以國家經費有常，留防兵勇，勢難久駐。一經裁撤，則碉卡空虛，苗匪仍可肆志。因諭令該士民等，早爲酌籌，必須自相爲守。嘉慶四年五月内，該士民等以兵燹之後，民弱苗強，匪徒時懷侵擾之心，惟恃此沿邊碉卡緊嚴，以爲保障。將來撤防，匪苗又復出而蹂躪，不惟田地仍爲苗有，即身家墳墓亦皆不保，并致波及後路，遺害無窮。此時通力合作，在田少丁多之户，固無不樂從，而田多丁少之家，則未免觖望。是以公同定議，情願將各户所有田畝，每户除每男一丁留養口田種三斗，女一口留養口田種一斗外，其餘之産，再留十分之三，均出十分之七，以爲養勇守邊、永遠防維之計。此上五峒七約均田之原委也。其下五峒四約内，相近麻廬之溪口、麻良二約，亦係照上五峒辦理。惟貼近苗寨之都吾、務頭二約田地，盡被前、右二營花黑等苗強占，結寨居住，抗不遷移。所安民圭，屢被攻毀。不惟不容民户歸復，并赴後路縱掠，愈侵愈遠，即沿邊營汛，皆有難以存立之勢。該民户等，知該處苗情最爲兇橫，萬難復業；并知此一路所安碉卡、哨臺，較之南路增至數倍，需人更多，田少豈敷分給？是以情願將所有該二約田地，全行呈出充公。此下五峒溪口等約田畝，照例均出，而都吾等二約田畝，盡行歸公之原委也。卑職反復籌思，苗疆久安長治之策，舍此實無他圖。查各該約民户，前次突遭苗害，多被夷傷，地畝荒蕪，耕耘難遍。且苗疆錢糧甚少，多係將無糧山地，開墾成田。當此之時，本應清查辦理。今該士民等，深知事勢，各思保護身家，不敢自私己業，自應如其所請。此舉上五峒七約，及下五峒溪口、麻良二約，富戶出地，貧戶出丁，貧民獲有棲耕之所，富民資其捍衛之功，誠彼此相需，兩有所益。下五峒之都吾、務頭二約，其地近接強苗，屢得屢失，民戶斷難自立。現在雖將地畝全行歸公屯守，而各碉卡、哨臺內所駐丁勇，多係該二約民人。是名為充公，實則仍係伊等屯種。在民戶所損者少，所益者多，而永資捍患，實為苗疆要務。其各營兵丁田產，似與民業不同。本欲另為酌辦富鎮臺，以禦侮安邊，兵民一體，不便稍有歧異。且必使兵民輯睦，方可眾志成城。其在大汉等九約者，令與民人一律均出；其在都吾等二約者，亦皆充公，以歸畫一。_{卑職}傳集各約士民等，於公所復加妥議，并具各結存案。一面令其將均出呈出處地畝，分約分團，查造地址清冊。因此間田地，祇論籽種若干，不知頃畝之數，令會同署永州府通判候補理問姚興潔、升任宜章營參將王文選，逐一丈量，照漕尺、弓步折算，現計可得田地二萬畝。惟是沿邊一帶，計長二百餘里，連裏圍各路，共有碉卡、哨臺八百餘座。除本營兵丁分駐外，現有留防外營官兵二千五百餘名，鄉勇三千六百餘名，又有貼防丁勇四千九百餘名，共一萬一千餘人。將來撤防之後，再除鎮筸新添兵八百名頂駐外，其碉卡哨臺尚多極少，亦必須五千人方敷分守。而匪苗狡悍，時復窺邊，并需另選精銳備戰勇丁一千名，以資援應。共需勇丁六千名，內有總散行營督陣大小旗等名目，每名給地四五六七畝不等，計需地二萬八千餘畝。現在所有田地甫及三分之二，僅敷分給四千餘人，再得田地八千餘畝，沿邊戰守各丁方可一律屯種。_{卑職}惟有設法辦理，以副憲懷。再，每歲應需子藥，及遇警動堵截追擒，需用行糧、鹽菜恤賞，及專司經理辦事出力之總竈頭，及帶傷廢殘之勇丁、陣亡之子弟，亦須各給田畝，以資養贍。必當另設公田六七千畝，方敷辦理。急切殊難計及，祇可隨時設法稟請示遵。現在稟商本道會同委員，就所有田地先行逐處劃分，撥給各勇丁，并籌給牛具、籽種，令其乘時翻犁，以備春耕。如果明歲豐收足食，即可次第減撤防兵，以節糜費。除俟辦理完竣，再行造冊專案具詳外，合將分田屯守一切事宜，逐條酌議章程，開具清摺，稟呈鈞案，恭請訓示遵行。所有辦理緣由，伏乞憲臺察核，先行入奏，實為公便。

謹酌議章程三十四條，計開：

一、上五峒大汉、木林、都羅、治牙、都同、黃羅、水田七約，下五峒溪口、麻良二約，及本城應均田地，各民戶每男一丁留養口田種三斗，女一口留養口田種一斗，其餘之田再留十分之三，均出十分之七。各該戶實有田地若干，分別留養口存三分之外，將所有應均田地，著落總散屯頭、保甲人等，按約按團，將坐落地名、丘段、種數開造清册呈送，以憑查丈。如內有隱瞞不報，及詭名寄託，并聞知均田，私行當賣與苗人及隔屬民人等弊，續後查出，仍將田畝全行充公。

一、下五峒都吾、務頭二約田地，全行歸公，亦著落總散行營及宔頭保甲，查明坐落地名、丘段、種數，造册呈送。如有遺漏隱寄等弊，將來查出，除將田畝充公外，將該行營等重究。

一、禦侮守邊，兵民一體。本城及大汉等九約內所有兵產，亦照民戶之例，除養口、存三外，俱行均出。其在都吾、務頭二約者，亦概行充公，以昭畫一。兵丁如有革退，願歸碉卡者，亦聽其便。將來勇丁缺出，兵丁子弟亦與民人一例頂補。但兵丁各有汛守，日日差操，不能如民人尚可別圖生計。如有田在都吾等約均已充公，而該丁又無子弟歸碉領田者，每名准於後路撥還田種之三，聽其標種收租，以資貼補。

一、民人有田產當給苗人者，概經廳員備價贖回充公，業戶不得再行理贖。各戶均出田畝，內有重典重當者，俱已隨時查明斷結。嗣後如有復行呈契認產者，概不准理，均行責逐。

一、各戶概將田地均出，呈出所有各項契紙，俱令呈繳。其有分關總契，尚須執業，不便存官者，亦經稟請官為批明發還，并於檔內注明立案。其有實係苗變時焚毀遺失者，均令該約總宔頭查明，出具切結，并令該戶開單具稟存案。嗣後如有檢出原契者，仍應隨時補繳。倘敢混行執契認業，定予重究。

一、本城及上下五峒沿邊裏圍運道各路，現共建碉五百四十六座，卡一百零二座，哨臺九十九座，關門十九座。又擬補修哨臺五十座。各營本汛官兵派駐外，將來撤防之後，計需派駐勇丁五千名，方敷分守。此項勇丁，即於現在鄉勇及各壯丁內詳加挑選，務在十八歲以上，三十歲以下，心細膽壯，技嫻力健者，方准充當。

一、沿邊碉樓、哨臺內，派駐勇丁，為數不多。即各卡內所駐，亦不過數十名，僅能自守。并鄰近各碉卡有事，聞聲應援，勢難遠離。今另於舊有鄉勇內，挑選精銳一千名，作為備戰勇丁。以五百駐劄上五峒適中之新場堡，交廳標外委管帶。以五百名，駐下五峒緊要之同全坡，交廳標把總管帶。勤加訓練。上五峒地方有事，新場堡之勇丁馳往應援。下五峒地方有事，同全卡之勇丁馳往應援。倘有苗匪闌入，各該勇丁等，跟蹤分擊，分布搜山。凡沿邊各處，情形緊急之時，本處兵勇，不敷堵禦。廳員即將備戰勇丁，隨時調往接應。如有積惡苗寨，必須懲辦者，亦即帶往鵰剿。此項勇丁，訓練堵禦，業已數年。於邊地路徑、苗情，均極穩熟，必能得力。但專爲防護苗疆而設，且俱係本地及麻、瀘、永、保民人，屯田自衛。不惟非兵丁可比，并非屯兵、堡卒可比。如遇遠處出兵，不便調動。

一、每勇丁十名内，點放小旗一名；五十名内，點放督陣一名，大旗一名，行營一名；一百五十名内，點放總行營一名，畀以責成而資管束。共守邊備戰勇丁六千名内，總行營四十名，行營、大旗、督陣各一百二十名，小旗六百名，勇丁五千名。該行營大小旗及散丁等，如有勤能奮勇者，遇有缺出，准其遞相拔補，以示獎勵。倘怠惰誤公，即於斥革。

一、苗疆田地，向來祇言田種斗石若干，不知頃畝之數。今逐一用漕尺、步弓丈量，計籽種一斗，約折實田一畝五分。勇丁五千名，每一名給種三斗，折田四畝五分，共給種一千五百石，折田二萬千五百畝。小旗六百名，每名給種三斗五升，折田五畝二分五釐，共給種二百一十石，折田三千一百五十畝。大旗、督陣各一百二十名，每名給種四斗，折田六畝，共給種九十六石，折田一千四百四十畝。行營一百二十名，每名給種四斗五升，折田六畝七分五釐，共給種五十四石，折田八百一十畝。總行營四十名，每名給種五斗，折田七畝五分，共給種二十石，折田三百畝。共計需田種一千八百八十石，折田二萬八千二百畝。

一、勇丁等應分之田，自應將附近各碉卡、哨臺者，撥給承種。但碉卡、哨臺多而地窄，附近之田，其勢不敷分給，祇可於後路酌量撥補。其田距邊較遠，勇丁不便往種，聽其或佃給貧民，或自令子弟，親赴後路代耕，皆從其便。惟需嚴查，不得任意私行，得價典當。如有此等弊端，查出，除將勇丁革究，并將該管之總散行營、大小旗重處外，仍追價充公。并將混行當受田地之人，責處追還租息。其田地逼近苗寨者，著各該苗弁具保，佃給苗人承種。稻穀，民、苗各半分租。雜糧，民三、苗七分租。至勇丁或有不願充當者，亦准其呈明退役，另行驗充。如有私行頂缺者，查明一并重究。

一、給各碉卡、哨臺之田，俱係整段撥給，該勇丁等應如何分種之處，令各總散行營大小旗，會同各處約總、寨頭等，秉公劃分，稟報備案。

一、附近碉卡之山地，酌量撥給該勇丁等，公同種植雜糧蔬菜，添補丁眷口食，并作牧放埋葬之用。

一、各該勇丁秉耒荷戈，終年勤苦。其一秋所獲，以資全歲之糧。但該勇丁等，賢愚不一，恐有不知節儉者。稍有蓄藏，即賤糶濫用。迨至青黃不接，遂有枵腹之虞。應將所收稻穀，每名提出十石，存貯公倉，交該總行營管理。每日給穀二升，按旬支收，以資口食。計全歲需穀七石二斗，尚餘二石八斗。查各該處碉卡、房屋，俱係廳員建修。該丁之牛具、籽種、器械，皆係廳員製備。發給授田之後，所有碉卡、哨臺、墻濠、房屋、械具，遇有損壞，即令各該勇丁修整。牛隻倒斃，亦令該丁等公同買補。應需之費，即於該丁口糧餘剩穀石內動用。該總營按月據實報銷。如有多餘，以備下年盈絀相牽，免致掣肘。其各丁應交穀石，如遇旱潦，不能繳足，准其以雜糧抵交。

一、各勇丁每名分田四畝五分，苗疆山田瘠薄，僅種穀稻，所收無多，單丁尚可敷用，有家口者即難度活。責令各丁布種春麥秋蕎，并一切雜糧蔬菜，以資補濟，可免拮据。所種麥蕎，於收穫之時，令其呈交十分之二，存貯公倉，以爲添製軍裝、棉襖及號帽、號褂之用。

一、設立聯二印票一簿，將某處田地若干，分給某碉卡、哨臺勇丁承種之處，明晰填入票內。每處截給一紙，俱交該總管行營收執。并取該處行營領結一紙，與票根一同存案。各碉卡、哨臺所分之田，原係何人均出之產，丘段若干，計種若干，亦開造細冊二本，一給該總行營執據，一存廳備案。

一、各碉卡、哨臺勇丁，造具花名總冊一本，如有頂補，即於冊內注明某丁係何年月日頂補某丁之缺，以備查核。

一、各勇丁，或因何事斥革，或年逾五十應行退出，或病故陣亡，遇有缺出，令該約團總散寨頭、保甲，於各屯壯丁內挑補。先儘均田最多之家，次儘陣亡帶傷子弟，再次儘曾經出力之人保送，須擇其年力精壯而勤謹者，方許舉送。選定之後，仍須會同該管總散行營、大小旗出具保結，呈送廳道，驗准通報立案。

一、各勇丁如禦賊陣亡傷亡，及出力後病故者，所遺之缺，若該丁有子弟業已成丁，槍械熟習，即准其保送，考驗頂補。如年未及歲，或年雖及歲，而身小力弱，技藝生疏者，均不准補充，交各該總寨頭，歸入餘丁項下，給田養贍。

一、遇有警動，各丁奮勇堵禦。殺賊一名，賞銀五兩。生擒一名，賞銀十兩。奪獲婦女一口，賞銀二兩。牛一隻，賞銀一兩。衣物一色，苗槍一桿，賞銀五錢。帶頭等傷，賞銀十五兩。二等傷，賞銀十二兩五錢。三等傷，賞銀十兩。陣亡者，賞銀二十五兩。因傷身故，亦照陣亡之例給恤。其平時病故者，賞銀二兩。

一、備戰勇丁調赴別約地方堵禦，每名每日發米一升、鹽菜銀二分；小旗，米一升、銀二分五釐；大旗督陣，米一升、銀三分；行營，米一升、銀三分五釐；總行營，米一升、銀四分。

一、各處田地分給勇丁，俱按照碉卡、哨臺，挨順編立字號，造具鱗册，以備稽查。如該勇丁等有勤儉居積，自買民人田地者，係屬該丁私産，應聽其自行管業，不得收入官田數內。

一、碉樓、哨臺，衹能在內守禦，不能居住家口，安放什物。每碉樓、哨臺十餘座，另爲建立一卡，俾勇丁之眷口俱在卡內居住，糧食、牛具，俱有安頓之所。各碉勇丁，分爲兩班，上班者在碉防守，下班者回卡照料，挨旬替換，以均勞逸。

一、沿邊道里綿延，碉卡繁多，不惟廳員一人耳目難周，即廳把總、外委二員，每員分管數百座，亦難兼顧。應令各汛員弁，幫同稽查管束，視兵勇爲一體。凡有差操懶惰、誤哨誤更、擅離碉卡、賭博、酗酒，交結苗人，一切不遵教令等事，務須就近一面訓斥，嚴行禁止，一面移會廳員，查明懲治。

一、酌量地方之夷險，或七八里，或四五里，以碉卡哨臺二十餘座爲一段，每總行營一名，分管一段。所有此一段內一切事宜，責成該總行營經理，如有錯誤，將總行營重處。

一、各勇丁專爲守邊而設，技藝不可生疏。一遇農隙，即須操演，務令技嫻膽壯，進退有方。至秋成之後，除每碉卡俱按一、四、七日自行操練外，仍令半月一次，每段各碉卡衆丁合操。令該管總散行營及各碉卡大小旗教習。并令廳標把總駐劄同全坡卡，專司閱看下五峒操演之事；外委駐劄新場堡，專司閱看上五峒操演之事。令該弁等梭織往來，勤加稽查，妥爲訓練。廳員會同將備，不時親往考察。倘有生疏懶惰，惟該弁及各該行營大小旗等是問。其勇丁有不肯率教，及愚蠢懶惰，該弁督責不改者，即稟明斥革。

一、沿邊地方緊要，苗情叵測，不可以情形安堵，防範稍疏。凡遇農忙耕作之時，每碉卡、哨臺，勇丁一半力田，務留一半放哨守望，以防匪徒乘虛潛入。一有警動，衆勇丁一面向前堵禦，一面保護婦女、牛隻歸卡，吹角放槍，招呼鄰近碉卡應援。如有慌張奔避及不相援救者，查出重處，并將行營、大小旗等，分別斥革，插箭枷示。如遇左近場期，碉樓、哨臺內，衹准一二人趕場，卡內亦不過酌令數人趕趁，不許多人遠出。其出外者，仍須迅速趕回，不許逗留延久。再，該勇丁等，專以耕作防堵爲事。無事之時，衹許在本卡開鋪營趁，及附近數里内，挑賣柴草，不許遠出貿易。房屋、倉廒，俱燒瓦蓋造。卡內不許搭蓋草棚。每夜碉樓、哨臺，以五人輪流守更。其卡內有門樓、炮臺、望樓幾座，每座每夜派勇丁五名，擊梆防守，按更替換。行營、大旗，輪班查點。如敢違誤，即行斥革。

一、凡春種秋收，農忙人倦，及風高月黑，隆冬雨雪，一切緊要之時，各卡行營、大旗，酌量派帶勇丁，於各管地段內，往來巡哨，勿任怠誤。如有匪苗潛行偷越，定須查明係由何處闌入。除將該碉卡哨臺值更巡守各勇丁革辦外，仍將該管總散行營、大小旗重究。

一、每逢場期，准令民、苗兩相交易。各卡門務須查明，不許苗人混帶槍械進內。民人及勇丁等與苗人買賣，須皆照時價公平交易，不得欺騙肇釁。各汛員弁親往彈壓，倘有滋事者，立即嚴拿重究。

一、該士民等捐產充公，并能出力隨同辦事，雖爲保護身家起見，而本地及後路地方皆受其益。查該士民等均出呈出之田，其價值數千兩至數十兩不等，不避艱險，不辭勞瘁，黽勉急公，俱屬深明大義，甚爲可嘉，必當量加獎賞。應按照均田之多寡，出力之等差，分別等第，專案詳請奏明。懇恩將均田之價在三千兩以上者，酌賞職銜；一千兩以上者，酌賞頂戴；五百兩以上者，賞給匾額，以示獎勵。其頭等出力者，賞給頂戴；次等出力者，賞給匾額。其餘在事之人，及均田價值在五百兩以下者，均如勒石留名，以垂不朽。

一、各户均出之田，多係得當之產。苗疆田地如值銀十兩，當價不過六七兩或五六兩不等。本業户既可照價贖回，并多係自行佃耕，每年仍可分一半租息，其業并未杜絕。茲經均出充公，給勇丁承種，既不能贖取，又不能佃種分租，是該業户竟以半價棄產，而又不能居急公向義之名，未免稍有偏枯。今將各户均出當得之田，查明係何人出當，其田價值若干，除去當價外，餘銀即作爲業户捐出，亦一并計數，與均户一同核計多寡，分定等第，請予獎賞。

一、鳳凰廳每年應完額糧一百六十六兩零，今田畝多已充公，應將所有糧銀亦即扣算清楚，計屯田應完糧銀若干，於另籌公田租息項下，每歲照數完納。

一、右營紅樹坡一帶，係匪苗出擾瀘屬都蠻等處要道。茲籌密安碉卡，爲都蠻等村收養人口，代札圭堡，給與械具、牛隻、籽種、口糧，又爲蓋造瓦屋，兩年代納糧銀，該民户頗知感發。并知紅樹坡至炮臺坡一帶，皆係荒山，無田可耕，情願將伊等各村之田，亦照例均出。現在鳳凰廳充當鄉勇者，多有瀘屬民人及都蠻各村壯丁，請將此項勇丁派往紅樹坡一路，即將伊等所均之田給與屯守。

是此一路，係以瀘屬之田給瀘邑之人承種，自保地方，自應准其所請。其應完糧銀，每年尛於鳳凰廳公租內代爲完解，其田則登入均册內，一律詳咨。將來此一路勇丁缺出，當令都蠻等村民人頂補，以歸公充。

一、勇丁年過五十應行裁退者，又無業老弱孤貧無可歸依者，又陣亡及病故勇丁之子弟，均應酌給田畝，以資養贍。又上、下五峒各約，設立總寨頭，以資管理一切邊防屯務，必須擇其公正者充當，不便令其枵腹從事。又終年防守，應用子藥火繩，并遇有警動，應需行糧、鹽菜賞恤，及定納錢糧一切公用，爲費不資，必須另籌公田，歲收租息，以資辦理，統俟籌出田畝，再行定議。

一、苗疆地方，水田既少，現在充公，皆係旱田、山地。勇丁得田四畝五分，即豐稔之年，所收稻穀不過十三四石。若所收之田，距碉卡稍遠，不能親自耕種者，又須標給貧民，僅能對半分租，所得更爲無幾。令其再三撙節，僅敷一歲之糧。倘遇旱潦不齊，即難足食。且一逢歉歲，窮苗愈多，防守更爲吃緊。衆勇丁等枵腹荷戈，何能固守？必須預爲籌貯一年之糧，以備荒歉。戰守各丁，每名每日食米一升，一年需米三石六斗。以六千人合計，歲需米二萬一千六百石，合穀四萬三千二百石。爲數甚多，殊難借辦。查附近苗疆之後路各縣地方，實賴邊勇出力防維，方能安枕。似應共議相幫，衆擎易舉，俾得所積儲，庶可有備無患也。

稟借經費銀兩備辦屯田牛具、籽種 嘉慶六年鳳凰同知傅鼐

敬稟者，竊照卑廳屯田一案，所有各處田畝，業經委員於上年逐一丈明，足敷四千人耕種。今春俱已一律按數分撥。刻下已屆二月中旬，亟須給與牛具、籽種，俾得即時東作。苗疆多係山田，甚爲瘠薄，總須翻犁數次，始堪樹藝。牛力易疲，是以民間數畝之家，即需蓄牛一頭。今各勇丁每名授田三斗，計算積步四畝有零。勇丁五名，約共授田二十餘畝。必得牛一頭，方足以供力作。每牛一頭，應給犁一張，鐵齒木（杷）〔耙〕一架。每丁一名，應給鋤、鐮、釘、耙等具各一副，稻穀及雜糧籽種共三斗。每十名給房一間，牛圈一所。計現已分田之勇丁四千名，應需牛八百頭，犁、耙八百副，鋤、鐮、釘、耙等具四千副，籽種一千二百石，倉房、牛圈各四百間。現當春耕之時，牛價較昂，每頭約需銀十二兩。犁、耙一副，需銀一兩有零。鋤、鐮、釘、耙等具一副，需銀六錢零。籽種三斗，需銀五錢。倉房一間，牛圈一所，共需銀二十四兩。總共需銀二萬四千四

百餘兩。又各卡勇丁，現俱搭棚居住，不足以蔽風雨。而處處逼近苗巢，更恐匪徒乘間拋擲火彈。各勇丁既須力作，又須防維，已屬辛苦。再不獲安居，焉能存立？必須一律修蓋瓦屋，俾得依棲。共計勇丁六千名，擬以兩名合住一間，應修屋三千間。每間與兵房之例，估銀十二兩，計需銀三萬六千兩。除尚未分田之二千人，俟麻、瀘等處均出田地，另給牛具、籽種、倉圈，尚約需銀一萬二千餘兩外，現在應辦四千人之牛具、籽種，六千人之房屋，約計共需銀六萬零四百餘兩。伏查向來出借修費，牛具、籽種等項，例有定數，而現在估需之項，未免太多。但尋常水旱災荒，照例借給之數，原屬不敷。有業民人，究可自行添備，以圖復業歸耕。今苗疆各勇丁，皆係無業窮民，及於鄰近各縣招集之人，數年戰守，一身之外，毫無餘資。一切斷難自備，必須仰藉於官。若不逐一核實辦給，則不能耕耘，而屯務勢難興舉。是屯田耕守，所以寓兵於農，乃苗疆久遠防邊之計，迥非安集災黎可比。必爲一一經營締造，俾有恒産，方可責其盡心堵禦，永靖巖疆。基始之謀，實不得不求周密。至此項經費，不惟碍難報銷，亦難籌款。現蒙奏明，暫爲通融撥借辦理。謹遵照奏案，仰求俯賜施行，借撥銀二萬兩，飭發下廳，俾得先將牛具、籽種趕緊辦齊，按名給分，得以即時耕作，不致有誤農時。仍自本年八月秋收之後起，每月於應發卑廳經費內，扣銀二千兩，扣至明年五月，即可清款。至房屋修費，及其餘二千人，續籌出田地，應給牛具等項，所需銀兩，尚可稍緩。容俟卑職另爲隨時設法措置，總期於二年內，次第辦理完善，得以如期撤防。除另備印領申齎外，肅此具稟，伏乞批示。

稟暫挪領建兵房并寄庫營餉先行墊辦牛具籽種 嘉慶六年鳳凰同知傅鼐

敬稟者，碉卡屯田，爲苗疆撤防地步，亟須趕緊辦理。若春耕一誤，則屯務又須延擱一年，所關甚大。此時節屆清明，各處田畝均已翻犁，所有勇丁應須牛具、籽種，斷難再緩。卑職數年以來，籌辦各項邊防事宜，并未敢請領款項，負累已重，實屬力盡筋疲，不能設措此項經費。因蒙奏明，暫爲通融撥借，是以具稟請領。刻下農時已迫，若俟發到銀兩，始行備辦，勢有不及。且今歲黔省牛隻甚少，購買尤難。卑職已將前領建造兵房之項，并寄庫營款，暫爲動墊辦理。但兵房節奉檄催，亟須興修，而餉銀下月即須給散，均屬緊急。惟祈俯賜恩施，准將前項銀兩，即爲飭發，俾得歸還緊款，實爲公便。

稟設立公所選派員役辦理屯務 嘉慶六年鳳凰同知傅鼐

敬稟者，竊卑職具稟各廳、縣邊備屯務，酌擬添派委員，分授辦理緣由。前蒙督撫憲批示，遵即轉移文武員弁，各照指定處所，協力遵辦，并具文申報在案。伏查屯田修邊各務，頭緒紛繁，其各戶丁口產業及各地方情形，必須本地士民保甲人等隨同查察，方可徹底清釐，不致弊混。又丈量田地之弓算，繕寫文冊之書手，并傳喚奔走之差役，皆所必需。即各處委員，亦應使有停駐之所，而各項冊檔卷宗，尤應有歸貯之處，庶免遺失。必須設立公所，分撥人役，方能辦理。卑廳屯田事務，前與姚署倅議定後，已於本地及新場二處各設公所，派撥衿士、圭頭、保甲、弓算、書役人等承值。現令添派之員弁幫同查核經理，一切修造房屋、倉圈，買給牛具、籽種等事，均可督催無誤。卑職遵奉奏委總理邊務，所有各廳、縣建堡、修碉、均田、屯勇諸務同時并舉，加以永綏、保靖、乾州、古丈坪等處尚有借款，應由卑職代爲具領，并核發工程價值，批給各委員赴領銀兩，事件尤繁。茲另於鎮筸設立總理邊務公所，選派諳練書役，分立卷案，隨時登記。仍責成幫辦卑廳屯防之委員署經歷呂若川等，就近稽查督率。乾州之廳城，及瀘溪之苟爬巖，麻陽之巖門三處，亦已設立公所，遴派各色人役分交各委員帶同辦理。其永綏公所，不日卑職前往，會同王丞酌籌，亦得照依安設。查屯防邊備，辦理需時，各衿士、圭頭、保甲、書役人等勢難枵腹從事，必須按名給與鹽糧工食，以資辦公。尚有硃紅紙、張、筆墨、油燭等項，并遇有差遣，給發盤費，一切皆不可少。此等用款，勢不便於借領項下支銷。卑職惟有設法措籌，按月按名給發，總期公事得資趲辦，不致延誤，以副大人諄諄委任之至意。所有分立公所，選派人役各緣由，合肅稟聞。

稟請飭令乾、瀘二廳縣會辦均田 嘉慶六年鳳凰同知傅鼐

敬稟者，竊照卑廳地方，建立碉卡，辦理屯田各事宜，節經具稟，諒邀鈞鑒。查瀘溪縣屬之都蠻、利略等十七村，相隔該縣一百五十餘里，與卑廳下五峒、都吾約之紅樹坡、鐵虎哨等處，緊相連接，距邊甚近。其田地村疃，前此黑苗占處，人戶均皆流散。嘉慶二年九月内，卑職奉成前道飭委，安設裏圍苟爬巖一路卡座。有該村民人等到卡，懇請再四就近安插。卑職當經帶領勇丁，將各該

村地方，逐一清釐，發給口糧槍械，令其劄屯自守。乃屢被匪苗攻擾，其民戶一半逃赴芷江縣之榆樹灣，一半奔至鎮城。又經卑職將其壯丁挑充鄉勇，駐劄苟爬巖，其老弱婦女，給糧養活。三年四月以後，又經屢次代為安劄。奈因沿邊一帶尚未修建碉卡，道路如梳，匪徒不時闌入焚掠，不能立腳。直至四年夏間，沿邊隘口日漸緊嚴，匪徒不能肆行出沒。卑職派撥隊勇，於各該處分布放哨，始將堡卡一一修築，復給槍刀、子藥，俾資固守。屢有匪苗潛往滋擾，節經卑職派勇應援，不致疏虞，民心始定。五年春間，沿邊碉卡益密，加以壕墻，防範周币。凡在內地盤踞之苗人，全行歸寨。其以前逃往榆樹灣之各戶，均為陸續招回，諭令將所有田畝通力合作。各民戶等復以流離之後，力盡筋疲，不能措辦牛具，而堡內盡係草棚，恐匪苗黈夜擲火，懇求給與牛具、瓦片，俾得棲耕。又經卑職發給牛隻、瓦片，令其乘時修屋，并力勤農。旋據該各民戶等稟稱，民等前者地為強苗所踞，不惟人口無所依歸，而祖宗墳墓皆慘遭發掘，今賴修邊禦侮，得歸故居，長保身家。復修邱隴，并蒙代修卡堡、房屋，發給牛具、籽種、槍械、口糧，得以耕守。今鳳凰廳之邊勇，履險憑危，士民捐田業產，共樹藩籬，而民等安享其利，於心不安。願將田地收穫穀石，交出十分之四，以為養勇守邊之資等情，并出具切結前來。查該處民人被匪苗侵擾，卑職節年代為安插，除隨時給發銀兩接濟，并代納錢糧不計外，共給過口糧米八百零二石，槍械七百七十六件，農具五百五十七件，耕牛一百五十六隻，瓦片一百餘萬。因該處地當緊要，是以不分畛域，不惜多費，妥為安頓。核之卑廳本屬民人，尤為加厚。今該民等既願分租給勇，原應准其所請，但卑廳民戶均係均田，而都蠻等村交納租穀既屬兩歧，且碉卡屯田乃永遠守邊之計，交租之事勢難長行經理，不得其人必然中止。該處情形與都吾、務頭二約相似，雖不能將其田地照此二約全數充公，亦當酌留養口田畝，其餘俱令均出。現今自沿邊紅樹坡至炮臺坡一帶，係匪苗出擾瀘邑之要道，都蠻、利略各卡堡首當其衝。該處盡是荒山，無田可耕，而都蠻村無業丁壯及瀘邑民人，多有在卑廳充當鄉勇者。將此項鄉勇，調赴紅樹坡至炮臺坡一路防守，即將都蠻等處均出之田，湊給該勇丁等就近承種，以資捍禦。是以瀘邑均出之田，給瀘邑民人承種，守邊自衛，實屬兩便，以歸公允。卑廳境內沿邊二百餘里，一律安設碉卡，均田屯守，足以堵截匪苗。而乾州自灣溪由捧捧坳至強虎哨一路，雖有碉卡，尚覺稀疏，不惟右營苗人得以由彼出沒，而乾屬匪苗亦可乘隙效尤。須將該二路添修碉卡，仍於強虎開築墻壕，以期一律周币。乾州南鄉地方，前被右營匪苗盤踞，結成寨落，雖經阿協、趙丞招集各戶，劄立卡堡，設法撫馭，煞費經營，而外無捍蔽，屢遭擾逐，民不能安。非右營邊汛堵禦嚴密，民人安能復業？亦當各矢天良，同心捍患，以圖永慶乂寧。三炮臺、強虎二路，原有碉卡，均係留防兵勇駐劄，今又添修碉卡，需人更多，若不早圖，將來留防一撤，碉卡仍屬空虛。計該二路約需勇丁五百名，即敷分守，應令該廳南鄉民人，亦照式均田，給勇屯種，俾得一同固守，庶可無虞。前此近邊各處貧民，因屢被苗擾，多將田產賤價典賣與各大戶及後路民人，今均田之舉，在貧民復能得地，固無不踴躍歡欣；其大戶之深明大義者，皆知田地不均則邊防難固，邊防不固則仍難久安，自亦當情願捐產辦公，用資保障。惟是地非卑廳所轄，勢難越俎，如蒙大人飭令該廳、縣會同卑職速為照辦，可冀有成，而邊徼永蒙樂利之庥於無既矣。再，查卑廳沿邊各路，戰守勇丁六千名，計需田地二萬八千餘畝，方敷分給。現在各民戶均出呈出之田，甫及二萬畝，僅能撥給四千餘人，尚有一千數百人無可安置，加以子藥、行糧、賞恤并贍養餘丁等項，又需田六七千畝。今都蠻、利略等村，均出田地約計不及千畝，祇能撥給紅樹坡至炮臺坡一路勇丁承種，其餘所短尚多。竊以瀘邑之天塘、蹈虎等村，及麻邑之潭公沖、巖落寨等處，共計八九十坒，皆係卑廳代為修復，并給槍械口糧，其情形與都蠻一帶實屬相同，如能一例酌均，眾擎易舉，則屯務可資妥辦矣。肅此具稟，伏乞鑒核。

稟乾州廳業戶不顧均田 嘉慶六年乾州同知閻廣居

敬稟者，本年二月內，奉本道轉奉前閣督部堂書，升任撫部院祖札發奏稿，內開：鳳凰廳均田屯勇，即可裁撤留防。乾州自灣溪汛至強虎哨，與鳳凰右營苗寨毗連，雖經添建碉卡，尚有應增修嚴密、挑築墻濠之處，亦應一律均田練勇，以實邊防等因。又於本年十月二十日，奉本道轉奉憲臺撫憲札發，會同撫部院、督部堂、提軍門具奏，會籌苗疆邊備情形，減撤留防兵勇，裁省經費摺稿，內開：乾州廳所屬苗情，大局馴順。現在酌籌增築碉卡，均田練勇亦未便全行裁撤。應將原防官兵、鄉勇，各減撤二百名。俟明春察看情形安靜，再與鳳凰廳兵勇，一體陸續裁撤各等因。奉此，節經卑職隨時曉諭，董勸廳屬農民，均輸田畝。去後，旋據卑廳東、西、北各鄉居民，以距灣溪、強虎哨甚遠，伊等并非官為資贖復業之田，不願均輸。又據南鄉居民，以灣溪雖距南鄉稍近，但灣溪、強虎哨等處，俱係鳳凰廳所管地方，建有碉座。現在即係該處汛兵，協同彼地居民防守，數年來亦安靜無事。即欲均田屯勇，祇可就灣溪、強虎附近之鳳凰所管田地派均。其伊等田地，均祖遺有糧之業，并非拋荒無主，又非官爲資贖。若均乾屬之田，守鳳凰之地，伊等俱非心願。且南鄉并無殷實富戶，如必抑勒派均，窮民失業，恐致滋生事端。倘乾屬防兵裁撤，伊等願代充勇，聽候調遣，守禦乾屬邊界各等情，紛紛具稟前來。并據東北鄉民人張永楷、徐啓琳等，以前情赴撫部院轅門具稟，批行會協確查在案。卑職伏查，乾隆六十年苗變，破城戕官，荼毒生民，惟乾州廳被害尤甚。嗣經大局勘定，卑職嘉慶三年八月抵任。維時無業匪苗，猶復時出竊掠滋事。卑職與乾州阿協、鎮河溪營張游擊，撫綏招集，於前任趙丞修建石堡四座、土堡三十座之外，又添建石堡十三座，使民居堡內，給以器械、軍火，守望相助。其要隘處所，先後建立碉樓、炮臺，共三十四座。安設兵勇守卡，截其來路，居民得以漸次復業。又羈縻窮苗，給以土塘工食。其民田附近苗寨之處，許令窮苗向民人佃種，秋收平分籽粒。自嘉慶四、五年以來，民、苗日漸相安。民人藉有城堡、器械，亦各勇往捍禦。是以乾屬左營苗寨，俱皆馴順。間有一二匪苗，潛出竊掠。然亦旋被兵勇、居民擊退，無所掠取。本年自夏秋以後，尤爲安靜無事。現在鎮筸右營寨苗，均各以糧食貨物，遠赴乾州市集發賣。民苗彼此并無疑忌。此苗疆自留防以來，惟乾州廳經費減省，而地方寧謐之情形也。就卑廳大概而論，苗人一經懲創，即便安靜，其伎倆不過如此。乾州即不均田屯勇，現在兵民亦足以相交爲守。是卑廳與鳳凰廳情形，各有不同。惟前制憲據鳳凰廳所稟奏，請令乾州一律均田屯勇。查鳳屬均田民人，出於情願，行之自無窒礙。惟將灣溪、强虎等處，列作乾州所屬，請令乾州一律均田。查自二炮臺、三炮臺、灣溪、强虎哨營汛，雖係乾州協所轄，而其地方民人則係鳳凰廳所管。在文武各官，控馭苗夷，原不必各分畛域。而小民事涉趨公，則必藉詞規避。況原奏內稱，係民間情願捐輸，自不便於抑勒均派。茲據各鄉居民，或以貧窮不願均輸等情具稟。卑職若復執定勒派捐輸，以甫經復業之貧民，復令其棄業失所，或致激成事端，則卑職難辭其咎。若俯如民人所請，免其均輸，又似與奏案不符。事處兩難，不得不據實直陳。理合肅稟憲臺，俯賜察核，批示遵辦。

稟乾州廳應辦均田屯勇守邊　嘉慶六年鳳凰同知傅鼐

敬稟者，本年正月內，奉書制、祖撫憲具奏會籌苗疆邊備漸撤留防案內，以乾州灣溪汛至强虎哨，與鳳凰右營苗寨毗連，雖經添建碉卡，尚有應增修嚴密，挑築墙濠之處，亦應一律均田練勇，以實邊防。九月，會奏裁撤添防兵勇，又蒙

憲臺於摺內，將現在籌酌辦理緣由，聲明在案。卑職自省回篙，正擬赴乾會辦
間，接准閻丞鈔寄稟稿，內稱該廳東、西、北鄉居民，以相距灣溪、強虎甚遠，
并非官爲資贖之田，不願均輸。南鄉居民，以灣溪、強虎等處，俱係鳳凰廳所管
地方，即欲均田屯勇，止可於灣溪、強虎等處派均。若均乾屬之田守鳳凰之地，
伊等俱不心願。如必抑勒派均，窮民失業，恐致滋生事端。倘乾屬防兵裁撤，伊
等願代充勇，聽候調遣，守禦邊界。并以乾州本年夏後，安靜無事，即不均田屯
勇，現在兵民亦足交相爲守等語。卑職伏查乾州南鄉地方，嘉慶二年勘定以後，
仍被黑苗占據。前經趙丞於該處建築碉卡，招集民人復業，屢被匪苗擾掠，不能
安居。嗣經阿協趙丞，酌安卡隘數十處，保護宅民，并將田地佃給苗人耕種，欲
令彼此相安。乃嘉慶三年六月間，匪苗復肆將宅卡全行攻失，不獨田地全爲苗
有，并後路河溪、丑坨等處，時被焚擾。鳳、乾道路梗塞，乾城居民，亦不能出
關樵汲。迨後，卑職將曬金一路營汛密安碉卡，接通灣溪，多駐兵勇，憚以威
稜，清理黑苗歸寨，收復南鄉地土。閻丞復修宅堡，令民歸耕。而匪苗時猶在強
虎、灣溪二炮臺等處，出擾南鄉。又經卑職商同阿協、趙丞，於該二路添修碉
卡，嚴密防維，始保護安謐。蓋灣溪二炮臺一路，爲黑苗出擾南鄉後路，來往必
由之道。而強虎一路，爲左、右營黑苗分界之所，必須妥爲屯守，永固藩籬，以
絕匪苗勾結偷越之路。該二處田少民稀，不敷辦理，不得不於南鄉等處，一律酌
均，俾令同心捍患。是灣溪、強虎二路之屯田練勇，專爲保護乾州地方，何爲均
乾屬之田守鳳屬之地？若此時不預籌久遠防範之計，將來防兵全撤，再行調撥守
邊，既無耕守之資，焉能長令留戍？若遇風警，臨時調遣，毋論人各一心，必然
互相推諉，即肯隨時趨赴，而匪苗倏然出沒，來去不常，聞聲應援，於事亦恐無
及也。該廳東北等鄉，自鎮溪至喜鵲營一帶，多係土民，尚能自守，苗情亦較爲
馴順。是以原奏內，并未指定應均該處之田。但此時究有防兵駐劄，而窮苗又有
土塘工食羈縻，尚可無虞。轉瞬兩年期滿，全行裁撤，控制不密，恐不免漸開窺
伺之萌。該處雖距灣溪、強虎較遠，右營邊哨黑苗，或不便越界滋事，而貼近之
左營苗寨較多，其中良莠不齊，難保不久而爲害。再查從前自亭子關起，至乾屬
喜鵲營止，築立邊墻，實因該處逼近苗巢，故爲繕備。現今議辦情形，於四面八
方普力修守，將苗全行圈圍在內。卑廳并古丈坪、保靖、花園至茶洞，均在畫一
辦理，乾州一隅之地，終亦未便任其兩歧也。卑職前此倡議屯田，原僅在本屬地
方辦理。因嘉慶四年七月初八日，有乾州衿士閔宏瑞、吳世亨等，與保甲民人數
十名，親赴得勝營，稟求卑職保護歸業，將來情願照鳳屬之例均田。屯勇并據飲

血立單，誓無异説。卑職因其再四懇求，方爲清理田地，添住壯勇，震懾苗人。飭令分給租穀數千餘石，并代爲完納錢糧，製給槍械。上年書制、祖撫憲先後按臨辰州，垂詢各廳情形，卑職不得不據實稟陳。旋蒙會籌入告，請將乾州一律均田。是此舉原出乾民本心，并非卑職無端强爲干預。且議立均田章程，係將各户存留養口之外，有餘之田，始令均出，并非全數充公，不留餘田。而苗疆底定，苗地歸苗，凡屬向在苗地之民户，無業可歸，即令均出田畝，給令屯種，用以守邊。是不惟有業者仍足棲耕，而無田者亦皆得所，何至窮民失業，致生事端？乾州現在情形，全賴處處防範維周，甫能安静。若因目前無事，即不爲後圖，苗情叵測靡常，一經復擾，僅資各汛官兵及一二民宝，安能堵禦？本年夏秋以來，卑廳沿邊各處，亦均寧帖，豈亦因暫時平寧，爲從此永無他慮，遂專藉兵民交相爲守，將屯務置之不辦乎？至卑廳各約内，凡有官爲資贖之田，俱皆充公，其均出之田二萬餘畝，無非民人糧産。在該民户等，非不自愛己業，實因深知田地不均，無以爲守，則邊防不固，仍難久安，是以無不踴躍趨公。今乾民忽生异議者，不過富户一朝得業，即思坐擁膏腴，頓忘後患。查卑廳自黄土坳至木林坪，密安碉卡，半爲保護，乾州地方，并未稍藉乾民之力。今强虎灣溪一帶，爲該廳緊要門户，令民人酌量均輸，又復梗阻，是欲令鳳凰民捐産出力，在邊防守，而伊等坐受其利，於情理似欠公允。在小民惟利是圖，罔知大義，是惟在地方官勿稍存畏難避謗之見，明白勸諭，俾令急公，方克有濟。現今瀘、麻各邑民人，亦必因循觀望，即卑廳已均之産，難免民户不皆思效尤，遂滋口實，殊於邊防全局大有關係。卑職節奉奏明，總辦之員，實不敢稍避勞怨，日内當即會同閻丞等，傳集士民，剴切勸導，令其遵照奏案辦理。除將如何辦理之處隨時具稟外，所有實在情形肅先具稟，伏乞鑒核批示。

稟赴乾州廳查辦均田并夾單 嘉慶六年鳳凰同知傅鼐

敬稟者，竊卑職前准閻丞鈔寄稟稿，當將乾州應宜均田屯勇實在情形，縷晰具稟，知邀鈞鑒。兹卑職於本月十三日，馳赴乾城，會同張署協、閻丞，并委員姚署倅等，將均田事宜面爲酌議。傳集南鄉衿士、保甲，剴切開導。諭以皇仁憲澤，廑念民瘼，預籌捍患，至周且遠。爾等於嘉慶四年七月，赴得勝營，稟求保護歸業，曾經飲血立單，情願照鳳凰之例均田屯勇，因何忽生异説？據該衿士、保甲等僉稱，前遭苗擾，本由鳳廳代爲堵禦，收復田土。并於右營曬金塘、舊司坪一路，密建碉卡，接通灣溪，南鄉方能存立。祇因未奉明示，不知如何均法。是以業多之戶，心存疑慮。今蒙發閱章程，先留養口之田，以其餘田均給木處壯丁，屯守碉卡。窮民獲有棲耕之所，富戶永資捍衛之功，衆心孰不樂從？祇求查辦等語。^{卑職}察看輿情，原知防守邊圍，事所當行。不能因二三大富意存規避，使一鄉之人盡泯其急公禦侮之心。且在窮民，咸思授田得所，富戶亦何能擁業自肥？當將^{卑廳}稟定上五峒各約均田章程出示曉諭，無論兵民人等，一體勸均。照苗疆祇論籽種之數，每男一名留養口田三斗，女一口留養口田一斗，其餘再留十分之三，均出十分之七。飭令保甲率同業戶，各將人丁田畝開報。其灣溪、强虎哨二路，亦經分頭查辦。至乾州之東北鄉一路，向有應行劃清民、苗界地，修邊屯守等事。^{卑職}於十六日，偕張署協等前往履勘。查自鳩溪、沙子坳至鎮溪營，又歷鎮溪頭、良章三汛，以至喜鵲營，逶迤五十餘里。西環乾苗寨落，東至永順、古丈坪，爲仡佬、苗、土各寨，北與保靖之萬巖溪、永綏之高巖毗連接壤，崎嶇山徑，道路如梳。其喜鵲營一帶，汛少兵單，僅有土堡。該處民人多刈蓋茅棚，近與苗寨逼處，并無宝堡以資捍禦。張署協及鎮溪署游擊、黃都司各汛員弁等咸稱：該處一線營汛，安設大路，距邊稍遠。居民則緊靠邊墻，畸零散處。數年來，亦時被匪苗焚掠傷人，往往應援莫及。將來古丈坪、永、保各路留防兵勇、土塘，全行裁撤，并永綏協營移駐茶洞之後，該處尤爲吃重。必須堅修汛堡、民宝，團練壯丁，安設碉樓，聯絡聲勢，然後可固藩籬。^{卑職}目擊情形，與沿邊貧民所稟無異。應將邊墻界限劃清，使外苗、内民興修碉座，均田屯守，以符奏案。現與張署協、閻丞等酌籌辦理，另稟祇請憲示。^{卑職}自北鄉返至乾城，即於次日馳赴南鄉，遍諭均田。查看舊安各宝，係數村合刈一處，因宝窄戶多，不敷棲止，草房鱗次櫛比，每戶人口牛隻共處一棚，而蓋藏盡貯堡外。各該民稟求分宝居住，以免疏虞。^{卑職}已許其另修石堡十座，各就田地之遠近，酌量分撥，俾守望耕耘兩得其便。現據南鄉及灣溪、强虎二路各業戶，陸續開報丁口田畝，呈請查丈。已選派誠實曉事衿士二十名爲總宝，分段經理，概不假手胥役，以杜弊竇。并於乾城設一分所，添派廳標把總向青雲，協同委員河溪巡檢孫必齋、試用從九王覺、千總張聖謨，儧緊造册丈量。期於來歲春耕前，分授壯丁屯種，於秋收後頂駐。灣溪、强虎兩路，已修碉卡。其東北鄉之鎮溪一路，既據營員請修碉堡，貧民衆懇均田，亦應一律舉辦。^{卑職}仍會同閻丞、姚署倅督率委員等，因時制宜，欽遵諭旨，妥協趕辦。務使邊氓得所，屯守無虞，以期仰紓憲廑。所有^{卑職}赴乾查辦均田緣由，合肅具稟，伏乞垂鑒。再，^{卑職}此次親赴乾屬各鄉，因閻丞舊恙復發，未經偕往，飭委廳標把總向青雲隨行，合并聲明。

再稟者：查閻丞、張署協稟稱：抑勒派均，窮民失業，恐致滋生事端。又稱乾州即不均田屯勇，現在兵民亦足交相爲守等語。似必情形確實，方敢據以稟聞，乃與現在輿情公論迥不相同，若不將奏案均田練勇之義理講解分明，誠恐官爲富民所惑，稟阻善舉，轉使窮民失所，邊備空虛，實與苗疆大局有碍。^{卑職}既蒙奏委總辦，不敢稍避嫌怨，爲閻丞等縷悉指陳。蓋緣乾屬南鄉之地，賴^{卑廳}密修碉卡，而收復均田，出於乾民之本意。是以轉稟前閻督升任撫憲具奏，并蒙憲臺於減撤防兵摺內，奏明乾州廳現在酌籌增築碉卡，均田練勇，欽奉諭旨遵行在案。是修邊均田一節，原爲預撤留防兵勇土塘之計。今該廳現有防兵八百餘名，鄉勇八百名，土塘四千二百名，如果現在兵民足以交相爲守，即應稟請裁撤，豈可坐視虛糜？如須遵照奏案辦理，亦應早爲舉行，不可徇富戶一己之私，失千百窮民之望，更不可以存畏難之偏見碍善後之大局也。卑廳各鄉之衿士、兵民，呈出田二萬餘畝，上五峒沿邊百餘十里一律樂均，下五峒九十里則全行歸公。宝勇固爲辰、浦、麻、瀘四廳縣屏障，亦代乾屬東、南兩鄉守其藩籬。如閻丞愛惜富戶，任其不均，則不特窮貧民不服，恐鳳屬士民亦有所藉口。倘俱以不願均田爲辭，抑將田地給還，竟令碉卡空虛。以現在沿邊碉卡而論，鳳屬八百餘座，永保擬修八十餘座，古丈坪十餘座，乾州已修三十四座，現擬添修三十餘座。若將均田屯勇置之不辦，非請添額兵七八千名，不能頂撤留防兵勇土塘也。且富戶亦有不敢不遵均田之處，緣苗疆山多田少，將無糧之山地開墾成田，當此辦理屯務之際，例應清丈歸公。且乾屬擁膏腴千畝之產，不過鎮溪所鄧璉一戶，其餘均係中戶，統計應均出田畝者，不過數十戶；而無業鄉勇壯丁情願守邊屯田者，不下二千餘名。現據北鄉窮民具控，富民以盤剝民苗，囤積居奇而致富，均之實不足惜，且留養之外，又存三分，仍不失爲富戶，又焉敢不遵奏案而滋生事端耶？至^{卑職}與協廳委員等，欽遵安置得所之聖諭，奉行均田練勇之奏案，又何慮一二富戶之梗議耶？該廳協所稟，殊屬非是，^{卑職}剴切講諭後，閻丞等亦深知前稟冒昧，追悔莫及。^{卑職}惟有協同妥辦，和衷共事，以期速底於成。所有該丞等前稟失實，及貧民樂從，斷不致滋事，理合據實稟聞。

勸諭乾州廳南鄉業戶踴躍均田 嘉慶六年鳳凰同知傅鼐

爲勸諭均田，久遠屯守，以實邊防，以安民業事。

照得乾州灣溪汛至強虎哨，與鎮篁右營苗寨毗連，爲苗匪出擾各鄉要道，而南鄉尤當其衝。嘉慶二年勘定以後，爾衆民户屢被匪苗擾掠，不能安居。經本府領兵勇迭次堵禦，并於右營曬金塘、舊司坪、木林坪一帶，密安碉卡，接通灣溪。匪苗懾威斂跡，清理歸寨，乃得收復南鄉土田，彈壓公租。又經本府製給槍械，代完正耗錢糧，會商協鎮都督府阿、乾州軍民府閻，於灣溪、強虎二路添建碉卡，嚴密防維，始獲寧謐。但此時有留防兵勇，分布卡隘、土塘工食，羈縻窮苗，尚可無虞。一經全行裁撤，誠恐匪苗窺伺漸萌，又復出而滋擾，不獨田地仍爲苗有，即爾等自家墳墓亦不能保。若不早圖良策，焉能永固藩籬。是以大憲爲爾民預謀久遠防患之計，前於會籌苗疆邊備減撤防兵之案，兩次奏明，請於乾州一律均田練勇，并以本府總理邊務，限於年内趕辦完善。欽奉諭旨遵行在案。兹本府會同護協鎮都督府張、乾州軍民府閻、署浦市糧捕府姚，及委員候補巡司王、河溪巡司張、署強虎哨守府左營部廳張，查照鳳凰廳上五峒各約章程，清理田畝。每男一名留養口田三斗，女一名留養口田一斗，其餘再留十分之三，均出十分之七。先於該南鄉各宝，挑選壯丁二百名，於明年減撤兵勇之日，頂駐灣溪、強虎二路碉卡，每壯丁一名，撥給田三斗，俟清丈分竣後，再給以房屋、倉圈、牛隻、農具，以資屯守。此舉貧民獲有棲耕之所，富户永藉捍衛之功，爲爾士民計圖久遠之策莫善於此也。除傳集衿士、保甲人等剴切勸諭外，誠恐各大户等愛惜己業，誤爲田盡充公，不思同心捍患，合亟出示曉諭，爲此示仰乾州南鄉業户、保甲人等知悉：務各欽遵奏案，踴躍均輸，限十日内，各將户口及管業田畝、山場、地名、丘段，開明細數，分別養口，檢同契據，齋赴本府行轅呈驗，以憑造册丈量。（母）〔毋〕蹈隱匿移換等弊，致干查究。其大户好義急公，亦照鳳廳均田之例，於屯務報竣，通詳大憲，分別奏請嘉獎，或予職銜頂戴，或給匾額，更得仰沐皇仁。再，此次修邊屯勇，原期一勞永逸，現在議將二炮臺另建石堡，并修建喜鵲營一路堡座，分派委員承辦。所有南鄉各宝，亦當逐一查勘，於草房櫛比緊密之處，酌量分宝，修整堅固，以免撤防時不致稍有疏虞。著俟本府親勘，據實稟請，再爲辦理。各宜凜遵毋違。特示。

勸諭乾州廳強虎哨等處業户踴躍均田 嘉慶六年鳳凰同知傅鼐

爲勸諭均田久遠屯守以實邊防以安民業事。照得乾州灣溪汛至強虎哨，與鎮篁右營苗寨毗連，爲匪徒出擾各鄉要道。經本府於左營曬金塘、舊司坪、木林坪一帶，密安碉卡，接通灣溪，匪苗懾威斂跡，乃得清理歸寨，彈壓分租。又經本府製給槍械，代完正耗錢糧，會商協鎮都督府阿、乾州軍民府閻，又於灣溪、強虎二路，添建碉座，嚴密防維，始獲寧謐。但此時有留防兵勇，分布卡隘、土塘工食，羈縻窮苗，尚可無虞。一經全行裁撤，誠恐匪苗窺伺漸萌，復出而滋擾，不獨田地仍爲苗有，即爾等身家墳墓亦皆不能保。若不早圖良策，焉能永固藩籬？是以大憲爲爾民預謀久遠防患之計，前於會籌苗疆邊備減撤防兵案內兩次奏明，請於乾州一律均田練勇，并以本府總理邊務，限於一年趕辦完善。欽奉諭旨，遵行在案。茲本府會同護協鎮都督府張、乾州軍民府閻、署浦市糧捕府姚、委員候補巡司王、河溪巡司孫、署強虎哨守府左營部廳張，查照鳳凰廳上五峒各約均田章程，清釐田畝。無論兵民人等，每戶男一名留養口田三斗，女一名留養口田一斗，其餘再留十分之三，均出十分之七，挑撥壯丁耕種。於明年減撤兵勇之日，頂駐碉卡，每壯丁一名，撥給田三斗，俟清丈分授後，再給以房屋、倉圈、牛隻、農具，以資屯守。此舉貧民獲有棲耕之所，富戶永藉捍衛之功，爲爾兵民計圖久遠之策莫善於此也。除傳集保甲人等剴切勸均外，誠恐該兵民愛惜己業，誤謂田盡充公，不思同心捍患，合亟出示曉諭，爲此示仰強虎哨等處業戶、保甲人等知悉：務各欽遵奏案，踴躍均輸。限十日內，各將戶口及管業田畝、山場、地名、丘段，開明細數，分別養口均公，檢同契據，并查絕戶田畝、山場，一并開報，齎赴本府行轅呈驗，以憑造冊丈量，毋蹈隱匿移換等弊，致干查究。其在大戶好義急公，亦照鳳廳均田之例，於屯務報竣，通詳大憲，分別奏請嘉獎，或予職銜頂戴，或給匾額，更得仰沐聖恩。再，此次修邊屯勇，原期一勞永逸，現在議將二炮臺及附城各汛，另建石堡，并修建喜鵲營一路汛堡、碉座、民窒，分派委員承辦。其強虎哨民窒，早經本府捐項，移請協鎮都督府阿代爲監修，并搭蓋瓦房，給民居住。如此外尚有布置之處，俟本府親臨復勘，再爲辦理。各宜凜遵毋違。特示。

詳覆辦理乾州廳均田民戶樂從并無窒礙 嘉慶七年辰沅道鄭人慶

　　爲遵批查復事。

　　嘉慶七年正月二十七日，奉憲臺、督憲批：據鳳凰廳傅丞具稟，馳赴乾州，將均田事宜與閻丞等面爲酌議，傳集南鄉衿士、保甲，剴切開導，居民俱已樂從等緣由。奉批：查此案，前據乾州協廳具稟，當經批飭該道移會南藩司等，查明妥議，通詳察奪在案。今據稟前情，仰辰永沅靖道體察情形，會同秉公妥議，迅速通詳。仍候撫部院、提督批示。此稟即繳。又於二月初·日，奉憲臺批：據鳳凰廳傅承具稟，赴乾州辦理均田緣由。奉批：均田屯勇，係捍衛邊疆要務。總在承辦之員，和衷經理，持以公允，使衆情悦服，庶一勞永逸，斷不可稍存偏見。仰辰永沅靖道移會南藩司，確查妥辦，通詳飭遵辦理。仍候撫部院、提督批示。繳稟單鈔發各等因。奉此，_{職道}遵查此案，前據乾州廳、協以該廳民户不願均田，未便勒派，聽其不均，又違奏案，請示遵辦等情，會銜通稟。仰蒙憲臺批飭，移會南藩司議。當經録批移司，并移行署乾州協鳳、乾二廳查議在案。嗣奉前因，又經分別移行。去後，旋據鳳凰廳傅丞、乾州廳閻丞會銜詳稱，_{卑職}等遵查，乾、鳳二廳逼近苗巢，溝道如梳，最爲緊要。必須嚴密防守，以免疏虞。_{卑職}雖將鳳廳二百數十里，共修碉卡、哨臺八百餘座，分撥兵勇駐守，現在足資堵禦。但國家經費有常，留防不能久而不撤。留防一撤，碉卡空虛，匪徒仍得乘隙窺伺。必須練勇屯田，頂駐硝卡，方可永固藩籬。隨經勸諭士民，議立章程，均出田地二萬餘畝，分撥屯耕。尚有不敷，請於附近瀘、麻二邑撥補。其時_{卑職}蕭僅於本屬地方議辦，并未計及乾州。嗣因前閣督憲書、升任撫憲祖先後按臨辰州，查悉情形，即蒙會籌入奏，請將乾州一律均田練勇，以實邊防。節奉行知_{卑職}廣居，遵即隨時曉諭董勸。乃乾屬民人因未奉明示，不知如何均法，既屬狐疑，又思推諉，遂有張永諧、徐啓琳等赴撫轅門具稟，批行_{卑職}廣居，會同乾州協確查。旋又據各鄉民人以窮户惟恐失業，不願均田等情赴廳具稟。_{卑職}廣居亦未知屯防原委，因既蒙憲批飭查，又據各民人呈稟，恐實有窒碍難行之處，是以據情會同張署協通稟各憲，請示遵行。旋於十二月内，_{卑職}蕭與署浦市姚倅到乾，會同_{卑職}廣居，并張署協，傳集各鄉士民、保甲，剴切開導，諭以皇仁憲德，軫念民瘼，思爲永遠捍患之意。并將鳳廳議辦章程，當堂發閱。該士民等，始知係將田多大户，除留養口田畝外，均七存三，并非不論貧富，一概酌均。其均出之田，即撥給本地貧民屯守。乃捐有餘以補不足，衛富室而養窮黎。既各恍然，俱無異説。_{卑職}等擬於强虎、灣溪二路，安守碉勇丁二百名。南鄉之雙塘隘口，安守卡勇丁一百名。又於鎮溪所至喜鵲營一路，安守碉勇丁二百名，守卡勇丁一百名。共計需用勇丁六百名。於南鄉及東、北鄉，均出六百人田畝，分撥屯守。現在_{卑職}廣居，與委員督飭保甲人等，查開丁口田糧清册。不日_{卑職}蕭即與姚署倅，同赴乾州，會同趕辦。一俟田畝均定，即行分授丈量，造册撥派。并將辦理情，隨時具稟。至_{卑職}等仰沐憲恩，職居邊要，諸凡應辦之件，無不和衷商確，斷不敢稍涉偏私。於民户人等，惟有喻以大義，持以至公，使之欣悦相從，以期事歸克濟。俾邊備早得完善，地方永慶平寧，用副諄諄垂訓之至意。緣奉札飭，合將會辦緣由，備文詳覆等情前來。卑職查苗疆各廳，屯田練勇，永固藩籬，實爲邊防要務。但必須文武同心，民户踊躍，妥協辦理，以期克底厥成。如果該廳等意見參差，民户實有不願，自應另爲籌議。今據稱，前因乾屬民人不知均田原委，是以各懷疑慮，上瀆憲聰。閻丞、張署協亦係據情轉稟，并無別有成見。嗣經傅丞與委員等前往會同講論，剴切開導，俱已恍然，皆無异説。現在議立章程，妥爲辦理。是此事并無窒碍，可以毋庸另議。正在移司會同詳覆，適准南藩司咨稱，案奉督憲批乾州協張游擊、乾州廳同知閻丞具稟，乾州居民不願均田一案，飭令會同議詳。今本司查此案，已據鳳凰廳傅丞具稟，親歷乾州，將均田事宜傳集衿士、保甲，剴切開導，居民俱已樂從。并據另單具稟，閻丞前稟失實，經該丞剴切講論後，閻丞等亦深知前稟之冒昧，追悔無及等情通稟。業奉撫部院馬批示：據稟已悉。仰留防所飛移辰沅道，督率該丞會同閻丞等，實心實力，妥協趕辦。總期邊氓得所，屯守無慮，乃爲妥善。仍候督部堂、提軍門批示，另單并發，同此稟速繳等因。隨經留防所移道飭遵在案。是此案已經傅丞親往乾州查明辦理，居民樂從，并無窒碍，應請毋庸再議。除呈明督憲外，合并移會等因。准此。查此案既據藩司將鳳凰廳傅丞具稟情形，并鈔録撫憲批示，徑呈憲案，亦可毋須再爲會詳。所有職道查辦緣由，理合具詳。

稟議辦麻陽縣均田情形 <small>嘉慶七年鳳凰同知傅鼐</small>

敬稟者，竊照鳳凰廳屯田練勇禦邊陲，應需田地甚多，除鳳屬士民呈出田地二萬餘畝外，其不敷之數，請將卑職代爲清理，資給復業之瀘、麻二邑各民田業，酌量均出撥補。蒙前閻督升任撫憲書祖具奏，并蒙憲臺於會奏裁撤添防兵勇摺内，將飭令趕辦緣由聲明各在案。兹卑職約會卑職丹山，并浦市姚署倅，及永順縣典史陳廷柱，於正月初八日，同至巖門，商辦麻陽均田事宜。傳集巖門等約四十五宝衿士、保甲，宣述奏案，發閲稟定均田章程，剴切開導，出示曉諭。旋據高村、巖門、袁坪、濫泥四約衿士滕唐佐、滕紹光、張世謙、張正卿、滿萬田等呈稱，職等各約村疃，自乙卯苗變，屢遭荼毒，幸賴疊次帶勇堵禦，俾得恝立宝堡，聚族棲耕，保衛之恩，實深感激。今奉奏定均田屯守，實爲邊防久遠安定之謀，自應盡力均輸，曷敢少有他説？惟是此四十五宝，山多田少，澆瘠异常，

若照鳳屬上五峒之例，除留養口外，均七存三，每歲出產無多，不敷贍養。今士
民公同集議，凡應均田之大戶，情願不留養口，將所有田畝均出十分之三，充公
屯種。再，麻邑河東、河西，共計三十六約甲，緊與鳳廳接壤。前者匪苗猖獗，
不惟職等四十五屯被害，凡屬河西各村，無不同遭蹂躪，即河東之舊縣正圓團、
舒家村等處亦被焚掠，遠近村落皆不獲寧居。自蒙沿邊密安碉卡、濠墻，匪苗不
能逾越。閤邑民人一例得安耕鑿，是伊等咸蒙捍禦，自應共事輸將。所有不敷之
田，請於河東、河西公爲均補，不惟衆擎易舉，而情理亦屬至公等情。卑職等伏
查，原定均田章程，除鳳屬下五峒之都吾務頭兩約田地，係全行歸公屯種外，其
餘各約俱扣除養口，均七存三，即瀘溪之都蠻等十九屯，并乾州南鄉，均係照此
均撥。麻邑自應劃一辦理，未便另事更張。再，查上年奏案，不敷之田，係請於
瀘、麻二邑，卑職代爲資復之各地方，酌量均補。茲請均之閤邑，亦與原案未
符。但查該四十五屯，實皆瘠土，若概令存三均七，民戶似恐難支。至鳳廳沿邊
二百數十里，屯防丁勇計需六千人，而鳳廳均出之田，祇敷四千人屯種，其餘二
千勇丁，計需田地一萬餘畝，方敷撥給。瀘、麻二邑分半派均，各應出田五千餘
畝。此四十五屯，即照扣除養口，均七存三之例辦理，所得之田亦屬有限。今照
十分之三均出，不敷之數愈多。若拘定奏案，不於資復各屯之外設法，則短缺之
田無從籌撥，屯務終至碍阻碍難行。卑職等反覆思維，勢不能不爲通融酌議。當
又傳集上下各約衿士、保甲，面加咨詢，僉稱後路得以安堵，全賴碉卡之力，均
田屯守，保護至周。在伊等捐有限之餘田，弭無窮之後患，敢不遵辦。但邊防公
事，必須衆力襄成，所有河東各村俱邀保障，尤須急公向義，一律均輸等語。卑
職等覆思屯防之舉，原係爲後路永建藩籬，麻邑河西、河東上下各約，與高村等
處，雖有遠近不同，皆受防維之益。今祇令四約富戶均田，其餘各處，不出寸土
而安享其利，不惟不足以服四約各屯之心，即令伊等撫衷自思，當亦不無慚忸。
且查麻邑上自貴州交界起，下至辰谿交界止，南北計長二百餘里，高村四約，不
過一隅中之一隅，其餘上下各約甲，地方寬廣，多係膏腴，捐各富戶數十分之一
二，即不難集腋成裘。伊等所捐無幾，事屬易行，而功歸克濟，似爲至便。今據
高村四約衿士再三稟懇，而詢之上下各約士民，亦無異辭，自應俯順輿情，准如
所請。擬一面先令四十五屯富戶，開報田畝實數，查明各富戶均出三分之一，計
可得田若干，尚缺若干，令河西上下各約均補，再有不敷，飭令河東各村公捐。
其應如何酌辦之處，卑職等飭令各紳衿士民，自行秉公定議，務歸平允，并不稍
有拘牽，亦不預存成見，祇期將此項應補之田五千餘畝，如數均出，足資屯防，

以仰副大人綏輯巖疆，安全黎庶之至意。查辦一切，_{卑職}等遴選誠實曉事之衿士，派充總圭頭，分司其事，仍囑委員隨時稽查，不使稍滋弊竇，合并聲明。所有議辦麻陽均田緣由，合肅具稟，伏乞鑒核批示。

稟鳳屬田畝短缺不得不於瀘、麻二縣均補 _{嘉慶七年鳳凰同知傅鼐}

敬稟者，屯田一事，所以慎守巖疆，保衛内地。非如此辦理苗防，不能全裁善後，總難竣事。必須田地足敷分撥，各處皆可屯耕，方爲完備。兹鳳屬田畝短缺，不得不於瀘、麻二邑勸均。在富户之深明大義者，知爲伊等永建防維，固屬踴躍從事。但賢愚不一，保無爲富不仁之徒，妄行推諉。若聽其梗議，恐相率效尤，田地無從均撥，則屯務阻碍難行。查麻邑田地，自康熙三十三年丈量以後，歷年已久，私墾甚多。現據麻邑貧民，以富户盤剝準折，私墾漏糧，貧者愈窮，富者愈富等情，紛紛呈控。倘富户内間有不肯均輸者，擬將該户糧數查明，臨田逐一清丈。凡額糧之外，隱種餘田，全行充公，不惟足以分撥守邊，而近地窮黎，并可藉以安頓。_{卑職}等惟有相機妥慎辦理，持以公充，總在折服其心，俾公事得以妥速完竣，以期無負委任。再，_{卑職}等選派誠實衿士數十餘名，充當總圭長、圭頭，分司其事，每名日給飯食銀五六分至七八分不等。至現在查開丁畝，及將來丈量造册等費，兼之一切隨時鼓勵賞需，均由_{卑職}捐籌發給。即派往查辦各紳，亦當捐給盤費，嚴爲查察，勿任藉端舞弊。合附稟聞。

稟麻陽縣職員陳朝詠倡首均田，請先予獎勵 _{嘉慶七年鳳凰同知傅鼐}

敬稟者，竊_{卑職}於本月初八日同至巖門，會辦麻陽屬均田事宜。正在勸諭間，據龍家鋪捐職布政司理問陳朝詠，率堂弟監生陳祖級等呈稱：職等居住河東六十年，匪苗滋事，大兵隨至，先將河西堵住，幸免蹂躪。而同仇誼切，敵愾心殷，曾經捐資募勇，劄卡禦苗，節次稟奉大憲獎勵在案。令蒙將沿邊二百數十里，建築碉卡八百餘座，保護後路居民。又奉奏定均田屯勇，以爲久遠捍患之計。河東地方，同邀保衛，欣感實深。今情願將坐落洞溪膏腴糧田一百畝，并附近地土，共置價三千兩，捐出歸公，以供屯勇等情。_{卑職}等查該職員前於苗變時，曾捐資募勇，在麻邑緊要門户之鳳屬水田約地方，設卡堵禦。伊弟陳祖級，亦在本地倡義防維。今勸諭麻邑均田，又復首捐腴田百畝，并附近山地，共置三千兩之多。實屬深明大義，踴躍急公。當此辦理屯田之際，可爲急公向義之倡，深堪嘉尚。茲卑職等擬請先加優獎，以爲衆勸。俟屯務告竣時，照依稟定章程，與均田較多之户，一體造册，詳請憲臺入奏。俾得仰沐皇恩，用昭嘉賞。所有麻邑職員等呈請均田及擬先加獎勵緣由，合行具稟。

稟議辦瀘溪縣均田 嘉慶七年鳳凰同知傅鼐

敬稟者，竊照鳳凰廳屯勇防邊不敷田畝，奏明於瀘、麻二邑均辦章程，業經卑職會同該縣陳令議稟在案。其瀘邑應均之田内，都蠻利略一十九里，盡在曬金塘之後，距邊最近，被害最深。前者屢經卑職驅逐匪苗，清理田地，數次紮立里堡，發給口糧、槍械、子藥、牛具、籽種，代納錢糧，并給與瓦片，修蓋房屋。該處民户前於嘉慶四年間，懇求卑職就近保護復業，即曾具結，情願照鳳廳各約一律均田。卑職等與姚署倅前已議定，該十九里照鳳凰廳上五峒之例，除去養口之外，存三均七，飭令各户造送清册，按户核算，計已均出田種五千餘石，丈得田七百餘畝。誠恐各上户尚有匿報之田，卑職等於二月二十五日至苟爬巖，囑令委員高典史再行通盤丈量，不任稍有欺隱。其四都等處之四十八里，距邊雖較都蠻稍遠，而前此之受害則均，屢爲資給口糧、槍械，保護防維，該民户等始得復業。卑職等於三月初一日前赴四都坪，剴切勸諭，各該民里深知感激，願較都蠻利略減去一成，除留養口之外，存四均六，尚屬踴躍。卑職等當經點放，總里頭十二名，令其督率各保甲及散里頭等，將各處丁口田畝細數逐一清查，限一月内造册，交高典史次第清丈。惟是四十八里山多田少，約計所均之田不及二千畝，合之都蠻十九里所均尚未滿三千之數。查瀘、麻二邑各廳均出五千餘畝，分給屯耕。今瀘邑所短尚多，不敷辦理。卑職等再四思維，前以麻陽、高村等四約應均田畝無多，不敷之數係於通縣、河東、河西各處一概攤捐，瀘、麻事同一律，自應仿行。查瀘邑自四都坪以東直至浦市，逶迤六十餘里，其中良疇沃壤，接陌連阡，若將此不敷之二千餘畝照數攤均，誠爲衆擎易舉。浦市一帶，前者屢遭苗擾，蕩柝一空，嗣雖築立堡牆，藉資捍禦，而每於沿邊有事，仍復風鶴時驚。自鳳廳邊備嚴密，外固藩籬，該處民人始能安業。是浦市亦受鳳廳碉卡之益，而與四都脣齒相依，豈容漫視？若該處富民不輸寸土而坐收其利，不惟無以服四都各處人心，亦與麻邑辦法兩歧。難保麻邑河東民人不藉辭控訐，至里務有所牽掣，不能克底於成。況此數十里内，地方寬廣，饒有餘田，僅攤補二千餘畝，在各富户所捐無多，而永資捍患，裨益實深。至浦市地方雖係沅、瀘交錯，而現在祗就田地而論，如係瀘民而地隸沅境，則不均輪；若産係瀘糧，即人屬沅籍，亦須照撥。總以地在瀘邑之泗都以東、浦市以西者，均令遵辦，其人之或沅或瀘，概所不及計。如此辦理，庶可以歸劃一而昭公允也。除會同姚署倅飭傳浦市及各紳士、耆民妥爲勸諭外，所有議辦瀘邑均田緣由，合肅具稟。

勸諭瀘溪縣西鄉業户踴躍均田 嘉慶七年鳳凰同知傅鼐

爲勸諭均田久遠屯守以實邊防以安民業事。照得瀘溪西鄉都蠻、利略各村，與鎮箪右營、紅樹坡、鐵虎哨等處，及乾州之南鄉，緊相連接，距邊甚近。嘉慶二年勘定以後，爾衆民户屢被匪苗擾掠，蕩析離居。經本府安設苟葩巖一路卡座，帶領兵勇疊次堵禦，代縶圭堡，并於得勝營、紅樹坡、曬金塘、舊司坪一帶，密安碉卡，懾以威稜，清理匪苗歸寨，乃得收復田土，招徠復業。又經本府發給槍械、子藥、牛具、籽種、瓦片，代完正耗錢糧，隨時保護，妥爲安頓，始獲存立。年來苗情安定，民氣日强，可期從此敉寧。但此時有留防兵勇分布卡隘，土塘工食羈縻窮苗，尚可無虞。一經全行裁撤，誠恐匪苗窺伺漸萌，又復出而滋擾，必須早圖良策，方能永固藩籬。是以大憲爲爾民預謀久遠防患之計，前於會籌苗疆邊備案内，以鎮箪沿邊碉卡林立，衿士、兵民呈出歸公田二萬餘畝，不敷分授勇丁屯種，奏明在於本府代爲資給復業之瀘、麻二縣各民户内，均出撥補。并查爾民户壯丁，多在本府充當鄉勇，就近調赴紅樹坡至炮臺坡一路防守，即將都蠻等處均出之田，分撥承種，守邊自衛。又奏委本府總理邊務，限於一年之内，趕辦完善。欽奉諭旨，遵行在案。兹本府會同署浦市糧捕府姚，及委員辰谿捕廳高，親臨該鄉，據爾各屯民户，輸誠向義願均，深堪嘉尚。都蠻、利略兩里，本應照鳳屬都吾、務頭兩約歸公分授，因念該鄉十九里，自須一律辦理，已諭令照上五峒各約均田章程，每户男一名留養口田三斗，女一口留養口田一斗，其餘再留十分之三，均出十分之七，撥給該屯勇壯各丁。在紅樹坡一帶守碉者，每名田種三斗，俟清丈分授後，再給以房屋、倉圈、牛隻、農具，以資屯守。除遴派各村衿士、屯頭董率經理外，合亟出示曉諭。爲此示仰瀘屬兩鄉業户、保甲人等知悉，即便欽遵奏案，踴躍均輪。限十日内，將户口及管業田畝、山場、地名、丘段，開明細數，分別養口均公，檢同契據，齊赴本府行轅呈驗，以憑署浦市糧府姚、瀘溪縣正堂樊，暨委員辰谿縣捕廳高，造册丈量，毋隱匿絶産，毋移換舞弊，致干查究。其在大戶好義急公，亦照鳳廳均田之例，於屯務報竣後，通詳大憲，分別奏請嘉獎，或予職銜頂戴，或給匾額，更得仰沐皇仁。再，該鄉堡湫隘，不敷棲止，尚有草房櫛比之處，倘遇風烟不測，關係匪輕，仰俟來春再爲復勘展修，以期一勞永逸。爾等民戶，亦各謹慎防維，用副本府保障矜全至意，各宜凜遵毋違。特示。

稟續辦瀘溪縣均田輿情踴躍 嘉慶八年鳳凰同知傅鼐

敬稟者，竊卑職前將馳赴瀘溪續辦均田緣由，肅申寸稟，知邀憲鑒。查瀘邑應均田五千餘畝，除已均外，尚需田二千五百餘畝。歷奉奏明，於瀘溪、浦市等處，酌量均補。卑職於前月中旬，會同署通判姚興潔、署瀘溪知縣龔志曾及委員等，齊至浦市，傳集城鄉紳士、耆保、約正，令其自行酌議，公報大戶，并距邊之遠近，分別均輸次第，務期平允。當有告假在籍之工部額外主事翟自明、現任刑部江西司額外主事唐自璋、唐之久、理問職銜唐萬清等，率其子弟，首先均出田四百餘畝，以爲士民之倡。又有選舉孝廉方正以教職用之周明球，人品端醇，爲一鄉之望。同首士人等，向城市村疃剴切勸諭，各上戶深明大義，感激急公，陸續輸將，爭先恐後。兩旬之內，已均出田二千畝。尚有五百餘畝，計月內即可足數。容將辦理情形，會同姚署倅、龔署令等，另稟鈞鑒。惟時屆田禾長發之際，未便臨田丈量。現在彙報契據，趕緊造冊。一俟秋穫完竣，即行丈收分撥，早蔵屯防。辰下，雨水勻調，苗情寧謐安帖，堪以仰紓慈厪。所有卑職續辦瀘溪均田、輿情允洽緣由，合肅稟聞。

稟瀘溪、浦市田地均辦全竣 嘉慶八年鳳凰同知傅鼐

敬稟者，竊卑職前將續辦瀘溪、浦市均田，輿情允洽，業經均出田二千畝緣由，具稟鈞鑒在案。伏查瀘邑頂補田二千餘畝，應於浦市之西，自山沖坪北至瀘溪縣城一帶均辦。前經卑職等在浦市傳集城鄉紳士、耆民，諭令妥辦。議以按照距邊之遠近，分別等差。瀘屬都蠻、利略等十九寨，貼近苗邊，係照鳳凰廳之例，扣除養口，餘田均七存三。四都等處四十八寨，較都蠻減去一成，除留養口，均六存四。今三村坪迤東直至浦市，又照四都減去一成，除養口外，均五存五。其浦市北至瀘溪縣城，不計養口，均二存八。該紳士、民戶等，深知屯勇守

邊，實爲伊等永遠捍患，可以長樂昇平，俱皆遵照章程，踴躍從事。浹旬之間，即均獲田二千畝，尚短五百餘畝。續據浦市民户，又均出一百四十餘畝。縣城市民胡宗魁等均出二百四十畝。并據大小二章土民頭目張正宣等來市稟稱：從前苗匪滋事，以目等非其族類，肆行屠害。而各寨語言習俗，稍與苗同，官民又疑爲間諜，不肯相援，遂至大被傷殘，無從申訴。嗣後邊防嚴密，始獲安居。今聞屯勇守邊，情願與編氓一律均輸，庶幾同作盛世良民，永邀保障等語。_{卑職}始以該處於六寨、六堡，同係土民，并未議令着均。今該目等既聞風遠來，自行乞懇，察其情形，實出真誠，當即准其所請。該處四十八寨，共均出田一百八十餘畝，合計浦市、瀘溪、三村坪及大小二章各處，總共均出田二千五百七十餘畝，業已足數。於六月初一日出示曉諭，一概截止。所有浦市各户契券已據繳齊。其係連契，或契載田畝未曾全均，尚有留者，即於契内批明，仍给該户領回執業。或有遠年之產，及兵燹之後，原契無存者，俱將均出之田名、田丘、糧石實數，開列清單，呈送核明存案。其三村坪及縣城均户契紙，亦在陸續呈繳。浦市大户之田，俱有佃户承種，均已具立承耕認收。其各村地方，有係本户自耕者，亦即自行具認，俾秋收田穀有所責成。至已均之田，前因將屆田禾長發之際，未便臨田查丈，擬俟刈獲後，再行丈收。今據各糧户紛紛稟懇，早爲丈收入册，即可輸租。_{卑職}等會督委員，選派鎮算誠實紳士，帶領熟諳弓算，於五月二十二日分段開丈，以期迅速蕆事。今歲暘雨應時，早穀業已成熟，不日可以收割。現於浦市及瀕河之麻坪、蘭村二處，分建三倉，以備分租收貯。除一面催齊契券清單，仍俟委員將各處田畝丈竣，按碉撥補，會同謝令彙造檔册申齎，并將該紳士之出力最著、均田最多者，遵照奏案，另行稟請獎勵外，所有浦市、瀘溪田地均辦全竣緣由，合肅稟聞。

稟苗疆安帖，擬辦麻陽縣上鄉均田情形 _{嘉慶九年鳳凰同知傅鼐}

敬稟者，竊_{卑職}於上年十二月二十二日，自辰州起程回算，當經肅丹具稟，諒已仰邀賜覽。_{卑職}因公赴省，離邊稍久，且時逼歲除，誠恐匪苗乘間窺視。即由浦市山行，取道四都坪一帶，徑赴沿邊。二十七日，至舊司坪，隨赴曬金塘、得勝營、廖家橋、浪中江等處，周歷巡查。各該碉卡屯勇，隨同營汛弁兵，防範嚴密。數月以來，情形尚爲鎮静。據乾州、永綏、保靖各廳、縣委員稟報，苗情亦皆安帖。至黔、楚交界，據邊防貴州芭茅坪之備弁稟稱，永綏九里趕場苗人，近日頗遵約束，所帶練勇，足資彈壓，堪以上抒慈廑。各營苗備，聞知卑職到邊，帶領弁目，前來迎見。詢知苗地，去冬普霑雪澤深渥，各寨良苗，日知嚮化，各安生業。其無業窮苗，凜懲創之威，亦知儆懼。該備弁等，仍隨時留心稽查，不敢疏懈。并據稟稱，有苗人彼此輵輵未清之件，及零星不受約束之匪苗，懇請示辦。卑職會同營弁，即爲分別剖斷，設法究追。將各備苗弁等，照年例酌給賞號，訓誡撫馭。仍令勸導窮苗，趁此土塘未撤之時，積有工食，買牛置具，覓地開荒，以資餬口。將來停止土塘，得有生計，可冀永歸寧謐。至卑廳續修垒卡，并勇丁房屋各工，逐處查看，俱皆如式堅實。上年收成稍歉，曾經借給銀兩，飭令補種秋菽，均有收獲醇諭。該勇丁等各知撙節，俾敷守邊口食。卑職親歷既遍，正月十二日始回鎮城。查卑廳地方一切詞訟，經謝令隨時代爲審結，并無積壓。其均田册檔，亦經該令督率紳士書算人等，漏夜償造，已有眉目。卑職將鳳、乾、永、保等處屯防諸務，逐一清理。并先期札調承辦各委員，携帶修邊用款底册，來算核算。仍囑令加緊趕辦，迅速完竣，以便撤防。茲擬於十八日前赴麻陽，會同姚署倅、曹署令，均辦該縣上鄉田畝，另行隨時具稟外，合肅稟聞。

稟麻陽縣續辦均田情形 嘉慶九年鳳凰同知傅鼐

　　敬稟者，竊卑職前將馳回邊界彈壓，及民苗安帖情形，肅申寸稟，計邀賜覽。嗣於本月十八日，卑職馳抵麻陽，沿邊經過村疃，以至縣城，各該士紳耆民，遠道迎候，察其情詞，甚爲欣喜。卑職諭以大義，麻邑壤接鳳廳，處處毗連，均田屯守，禦外即所以捍内。爾等早明大義，何以上鄉寸土未均，田恒泰等輒敢赴京越控？僉據稟稱，數年以來，得受鎮篁碉卡衛護之益，莫不深知感激。惟一二畸零小户，爲田恒泰等所惑，致掩衆姓公忱。今蒙大人將包訟之人，按律懲治，俱已悔悟，祗求稟辦等語。卑職復加勸諭，甚形踴躍。隨同署令曹楫，并襄辦屯防之署浦市通判姚興潔，率同委員永順陳典史、嚴門胡縣丞，悉心集議。竊以該衿民等，既知急公，尤當使之樂輸，以昭平允。查麻邑應均田五千餘畝，除山後各垒及下鄉已均出田二千九百餘畝，尚應續均二千一百餘畝。調閱上鄉額糧册，田畝寬廣，户多饒裕，祗須於業產最厚之家，分別差等，令衿士自行公議朋均，可以足數，中下各户無須勸均。現傳各約大户至城，尚未到齊，已據縢唐受等十數名，首先均出田五百餘畝，其他各約亦接續開報，計在兩旬之内，可期均足。容與曹署令詳晰會稟，恭請鈞核。至往來傳喚，俱派誠實甲首，絕不假手吏胥，而承辦造册丈田之紳士、耆民以及弓算人等，俱各優給鹽糧，嚴爲督率，并無絲毫擾累，以冀仰副大人嘉惠邊黎，速蕆善舉之至意。所有麻邑續辦均田、輿情踴躍緣由，合肅稟聞。

稟麻陽縣上鄉田畝均辦足數 嘉慶九年鳳凰同知傅鼐

敬稟者，竊卑職昨將麻邑上鄉應均田畝足數緣由，肅稟馳陳，諒邀賜鑒。卑職等查麻陽一縣，共應均田五千餘畝。除下鄉已均田二千九百餘畝外，其上鄉祇應補足二千一百餘畝。固難聽其短少，亦無用其增多，但令照數均齊，其事即爲完善。乃據各約甲紳耆田玉拔、滕萬云、張光統、田年俊、周經勛數十名等稟稱，麻、瀘二縣皆貼近苗疆，與鳳廳實有輔車相依之勢。建議屯田原爲邊腹，共圖防患。鳳廳僅有秋糧一百六十餘石，尚均出二萬餘畝。瀘溪之視麻邑，則地方較爲狹瘠，亦復竭力輸將。麻民既同資捍衛之功，豈獨無守望之助？前此聞有均田之舉，下鄉民户首先具結。是麻民原肯照辦，并無違抗之心。詎奸民田恒泰等，輒思歛錢漁利，妄布訛言，捏詞内控，以致衆户公忧，盡爲掩没。今蒙親至上鄉，明示章程，諄諄開導，深知屯防一法，用民自衛，實守邊禦侮不易之良規、應修之急務。并知僅均上户之田，不惟非一概均七存三，所取真不過二十分之一。乃不及早償辦，遲延至今，實屬愧悔。所有各户應均之田，現已遵照辦足。惟是均出田畝，屯丁不能自種，皆係標給原佃承耕。歲分租穀，每畝籽粒僅收一半。是名雖均田二千一百餘畝，而計所收租息，僅祇實田千畝有零，已恐不敷養贍。更或歲遇水旱，收成歉薄，并以距邊稍遠，又須挑運腳價，必致愈形短絀。屯田兵勇賴以守邊，若使口食不敷，稍有疏略，所關匪輕。今各大户公同酌議，情願於定數之外，再量爲加增，以補不足，庶冀辦理裕如等語。卑職等以該紳耆等所稟，雖似出至誠，而所論亦切中竅要。但上鄉應均田二千一百餘畝，係屬奏定之數，自應照案辦理。且從前未經均輸，尚有田恒泰等控告，今若於案外加增，更恐刁民藉口，當即諭止，未肯允行。該紳耆等復稱，麻陽田種升斗，較之鳳廳甚小，按種計算，似已足數，恐合之弓步，仍有不敷。且此事爲久遠之圖，不妨多多益善，使之有餘，自不致將來掣肘。再四懇求，并先行檢契呈繳，出具并無勉强甘結前來。卑職等詳加體察，竟屬真誠，實非虛假。查下鄉均田，初無異論，尚須半載有餘，始能辦定。今上鄉甫及一月，即經均民，衆户仍思長計，額外請增，其踴躍情形，實可概見。緣該民户等，既於屯防捍衛之道，一旦豁然，深知事屬易辦，又見所均無多，衆擎易舉，并因此事原爲伊等身家性命之計，而田恒泰等反行妄控，天良難昧，於心實有不安，欲圖借此補過。更知仰蒙憲恩奏明，請旨獎勵，是以倍加歡感。該紳耆既知急公好義，未便阻其從善之心，已准其照議辦理。合計上鄉於正數之外，所增又有數百畝，其數當與下鄉差相仿佛。除俟查驗券契，開具底冊，逐一丈量，查清頃畝實數，照式造報外，所有上鄉田畝均辦完竣，及民户自請增加緣由，合肅稟聞。

稟麻陽縣上鄉增均田畝實係業户自願增均，并無仰勒情行 嘉慶九年鳳凰同知傅鼐

敬稟者，本年四月十九、二十等日，疊奉藩、臬司行知，卑職歷次會同麻陽曹署令具稟，該縣上鄉應均田畝，衆户樂輸，惟生員田步鼇等阻撓把持。迨經查究，始知愧悔，情願加倍均出。并上鄉各大户田已足數，復請增均各緣由。節奉憲臺、督憲批示，以均田原以衛民，固不容二三刁徒阻撓，致誤大局。尤宜秉公激勸，俾知義利，不可繩以官法。并以田步鼇、田徽猷田糧若干，并未聲明，惟稱加倍呈均，以儌抗玩。不知辦理均田，必須公允，若此時聽紳士調停，准其加倍均出，將來適足藉口。況上鄉已於正數之外，增多數百畝，又何用加倍？又各户增均之田，是否實係紳耆自願、有無抑勒，飭令斟酌情形，妥爲勸辦，并詳細具稟各等因。仰見宮保大人慎重邊防，體恤民隱，教誡諄諄，惟期兩歸安善。再三祗誦，感激難名。伏查邊隅碉卡，非勇丁不能防；惟防邊勇丁，非田地無從養贍。鳳屬田地不足，均至瀘溪。麻陽曾受資復之捍衛各堡，仍屬不敷。逐議即瀘溪之浦市，麻陽之上鄉，以足其數。事屬相因，勢難中止，所有辦理情形，既上邀九重之洞察，亦久爲衆姓所周知。是以一經諭均，俱係聽命。但千百人中，勢不能保無一二愚昧無知之徒妄行推諉。若竟聽其梗抗，不惟無以服衆，且小人取懷而予，難必其絶無吝惜之心；逞强者既可故違，則群情觀望，必致事難就緒，殊於大局有關。是誠不能不激勸兼施、剛柔互用也。麻陽上鄉，應補均田二千一百餘畝。各約紳士大户等，以均田屯勇，原係捐富户之有餘，助邊儲之不足。請將田多上户查出，各令自定均數，衆力共舉，速完奏案。其中下户之田少人多者，概不准均。及旋據該紳士耆民等，將應均各户，開單呈送，照單傳喚。其十六約甲富户，無不踴躍而來，不日之間，竟有成數。惟田步鼇等，屢傳不到，并把持新坪一約富户一名，不令入城。衆論紛紛，頗不甘服，稟請查究。卑職猶未

遽信，飭委教職典史前往詢查，仍然藐抗。恐鄉愚未聞奏案，終屬狐疑。又令紳士齎捧案牘，前往開導，乃竟敢肆行毆辱，以致合邑士民同深憤恨，公稟懇求嚴辦。卑職會同該署令查拿，田步鼇等始知畏懼，自行投首，情願照均。并出請帖，堅求紳耆代爲乞恩，懇請加倍均捐示罰。卑職以該生分內應均田畝，尚且抗違，若於額外多均，難保不藉爲口實。衆紳耆等復以各戶因極知均田之有益，深恐不敷辦理，皆願數外增均。田步鼇身犯科條，若衹照原數着均，轉較衆人減少，亦未爲平允。況該生深知愧悔，自立請單，央求衆人緩煩。又知衆戶增均，亦請仿照辦理，并請再稍擴充，數將及倍，以贖愆尤。實係出於情願，并非稍有勉强，何敢退有後言？卑職因衆紳士求之至再，且細加查訪，詢出真情，是以允准。仍將該生管押，俟田畝丈收完畢之後，再行稟請鈞示。今所均田畝，正在逐一查丈，容丈竣入冊，另稟懇請從輕開釋。增均之田，實係各糧戶自知上鄉地方斗種甚小，按種計畝，丈量必有不敷，是以自願酌增。其契紙早已繳齊，并備具切結，田畝亦丈收十之七八，毫無異詞，實非抑勒。伏思亝田守邊，原係鳳、乾、瀘、麻衆士民生長邊隅，深悉情形，欲圖久安，首先創議其守望相助，永遠保障之利。卑職數年來，逐處剴切詳明，叮嚀勸諭，凡遠近民戶，無不聞之熟而知之深。是以前此均田二萬有餘，民人毫無異説。乃田步鼇等恃蠻獨抗，誠如憲諭，豈容一二刁徒阻撓，致誤大局？義利所不能喻，不得不稍以官法繩之。迨知悔罪自新，仍稟請從寬，不予深究。至均田一事，三廳各縣情形不同，鳳屬等廳必須查明田畝糧種之多寡，按數著均。麻陽上下兩鄉，多私墾無糧之田，每有田連阡陌而糧數少者，又多典當之産，其糧并不推收。更有妄立戶名，多分糧柱者，糾纏淆混，其糧萬難澈底清查。且因該處地廣田多，衹須勸諭大戶輸將，即可集事。若戶戶按糧核算，轉似涉於科派，是以一概皆不計糧攤均，衹確查某戶歲收租糧若干，以定等差。田步鼇等每年收穀極多，實爲上鄉首富紳民公舉，衆口僉同，并不查其糧數，故前稟未經聲明。總之，卑職辦理屯防，惟與各該處紳士民戶開心見誠，公同酌議。田步鼇等把持違抗，先行查拿。嗣該生自知咎戾，加倍均輸，既足示懲，即予寬貸，皆出之衆人公議。卑職俯順輿情，隨機酌辦，并不敢稍涉偏枯。惟是田步鼇原議著均一百畝，田徽猷議均五十畝，嗣因撓阻，復議加倍，雖出之該生等心願，實覺爲數稍多。現據委員將該二戶所均之田按畝丈收，查得有山頭地角，零星磽瘠，并水衝沙壓，有名無實者，均應一一駁換。卑職今會商該縣曹署令將此項駁還之田免其換補，則核計均數與衆戶差相仿佛，似屬平允。此後惟有恪遵訓飭，一切益加謹慎，總期事歸允協，邊備速完，以仰副宮保大人禦侮惠民之至意。肅此具稟，伏乞批示。

稟會辦永綏廳均田民苗綏輯 _{嘉慶九年鳳凰同知傅鼐}

敬稟者，竊永綏一廳，自戡定以來，因汛少兵單，田地被苗占種，徑將民戶酌徙來鳳、龍山二縣外，餘俱未能復業。仰蒙前制撫憲體察今昔情形，於會籌移駐廳協及查覆苗疆均田案內，奏明安設營汛，建碉築堡，酌挑壯勇二千名，分布防守，俾痞苗皆無從入邊強占。將田土清丈，分給民勇，并現住邊內之嚮化良苗，一體屯耕防守，以歸周匝。卑職前於永綏移城之後，因沿邊汛堡正在修建，稟請仍遵原奏，俟邊備嚴密之日，善爲舉辦。先劃界限，次清地畝，各等因在案。茲查本年入秋以來，花園、茶洞一路，碉堡工程將次全竣。藩籬既固，足資控制，應即清釐界址，收復田地，挑丁屯種，以實邊防。卑職於九月下旬馳赴花園，會同卑職現署浦市通判姚興潔，并護鎮、協、營及各委員等，秉公集議。查，各里民地被苗占耕有年，難必無頑梗之寨，不爲阻抗。并恐勾串苗弁、保甲，假立契券，隱匿田畝，種種滋弊。而現應挑丁二千名，需田一萬餘畝。須將被占之田全數清回，方可分均屯守。倘衿民藉以復業爲名，不顧邊防大計，執持舊產，紛紛混爭，或已遷赴來鳳、龍山，混求安插，私收涉訟，是欲其得所，而轉以滋釁。俱應先爲開導，使民、苗激發天良，一體遵辦，然後持以平允，庶可久遠相安。卑職等連日傳集廳屬衿士、保甲，并六里苗備弁目，宣示奏案，分別剴切面諭。旋據閤廳衿民業戶張高仁、艾建洵、吳基、宋大章、楊濬等，環庭公懇呈稱：伊等產業，本屬無糧，久被寨苗占據，不能耕管。今蒙固圍修邊，將田土收復，於各里民戶內，挑出壯丁，分給屯守。從此黎庶皆獲棲耕之所，邊疆遂有磐石之安。久之民氣日強，自可存立。此皆皇仁憲德，格外矜全，爲閤廳籌大局，地方計久遠。我等何敢貪業妄爭，致罹咎戾？又據上下六里苗備張子貴、吳老沙，帶領弁目等百餘名呈稱：各里散苗，占種近邊民業，弁目等不能約束，以致數年總未查辦。茲於沿邊密安營汛、碉堡，將田地清出，歸公屯勇。在散苗等，也知普天之下，莫非王土，從前原不應占種，得蒙恩施，不加追究，已屬萬幸，何敢仍思覬覦，自取重罪？弁目等情願傳諭，令其退出，聽候清丈。如敢抗違，稟請嚴辦等情。并據該衿民、苗弁歃血盟誓，各具切結前來。察其情辭，似皆實已甘服。卑職等復爲議立規條，定以賞罰，使之互相激勸，實心經理。今定於初三日，飭令委員得勝營知事高誠，協同候補直隸州州判鄭人紀、署經歷茅端，并素悉苗情之守備李可仁、千總曾彪、把總盧升、郭金章等，先自碉卡以內，分段丈量，再由沿邊近邊，逐處清查。其占地各苗，查明如係有業可歸，及其人向係狡悍不甚安分者，不便任其在邊，俱酌賞搬費，令各該管苗弁帶回原寨，分別安置，妥爲管束。其住邊日久，尚屬嚮化者，或就近量給山地，俾令墾種，或即令佃種屯田，必使不致失所，乃可相安。其有本係民業，被苗賤價當買，亦即籌款給價，丈收歸屯，以杜訟端。一面將應需屯丁，於有業無業各民戶，及素日出力之鄉勇內，照數挑出，務取年力強壯，堪資捍禦者，分田耕守，以收實效。再，查沿邊新修屯堡十七座，業經完竣，已造成丁勇房屋一千間，即應派撥居住。但甫經挑丁，尚須團練，而處處毗連苗寨，誠恐風鶴驚心。且清田伊始，尤應防護加嚴，庶免意外之慮。已密調卑廳備戰練勇五百名，暫赴各堡分劄，不動聲色，以資彈壓，而消釁隙。俟布置既定，即行撤回。卑職等仍當督率委員，駕馭苗弁，一切持以慎重，不敢稍涉輕率，以期民苗從此綏輯，鞏固屯防，上副大人體國籌邊之至意。所有會議辦理緣由，合先肅稟，伏乞鈞核。

稟丈收永綏廳屯田及苗占民田情形 嘉慶九年鳳凰同知傅鼐

敬稟者，竊卑職等前將舉辦永綏屯田，民、苗綏輯緣由，肅稟馳呈，計邀賜覽。嗣經親身督率原派委員，帶領衿士、苗弁、保甲、里長、弓書、算手，先由花園附近之豐和、假明等寨，將被占民田向西挨次勘丈。各寨苗人俱皆帖服，并無異詞。卑職將應辦各事宜，量爲布置。即於十月十二日，會同卑職姚興潔，移駐茶洞。惟是此一路道里綿長，應屯田畝，段丘畸零，凡有民、苗壤地交接之處，均應逐一清釐，妥爲分割，以免轇轕。若非分頭辦理，不能迅速，又添派茶洞知事周應元，外委宋效郊、楊通佐、張宗武、周運衝，額外滕士成，自茶洞以北，由老石山、立樹小寨等汛向東查丈，使之細心稽核。仍計日集數，剋期償辦。旋據各該委員，將各碉卡以內應屯田地，全行丈竣，計獲田七千餘畝。查一路屯丁二千名，共需田一萬餘畝。加以將來安設屯官，及歲修碉卡，製備子藥，辦理積貯一切等事。又有田業最多之戶，尚須照鳳廳、都吾等約章程，酌留十分之一。此外尚有辦事總散屯頭，與夫各里失業老弱孤寡，并陣傷殘廢勇丁，皆須有以養贍，必當另備餘田數千畝。今正數尚屬不足，安能敷辦？卑職等復與姚署倅，并護協鎮營，覆加集議。此間議辦屯田，先自碉卡以內，次至沿邊近邊。茲內地田畝，業已料理就緒。其碉卡以外者，即須乘時接辦。查自茶洞以南之八排寨，由磨腦、潮水溪至米糯一帶，係永綏西面沿邊與黔汛碉堡一溪之隔，南接巴茅坪，新立汛卡必應一律清出田土，建立堡座，以固藩籬而聯聲勢。而隆團、葛壟一帶，緊貼花園、吉洞坪等處，俱係六里近邊地方。其中民田，亦應查明，佃給苗人耕種，按年納租，以資養勇。_{卑職}於二十二日，督率委員，赴各該處，一一履勘，親向各苗，劓切曉諭，均皆遵服。當即派令州判鄭人紀、知事高誠，及奉委苗疆差遣之候補從九品管景牧，會同守備李可仁、千總曾彪、把總盧升、外委田宗富、張國柱，將米糯、隆團各路田畝，以次清釐查丈。約計前後得田一萬三千餘畝。但各處田地，俱係償緊辦理，頭緒紛繁，未經細核，須令原派委員，仍赴各處查明。應給良苗屯耕，窮苗佃種者，分別撥給。其係苗人賤價當買者，著令呈出契紙，照數給價。并割分丘段，再加復丈，將田畝確數，一一清出。至復丈之後，即須將田形、弓口、畝分，及地名、四至、段落，隨時載入底冊，以便臨田比對，按碉逐卡分授各丁。并照此攢造鱗冊，已飭交候補訓導王占魁同州判鄭人紀查辦。_{卑職}等於本月初七日，回至花園，將花園、茶洞及各處民戶，逐一傳齊，分別有業無業，詳加挑驗。連日共已挑得壯丁二千名，造入清冊。刻下，各處堡座業已竣工，房屋亦經修造一千間，未便間曠。先將已挑各丁，分派安劄，暫行籌給口糧。并令鳳廳練勇，護送歸里。一面陸續置備器械、牛具、籽種，及時按丁授田屯守。現今民情踴躍，苗情安靖，天氣晴明，正可督同趕辦，不任延緩。_{卑職}等仍隨時悉心妥議，務期民、苗相安，仰紓慈廑。所有丈收田畝，及分別償辦緣由，合肅具稟。

稟永綏廳清出碉卡以外屯田，安插良苗耕種_{嘉慶九年鳳凰同知傅鼐}

敬稟者，永綏清出屯田，其在碉卡以內者，分授勇丁及久居邊內嚮化良苗屯耕。如米糯、隆團等處，雖係沿邊、近邊，究在碉卡以外，勇丁不便往耕，仍佃給苗人承種交租。所有碉卡以內占種田地之各寨苗人，原議酌給盤費，交苗弁領回原寨，分別安插。旋據各該苗弁等稟稱，發回苗人內，有本寨并無產業者，若聽其閒散，勢難管束。且各寨皆有苗種民田，擬令各苗與之夥同耕作。但弁等傳諭不能遵行，發回各苗，亦不敢遽種；即令往耕，必致滋釁，惟求履勘分撥，方能相安。_{卑職}等查各里地方，民田甚夥，現在雖係散苗占種，每每互相爭奪，本無常主。且有力所不及，拋棄荒蕪者，自應為之清釐，作為官田，令發回苗人，與本寨窮苗分種。不惟現今回寨各苗可以安業，而一經官為分定，即本寨之人亦免紛争。且土塘苗兵，將來屯防完竣，即應全裁。其中無業窮苗，必須妥爲安頓，亦當乘此預留地步。而各苗既種官田，仍與苗兵無異。設遇緩急，亦可調用，實屬均有裨益。_{卑職}等於查勘米糯、隆團之便，先將五、六里地方清出，令苗弁等將應歸該二里苗人，一一安置。其七、八等里，距邊較遠，現在遴派最熟苗情之知事高誠、守備李可仁、把總盧升等，前往逐寨體察。總期經理妥協，苗衆情願，可以行之久遠。仍令各苗飲血具結後，_{卑職}等再行親往，慎重查辦。肅此具稟，伏乞批示。

稟辦保靖縣均田情形 嘉慶十年鳳凰同知傳鼐

敬稟者，竊苗疆均田屯勇，固守邊陲，歷奉鈞札，飭將各該處未均田畝，趕緊清丈，分撥鄉勇歸屯，造冊奏咨立案，以垂久遠等因在案。_{卑職}前於永綏丈收田畝足數，經委員挨順屯卡，次第分授勇丁翻犁，冬作暫可分身。所有保靖未均之田，應即就近舉辦，以期迅速。查保靖縣境內，自保安汛至萬巖溪止，共碉卡四十餘座，分布屯勇三百名，應均田一千五百畝。雖爲數無多，須令該邑士民公同妥議，方歸平允。_{卑職}於正月初旬，率同委員經歷高誠、署乾州廳訓導王占魁等，馳赴縣城，會同_{卑職}，傳集各都衿耆、鄉約，曉諭均輸，令其自議章程。旋據貢生李定中、廩生吳勳太、監生米世治、生員向子鳳、李上級、武生吳大位、余成祥、職員陳基、耆民羅正壽，及各都里甲首人等，合詞呈稱：保靖一邑，共計一十六都，界連乾、永，逼近强苗。前此慘遭踩躪，除七、八兩都本係苗寨，六都半係土民，得以免害外，其餘一十三都莫不蕩析離居。勘定以後，尚猶被其荼害。自蒙奏明，於沿邊密修碉卡，鞏固藩籬，各都居民迺得共安生業。又蒙俯念山多田少，僅令均出一千五百畝，即於本邑挑丁充勇，守邊自衛，實爲閭閻切膚至計，敢不踴躍捐輸！今公議先將閤邑有田之家，據實開報，憑衆核其產業多寡，定以甲乙等差。凡實係田多大戶，擬均水田二十畝，上戶擬均八畝，上次擬均五畝，中戶擬均二畝，中次擬均一畝。其餘田少下戶，僅敷養口而無餘力者，概行免均。仍請於本地出力鄉勇及沿邊無業壯丁內，詳加挑選，授田歸屯。但均出之田，既於閤邑分攤，內有距邊較遠者，丁勇駐守碉卡，不便往耕，必須標給民戶佃耕分租。計一年所獲穀石，不敷支給丁勇口糧。今情願於奏案一千五百畝外，增均二百餘畝，以資貼補等情。并據酌定上中各戶，次第開列清摺前來。卑職等查其情詞，甚爲真切。查單開各戶田畝，係核計歲取籽粒爲准，其於閤邑富饒之家，公定均輸之則，既不致畸輕畸重，稍有偏枯，即一戶之中，亦僅略分餘業，而資捍患，利賴實多，洵屬比戶樂從，衆擎易舉。第應令各將己業水田呈均，不得以瘠土當產充數，庶不致有名無實。該勇丁所授田畝，俱以各都寫遠佃種，分租收成，僅獲一半，自不敷一歲之糧。且一切春耕秋穫，催收稽查等事，尚應設立屯官，責成管理，方經久遠。該士民等深知練勇防邊，必先足食，呈請增均田二百餘畝，誠為綢繆固圉，周匝靡遺，俱應准其所請。^{卑職}等當於縣城設立公所，議定條規，遴選明白誠實衿士數人，隨同委員經歷高誠、訓導王占魁、把總吳正廷等，實力承辦。先由近城開丈，次及各都。適瀘溪胡令因前署保靖縣任內，有承修邊工，到此償催。該令熟悉情形，民、苗愛戴，并囑其率同委員稽查考核，務收實效，概不假手吏胥，以杜弊竇。又查報均各戶內，有現任營弁及入伍食糧者，經護參將守備許望文，會同委員，先行丈量，士民更為允服。兩月以來，已據委員稟報，丈收足數。^{卑職}等現與許守備馳赴沿邊，查閱碉卡，挑選勇壯各丁，分駐屯守。并一面督率委員，償辦牛具、籽種、槍械，及勇丁房屋、倉圈，以期妥速蕆事，仰副大人籌邊衛民之至意。除俟分授認佃，造冊完竣，彙案具詳外，所有會議均田及均丈足數緣由，合肅具稟。

稟屯田全數均足并丈收古丈坪苗繳占田 ^{嘉慶十年辰沅道傅鼐}

敬稟者，竊^{職道}於月前旋署後，即據各廳、縣苗備弁目，齊集叩見。當將撫憲奏奉諭旨宣讀，并傳述大人鈞諭，無不感畏恩威，同深悅服。即鳳屬素稱狡悍寨落，亦皆革面洗心，將前占田土紛紛呈出，稟請一律丈量。其相距較遠之寨，復恭錄聖旨，出示曉諭。一面派委諳練員弁，帶領苗備弁目及弓算書手等，分頭清丈。已據丈收四千餘畝，情形極為踴躍。查乾州均屯，尚不敷田三百畝，當即馳往，率同褚丞等補均，以足三千畝之數。并據委員王覺、千總張聖模，丈收苗繳占田五千餘畝，現尚接續清釐。至古丈坪應均田五百畝，先經^{職道}札囑廳、營妥辦。茲據同知李丹山、都司鞠申鰲，轉據士民造冊請均。^{職道}親履察看，該士民頗知向義，已如數呈均。復有該廳所屬苗備石把七，帶同弁目，呈出田地二百二十畝。據稱，弁等雖係苗人，久居邊內，籲懇一體均田等語。^{職道}查該苗備寨落無幾，是以前次稟奏案內未經議及。茲既據呈出田畝，又現設有土塘，自應一律挑留苗兵，以資捍衛。^{職道}當即委員開丈造冊，於本月初二日，由龍鼻嘴一帶，查催碉堡工程。行抵保靖，督率委員高誠、王占魁等，償辦分田建倉事宜。

守備許望文等，丈收占田一千六百餘畝。此時，苗人倍知嚮化，將從前隱匿者，全行報出，俱令補丈入冊，不使稍有遺漏。_{職道}擬於日內，馳往永綏，籌辦未完屯務。仍當恪遵奏案，并恭奉諭旨，將繳出田畝及此次叛產劃明畛畔，分別收租。約束苗備等，不得藉此擾累，強令各寨苗人一概派出，并隨時甄別苗備弁目，及挑留精壯土塘苗兵，以收實效。再，_{職道}此次查辦沿邊屯防，凡遇民、苗交涉事件，即督同該廳、縣，秉公審訊。倘居民內，有懷挾舊仇，混控苗人，希圖拖累者，立予重懲。并嚴禁胥役，不許入寨滋擾。務於綏輯之中，持以公允，俾邊隅永慶乂安。辰下，苗疆雨水調勻，禾苗暢茂，民、苗愉悅，堪以仰慰慈懷。除將各廳、縣士民均出田畝，及苗繳占田，分別趕丈造冊，另容申報外，所有屯田全數均足，占田妥速丈收，及趕辦一切緣由，合肅稟聞。

稟清出占叛田土足敷苗兵支食并甄別苗備弁 嘉慶十年辰沅道傅鼐

敬稟者，竊照苗疆各廳、縣所轄苗人，悍多馴少，自本年春間，擒剿永綏積惡匪寨之後，遠近各苗，懾威帖服。呈出強占田土，作為官田，分給窮苗，佃耕納租，以資挑留苗兵口糧。經蒙憲臺奏奉諭旨，歸於均屯經久章程，彙核辦理。復經憲臺附片奏請，飭行妥辦，各在案。_{職道}遵即出示曉諭，遴派委員，率同苗弁，將各寨繳出田土，分頭丈量。統計先後清釐，共丈收三萬餘畝。又從前及此次各逆苗叛產，逐一細查，亦已清出五千餘畝。共三萬五千餘畝。應一并分授無業窮苗，及挑留苗兵，領佃承種。照依原議，每年田畝，令繳租穀三成，山地繳雜糧一成五分。飭取租佃認狀，造冊存核。查苗地跬步皆山，所繳田土，半係磽瘠，以上、中、下等通盤牽算，綜計三成成半之租。每田一畝應繳稻穀八九斗，每土一畝應納雜糧四五斗。以三萬五千畝，各半田土，中歲可收籽粒二萬二千餘石。今秋幸值豐稔，可期如數交納。其各廳、縣土塘苗兵，擇其年力精壯、素習槍矛者，已共挑留六千名。每名歲給口糧三石六斗，即將前項稻穀、雜糧，均勻品搭，按月支放，每年計需二萬一千六百石。核之所繳籽租，尚敷給發。苗疆秋收稍遲，擬於九月間納租全竣，查明實數，起支挑留苗兵口糧。即稟請核奏，全裁土塘工食，以節糜費。_{職道}昨經周歷三廳、保靖各寨，體察苗情，倍形悅服。已諭委員協同苗弁，於寨落適中之處，悉心履勘，趕建倉廒。每苗守備一處，視上租之多寡，或數間，或十數間不等。諭令苗人就近自運木植，官給工價興修，以資收貯，不任延誤。并即挑派殷實苗戶，幫同該苗備弁，經紀管理，互相稽查，以專責成，而嚴覺察。統於九月，將佃戶、苗兵布置妥協，分別造冊，申齎憲案。至各苗備弁，俱有約束散苗之責。且將來管帶苗兵，稽查緝捕，并各苗佃戶繳納租穀，收貯倉廒，支放口糧，一切交辦事件，頭緒紛繁，必須誠謹急公，明白曉事，素爲衆苗心服者，方足以資經理。今查原設各苗弁，雖不乏奮勉出力之人，而其中或年已就衰，不能奔走，或素性刁狡猾，遇事觀望，或譎詐營私，藉端牟利，未便稍存姑息，致有貽誤。職道現已會率鎮、協、廳、營，嚴加甄別，按名革退。飭令各苗備弁，另舉誠實妥協、曾經出力之苗目遞補各遺缺，由各廳、縣分案詳請驗放，更換札委條記，以杜濫冒。知蒙憲廑，合將清出占叛田產計數收租，足敷挑留苗兵支食緣由，肅先稟聞。尚有未盡事宜，統歸均屯經久章程，彙案另詳。仍當隨事隨時恪遵憲訓，於綏輯之中，持以平允，以期永遠乂安，以副大人體國籌邊之至意。肅此具稟，伏乞批示。

再稟者，各寨占田苗人，震懾威稜，不能耕種，陸續呈繳歸公。永綏除丈收田一萬餘畝外，尚有續行清出者。乾州已丈出五千餘畝，保靖縣一千餘畝。現在督率委員、苗弁，保送無業良苗，均勻分佃，取具承耕結狀。該各良苗因無業而得業，且標種分租，令其祇繳十分之三，自取十分之七，無不歡心鼓舞，情願各按寨落，守路當差。其土塘苗兵，聞知留防全撤時，仍得挑留，分給租種，不虞乏食，更聽呼喚，尤爲得力。鳳凰廳所屬各寨，已據苗弁開造田冊，聽候丈量。因職道甫經返算，尚未查勘，一俟會合護鎮，督率廳營及委員查辦，即可丈有成數，趕緊分授。辰下，體察苗情，倍形帖服，似已辦有成效，請勿上廑慈懷。肅附稟聞。

稟苗繳占田分佃良苗原以安頓窮苗并挑留苗兵使之

得所 嘉慶十年辰沅道傅鼐

敬稟者，四月二十八日，接奉鈞札，行知具奏三廳苗人呈出占田分佃納租緣由一案。捧誦片稿，內開此項田畝，當日原奏，本係議給窮苗，今另立章程，能否一律安頓，不致向隅。而清查勘丈，以及分給承佃，均須詳慎周匝，方可經久無弊。飭行鎮、道、廳員，熟籌妥辦，務於綏輯之中，持以公允。俾窮富苗人久安無擾，以冀仰慰聖懷等因。并奉護撫院轉行前由，仰見大人慎重邊防，撫馭苗彝之至意。職道等伏查從前逆苗叛產，及客民插花田畝，奏准賞給苗人。原議分給無業窮苗耕種，惟當日未經查明授給，悉爲強苗侵霸，窮苗仍未獲稍沾餘潤。

今將永綏積惡匪苗石宗四等剿擒辦理，遠近寨苗，震懾兵威，各將從前侵占田地繳出歸公，懇給良苗，并請酌納租穀雜糧，以充公用。^{職道}等前據苗弁呈稟，出於真誠，并密訪各寨，聞風悅服。爰即公同詳議，恪遵前旨，請將清出之田，仍與無業良苗耕種，正期安置窮苗，使之得所，并非另佃富强之户。惟窮苗中，有游手好閑，不諳耕作者，前經奏明，挑充土塘苗兵，給以工食，以示羈縻。雖經^{職道}等駕馭苗弁實力管束，教以開山種土，自爲謀生。節次裁退，現尚存九千九百餘名。一經留防全撤，工食停止，伊等概不務耕耘，即分給田畝，勢必私行典賣，仍爲强苗所有，轉致失業無依，難免日久不聚而生事。且苗兵分派苗弁管帶，其勢散而弗聚，一切巡防緝捕，該苗弁藉資呼應，可以管束散苗，甚爲得力，不若仍請挑留，以資捍衛。即將前項租籽，以供贍給，則不敢久糜帑項。況一經清丈，均匀分佃，即爲造册立案，非惟并無偏枯，并可永杜爭占。而田經官爲分授，即與在官佃户無異，均聽約束，設有緩急，除苗兵本聽調用外，所有種地苗人亦皆各聽驅遣。是分佃收租，既收以苗養苗之效，并寓以苗制苗之法，欲期久安，舍此實無他策。是以^{職道}會同鄭道，具稟鈞案。一面^{職道}帶同苗弁赴省，出具切結。經阿撫憲體察輿情，奏邀聖明鑒允在案。恭繹諭旨：從前查出田畝，俱爲强苗侵占，并未分給窮苗。該苗民本由强占而得，此時懾威呈繳，自應留備兵糈等因。是已蒙宸衷鑒察，睿照無遺。今又蒙奏明，飭行妥辦。^{職道}等惟當欽遵聖諭，恪循憲訓，督率委員、苗弁妥速經理。務使公允咸服，以期邊疆永靖，上慰聖懷，而紓慈廑。所有奉飭遵辦緣由，合肅具稟。

卷七　均屯三

詳捐銀贖回苗當民田分別撥用 _{嘉慶十四年}
湖南布政使朱紹會、按察使傅鼐

為捐贖苗當民田，分別撥用，詳明立案事。

案奉憲臺批，本臬司前在辰沅道任內詳稱，竊照鳳凰、乾州二廳沿邊一帶，本係民村，自乾隆六十年苗變後，民難復業，隨將己業當給近邊苗人耕種。職道前於鳳凰廳同知任內，遵照奏定善後章程，逐處勘明，劃分民、苗界址。因苗人時出擾害，逐步建碉設卡，募勇駐守。該苗人等，輒藉有所當民田，仍來沿邊窺伺，乘間出擾。維時職道身為民牧，未便任其藉端出沒，將苗人所當沿邊民田陸續清出，捐銀七千餘兩贖回，令其呈繳契紙，不可再行耕種，以杜釁端。因所贖之田，俱在沿邊，就近發給駐卡屯丁耕種。嗣於該屯丁名下，應授均屯田地內，查其距邊稍遠者，照數提出，歷年召佃收租，分給隨同辦理均田出力之首事，以作公費。上年蒙憲臺均屯未盡事宜案內，奏准將首事人等改為總散屯長，仍令幫辦屯務，每名在於借用道庫儲備項下官贖田內撥給耕食，即將前給之田照數收回，共計一千九百畝。現議於三廳祠廟、各儒學并養濟院、育嬰堂及城工歲修，分別撥給田畝，另案詳明，以垂久遠而昭體恤。所有職道前在鳳凰廳任內捐贖苗當民田及此次分撥各緣由，理合開具清摺，備文詳請察核，批示立案等情。奉批：仰布政司會同按察司查照，各另詳批示，分案核詳。仍候督部堂批示。書冊、清摺并發，仍繳。又奉督部堂汪批：仰南布政司查核，通詳立案，并移該升道知照。仍候撫部院批示。繳，摺存各等因。奉此，本司等查前項收回田一千九百畝，經本臬司在道任內另案詳明，議於三廳各祠廟、各儒學并養濟院、育嬰堂及城工歲修，分別撥給，并現經本司等會核照議，另詳在案。緣奉批議，相應具文，詳明憲臺俯賜察閱，批示移遵。

詳撥給各祠廟歲修時祭田租 嘉慶十四年湖南布政使朱紹會、按察使傅鼐

為捐撥各廟田畝，詳明立案事。

案奉憲臺批，本臬司前在辰沅道任內詳稱，竊照文武官駐守地方，悍災禦患，惟藉神庥，而崇德報功，聿明禋祀。鳳、乾、永三廳，自乾隆六十年苗變後，各廟多被毀壞。職道前於鳳凰廳總理邊務，及辰沅道任內，歷年在三廳地方，查明原設及應行添增各廟，陸續籌款修造。年來民、苗綏輯，暘雨應時，莫非神靈默佑。使一任風雨之漂搖，致垣墉之傾圮，憑依無自，實貽守土之羞。至從前苗匪滋事時，有紳士、丁勇，或衝鋒陷陣，效命疆場，或守義捐軀，全家被害，此等大節昭然，既設位立祠，歲時致祭，尤當煥其廟貌，以勸忠義。茲職道於捐贖苗當民田內，撥歸鳳凰廳各神廟一百五十畝，乾州廳各神廟五十畝，永綏廳各神廟一百畝。又撥歸鳳凰廳義勇祠一百畝，鳳凰、乾州、永綏三廳義烈祠各五十畝。以中年核計，每畝可歲收租穀一石，為各祠廟祭祀修葺之需。仍責成各該廳督同總屯長妥為經理，年終報道查核。如此捐撥田畝，庶各祠廟享祀有資，足垂久遠。除將田畝丘段租額另容冊報外，理合將捐撥田畝緣由，具文詳請察核，批示立案等情。奉批：仰布政司會同按察司查議，通詳核辦。仍候督部堂批示。書冊并發，仍繳。又奉督部堂汪批示：仰南布政司查明立案，并移該升道知照。仍候撫部院批示繳等因。奉此，本司等伏查鳳、乾、永三廳各廟宇，自乾隆六十年苗變，多被毀壞，嗣經籌款修建。又，從前苗匪滋事時，有戰士、勇丁等，或效命疆場，或守義捐軀，全家被害，俱經立祠致祭。所有各祠廟祭祀及修葺之費，俱不可少。應請照議，於捐贖苗當民田內，撥歸鳳凰廳各神廟一百五十畝，乾州廳各神廟五十畝，永綏廳各神廟一百畝。又，撥歸鳳凰廳義勇祠一百畝，鳳、乾、永三廳義烈祠各五十畝。以中年核計，每畝可歲收租穀一石，為各祠廟祭祀修葺之需。仍責成各該廳督同該屯長妥為經理，於每年年底將收支存剩數目，造冊通齎查核。除移道將田畝丘段租額造冊另報外，理合具文詳請批示移遵。

詳撥給苗疆教職學田 嘉慶十四年湖南布政使朱紹會、按察使傅鼐

為捐撥學田詳明立案事。

奉憲臺批，據南臬司前在辰沅道任內詳稱，竊照地方設立廣文，實為政教之

本，然必充其日用，庶足以端品學而化士林。查鳳凰、乾州、永綏、保靖四廳、縣，各設訓導一員，地處邊隅，官居冷署，既未能席豐履厚，室有倉箱，又非若大邑名州，門盈桃李。該廳、縣歲、科兩試，所進學額，鳳凰民生六名，苗生二名，乾州、永綏民生四名，苗生二名，保靖八名。以積習相沿，該教職等於歲、科試畢，收受新進諸生贄敬陋規。自遭苗變後，各民戶復又均田養勇，俱非饒裕之家，而各寨苗人，甫經嚮化讀書，尤應倍加體恤。業經職道照例嚴飭革除，不許再行收受。惟該教職等，苜蓿寒氈，缺本清苦，歲支薄俸，實不足以贍養身家。查三廳從前雖皆薄有學田數畝，俱係坐落深巢，先爲苗占，清釐之後，已歸入苗繳占田項下。今職道於捐贖苗當民田內，分撥鳳、乾、永、保四廳、縣儒學田各一百畝，歲收租穀，以中年核計，可得一百石。合所支廉俸，足敷薪水之需。庶該教職等饔飧有資，籩豆自飭，既可安心教導，復可自立矩範，足以仰副憲臺整飭官常并體恤窮員之至意。所有捐撥學田緣由，理合具文，詳請查核，批示立案等情。奉批：仰布政司會同按察司查議，通詳核辦。仍候督部堂批示。書冊并發。仍繳。又奉督部堂汪批示：仰南布政司查明立案，并移該升道知照。仍候撫部院批示。繳等因。本司等查，鳳凰、乾州、永綏、保靖四廳、縣，各設訓導一員，歲支薄俸，不足以贍養身家。應請於捐贖苗當民田內，分撥鳳、乾、永、保四廳、縣儒學田各一百畝，歲收租穀，以中年核計，可得一百石。合所支廉俸，足敷薪水之需，以示體恤。除移道將分撥田畝丘段造冊查報外，緣奉批議，理合會詳，呈請批示。祗遵。

詳撥給養濟院、育嬰堂經費田租 嘉慶十四年湖南布政使朱紹會、按察使傅鼐

爲捐撥養濟院育嬰堂田畝詳明立案事。

嘉慶十四年七月二十一日，奉撫部院景批，本臬司前在辰沅道任內詳稱，竊維政在養民，惠愛必周於煢獨；心存保赤，哀矜莫先乎孩提。是以帝澤汪洋，醴膏誕布，凡一州一縣，莫不歲給帑金，令地方官查明鰥寡孤獨、疾病困窮，歸入院內養濟。其通都大邑，嗣又仰體聖主如傷之仁，好義捐資，倩雇乳婦，遇有遺棄嬰兒，好爲收養，即古人所謂慈幼局，而今所謂育嬰堂也。卷查鳳凰、乾州、永綏三廳申報，各額設孤窮口糧十名，每名日給米一升，折銀六釐。自遭苗變後，無告窮民，多於往昔，其稟求入院者，因限於常額，未免向隅。更有貧乏之家，子女孔多，不能鞠育，每致遺棄道旁，襁褓無知，呱呱而泣，於情尤爲可

憫。茲職道於捐贖苗當民田内，撥給鳳凰、永綏二廳養濟院各一百畝，乾州廳養濟院五十畝，歲收租穀，增給口糧，同額設口糧，一體官爲支發。至民間遺棄幼孩，現據鳳、永二廳各紳士及總散屯長等創議，於城外建修育嬰堂一所，雇備乳婦，經理看養。惟捐資無多，恐不敷用，職道亦於捐贖苗當民田内，每廳各撥田三百畝，歲收租穀，以資經費。以上田租，仍飭該廳督同總屯長妥爲經理，年終由廳報導，核實詳銷。事由官民捐辦，毋庸報部，以省案牘。除將田畝、丘段、租額、房屋及董事姓名另容册報外，理合將捐撥田畝緣由，具文詳請查核，批示立案等因。奉批：仰布政司會同按察司查議，通詳核辦。仍候督部堂批示，書册并發。仍繳。又稟奉督憲汪批示：仰南布政司查明立案，并移該升道知照。仍候撫部院批示。繳各等因。奉此，本司等查，鳳、乾、永三廳各額設孤貧十名，每名日給米一升，折銀六釐。自遭苗變後，窮民多於往昔，因限於常額，不能入院。更有貧乏之家，子女孔多，不能鞠育，每致遺棄道旁，情俱可憫。本臬司在道任内，已於捐贖苗當民田内，撥給鳳凰、永綏二廳養濟院田各一百畝，乾州廳養濟院田五十畝，歲收租穀，增給口糧，同額設口糧一體官爲支發。其民間遺棄幼孩，據鳳凰、永綏二廳各紳士及總散屯長等創議，於城外修建育嬰堂一所，雇備乳婦，經理看養。惟捐資無多，恐不敷用，亦於捐贖苗當民田内，每廳撥給三百畝，歲收租穀，以資經費，均應請如詳辦理。仍飭該廳督同總屯長妥爲經管，年終由廳分案造册，由道移司，核實詳銷。事由官民捐辦，毋庸報部，以省案牘。除移道將田畝、丘段、租額、房屋及董事姓名造册通齎，并移司查核外，緣奉批議，相應會詳，呈請批示。祗遵。

詳撥田收租以備歲修城堡 嘉慶十四年湖南布政使朱紹會、按察使傅鼐

爲捐撥田畝，歲修城堡，詳明立案事。

奉憲臺批，據辰沅道詳稱，竊照鎮筸城垣，於嘉慶二年善後事宜案内，經伯督部堂和奏請，自東北城角起，至東南城角起止，改建石城二百七十六丈六尺，西關外添建月城一道，計長一百二十丈四尺，外建碉樓六座。并於浪中江修造城堡一座，圍長一百八十四丈五尺，外建碉樓一座。均經職道於鳳凰廳任内，領項承修完竣，并蒙前撫憲祖驗收，照例保固在案。迄今裏外墻身、排墻、垛口、門樓、炮臺，一律整齊堅固，并無坍塌臌裂。查前項工程，保固年分尚久，若非預爲籌劃盡善，不足以鞏固要工。查例載，新舊各城垣，責令現任各州縣，按季會

同營員，親身履勘。凡有些須孔隙，俱用灰土灌填。每遇夏秋以後，即督率佐雜、外委分段察視，勸加修葺。又乾隆三十四年部議，每年間有些小損壞，需費祇百金内外。現任官一經查出，即能自行修繕完整者，報明督撫，核實加獎。若潮濕滲漏，而現任官不隨時修整，以致侵及土胎，漸成皸裂，需費浩繁者，則原辦官與現任官，均難辭咎。應令原辦官賠修十分之六，現任官賠修十分之四各等語。是定例，現任之員原應隨時黏補，惟鳳凰廳缺分清苦，但能會營率屬照例葺護，其所需人工物料無力貼補，轉恐畏難漫視。茲職道於捐贖苗當民田内，提撥田一百畝，每年約收租穀一百石，爲城堡歲修之用。仍責成該廳督同總屯長妥爲經管，如有應需補葺之處，稟明核實，動支修理，年終報道查核。除行飭鳳凰廳查照遵辦外，理合將撥田歲修城堡緣由，具文詳請俯賜查核，批示立案等情。奉批：仰布政司會同按察司查議，通詳核辦。仍候督部堂批示，書册并發。仍繳。又奉督憲汪批：仰南布政司查明立案，并移該升道知照。仍候撫部院批示。繳等因。奉此，本司等查鎮篁城垣，前經遵照奏案。自東北城角起，至東南角止，報造石城一道。西關外添建月城一道，外建碉樓六座。并於浪中江修造石堡一座，外建碉樓一座。均修造完竣，驗收保固在案。年分尚久，自應照例隨時葺護，以資鞏固。應請照議於捐贖苗當民田内，提撥田一百畝，每年約收租穀一百石，爲城堡歲修之用。仍責成鳳凰廳同知督同總屯長妥爲經營，遇有應須補葺之處，即造具估册，送道移司核實，請勘動支修理，仍於年終造報核銷。緣奉批議，相應詳請憲臺查核，批示移遵。

詳墊發新墾田畝工本穀石 嘉慶十四年湖南布政使朱紹會、按察使傅鼐

爲新墾田畝分別撥用，詳明立案事。

案奉憲臺批，本臬司前在辰沅道任内詳稱，竊照鳳凰、乾州、永綏三廳近邊之地，多有無糧荒土。除永綏廳六里地方，前已開墾土一萬餘畝，上年於會籌均屯未盡事宜案内，奏准撥補屯田，水衝沙壩。其鳳凰、乾州二廳沿邊及永綏各里，雖非平原大野，而坡頭澗側隙地尚多，若竟聽其曠廢，殊不足以盡地利。職道近年分飭委員，逐處履勘，於凡可開墾之處，悉爲查丈。一面諭令屯、苗各佃視其地勢之高下，開挖成田，引流灌漑，每年即可布種稻穀。惟該佃等多係貧乏，既用其力以收地利，似應酌給工資，以示鼓勵。當議墾田一畝，給穀一石，該佃等均各踴躍。現今鳳、乾、永三廳，共計新墾田五千畝，

按畝收租，爲續設屯守備、把總、外委，分例并加增書院、義學經費，及民、苗生童試資，暨貼補鎮篁營中兵穀之需。業經另案分別詳明，以垂久遠。共計給過穀五千石，在於屯、苗租穀項下，暫行挪借。請於屯防各項下，自嘉慶十四年起，分作六年撙節籌補歸款。所有續墾田畝墊給穀石，及分撥緣由，理合具文，詳請察核，批示立案等情。奉批：仰布政司會同按察司查照，各另詳批示，分別核詳。其給過佃户等墾田穀石，請在於屯苗租穀項下借給，入於屯防各項下，分作六年籌補歸款之處，并即查議，通詳察奪。仍候督部堂批示，書册并發。仍繳。又奉督部堂汪批：仰南布政司查核，通詳立案，并移該升道知照。仍候撫部院批示。繳等因。奉此，本司等查，鳳凰、乾州二廳沿邊，及永綏各里，雖非平原大野，而坡頭澗側隙地尚多，自未便聽其曠廢。本臬司前在道任内，分飭委員逐處履勘，於凡可開墾之處，悉爲查丈。一面諭令屯、苗各佃視其地利之高下，開墾成田，引流灌溉，每年即可布種稻穀。惟該佃等多係貧乏，既用其力以收地利，自應酌給工資，以示鼓勵。當議墾田一畝，給穀一石，該佃等均各踴躍。現今鳳、乾、永三廳，共計新墾田五千畝，按畝收租，爲續設屯守備、把總、外委分例，并加增書院、義學經費，及民、苗生童試資，暨貼補鎮篁營中兵穀之需，均經另案分別詳明。并現今本司等遵批確核，照議另詳。所有給過各佃墾田工資穀五千石，係在於屯、苗租穀項下暫行借動，應請照數於屯防各項下，自嘉慶十四年起，分作六年撙節籌補歸款。緣奉批議，相應具文，詳請憲臺俯賜察閱，批示移遵。

詳撥田收租加增各廳縣書院義學經費 嘉慶十四年湖南布政使朱紹會、按察使傅鼐

爲加增各廳、縣書院田畝，詳明立案事。

案奉憲臺批，本臬司前在辰沅道任内詳稱，案查嘉慶十二年九月内，奉撫憲、憲臺奏辦苗疆均屯未盡事宜案内，鳳凰、乾州、永綏三廳，及瀘溪、麻陽、保靖等縣，各設書院一所，慎選師儒，教迪考取民、苗生童肄業，以資造就。又添設屯、苗義學一百館，令勇丁、苗民子弟就近讀書，以化氣質。其書院束修膏火，在於官贖田内，鳳凰廳撥給五百畝，永綏廳四百畝，乾州、瀘溪、麻陽、保靖四廳、縣各三百畝，共需田二千一百畝。屯、苗義學，每館給稻穀十六石，共需田一千六百畝。奏准行飭遵辦在案。除各屯、義學田租足敷館穀，毋庸議增外，惟查鳳、乾、永、保四廳、縣苗民諸生，仰蒙憲臺、撫憲奏請恭沐皇仁，得

與鄉薦，莫不鼓舞歡欣，均思上進。現在各廳、縣書院肄業較多，即瀘、麻二縣士子，聞風興起，亦皆敬業樂群。所需膏火，必須多爲籌備，足敷支給。查近年鼎督飭三廳屯、苗各佃，陸續新墾田畝，現屆成熟。今議於鳳凰、乾州、永綏、保靖、瀘溪、麻陽六廳、縣，各添撥田一百畝。又苗義學五十館，除近邊十五館與各屯無異，毋庸增給館穀。其餘多在深巢，地方寒苦，所延館師，若與内地屯館束修，一律支送，不足以示區別。今議於最深之處，計十五館，各館加增穀八石。次深之處，計二十館，每館加穀四石，以昭體恤。共議添撥田二百畝。以上加增各田，同從前原撥之田，一體飭交殷實公正紳士及總屯長，妥爲經理，以資膏火束修。仍責成道、廳、縣隨時稽查，年終另案造册，申報憲臺、撫憲暨藩司查核。毋庸同原奏各條，一并咨部，以省案牘。相應詳請俯賜察核，批示立案，等情。奉批：仰布政司會同按察司查議，通詳核辦。仍候督部堂批示。書册并發。仍繳。又奉督憲汪批示：仰南布政司查明立案，并移該升道知照。仍候撫部院批示。繳各等因。奉此，本司等查鳳凰、乾州、永綏、保靖、瀘溪、麻陽六廳、縣書院，近來肄業諸生較多，所需膏火自應多爲籌備，以敷支給。應照議於三廳屯、苗各佃陸續新墾田畝内，撥給該六廳、縣書院各田一百畝。其在深巢地方寒苦之處苗義學，亦應照議將館穀加增。最深之處，計十五館，每館加增穀八石。次深之處，計二十館，每館加增穀四石。共應添撥田二百畝。以上加增之田，同從前原撥之田，一體飭交殷實公正紳士及總屯長，妥爲經理，以增膏火束修。仍責成道、廳、縣隨時稽查，年終另案造册，齎報查核。毋庸咨部，以節案牘。緣奉批議，相應會詳，呈請批示移遵。

詳撥田收租給苗疆生童試資 嘉慶十四年湖南布政使朱紹會、按察使傅鼐

爲撥田籌辦苗疆生童試資詳明立案事。

奉憲臺批，據辰沅道詳稱，竊照苗疆各廳縣士子，自遭苗變，蕩析離居，復業後，綢繆桑土，棄置丹鉛，雖向上有心，而讀書無力，是以每屆開考之期，應試之人較少。自嘉慶十年二年八月内，蒙憲臺奏准，各廳縣增設書院六所，屯苗義學一百館，共撥田三千七百畝，做館師束修膏火之需。續蒙憲臺奏准，鳳乾永保四廳縣民苗士子鄉試，另編字號取中。兩載以來，該廳縣生童觀感奮興，胥知刻勵，漸能文循法脈，辭選華腴。即各寨苗生童，亦知榮名足貴，矢志編摩，感化之心，蒸蒸日上。凡遇鄉試及歲科小試，自應酌量調劑，俾得遂其上進之心。近年該生童，凡

鄉院各試盤費，均經職道隨時籌給，恐難爲繼。兹於鳳乾永三廳屯苗各佃新墾田内，撥出田一千畝，按畝收租變價，作民苗生童考試盤費。惟該廳縣應試之人，日久漸多，勢難遍及，必須酌定限制，庶足以敷支給。今議將鳳、乾、永、麻、瀘、保六廳、縣生童之録取書院正課者，又鳳、乾、永、保、四廳、縣生員内科考録取正案者，又該四廳、縣歲科試童生考列前十名者，又鳳、乾、永、瀘、麻五廳、縣均田歸公百畝以上之本身及子孫，并原奏内鳳、乾、永、瀘、麻五廳、縣首先出力紳士之子孫，以上該生鄉試各給盤費銀十兩，該童赴府、廳、縣考試各給盤費銀一兩，院試各給盤費銀四兩。其有一人而兼二、三、四等項者，止准給一分，不得藉詞重領。至苗童則無論是否前列十名，凡赴縣、廳、府、院試者各給盤費銀一兩。苗生則無論科考之正案録取與否，凡赴鄉試者各給盤費銀十兩，報道查核。如是年并非鄉試及歲、科兩小試，上年并考已畢，無須發給盤費，即將銀兩存貯道庫，留於下年支發。如此辦理，則生童之貧乏者既不慮試費之艱，其考取前茅及急公好義之人皆有鼓勵，尤必奮志青雲，而邊彝諸生得遂觀光，益增嚮化，於作養苗疆寒畯、振起文風之道似有裨益。除將田畝丘段另造細册申送外，所有苗疆各廳、縣生童應試盤費撥田籌辦緣由，理合具文詳請察核批示立案等情，奉批仰布政司會同按察司查議，通詳核辦。仍候督部堂批示，書册并發。仍繳。又奉督憲汪批示：仰湖南布政司查明立案，并移該升道知照。仍候撫部院批示。繳等因。奉此，本司等查苗疆各廳、縣民、苗士子應試盤費維艱，自應酌量調劑，俾得遂其上進之心。應請照議，於乾、鳳、永三廳屯、苗各佃新墾田内提出田一千畝，按畝收租變價，作爲民、苗生童考試盤費。將鳳、乾、永、麻、瀘、保六廳、縣生童之録取書院正課者，又鳳、乾、永、保四廳、縣生員科考録取正案者，又該四廳歲科試童生考列前十名者，又鳳、乾、永、瀘、麻五廳、縣均田歸公百畝以上之本身及子孫，并原奏鳳、乾、永、瀘、麻五廳、縣首先出力紳士之子孫。以上諸生，鄉試各給盤費銀十兩，諸童赴府、廳、縣考試各給盤費銀一兩，院試各給盤費銀四兩。其有一人而兼二、三、四等項者，止准給一分，不得藉詞重領。至苗童，則無論是否前列十名，凡赴縣、廳、府、院試者，各給盤費銀一兩。苗生，則無論科考之正案録取與否，凡赴鄉試者，各給盤費銀十兩，報道查核。如是年并無鄉試及歲、科兩小試，上年并考已畢，無須發給盤費，即將銀兩存貯道庫，留於下年支發，俾貧乏生童試費有資，其考取前茅及急公好義之人皆有鼓勵。仍令將田畝、丘段造册申報，并於年終將收支存剩數目造册報查，以歸核實。緣奉批議，理合會詳，呈請批示移遵。

詳撥新墾田貼補鎮筸四營兵穀折耗

嘉慶十四年湖南布政使朱紹會、按察使傳鼐

　　爲撥田貼補兵穀，詳請立案事。

　　案奉撫部院景批，本臬司前在辰沅道任内詳稱，竊照鎮筸鎮中、前、左、右四營兵丁，共計四千一百七十名，所得口糧，每年正二、三、四、五等月俱支本色，自六月以後概支折色，每兵日給銀六釐。其未遭苗變以前，不敷口食，移請鳳凰廳於常平倉内，按名借給，秋冬扣餉，歸還買補。自乾隆六十年後，該廳額貯倉穀，俱於軍需案内，動碾無存，無可借支。嗣雖買補足額，而各民户又均田養勇，有穀之家甚少，本地不能采買，營借穀石，亦即停止，兵力愈形拮据。經升任鎮筸總鎮富，籌捐廉俸等銀一萬兩，詳請前製憲吳，奏明調劑，於每年秋收穀賤之時，照依市價，買穀分貯，次年青黃不接，均勻借給各兵，以資接濟，仍照原買價值，扣餉買補，以備下年兵借。惟此項穀石，於秋收後，向市集購買，類多潮濕，必如法曬晾，方免霉變。且進則整總，發則零星，諸多折耗，典守之官，既難賠貼，各兵支領，稍不敷數，即嘖有煩言。又非若州縣常平等穀，請項建有倉厫，每年係租賃民房收貯，并須置買斛、斗、升及籮筐、蓆片等物，所費不資。今議於鳳凰廳丁佃新墾田内，撥出五百畝，歲收租穀五百石，爲貼補前項兵穀折耗，及賃租房屋、買置器具之需，如有羨餘，即作爲營中公費，庶官弁與兵丁兩無貽絀。此項田畝，仍飭鳳凰廳屯弁、總屯長標佃收租，秋收後，照依詳定之數，移撥鎮筸鎮中軍收貯，由營中自行支銷。除將田畝地名數目開造清册，移鎮筸總鎮備案，并行飭鳳凰廳及該屯弁、總屯長一體遵照外，理合備文詳請憲臺俯賜查核，批示立案等情。奉批：仰布政司會同按察司查議，通詳核辦。仍候督部堂批示。書册并發。仍繳。又奉督部堂汪批示：仰南布政司查核，通詳立案。并移該升道知照。仍候撫部院批示。繳等因。奉此，本司等查，鎮筸鎮標各兵口糧不敷，經前升任鎮筸總鎮富籌捐廉俸等銀一萬兩，詳請前督憲吳奏准，於每年秋收後買穀分貯。次年青黃不接，均勻借給各兵，以資接濟。仍照原價扣餉買補，以備下年兵借。此項穀石，向市集購買，類多潮濕，須如法曬晾，方免霉變。且整進零出，諸多折耗，每年又無倉厫積貯，均係賃房收存，并須置買斛、斗、升及籮筐、蓆片等物，所費不資。應請照議，在於鳳凰廳丁佃新墾田内撥出田五百畝，歲收租穀五百石，爲貼補前項兵穀折耗及租賃房屋、置買器具之需。如有餘剩，即作爲營中公費。仍飭鳳凰廳屯弁、總屯長標佃收租，秋後，照數移撥鎮筸鎮中軍收貯。於年終，鎮筸鎮中軍將收支細數造册移司，核明許銷。除移道將田畝地名數目造册移鎮筭總鎮，并通齎移司備案外，緣奉批議，理合具文，詳請憲臺俯賜察閱，批示移遵。

詳撥給鳳凰廳守碉兵丁地畝 嘉慶十四年湖南布政使朱紹會、按察使傅鼐

爲撥給守碉兵丁地畝，詳明立案事。

案奉憲臺批，據本臬司前在辰沅道任內詳稱：竊照鳳凰沿邊一帶，前因匪苗肆出滋擾，鼐於鳳凰廳同知任內，修建碉卡、哨臺、關門，共計八百餘座。除派駐屯丁授田耕守外，其餘附近營汛碉樓，共計一百三十四座，即由該營汛內派兵駐守。此等兵丁，一經守碉，不能於操防之餘，別謀生計，所得糧餉，不足以贍養身家。且各兵丁與各塘汛兵丁，俱係鳳凰廳土著，其家在上五峒各約者，悉照民戶一律均田；其家在下五峒都吾、務頭兩約者，田被苗占，收復後亦歸公屯種。必須加意體恤，以濟兵力。并將附近汛堡、碉卡無糧荒土，准其自行開挖，種植蔬菜、雜糧。該兵丁等，於所領糧餉之外，得此貼補，稍覺寬裕，可期耑心駐守。前經鼐委員會同汛屯員弁逐一清丈，鎮標中、前、左、右四營守汛坐碉兵丁，共撥過無糧荒土二千二百零七畝。因尚有不敷，復經鼐捐銀一百八十兩，於附近碉堡之處，購買民地五百八十二畝，一律撥給，共計二千七百八十九畝。誠恐該丁等，或踞爲己有，遺留子孫，或因非己業，私行典賣，日久無著，徒托虛名。應請咨鎮筭總鎮，轉飭該管將備、千把、外委，經管稽查。如該兵丁內有升拔、革故，即將原種之地交頂補之兵接耕。倘有盜當、盜賣情事，查出究追，亦不得藉此侵占民地。如此辦理，庶各兵得以飽騰，而地畝亦永無隱匿奸賣之弊。除將各兵丁承種山地畝數，及坐落地名，開造細册，移送鎮筭總鎮備案外，理合具文，詳請憲臺，俯賜查核，批示立案等情。奉批：仰布政司會同按察司查議，通詳核辦。仍候督部堂批示，書册并發。仍繳。又奉督部堂汪批：仰南布政司查核，通詳立案。并移該升道知照。仍候撫部院批示。繳各等因。奉此，本司等查鳳凰廳派守碉卡兵丁，不能於操防之餘，別謀生計，所得糧餉，不足養贍身家。且該兵丁與各塘汛兵丁，俱係鳳凰廳土著，所有田畝，悉照民戶均丈，并被苗占收，復歸公屯種，自應加以體恤。本臬司前在辰沅道任內，將附近碉卡無糧荒山，准其自行開墾，種植蔬菜、雜糧。嗣經委員會同汛屯員弁逐一清丈，共撥給鎮標中、前、左、右四營守汛坐碉兵丁，無糧荒土二千二百七畝。因尚不敷，又撥給捐買民地五百八十二畝，共二千七百八十九畝。誠恐該丁等，或踞爲己有，遺留子孫，或因非己業，私行典賣，歸於無著。應請照議，移

咨鎮篆總鎮，轉飭該管將備、千把、外委，經管稽查。如該兵丁内，遇有升拔、革故，將原種之地交頂補之兵接耕。倘有盜當、盜賣情事，查出究追。亦不得藉此侵占民地，以杜隱匿，而濟兵力。除移道將各兵丁承種山地畝數，及坐落地名，造冊移送鎮篆總鎮，并通齎移司備案，嗣後仍按年造報外，緣奉批議，理合具文，詳請憲臺俯賜察閱，批示移遵。

詳撥給鳳、永二廳守碉屯丁地畝 嘉慶十四年湖南布政使朱紹會、按察使傅鼐

爲撥給守碉屯丁地畝，詳明立案事。

案奉憲臺批，據本枲司前在辰沅道任内詳稱，竊照鳳凰、永綏二廳，沿邊建立碉卡，派撥屯丁駐守。既授有田畝，原可養贍身家。惟一經守碉，不能遠離，別謀生計，較各處駐屯之丁，稍有偏枯，必須加意體恤，以示區別，而濟丁力。年來，將附近碉卡無糧荒土，准其自行開挖，種植蔬菜、雜糧，可期尚心駐守。前經本道委員會同屯弁逐一清丈，鳳凰廳守碉屯丁，於上、下五峒沿邊近碉之處，共撥過土四千七百二十五畝九分；永綏廳守碉屯丁，於沿邊近碉之處，共撥過土一千四百四十六畝。該丁於授田之外，復有此土，無虞缺乏。惟此項山土，原係歸公官地，非詳明立案。誠恐各該丁，或踞爲己業，遺留子孫；或因非己業，私行典賣。日久無著，徒托虛名。現飭鳳、永二廳，督飭該管屯弁，經理稽查。如該丁因有事故革退，即將原種之地，交頂補之丁接耕。倘有盜當、盜賣情事，查出究追。如此辦理，庶各丁得以飽騰，而地畝亦永無隱匿典當之弊。除將各丁承種山地畝數，及坐落地名，飭令該廳查造細冊，齎道備案外，理合具文，詳明憲臺，俯賜察核，批示立案等情。奉批：仰布政司會同按察司查議，通詳核辦。仍候督部堂批示，書冊并發。仍繳。又奉督部堂汪批：仰南布政司查核，通詳立案。并移該升道知照。仍候撫部院批示。繳。各等因。奉此，本司等查鳳凰、永綏二廳，沿邊建立調卡，撥派屯丁駐守。該丁等雖授有田畝，養贍身家，惟一經守碉，不能遠離，別謀生計，自應加以體恤。本枲司前在辰沅道任内，將附近碉卡無糧荒山，准令自行開挖，種植蔬菜。嗣經委員同屯弁清丈，鳳凰廳守碉屯丁，於上、下五峒沿邊近碉之處，共撥土四千七百二十五畝九分；永綏廳守碉屯丁，於沿邊近碉之處，共撥過土一千四百四十六畝。此項山土，原係歸公官地，誠恐日久，各該丁或踞爲己有，遺留子孫，或因非己業，私行典當，歸於無著。應請照議，飭鳳凰、永綏二廳，督飭該管屯弁，經理稽查。如該丁内有事故

革退，即將原種之地，交頂補之丁接耕。倘有盜當、盜賣情事，查出究追，以杜隱匿，而濟丁力。除移道飭將各丁承種山地畝數，及坐落地名，查造細冊，通齎備案，嗣後仍按年造報外，緣奉批議，理合具文，詳請憲臺俯賜察閱，批示移遵。

詳撥給保靖縣守碉屯丁地畝 _{嘉慶十四年湖南布政使朱紹會、按察使傅鼐}

為籌撥屯丁地畝，詳明立案事。

案奉憲臺批，據本臬司前在辰沅道任內詳稱，竊照苗疆各廳、縣安設屯丁，分駐沿邊碉卡，除鳳、永、乾三廳，俱就近撥給田畝，令其且耕且守。該屯丁等，終歲所獲，足以養贍身家，無虞缺乏。惟保靖縣屯丁三百名，其應授屯田，散在各都，距碉卡窵遠。該丁不能親身耕作，每年佃種分租，僅敷一人口食。如有眷屬，未免拮据。且該各丁於操防之餘，無有恒業，轉恐日久怠生。必須就近籌撥山土，用資調劑，而安常業。查該處附近碉卡一帶，尚有苗占民地。上年經本道委員，陸續清出二百五十五畝七分。因不敷分給，又用價銀一百零三兩七錢五分，置買民地三百四十五畝七分五釐。二共六百一畝四分零，均勻攤派。每丁給地二畝，令其布種雜糧，以資貼補。前項地價銀一百零三兩七錢五分，係在屯租項下通融墊發。請自嘉慶十四年起，分作兩年，在於屯防各項下撙節籌還，毋庸請銷。所有籌撥保靖縣屯丁地畝緣由，理合具文，詳請憲臺俯賜察核，批示立案等情。奉批：仰布政司會同按察司查議，通詳核辦。仍候督部堂批示。書冊并發。仍繳。又奉督部堂汪批：仰南布政司查核，通詳立案。并移該升道知照。仍候撫部院批示。繳等因。奉此，本司等查保靖縣安設屯丁三百名，其應授屯田，散在各都，相距碉卡窵遠。該丁等不能親身耕作，每年佃種分租，僅敷一人口食。如有眷屬，未免拮据。且各丁等操防之餘，別無恒產，自應就近籌撥山土，用資調劑。該處附近碉卡一帶，尚有苗占民地，經本臬司前在辰沅道任內，委員陸續清出二百五十五畝七分，尚不敷分給。又價銀一百三兩七錢五分，置買民地三百四十五畝七分五釐，二共地土六百一畝四分五釐，均勻攤派。每丁給地二畝，令其布種，俾資貼補。前項地價銀兩，係在屯租項下通融墊給，應請照議。自嘉慶十四年起，分作兩年，在於屯防各項下撙節籌還，毋庸請銷。緣奉批議，理合具文，詳請憲臺俯賜察核，批示移遵。

詳苗備捐田完納各寨苗人每年應徵額糧

嘉慶十四年湖南布政使朱紹會、按察使傅鼐

爲苗弁捐田完糧，詳請立案事。

案奉憲臺批，本臬司前在辰沅道任內詳稱，案查嘉慶十二年十二月內具詳，咨明鳳凰、乾州、永綏三廳額徵苗人雜糧，請於各該廳苗人呈繳田內餘租項下，通融完解，毋庸向各苗催徵一案。已於十三年十一月內，准藩司、糧儲道咨，奉憲臺、撫憲札，准户部議駁，行令轉飭各廳，仍照舊例辦理等因。奉旨：依議。欽此。欽遵行飭在案。茲據鳳凰廳同知姚興潔、署乾州廳同知陳丹山、署永綏廳同知李芳谷會詳，據苗守備龍八月、麻老貴、吳永和等二十七名呈稱，苗人所納雜糧，係國家正供，自應各效輸將。弁等渥沐皇恩，授官給餉，光榮豢養，頂感實深。既蒙責令管束散苗，自應好爲體恤。查鳳凰廳額徵苗人雜糧一百五十七石七斗，乾州廳額徵苗人雜糧五十二石八斗二升，永綏廳額徵苗人雜糧七十二石八斗四升，爲數無多，原應向各户催收。究恐日久弊生，弁等情願將自己業田共撥二百八十三畝零，議由備等經管，佃給誠實苗人耕種，歲收租籽二百八十三石完納。前項額糧，於正賦仍無更張，在各苗人益增康樂。伏乞據情轉詳等情，由各該廳、縣會詳到道。據此，本道覆查前項雜糧，上年詳奉憲臺、撫臺題請，於苗人呈繳田內餘租項下，通融完解。原以體恤窮苗，杜絕弊端，嗣奉部議，仍照舊例辦理。立論極爲嚴正，自應恪遵辦理。惟現據各苗弁瀝情呈請，情願將自己業田共撥二百八十三畝零，募佃耕種，歲收約得租穀二百八十三石三斗六升，完納前項額糧，情詞懇切，實爲體恤窮苗起見。既非以官租代爲糧課，而於國家正供仍屬照案輸將，似應俯如所請，以順彝情。至每年民賦奏銷、督催、經徵、考成，悉照舊章辦理，似可毋庸題達，以省案牘。緣具前情，理合具文，詳請憲臺俯賜察核，批示立案等情。奉批：仰布政司會同按察司核議詳奪等因。奉此，本司等查，鳳凰廳額徵苗民本色雜糧一百五十七石七斗，乾州廳額徵苗民本色雜糧五十二石八斗二升，永綏廳額徵苗民本色雜糧七十二石八斗四升。前經詳請題咨，請於苗人呈繳各田餘租項下通融完解，毋庸向各苗催徵。部議駁飭，仍照舊例辦理，本難另議更張。惟據該苗弁等瀝情呈請，情願將自己業田撥出二百八十三畝零，募佃耕種，歲收租穀二百八十三石三斗六升，完納前項額糧，情詞懇切，係爲體恤窮苗起見。既非以官租而完苗課，而於國家正供仍照舊案輸將，應俯如所請辦理，以順彝情。其每年造報收支細數，及民賦奏銷、督催、經徵分數、考成，仍悉照舊章辦理，毋庸題達，以省案牘。緣奉批議，理合具文，詳請憲臺俯賜察核，批示移遵。

詳墊項修建屯弁官房及軍裝、火藥局 嘉慶十四年湖南布政使朱紹會、按察使傅鼐

爲墊項修建屯弁官房及軍裝、火藥局等工，詳明立案事。

案奉憲臺批，本臬司前在辰沅道任内詳稱，竊鳳凰、乾州、永綏、古丈坪、瀘溪、麻陽、保靖七廳、縣，於嘉慶十年十月苗疆均田告竣案内，奉前升撫部院阿奏准，設立屯弁四十員名，分布各路，管帶丁勇，經理屯田租穀及一切耕守等事。責任既專，必須修建官房，俾辦公有所，庶足以符體制而壯觀瞻。查鳳凰廳屯千總四員、屯把總四員、屯外委八員、屯額外口八名，乾州廳屯把總一員、屯外委二員、額外二名，永綏廳屯千總二員、屯把總二員、屯外委二員、屯額外二名，古丈坪屯把總一員，保靖縣屯外委二員、屯額外一名，各按該弁等分駐地方修建官房給予居住，綜計四十所。又各該廳、縣分設丁勇苗兵，鳳凰廳七千名，乾州廳一千四百名，永綏廳三千八百名，古丈坪二百名，保靖縣六百名。其所需軍裝藥鉛等項，以各廳、縣丁勇苗兵之多寡核實製造，必須建局收貯，以免損壞潮濕。應於凰廳建修軍裝局九間、火藥局四間，乾州廳修建軍裝局三間、火藥局二間，永綏廳修建軍裝局六間、火藥局四間，古丈坪、保靖修建軍裝局各二間、火藥局各一間，共計三十四間。以上各工，均經本道按照工程做法及各廳、縣物料例價估計興修，共用過工料銀四千二百三十八兩二錢八釐，均於屯租項下通融墊發。請自嘉慶十四年爲始，分作五年，在於屯防各項下撙節籌補歸款。除將用過工料銀兩，照依則例，另造細冊申報外，所有本道墊項修建屯弁官房，及軍裝、火藥局地方間數，及用過各工料銀兩，理合開具簡明清冊，詳請俯賜察核，批示等情。奉批：仰布政司會同按察司查議，通詳核辦。仍候督部堂批示。書冊并發。仍繳。又奉督憲汪批示：仰南布政司查明立案，并移該升道知照。仍候撫部院批示。繳等因。奉此，本司等查苗疆均田告竣案内奉。奉前撫憲阿奏准，設立屯弁四十員名，分布各路，管帶丁勇，經理屯田租穀，及一切耕守等事。責任既專，自應各按該弁等分駐地方，修建官房，給予居住，以資辦公樓止。又各廳、縣分設丁勇、苗兵一萬三千名，所需軍裝、藥鉛等項，亦應建局收貯，俾免潮濕損壞。共計修建屯弁官房四十所，軍裝、火藥局三十四間，均已新修。共用過工料銀四千二百三十八兩二錢八釐，係在於屯防項下墊發。所墊銀兩，應請照議，自嘉慶十四年爲始，分作五年，在屯防各項下撙節籌補歸款。除移道將前項工程用過工料銀兩，照例造具清冊，移司核明，另詳請銷外，緣奉批議，相應詳請憲臺俯賜察核，批示移遵。

詳墊項修建屯倉分年籌補 嘉慶十四年湖南布政使朱紹會、按察使傅鼐

爲墊項修建屯倉，詳明立案事。

案奉憲臺批，本臬司前在辰沅道任內，詳稱嘉慶十年十月，奉前升撫憲阿奏准均屯經久章程八條，內開鳳凰廳練勇一千名，於廳縣均出田內，分撥田一萬八千畝，召佃收租。每年約收租穀一萬八千石，除碾供口糧七千二百石外，尚餘穀一萬八百石，變價支給鹽菜。又餘田九千四百畝，每年約收穀九千四百石，變價充公。除屯弁應支分例外，餘爲歲修工程等項之需。又十二年九月，奉撫憲景奏准會籌均屯未盡事宜七條，內計開墾土一萬餘畝，每年約收雜糧三千餘石，隨時變價。遇有屯田水衝沙壓，給以開修工本，并接濟丁佃口糧。如是年并無衝刷，即歸入餘田租穀項下，充公備用。又書院六所，屯苗義學一百館，撥官贖田三千七百畝，每年約收穀三千七百餘石，作爲束修膏火之需。又加給練勇鹽菜，并百總等例馬草乾，及製辦旗幟鍋帳等項，撥官贖田三千畝，每年約收穀三千石。又屯防經費不敷，撥官贖田四千畝，每年約收穀四千石，俱變價動支。以上共計穀四萬一千一百餘石，於每年秋後向各佃戶繳收。內如練勇口糧，係隨時動碾支放，其應行變價穀石，亦當存至來年春夏間，陸續糶賣。必須建造倉廠，方足以敷收貯。查每穀四百石，應需倉廠一間，以各廳、縣收支穀石之多寡，酌量修建。鳳凰廳，計穀九千八百一十九石六斗，應建倉廠二十五間。乾州廳，計穀一千三百五十八石三斗，應建倉廠四間。永綏廳，計穀一萬六千五百五十四石六斗，應建倉廠四十二間。瀘溪縣，計穀五千一百四十一石三斗，應建倉廠十三間。麻陽縣，計穀六千九百一十七石三斗，應建倉廠一十八間。古丈坪，計穀一百一十石七斗，應建倉廠一間。保靖縣，計穀一千二百七十石四斗，應建倉廠三間。共計修建倉廠一百零六間。均經職道按照工程作法，并各該廳、縣物料例價，估計興修，共用過工料銀一千七百九十四兩七錢二分八釐，於屯租項下通融墊發。應請自嘉慶十四年爲始，分作五年，於屯防各項下撙節籌補歸款。除將用過工料銀兩，照依則例核實，另造細冊申報外，所有修建各廳、縣屯防收支倉廠間數，及墊用工料銀兩，理合開具簡明清冊，詳請察核批示立案等情。奉批：仰布政司會同按察司查議，通詳核辦。仍候督部堂批示，書冊并發。仍繳。又奉督憲汪批示：仰南布政司查明立案，并移該升道知照。仍候撫部院批示。繳等因。奉此，本司等查苗疆均屯案內，鳳凰廳練勇一千名，於各廳、縣均屯田內，撥田

一萬八千畝，召佃收租。每年約收穀一萬八千石，除碾供口糧七千二百石外，尚餘穀一萬八百石，變價支給鹽菜。又餘田九千四百畝，每年約收穀九千四百石，變價充公。除屯弁應支分例外，餘爲歲修工程等項之需。又開墾土一萬餘畝，每年約收雜糧三千餘石，隨時變價。遇有屯田水衝沙壓，給以開修工本，并接濟丁佃口糧。如是年并無衝刷，即歸入餘田租穀項下，充公備用。又書院六所，屯、苗義學一百館，撥官贖田三千七百畝，每年約收穀三千七百餘石，作爲束修膏火之需。又加給練勇鹽菜，并百總等例馬草乾，及置辦旗幟、鍋帳等項，撥官贖田三千畝，每年約收穀三千石。又屯防經費不敷，撥官贖田四千畝，每年約收穀四千石，俱變價動支。以上共計穀四萬一千一百餘石，每年秋後徵收。內如練勇口糧，隨時動碾支放。其應行變價穀石，當存至次年春夏間，陸續糶賣。自應於各廳、縣建造倉廠，以資收貯。共修建倉廠一百六間，共用過工料銀一千七百九十四兩七錢三分八釐，均在於屯租項下通融墊發。所墊銀兩，應請照議，自嘉慶十四年爲始，分作五年，於屯防各項下撙節籌補歸款。除移道將前項工程用過工料銀兩，照例造具清册，移司核明，另詳請銷外，緣奉批飭，相應詳請憲臺察核，批示移遵。

詳墊項修建苗倉分年籌補 嘉慶十四年湖南布政使朱紹會、按察使傅鼐

爲墊項修建苗倉，詳明立案事。

案奉憲臺批，本臬司前在辰沅道任內詳稱，竊照嘉慶十年十月內，奉前撫憲阿奏准，均屯經久章程八條。內開：伏查苗繳占叛田土，共丈收三萬五千一百餘畝，撥給良苗佃耕。豐稔之年，可收籽粒二萬二千餘石。經各苗弁於各寨內，自行擇地建倉，以備收貯。除挑留苗兵五千名，每名歲給口糧三石六斗，每年共需口糧一萬八千石外，尚餘籽粒四千餘石，積存苗倉，以備撥補，并爲加給苗兵閏月口糧之需。是前項租籽已建倉廠，似可無庸更易。惟苗人存貯籽粒，向以竹籬、草扇和泥遮蓋，名爲土倉。既甚窄小，又不堅固。每至春夏間，雨水淋漓，即有滲漏，租亦霉變。必須如法另建倉廠，方足以資收貯。此八條內，仍應籌建苗倉之原委也。又十二年九月，奉憲臺、撫憲景奏准，均屯未盡事宜七條。內開：各苗弁呈出己業田，并各寨苗人呈出爭占田土，共七千餘畝，仍令苗人佃種徵租。豐稔之年，可收稻穀雜糧五千餘石。即於原設苗兵內，搜捕勇往不習耕作者，挑出一千名。每名加稻穀雜糧一升，歲需三千六百石。其餘一千四百餘石，變價爲酌製子藥、號衣、號帽等項之

需。前項稻穀雜糧，於每年秋後，向各佃戶徵收。內如苗兵加增口糧，係隨時支放。其應行變價穀石，當存至次年，陸續糶賣，亦須建倉收貯。此七條內，應行續建苗倉之原委也。查各廳、縣，每年應收苗兵口糧，及變價租籽，共二萬三千餘石。因散貯各寨，便於支放。其所需倉廠，亦應各寨合建，是以間數稍多。茲於各苗寨修建收支倉一百一十二間，內鳳凰廳四十五間，乾州廳二十一間，永綏廳三十五間，古丈坪二間，保靖縣九間，共用工料銀一千七百一兩八錢四分三釐。又每年餘存籽粒四千餘石，自十年至今，已積貯一萬六千餘石，陳陳相因，以備撥補。遇有潮濕，應隨時曬晾，以免霉變。所需倉廠，亦應寬爲修建，以敷收貯，而便盤量。本道又於各苗寨修建積貯倉一百一十三間，內鳳凰廳三十七間，乾州廳二十八間，永綏廳三十七間，古丈坪一間，保靖縣十間，共用工料銀一千五百一十三兩三錢二分五釐。均於苗佃租穀項下，通融挪墊，各苗弁俱有借領。請自嘉慶十四年爲始，仍於苗租項下，分作五年繳還歸款。除將用過工料銀兩，照依則例核實，另造細冊申報外，所有修建各廳、縣苗倉間數，及墊用工料銀兩，理合造具簡明清冊，詳請察核，批示立案等情。奉批：仰布政司會同按察司查議，通詳核辦。仍候督部堂批示。書冊并發。仍繳。又奉督憲汪批示：仰南布政司查明立案，并移該分道知照。仍候撫部院批示。繳等因。奉此，本司等查苗疆均屯案內，各該廳、縣每年應收苗兵口糧及變價租籽，共二萬三千餘石，散貯各寨，便於支放。自應於各寨建修倉廠，以資收貯。已修建收支倉一百一十二間，共用工料銀一千七百一兩八錢四分三釐。又每年餘存籽粒四千餘石，自十年至今，已積貯一萬六千餘石，陳陳相因，以備撥用。遇有潮濕，應隨時曬晾，以免霉變。亦應將倉廠寬爲修建，以敷收貯，而便盤量。并於各苗寨修建積貯倉一百一十三間，共用工料銀一千五百一十三兩三錢二分五釐。均係在於苗佃租穀項下，通融挪墊。所墊銀兩，應請照議。自嘉慶十四年爲始，仍於苗租項下，分作五年繳還歸款。除移道將前項工程用過工料銀兩，照例造具清冊，移司核明，另詳請銷外，緣奉批飭，相應詳請憲臺察核，批示移遵。

詳修建各廳縣新設書院義學房屋 嘉慶十四年湖南布政使朱紹會、按察使傅鼐

爲墊項修書院、義學詳明立案事。

案奉憲臺批，本臬司前在辰沅道任內詳稱，竊照鳳凰、乾州、永綏三廳及瀘溪、麻陽、保靖等縣，於嘉慶十二年九月會籌苗疆均屯未盡事宜案內，奉憲臺奏准，各設書院一所，慎選師儒，考取民、苗生童肄業。又添設屯、苗義學各五十

館，令丁勇、苗民子弟就近讀書，并於朔望宣講《聖諭廣訓》以資化導等因，行飭遵辦在案。查各廳、縣應設書院、義學，事屬創始，必須建造房屋，庶藏修有所，足以敬業樂群。於奉准部覆後，即飭各該廳、縣先行借賃住所，令民、苗各生及時就學，無有荒廢。一面飭令各廳、縣率同各委員、總屯長等勘估興工。除麻陽縣從前設有書院一所，毋庸另建外，鳳凰廳生童較多，舊有書院甚形湫隘，不敷居住。現在作爲公所，應與乾州、永綏、保靖、瀘溪各令建書院一所，每所各先發銀一千兩，令其庀材鳩工。現在乾州、保靖業已完竣，惟鳳凰、永綏、瀘溪尚未藏工。又鳳、乾、永、古、保等處共建屯、苗義學一百館，每館先發銀五十兩，現在陸續報竣者已及十之七八。通盤核算，共發過工料銀一萬兩，均經職道在於屯租項下通融墊發。請自嘉慶十四年起，分作六年，在於屯防各項下撙節籌補歸款。其用過工料銀兩，應俟各書院、義學一律修建完竣，照依則例核實，另造細冊申報。所有修建書院、義館及墊用工料銀兩緣由，理合具文詳請憲臺俯賜察核，批示立案等情。奉批：仰布政司會同按察司查議，通詳核辦。仍候督部堂批示，書冊并發。仍繳。又奉督憲汪批示：仰南布政司查明立案，并移該升道知照。仍候撫部院批示。繳等因。奉此，本司等查，鳳凰、乾州、永綏、瀘溪、麻陽、保靖等廳、縣各設書院一所，并添設屯、苗義學各五十館，自應建造房屋，庶藏修有所，足以敬業樂群。除麻陽從前設有書院，毋庸另建外，鳳凰廳舊有書院，甚形湫隘，不敷居住，現已作爲公所，應請照議另建。鳳凰、乾州、永綏、古丈坪、保靖等處，共建屯、苗義學一百館，每書院一所，已先發銀一千兩，每館一所，已先發銀五十兩，共發過銀一萬兩，均係在於屯租項下通融墊發。并請照議，自嘉慶十四年起，分作六年，在於屯防各項下撙節籌補歸款。仍令該廳、縣俟工竣後，據實造冊報銷，以歸核實。緣奉批議，理合會核詳覆，呈請批示移遵。

詳添設最深苗寨義學館 嘉慶十四年署湖南布政使傅鼐

爲詳明等事。

嘉慶十四年十一月初九日，奉護撫部院朱批：前司會同本署司，前在臬司任內詳稱，本司等會查得，苗地通計共設義學五十館。有相距較遠，或數十里，或百餘里，負笈往返，頗勞跋涉。須於深巢苗館較稀之處，添設二十館，俾得就近從師，以廣訓迪。歲增修脯，尚屬無多，應請俯如所稟辦理，以資造就。但此項議館，應設於何處，歲需膏火若干，及於何項銀内支給，未經聲明。應請飭令辰沅道，另行妥議，籌酌詳覆，移咨核辦。又查苗民貿易定例，在沿邊開設集場，按期趨趨。乃有深巢苗人，憚於遠涉，遂在寨内私行開場交易。則私場一設，設有奸民借趨場爲名，混入苗地，難以稽查。實所關匪細，不可不預爲防範封閉。亦應請俯如所稟，飭令取具苗官切結，不准再開集場。并飭各地方官隨時查禁，以杜後患。緣奉批議，是否允協，理合會議，詳請憲臺察核，批示移遵。

前案覆詳 嘉慶十四年署湖南布政使傅鼐

本司等會查得，乾州廳增設苗義學二館、鳳凰廳八館、永綏廳七館、保靖縣二館，查係俱在深巢，地方寒苦。所延館師，若與内屯館束修一律支送，不足以示區別。應請照於四年原詳，深巢苗學於原定穀十六石外，加增穀八石，每館歲給穀二十四石。又古丈坪增設一館，并非深巢，每歲給穀十六石，以示區別。至此項穀石，每年計算，共需穀四百七十二石。既准該署道查明，通盤籌畫，別無餘款。每年請於經費租籽項下撙節動用，餘出穀四百餘石，送給館師，作爲膏火，尚屬妥協。應請俯如所請，每年即在於經費租籽項下支給。仍照依十四年加增最深、次深苗義學穀石之案，年終造册，齎司詳銷，毋庸咨部，以省案牘。是否允協，相應具文，詳請憲臺察閱，批示移遵。

均屯田土總數 嘉慶二年平苗後定額

乾、永、古、瀘、麻、保均出田三萬七百八十三畝三分。乾州廳三千六百二十八畝八分，鳳凰廳萬二千八十畝六分，古丈坪五百二十九畝七分，瀘溪縣五千三百八十二畝五分，麻陽縣六千九百八十三畝一分，保靖縣二千一百七十八畝六分。

凰、永歸公田二萬九千六百五十三畝三分。鳳凰廳萬三千五百三十九畝，永綏廳萬六千一百十四畝三分。

官贖田萬五千五百五十四畝五分。乾州廳七百七十六畝五分，鳳凰廳五千五百八十七畝三分，永綏廳八千四百六十八畝七分，古丈坪九十三畝四分，保靖縣六百二十八畝六分。

苗繳占叛田萬八千七百六十二畝二分。乾州廳三千四百八十七畝，鳳凰廳七千六百五十畝八分，永綏廳五千九百四十畝七分，古丈坪一百二十七畝八分，保靖縣千四百七十六畝零。

共收穀萬八千七百六十二石二斗。每畝收穀一石。

苗繳占叛土萬六千三百七十八畝一分。乾州廳百九十六畝一分，鳳凰廳五千九百八十三畝七分，永綏廳九千八百九十五畝七分，保靖縣三百三畝六分。

共收雜糧三千二百七十五石六斗二升。每畝收雜糧二斗，按古丈坪并無占叛田土。嘉慶十年，彼處添設苗兵百名，各寨苗人公同呈出田二百二十七畝八分，收丈歸公，以爲苗人口糧。又因支給不敷，復撥保靖縣占田二百十三畝三分，是以原奏并入苗繳占叛田土內。

苗弁呈出已業田三千畝九分。乾州廳六百四畝六分，鳳凰廳千五百九十五畝七分，永綏廳五百畝四分，保靖縣三百畝二分。

共收穀三千石九斗。每畝收穀一石。

苗人呈出歷年爭占田千四百八十五畝六分。乾州廳五百七十八畝五分，鳳凰廳三百二十三畝二分，永綏廳二百八十七畝，保靖縣二百九十六畝九分。

共收穀千四百八十五石六斗。每畝收穀一石。

苗人呈出歷年爭占土二千六百二十五畝四分。乾州廳四十八畝八分，鳳凰廳二千二百二十二畝，永綏廳三百五十四畝六分。共收雜糧五百二十五石八升。每畝收雜糧二斗。

鳳、永開墾田二千六百九十一畝三分。鳳凰廳百四十五畝八分，永綏廳二千五百四十五畝五分。共收租穀二千六百九十一石三斗。每畝收租一石。

永綏廳開墾土萬一百三十畝。佃種收租。

以上均出歸公官贖田畝、苗繳占叛田土，并苗人呈出已業，暨歷年爭占，以及鳳、永二廳開墾田土，共田土一十三萬一千六十四畝六分。

經費款項：

乾、鳳、永、古、保弁兵分授均田及歸公田三萬三千二十六畝二分。乾州廳二千八百十六畝九分，鳳凰廳萬八千八百四十五畝六分，永綏廳九千四百九十四畝五分，古丈坪四百六十七畝二分，保靖縣千四百二畝。

撥給鳳凰廳練勇鹽糧，共均田及歸公田萬八千畝一分。乾州廳四百二畝，鳳凰廳三千一百二十一畝八分，永綏廳二千四百十七畝七分，瀘溪縣五千一百四十一畝三分，麻陽縣六千九百十七畝三分。

加增鳳凰廳練勇鹽菜、籌備馬匹、鍋帳，提撥永綏廳贖田三千畝二分。

加增經費，并原納均出田畝正耗錢糧，提撥贖田四千二十九畝八分。鳳凰廳九百九十八畝二分，永綏廳三千三十一畝六分。

總、散屯長分給，贖田千八百十九畝。乾州廳二百二十畝一分，鳳凰廳六百八十畝二分，永綏廳四百三十六畝七分，古丈坪四卜五畝二分，瀘溪縣百九十六畝四分，麻陽縣百五畝六分，保靖縣百三十四畝八分。

乾、鳳、永、保添設屯弁，撥給鳳、永開墾田二千六百九十一畝三分零。乾州廳三百八十八畝，鳳凰廳千三百四十五畝二分，永綏廳八百七十七畝一分，古丈坪四十畝八分，保靖縣四十畝二分。

分授鳳、永二廳老幼屯丁，贖田三千四畝四分。鳳凰廳千四百一畝九分，永綏廳千二百二畝五分。

支給乾、鳳、永、瀘、麻、保六書院束修膏火，提撥贖田二千一百畝一分。乾州廳三百畝一分，鳳凰廳五百畝一分，永綏廳四百畝，瀘溪縣二百九十九畝四分，麻陽縣三百一畝，保靖縣二百九十九畝五分。

支給屯、苗義學館穀，提撥贖田千六百一畝。乾州廳二百五十六畝三分，鳳凰廳七百四畝五分，永綏廳三百九十七畝七分，古丈坪四十八畝二分，保靖縣百九十四畝三分。

支給苗兵口糧萬八千石，提撥苗繳占叛田土共三萬五千一百四十畝三分。應收籽粒二萬二千三十七石八斗八升。

加增苗兵口糧，提撥苗弁呈出田畝并苗人歷年爭占田土共七千一百十一畝九分。共稻穀雜糧五千十一石五斗八升。

籌備屯田水衝沙壓工本，提撥永綏廳開墾土萬一百三十畝。

以上共提撥田土十二萬一千六百五十四畝三分。乾州廳存剩均田四百九畝九分，鳳凰廳存剩均田三千九百五十九畝二分，永綏廳存剩歸公田四千二百二畝一分，古丈坪存剩均田六十二畝五分，保靖縣存剩均田七百七十六畝六分。共存剩均田及歸公田九千四百十畝三分，召佃收租，變價以資經費。

以上苗繳占叛田土及苗弁呈出田畝，并歷年爭占田土應收稻穀雜糧二萬七千四十九石四斗六升，除支給并加增苗兵口糧共二萬三千十一石五斗八升外，尚餘稻穀雜糧四千三十七石八斗八升，存貯苗倉，留爲不敷之用。

屯苗倉廠租籽并屯長總數 道光元年減定額租

鳳凰廳中營馬鞍山倉，租穀七百九十二石一斗四升三合三勺，土租二百五十石二斗三升三合六勺。前營新寨倉，租穀二千四百六十五石四斗八升五合七勺，土租一百三十八石四斗四升六合。涼水井倉，土租一百三十石零三斗五升三合四勺。田坪倉，租穀一千零七十四石二斗九升一合三勺，土租五十七石六斗四升二合三勺。右四倉租籽四千九百零八石五斗九升五合六勺，係新場堡屯守備承催。

木林約二甲永安倉，租穀九十一石二斗八升。三甲永安倉，租穀一百三十石。四甲永安倉，租穀二百零二石四斗三升。都羅約上五甲林寨倉，租穀一百五十一石六斗。下五甲白泥塘倉，租穀一百零八石七斗七升。中營新洞坪倉，租穀六百零六石九斗三升四合，土租一百一十八石零六升八合五勺。前營古桑營倉，租穀一千二百七十九石二斗一升四合一勺，土租六十五石三斗七升九合一勺五鈔。右七倉租籽二千七百五十三石六斗七升五合七勺五鈔，係永安卡屯千總承催。

木林約一甲德留坪倉，租穀一百三十六石二斗四升四合二勺一鈔四撮。五甲殺牛坪倉，租穀一百二十六石九斗五升一合二勺。水田約二甲土黃潭倉，租穀八十石零一升五合。三甲旺奢倉，租穀一百零八石六斗零九合。四甲麻杜灣倉，租穀十四石三斗九升。長凝哨倉，租穀一千零三十六石二斗九升九合四勺，土租一百五十九石五斗二升八合八勺。右六倉，租籽一千六百六十二石零三升七合六勺一鈔四撮，係羅天寨屯外委承催。

大汉約二甲竹林坪倉，租穀三百三十二石六斗零二合五勺。三甲新巖橋倉，租穀一百九十八石一斗一升七合五勺。四甲黃會營倉，租穀四百二十一石五斗二升四合。五甲鴉拉營倉，租穀二百零二石二斗三升。治牙約一甲舒家塘倉，租穀二百七十三石八斗。浪中江倉，租穀二百一十三石八斗二升九合八勺。右六倉租籽一千六百四十二石一斗零三合八勺，係浪中江屯外委承催。

都羅約一甲新場倉，租穀一百零九石五斗七升。二甲古衝倉，租穀二百零七石二斗五升二合五勺五鈔。三甲茶坪倉，租穀二百三十二石一斗一升。四甲得勝嶺倉，租穀二百一十石零二斗。黃羅約一甲大寨倉，租穀一百四十八石三斗三升八合。二甲楊家寨倉，租穀一百二十四石七斗二升二合五勺。三甲楊家硐倉，租穀三十六石五斗五升。四甲清水哨倉，租穀八十六石八斗五升。老田衝倉，租穀四百零三石三斗八升八合，土租二十四石零四升一合八勺。右九倉租籽一千五百八十三石零二升二合八勺五鈔，係永安卡屯額外承催。

治牙約二甲杜望倉，租穀二百七十四石零八升。三甲新場倉，租穀一百一十七石九斗九升。四甲治牙倉，租穀一百三十八石一斗。五甲楠木衝倉，租穀一百三十八石七斗。都桐約一甲芭蕉腦倉，租穀一百五十五石六斗。二甲沙羅寨倉，租穀三百一十九石五斗五升。三甲麻子坳倉，租穀四十九石六斗三升。四甲十八坪倉，租穀一百七十一石零五升。大汉約一甲瓮來倉，租穀一百六十七石六斗四升七合五勺。右九倉共租籽一千五百二十二石二斗四升七合五勺，係新場倉屯額外承催。

麻陽縣城倉，租穀一千九百零四石零三升零九勺九鈔。馬江口倉，租穀六百七十三石一斗六升一合四勺。江口倉，租穀七百七十九石一斗三升三合七勺六鈔。右三倉租穀三千三百五十六石三斗二升六合一勺五鈔，係麻陽縣城屯把總承催。

渌溪口倉，租穀八百五十五石七斗三升六合三勺八鈔。巖門倉，租穀四百六十八石一斗三升。濫泥倉，租穀五百一十七石五斗四升六合零四鈔。李家坪倉，租穀三百二十九石一斗六升零六勺。右四倉租籽二千一百七十石零五斗七升三合零二鈔，係巖門屯外委承催。

拖衝倉，租穀九百二十五石六斗八升九合六勺八鈔。右一倉租籽九百二十五石六斗八升九合六勺八鈔，係拖衝屯外委承催。

石羊哨倉，租穀一百二十四石九斗七升七合四勺。火麻坪倉，租穀五百五十五石六斗零五合八勺。板栗樹倉，租穀一百九十石零五斗八升三合八勺。右三倉租穀八百七十一石一斗六升七合，係石羊硝屯額外承催。

以上鳳凰廳本城上五峒大汉等七約，并中前兩營苗寨，及麻陽縣上下兩鄉，共計屯倉五十二所，租籽二萬一千四百零五石五斗三升八合九勺六鈔四撮，均係新場堡屯守備督催。

鳳凰廳大田倉，租穀五百一十三石七斗七升零七勺，土租三石六斗九升二合。塘寨倉，租穀二百二十六石五斗四升八合，土租八石四斗六升。巖門倉，租穀二百四十六石六斗二升七合，土租十九石三斗五升。龍角峒倉，租穀一百五十四石五斗六升七合四勺，土租十五石二斗零八合。鴨保寨倉，租穀一千三百一十一石三斗五升零九勺，土租一百七十二石四斗七升三合九勺。右五倉租籽二千六百七十二石零四升七合九勺，係得勝營屯千總承催。

三拱橋倉，租穀一千八百五十一石六斗二升九合六勺，土租二十七石五斗九升二合一勺。火麻營倉，租穀七百九十四石零一升四合七勺，土租二石九斗零六合。高都倉，租穀六百三十八石六斗六升二合六勺。爆木營倉，租穀八百石零八斗四升六合一勺五鈔，土租二十三石零四升八合二勺五鈔。科甲倉，租穀十七石七斗七升九合，土租一百一十七石零二升六合八勺八鈔六撮。巖尾坡倉，租穀九十四石五斗二升二合，土租二十六石九斗八升。芭科倉，穀四十六石七斗，土租六十六石三斗九升。右七倉，租籽四千五百四十八石零九升七合一勺八鈔六撮，係舊司坪屯把總承催。

同全坡倉，租穀二百二十六石零五升五合六勺，土租六十石零三斗一升四合一勺。木里倉，租穀一千四百零二石零八升九合六勺，土租一百一十六石八斗六升四合四勺。右二倉共租籽一千八百零五石三斗二升三合七勺，係定勝卡屯外委承催。

靖疆營倉，租穀一千三百二十四石二斗五升一合八勺，土租六十石零七斗九升一合四勺。右一倉，租籽一千三百八十五石零四升三合二勺，係靖邊卡屯外委承催。

得勝營倉，租穀七百九十四石零二升四合，土租二十八石三斗二升七合六勺。右一倉租籽八百二十二石三斗五升一合六勺，係得勝營屯額外承催。

瀘溪縣浦市倉，租穀一千九百九十六石五斗三升五合四勺。蘭村倉，租穀一百三十二石二斗八升七合六勺。麻坪倉，租穀一百五十九石一斗四升五合六勺。瀘溪縣城倉，租穀一百二十石零九斗七升五合五勺八鈔。右四倉，租籽二千四百零八石九斗四升四合一勺八鈔，係浦市屯把總承催。

興隆場倉，租穀三百九十六石五斗五升八合四勺。上廣倉，租穀三百七十三石九斗九升九合六勺。小章倉，租穀一百六十一石八斗六升二合六勺。霧露倉，租穀一百石零七升。踏虎倉，租穀二百六十九石八斗七升五合。合水倉，租穀一百八十一石八斗一升四合四勺。右六倉，租籽一千四百八十四石一斗八升，係四都坪屯外委承催。

狗琶巖倉租穀一百二十五石三斗五升六合三勺一鈔。都蠻倉，租穀二百七十二石一斗一升七合五勺。利略倉，租穀一百二十四石零三升零一勺。木江坪倉，租穀一百三十六石七斗五升。右四倉租穀六百五十八石二斗五升三合九勺一鈔，係狗琶巖屯額外承催。

以上鳳凰廳下五峒都吾等四約，并左右兩營苗寨，及瀘溪縣各都地方，共計屯倉三十所，租籽一萬五千七百八十四石二斗四升一合七勺七鈔六撮，均係得勝營屯守備督催。

乾州廳新街倉，租一千五百九十八石六斗七升零一勺，土租三石一斗五升九合。右一營租籽一千六百零一石八斗二升九合一勺，係新街堡屯把總承催。

坪朗倉，租穀八百六十八石六斗七升三合五勺二鈔。黃腦寨倉，租穀五百三十九石零六升五合五勺，土租二石四斗。陽孟寨倉，租穀四百六十七石三斗六升一合九勺二鈔,土租三十七石零八升四合七勺。右三倉,租籽一千九百十四石五斗八升五合六勺四鈔,係坪朗堡屯外委承催。

三岔坪倉,租穀一千三百六十一石五斗一升四合二勺,土租十八石八斗三升七合四勺。蟒車倉,租穀七百六十八石零四升八合六勺四鈔,土租二十一石二斗九升三合二勺二鈔。西間倉,租穀三百一十四石八斗一升八合一勺,土租四斗六升三合五勺。右三倉租籽二千四百八十四石九斗七升五合零六鈔,係灣溪屯外委承催。

馬頸坳倉,租穀一千五百零三石零三石零七升七合三勺,土租八斗一升。野茅坪倉,租穀一百二十一石六斗二升五合七勺。潭溪倉,租穀八十二石七斗二升三合二勺。右三倉,租籽一千七百零八石二斗三升六合二勺,係馬頸坳屯額外承催。

大壩坪倉,租穀一十五石五斗零六合九勺。右一倉,租穀籽一十五石五斗零六合九勺,係大壩坪屯額外承催。

古丈坪廳龍鼻嘴倉,租穀二百六十三石六斗二升六合四勺,土租十石零九斗三升三合三勺。曹家坪倉,租穀一百一十二石五斗九升四合。右二倉,租籽三百八十七石一斗五升三合七勺,係古丈坪屯把總承催。

廳城倉租穀一百三十四石一斗六升五合二勺三鈔,土租二石三斗九升四合六勺。右一倉租籽一百三十六石五斗五升九合八勺三鈔,係古丈坪屯額外承催。

保靖縣縣城倉,租穀七百九十六石七斗八升一合,土租一石九斗六升八合。右一倉,租籽七百九十八石七斗四升九合。

六都萬巖溪倉,租穀六百一十四石六斗七升三合二勺,土租三石一斗五升二合二勺。七都口倉,租穀二百八十一石八斗七升三合,土租一石五斗零六勺。六都胡蘆寨倉,租穀三百六十七石二斗四升四合七勺,土租三石四斗六升一合四勺。右三倉租籽一千二百七十一石九斗零五合一勺,係印山臺屯外委承催。

毛坪倉,租穀四百零五石二斗四升六合一勺,土租九石七斗六升一合。八都排家橋倉,租穀三百九十二石一斗五升八合九勺,土租四石九斗九升七合六勺。水田倉,租穀三百一十七石三斗四升五合九勺,土租二石零一升一合。右三營租籽一千一百三十一石五斗二升零五勺,係水蔭場屯額外承催。

七都碌河口倉,租穀一百九十七石六斗五升九合三勺,土租四石一斗二升零八勺。七都鼻子寨倉,租穀六百零六石六斗六升六合三勺,土租十二石四斗九升三合二勺。右二倉,租籽八百二十石零九斗三升九合六勺,係馬路堡屯額外承催。

以上乾州、古丈坪、保靖三廳縣屯倉，共二十三所，租籽一萬二千二百七十一石九斗六升零六勺三鈔，均係乾州屯守備督催。

永綏廳花園倉，租二千零七十石零九斗三升零九勺，土租一千六百一十石零一斗六升三合八勺。接溪倉，租穀一百七十三石四斗四升二合，土租一百七十九石六斗六升零二合。右二倉租籽四千零三十四石一斗九升六合九勺，係花園屯千總承催。

長潭倉，租穀一千七百六十四石二斗五升七合五勺，土租一百一十七石七斗零一勺。下寨倉，租穀一千二百三十二石八斗零七合四勺。窩勺倉，租穀一千三百二十四石八斗二升四合七勺，土租三十五石三斗零六合九勺。尖巖倉，租穀二千九百五十六石六斗四升零七勺，土租一百八十七石九斗三升七合九勺。科斗倉，租穀三百四十七石二斗八升零七勺，土租十九石零九升五合八勺。右五倉，租籽七千九百八十五石八斗五升一合七勺，係獅子橋屯把總承催。

鴨保倉，租穀一千八百二十一石七斗零一合八勺。董馬倉，租穀五百零五石二斗七升七合二勺，土租十石零八升三合七勺。右二倉，租籽二千四百六十四石四斗七升三合，係吉洞坪外委催。

隆團倉，租穀二千八百五十石零六斗五升一合九勺，土租四百二十五石四斗一升三合。右一倉，租籽三千二百七十六石零六升四合九勺。以上永綏廳鎮溪等十一宝，并六、七、八、三里苗寨，共屯倉十所，租籽一萬七千七百六十石零五斗八升六合五勺，係花園屯守備督催。

茶洞倉，租穀九百石零九斗三升二合九勺，土租一千一百一十七石零五升三合八勺。右一倉，租籽二千零一十七石九斗八升六合七勺，係茶洞屯千總承催。

掃把倉，租穀一千一百零五石一斗四升五合一勺，土租一百七十四石八斗六升八合。右一倉，租籽一千二百八十石零一升三合一勺，係彌落屯把總承催。

高巖倉，租穀一千一百零五石一斗四升五合一勺，土租一百七十四石八斗六升八合。排補倉，租穀一千七百五十七石零二升四合八勺，土租六十五石二斗八升七合六勺。窩大召倉，租穀五百零四石三斗二升六合二勺，土租十四石二斗六升九合二勺。巖落倉，租穀三百七十六石零一合，土租九石八斗七升八合八勺。排料倉，租穀四百石零九斗四升一合七勺，土租二十五石七斗五升六合九勺。右五倉，租籽四千二百六十一石九斗二升六合二勺三鈔，係高巖倉屯把總承催。

鉛廠倉，租穀一千九百三十四石零一升四合三勺，土租三百石零七斗二升七合九勺。右一倉，租籽二千二百三十四石七斗四升二合二勺，係湘水溪屯外委承催。

排打扣倉，租穀六百九十三石九斗零二合，土租一百零九石二斗六升八合五勺。新倉，租穀九百一十六石四斗四升三合五勺，土租一百四十一石四斗九升六合四勺。螺蛳壋倉，租穀二百八十六石八斗八升七合七勺，土租五十四石四斗四升八合六勺。右三倉，租籽二千二百零一石三斗九升三合九勺，係螺蛳壋屯外委承催。

以上永綏廳永豐等八圼，并五、九、十等三里苗寨，共屯倉十一所，租籽一萬一千九百九十六石零六升二合一勺三鈔，係螺蛳壋屯守備督催。

以上七廳、縣，總共屯倉一百二十六所，租籽七萬九千二百一十八石三斗九升。鳳凰廳，二萬五千四百五十一石三斗九升六合八勺。乾州廳，七千七百二十五石一斗三升二合九勺。永綏廳，二萬九千七百五十六石六斗四升八合六勺三鈔。古丈坪，五百二十三石七斗一升三合五勺三鈔。保靖縣，四千零二十三石一斗一升四合二勺。瀘溪縣，四千四百一十四石六斗二升八合零九鈔。麻陽縣，七千三百二十三石七斗五升五合八勺五鈔。

附屯防總記內開倉數：

鳳凰廳屯倉三十五處，苗倉二十八處。共計六十三處。此冊係照屯備弁分管地段倉廠冊所列：鳳凰屯苗倉五十七處，又木江坪一倉開入瀘溪縣後，合共五十八倉，尚少五倉。再查節略支放斗級口糧數內，多西倉一處，少涼水井、塘寨、龍角硐三處。

麻陽縣屯倉十三處。此冊止十一處，所短二倉恐係混入鳳凰各倉之內，附記俟考。

瀘溪縣屯倉十三處。此冊十四處，內有木江坪一處，應屬鳳凰廳。

乾州廳屯、苗倉十一處。

永綏廳屯、苗倉二十一處。

古丈坪屯倉三處。

保靖縣屯、苗倉九處。

經營總、散屯長二百名：

鳳凰廳，總屯長十五名，散屯長六十名。共七十五名。乾州廳，總屯長四名，散屯長二十一名。共二十五名。永綏廳，總屯長十二名，散屯長三十三名。共四十五名。古丈坪，總屯長一名，散屯長四名。共五名。保靖縣，總屯長三名，散屯長十二名。共十五名。瀘溪縣，總屯長三名，散屯長二十名。共二十三名。麻陽縣，總屯長二名，散屯長十名。共十二名。

鳳、乾、永、古、保五廳縣屯備弁衙署官房

鳳凰廳：

北關守備衙署一所，新場堡守備衙署一所，得勝營守備衙署一所。

同全坡千總官房一所，新場堡千總官房一所，得勝營千總官房一所，永安卡千總官房一所。

同全坡把總官房一所，新場堡把總官房一所。麻陽縣把總官房一所，浦市把總官房一所，舊司坪把總官房一所。添設。

同全坪外委官房一所，新場堡外委官房一所，羅天寨外委官房一所，浪中江外委官房一所，舊司坪外委官房一所，四都坪外委官房一所，巖門外委官房一所，定勝卡外委官房一所，拖衝倉外委官房一所，軍裝局外委官房一所，同全坡額外官房一所，新場堡額外官房一所，得勝營額外官房一所，永安卡額外官房一所，石羊哨額外官房一所，鎮城額外官房二所，狗爬巖額外官房一所。

以上鳳凰廳，守備衙署三所，千總官房四所，把總官房五所，外委官房十所，額外官房九所。共三十一所。

乾州廳：

乾古保守備衙署一所。

新場堡把總官房一所。

灣溪外委官房一所，坪朗堡外委官房一所。

大壩坪額外官房一所，馬頸坳額外官房一所。

以上乾州廳，守備衙署一所，把總官房一所，外委官房二所，額外官房二所。共六所。

永綏廳：

花園守備衙署一所，螺螄壋守備衙署一所。

花園千總官房一所，茶洞千總官房一所。

獅子橋把總官房一所，彌諾把總官房一所，高巖倉把總官房一所。

朝水溪外委官房一所，吉洞坪外委官房一所，螺螄壋外委官房一所。

花園堡額外官房一所，茶洞堡額外官房一所，隆團倉額外官房一所。

以上永綏廳，守備衙署二所，千總官房二所，把總官房三所，外委官房三所，額外官房三所。共十三所。

古丈坪廳：

龍鼻嘴把總官房一所，古丈坪額外官房一所。

以上古丈坪，把總官房一所，額外官房一所。共二所。

保靖縣：

縣城外委官房一所，印山臺外委官房一所

水蔭場額外官房一所，馬路堡額外官房一所。

以上保靖縣，外委官房二所，額外官房二所。共四所。總共守備衙署六所，千總官房六所，把總官房十所，外委官房十七所，額外官房十七所。共五十六所。

卷八　均屯四

二品銜前署湖南辰永沅靖道但湘良纂

附奏清查苗疆均屯田土片 嘉慶十九年湖南巡撫廣厚

再，苗疆碉卡、屯防一切事宜，傅鼐所定，均甚周妥，實可永遠遵守。惟均屯田土所收租穀，與詳明報部之數，多少不符。原奏少報田土二萬餘畝，少報屯、苗租穀二萬有零。追查從前原奏較少之故，在傅鼐毫無私見。原爲苗疆距省較遠，遇有零用，必須通融之處，調解維艱。是以稍留有餘，以備支絀。其修建屯倉、苗倉、義學等項，均於備貯穀內借動。詳明分作五年、六年在於所取餘租內補還。不知租穀非他項錢糧可比，不但年歲稍歉，必有短絀，即收成豐稔之歲，刁頑佃戶亦有拖欠，取不足數。是以歷年皆有欠缺。甚至十二、十六兩年，即經費亦不敷用，均於備貯穀內借動。此均屯租穀多收少報，及借動備貯穀之實在情形也。昨經面奏，必須揀派妥員，另爲核實查明，分別妥辦。業蒙聖鑒。臣於到省後，即與署撫臣陳及藩司翁元圻、臬司恒再四酌商。查有永順府福順，人甚正當，幹練結實，永綏同知蔣紹宗，體面老成，辦事實心，皆堪委查。即派令會同署辰沅道姚興潔，及原辦各屯備等，將田土租數，逐一據實詳查，開造實在數目。其積穀或有田土稍瘠，原定之數本多，即將實可取若干，應減若干。即遇稍歉之年，不致拖欠過多。造冊詳送藩臬確查，再由臣會同督臣馬慧裕，核實具奏。其經費等項，仍照傅鼐原報之數，報部查核，以免駁雜。如有多餘，即先分年歸還傅鼐原借備貯之穀。其應留道廳賞需及租穀變價運腳等項，合無仰懇皇上天恩，即照面奏，每年詳報總督、巡撫兩衙門，據實查核存案。如有虛捏弊混，即行查參。庶經費不致短絀，而租穀皆歸核實矣。理合將派員查核緣由，謹附片奏聞。

奉硃批：查明具奏。欽此。

奏查明苗疆均屯田土酌量減租節用摺 嘉慶十九年湖南巡撫廣厚

奏爲苗疆均屯田土租穀，委員確切查明，酌量撙節支用，足敷經費，并酌議借墊各銀穀，分別捐賠歸補，以垂久遠事。

竊照前臬司傅鼐，於道廳任內，籌辦邊務，盡心竭力，悉臻周妥。節經前撫臣奏明，一切聽其通融辦理。并奉諭旨：務勿致伊掣肘等因在案。迨奴才於嘉慶十七年，查閱苗疆，查知丈收田土少報二萬餘畝，收取租籽少報二萬餘石。而所貯銀穀均已墊用無存，恐有浮冒侵蝕等弊。當飭署辰沅道姚興潔將田租實數查明，造冊呈送，飭司議核。上年奴才進京陛見，當經面奏聖鑒。本年回任後，復奏委永順府知府福順、永綏廳同知蔣紹宗，會同姚興潔，核實清查。欽奉諭旨：查明具奏。欽此。

現據確查稟報，由藩司翁元圻、臬司徐核明擬議，詳請具奏前來。奴才復查，傅鼐節年在各廳、縣均辦民、苗田土，經前撫臣阿林保、臣景安，於嘉慶十年及十二、三兩年奏報，共丈收田土十三萬一千六十四畝六分。除給屯長、屯丁、老幼丁等領耕田三萬七千八百四十九畝六分，餘田土九萬三千二百十五畝。召佃收租，歲徵額租七萬九百二十一石二斗，以供鹽菜經費。復因苗疆距省遼遠，設有急需，調解維艱。兼以辦公賞需，及租穀變價，運腳折耗，辦屯委員薪水、夫馬、紙張，管倉屯弁長查田催租盤費、飯食，鎮城匯辦屯防檔案，及收支兩總局各廳、縣屯局經書工食、紙筆，檢蓋倉廒，修製斗斛、器具，添製練勇軍裝，苗弁因公往來盤費等項，在所必需，斷不能例外請銷。遂照民間佃戶租種田土，區以等差，於正租之外，徵收餘租二萬八千餘石，作爲外銷，籌款按年支用。又十四年，傅鼐詳報，丈收田土一萬五千二百一十九畝三分。十六年以後，續查出田土五千八百七十三畝二分。均未入奏報部。前項田土，除撥給營兵等領耕，及撥補水衝沙壓并碉卡圈占田土一萬一千八十四畝三分外，實餘田土一萬八畝二分。每年徵租五千六百六十三石二斗，亦歸入餘租內，撥作加增書院、義學，修葺城工等項之用。查邊防經費，專藉屯租，而豐歉靡常，須籌接濟。是以前撫臣阿林保奏明，於攤扣三成軍需銀兩，展扣二年，共銀六萬兩，發交傅鼐買穀四萬石，餘銀二萬零五百八十兩，以爲儲備。而正款應支之苗糧項下，豐歲盈餘，存爲苗倉積貯。除支銷外，現應存穀二萬一千七百五十三石五斗。以上共備貯銀二萬五百八十兩。屯苗積貯穀六萬一千七百五十三石五斗。是經費有資，儲備有款，辦理原極周妥。惟苗疆高阜山田，雨澤稍稀，即形乾涸。近溪田畝，又多衝衝刷之虞。一遇歲有不登，逋欠纍纍。且屯田每畝納穀一石數斗，至少者亦徵五六斗，加於內地民糧十餘倍，勢難如數取盈。是以歷年租穀，多有欠缺。甚至十二、十六兩年，大屬歉收，經費不敷，而正籌各款不能減省，均於儲備銀穀內借動。計傅鼐任內，先因丈收均田各苗弁，借領丈田經費穀六千五百五十石。又詳明動借墊辦屯弁官房、屯苗倉廠、書院、義學等項，尚未歸補銀一萬八千五百四十八兩。又因十二年荒歉，動借穀九千五百二石五斗。又以倉廠、公所抵交穀一萬三百九十七石七斗。姚興濂任內，因十六年大歉，正籌各款不敷，動借銀二千三十二兩、穀二萬二千五百七十三石一斗。合計傅鼐、姚興濂兩任，共借動銀二萬五百八十兩、穀四萬九千二十三石三斗，未能補還。奴才因苗疆均屯田土租穀均有加多，而儲備銀穀悉皆動墊，恐有侵隱混冒等弊。若不亟為清釐，既無以杜弊端，而邊疆積貯，更非妥為籌畫，不足以垂久遠。茲派委妥員，會同澈底查明，據實稟報。查苗疆田土磽瘠，每年正額餘租，共徵至十萬五千四百餘石，本屬過多。今按則核實酌量，共須減去租籽五千五百石，以紓佃力。每年定以額租九萬九千九百八十八石三斗九升。現查自嘉慶十年初立屯防起，至十八年止，九年之中，豐歲可收至十萬石。極少之年，亦收至七萬石。酌中計算，常年總可收至八萬餘石。近年苗情甚為寧謐，迥非傅鼐留防甫撤，均屯經始之時可比。每歲除應需官俸、兵餉、口糧等項各正款，共需穀七萬五千四百餘石。其外銷籌款，竭力撙節，祇准支穀一萬一千六百餘石。如有盈餘，即由道報明存貯。正銷籌款，共計歲支穀八萬七千一百餘石。豐歉相牽，總可敷用。所有正銷各款，請仍照傅鼐原定之數，報部核銷。其詳案及籌銷各款，向未報部有案，應請免其報部。由該道每年據實詳報督臣及奴才衙門察核。如查有浮匿虛冒，即行參奏治罪，以示懲儆。至備儲項下，現僅存穀一萬二千七百三十石二斗，動缺銀二萬五百八十兩、穀四萬九千二十三石三斗，自應設法補還，以實邊儲。而備積貯內，傅鼐借給各苗弁支領丈田穀六千五百五十石，本係各苗人自行存積，因公動支。今已歷數年，查核情形，實在無力繳還。應懇聖恩，准予豁免，以紓苗力。又傅鼐以倉廠等項，抵交有著穀一萬三百九十七石七斗外，共短銀二萬五千五百八十兩、穀三萬二千七十五石六斗。以穀一石作銀一兩，共計銀五萬二千六百五十五兩六錢。查得傅鼐動墊各款，洵屬因公，不但人所共知，并無絲毫情弊，即其急公經理之心，久已上邀聖鑒，實可信其無他。惟苗疆要地，備儲銀穀，未便虛懸。今奴才擬捐養廉銀六千兩，藩司翁元圻亦願捐四千兩，尚短銀四萬二千六百餘兩。

復再四籌商，請照前次通省攤扣三成軍需，再展攤一年，計銀三萬兩，以資歸補，尚少銀一萬二千六百五十五兩六錢。署道姚興潔支用各款，雖苗疆文武共見共聞，嚴查尚無弊竇，即其辦理苗疆，尚能遵守傅鼐舊章，數年以來，均甚安靜。但自十五年接任以後，一切照常支發，不能節省，以致毫無歸補，究屬拼籌不善。應責令照數賠繳，俟完交後，再行奏請實授，送部引見。此後備儲銀穀，著落該道出具切結，好爲收貯。即有要需，并實係歉收，如租穀收不足數，非詳奉批准，奴才等奏明，不得再行擅動。所有奴才清查核議緣由，理合會同湖廣總督臣馬慧裕恭摺具奏，伏乞皇上睿鑒，訓示遵行。謹奏。

奉上諭：廣厚等奏，查明苗疆均屯田租，酌將借墊各銀數分別捐賠一摺。湖南苗疆經費，前經展扣三成軍需銀六萬兩，發交買穀四萬石，并餘銀二萬零五百八十兩，以爲儲備。又苗疆盈餘存倉穀二萬一千七百五十三石零，因節年荒歉及墊辦公用，借動前項銀兩，并動用穀四萬九千二十三石零。此內各苗弁借支丈田穀石，現據廣厚查明，實係因公動用，自應即速補還，以實邊儲。著照所請，將各倉廒等項抵交穀一萬三百九十七石七斗外，其所短銀二萬五百八十兩、穀三萬二千七十五石六斗，以穀一石作銀一兩，共計銀五萬二千六百五十五兩六錢。惟將廣厚捐銀六千兩、翁元圻捐銀四千兩，并通省准扣三成軍需展攤一年，計銀三萬兩歸補，尚短銀一萬二千六百五十五兩六錢，即著辰沅永靖道姚興潔照數賠繳。嗣後備儲銀穀，如遇要需及租穀歉收不敷，非核實奏明，不得擅動。該部知道。摺并發。欽此。

奏懇鼓勵隨同查辦均田委員摺 嘉慶十九年湖南巡撫廣厚

奏爲佐雜委員隨同查辦均屯田土租穀，實力清釐，可否仰懇聖恩，加以鼓勵事。

竊照試用從九品王覺，於嘉慶六年派赴苗疆，隨同傅鼐修邊屯防。該員悉心經理，不辭勞瘁，辦理極爲周妥。至嘉慶十年，邊防藏事，最著勞績。經前撫臣保奏，欽奉諭旨，准以苗疆縣丞經歷升補。此次清查屯防田土租穀，因其平日誠實可靠，復委令隨同署辰沅道姚興潔等到處履勘，悉能得其實在，纖細不遺。兼之熟諳苗情，洵爲不可多得之員。前經咨補乾州廳經歷，旋奉部議，以尚未補缺人員，與升署之例未符，駁飭。查該員係川楚歸班人員，按其年分已逾十餘載，因後來各班積壓，以致補缺無期，終無升補之日。是皇上已經逾格施恩，而該員竟致年久，尚屬虛懸。合無仰懇鴻慈，俯念該員在苗疆十有餘年，歷著勞績，請免其先補從九品缺，遇有苗疆縣丞經歷缺出，即行補用。該員自必益當感激奮興矣。又試用縣丞徐日海，係傅鼐親婿，向來在南隨同傅鼐辦理屯防事宜，深得其力。并在苗疆隨同打仗數次，甚爲勇往。嘉慶十年，由捐納縣丞分發江西。十六年，奉委來楚催提咨追銀兩，適傅鼐病逝，經前撫臣令其幫同料理，并令送柩回籍。隨聞訃丁憂，接丁母憂，現已在籍呈報，服闋起復，仍來湖南清理傅鼐之事。適因清查屯防田土租穀，經臣委令隨同查辦。該員隨侍傅鼐十餘載，一切苗疆諸事，無不竭力幫辦，屢著勳勞，人亦明白，深悉苗情。茲清查田租，靡不井井有條，現在民、苗均極悅服。該員在江西不過一尋常試用之員，可否仰懇聖恩，俯准將徐日海改發湖南，遇有苗疆縣丞經歷缺出，即行補用，庶得一熟諳能事之員，於苗疆均有裨益。臣因苗疆緊要，必須熟諳苗情，得有接續之員起見，不揣冒昧，謹會同湖廣總督臣馬慧裕恭摺具奏，伏乞皇上睿鑒，訓示遵行。謹奏。

嘉慶十九年九月十二日，奉上諭：廣厚奏，懇將隨同查辦均田租之委員王覺等，量加鼓勵一摺。苗疆緊要，必須熟諳情形之員，以資經理。今試用從九品王覺、試用縣丞徐日海，在苗疆十有餘年，於派委查辦均屯田租，俱能實力清釐。著照所請，王覺准免其先補從九品本缺，徐日海准其改發湖南。遇有苗疆縣丞、經歷缺出，俱著即行補用。欽此。

奏陳苗疆事宜六條摺 道光元年刑部侍郎張映漢

奏爲楚省苗疆應行籌酌事宜，請旨飭交查議事。

竊臣前於召見之日，蒙皇上垂詢苗疆，緣口奏不能詳備，謹遵旨繕摺恭呈，仰祈聖鑒。臣上年在湖廣總督任內七月有餘，苗疆遠隔湖南，尚未及親履其地。然因邊境緊要，於到任後，即隨時遇事體訪，又檢委熟悉該處情形之員，密往查勘，尚未據覆到，多有應因時調劑者，敬爲我皇上一一陳之。

一、屯丁承種均田，應請循照定案，作爲世業，俾養其身家也。查初設屯丁時，皆於均田之戶及出力之鄉勇內挑補，令其身充屯丁，即承種均田。是以經久章程案內奏明，如遇屯丁缺出，准其子弟頂補，作爲世業。故自均田之後，苗民均各安帖。近日，臣體察風聞，遇有屯丁缺出，該處之委員及屯官等，間有以其隨帶私人頂充，而屯丁之子弟轉有不得充補者。似此紛紛效尤，積年累月，必致均田全屬外來之人占據。其本來屯丁之子孫，漸爲無業之游民。無恒產者無恒心，似應爲杜漸防微計，應請該督撫臣，責成辰沅永靖道，將鳳凰、乾州、永綏、古丈坪、保靖、麻陽、瀘溪七廳、縣苗疆地方，確實查明。凡有屯丁缺出，仍令均田等戶之子孫兄弟頂補，奉爲世業。概不得以外人攙雜，以符舊章而永樂利。

一、額徵屯租，宜量爲輕減，以廣皇仁而紓民力也。查苗疆鳳凰等七廳、縣，實存經費田六萬九千五百六十四畝有奇，均分與屯丁等承種。每年額收歲租九萬九千九百八十八石有奇，以爲苗疆經費之用。該處土性磽瘠，上等之田，確遇豐年，每畝不過收净穀四石。而應繳租穀，每畝正數雖祇收一石八斗，加以挑運盤費，斗面折耗，總須二石一斗零，方敷完納，所餘不及一半。再除牛力、籽種外，苗民終歲勤動，每畝僅得穀一石，爲糊口之資。偶值歉收請緩，加以遞年帶徵，更形竭蹙。承佃者率皆窮苦，苗民追呼，似覺可憫。惟是苗疆經費有常，必須通盤核算，方無支絀。以臣所體訪，前項歲收租九萬九千九百八十餘石，其每年支銷各款，實祇須八萬石。即此八萬石內，其虛糜浮濫可以裁汰者，仍復不少。即如苗兵操演火藥，修理器械等款，歲銷穀二千餘石。查自嘉慶十五年奉諭毋庸操演以後，久經停止，而每年仍舊開銷，殊爲虛冒，自應切實裁汰。又如歲修堤工廟宇，津貼營兵，并育嬰堂、養濟院等款，按名目似屬緊要，但城工廟宇，斷無年年修整之理。至於育嬰堂等項之用，風聞亦均係有名無實。又如屯官之書識跟丁，自應於該處現食鹽糧之練勇內撥充，以免另給工食，何以另行召募，致滋糜費？再應支發款內，有可發穀者應即核定發穀，有應授田者應即酌量授田，不但事歸簡易，且可省運費津貼之資。就臣所知者，每年約計，已可撙節裁減穀二萬餘石，竊恐此外浮費尚多。且上年又經前督撫臣奏准，發借帑金十萬兩交商，按一分生息，每年應得息銀一萬二千兩。以五千兩歸還原借帑本，以七千兩撥給辰沅永靖道。除陸續歸補歷年豁免佃欠及借墊各項外，其餘銀兩，作爲津貼苗疆經費之用。是租穀之外，又加此項生息銀兩。其各項支銷，自愈覺寬裕，則每年支銷穀八萬石，原數更可節省。其支銷既省，在苗民輸納亦應從減。應請飭下該督撫臣，責成辰沅永靖道，確切查明，將原定額收歲租九萬九千九百八十餘石之數，按戶按畝，量爲輕減，據實具奏，候旨遵行。如蒙恩允，則苗民仰沐皇上輕徭薄賦，閭閻咸臻熙皞矣。

一、苗疆七廳縣，應寬爲積貯，以備歉歲接濟苗民口食。并稍寬鹽禁，以資安輯也。查當年奏案內，苗租項下，每歲有餘租四千石，原爲積貯接濟苗民之用。自嘉慶十一年設立屯防起，至二十五年止，已閱十五年，計應存穀六萬餘石。即除荒年佃欠外，亦應存穀四萬餘石。再加以每年支銷餘勝之穀，爲數自應不少。上年該處夏旱秋潦，民苗生計孔艱，冬春之間，正賴積貯接濟。臣風聞現在儲備穀僅存一千五百石，何至如此之少？殊不足信。此係辰沅永靖道專司之事，必係節年以來，該道缺正署疊更，其間輾轉交代，或挪年分含混交收，或以節年帶徵影射作抵，恐其中情弊不一而足。查現任辰沅永靖道趙文在，人尚結實，且係由苗疆廳員，疊蒙天恩，遞升苗疆府道，受恩深重，且正當新舊交待之際，應請飭下該督撫臣，嚴督該道趙文在將歷年倉儲澈底清查，究應實貯若干，因何短少。如查出虧短之員，一面嚴參，一面將應積穀石，如數追賠，務令實貯在倉，永爲苗民緩急接濟之用。倘稍有含混，惟現任之道員是問。再，苗疆地方本有例銷淮鹽，但崇山峻嶺，水路二千餘里，淮商成本攸關，萬難運賣。即遇有水販運往，而色黑味苦，灰土攙雜，苗人不識爲何物，是以自有生以來，皆食川鹽。惟係淮引應銷之地，若任聽川鹽公然浸灌，是下游全無藩籬。但亦應因地隨時，酌量調劑。可否嗣後凡遇川私大夥負販入境，自應責成地方文武嚴緝，以堵侵越。至於山徑僻路，肩挑小販，不過在四五十觔以下，專爲該處苗民買食者，或可准其零星入苗疆挑賣，庶免苗民淡食之虞，且符《荒政輯要》暫寬鹽禁之條，以示體恤。

一、屯務應令該管之廳、縣督辦，裁汰委員，以專責成而節浮費也。查屯防初設時，新授屯官，率皆武夫戰卒，一應清丈田地，查造冊檔，不得不用委員幫辦。現經十餘年之久，屯務皆已定規，照例收放。現在之屯官、屯長，儘堪勝任，并責成各該廳、縣就近督理，由該本道總司出納。如屯官內有不能勝任者，即可由該廳、縣詳明更換，最爲簡捷。乃近日仍照當年舊章，由該道另行委員，分屯經理徵收。查委員既非原辦熟手，又於苗民利弊一概不知。此等人員，大半捐納佐雜，補缺無期。其中自愛者固有，而窮急不肖者勢所不免。非甘爲該道用人，通同舞弊，即任意赴屯滋擾，而仍給與經費，其地方之該廳、縣，轉皆置身局外，殊爲有損無益。應請飭令該督撫臣嗣後將各屯委員概行裁撤，專責該廳、縣督率屯官，切實經理。既免騷擾苗民，體制亦昭整肅，且可節省委員濫費。

一、差役毋許徑行拘傳苗人，以杜詐擾也。查善後案內，奏設苗弁，凡苗人訟案，有應到官質審者，令往傳喚，以免差役徑傳，藉端索詐。疊經飭禁有案。近聞日久逐漸弛禁，甚至有假差擅入苗寨，勾引窮苗，或認爲義子，或收爲門徒，令妄指殷實苗人，平空架訟。苗人語言不通，無由控訴。似此積忿，日久慮生事端。應請飭令該督撫臣出示明白曉諭，一面嚴行查禁。如有差役私入苗寨者，准該屯官鎖押，解送該廳、縣，通詳嚴辦。倘該廳、縣稍事袒徇，由道查實嚴參，庶苗人各安生業。

一、苗額舉人，不應阻抑會試，以示鼓舞也。查嘉慶十二年，恩准湖南省鄉試，另編田字號，取中苗疆舉人一名。每科如額取中，苗人咸以爲榮，遂多有奮志讀書，以求上進者。除官設義學外，并有自行延師課習者。似此，上等咸知奮志功名，次之亦可稍知禮義，再次亦可潛移其頑梗之風而柔其血氣，最爲善政。乃自設額以來，每科雖取中舉人一名，而總未見會試。大抵由於地方官、書吏於其請咨時，欺爲愚魯，橫行索費，以致阻抑其向上之志。臣在總督任内，曾經札查，而未據該地方稟復，且未屆會試之期，無從飭辦。明歲恭逢恩科會試，應請先期飭令該督撫臣轉飭該廳、縣，凡苗額舉人，除不願會試者，聽其自便外，其有呈請詳咨會試者，立予詳請給咨。由廳、縣而藩司，至巡撫衙門，一體嚴禁書吏索取規費，以免阻抑。再查朝廷曠典，凡各省會試舉人，如雲、貴等遠省例，准其馳驛赴京。其餘省分，按程途遠近，給與公車銀兩。若苗舉人有願請咨會試者，可否仰邀皇恩，照各省民籍舉人會試之例，分别給予公車銀兩，或准令馳驛，并令該督撫臣一并先行出示曉諭。則苗人讀書者必以爲非常榮耀，倍加鼓舞，苗俗日增良美矣。

以上六條，皆臣在任時，體察苗疆有關利弊，應行籌酌之事。前經札飭辰沅永靖道趙文在，并委湖北黄州協都司鄭國鴻密查稟辦，尚未據復到。臣即起程北上，并無携帶案卷，僅就臣平日鈔録應行要件，并記憶所及，恐亦未能詳晰。謹遵旨據實臚陳奏聞，惟求天恩，飭令湖廣總督、湖南巡撫臣逐細詳查案據，妥議具奏，請旨施行。是否有當，理合繕摺恭奏，伏乞皇上聖鑒訓示。謹奏。

奉上諭：據張映漢奏籌議苗疆事宜一摺。湖南苗疆舊定章程，原欲使苗民永遠樂業，相安無事。乃近日漸就廢弛，如摺内所稱，屯丁缺出，屯官自以隨帶私人頂充，其屯丁子弟轉致失業，日久必啓爭端。至苗疆租賦，應從輕減，俾安樂利。但減租先須省費，現在租穀支銷既多，有名無實之款，自應核實裁汰，量入爲出，以垂永久。其七廳、縣倉穀，貯備旱潦之需，如有虧缺，更宜嚴行查辦，稍寬鹽禁，以免苗人淡食，亦可量爲變通。至差役私入苗寨，本干嚴禁，應飭廳、縣各衙門實力奉行。苗額舉人，例准一體會試，當嚴禁書吏需索，或酌給公車路費，俾知踴躍。以上各條，張映漢在楚體察較真，著陳若霖會同左輔逐一查明，妥籌辦理。務令苗民不受侵擾之累，地方緩急有備，撫字得宜，庶永享綏安之福也。張映漢原摺，著發給閱看。將此諭令知之。欽此。

會奏籌議苗疆事宜六條摺 <small>道光元年湖廣總督陳若霖、湖南巡撫左輔</small>

奏爲遵旨查辦苗疆事宜，熟籌妥議，恭摺復奏，仰祈聖鑒事。

竊臣等承准廷寄，道光元年四月初十日，欽奉上諭：據張映漢奏籌議苗疆事宜一摺。湖南苗疆舊立章程，原欲使苗民永遠樂業，相安無事。乃近日漸就廢弛，如摺內所稱，屯丁缺出，屯官自以隨帶私人頂充，其屯丁子弟，轉致失業，日久必啓爭端。至苗疆租穀，應從輕減，俾安樂利。但減租先須省費，現在租穀支銷既多，有名無實之款，自應核實裁汰，量入爲出，以垂永久。其七，廳、縣倉穀，貯備旱潦之需，如有虧缺，更當嚴行查辦，稍寬鹽禁，以免苗人淡食，亦可量爲變通。至差役私入苗寨，本干嚴禁，應飭廳、縣各衙門，實力奉行。苗額舉人，例准一體會試，當嚴禁書吏需索，或酌給公車路費，俾知踴躍。以上各條，張映漢在楚體察較真，著陳若霖會同左輔逐一查明，妥籌辦理。務令苗民不受侵擾之累，地方緩急有備，撫字得宜，庶永享綏安之福也。張映漢原摺，發給閱看，將此諭令知之。欽此。仰見我皇上惠愛民、苗，籌計安全之至意。臣等跪讀之下，欽服難名。伏思苗疆自嘉慶二年大兵戡定，該處士民知身家非兵勇莫衛，兵勇非屯田莫養，各願將田均出歸公，以資兵勇養贍。前任辰沅永靖道傅鼐，修碉築堡，挑丁練勇，陸續丈收田土共十三萬一千零六十四畝六分，分別給丁領種，召佃收租。經前撫臣阿林保等奏定章程，每年額徵田租七萬九百餘石，以供屯防經費。所有原設留防之鄉勇、土塘、苗兵，均皆停支鹽糧，令其歸屯領耕，且耕且守。計每年節省國帑八萬二千餘兩，糧米六千三百餘石。以本地所生之財，爲本地衛民之用，洵屬籌邊良法。嘉慶十四年，又續丈出田土一萬餘畝，每年徵租五千六百餘石，以爲加增書院、義學、試資等項之需。教養兼施，尤屬美備。復因辦公賞需，變糶運腳折耗，并催收租穀夫馬盤費，匯辦屯防檔冊，津貼修整器具各項工食等款，支銷在所必需。又續於正租之外，徵收餘租二萬八千九百餘石，以爲支銷經費。每歲計徵正餘租穀十萬五千四百餘石，遂致佃力拮据，屢有拖欠。嗣於十九年，前撫臣廣厚因苗疆租數過重，徵收難於足額，減出租穀五千五百石，奏明歲徵租穀九萬九千餘石。此苗疆設立屯防，徵租供支之原委也。臣左輔上年到楚，體察情形，苗疆均屯田土，皆多磽瘠，以致水旱偶有不齊，收成輒形歉薄，閭閻恒鮮蓋藏。臣以田土固屬瘠薄，若以人工培治，未嘗不可轉爲肥饒。此在各屯弁等，盡心勤課，自收實效。并聞在屯委員，日久玩生，有以隨帶私人，頂補丁缺等弊。當即列款，札飭辰沅道趙文在，分別詳細查辦。適臣陳若霖到任，欽奉諭旨，會同查議。仰見聖謨廣運，凡所指示，悉屬邊防至計。臣等遵即會飭辰沅道趙文在，及委員永順府知府諸加杏、永綏廳同知蔣紹宗、湖北提標中軍參將鄭國鴻等，按款查明，妥議詳復。一面將屯官私補丁缺，差役私傳苗人，及委員辦屯三款，先行禁革。業經臣陳若霖附片奏蒙聖鑒。茲據該道等查明，分款籌議，由藩司錢臻復核，議詳請奏前來。臣等復查，苗疆未經戡定以前，民人田產盡爲苗占。自設屯以後，各將田土均出歸公，而苗人占叛田產，亦俱呈繳入官，多賴佃種官田，以資餬口。嘉慶二十四、五兩年，疊逢旱歉，各佃無力完租，經前督撫臣奏奉恩旨，俯准緩帶徵還。現在佃力拮据，難以完納，經臣等另行恭摺奏懇蠲免。臣等竊思，苗疆治安日久，生聚漸繁，而該處田少山多，地皆磽瘠，小民水耕火耨，終歲勤動，所獲無多。在豐稔之年，收穫穀石，除完納外，僅敷口食，本鮮餘蓄，一遇歉收，即形匱乏。查屯防租穀，自加餘租之後，本屬較重，現在若仍照額徵收，佃力實形竭蹶，自應大加酌減，俾資事畜。臣等與該道等悉心酌核，應請於額租內，均勻減去穀一萬八千石，并於田土全行歸公，及最爲瘠薄之區，再減去二千七百七十石，實徵租穀七萬九千餘石。仍飭該道於屯弁內，挑選熟諳農務之員，督率百總小旗人等，勸課各佃，多開塘堰，培治田土。如每歲收穫豐盈，著有成效，加以獎拔。倘有任聽荒蕪，亦即嚴行懲徵。地利既厚，民生自足。其屯丁內之并非均田本戶，及出力丁勇子孫，或非土著之人，概行革退。遵照舊定章程，另行僉補。佃租既減，一切屯防經費，尤宜撙節支銷，咸歸實用。所有苗兵火藥及委員冗費等款，均應核實，分別裁減。共應減去經費及餘穀二萬七百七十石，每年實需支銷銀穀七萬九千餘石，適符現議徵租之數。飭令該道以後詳慎經理，毋許稍有虛糜。至苗疆儲備，積貯銀穀，原爲緩急不時之需，因歷年屯防經費不敷，共動缺銀穀六萬九百二十餘石，現祇存穀一萬七千五百六十餘石。臣等飭據該道趙文在，與委員永順府知府諸加杏等查核，并無侵欺浮冒。現經臣等籌議，另行恭摺奏請，借款歸補，以實邊儲。嗣後如有要需，及歉年收租短絀，須由道詳經臣等奏明，再行借動。如有虧挪、霉變等弊，應照平常倉儲之例，分別參賠，以昭鄭重。所有經管屯防佐雜各委員，均已裁撤，并將不協苗情之永順縣典史王允吉、候補縣丞陳樹梓，咨部分別休革外，一切經徵支放，悉歸該道、廳、縣屯官經理。嚴禁差役擅入苗寨，拘傳苗人。如有勾攝等事，遵照舊章，由苗弁傳喚，以符政體而免擾累。苗舉人歷科，均未請咨進京會試。現經查明，實因伊等自知文理平常，難與各省貢士較藝，是以均未赴京應試，并無胥吏勒索抑掯之弊。茲復籌議，添補膏火，令苗舉人俱入書院肄業，俟文理稍優，於照例給與公車銀兩外，再行由道酌給盤費，俾知奮勵。其不願會試者，仍聽其便。又苗疆遠處邊隅，淮鹽不能隨時運到，若不量爲變通，民、苗誠有淡食之虞。然聽其買食私鹽，又恐侵灌日甚，於淮綱殊有關係。應請查照湖北歸州、巴東等州、縣之例，如遇淮鹽不能接濟，聽民買食川鹽，不得過十勉之數，以便民食而資調劑。以上各條，臣等悉心會籌審計，將屯防款目斟酌損益，民苗利弊分別興除，徭賦既得輕減，支銷亦歸核實。臣等仍諄飭該道督率廳縣，實心經理，加意撫綏，可期恒久不弊，苗疆永遠相安，以仰副聖主又安邊圉之至意。所有會查妥議緣由，謹合詞恭摺具奏，并將議複各款另繕清單，敬呈御覽。刑部侍郎臣張映漢原摺謹附恭繳，伏乞皇上聖鑒訓示。謹奏。奉硃批：另有旨。原摺留覽。欽此。

謹將議復湖南苗疆事宜，開列條款清摺，恭呈御覽。

一、據刑部侍郎臣張映漢奏稱，屯丁缺出，委員屯官間以隨帶私人頂充，而屯丁子弟轉有不得補充者。積年累月，必致均田全屬外來之人占據。應查明仍令均田等戶之子孫兄弟頂補，以符舊章等語。臣等查鳳凰、乾州、永綏、古丈坪、保靖五廳、縣，額設屯丁七千名。經久章程案內奏明，於均田之本戶及出力之丁勇內，挑選授田，令其且耕且守，奉爲世業，洵屬寓兵於農之法。凡遇屯丁辭退病故，開除丁缺，自應查照章程頂補，不得外人攙越。惟嘉慶十九年，永綏廳裁汰廳標額兵，議令歸營拔補名糧。其中不願入營之兵，間有該廳及委員跟丁者，求於屯防拔補丁缺。經前署永綏廳同知李慶茂稟道，准予拔補，以致浮議漸生。查汰兵原議歸營，該署廳李慶茂率請拔補屯丁，致占丁缺，有紊舊章。該員業經病故，應毋庸議。其委員等間亦有以跟丁頂補屯丁，究係援照頂補，尚非無因，亦請免議。現據該道趙文在及委員等查明，有汰兵鄭國科等頂補丁缺，已悉令將田退繳，仍照原議送營拔補。其退出之田，即查應補之丁，僉充領耕，俾守恒業。臣等飭該道趙文在，遴選熟諳農事之屯弁，督令百總小旗人等勤加勸課，多開塘堰，一切隨時致力，務得耕耨之宜，以期瘠土可肥，薄收可厚。如能著有實效，分別量予獎拔，以示鼓勵。倘有怠弛任聽荒蕪者，亦即加以懲儆，地利收而民生厚，庶於屯政大有裨益。

一、據刑部侍郎臣張映漢奏稱，該處土性磽瘠，應繳租穀，每畝雖祗收一石八斗，加以挑運盤費，斗面折耗，總須二石一斗零，方敷完納。倘值歉收請緩，加以遞年帶徵，更形竭蹶，應量爲輕減。惟是苗疆經費有常，必需通盤核算，方無支絀。按每年支銷各款，虛糜浮濫，可以裁汰者，即如苗兵操演火藥、修理器械等款，查自嘉慶十五年，奉諭毋庸操演，而每年仍照舊開銷。又如歲修城工廟宇，津貼營兵，并育嬰堂、養濟院等款，按名目似屬緊要，風聞亦均有名無實。又如屯官之書識跟丁，應於該處現食鹽糧之練勇撥充，以免另給工食。再應支發款內，有可發穀者發穀，有應授田者授田，事歸簡易，可省運費津貼之資等語。臣等查屯防佃租，自嘉慶十九年清查案內，奏定額徵九萬九千九百八十八石三斗九升。歷年照額徵收，以供經費。惟屯田多在高阜，土性瘠薄，雨澤稍稀，即以乾旱爲虞。各佃上繳官租，雖遇年登之歲，尚難如數取盈。若遇歉年，逋欠纍纍，徵收各有短絀，經費即屬不敷。今爲苗疆經久之計，誠如聖諭，減租先須省費。臣等將歷年支銷，以及徵租各數，詳細稽核。如條奏內應裁各款，除津貼營兵穀五百石，業據前任辰沅道姚興潔於嘉慶十九年清查案內詳明裁省外，其苗兵火藥、委員冗費以及歲修城工、廟宇等款，悉行遵照裁汰，共省銀穀三千五百七十三石五斗二升。其屯官之書職、跟丁，改以練勇撥充。除應留膏書七名，仍給工食，并加閏銀五十一兩一錢八分外，計減銀一千二百兩。又老幼丁未能授田者，一百九十七名，應仍於屯防項下支銷穀四百七十二石八斗外，其應授田土者，現在各丁查照原定章程分授田土，計應減口糧穀三千三百一十二石。至育嬰堂、養濟院二項，實爲慈幼恤貧善政，應行酌留，以普惠養。惟查永綏廳另設有殘廢丁一款支銷，應裁去養濟院項下穀一百石。此外，臣等複查有每年應存之苗租積貯，苗寨現在實貯，及另議歸補已有穀一萬七千九百石，足資接濟。伏思嘉慶十五年，苗兵停操，聖訓計遠慮周。以此類推，苗倉未便再行添貯。應將每年應存苗倉積貯穀三千五百五十石，悉行裁汰，以減苗租。又每年佃租支銷屯防經費之外，應餘租穀五千餘石。連年各道均因佃欠徵不足數，并無餘存，竟屬有名無實。自應減此餘數，以歸實在。應減五千九百三十五石。又廳、縣等官辦公穀，酌留一半，足敷撫綏賞賚之需。應減穀一千二百石。又各處倉廒應行歸并，所有歲支修葺倉書斗級工食，以及盤折撥運等費，共減穀七百石。又修理水衝沙壓田土，支銷多寡，原難預定。現有漢商息銀，以補經費不敷之用。此後修理，應於息銀內實用實銷，不必預爲定數，致滋虛冒。應將前定修費穀內，裁減一千二百石。統計裁減銀穀二萬零七百七十石。每年尚應需經費銀穀七萬九千二百一十八石零。內共應發穀五萬三千三百七十一石七升，發銀二萬五千八百四十六兩六錢八分五釐九毫三絲二忽。是經費既減，租賦即可從輕。應於民、苗佃種田土内，按則派減租穀一萬八千石。再於瀘、麻二縣之最瘠田土，并鳳、永二廳民、苗田土，全行歸公之處，已無餘業，佃情更窘，再減穀二千七百七十石，以紓佃力而厚民生。統計共減租穀二萬零七百七十石，核與現議應存支款數目相符。飭令該道查明各廳、縣議減租籽細數，分晰造冊，另行詳送查核。其從前正、署各道，虛銷苗兵火藥一項，據該道趙文在會同委員等，查明前道姚興潔任內，自嘉慶十九年清查以前，動用各款，業已奏結。其清查以後起，至二十二年止，三年報銷之穀，係爲添製練勇鍋帳等項之用，并未領項請銷。現在鍋帳等項，齊全貯庫。其前護道袁廷極任內，自二十二年起，至二十五年報銷之穀，係因前道姚興潔流攤墊造苗地公所，及添建倉廠等項，即藉此款彌補清楚，均有案據。雖非實用實銷，尚屬以公濟公，并無侵漁入己。且前道姚興潔久經病故，護道袁廷極已另案參辦，應毋庸議。所有屯防支銷各款，經此次裁減之後，悉歸撙節。各佃於正供之外，多得盈餘，足贍身家。其應納租穀，自必踊躍輸將。即責成該道督率廳、縣，會同屯備弁等，實力催徵，年清年款，據實具報。倘遇大歉之歲，詳經臣等委員勘明，奏請照例分別蠲緩。其當年經費不敷，由道督率廳、縣，查明確數，詳請籌款撥用。不許私動儲備銀穀，以杜虧挪。如有均田拖欠，照依錢糧，嚴行追比。除查明實係逃亡，租籽無著者，即行另招妥戶承種外，餘俱不得無故提田另佃，以致原佃失業。若各佃自願退田者，應聽其便。如此妥爲經理，則民、苗群沾樂利矣。

一、據刑部侍郎臣張映漢奏稱，苗租項下，每歲餘租四千石，原爲積貯接濟苗民之用。自嘉慶十一年起，至二十五年止，已閱十五年，計應存穀六萬余石。即除荒年佃欠，亦應存穀四萬餘石。加以每年支銷餘勝之穀，爲數自應不少。風聞現在儲備穀，祇存一千五百石，何至如此之少？應行澈查。再苗民例銷淮鹽，水陸二千餘里，淮商成本攸關，萬難運賣。偶有水販運往，色黑味苦。苗人向食川鹽，應請准其零星入苗疆挑賣，庶免苗人淡食之虞等語。臣等查苗疆自嘉慶十五年設立屯防，經前撫臣阿林保於經久章程案內，奏請於通省養廉銀內，攤捐銀六萬兩。以銀四萬兩買穀四萬石，分貯廳、縣各倉。以銀二萬兩并買穀餘勝銀五百八十兩，一體存貯辰沅道庫，以爲儲備。如遇屯田歉收之年，即將此項銀穀，爲借給屯練口食之用。嗣因頻年動墊，嘉慶十九年，經前撫臣廣厚核實清查，奏准分別追賠，照數歸補。又苗倉積貯一款，係支發苗糧項下豐年盈餘，存貯苗食，以爲積貯。計自嘉慶十年起，至十九年止，除照案支發外，應存穀二萬一千七百五十三石五斗。十九年清查案內，奏豁苗備弁借領穀六千五百五十石。并前任辰沅道傅鼐，以倉廠等項抵穀一萬三百九十七石七斗，實存苗倉積貯穀四千八百五石八斗零。又嘉慶十九年十月起，至道光元年九月止，除嘉慶二十四、五兩年旱歉缺收，并無餘存外，共存穀一萬三千一百石零八斗三升一合八勺。總共應存苗倉積貯穀一萬七千九百六石六斗三升三合一勺。以銀一兩作穀一石。統共屯防儲備、苗倉積貯兩項，共應存穀七萬八千四百八十六石三升三合七勺。均爲籌備屯防緩急之需。查自嘉慶十九年清查以後，節年又因旱歉，屯防各佃欠交租穀及外銷不敷經費墊用，僅存儲備穀一千三百九十五石五斗三升二合七勺。苗倉積貯穀一千四百九十九石六斗八升四合七勺。又前護辰沅道袁廷極交卸時，復交出二十五年至道光元年應存積貯穀三千五百五十石。又袁廷極已徵未報二十四年佃租一萬一千一百一十九石零。總共存穀一萬七千五百六十四石二斗七合四勺。臣等飭據該道趙文在及委員等查明，儲備、積貯兩項，實因收租缺額，支放無資，逐年借動支用。歷年正、署各道均無侵欺情弊。臣等現在另行籌議，恭摺奏請借款歸補，以實邊儲。再查，永綏、永順等廳、縣額設苗鹽引三千二百七十一道，乾州、鳳凰二廳向無專引，均由水販轉運淮鹽銷售。該處程途窵遠，成本較重，勢不能隨時運至，不得不藉資川鹽。然聽其竟行買食，又於淮綱大局有礙。應請查照湖北歸州、巴東等州、縣，如遇淮鹽不能接濟，聽民零買川鹽不得過十觔之例，准民、苗零星買食川鹽。似此權宜調劑，則淮綱之藩籬不撤，而民、苗可無淡食之虞。如有大夥私販，仍責成該地方官嚴行緝拿，以免侵灌。

一、據刑部侍郎臣張映漢奏稱，屯防委員，大半捐納佐雜，其中自愛者固有，而窮急不肖者勢所不免。非甘爲該道用人，通同舞弊，即任意赴屯滋擾，而仍予以經費。其地方之該廳、縣，皆置身局外，殊爲有損無益，應行裁撤，專責該廳、縣督率屯官經理等語。臣等查創立屯防之先，辦理一切事宜，原資委員之力。自屯防既定，設官分職，各有專司，委員原可裁撤。因該員等皆係原辦熟手，未便輕去，是以仍留贊勷。嗣原辦之員均已升遷內地，新進佐雜又復相沿派委，以致廳、縣各官轉置身局外。茲飭據該道趙文在查明，委員人等并無通同舞弊，以及任意滋擾情事。臣等已於奉旨後，先行奏明撤汰，所有該委員等歲支經費，概行刪除。此後收支一切，除經費鹽糧等項，仍由道總司出納，其催徵租穀，以及坐支各款，即責成廳、縣專司，各分地土，令屯弁承催，屯備督催。如催徵不力，仍照往例，分別分數，屯備弁等，各予記過。如能年清年款，經管備弁，各予記功，以示勸懲。至應行解道之經費，定限五月內完解，如逾限未清，照例參處。其該廳、縣坐支各款，由屯長查明應領之數，按月書票，送屯備核明蓋印，再送廳、縣蓋印掛發。每年將收支各數，由廳、屯造具細冊，齎道彙報司倉，屯長等仍將所發印票，送道查對。似此層層稽核，妥爲經理，既免侵挪，亦杜剋扣之弊。

一、據刑部侍郎臣張映漢奏稱，苗人訟案，應到官質審者，令苗弁傳喚，以免差役徑傳，藉端詐索。近聞有假差擅入苗寨，勾引窮苗，妄指殷實苗人，平空架訟，應嚴行查禁等語。臣等查原定章程，苗人控訴詞訟，必須集案質訊者，即令苗弁傳送，不許擅差兵役，入寨安拿。以苗民言語不通，易受欺凌，兵役恣意擾累，恐致滋生事端，洵爲杜漸防微之道。日久禁弛，弊端漸起。臣等於奉旨後，嚴行示禁，并札飭該道趙文在確加訪查，嚴懲究辦。茲據該道趙文在及委員等查明，各廳如有各苗人控訴事件，向係諭令苗弁送案備審，從不差役徑往拘喚，亦無假差擅入苗寨，安拿無辜之事。臣等現經嚴飭道、廳、縣衙門，如有公事，應需勾攝苗人，即令該處苗弁，往傳送審。嚴查兵役，不得擅入苗寨，倘有徇隱，即由道查明，據實參辦。其苗弁兵等，如有以勾攝爲由，擾累苗衆，亦即從嚴責懲，以輯邊宇。

一、據刑部侍郎臣張映漢奏稱，苗額舉人，自設額以來，每科取中一名，總未見會試。大抵由於地方官書吏，於其請咨時，橫行索費，以致阻抑。應飭廳、縣，凡苗額舉人，除不願會試者，仍聽其便外，其有詳請會試者，立予呈請給咨，嚴禁書吏索取規費。并照民籍舉人會試者，分別給予公車銀兩，或准令馳驛等語。臣等查苗舉人自嘉慶十二年設額，另編田宇號，苗生鄉試，數在十五名以上，准其取中一名。嗣後各科苗生，均獲中式，所以勵其功名，即以銷其頑梗。惟自編設苗額以後，苗生中式者，計有六名，從未請咨赴京會試。飭據該道趙文在及委員等，傳集各苗舉人詢問，皆因自揣文理平常，難與各省貢士校藝，是以未經請咨會試等語，委無書吏需索抑揞之事。現經該道發給膏火，令其書院肄業，苗舉人俱願就學，俟文理稍優，再請咨赴試。臣等伏思苗民仰蒙聖化，涵濡日久，冀其文風日上，頑性自消，自應預行籌計，以作興其向上之志。臣等現議，嗣後該苗舉人等，如有情願赴京會試者，除照本省民籍舉人之例，給與公車銀兩外，再由道酌給盤費，俾資津貼。并嚴禁各衙門書吏，於其請咨時，不許稍有需索，其有不願赴試者，仍聽其便。奉硃批：覽。欽此。

道光元年十一月，內閣奉上諭：陳若霖等奏籌議查辦苗疆事宜一摺，前據張映漢奏籌議苗疆事宜各條，當降旨交陳若霖、左輔會同詳擬。茲據該督等查明妥議復奏，鳳凰等五廳、縣額設屯丁，原定章程應於均田本戶及出力丁勇內挑補，其委員、屯官等有以隨帶私人頂充者，著悉令退田開缺，并永杜侵占，以安屯業。至屯防佃租，該處地方磽瘠，原額過重，現將各項浮費刪裁，則租額自可輕減。著照所議，於民、苗佃種田土內，按則減去租穀一萬八千石，并將鳳、永二廳最瘠之區，再減去租穀二千七百七十石，以紓佃力。嗣後責成該道等撙節支銷，年清年款，毋任虛糜。其苗疆積貯銀穀，歷年動缺，現已加恩准其借款歸補，務各認真經理，以裕儲備。屯防委員概行裁撤，所有一切經費出納，即著該道等按限徵解，逐層稽核，嚴禁侵漁。至差役擅入苗寨，本有例禁，嗣後務遵照舊章，凡有勾攝公事，由苗弁傳喚，其兵役藉詞擾累者，查出按律重懲，毋稍寬貸。苗舉人有願赴京會試者，即照本省舉人之例，給與公車銀兩，仍嚴禁書吏需索，俾令踴躍觀光。再苗疆遠處邊隅，如遇淮鹽不能接濟，著准其照湖北歸州等州、縣之例，聽民買食川鹽，不得過十觔之數。如有大夥私販，仍責成該地方官嚴拿，以杜侵灌。該督等督飭該道，董率廳、縣，實心經理，加意撫綏，用副朕乂安邊圉至意。欽此。

部復前案甄別苗疆屯務委員 道光二年正月准咨

吏部咨開考功司案呈，准湖南巡撫左咨稱，據布政使會同署按察使齊呈詳案，查前經刑部侍郎張條奏苗疆事宜，欽奉諭旨查辦。除辦屯委員業已撤退外，茲查有署乾州廳經歷、永順縣典史王允吉，原辦乾州廳屯務，素日執拗任性，辦事未能公正，不協輿情，且年逾六旬，未便任其戀棧，應請即行勒休。又現署永綏廳經歷、候補縣丞陳樹梓，經管永綏、保靖屯務十餘年，持躬不知謹飭，民、苗嘖有煩言，未便姑容，應請革職，以肅吏治。相應咨部查照，核議示復，相應咨達等因前來。查署乾州廳經歷、永順縣典史王允吉，即據該撫以該員原辦乾州廳屯務，素日執拗任性，辦事未能公正，不協輿情，且年逾六旬，未便任其戀棧，咨請勒休。并署永綏廳經歷、試用縣丞陳樹梓，歷管永綏、保靖屯務十餘年，持躬不知謹飭，民、苗嘖有煩言，咨請革職。應將署乾州廳經歷事、永順縣典史王允吉，照咨令其休致。署永綏廳經歷事、試用縣丞陳樹梓，照咨革職開缺，知照湖南巡撫可也。

詳定苗疆應禁應增事宜四條清摺 道光元年辰沅道趙文在

一、苗疆田土應永禁查丈，以廣皇仁也。查苗疆田土，原額賦稅秋糧五百餘兩。自設屯防，將田土清丈，除分授屯丁、屯長等項三萬七千餘畝外，其應繳屯租之經費、鹽糧等田土，原額歲繳租九萬九百餘石。雖係招佃徵租，而合分授之田，較前賦稅已二百餘倍。則苗疆田土存留於民間者，已屬無幾。是以嘉慶十三年，傅臬司在道任時，曾經出示永遠禁丈田土在案。又十九年清查原詳內載，鳳凰下五峒都吾、務頭二約田畝，全數歸公，其山土未經丈收。永綏六里民村田土，俱皆歸公，其山土除丈收入官外，尚有山頭地角及官土之旁，畸零荒隙，現經民人私自墾挖者。若再行清丈歸官，則民間毫無立足之所。懇將鳳、永二廳歸公地方田土，於此次清查之後，凡未經查丈入册者，概准歸民懇種，永不徵租等因，亦在案。茲據永綏委員稟出，清查以後，未經詳報之丈收土七百七十餘畝，丈收田一百六十餘畝。內稱，或因民苗互爭，稟請查丈，或係原丈未經成熟之田，及未經成林之茶樹土，現已成熟成林等因。職道等查該處收丈情節，雖屬有因，究與傅臬司之示禁，及十九年之詳案不符，更非示信於民之道。且現奉憲臺札飭，勸諭種植，以廣生計。似此查丈無休，所有山頭地角，民、苗安敢再行開墾，以資樹藝？則田野不闢，民財何生？實爲邊疆之弊政。除將所丈之土，體查情形，或發還原墾之户，或留爲民、苗墳塋屋址，其田以爲各廟香火之資。并將所徵租册，分別注明銷除，以符前詳永不徵租之案外，嗣後民、苗之畸零開墾，應請奏禁查丈申課，俾督飭民、苗，以盡地利而裕生計。

一、練勇屯丁，應實力訓練，以期有備無患也。職道等查苗疆沿邊設屯丁七千名，鎮篔設練勇一千名，邊防之嚴密，軍威之整肅，素爲苗人所畏懼。現在苗情雖屬萬分馴順，而武備仍不可一日懈弛，尤當整飭戎行，以免日久生玩。第戎政之整飭，務收知方之實效。考古論練兵，首在膽氣，而膽氣之奮發，必基於足履之矯捷。足捷而後氣雄，氣雄而後膽壯，膽壯而後所習之武藝始能施展於疆場。苟足力軟弱，以之登高涉險，則喘噓衰竭，雖有勝人之技，斷難望其可用。蓋苗疆多係層巒疊嶂，溝道如梳，非平衍之地用兵可比。是以前傅臬司蕩平苗氛，先令各丁勇習走先登，兼學跳躍身法，凡遇臨敵接戰，往往得利，大概皆先得練走之力也。今職道視事後，校閱各勇技藝，雖尚合式，然老隊之人已稀，類皆崇尚威儀，務悅人目，比昔日之所謂練者迥別矣。至屯丁之技藝，亦多生疏，幾鄰廢弛。職道除嚴令該管屯備弁勤加訓練外，嗣後應請仍由舊章，令各勇足縛鉛瓦，按期跑山，以練其足。習射者以挽强命中爲要，習鳥槍者於打平靶後，兼操攻上擊下之法，習刀矛者務講求擊刺之法，各盡其能，以成精銳。而後或演陣式，使知步伐之止齊，號令之變化，斯爲勁旅。至屯丁技藝，亦當於農隙之時，照例依式演習，毋得節省操演之費，致廢邊防。更請永爲定式，庶聲威日壯，而苗人更爲懾服矣。

一、苗人詞訟，應請照依舊章准理，以息訟源也。查苗性好訟，如彼此稍有不合，雖數十年之細事，皆錄以具控，以圖拖累陷害。前傅臬司在道任時，洞悉其情，以苗人詞訟，凡嘉慶十年以前之事，概不准受理，亦不准具控，出示曉諭在案。緣十年之後，苗人俱已輸誠嚮化，從前之罪犯，已仰蒙皇恩赦宥，凡遇田土、錢債、詞訟，亦應以嚮化日起，方爲理究，庶無轇轕而免擾累。此傅臬司籌議最周之章程，自當永遵辦理。第此條并未詳請列入條例，凡新任之員罔知舊章，而刁狡之苗仍將嘉慶十年以前之事具控。若准予審理，則紛紛以此控訴，甚至民人亦以苗人前事具告，必致輾轉拖累，一經受理，大爲苗害。職道視事後，廉知此弊，除申明舊章禁止，并密行查訪外，應請將苗人詞訟，不准受理，嘉慶十年以前之事，列入省例，永行禁止，不得違例審理。如苗人以此具控，除立案不行外，仍照不應重律究治，俾共知儆戒，庶群苗咸知安分，訟獄自息矣。

一、僉派苗夫，應請示禁，以杜滋擾也。查苗民充應夫役，奉前撫憲姜、督憲畢、軍門鄂會同籌定善後章程案內，凡文武大小官員，因公往來巡查，經由苗地，需用人夫，該苗弁即傳所管苗人，與漢民一體當差，聽候給發價值等因在案。嘉慶十四年，傅臬司恐將來兵役人等，假充官差，或官員往來，非因公事，俱一律應付，未免滋擾，請禁止擅用苗夫等因亦在案。職道等查前憲所定章程，其時苗人甫經投誠，所有官員往來，均由沿邊民地行走，并無經由苗地之人，亦無苗人受雇當差之事。自十年剿辦永綏匪寨以後，苗衆懾服，真心嚮化。文武大小官員，公私往來，始經苗地。因援例索夫，而苗人之往來遞送，遂多絡驛不絕。傅臬司查知此例，深爲苗病，是以詳定章程，以稍紓苗力。職道等細思，苗夫一項，向係挨寨遞送。凡遇一官經過，傳諭需夫，則數十里之內，各寨苗夫均按應行更替地段，齊集道傍，裹糧靜候。如用夫數十名，計沿途靜候遞換之夫即需數百人。若官員傳諭已發，或因事遲延數日，而沿途苗夫亦曠工靜候數日。所定價值，每里給制錢一文，本不敷用，而苗夫得領者亦少。更有沿途夫來稍遲，或來不敷用，則無論何寨何項，苗人概拿頂充，往往鬧事。似此一官經過，使數百人枵腹奔走，更使誤於耕作，擾苗之事，莫此爲甚。前傅桌司所定章程，各官因公雇用苗夫，應令報明該管鎮將、道、廳、縣，給發印照，方准雇用。如果遵行辦理，苗人之應付，尚有息肩之時。第日久弊生，動用苗夫之印照，又將以爲酬應人情之私券，是有免役之名，仍無輕役之實。職道視事後，廉知此弊，當飭各廳、縣，并出示申明舊例，嚴禁在案。惟是苗人既已革心革面，奉公守法，撫馭一切，自應使其安耕樂業，永享昇平之福，始爲久遠之謀。應請嗣後雇用苗夫，除巡閱大差，照例雇用，按名按日，照例給價外，其餘文武官員，往來苗地，均應自雇民夫，概不准沿途擅行索夫，以杜擾累。并請將頒發苗弁札付內所載苗夫一條改正，以免久後更張，庶苗人各安耕鑿矣。

復奏會查御史賀熙齡陳奏苗疆事宜九款實力整頓摺

奏爲遵旨查明苗疆事宜恭摺復奏，仰祈聖鑒事。

竊臣等承准軍機大臣字寄，道光六年十一月二十五日，欽奉上諭：御史賀熙齡奏湖南苗疆，自嘉慶初年戡定後，辦理得宜。近日漸就廢弛，臚陳九款，請飭該省督撫，督令巡道，實力整頓等語。湖南苗疆戡定以來，惟傅鼐前在辰永沅靖道任內時，辦理屯務、訓練、儲備、教養，一切事宜，俱稱妥善，苗情極爲安帖。近曰苗民嚮化已久，該道員稍不稱職，即不免有因循廢弛之弊。若如該御史所奏：沿邊碉卡，聽其頹壞。給丁田畝，書吏受賄舞弊。修理屯田工本，款目雖存，興修不實。道標練勇雜作匠役挑補。丁弁書吏，勒索賄求。兵役人等擅入苗寨滋擾。書院、義館，幾同虛設。及苗人違禁祭鬼，或互相訐控、勒贖各款，實於邊防大有關係。著該督撫等，嚴飭新任辰永沅靖道翟聲煥，將撫綏控制一切事宜，務照舊定章程，實力整頓，無任日久廢弛，漸滋弊端，以期保衛民生，永安邊徼。該御史摺，著鈔寄閱看。將此諭令知之。欽此。仰見我皇上惠愛民、苗，綏靖邊疆之至意。臣等跪讀之下，欽服難名。當經飛飭新任辰沅道翟聲煥，星馳赴任，令將御史賀熙齡臚陳各條，逐一確查，并遵旨將查辦緣由，先行復奏。欽奉硃批：俟奏到時，再降諭旨。欽此。欽遵在案。茲據該道查明，分條籌議，由藩司裕泰復核，議詳請奏前來。臣等伏查，苗疆自嘉慶二年戡定後，前任辰沅道傅鼐，一切籌畫控馭，洵屬事事得宜。迄今三十餘年，苗情靜謐。所有原定一切章程，全在實力奉行，隨時整頓，庶幾經久不敝。臣等到任以來，勤加訪察，屢飭該處道、廳、縣，毋以治安日久，玩忽漸生。茲據該道逐款詳查，尚無廢弛情事。惟是邊防固宜鎮静，經理尤在得人。該道翟聲焕，久任苗疆，熟悉情形。自上年抵任以來，於屯防事務，均能循守舊章，實心辦理，已覺日有起色。臣等仍諄飭該道，此後尤當益加奮勉，實力整頓。邊墻、碉卡，隨時修葺。屯丁、練勇，認真訓練。屯防經費，慎司出納。并督率廳、縣，各於所轄民、苗，妥協撫綏，盡心教養。仍饬嚴禁書吏、胥差藉端勒索，擅入苗寨滋擾。務期化洽邊隅，永臻静謐，以期仰副我皇上綏輯苗疆之至意。所有會查妥議緣由，并將議復現在整頓苗疆事宜各款，另繕清單，敬呈御覽。

一、據御史賀熙齡奏稱，疆沿邊一帶，修建墻堡、碉卡、哨炮各臺，籌有经费二千九百於兩。聞近来报销不實，坍塌者多，宜亟加修葺等语。臣等查苗疆凤凰、乾州、永綏、古丈坪、保靖五廳、縣，沿邊及裏圍後路一帶，於嘉慶二年以後，經前道傅鼐修汛堡、屯卡、碉樓、哨臺、炮臺、關門、關厢，共一千一百七十二座，又修建邊墻一百一十里，分撥兵丁，常川駐守。因建立之地，多在高山峻嶺，風雨飄零，易於坍塌，於屯防項下，籌有歲修銀二千九百兩。查自建設以來，每年時有坍塌處所，每修一處，需銀數兩，或數十兩，至百餘兩，不等。各前道因限於經費，將緊要應修之處，隨時修理，每年約修六七十座，需用銀二千八九百及三千餘兩，不等，實用實銷，并無浮冒。惟原建碉卡一千一百餘座，每年僅修數十座，不及十分之一，委係限於經費，以致不能每年按座修理。其裏圍後路各碉卡，先因苗氛未靖，建以防獲，近城以通糧運。迨添建沿邊碉卡以後，裏圍後路，無關扼要，久未修理，以致日久頹壞。臣康紹鏞到任後，於上年春間，會同前督臣李，札飭前獲道，逐加查勘，將沿邊及裏圍後路逐加修整。該道瞿聲焕到任後，親赴查驗，均各派有兵丁駐守。臣等仍嚴飭該道，隨時查察，一有坍塌損壞，立即修補，據實報銷，不得借稱經費不敷，任聽損壞。并查察兵丁，不許擅離常川駐守，以固邊隅。

一、據御史賀熙齡奏稱，苗疆設立屯丁，皆以附近碉卡之田，撥令耕種。聞近來屯防書吏，因田有肥瘠受賄，任意撥給，往往有所守在此，而所耕之田在數十里之外者，致碉卡空虚，無人看守。宜於撥給丁田之時，務與碉卡切近，如書吏舞弊，即行嚴懲，以收屯防實效等語。臣等查沿邊五廳縣，共設屯丁七千名，内散丁，每名給田六畝五分，百總每名給田七畝五分，共給田三萬二千六百九十畝，俱在均出田畝内，分别撥定。内鳳凰、乾州、永綏三廳，當日均出田畝居多，屯丁六千六百名，所授之田，均於駐守處發給，俱係就近耕守。惟古丈坪、保靖二廳、縣，均出田畝較少，且零星散在各處，不能一律在於附近碉卡撥給，是以該二廳、縣屯丁四百名，往往有所守在此，而所授之田在彼者。該屯丁或有召佃收租，或自令子弟往耕，相安已久，各屯田均已撥定，實無可以撥換之田，自應仍循其舊。至屯田原有肥瘠不同，前經傅鼐攢造田形，畫片畝，分細冊，將給丁田畝，水旱牽搭，注冊存檔，至今憑冊稽查，不能更移。各屯丁事故出缺，向歸廳、縣驗補，惟鳳凰廳，百總、總旗缺出，由廳送道驗補，即以田撥給書吏，無從撥換。從前各丁內，間有將撥給田畝典賣者，經臣嵩孚前任湖南巡撫時訪聞，飭道逐細清查，追田歸丁自耕，分別懲治，并嚴禁勿許再行當賣。茲查屯丁田畝，父子相承，守爲世業，此外遇有逃亡故絕缺出，原照舊章查明應補之人，分別驗補，均以原田撥給，即於檔冊注明，書吏概不能弊換，各屯丁亦不能私行當賣。臣等仍嚴飭該道，督飭各廳、縣，嗣後驗補屯丁，務須恪守舊章，如查有書吏受賄舞弊，撥換及屯丁當賣田畝，立即盡法嚴懲，以杜弊端而收實效。

一、據御史賀熙齡奏稱，各廳、縣屯防田土，附近山溪，每多山水衝壓，原籌有修理田土，工本穀三千餘石。近聞田土衝壓，俱令佃戶自行修理，無力興修，聽其荒廢。并額租逾限，以牛隻作抵，致誤春耕。故令換新佃，責成頂繳租糧，種種滋累等語。臣等查鳳凰、乾州、永綏、古丈坪、保靖、瀘溪、麻陽七廳、縣，共均出屯丁田土十三萬一千零六十四畝。除分授屯長、屯丁及老幼丁領耕外，餘俱照佃收租，以供經費。苗疆跬步皆山，溪水湍激，均屯田畝，遍布於山坡溪岸之間。每當山水漲發，田被衝壓，事所時有。屯防項下，籌有修理田畝穀三千零三十九石。遇有衝壓，隨時勘明修復，核實報銷。今檢查近年佃報水衝沙壓之案，隨時飭委廳、縣屯弁動項開修，并照例免減租穀。內有衝壓無多，佃力自能修整，經委弁議請，毋庸動項者。亦有山水漫淹，旋即消退，經委弁議請，無庸修理者，均經核實報銷，無從侵蝕，亦無佃戶無力興修，聽其荒廢。至牽牛抵租，查前道姚興潔任內，據鳳凰廳屬各苗備弁，請借積貯穀一千石，變價買牛二百隻，分給苗佃領耕。每牛一隻，作穀五石，分年繳還。遇有欠租，該管苗備弁將牛牽回，抵繳租穀。無力還穀者，稟請換佃，將牛給耕。此從前苗備中常有之事。蓋由佃欠，即係牛本，并非因田畝荒廢，該欠租穀所致。自道光元年清查減租之後，佃力已紓，應繳額租，年清年款，歷無牽牛抵租情事。又新佃頂繳租糧一事，查民、苗佃戶內，間有欠租不能完繳，自求親族接佃，稟知各前道，舊佃情願退耕，新佃願繳欠租，所欠不過數石，委係出自情願，并無逼勒。臣等查屯防經費，出自田租，必須經理妥善，庶免滋弊。應飭該道，凡遇衝壓之田，遵照舊章，隨時動項開修，實用實銷，勿使侵蝕。并督飭各屯備弁，上緊收租，毋任拖欠，頂繳。并嚴禁牽牛抵欠，務期額租繳納，不至短拙。

一、據御史賀熙齡奏稱，苗疆練勇，最稱精銳，現在多以廚役、匠作雜項充數，坐使有用之勁旅，徒屬虛名等語。臣等查鳳凰廳原設練勇一千名，留備攻戰，按照營制，分馬步、戰守、槍炮、弓箭、藤牌各隊，專派屯守備、千、把、外委額外九員名管帶。每年自七月初一日起，至次年四月底止，按三、六、九日，勤加訓練。此內原設百總十名，總旗二十名，小旗一百名，均係技藝嫻熟。嗣後於散丁內挑選一百七十名，共三百名，加給鹽菜，令其教習。各丁遵守前道傅鼐成規，甚屬精銳，素爲苗人所畏服。道光元年清查案內，奏准於練勇內撥出一百七十二名，作爲各屯備弁書識跟丁，實存場練勇八百二十八名。若以雜項人等充數，多一冒濫冗丁，即少一操防壯勇，於邊防大有關係。該道翟聲煥到任後，確查原設練勇，實係足額，並無廚役、匠作雜項人等濫充。間有匠作數名，係修製弓矢、縫紉衣甲之人，其本身技藝各皆嫻熟，每逢三、九、六日，俱在場聽候操演。其跳高、拔坡等技，照舊訓練，除大操、常操之外，亦有時赴道署校閱。臣等查練勇之設，原以備攻戰之用，雖查無廚役雜項人等充數，惟匠作業兼手藝，實碍操防，應飭該道查明革除，另募壯丁補額。務須循照舊章，嚴行賞罰，如有年力衰弱，技藝未嫻，立即斥革。至撥出字識跟丁，係由練勇改撥本身技藝，未便令其懈弛，并令一律操演，務使習成精銳，以期有備無患。

一、據御史賀熙齡奏稱，屯丁內之百總、總旗、小旗及總、散屯長，遇有缺出，向由各廳、縣詳道頂補，并不送道署驗看。近聞無論遠近，皆須親赴道署。未驗之先，守候需時。既驗之後，書吏勒索規費，然後給與委牌執照。又，屯丁缺出，向以該丁之子弟、親屬頂補。近則書吏舞弊，往往使應補者失業，不應補者賄求。又苗備弁例由辰沅道秉公拔補，近聞亦有書吏受賄情求之弊等語。臣等查鳳凰廳等五廳、縣，原設屯丁七千名，內挑出小旗七百名，總旗一百四十名，總七十名，以資管束。遇有百總、總旗、小旗缺出，惟鳳凰廳與道同城，由廳詳送赴道驗補，給發委牌，餘俱由各廳、縣驗補。又各廳、縣共設總屯長四十名，散屯長一百六十名，均有管倉之責，遇有缺出，向係由道驗補。又各廳、縣，共設苗守備、千把、外委四百八十六名，遇有千把、外委缺出，由各苗備擇其明白曉事之苗弁、苗目，送廳、縣驗明，詳道轉詳拔補。內鳳凰廳各苗備弁，并各廳、縣苗備、千把二項，送道查驗，餘俱由廳、縣詳補，并不送道。是皆循照舊章，并無更改。至屯丁補缺，係驗均田之本戶，及出力之丁勇挑補。嘉慶十九年，永綏廳攙越補丁之事，於道光元年，清查案內，奏明撤退，將田驗給應補之丁。以後，均係遵照舊章，凡遇屯丁缺出，即以該丁之子孫弟姪親屬頂補。間有民人求補丁田，并屯丁呈請加補，均查對存檔册籍。果係有業歸公，并從前著。有陣亡勞績者，總册記名。作爲逃亡故絕丁缺，即以此項餘丁挨補。其間頭緒較繁，書吏受賄，情求上下其手，洵非事所必無。查，嘉慶二十年，暨道光二、三年間，有捏告舞弊之案，均經該道審明，分別懲處。臣等會飭該道，督率各廳、縣，慎守舊章。凡驗補屯丁，務須秉公拔補，一切委牌執照，當堂給發，不許假手書吏。如查有需索勒掯之事，立即盡法嚴究，以期剔除積弊，屯政肅清。

一、據御史賀熙齡奏稱，近聞漢民與苗人往來，不無盤剝之弊。遇有干涉苗人事件，地方官輒差役往提，任意需索，甚至擅行鞭責，詈辱苗弁等語。臣等查奏定章程，苗人詞訟案件，即令苗弁傳送，不許兵役入寨。道光元年清查案內，復經奏明，嚴行飭禁。至漢民，不許擅入苗地，私爲婚姻，久奉飭禁。各處集場交易，令各屯弁親往彈壓，不准市儈侵欺。原所以區別民、苗，使之兩無嫌隙，洵爲杜漸防微之道。今查自平苗以來，各廳、縣遇有苗人詞訟案件，概令苗弁傳送。從前有差役擅入苗寨，均經各廳、縣盡法嚴懲。臣等飭諭該道，督率廳、縣，務遵禁令。倘有不肖兵役私入苗寨，藉端索擾，立即嚴拿究辦。出示申明，嚴禁漢民私入苗寨，私爲婚姻，以及盤剝侵占，責成該苗備、苗弁稟報拿究。并令按季出具有無漢民擅入苗寨切結，由廳、縣加結，齊道備查。各處集場交易，仍令屯汛員弁彈壓，毋許市儈侵欺。并移鎮協轉飭各營汛，一體飭禁，以期邊隅，永臻安輯。

一、據御史賀熙齡奏稱，苗人向有椎牛祭鬼之習，嘉慶初年業經禁止，近聞此風復起，宜責成苗弁查禁等語。臣等查苗人疾病災眚，向延巫師私宰耕牛，聚眾禳解，名爲作鬼。自嘉慶十二年奏明禁止之後，歷來各廳、縣苗人，咸遵禁令。誠恐日久玩生，此風復起，飭令該道，嚴切申禁，并督飭各廳、縣及苗備、苗弁，各就所管之寨，實力稽查。如有苗人椎牛祭鬼，立即督同寨長，將本犯及巫師，并附和人等，送該管廳、縣究治。倘苗備、苗弁及寨長扶同徇隱，或親身自犯，一經發覺，立拿詳革治罪。仍於每季由廳、縣出具切結，送道備查。如該廳、縣失察徇縱，分別詳參，以肅禁令而靖苗疆。

一、據御史賀熙齡奏稱，鳳凰、永綏二廳，與黔省接壤，苗地處處可通。苗人或爲舊時姻婭，或因集場交易，勢不能禁其不相往來。其間偶有間隙，因而互相訐控，或因錢債細故，强牽牛隻，或拿人勒贖，抗不退還，告官，關提亦不到案，應隨時會同黔省，妥爲查辦等語。臣等查苗人嚮化已久，咸知畏法，并無拿人勒贖之事。惟鳳凰廳西南與貴州銅仁府交界，西北與貴州松桃廳交界，永綏廳之西北亦與松桃接壤，谿連峒錯，處處可通。苗人舊有姻婭，或集場交易，勢不能禁其不相往來，即不免有互相訐控之事。若關提不到案者，應隨時查辦，以息爭端。凡遇貴州關提之案，飭令苗備苗弁，迅速傳送移解。上年黔邊收繳槍刀，亦各自親往彈壓，會同辦理。遇有關提黔省之案，亦經隨時移解。凡兩省苗人交涉之事，應歸犯事地方審理，亦有應須會商之處，飭令該道督率該廳等，遇有彼此關提之案，務於文到五日內傳齊移解。或因案情較重，人數較多，難於移解者，即移會各集犯證，訂期於交界處所會審斷結。如有偏徇，致苗情不服，別滋事端，該道立即稟揭，另委賢員會審，務使泯其畛域之見，則苗情服而仇隙自消，邊境日臻安謐。現移咨貴州撫臣轉飭銅仁府、松桃廳，一體和衷，以期共濟。

　　一、據御史賀熙齡奏稱，苗疆各廳、縣設有書院、苗館，原令一體讀書，咸知禮儀。近聞各處書院，有以官親濫居師席者，有坐支束修、終年不到館者。其屯、苗義學教讀之人，向由辰沅道考取。近則或由屯長保送，作坐分束修，而義館亦爲虛設。是宜選擇端人，實心教讀，以收化民成俗之效等語。臣等查鳳凰、乾州、永綏三廳，瀘溪、麻陽、保靖三縣，各設立書院一所，分設屯義學五十館，苗義學五十館。束修膏火，皆於官贖田租項下取給。令各廳、縣生童，并屯、苗子弟，一體讀書。每逢朔望，宣講聖諭廣訓，以資化育。各書院掌教，向由辰沅道延請品學兼擾之人。屯、苗義館，則歸各廳、縣慎選師儒考取報道，均係各廳、縣廩貢生員。既取其學問之擾長，復便於口舌之相習。如有課讀不力，成效無聞者，隨時更換。歷經遵照辦理，現查各廳、縣，并無官親濫居師席，及終年不到者。其屯、苗義館，仍係各廳、縣考取館師報道，并無屯長分修等弊。臣等查設立書院、義學，原使講習詩書，以敦教化。既據查明并無曠誤，飭令該道，諄致掌教，傳諭館師，務須循照成例，實心訓迪。各書院每逢考課，即將文卷齊道，細心校閱，繕榜曉示，給以獎賞。并責成各廳、縣就近查察，認真課讀，以收實效。此外尚有鳳凰、乾州、永綏、保靖四廳、縣，於嘉慶十五年增設深巢義學二十館，并令分飭，一律照辦，毋任墮廢。

　　本年十月初八日，遞到回摺，欽奉硃批：知道了。欽此。又清單，欽奉硃批：總要行之以實，持之以久，仍當不時查察。如有奉行不力者，必嚴加懲辦，切勿過後仍成具文也。勉之。欽此。

部復屯防變通章程八條 道光十三年准咨

部咨，內閣鈔出十三年五月初六日湖廣總督納爾經額、湖廣巡撫吳榮光奏察核苗疆情形，會擬屯防變通章程一摺。奉硃批：該部議奏。欽此。

臣等查該督撫會奏內稱，湖南苗疆袤延一千餘里，內環苗居二千餘寨，設有汛堡、碉卡八百餘座，分撥營兵、屯丁駐守，巡查舊制，極為嚴密。臣訥爾經額校閱，辰沅道標備戰練勇合操、陣式、槍箭等藝，均極純熟。經過各廳縣，俱有苗官帶領苗兵，迎於道左，苗人男婦旁列觀瞻，諭以各安耕鑿，恪遵法度。又有苗義學師徒迎接，詢以詩書，間有應對明晰者，俱各酌予獎賞。其苗寨與民村相近之處，詢知民、苗亦甚浹洽。惟是一切屯防事宜，有應加推廣，及舊章本屬周備，行之日久，漸就因循，亟應整頓者，謹酌擬變通章程，繕單具奏等語。臣等伏查苗疆屯守事宜，自嘉慶十年奏定經久章程後，於嘉慶十二、十四、十九、二十五等年，及道光元年，該督撫等復將添設備弁、裁減租穀、籌添未盡事宜，歷經奏明各在案。此次該督撫奏稱，平日留心體察巡閱，目擊情形，有應行增廣八條，交臣等復議。臣等謹悉心籌畫，逐條分晰、准駁，恭呈。

一、據奏，練勇請撥還原額，以收實用。查道光元年清查減租案內，奏明裁減屯弁跟丁鹽菜銀兩，以練勇一百七十二名，撥作屯弁字識跟丁，是以有用之才置之無用之地，請如數撥還道標，仍足一千名原額，以資防守。至屯備弁應用跟丁字識自五六名至十名不等，舊額本覺冗濫，應酌減一半，仍撥用屯丁，所需鹽菜銀兩由道庫籌款給發等語。查道標練勇，原以捍衛民、苗，一千名之數，本不為多，應如所奏，撥還原額，於邊防實有裨益。其跟丁字識舊定名數，既覺冗濫，自應酌減。至鹽菜銀兩向因撥用練勇，故仍照營兵給發。今跟丁字識既係撥用屯丁，則屯田所入足敷食用，所請由道庫籌款給發之處，應毋庸議。

一、據奏，各處碉卡，遇有坍塌損壞，向係該管屯官估計工料，呈報該道，動支租穀，變價銀兩，發給承修。工竣，委他處屯官驗收。該屯官恃可互相包容，不免草率偷減，不能完固。屯丁人等，藉日偷安，不肯在碉駐守。嗣後應責成該管廳縣，勘估承修，由道驗收。選派屯丁，照舊輪守。該道廳或親身稽查，或派員點驗，如有曠誤，責革示懲。其碉卡些小滲漏損壞，應由屯丁自行粘補等語。查均屯經久章程原奏內，原有由屯弁報明廳縣，親往勘估，通詳興修之議。是屯弁僅許報明損壞實在情形，其勘估承修，本歸廳縣，并無屯官估計工料，承修委驗明文，何至有互相包容，草率偷減之弊？嗣後自應仍照舊章，遇有損壞，由屯官報明，即責成廳縣，勘估承修，由道驗收，不得少有草率偷減，以昭復實。倘該道并不督同廳縣，認真修理，率將修葺款項，虛領報銷，該督撫一有所聞，即應嚴查參奏。其選派屯丁輪守，該道廳或親身稽查，或派員點驗，如有曠誤，自當立予責懲，以勤守望。至碉卡有些小滲漏損壞，由屯丁自行粘補，亦係經久章程，原議自當亦如其舊。

一、據奏，苗疆屯丁，係於有功壯勇及均田戶內挑充，除犯事斥革并故絕無人之缺，應撤回另補外，其辭退病故者，均准子孫接充，奉爲世業。惟設屯至今三十餘年，其中子承父業，弟頂兄名，不無幼丁充數，勢難一律精壯。因思幼丁之田，必有壯丁代耕，請逐一查明，以代種者代當屯丁，於執照內注明代丁姓名，造冊存查。俟本丁年至十六以上，傳案驗明，換給執照。其年逾六十，不能耕作操防，并無子嗣，又無人可繼者，准其自舉代丁應役等語。查各屯丁不在撤回另補之例者，均准子孫接充。即有幼丁，亦必隨時雇人代替，於耕作防守，均可不致貽誤。將來幼丁長大時，即可自行經理。若竟以代替之人，於執照內注明，是代丁即與本丁無異，一切耕作防守之費，勢必將田土所入，悉爲己有。其年幼之本丁，難與爭抗，名爲承業，實歸他手。且既經注明，則代丁即有不妥之處，亦難隨時更易。至本丁成丁時，傳案查冊，換給執照，紛更需索，滋累轉多，殊屬滯碍難行。自應循照舊章，一切耕作差役，聽其隨時雇人替辦。仍責成該管總旗、小旗妥爲經理查核，無許貽誤公事。至年逾六十，不能耕作操防者，准其自行雇覓土著之人代充丁役。總不得濫舉外來之人以重屯務而符定制。

一、據奏，疲乏屯丁輒將田土典賣，請責成廳、縣督飭屯官屯長，逐一清查，押令典賣之戶將田土退還原丁，并酌量情形，斷令分限歸還原價。其逃亡故絕，或人雖現在，不願充丁，或老邁幼小，不堪充丁者，即令承典承買之丁，報明充丁，給與執照，奉爲世業。但不准一丁兼有數戶田糧，以符定額等語。查均屯經久章程內載：屯丁以屯田爲世業，或有年老辭退，病故出缺，准以子孫承頂，無人可補，另召募充，總不許私行典賣。如有典賣，照盜賣私買官田律治罪，追價入官等語。舊日章程，本爲周妥，如果該管官實力稽查，該屯戶何敢私行典賣？今既相沿成習，應如所奏，責成廳、縣督飭屯官屯長，分別退田歸價，切實妥辦。至原丁逃亡故絕，及不願充丁，或老幼不堪充丁者，即令承買承典之戶給照充丁，奉爲世業，則是私買官田之人，轉有取巧獲業之利。更恐有外來客民，曾經承買承典者，從中攙雜報充，適足以滋弊混。應仍確守舊章，毋庸更改。嗣後有私自典賣者，除撤回以應補之人另補外，將原丁售主，照例治罪。至兼并之弊，最爲屯務之蠹，倘有一丁兼有數戶田糧者，尤宜嚴加懲辦，以杜弊端而符舊制。

一、據奏，屯防事宜，各廳縣除挑丁授田及審辦民、苗命盜詞訟外，其餘事件并無稽查之實，以致屯弁、苗官、屯長所管租穀經手人等，不免有多取勒折等弊。請嗣後一切事宜，循照舊章，均由廳、縣稽查核轉，并將屯守備等官改隸各廳管轄，屯弁改隸各縣管轄，行屬官禮，俸滿由廳、縣考核，送道驗轉等語。查均屯經久章程内稱，各屯弁或操演練勇，或經理屯防耕守事宜，各歸廳、縣管轄，總隸辰沅道統屬。又奏酌留屯長案内稱，一切屯務及屯倉租穀，屯長協同屯弁妥爲辦理，有因辭退另充，由該廳、縣詳道驗補。又奏裁委員案内稱，此後催徵穀及坐支各款，責成廳、縣專司名等語。是屯防中耕守事宜并催徵租穀，皆由各廳、縣督率。所云有兼管之名，無稽查之實者，自係各廳、縣不能實力奉行，相沿成習，致與立法之意相左。至屯守備與廳、縣平行一節。查奏添屯備案内稱：守備六員，責令操演練勇屯丁，并經管槍械、子藥、軍裝。其督耕催租等事，一體責成該守備督率屯弁分理，仍歸辰沅道統轄。至挑丁授田等事，仍歸廳、縣管理，守備不得干預等語。其不使守備歸廳管轄者，自緣所管操演各事宜，與營守備一律，非別項屯衛守備可比。故其升階，即照苗疆營守備之例。且苗疆文武并重，藉可互相鈐制。至千總以下原定章程，即係歸各廳、縣管轄，毋庸更議。該廳、縣但當切實稽查，有不奉公守法，及浮收苦累各弊，即行詳辦。如漫無覺察，或知而不舉，即照徇庇同官、徇庇屬員之例叅辦，則無事紛更，而屯務日臻整肅矣。

一、據奏，苗疆田土，多靠山巖，每有水衝沙壓之患，若不認真勘修，而仍照常徵租，未免苦累貧佃。且原額徵租九萬餘石，道光元年奏減二萬餘石，近年支銷已形支絀，若動輒減租，又於經費有礙。請令該管廳縣督同屯官、屯長，按照圖册，親詣確勘，除衝壓過其，修費過於田價者，另行籌辦外，其尚可修理之田，應撙節估計，即令佃户領項趕修，工竣核實復驗等語。查嘉慶十二年苗疆均屯章程内稱，永綏六里近邊之地，尚有無糧荒土，現據屯、苗各弁具報，開墾成熟，堪以播種雜糧者十萬餘畝，俱佃給原墾之人，約計每年可獲雜糧三千餘石，存貯公倉，隨時酌量變價。遇有水衝沙壓應行修理之田，責成廳、縣率同屯弁勘報，由道確核，給以開修工本。又道光元年減租案内，據稱前嘉慶二十五年奏准借帑金十萬兩，交商按一分生息，每年息銀一萬二千兩，以五千兩歸帑，以七千兩撥給辰沅道津貼經費。共修理水衝沙壓田土支銷多寡，原難預定，即於息銀內實用實銷，不必預爲定數。是修理田土，從前業已屬籌款項，而經費亦不致形支絀。如果年年修理，何至田土漸成瘠薄？應如所請，令該管廳、縣督同屯官、屯長，親勘確估，其易於修理者，固宜飭佃領項趕修，即衝壓過甚者，亦不得廢爲石田，均宜一體籌辦。在於雜糧變價及交商生息款內，核實報銷，不得聽其荒廢。

一、據奏，支剩租穀二萬餘石，向係載運出境，變價以供經費。致本境糧價增昂，歉歲難於儲備，請嗣後衹准照依時價，就倉所零星發賣。如當年不及全售，留於次年青黃不接之時，酌量減價平糶，即以節省運腳，抵補減價。惟經費支銷，亦恐緩不濟急，請於藩庫現存通米經費銀兩內，動撥一萬兩，交辰沅道接濟經費等語。查自減租以來，苗民不虞缺食，惟生齒日繁，米穀有數，且豐歉無常，誠宜寬爲儲備。應如所奏，嗣後支剩租穀，照依時價，各就倉所發賣。如當年不及全售，留於次年青黃不接之時，減價平糶，即以節省運腳，抵補減價。至請將藩庫現存通米銀兩，動撥一萬兩，交辰沅道接濟經費一節，其應如何支銷及歸款之處，未及詳晰聲敘，且國家經費有常，未便輕議支撥，所請應毋庸議。

一、據奏，富苗自爲蓋藏，於貧苗借貸籽種，昂價借貸，賤值取償，加以重利，積累數多，復以田土准折，情殊可恨。請出示剴切勸諭，息穀不准過二分之限，嚴禁倍價取盈。并令辰沅道於春間酌借租穀，照社穀之例，加一取息等語。查重利盤剝，例有明條，而苗民生計維艱，此禁尤宜嚴切。應如所奏，剴切出示，息穀不准過二分，嚴禁倍價取盈。仍令辰沅道以租穀減糶之餘，於春間酌量出借。惟查經久章程案內，屯丁於青黃不接之時，准將倉穀借濟，秋後免息追還。苗屯事同一律，且近來苗佃日形瘠苦，應聽免息借濟，無庸援照社穀加一之例。即令該道於春間先期曉諭，願借者自行報名具領，不願借者聽其自便，秋後按冊追還。嚴飭經手倉書斗級，出借時不得稍有剋扣，還納時不得稍有浮收。倘有前弊，從嚴懲辦。庶苗民得資接濟，生計不致日蹙矣。

以上八條，謹就該督撫所奏，悉心籌議，分別准駁，恭候欽定。臣等伏思，苗疆事宜，從前奏定經久章程，極爲妥協，雖歷經陳奏，稍有變通，而大概情形，不容再行更改。惟治法尤賴治人，總在該督撫慎簡賢能。該道正己率屬，督同廳縣備弁等，認真辦理，毋以久安而滋廢馳，毋以小利而紊舊章，庶幾苗民樂業，有勇知方，邊圉益臻鞏固。所有臣等復議章程，伏乞皇上訓示遵行。

奉旨：依議。欽此。

復奏會議苗疆善後章程七條摺 道光十六年湖南巡撫裕泰、湖廣總督訥爾經額、鎮篁總兵楊芳

奏爲遵旨會同妥議，恭摺具奏，仰祈聖鑒事。

竊臣等前准軍機大臣字寄，奉上諭：有人奏酌擬苗疆善後章程一摺，著訥爾經額、裕泰、楊芳會同詳悉妥議具奏，原摺鈔給閱看等因，欽此。當經臣裕泰以原奏所列各款，均關邊防利弊，必須將該處情形詳細查明，方能核定妥議，期歸妥善。隨遴委岳州府王簡馳赴鎮篁，逐款查明，據實稟辦，并將委查緣由，先行附片奏蒙聖鑒。茲據該委員王簡查明，由藩司龔授、臬司楊慶琛核議，詳請會奏前來。臣等伏查苗疆邊備、屯防均關緊要，一切章程自應隨時整頓，不容稍有廢馳。今將原奏各條，體察現在情形，參酌從前例案，其中有應暫緩籌辦者，有應明定章程者，有應遵守舊制者，有應量爲變通者，謹遵諭旨，逐一詳悉確核妥議，按款臚列，恭呈御覽。

一、原奏該處道標練勇，聚集一處，爭勝角能，最稱精悍。加以營兵共城，恃衆逞強，逐有不受控制之勢。該道所轄三廳，俱係苗疆聲勢聯絡，莫若於附近乾州、永綏二廳，分勻安置，以散其勢。仍歸該道每年前赴巡閱，平時輪調應操，亦足壯聲威而便徵調等語。臣等查鎮篁練勇，原爲鳳凰廳環逼苗寨而設，其苗情獷悍，又以該廳黑苗爲最甚。嘉慶二年，大兵凱撤後，仍不時四出焚掠，經該前升道傅鼐團練鵰巢，始得全行戡定，是以練勇概駐該廳，以資鎮懾。今苗疆治安已經三十餘年，苗情極爲帖服，該練勇等操練之外，別無所事。兼與營兵聚處一城，角勝爭能，素稱精悍，控制稍有未善，誠恐難保日久不恃衆逞強，別滋事端。以之分撥三廳安置，使之勢散易制，實屬法良意美。惟查該練勇等多係土著，各有父母、妻孥，類皆貧苦，別無生計，必須携家同往就養。而該練勇等現在月領餉銀，應扣借款尚多，得項僅敷口食，所需盤費，一時實力難設措。且當甫經滋事懲辦之後，遽行分地移駐，更恐啓其疑懼之心。再四思維，應請暫循其舊，俟一二年後，扣款漸少，丁力稍紓，再行察看情形，籌議辦理。仍責成該道督率備弁，嚴加約束，妥爲撫馭，務使恪遵紀律，有勇知方，則桀驁自訓，無難控制矣。

一、原奏該處鎮標兵丁、道標練勇額缺，宜於本處土著民屯揀選精壯充補，外來游民無室家妻子之可顧，輕命逞兇，最易滋事，以後不准充備等語。臣等查鎮篁鎮、道二標兵勇，向由營屯千、把總於土著親識餘丁內挑選，呈送鎮、道考

驗充備，冊內均經登注籍貫，以備查核。惟道光十二年出師洋泉、廣東剿辦傜匪案內，因軍營陣傷病故遺缺，係以隨征餘丁挑補，不能儘係本籍。現據委員王簡查明，現在該鎮、道兩標兵勇內，外來充補無室家者，兵丁僅止十七名，練勇僅止六名，因曾在軍營著有微勞，未便遽行斥革。此後自應明定章程，一切外來客民，無論有無室家，概不准其充當兵勇。倘員弁混行保送鎮、道，率准充補，查出分別參處。所有軍營挑充外來各兵勇，仍責成該鎮、道督飭備弁，嚴行稽查管束，如有滋事，隨時革究，以肅紀律。

一、原奏兵勇生計全恃錢糧，不肖官員任意剋扣，餉銀則有輕秤給發、賤折錢價之弊，口糧則有虧短斛面、發價采買之弊。又或兵勇預行支借，則有預立領狀、折扣利息之弊。此後務宜從嚴釐別等語。臣等飭據委員王簡查復，該鎮標兵丁餉銀，向由中軍游擊及各營都司、守備按月當堂發給，隊目用庫平彈兌包封，呈請該鎮驗明，會同地方文員按名監放。應關本色兵米，係由鳳凰廳按月用制斛支給。道標練勇餉銀，每月由屯守備造具名冊給領，申請給發印票，自赴屯倉支領，并無輕秤剋扣、賤折錢價及虧短斛面、發價采買等弊。又練勇於青黃不接及年節時預借銀穀，係由該道於苗疆經費內籌款墊發，分月扣還，亦無折扣利息之事。復經該委員摘傳鎮道兵勇查訊，眾口僉同，取結存案。是該鎮道散放兵勇餉米，尚無情弊，似屬可信。惟查各兵丁例支本色米石，雖屬按名足發，而其中有願領米者，有願折錢者，向來各從其便。緣兵丁素無生計者，全賴領米以資糊口，即以本色支放。其稍有恒產者，需錢使用，不願領米，照時價折發。雖非定例，然相沿已久，且係便兵之意，未便遽行更易，應請仍循其舊。其練勇預借銀穀，分月扣還，亦為體恤丁艱，量予接濟。若遽停止，未免丁情拮据，但頻頻借貸，愈積愈多，究屬濫支。現在該道交代銀穀，繆轕不清，其中必有練勇借貸穀石一項，經臣裕泰奏明清查。此後應如何酌定限制借給之處，容俟於清查案內另籌辦理。

一、原奏道標練勇額設教習并加賞銀兩，近來全以虛名造冊報銷，其加賞銀一千餘兩，并不如數給發，此後應照例挑充發給等語。臣等卷查，嘉慶十二年苗疆均屯未盡事宜案內，奏明於練勇一千名內，設百總十名，總旗二十名，小旗一百名，并挑選散勇內技藝較優者一百七十名，合共三百名，作為教習約束。散勇於例給銀餉口糧外，每名歲加銀三兩六錢，按月散放。如有革故辭退出缺，隨時挑驗拔補。現據委員王簡移道查復，此項教習該道歷係照額挑補，并非虛造名冊報銷，其加賞銀兩亦無短扣情弊。現有守備冊領可稽，并經該委員將現設各教習按名點驗，實係如額。訊據各隘目僉供，加賞銀兩俱係如數支領，情願出具甘結等語。查核尚屬實情，應飭該道嗣後務照舊章挑選加賞辦理，以示獎勵而嚴約束，不准日久滋弊。

一、原奏鎮標向有存項，每歲買糧千石存貯，以備兵食之不足。近来該鎮因此漁利，如買粮九錢一石，即開銷兵丁一兩。且買糧係市平，扣餉係庫平，於兵丁仍無便益。以後應照買賣扣算，嚴禁影射盤剝等語。臣等查，鎮筸鎮標兵丁共四千一百五十一名，每年兵米自六月起至十二月止，均支折色，每名每日僅得米折銀六釐，糴米不過二三合，不敷食用。經該前任總兵富志那體念兵艱，籌備銀一萬兩，奏明每年秋收後，在鎮筸城鄉采買穀石，於青黄不接之時，借給兵丁，以資接濟，仍於月餉扣還歸款。道光四年，前任總兵陳堦平因鎮筸山多田少，產糧無幾，此項接濟之穀歲需萬石，本地難以糴買，與前任辰永道張映蛟議將前項銀兩交道，就近買備屯穀一萬石散放，各稱便益，以後相沿辦理。現據委員王簡調核案卷，歷任該鎮買備前項屯穀解道銀兩，均係庫平庫色，其糧價或一兩或九錢七八分，亦與扣收兵丁餉銀數目相符。并據查明，苗疆有屯各廳縣所收穀石，僅敷本境公用，惟永綏廳收穀爲多。前項營買之穀，向於永綏廳撥給，該廳離鎮筸三百里，艱於挽運，所費较多，是以每石需價一兩或九錢數分不等，并無藉此漁利，影射盤剝情弊。惟查此項穀石，原爲接濟兵丁而設，若因連費需資，加增價值，扣餉歸還，仍不足以資調濟。今臣等酌中定議，嗣後該營買補此項屯穀價銀，連運費并計，總以八錢爲率，倘有不敷，由該道自行籌備。如此量爲變通，於兵食稍有裨益。

一、原奏該道每歲巡閱苗寨二次，舊准詳銷賞號穀八百餘石。近來該道間歲巡閱一次，而每歲詳銷賞號，私圖肥己，并不如數給發。以後按年二次出巡，照例實發賞號等語。臣等查辰永沅靖道從前巡閱苗寨，每年原止一次。嘉慶十四年，因前任該道傅鼐升任本省臬司，苗民墾留，經前撫臣奏奉上諭：着傅鼐每年於秋審事竣或秋成之時，前赴苗疆查閱一次，既可慰苗民愛戴之情，亦可藉資彈壓。如果接任之員經理得宜，傅鼐於二三年後，即停止前往。欽此。以後遂定爲臬司巡閱一次，道員巡閱一次。迨傅鼐病故，前任各道察看地方情形，每年巡閱一次、二次不等，并詳定每歲巡閱准銷賞號穀一千石。歷年以來，均止支銷穀七八百石不等。惟十二年，該前道翟聲焕因傜匪滋事，本任地方緊要，未經出巡，即以前項穀石賞給出師備弁丁勇人等，作爲盤費等項之用。於道光十四年清查案內，奏明不准開銷，飭令賠還原款在案。茲據委員王簡查明，近年歷任各道，止有十五年前革道常慶因清查屯務，未經出巡。然仍調齊各苗弁人等，自行捐辦袍褂銀牌等項，按名賞給，并未動款報銷。本年該護道姚華佐於四月到任，適值農忙，定於冬令前往巡閱。此外并無未經出巡，捏銷賞號之事。惟查該道前因苗疆甫經戡定，是以每年出巡一二次，以資彈壓。今苗疆承平日久，地方安謐，且今年奏准將永順等八府、州、廳屬軍流徒罪人犯改歸該道，就近審轉，政務較緊。若仍令每年巡閱二次，較致有名無實。嗣後應請定爲每年秋收後，巡閱一次，不准再有藉延。仍令該道將起程回署各日期，詳報督撫查考。并令各廳、縣將該道入境出境日期通報，以防日久生懈，虛稟塞責。

一、原奏辰永沅靖道責任最重，近來該省輒以熟悉情形爲名，於三廳同知保升，安知控馭之道，尤可駭者？近來該道拔補苗千總、苗守補等官，竟須一二百金，方能補放。并補屯長、屯丁，亦須用錢打幹。此後自應於本省知府內保題，或於道員中調補。如道府無人，即奏請簡放所屬各廳同知，并嚴加甄別，不得任貪劣之員，貽誤地方等語。臣等查辰永沅靖道本係請旨簡放之缺，因平苗以後，設立屯防，事物殷繁，必須熟悉情形之員方資治理，改爲題缺，由外揀補。歷年遇有缺出，多以熟悉苗情之同知請升。惟越級升補，究屬違例。本年欽奉諭旨：辰沅永靖道嗣後着湖廣總督、湖南巡撫於該省知府內揀員奏請升補，不得輒以同知請升等因。欽此。本年因該前道常慶參革遺缺，業經臣納爾經額、臣裕泰欽遵，以岳州府知府王簡奏請升署在案。嗣後該道缺出，總當恪遵諭旨，於通省知府內揀員升補，不得輒以同知請升，以重職守而符定例。其所屬各同知，亦俱係苗疆要缺，臣納爾經額、臣裕泰自當隨時查察，如有貪劣之員，即行嚴加甄別，斷不任貽誤地方。至近年各該道拔補苗備弁及屯長等缺，飭據委員王簡查復，均係照例秉公遴拔，并無行賄打幹情弊。摘傳苗弁吳延用、屯丁周屯盛富等三十餘員，按名查訊，僉供無異，情願具結。是近年各該道驗補各缺，尚無弊端，應飭嗣後仍遵定例，妥爲辦理。

以上各條，均係現在邊屯肯要，足資整頓。臣訥爾經額、臣裕泰惟當諄飭該道，會同臣楊芳，督率廳弁等官，實心經理，加意撫馭，務期久遠無弊，以仰副聖主慎重苗疆，籌計安全之至意。所有臣等欽遵會議緣由，謹合詞恭摺具奏，伏乞皇上聖鑒訓示。謹奏。奉硃批：另有旨。欽此。道光十六年十二月十七日，內閣奉上諭：訥爾經額等奏，遵旨會議章程一摺。前因給事中常大淳陳奏湖南鎮筸鎮善後章程，當降旨令訥爾經額、裕泰、楊芳會同妥議。茲據該督等詳悉會核，按款臚列具奏。朕詳加披閱，據奏鎮筸練勇土著貧苦，應扣借款尚多，且當甫經懲辦之後，著暫行循照舊章，俟一二年後，丁力稍紓，察看情形，籌議辦理。其該處兵丁練勇，嗣後不准以外來游民充當，如有混行保送，及率准充補情事，即著分別參處。至散放兵勇餉米，現據該督等查無情弊，其例支本色米石，或願領折錢，應從其便。至豫借銀穀，雖係體恤丁情，但頻年借貸愈多，究屬濫支，著該督等於清查案內，將如何酌定限制之處另籌辦理。至練勇額設教習加賞銀兩，既經該督等查明，并非虛造名冊，亦無短扣情形。著飭該道務照舊章，無任日久滋弊。其該營買備屯穀價銀，連運費并計，嗣後總以八錢爲率。倘有不敷，即由該道自行籌補。其巡閱苗寨，著定於每年秋收後，令該道巡閱一次，不准再有藉延。仍將起程回署日期，詳報查考。并令各廳、縣將該道入境出境日期通報。至辰永沅靖道，著仍遵前旨，於通省知府內揀員升補，不得以同知請升。所屬各同知，如有貪劣之員，即著嚴加甄別。其拔補苗備弁及屯長等缺，務須嚴絕行賄打幹情弊。經此次議定之後，該督等務宜諄飭該道，會同該鎮，督率廳弁等，實心經理，加意撫馭，期於經久無弊，用副朕慎重苗疆，籌計安全至意。該部知道。欽此。

附奏請清查屯防片 道光十六年湖南巡撫裕泰

再，湖南苗疆自嘉慶二年戡定以後，議於鳳凰、乾州、永綏、瀘溪、麻陽、保靖、古丈坪等廳縣，設立均田屯勇，以資捍衛。經前任辰沅道傅鼐修碉築堡，練勇挑丁，陸續均出田土，共計十五萬二千餘畝，分別給丁領種，召佃收租，以供屯防經費。屯苗丁弁，且耕且守，以本地所生之財，爲本地衛民之用，寓兵於農，洵爲籌邊良法。嗣又先後籌撥銀六萬兩，以二萬兩存貯道庫，餘銀買備穀四萬餘石，同苗倉積貯穀石，分貯各廳縣，以備緩急之需。其屯防、訓練、撫綏、教養各事宜，籌定章程，奏明遵守。原欲使民苗永遠樂業，相安無事。惟是治安既久，漸生懈馳，兼之歷任道員不得其人，遂至積弊日增，積怨日甚。苗官之盤剝，屯長之侵蝕，書役之勒索，丁佃之典當，種種弊端，均所不免。現在交代銀穀，既多輾轆，而丁勇借款，日益加增，陳陳相因，浸無限制。因而群生覬覦之心，至有鼓譟挾借，勾結戕官之事。雖前案業經督臣訊明奏辦，而以數千騎卒養成桀驁，目無官長，號令不行。此時自知情重法輕，仍不免動多疑懼，激則變生。又全在該鎮道輕重得宜，寬猛并濟。若一味因循遷就，示惠養奸，正所謂撫之以恩，亦恐恩竭則慢。且兵勇之設，原所以捍衛苗疆。近聞該處兵丁，多與苗

人聯姻，尤易啓串通勾結之漸，大干例禁。本年鎮箪兵勇挾借滋事，各廳苗人已
生觀望。再加以苗官之刻薄，屯長之侵欺，竊恐苗疆之患有不可勝言者。臣自顧
輕材，心長力短，封疆至重，不敢不杜漸防微。再四思維，惟有先將該道經營屯
防事宜澈底清查。舉凡民苗生計，兵勇口食，并應興應革，有關於利弊者，勘酌
損益，另行妥議章程。使兵弁丁勇曉然於中，咸知經費有常，不致妄生挾制。仍
責成該鎮道實力整頓，恩威并行。庶幾積弊可清，經久不敝，以期仰副聖主綏靖
苗疆之至意。謹奏。奉硃批：經國遠猷，必當隨時整飭。汝能見及，深屬可嘉。
妥議奏來。欽此。

卷九　均屯五

二品衔前署湖南辰永沅靖道但湘良纂

會奏清查苗疆屯防事宜條款摺
道光十八年湖廣總督林則徐、湖南巡撫錢寶琛

奏爲清查苗疆屯防事宜酌議條款，恭摺奏祈聖鑒事。

竊照道光十六年，前撫臣裕泰奏請將辰沅道經管屯防事宜澈底清查，凡民苗生計、兵勇口食，并應興應革，有關利弊者，斟酌損益，另議章程，以清積弊等因。欽奉硃批：經國遠猷，必當隨時整飭。汝能見及，深屬可嘉，妥議奏來。欽此。當經札飭該署道王簡，遵照查辦。去後，前撫臣裕泰旋即奉旨調任江西，未及議奏。臣林則徐上年巡閱營伍，親涖鎮篁，體察情形，苗民尚屬相安，丁勇自滋事懲辦之後，亦知安分守法。當囑該署道妥爲撫馭，一面將經營屯防事宜，逐一澈底清查，酌議詳辦。嗣據查明，列款具詳，批司會議。臣錢寶琛涖任時，適值該署道王簡，因撫臣調赴省垣，質算交代，尚未出省。復又諄飭該署道，會同藩臬兩司，將實在應興應革，有關利弊之處，悉心妥議，以憑核辦。兹據司道等會議，具詳前來。臣等復加查核，往返札商，謹將分別清釐及籌議歸補各事宜開列條款，恭呈御覽。

一、清屯田。查鳳凰、乾州、永綏、古丈坪、保靖、瀘溪、麻陽七廳、縣，於均屯經久章程未盡事宜各案內，奏明丈收田土十五萬二千一百五十七畝一分。內除重丈退還撥還營兵馬廠并水衝沙壓分授老幼丁等田土六千一百九畝零，又分授屯長、屯丁田四萬四千三百四十六畝外，實在田土十萬一千七百一畝零，均係招佃收租，以供練勇鹽糧暨一切經費之用。前項田土給佃承種，發領執照，按額催徵，向由各該廳、縣及屯備弁等層遞稽查。至屯長、屯丁分授田畝，從前鳳凰、永綏二廳間有私行典押之事，迨道光元年及十三年節次查以後，俱係屯長、屯丁自領耕種，實無典當情弊。現由屯百總、總旗、小旗取具切實甘結，并據各

廳、縣加結賫道，由道復查，并無捏飾。第恐日久生懈，應仍飭節該道督飭各廳、縣加意查察，如有違禁私典，并移丘換段，以已分授之田假爲民田出當者，即行從嚴懲辦，務使積弊永除，而屯防期於經久。

一、清佃欠。查苗疆均屯田土，經前任辰沅道傅鼐先後詳請奏定章程，并積詳各款，共收租穀十萬五千四百八十八石零。嘉慶十九年清查案內，奏明核減穀五千五百石，每歲實徵租穀九萬九千九百八十八石零。道光元年籌議苗疆事宜案內，又奏減租穀二萬七百七十餘石，實徵租穀七萬九千二百一十八石零，永爲定額。道光元年及八年、十年，因節被水旱，共短收穀四千五百六十五石零，業經前督撫臣奏奉恩旨豁免。并准部咨，不敷經費，飭令籌補等因。各前道均因無款可籌，虛懸待補。又道光十一、二、三、四等年，短收穀五千一石零，疊經該道勒限嚴追。無如苗疆田土瘠薄，水耕火耨，終歲勤動，所獲無多。佃戶完納額租，較民間輸賦爲重。豐歲收穫僅供口食，本鮮蓋藏。一遇歉收，輒形匱乏。且原佃多係逃亡故絕，現在半皆另招頂耕。新更之佃，力難代完。舊欠各戶，本年收收僅敷完納額租。如復帶徵節年租穀，實屬力有未逮。合無仰懇皇上天恩，俯念苗疆瘠苦，佃力維艱，懇照十年以前歷豁佃欠各案，准其一體豁免。嗣後請責成該道，督飭屯弁，董率各佃，廣開水利，務勤力作，以收地利而清額租，不得再任蒂欠。

一、清支銷。查屯防經費，前在嘉慶年間，本有租穀十萬餘石，以供各項支用。迨道光元年清查案內，租穀既減去二萬餘石，一切經費亦即加意刪節。經前道趙文在會同永順知府諸嘉杏等按款確查，每年實需支用銀穀七萬九千二百餘石。內每年支用銀二萬五千二百九十餘兩，係供支七廳、縣屯備弁俸廉，練勇餉乾、馬價，操演鉛藥，紅白惠賞，歲修碉卡，完納均田糧賦之用。又每年應支穀三萬八千六百四十石零，係供支屯弁、練勇、苗戰守兵口糧，添製軍械，修理水衝沙壓田土工本，書院生童膏火，屯、苗義學館穀，倉書、斗級人等工食等項之用。又每年應支穀四千二百二十九石零，係爲加增書院生童膏火，屯、苗義學館穀，各廳鄉勇義烈祠祭祀儒學薪水，以及育嬰堂、養濟院各處口糧等項之用。又每年應支銀五百五十餘兩，係爲支發辦理七廳縣報銷經書工食，紙張盤費，碾米工匠價銀，軍裝、火藥二局柴火鐙油，加給弓箭教習工食，及檢蓋練勇兵房等項之用。又每年應支穀一萬五百石零，係支發匯辦七廳縣均屯冊檔，書役薪工，屯長薪水，工匠口糧，運送鹽糧穀石，夫價水腳，押運盤費，檢蓋倉廠，修製車斛，屯防差役口糧，及永綏殘廢丁三百名口糧，又未授田老幼丁口糧等項之用。

以上每年應支銀穀，歷係由道經營，并各廳縣坐支彙總造報，均係必不可少之需，難以再減，應請照舊支銷。

一、清借款。上年前督臣訥爾經額等會奏鎮箪善後章程案內，聲明練勇借支銀穀一項，愈積愈多，究屬濫支。欽奉諭旨：著於清查案內，將如何酌定限制之處，另籌辦理等因。欽此。欽遵在案。臣等伏查，苗疆民貧地瘠，田土歸公，其額設練勇一千名，除支食糧餉外，別無田産及生計可圖，殊形苦累。前道傅鼐於每年年底及青黃不接之時，由道備給銀穀調濟，仍按月在於該練勇等餉銀內扣還。歷任道員俱有借扣之事。道光七年，收成歉薄，例支餉銀不敷食用，所借之穀較前加增。十二年，又值洋泉、廣東等處出師，借支行裝銀兩，一并歸於月餉內扣還。歸款積欠既久，扣限愈多，每名月餉除扣之外，實不足以資餬口，委難責令枵腹、操防。除十六年挾借一案，先經奏明分別扣賠外，查有從前歷年借欠銀六千四百餘兩，爲時既久，原借各練勇多係病故退伍，實屬無力完繳，無從著追。現據該練勇等籲求豁免，并出具永不再借甘結，由道轉詳。又屯丁歷年借穀，并苗備弁代各苗兵借穀，向係年清年款，尚無拖欠。惟其中革伍病故，歷年積壓無可著追者，合計尚欠穀一千一百七十餘石。現據該道查明，實係流亡故絕，無從追繳，應同前項練勇歷年借欠銀兩，奏懇天恩，一體免追，以示體恤。經此次清查豁免之後，該道儲備銀穀，不准再有濫借，庶清其源以截其流。日後如遇水旱不時，或徵調差遣，不得已而復有請借之事，應令該道隨時詳明督撫，酌核辦理，不准由道自行借給，以示限制。

一、籌歸補。查以上各款內，有道光元年、八年、十年已奏奉豁免穀四千五百六十餘石。原議籌款歸補，因苗疆經費有常，既經豁除租額，度支有絀無盈，至今尚未歸補。又道光十一、二、三、四年等年，佃欠短收穀五千餘石。又屯丁、苗官借欠穀一千一百七十餘石。又練勇歷年借欠銀六千四百餘兩。現經臣等奏請，一并豁免。如蒙俞允，以穀一石折銀一兩，總計短缺穀銀一萬七千一百四十餘兩。俱關苗疆月支糧餉及一切經費要需，亟宜籌款歸補。溯查嘉慶十年議定均屯章程之後，至十九年清查案內，共計歷年借墊穀銀五萬二千六百餘兩。經前撫臣廣厚奏請，分別捐賠歸補。又道光元年查辦苗疆儲積案內，計歷年動缺穀六萬九百餘石。經前任督撫臣陳若霖、左輔奏請，借動司庫捐監銀六萬九百兩，發交辰沅道采買穀石，以資儲備，各在案。茲自前次道光元年清查，截至十六年年底止，此上兩屆歷年更久，而所短銀穀尚不致如上兩屆之多。據該道稟稱，支款匱乏，自應速爲籌補。但國家經費有常，未敢懇恩賞給款項。臣等公同設法籌議，查有漢岸鹽商生息一款，本爲苗疆經費。而設原奏聲明，本銀十萬兩，每年應歸銀五千兩，作二十年歸完。現已歸過十六次，本銀八萬兩，尚未歸銀二萬兩，計四年即可歸足。今因苗疆需用，應請將漢商歸本之息量展四年，以資籌補。惟商息按年提取，而籌補則難以緩延。先請於司庫通米經費項下，借支銀一萬七千一百四十餘兩，發交該道，分別歸補儲備。俟漢商生息解到，陸續歸還通米經費借款。如此一轉移間，苗疆儲備胥歸有著，而庫項仍不至虛縣，似爲兩得。

一、清催徵。查鳳凰、乾州等七廳、縣，額設屯長二百名，經理屯田穀石，專司出納。前有屯長田多稼等，短交租穀四千餘石，經歷任道員追交過半。內有本身病故，曁家產盡絕無著者，亦經前道代爲賠補，現無侵蝕情弊。惟各廳、縣屯田十萬餘畝，均處萬山之中，每當山水漲發，易於衝刷。自道光六年之後，沙水衝壓之田較前爲多，俱經該道隨時勘估修理。第查近溪田畝內，有節年被水衝廢，已成溪壑，不能修復者，計三百三十三畝零。現在基址無存，每年缺額無收穀二百八十餘石，均係歷任道員捐賠，由來已久。臣等伏查，此項衝廢田畝，既據該道查明基址無存，實屬無從修復。所有缺收租穀，自未便徒存虛數，致令永遠捐賠。現當澈底清查，相應據實奏明，請將前項廢田租穀，照例豁除。所有每年不敷額租，應令該道在於生息餘存項下，撥補支放，以杜虧累。

一、申邊禁。查鳳凰、乾州、永綏、古丈坪、保靖五廳、縣，額設苗官四百八十六名，給以守備、千把、外委職銜，層遞管束散苗。雖歷年遵行，相安無事，第恐日久弊生，難免無盤剝之弊。其各書史，專司稿案，經理支發，亦難保無勒索情事。現奉諭旨清查，自應嚴行申禁。經該道飭據各廳、縣申復，所管各苗備弁內，前有守備梁開科，千總吳老吼、歐通幗，把總龍老巴，外委龍隆景、石添榮、廖老寅等，因約束不力，不洽輿情，俱經斥革另補。其書史內，前有延玩誤公之文碧祥等十四名，亦經隨時斥革。現俱奉公守法，并無盤剝勒索情弊，出具印結申道。并查現無漢奸私入苗地，及與苗人聯姻，串通勾結之事，苗疆一律安堵。應令該道督飭各廳、縣，隨時查察，如有前項情弊，立即從嚴懲辦。仍責成該廳、縣於每年年終分案出具印結，送道備查。倘敢徇縱，由道據實揭參究辦。總期民、苗畏服，永靖邊圉。

一、移屯員。查嘉慶十年均屯經久章程案內，奏准鳳凰廳原挑備戰練勇一千名，以五百名駐劄上五峒之新場堡，以五百名駐劄下五峒之同全坡，分爲左右二哨，每哨設屯千總、屯把總、屯外委、屯額外各一員，管帶訓練。嘉慶十四年，添設北關屯守備，統轄練勇，并督率千把總、外委、額外等官，按日訓練，此舊制也。伏查各省營製，額兵千名，必須副參大員統領，分設都司、守備，層層管帶，互相鈐束。今以守備一員，統轄練勇千名，既與體制未符，且事務殷繁，於訓練難期得力，以致因循怠玩，有上年挾借之事。雖經懲辦之後，該勇等咸知震懾，自不敢復蹈前轍。第苗疆重地，固宜稍專責任，亦不可偏重事權。上年給事中常大淳陳奏鎮筸善後章程案内，有將道標練勇分勻安置三廳之議。經前督臣訥爾經額、前撫臣裕泰、鎮筸總兵楊芳遵旨會議，以練勇與營兵聚處一城，角勝爭能，素稱精悍，控制未善，難保不恃強滋事。若分撥三廳安置，使之勢散易制，實屬法良意美。惟查該練勇多係土著，類皆貧苦，別無生計，必須攜家同往就養。現在月領餉銀，扣數尚多，得項僅敷口食，盤費實難設措。應請暫循其舊，俟一二年後，扣款漸少，丁力稍紓，再行察看籌辦等因，奏奉俞允在案。今察看情形，該練勇等攜家遷徙，力有所難，莫若循照舊章，略為通變。臣等公同酌議，查有原設新場堡屯守備一員，僅管催租，事務較簡。應請將該守備移駐鳳凰廳城，與北關屯守備，仍照原管左右二哨，分設兩營，各管練勇五百名，足資控馭。所管千總、把總、外委、額外等官，俱循其舊。所有新場堡屯守備，原管催租等事，應改歸永安卡屯千總，責成就近兼管，可無貽誤。庶因地制宜，於邊防益昭慎密。

以上各條，奉硃批：該部議奏。欽此。旋經戶部會議，奏稱，臣等伏查湖南省苗疆屯田，自嘉慶十年先後奏定章程，經原任辰沅道傅鼐經畫十餘年，漸臻詳備。以苗疆之所入，供苗疆之所出，行之三十餘年，民、苗相安無事。惟奉行日久，情形或有不同，自不能無小有變通之處。今據該督撫會奏，酌議章程，列為八款。臣等逐款詳查，與原定章程悉心核對，係於小有變通之中，仍寓慎守舊章之意，與輕議更張者不同。其查禁屯長、屯丁典押地畝一款，嚴禁苗備弁、書吏盤剝勒索一款，俱係申明舊例。其屯防經費一款，亦稱照舊支銷。臣部查對原定章程均屬相符。既據該督撫聲明，田畝并無典押，備弁、書吏并無盤剝勒索，亦無漢奸私入苗寨，及與苗人聯姻，勾結串通等弊。其歲需經費銀兩，稱係必不可少之需，難以再減。應令該督撫轉飭該道，循照舊章，妥為辦理。其免追借欠一款，既據取具永不再借甘結，并聲明遇有水旱，或有調遣，亦令詳明督撫酌辦，不得由道擅借，係為慎重借項起見。所有從前歷年積欠銀六千四百餘兩，穀一千一百餘石，既據聲明多係病退故絕，無從著追，應免其追繳，以清繆轕。其豁免佃欠一款，據稱屯田租穀，節被水旱，除已豁免外，尚短收穀五千餘石。聲明原欠之佃户，多係逃亡故絕，現在另招新佃，力難代完舊欠，懇請豁免。又豁除租額一款，據稱，屯田十萬餘畝，均處萬山之中，山水易於衝刷。查有積年衝廢不能修復者二百三十餘畝，每年缺穀二百八十餘石，實係水衝沙壓，基址無存，聲請照例豁除。臣等再四思維，苗疆屯田與腹地情形不同，既據聲明佃欠無可著追，廢田無從修復，應准其豁免積欠穀五千一石零，豁除缺額穀二百八十餘石，以紓佃力而免追呼。經此次清查之後，應令督撫轉飭該管官實力奉行，年清年款，不得藉口成案，動議豁除，以昭限制。又籌補穀石一款，據稱，節次豁免銀穀，總計共缺銀一萬七千餘兩。係關苗疆經費，亟須籌補暫借通米經費款內銀一萬七千餘兩，抵補儲備。仍於漢商生息款內，展收四年息銀，歸還原借本款。查與另請別項增添開銷者有間，亦應如所奏辦理。至移駐屯守備一款，兵部議，該督等係爲因地制宜起見，應如所奏。原設鳳凰廳新場堡屯守備，准其移駐鳳凰廳城，與北關屯守備分管左右二哨，各帶練勇五百名。其新場堡原管催租等事，改歸永安卡屯千總就近兼管之處，亦應如所奏辦理。三月十九日，奉旨：依議。欽此。

奏巡閱湖南營伍親歷苗地查看情形摺

道光二十七年湖廣總督裕泰

奏爲巡閱湖南營伍，順道親歷苗地查看情形，恭摺奏祈聖鑒事。

竊臣由常德取道辰州，較閱營伍後，即赴苗疆。自鳳凰、永綏等廳至保靖縣，周環苗境，皆係崇山峻嶺。苗民依山傍崖而居，有百餘戶爲一所，有數十戶、數戶爲一所者，或砌以石堡，或散處山嶺，統謂之苗寨。沿途經歷之處，舊設碉樓、哨臺、炮臺及汛堡、屯卡，均屬櫛比整齊。各廳縣苗弁，自守備以及外委，俱率領苗兵，俯伏道傍，甚形懷畏。又苗舉人、生員并義學館師，亦帶同學徒，在途迎謁。臣隨諭以各安耕讀，循分守法，均即分別獎賞銀牌及紙筆、荷包等物，均各歡忻叩頭而去。本年苗寨收成，尚稱中稔，現在暘雨應時，可以播種春麥。該管辰沅道呂恩湛，久於南省，撫綏整頓在，在均極得宜，屬弁民苗靡不悅服，氣象甚屬恬熙。惟是苗性狡悍靡常，不可因其輸誠懷畏，稍存大意。臣已面諭該道呂恩湛及各鎮將、廳員等，以苗情既極馴順，尤當倍加撫恤，實心經理。嚴查漢奸，毋許進寨詐擾。營汛碉卡，不時修葺。練勇屯兵，勤加訓練，毋稍懈怠，以期長治久安。仰副聖主綏靖邊圉之至意。所有臣查看鳳凰、永綏、保靖等廳、縣苗疆情形，理合恭摺具奏。再，湖南疆自嘉慶初年戡定以後，奏准於鳳凰、永綏、瀘溪、麻陽、保靖、古丈坪等廳、縣，設立均田屯勇，以資捍衛。以均出田土，給丁領種，召佃收租，以供屯防經費。且耕且守，原爲綏靖苗疆起見，洵屬籌邊良法。惟是行之既久，流弊滋多，其中苗官之盤剝，屯長之侵欺，以及私行典當，均所不免。是以臣於道光十六年在湖南巡撫任內奏明清查，核定租額，刪除煩費，勘酌損益，妥議章程。行之又逾十年，民、苗甚屬相安。惟上年聞乾州廳苗佃，有聚衆議款抗租情事，當經臣飛札飭查。旋據該道呂恩湛稟復，已委員前往查明，各苗佃俱已畏法解散，具限繳租，各安生業，靜謐如常。此次臣巡閱苗疆，復留心查訪，實緣有無賴痞苗，從中播弄，愚苗無知，受其煽惑。旋經該道委員彈壓，亦即畏拿解散。事雖出於一時，亦不可不防其漸。臣當即擬發告示，曉以利害，并宣示皇恩之高厚，國家之威嚴，諭令散款納租，呈繳器械，准予自新。倘仍抗違，即當奏明，從嚴懲辦。該屯苗兵弁環跪叩頭，甚形感懼，似出真誠。因思苗疆山多田少，地瘠民貧，苗人佃種公田，十年之間，水旱固亦時有，倘其中水衝沙壓，不能修復田土，若仍令其照常交租，殊不足以示體恤而昭公允，自應再予一律清查。臣已諄飭該道，督同苗疆各廳縣，周歷查勘，秉公清理。所有水衝沙壓田土，有堪以修復者，給費修復；不能修復者，懇恩豁免。其失額田租，另行籌補。如此分別辦理，庶苗佃無所藉口，得以久遠相安，苗疆屯防不無裨益。十一月初九，欽奉朱砂批：善者撫之，惡者懲之，不肖之文武黜之，一切悉秉公正，自可永無事矣。切記毋忽。欽此。

謹按，此摺裕莊毅公巡閱苗疆回，駐澧州順林驛行轅拜發。方郵遞遵途之日，正乾州款苗石觀保等跳梁起事之辰，一時煽脅鄰郊，屯務甚形岌岌。幸賴迅張撻伐，功奏七旬，首禍駢誅，完租復舊。大府推原亂本，患由凋敝相仍，迺籌陳善後十條，并通減額租一成，蠲通條弊，俾窮邊瘠佃咸感二天矣。款釁詳廳志兵防剿撫志中。

會奏苗疆善後事宜十條摺 道光二十八年
湖廣總督裕泰、湖南巡撫陸費瑔

奏爲籌議苗疆善後事宜，恭摺具奏，仰祈聖鑒事。

竊照湖南乾州廳痞苗石觀保等合款抗租，焚倉滋擾，抗拒官兵，業將首夥各匪犯解省審辦，由臣等核議具奏完案。所有一切善後事宜，經臣陸費瑔附片奏明，會商督臣督飭道廳妥爲籌議，并經臣裕泰札飭司道會核詳辦各在案。查苗疆邊防屯政均關緊要，一切章程必須興利除弊，隨時整頓，斟酌妥善，方可期經久無弊。茲臣等督同藩司萬貢珍、臬司程煥采、辰永沅靖道呂恩湛體察苗情，悉心查核，除鳳凰、永綏二廳被擾各良苗，前經臣陸費瑔會同臣裕泰奏蒙恩旨賞給籽種穀六千石，又經臣裕泰籌發銀二千兩，復經臣陸費瑔查照年例奏借苗疆五廳縣各丁佃籽種穀一萬五千石，均交該道督飭印委各員按戶核實散放。現在苗衆耕種有資，安常樂業，極為靜謐。又各廳縣水衝沙壓田土，前經臣等奏准清查，分別豁除租額，給資修復，并將其餘屯租酌議輕減，以示撫恤。惟查自均田以來，四十餘年，各丁佃原授田土，難保無輾轉接佃。現種之戶，大半并非原業，必須接畝履勘，查明現在承種戶名，分別減豁，方可實惠均霑。茲已飭據各丁佃，各將田土開明頃畝四至，具報廳、縣，聽候委員會同查勘。因現值農忙之時，青苗遍野，恐傷禾稼，難以丈量，應請展至秋收後，再行逐段勘明，確核應豁、應減租穀實數，另行妥議具奏，以昭核實外，其餘應沿、應革事宜，經臣等訪察現在情形，參以從前例案。其中有應酌改章程者，有應明定限制者，有應嚴申禁令者，有應酌加體恤者，謹逐一會核妥議，伏候聖裁。七月三十日，奉硃批：該部議奏。欽此。旋據戶部奏稱，臣等伏查湖南乾州廳痞苗石觀保等滋擾，業據該督撫將首夥各匪犯拿獲，照例擬結，奏明在案。所有一切善後事宜均關緊要，必須隨時整頓，斟酌妥善，可期經久。現據該督等督同司道，體察苗情，酌議條款，奏報到部。臣等按款核議，恭呈御覽。

一、據奏稱，裁汰經費，以歸節省也。查苗疆原設屯、苗義學一百館，教課苗童。嗣於嘉慶十五年添設二十館，以期廣為訓迪。數十年來，各苗生童父教其子，兄課其弟，多能自行勤學。原設義學一百館，足資課讀。所有續添義學二十館，應請裁汰等語。禮部查湖南苗疆原設屯、苗義學一百館，嗣又添二十館，原期廣為訓迪。迄今數十年來，各苗生能自勤學，所有續添義學，應如該督所奏裁汰。仍責成該督，飭令各苗生認真課讀，勿致曠功。庶於經費有裨，而教育亦日廣矣。又屯防籌款項下，有均屯總局委員書役薪水工食穀九百二十七石六斗。據稱屯防委員久經裁汰，惟總局有均田授畝各冊檔，仍須書役經管，應酌留工食穀一百四十石。其餘穀七百八十七石六斗，亦可核刪，留充屯防不敷經費之用。戶部查前項裁汰均屯總局書役工食穀七百八十七石六斗，并裁汰義學節省穀四百七十二石，均係因時制宜，應行裁減之項，應如所奏辦理。

一、據奏稱，佃戶完納租籽，合勺尾數，應明定限制也。查屯長、斗級人等，遇有合勺尾數，輒將兩手捧量為一合，一手捧量為一勺，實屬積弊。應請嗣後佃戶完納租穀，尾數在六合以上者進取一升，以下者退出不計，責成承催之屯備，認真稽查等語。臣等伏查歲收屯租，顆粒皆出苗民脂膏，自應折中定制，以杜浮收。如該督等所奏，凡遇佃戶完納租穀，尾數在六合之上者進取一升，如在五合九勺一下者退出不計。戶部核其所擬，甚屬平允。應令嗣後作爲定制，以杜浮收。仍令隨時稽查該管官弁及屯長人等，如有仍蹈前轍者，立即從嚴究辦。

一、據奏稱，屯田徵租執照紅簿，應改用各廳、縣印信，以昭慎重也。查苗疆屯防徵收租穀，向來各佃交租，即由承催之屯備弁給予收條，既不蓋用印信，難免重徵多索之弊。所有徵租執照紅簿，嗣後應改由廳、縣蓋用印信，一如徵收錢糧之法，悉用三連板串。如遇佃戶交納租穀，即行截串給領，以備稽核。至屯備弁承催督催，每視功過章程爲具文，不免心存玩泄，應責成各廳、縣隨時稽查，如有催租不力，年終核計，分別降革。倘該廳、縣并不認真督率，亦由該道詳請核參等語。臣等伏查苗疆徵收租穀，係爲經費要需，自應酌定章程，以杜混冒。如該督等所擬，嗣後徵租執照紅簿，應改用各廳、縣印信，一如徵收錢糧之法，悉用三連板串。如遇佃戶交納租穀，即行截串給領。係爲慎重租賦起見，應如所奏辦理。仍令該督等轉飭各廳、縣，隨時稽查該承催備弁等，實力催徵，年終分別功過，如有催租不力，分別降革。倘該廳、縣并不認真督率，一經查出，即行照例參辦。

一、據奏稱，苗人款頭名目，應永遠禁革也。查近年乾州苗人，輒於各寨議立款首，私設款單，把持公事，武斷鄉曲，報復私嫌，不可不嚴行申禁。嗣後苗民，如有戶姻、田土、口角、鬥毆等事，即赴該管廳、縣呈控，不准苗人私自議罰。如有苗人議款情事，并即嚴拿究辦。倘該苗官徇隱不首，事發一并究辦。仍飭辰沅道於每年冬令，將禁革款頭名目，及佐雜、苗官不准擅受苗詞，出示曉諭，俾苗民咸知凜戒等語。臣等伏查苗民設立款頭，把持公事，武斷鄉曲，報復私嫌，實爲滋事之由，自應嚴行查禁，以靖苗疆。應令該督等，轉飭該管廳、縣，隨時查察該苗民等，如有前項情弊，立即嚴拿究辦。并令辰沅道按年將禁革款頭名目出示曉諭，俾知凜戒。至佐雜、苗官不准擅受苗詞之處，吏部查定例，佐雜人員不許准理地方詞訟，遇有控訴到案，即呈送印官查辦，毋庸議。如擅受而審理者降一級調用，私罪；失察之印官罰俸一年，公罪。其因擅受而致釀人命者，佐雜官革職，私罪；失察之印官降一級留任，公罪。若印官規避處分，匿不揭報，即照諱命例革職，私罪。又注云，如揭報於已經釀命之後，仍議以降一級留任等語。嗣後佐雜、苗官，有如有擅受苗詞，即照例分別議處。

一、據奏稱，收繳槍械，私采硝磺，應責成苗官查報也。此次查辦善後，已據各廳縣收繳鳥槍刀械五千七百餘件，解省驗收，分別存毀。第恐搜查仍有未盡，又苗疆出產硝磺，係軍火要需，自應一并嚴禁。嗣後如有私造私藏鳥槍器械，并私采硝磺，製造火藥，均責成各廳縣督率苗官，稽查舉報。如知情隱匿，與本犯一并治罪等語。户部查苗夷地方，如有私造私藏鳥槍器械，并私采硝磺，製造火藥，即將失察之該管武職各官查參，送部議處。刑部查律載：民間私藏應禁軍器者，一件杖八十，每一件加一等，私造者加私藏罪一等，各罪止杖一百，流三千里。又例載：私造鳥槍者，杖一百，枷號兩個月，私藏者杖九十，枷號一個月，仍各照律每一件加一等，罪止杖一百，流三千里。又附近苗疆五百里内，民人煎挖窩囤，興販硝磺，事發，如在十斤以下，杖一百。其十斤以上者，杖六十，徒一年。二十斤以上者，按照五徒，以次遞加。五十斤以上者，杖一百，流二千里。八十斤以上者，杖一百，流二千五百里。一百斤者，杖一百，流三千里。多至百斤以上者，照合成火藥賣與鹽徒例，發近邊充軍。若囤積未曾興販，減私販罪一等。又奸商販賣軍器與土司番蠻者，杖一百，發邊遠充軍。該管官知情故縱者，罪同各等語。定例各有專條，奉行宜資實力。該督等所奏，係屬申明例意，應如所奏。嗣後苗疆地方，如有私造私藏鳥槍器械，并私采硝磺，製造火藥，均責成各廳縣督率苗官認真查拿，分別治以應得之罪。如苗官有知情故縱，與本犯一體懲辦。倘苗官獲犯稟送，而該廳縣意存消弭，不即究辦，并奸民私入苗地買賣硝磺，別經發覺，即將該廳縣嚴行參辦。庶官民共知警惕，地方日見肅清矣。

一、據奏稱，苗官賢否，宜核實甄別，以示勸懲也。查苗疆額設苗備弁，原祇令其催取租穀，及緝捕犯徒。應請嗣後於年終甄別一次，責成該廳、縣留心稽查。如果勤慎奉公約束，散苗安靜，承催租籽全完，將該把總、外委列為一等，予以超擢。如苗千總在任五年，辦公妥協，并無過誤，即拔補苗守備。如苗守備在任五年，辦公妥協無誤，記功一次。再歷三年，如果始終不怠，俟巡閱營伍之年，歸於查看苗寨案内，奏請賞加都司升銜，以示鼓勵。其循分供職者，列為二等。如有擅離苗寨，索詐苗眾，或怠玩誤公，催租不力，按其情節輕重，記過責懲，降革辦理等語。兵部查，甄別苗官，核實勸懲，係為綏靖地方起見，應如該督等所請。嗣後額設苗備弁，均在年終甄別一次。如果勤慎奉公，約束安靜，催租全完，該把總、外委准其列為一等，予以超擢。苗千總在任五年，辦公無誤，准以苗守備拔補。苗守備在任五年，辦公無誤，准予記功一次。再歷三年，始終不怠，俟巡閱營伍之年，歸於查看苗寨案内，奏請賞加都司升銜。其循分供職者，准其列爲二等。仍令該督等轉飭各廳、縣，隨時稽察。如有擅離苗寨，詐索苗民，或怠玩誤公，催租不力，即行分別懲辦。

一、據奏稱，歸并屯倉，裁汰屯長，以節冗費也。查鳳凰等廳、縣，共設屯倉一百二十六所。原設總屯長五十名，每名授田十五畝。散屯長一百六十名，每名授田七畝七分，飭令經理屯倉事務。從前歲收穀十萬五千餘石，爲數較多。自道光元年奏減租額，每年收穀七萬九千餘石，較原額減至二成有餘。租數既少，自可將屯倉就近歸并。現據辰沅道查明，各廳縣屯倉相近者，共二十三所，可以歸作十倉。計撤去屯倉十三所，裁汰總屯長四名，散屯長十六名，共二十名。共撤去原授田一百八十畝，仍給該屯長佃種，俾免失業。而按則完租，亦可稍充經費等語。臣等伏查湖南苗疆各廳縣徵收租穀，既於道光元年奏准減額，所有原設屯倉自應歸并裁撤。今據該督等酌擬，撤去屯倉十三所，裁汰總散屯長二十名，撤去原授田一百八十畝。戶部查係爲撙節經費起見，應如所奏辦理。其撤去原授田一百八十畝，亦應准其仍給該屯長佃種，照例按則完租，以充經費。

一、據奏稱，苗官札付，應分別鈐印給發，及由道繕給，以歸簡易也。查鳳凰等五廳縣，共設苗守備、千把、外委四百八十六名。向由廳縣保送辰沅道驗看，詳由督撫臣及提臣會印給札。第查道標屯備拔補章程，把總由道考驗，詳請咨部給札。外委額外由道給委。把總升補千總，詳送撫臣考驗。千總升補守備，詳送督臣考驗。歷久遵行。今以苗備弁之微末，自外委以至守備，均須詳由督撫臣會印繕札，事涉煩瑣。應請拔補苗備弁，援照道標屯備弁之例，苗外委、把總由道給札。苗千總札付，詳由撫臣鈐印頒發。苗守備，詳由督臣鈐印頒發，以歸簡易等語。兵部查，苗官一項，據稱向須詳由督撫、提臣會印給札，未免紛煩。今該督等，請照屯備弁一律辦理，用歸簡易。應如所奏，嗣後苗外委、把總准其由道給札。苗千總札付，准其詳，由巡撫鈐印給發。苗守備札付，准其詳，由總督鈐印給發。

一、據奏稱，每科鄉試取中邊字號、田字號民、苗舉人，應酌減會試盤費也。查鳳凰等廳縣邊字號舉人會試，歷照舊章，由道捐給銀四五十兩不等，并勸令屯、苗兵勇每名幫銀一錢或穀一斗，以作路費。至田字號苗舉人赴京會試，照民籍舉人例，給與公車銀兩之外，再由道酌給盤費，由是亦勸兵勇等每名幫穀一斗。近年屯、苗兵勇生計維艱，力難照舊幫貼。查屯防項下，有歲支加增書院、義學穀六百石，應請每歲撙節穀三百石，留於鄉試之年，幫給民、苗舉人。每名穀二百石，由道給領，如遇中式舉人，一體照給。所有屯、苗兵勇幫給銀穀，永行禁止。其由道酌捐路費舊章亦毋庸再給等語。禮部查湖南鳳凰等廳縣邊字號舉人會試，由道捐給銀兩，并勸令屯、苗兵勇幫貼銀穀。至田字號苗舉人會試，照民籍舉人例，給與公車銀兩，再由道酌給盤費，亦勸兵勇等幫給穀石。近年屯兵生計維艱，力難幫貼，應如該督所奏，將屯防歲支加增書院、義學穀六百石，每歲撙節穀三百石，留於鄉試之年幫給民、苗舉人。每名穀二百石，如遇恩科中式舉人，一體照給。所有屯、苗兵勇幫貼銀穀，并由道酌給路費，均行停止，庶足以示體恤而免派累。

一、據奏稱，新舊佃欠租穀，請分別豁免帶徵，以紓佃力也。查鳳凰等六廳、縣，自道光二十一年起，至二十六年止，佃欠未完穀一萬二千五百五十餘石。茲因苗佃貧苦，請將佃欠穀石，援案概予豁免。并將道光二十七年佃欠未完穀二萬九百五十餘石，緩至二十九年，分作三年帶徵，以紓佃力。所有屯防當年不敷經費，亦照歷辦成案，在於儲備穀內撥用。至請豁之租，另請籌款歸補等語。臣等伏查苗疆佃欠未完穀一萬二千五百五十餘石，既據奏稱，苗疆田土磽薄，一遇歉收，更形匱乏。若將各年積欠同時并徵，佃力實有不逮。援案奏請豁免。戶部查係實在情形，核與請豁之案相符。所有鳳凰等廳縣節年佃欠未完穀一萬二千五百五十餘石，相應奏懇天恩，俯念苗佃瘠苦情形，概予豁免。其道光二十七年佃欠未完穀二萬九百九十餘石，亦應准其緩至道光二十九年起，分限三年帶徵，以紓佃力。至當年不敷經費，在於儲備穀內撥用，及請豁之租，另請籌歸補之處，應俟奏咨到日再行辦理。此摺係戶部主稿，臣等悉心會議，是否有當，理合恭摺具奏，伏乞皇上聖鑒。謹奏。奉旨：依議。欽此。

部復給事中陳岱霖陳奏屯防四款 道光二十八年

准咨內閣鈔出，道光二十八年正月二十二日，給事中陳岱霖奏為苗疆屯防積弊，亟應整頓，以靖邊圉一摺。奏稱，竊查湖南省鳳凰、永綏、乾州三廳，自嘉慶年間苗平後，經前臬臣傅鼐均充民田，設立屯丁、練勇、屯長、苗官，一切章程於當時籌畫頗為周備。無如日久弊生，雖經迭次清查，究未悉臻妥善，以致兵、苗時常滋事。現聞匪、苗復有撲寨焚倉之案，若不亟加整頓，將來積弊日深，殊於苗疆大有關係。謹就臣管見所及，臚舉四端，敬為皇上陳之。

一、苗疆官員邊俸宜核實扣算也。查定例，苗疆官員均以邊俸五年期滿保升。原欲其練習邊情，始終勤奮，方予升途。乃近日題補各廳及附近苗疆州縣，類多到任數月，旋即謀署内地之缺。其本缺輒以別項候補等官更番迭署，迨五年期滿，該實缺人員即可照例保升。其實履任未久，一切苗疆情形全不熟習，雖有邊俸之名，徒爲取巧之地。應請嗣後苗疆地方，無論何項官員，均應按照到任月日扣滿，實在歷俸五年，方准保舉。如有調署他缺，概行按日扣除，不准接算俸次，以杜趨避而昭核實。

一、練勇糧缺，宜令屯丁子孫挑補，不得以衙署私人等濫充也。查辰沅道標設立練勇一千名，屯丁七千名，原係當年剿苗鄉勇，凱撤後設法安插，分爲鄉勇屯丁名目，均充民田，俾資養贍。其練勇即就屯丁中年力精壯者挑出，以五百名分駐上五峒，以五百名分駐下五峒，與屯丁碉堡相爲犄角。是屯練本屬一體，所有練勇糧缺，自應即以上下五峒有功有業之屯丁子孫挑補，方昭平允。乃聞近日該管屯備弁貪賄營私，每遇練勇缺出，輒以本衙門隨帶私人或外來游民濫行挑送考補。既經入伍，平時酗酒滋事，無所不至，一旦犯法，又復輕身易遁，以致釀成十六年挾借戕官重案。至屯丁每名授田四畝五分，即在豐年僅贍一口，迄今四十餘載，生齒日繁，無田可給，而練勇糧缺又多爲外人占據。現在各廳記名屯丁不下數千，皆無可耕之田，致有生育男女溺棄不顧者，情殊可憫。應請嗣後遇有練勇缺出，務以記名屯丁挨次挑補，不得以衙署私人及外來游民濫行充數。如有前項弊端，除本人革懲外，仍將該管屯備弁嚴加參處。

一、屯長宜酌加裁汰，以杜侵虧也。查屯防設立總散屯長共二百名，經收屯田倉穀，通計總屯長四十名，每名授田十五畝，每跟丁二名，授田九畝。散屯長一百六十名，每名授田七畝五分，每跟丁一名，授田四畝五分。在設屯之初，事本繁重，不能不資多人經理。今則減存租穀，止有七萬九千餘石，零星小倉，可并一倉，未免人浮於事。且聞近日該處屯長，并非本地殷實紳耆充當，多有衙門長隨及書吏子姪濫行鑽充，坐食公田，毫無事事。其跟丁人役又占取屯丁田額數，至二三百名之多。并有藩司書吏歷年在彼辦理奏銷，每人亦皆橫占丁田。不知此項田畝，多一人侵占，即多一人向隅。似此紛紛效尤，必至屯丁之業田盡成奸人之利藪。至屯長管理倉穀，尤多侵蝕，聞有虧短竟至數千百石者。種種流弊，日甚一日。應請嗣後責成辰沅道，將倉貯實數，澈底盤查，不得僅以屯長一結了事。并將該處屯長名數，酌加裁汰，遇有缺出，揀選殷實紳耆充補。計省一屯長，即可養數丁，似亦安插屯丁之一法也。

一、苗官宜嚴加約束，以恤窮苗也。查各處苗寨，例不准衙門書役人等私入。其設立苗守備、千、把等官，不過令其催收苗租，傳喚苗戶，所有一切苗詞，概不准其擅受，均歸該管廳查審理。乃聞近日該苗備弁妄自尊大，私役苗民開墾田土，遇有苗詞，先行收審，橫加需索，并私設刑具，任意凌虐。迨至解廳審辦，該苗官從中顛倒是非，苗民言語不通，往往曲直莫辨，遂至結氣銜冤，無所控訴。近年以來，苗民生計日蹙，苗官盤剝日深，欲其甘受魚肉，勢豈可得？至該處每年支放苗兵口糧，衙門中已多折扣，而苗官又從而掊剋之，亦使苗兵深受無窮之苦。應請嗣後責成辰沅道及該管廳員，隨時稽查，嚴加約束。如有苗官擅受苗詞，私設刑具，橫索苗錢，及剋扣苗兵口糧等弊，即將該苗備弁嚴行懲辦。

　　以上四條，均係苗疆近日實在情形，應請敕下湖廣總督、湖南巡撫悉心酌核，妥議具奏。如該道廳等官不能實力整頓，致滋弊端，應由該督撫隨時劾參，以肅邊政。臣為慎重苗防起見，謹奏。本月二十四日奉上諭：給事中陳岱霖奏苗防積弊，亟應整頓時一摺。湖南乾州等廳苗匪滋事，現已一律肅清，善後事宜，該督撫等自己斟酌妥辦。惟苗疆屯防一切章程，自從前定立以來，難保不日久弊生，亟宜整頓，以靖邊圉。著裕泰、陸費瑔按照該給事中所奏四條，悉心酌覈，會同妥議具奏。該給事中原摺著鈔給閱看。將此各諭令知之。欽此。當經湖廣總督裕泰、湖南巡撫陸費瑔轉飭藩臬司暨辰沅道，遵將該給事中條陳苗疆屯防積弊，逐款悉心妥議，小變章程，詳由該督撫等復加細覈，於本年七月內具摺會奏。八月初一日奉硃批：該部議奏。欽此。

　　臣等查該督撫等原奏內稱：查苗疆鳳凰等五廳縣，共設屯丁七千名，多係捐戶子弟親族及出力之丁勇充補，按名授田，且耕且守。原挑練勇一千名，係備攻戰之用。蓋練勇設在未經均田之先，係在剿苗鄉勇內挑取精銳充補，一經辭休故革，即應開除，另行選充。屯丁設在已經均屯之後，係於捐戶子弟親族及曾經出力之鄉勇挑選，如遇辭退病故，即以該丁子孫挑補。是練勇、屯丁本屬兩途，歷係查照舊章，分別辦理。現在充勇及會充練勇之子弟親族，報名考驗入冊者，已有六百餘名之多。一有練勇缺出，數百人共聞共見，廳、道層層稽核，備弁無從受賄營私，萬難將各衙門私人及外來游民鑽營占補。惟屯丁生齒日繁，無田可給，係屬實情，自應量為變通。應請嗣後練勇出有一缺，准由屯弁挑選練勇餘丁二名，呈送屯守備考驗。屯守備又挑選屯丁最多之鳳凰廳下五峒、永綏廳屯丁記名餘丁一名，一并移送廳員，復挑呈道，當堂考驗。以十缺為一輪，共挑選練勇餘丁二十名，鳳凰廳下五峒屯丁餘丁六名，永綏廳屯丁餘丁四名，均以技藝最優者拔補。其餘各廳縣非田土全行歸公地方之屯丁、記名餘丁，俱不准預備挑選，仍責成辰沅道隨時稽查。倘有以各衙門隨帶私人及外來游民朦混呈送考拔，一經查出，或被告發，除將占補之人革究外，并將原送之備弁嚴行參處等語。應如該督撫所奏，嗣後遇有練勇缺出，即由練勇餘丁及屯丁、記名餘丁內，撰其技藝最優者挑選充補，以十缺爲一輪，不得以隨帶私人及外來游民朦混考拔，致滋流弊。并責成辰沅道隨時稽察，以昭核實。并於每年年終將記名屯丁并現在充勇及曾充練勇之子弟親族，一年內挑補練勇名數，分晰造具清册送部，以憑查核。倘有隨帶私人及外來游民呈送考拔，將朦混考送之備弁開參送部，既照濫給名糧拔補私人之例議處。又原奏內稱，吏部則例內載湖南苗疆知府、同知，直隸州知州、知縣各缺，五年俸滿，核實保題，以升術留任注册，俟再滿三年，題請升用等語。該給事中所奏，自爲慎重考核起見，以後邊俸報滿之員，自應照例辦理。惟查大計卓異，知縣以上各員，例應送部引見，如奉旨回任候升，遇有應升之缺，即可由外請升。獨至苗疆人員，如遇大計保舉卓異，例不給咨送部，應俟俸滿題升時，將卓異之處於摺內聲明請旨。是同一卓異人員，一則保題後，即可引見回任候升，一則必候扣滿八年苗俸後始准題升，將曾經卓異之處聲明請旨，不准先行調取引見。即使已得卓異之後，未滿八年苗俸，別以事故離任，則苗俸不能帶於他任接算，不特已積之苗俸不計，即已得卓異之案亦歸無用。苗疆責重而缺苦，不若內地卓異人員升途之速，未免向隅。臣等公同酌議，應請嗣後苗疆人員，如過三年俸滿，果有才能出衆，遵例於大計案內保舉卓異者，准其於接准部復後，即行送部引見。如奉旨回任候升，即不計苗俸，與內地卓異人員，一體升用，以昭公允。其苗疆不得卓異之員，仍照定例，計俸辦理等語。吏部查定例：湖南五年俸滿之苗疆各缺，令該督撫揀選題補。俸滿之員，如果才守兼優，政績卓著，該督撫核實保題，以升衘留任注册。俟再滿三年，察其治行卓越，撫綏得宜，遇有附近應升之缺，無論應題、應調、應選，俱准題請升用。未經俸滿之先，概不准以他缺更屬緊要，藉詞升調。遇有應入卓薦之員，該督撫仍行薦舉，毋庸即行給咨送部。俟俸滿題升時，仍將曾經卓異之處，摺內聲明請旨等語。今該督等原奏內稱：湖南苗疆各缺，設使已得卓異之後，未滿八年，苗俸別以事故離任，則苗俸不能帶於他任接算，不特已積之苗俸不計，即已得卓異之案，亦歸無用。苗疆責重而缺苦，轉不若內地卓異人員升途之速，未免向隅。應請嗣後苗疆人員，如遇三年俸滿，果有才能出衆，遵例於大計案內保舉卓異者，准其於接准部復後，送部引見。如奉旨回任候升，即不計苗俸，與內地卓異人員，一體升用。其苗疆不得卓異之員，仍照定例，計俸辦理等因。查苗疆久任，原爲要缺需人起見，若一經卓薦，不論年限，即准升遷，恐於地方無所裨益。惟內地卓异人員，保題後即可引見，回任候升。苗疆人員，必俟扣滿八年苗俸後，始准題升，是與未應保薦者無异，亦恐屈抑人才。

查，苗疆二次八年俸滿之缺，初次俸滿，例限五年，在任亦不爲不久。應請嗣後湖南苗疆知府、同知，直隸州知州、知縣久任各缺，遇有卓薦之員，查其歷俸已滿初次五年者，該督撫於接到部文後，即准給咨送部引見。如奉旨回任候升，即酌量升用，毋庸再扣三年，仍照例不准藉詞調補他缺。如此量爲變通，庶地方既可以得人，人才亦不致久屈。如初次尚未俸滿，雖應卓薦，仍俟扣滿五年，再行給咨送部，以示限制。至四川、廣西、貴州苗疆、夷疆極邊，應扣八年俸滿各缺，如於未經八年俸滿之先，遇有卓薦人員，亦照湖南之缺，一律辦理。所有原例，應即更正。其各省八年俸滿諸缺，未應卓薦人員，及三年、五年、六年苗疆、夷疆、海疆極邊各缺，均仍照舊例辦理。又原奏內稱：查苗疆屯丁，例歸廳、縣專司簽補，候補餘丁俱有家口清冊可憑。遇有缺出，廳、縣不難按冊而稽，查明何地段丁夫應補，何地段記名餘丁，不論人數多寡，一律傳案，當堂拈鬮補定。衆目共覩，他人不能鑽占。所有跟丁名目，係於設屯之初，因各屯長中，間有辦公出力，或倡首均田，而本身名下，有應簽之丁，應授之田，作爲跟丁，隨同本身在倉辦事。然此不過百中之一二，并無占取田額至二三百名之多。至每年屯防報銷，均係辰沅道衙門書吏自行承辦，亦無假手藩司書吏，及橫占丁田情事。其屯長經管屯倉，從前間有短缺穀石，由道賠補。道光十八年清查案內，曾經前任督撫臣奏明在案。此後每值新舊交替，均經核實盤查，當無侵蝕虧缺情弊。惟原設屯長額數較多，現經於籌議善後案內酌議裁汰等語。戶部查湖南苗疆屯丁例歸廳、縣專司簽補，所有跟丁名目原係設屯之初，因各屯長中間有辦公出力或倡首均田，而本身名下又有應簽之丁、應授之田作爲跟丁，隨同本身在倉辦事。今據聲稱，此不過百中之一二，并無占取田額至二三百名之多，自係實在情形。至每年屯防報銷，均係辰沅道衙門書吏自行承辦，并無假手藩司書吏及橫占丁田情事，亦與成案相符，應如所奏辦理。其屯長經管屯倉，從前間有短缺，由道賠補。此後每值新舊交替，均經核實辦理，業於道光十八年清查案內核議奏明在案，應毋庸議。惟原設屯長額數較多，現據該督等於籌議善後案內奏請裁汰二十名，業經臣另行核議，應俟議復奏明之日，行文該督等遵照辦理。

又原奏內稱，查各廳、縣苗官原爲約束散苗、催收租穀而設。至苗民詞訟，苗官僅有傳送人證之責，并不准擅自受理。迭經臣等諄飭辰沅道隨時嚴查，并復留心體訪，有則立予懲辦。近來尚無苗官擅受苗詞、私設刑具、橫索苗錢等弊。至苗兵口糧，於道光十四年有人奏參，奉旨查辦，實無折扣情事。行令各廳、縣勒碑永禁在案。第恐日久玩生，潛滋弊竇。臣等現終籌議苗疆善後案內，奏請將各苗官按年嚴加甄別等語。戶部查，苗疆各廳、縣額設苗官，原爲約束散苗、催收租穀而設。其苗兵口糧，自應照例核實支給。今據聲稱，查明實無折扣情事。第恐日久玩生，自應嚴定甄別章程，以期經久。現據該督等另於籌議善後案內條奏，業經戶部會同核議。應俟議復奏明之日，行令遵照辦理。刑部查，各廳縣苗官向不准擅受苗詞，嗣後該苗官等如有擅受苗詞、私設刑具、橫索苗錢等事，由該督等飭屬隨時查拿，從嚴懲辦。所有臣等核議緣由，理合恭摺具奏。十月二十六日奉旨：依議。欽此。

會奏請免苗疆衝廢田租并統減屯租一成籌補經費摺 道光二十九年湖廣總督裕泰、湖南巡撫陸費瑔

奏爲勘明疆均屯田土水衝沙壓及磽薄情形，籲懇天恩俯准，分別豁減租額，并將屯防不敷經費籌款撥補，以恤苗佃而資要需，恭摺奏祈聖鑒事。

竊照湖南鳳凰、永綏、乾州、瀘溪、麻陽、保靖、古丈坪七廳、縣均屯田土，前因多有水衝沙壓，其餘亦皆磽薄，地利無多，若仍照額徵租，苗佃力有未逮。經臣等先後奏明，飭令該道督同各廳縣按畝履勘，澈底清查，分別給費修復，豁除租額，并將其餘屯租確查現佃承種實在戶名、畝數，按照歷辦成案酌議輕減，以示撫恤。嗣因正值農忙之時，青苗遍野，恐傷禾稼，難以丈量，又經臣等於籌議善後事宜案內奏明，展至秋收後再行勘辦，各在案。茲據辰永沅靖道呂恩湛詳報，於上年三稻登場後，督同各廳、縣并委員等，將節年水衝沙壓田畝逐一查勘，除情形較輕者均經給費修復外，共計查出衝壓較久，基址無存，實在不能修復田六百九十三畝零，共失額租穀五百八十三石零，應請照例豁除。并據查明，其餘屯田地皆磽薄，請將各屯租查照歷辦成案酌減一成，并減去穀七千八百二十八石零。又道光十八年清查案內，奏准豁除衝廢田失額租二百八十二石零，總計新舊豁除酌減租穀八千六百九十三石零。由藩司萬貢珍核議，詳請具奏前來。臣等復查，苗疆均屯田土，多係依崖傍嶺，附澗臨溝。其中平曠之地甚少，每遇春夏山水衝注，多有衝壓。現經逐段查明，除情形較輕者給費修復外，其年久荒廢基址無存者，實係難於修復。此外各屯田，類皆瘠薄，地利無多。苗佃終歲勤動，收穫穀石，完租之外，本鮮蓋藏。近年生齒日繁，偶遇水旱歉收，即致

不敷養贍。臣等悉心體察，委係實在情形。所有應徵各租籽，自應分別豁除酌減，以示體恤。相應籲懇天恩，俯准將前項水衝沙壓屯田六百九十三畝零，應徵額租五百八十三石零，概予照例豁除。并將其餘屯田租額，共減去穀七千八百二十八石零。俾苗佃咸沾樂利，家給户足。此後徵收租穀，自必感戴鴻慈，輸將更加踴躍。惟查屯田租穀，爲苗疆一歲經費要需，不容稍有短絀。此次清查豁除酌減，共穀八千四百一十一石零。又道光十八年，奏請豁除衝廢田失額租二百八十二石零。總計新舊豁減穀八千六百九十三石零。除將上年籌議善後事宜案内奏明，裁汰屯防書役、義學、屯長等項，每年共節省穀一千三百七十七石零撥用外，尚短穀七千三百一十六石零。查照成案，每穀一石作銀一兩計，不敷銀七千三百一十六兩零。亟應籌款撥補，以供支用。前經臣等於籌補新寧縣、乾州廳兩案軍需銀兩，并豁免苗疆屯佃歷年積欠租穀案内彙摺奏請，在於本省暫開捐例收銀，發商生息，按年撥補。欽奉諭旨：苗疆屯田豁減租穀，不敷經費，著准其作正開銷。所有該督等請暫開捐例之處，著毋庸議等因。欽此。

　　臣等伏查此次清查減除租穀，不敷經費，係屬每年必須撥補之項。國家經費有常，未便按年請帑支銷，自應由外另行籌款辦理，免滋糜費。查嘉慶二十五年，借本發商生息案内，每年餘剩息銀五千兩，原備屯防經費之用。又道光十八年，因鎮筸鎮總兵公用掣肘，由湖南巡撫及在省司道，每年共捐幫銀一千兩，以資津貼。近年該鎮辦公敷用，毋須再行協濟，已於上年停止捐幫，仍將此項存備公用。今苗疆豁減租額不敷經費銀七千三百一十六兩零，應請即將此二項共銀六千兩，儘數撥給。此外，尚短銀一千三百一十六兩零。臣等往返函商，勸諭漢岸鹽商，量力捐輸。該商等以湖南爲漢岸引鹽溢銷受益地面，情願每年捐銀一千五百兩，解交湖南藩庫，以助苗疆經費要需。除將前項所短銀兩如數找補外，尚餘剩銀一百八十餘兩，仍留司庫，作爲苗疆儲備之項，按年報部查核。至鳳凰等各廳縣，道光二十一年起，至二十六年止，佃欠穀一萬二千五百五十二石零，於未奉文豁免之前，續收穀二十六石零，實未完穀一萬二千五百二十六石零。臣等於善後案内奏蒙恩准，概予豁免。所有各該年不敷經費銀，應遵諭旨作正開銷，容另核實造報。除飭將水衝沙壓田畝，及豁除酌減租額穀細數，分造清册，另行咨部查核外，所有清查屯田完竣，豁減租額，并籌款撥補不敷經費緣由，謹合詞恭摺具奏，伏乞皇上聖鑒訓示。謹奏。本年三月二十一日奉上諭：裕泰、陸費琼奏苗疆屯田水衝沙壓，懇請豁減租額，并籌款撥補經費一摺。

　　湖南鳳凰等七廳、縣，均屯田土，每遇山水激注，多有衝壓。既經該督等查明難以修復及磽薄各情形，所有應徵租額穀五百八十三石零，著加恩概予豁除。其餘屯田租額，并著加恩減去穀七千八百二十八石零，以紓佃力。至所稱屯防經費不敷，籌款撥給之處，著該部議奏。餘著照所擬辦理。欽此。旋據戶部奏稱，臣等伏查湖南省每年額徵屯田租穀，原備苗疆經費之需。今據該督撫查明，水衝沙壓各田，多有年久荒廢，基址無存，實難修復。懇請分別豁減，以紓佃力。現經欽奉諭旨，准將鳳凰等七廳縣應徵額租穀五百八十三石零，概予豁除。并將其餘磽薄屯田租額，減去穀七千八百二十八石零。仰見皇上體恤苗民，恩膏疊沛之至意。應令該督、撫即刊刻謄黃，遍行曉諭。仍將豁減租額，核明田畝處所，按戶給單，務使實惠及民，毋任吏胥舞弊。倘查有將已經豁減租額田畝，隱匿徵租，侵吞入己情事，即從嚴參辦。并令轉飭各廳縣隨時察看，如有可能修復之處，即行設法修復起徵，以重賦課而裕經費。至苗疆每年所需之款，本不容稍有短絀。今此次豁減，共穀八千四百一十一石零。又道光十八年，奏准豁除失額穀二百八十二石零。總計新舊豁減穀八千六百九十三石零，自應籌款撥補。茲據聲稱，除將上年善後事宜案內，奏准裁汰屯防書役等項，每年節省穀一千三百七十七石零撥用外，尚短穀七千三百一十六石零。查照成案，每穀一石作銀一兩計，不敷銀七千三百一十六兩零。請將嘉慶二十五年發商生息案內，每年餘剩息銀五千兩，并將湖南巡撫、司、道，每年幫貼鎮篆公用，現經停止，仍捐存備用銀一千兩，儘數撥補苗疆經費。臣等查嘉慶二十五年發商生息案內，每年餘剩息銀五千兩，原係作為苗疆貯備專款。至該省各官，每年幫貼鎮篆鎮辦公銀一千兩，該鎮公用既經充足，無須協濟，應准其將此二項共銀六千兩，儘數撥補，尚不敷銀一千三百一十六兩。現據該督撫勸諭，漢岸鹽商情願每年捐銀一千五百兩，解交湖南藩庫，以助苗疆經費。除將前項所短銀兩補足外，尚餘銀一百餘兩，仍留司庫，作為苗疆貯備之項。按照年報部查核，應如所奏辦理。至鳳凰等廳縣，道光二十一年起，至二十六年止，佃欠未完穀一萬二千五百二十六石零，業於善後案內奏准豁免。其各該年不敷經費，應遵旨作正開銷之處，俟另案造報到日，再行查辦。所有臣等核議緣由，理合恭摺具奏。奉旨：依議。欽此。

詳遵札清查田土籌議核減租數 道光二十八年呂恩湛

查屯防佃種田土，節年間遭水旱，其中有水衝沙壓，實在不能修復田土。仰蒙憲臺洞察情形，先後奏請清查。其餘屯租，查照歷辦成案，酌加輕減。又奉憲臺於覆奏剿補夥款抗租痞苗事竣案內，附片奏奉諭旨，行飭欽遵查辦，各在案。當因屯防田土，坐落苗疆七廳縣地方，廣袤七百餘里。各廳縣遵奉札飭，查勘未畢。時值青苗遍野，不便查丈。又經恩湛詳請，展至秋收後，覆勘詳辦，亦在案。嗣屆三稻登場，恩湛遵即督率委員，會同各廳縣，確查復勘，造冊開報。去後，旋據各該委員，會同各廳縣，先後造冊，稟齎職道。隨調齊庫貯原辦均田及歷次減租底冊，逐細核對。查嘉慶十九年，奉前督憲馬、撫憲廣清查奏案內稱，嘉慶十年及十二年、十三年、三年奏報，丈收田土，除給屯長、屯丁、老幼丁等領耕，實餘田土九萬三千二百十五畝。召佃收租，歲徵額租七萬九百二十一石二斗，以供鹽菜經費。復於正租之外，徵收餘租二萬八千餘石，作爲外銷，籌款按年支用。又十四年，傅鼐詳報，丈收田土一萬五千二百十九畝三分。十六年以後，續查出田土五千八百七十三畝一分，均未入奏報部。前項田土，除撥給營兵等領耕，及撥補水衝沙壓，并碉卡圈占田土一萬一千八十四畝三分，實餘田土一萬八畝二分，每年徵租五千六百六十三石二斗，亦歸入餘租內，撥作加增書院、義學等項之用。每歲計徵正餘租十萬五千四百餘石，按則減去租穀五千五百石，每年定以額租九萬九千九百八十八石三斗九升等因。

　　又道光元年，奉前督憲陳、撫憲左清查奏案內稱，屯防佃租自嘉慶十九年清查案內，奏定額租九萬九千九百八十八石三斗九升，歷年照額徵收，以供經費。今爲苗疆經久之計，減去租穀二萬零七百七十石等因。自道光二年秋收起，每年額徵佃租七萬九千二百一十八石三斗九升，至今沿爲定額。恩湛以案核冊，如嘉慶十二年均屯未盡事宜案內，奉報丈收永綏廳開墾田土一萬零一百三十畝，前道係照依苗俗，以牛力一工爲一畝，先行詳請入奏。及至丈量，計多出田土二萬零二百六十畝，經前道詳明，仍照原額納租。又嘉慶十四年，詳報丈收各案田土一萬四千零四十五畝六分六釐，冊開丈收田土一萬五千二百一十九畝三分，較之詳案，計多出田土一千一百七十三畝六分三釐。其間抵補提撥，往復糾纏，逐加考核，實尚不敷詳案內一萬四千餘畝之數。而嘉慶十九年清查，仍以冊載一萬五千二百一十九畝三分聲敘入奏。溯查案冊不符之故，皆因當日丈量甫訖，即行詳報，厥後多有重丈退出及漏未丈收之事，以致彼盈此絀，有以土五畝作田一畝抵補者，又有分給田土時，是案復丈短缺，復於另案提撥充數者，名目分歧，頭緒繁雜。又均田底冊開載田土等則，各廳縣名目多寡不同，科租亦未畫一。鳳凰、乾州、瀘溪、麻陽四廳縣田畝祇分水旱二項，古丈坪、保靖二廳縣分有上中下則，惟永綏廳田土俱分有上中下則及瘠薄、最爲瘠薄五項名目。

又道光元年，清查減租底冊，各廳縣辦法亦各互有參差。今以鳳凰一廳而論，該廳田畝原止分水旱二項，而冊內係按上中下則及瘠薄四項分別輕重核減。如一戶佃田若干丘，積若干畝，額納租穀若干石，於每戶田租數目結總後登明，按上則減租若干，按中下則、瘠薄各減租若干。其上中下則及瘠薄四項係屬是何丘段，各有若干畝分，無憑稽核。近年以來，輾轉接佃及一戶分為數佃者最多，若以均田底冊為憑，則冊內并無等則，若以道光元年減租底冊為憑，則原減之上中下則及瘠薄四項名目毫無依據。此次減租須確查實在佃名，如遇一戶之田數佃分種，各佃丘段不同，無從區別上、中、下則及瘠薄四項名目，核計畝分，委係礙難循辦。若以屯、苗備弁現在勘報為憑，或恐高下其手，難期悉昭公允。至均屯減租各冊內，乾州、瀘溪、麻陽三廳縣，與鳳凰廳情形相似，其永綏、古丈坪、保靖三廳縣，田土雖有原分等則，迨經恩湛督同各丞令按冊確查，亦未能一律核實，毫無疑議。竊思道光元年，減租名目，各廳縣多寡不同，此次未便踵行。若以上、中、下三則執為一定不移之法，則減租必有等差。誠如憲諭，設使毗連田畝，兩佃分種，肥瘠不甚懸殊，而租數輕重不一，將來轉恐別滋事端。現經恩湛反覆思維，再三籌議，惟有於道光元年減定屯租七萬九千二百一十八石三斗九升六合六勺。原額內除十八年清查案內奏准豁除水衝不能修復田，共失額租二百八十二石七斗七升零六勺。又此次勘報水衝沙壓不能修復田土，共失額租六百四十九石一斗八升一合三勺四鈔外，實存應徵額租七萬八千二百八十六石四斗四升四合六勺六鈔。擬請酌減一成，共減去租七千八百二十八石六斗四升四合四勺六鈔六撮。每年實應徵租七萬零四百五十七石八斗零一勺九鈔四撮。庶幾民、苗各佃實惠均沾，以免私議而杜後患。是否有當，除另詳呈請外，理合呈明憲台，俯賜核察。為此具詳，伏乞照驗施行。

詳酌議豁減屯租及擬籌補各款 道光二十八年辰沅道呂恩湛

為查議具詳事。

竊照苗疆均屯田土，深處萬山之中，多係依崖傍嶺，附澗臨溝。近年以來，苗民生計支絀，雖高山顛頂，崎嶇極陰之區，無不攀援而上。墾種雜糧土，因鋤動鬆浮，每遇春夏，山水漲發，泥沙水石夾雜奔流，當衝之處，實有被水衝壞及沙石積壓，不能修復田土。道光二十七年十一月十一日內，蒙憲臺先後附片奏請清查，并示諭各屯佃自行開報四至，官為勘辦，各在案。除此項水衝沙壓，勘明實在不能修復，准其詳請奏懇豁除外，其餘屯租，又奉憲臺於復奏剿捕夥款抗租痞苗事竣案内，附片奏奉諭旨，行飭欽遵，查照歷辦成案，酌加輕減，亦在案。恩湛先後奉札，當即飭屬遵辦。嗣因屯防田土，坐落苗疆鳳凰、乾州、永綏、古丈坪、保靖、瀘溪、麻陽七廳、縣地方，廣袤七百餘里。甫據屯苗備弁督佃開報完竣，時已青苗遍野，不便查丈。

又經恩湛詳請展至秋收後，復勘詳辦。旋值三稻登場，恩湛遵復督率印委各員，確查復勘。去後，兹據各廳、縣并委員即補府經歷黃兆源、鳳凰廳知事毛實煒、麻陽縣巖門縣丞周悅、試用按察司照磨梁放、道庫大使易學治、署鳳凰廳經歷歐陽實、試用縣丞吳逢逵等先後查勘，造册稟齎到道。總計此次查出，節年水衝沙壓，實在不能修復田六百九十三畝四分四釐零八絲八忽，每年缺租六百四十九石一斗八升一合三勺四鈔，實係水衝沙壓，基址無存，應請奏懇照例豁除。其尚可修復者，現經恩湛酌量情形，分別籌給修費，勒限修復，務期一律培壅如舊，仍行照額納租。復查道光元年清查案内奏稱，查屯防佃租，自嘉慶十九年清查減租案内，奏定額徵九萬九千九百八十八石三斗九升，歷年照額徵收，以供經費。今爲苗疆經久之計，共減去租穀二萬七百七十石等因。自道光二年秋收起，每年額徵佃租七萬九千二百一十八石三斗九升六合六勺。內除十八年清查案內，奏准豁除衝廢田失額租二百八十二石七斗七升零六勺。

又現在勘報衝廢田土，詳情奏懇豁除失額租籽六百四十九石一斗八升一合三勺四鈔，實存應徵田土租籽七萬八千二百八十六石四斗四升四合六勺六鈔。惟苗民生計全無，而屯田内皆瘠薄，地利無多。數十年以來，生齒日繁，各苗佃終歲勤動，收穫穀石完納之外，實鮮蓋藏。偶遇水旱歉收，即難免不敷養贍。上年痞苗糾衆合款，煽惑良苗，無非藉此爲詞。現辦清查，除將水衝沙壓田土分別勘辦外，此項屯租，擬請憲臺查照歷辦成案，奏請酌加輕減，共減去租穀七千八百二十八石六斗四升四合四勺六鈔六撮，以示體恤。庶各佃於正供之外，多得盈餘，俾苗民身家足贍，稍獲蓋藏。從此不虞有備，邊圉永慶救安。其應納租穀，自必更加踴躍輸將矣。核計新舊衝廢失額，并各屯租酌減，共去租籽八千七百六十石五斗九升六合四勺零六撮。尚存應徵租籽七萬零四百五十七石八斗零一勺九鈔四撮。又本年七月内，奉憲臺於籌議苗疆善後事宜案内奏稱，俟後佃户完納租籽，尾數在六合以上者，進收一升。如在五合九勺以下者，退出不計等語。本年業已遵示奉行在案。此項進收退出，共不敷原額租籽三百五十二石三斗一升零一勺九鈔四撮。查苗疆屯田，民佃不及十分之一，餘俱苗佃歲輸租籽，爲屯防一歲經費之需。除現議豁除酌減，及進退尾數合勻不敷外，實歲收應徵租籽七萬零一百零五石四斗九升。每年屯防經費，共計不敷穀九千一百一十二石九斗零六合六勺。查本年善後事宜案內，已奉奏明，裁汰均屯總局書役工食穀七百八十七石六斗。又裁汰義學節省穀四百七十二石。又裁汰屯長二十名，撤出原授田一百八十畝。內除勘明水衝沙壓失額，及原授短缺共一十一畝五分外，實收回田一百八十六畝五分。即將奉裁屯長改爲佃戶，照田按則科算，每年應徵租穀一百一十七石九斗五升。共除穀一千三百七十七石五斗五升以之抵用外，每年實不敷穀七千七百三十五石三斗五升六合六勺。按照歷辦成案，每穀一石實需銀一兩，應請籌補銀七千七百三十五兩三錢五分六釐六毫。查有嘉慶二十五年借款發商生息，歸足原本，每年餘勝歸本息銀五千兩，應請奏懇援照原案，撥充屯防經費。其餘不敷銀二千七百三十五兩三錢五分六釐六毫，道庫無款可籌，應請飭司籌議，按年撥補。

又本年善後案內，奏准豁免鳳凰等廳、縣道光二十一年起至二十六年止，佃欠穀一萬二千五百五十二石四斗六升八合九勺五鈔。除於未奉文之前續收穀二十六石一斗一升六合二勺外，實未完穀一萬二千五百二十六石三斗五升二合七勺五鈔。節年徵租短缺，當年經費不敷，均係於逐年徵收新租內通融挹注，以供支發。應請飭司籌款發給，買補還倉。所有酌議豁減屯租及擬請籌補各款緣由，理合詳明憲臺，俯賜查核，批示祗遵。再，本年善後事宜案內，奉憲臺奏准，於屯防項下歲支加增書院、義學穀六百石內，每歲撙節三百石，留於鄉試之年，幫給民、苗舉人每名穀二百石，由道給領。如遇恩科中式舉人，一體照給等因。此項每歲撙節穀三百石，除三年一次支給民、苗舉人幫穀四百石外，餘剩穀石，擬請俟屆滿十年，詳請變糶一次，價銀解貯司庫，聽候撥充公用，不入正案，按年報銷，以清款項。合并聲明。

附錄稟到任後查辦地方情形 光緒五年辰沅道但湘良

敬稟者，竊職道猥以輊材，謬權邊徼。記鯉庭之趨待，昔年則風土常親；縮豸綬以分巡，此日則冰淵倍懍。事權綦重，經畫宜先。矧茲仡草瑤花，久涵濡乎聖澤，覿此金戈玉壘，倍景仰乎前賢。竊謂武備宜修，而文教尤宜興也；苗民宜恤，而官方尤宜飭也。舊章具在，成法堪師，因地制宜，連籌務當。除將十月十五日到任視事日期備文申報外，伏查辰沅道與鎮篁總鎮同城，所屬三府、一州、四直隸廳，共一十四縣，近接川黔，界連粵鄂，地僻山深，民苗雜處。自嘉慶初年戡定後，設屯養勇，建置碉哨，星羅棋布，與營汛塘堡聲息相通，洵足鞏巖疆而壯聲勢。迨疊次恤佃減租，加以漢奸生息銀兩燼於粵氛一炬，經費支絀，今昔情形不無少易。職道到任後，勾稽屯籍，巡視邊防，於武備、文教、民生、吏治各大端，謹籌數事，敬爲憲臺陳之。

一、勇丁宜勤練也。鳳、乾、永、古、保五廳、縣，原建碉卡一千一百七十二座，即以均田子孫充備。屯丁計七千名，割段分守，遇警即逐碉傳梆，由堡而城，瞬息可達，農隙仍練習弓馬，此屯兵也。苗兵五千名，設苗備弁四百八十六名，遞相鈐束，戡定後，兵器概令追繳，不容以武力相角習，惟隨備弁催收屯佃各租，此苗兵也。駐城戰勇一千名，仿營制，考馬步戰守糧，分左右隊，設屯守備六員，屯弁五十名，除撥駐卡管束屯丁，催收屯租外，以守備二員，并挑派千總外額等弁，專駐校場管帶，此練勇也。分屯合守，部署極爲周密，惟歷久不無瑕逸玩惕之虞。現雖黔地肅清，邊氛敉靜，兵可百年不用，究不可一日不備。職道意訓練必自駐城戰勇始，即照傅前升道蕭所定章程，每月按期操演，校閱必親，俾其紀律深明，技藝嫻熟，仍分別擾劣，予以獎勸。秋收後，即飭各屯兵陸續更替來城，逐加訓練，務使兵屯一氣，守望相資，庶不失前人創置之美，更可爲邊隅扞衛之資矣。

一、文風宜激勵也。查所屬文風，辰郡爲最，餘府州次之，三廳縣又次之。初設屯防案內，於鳳、乾、永、保、麻、瀘六廳縣，各設書院一所，復奏請科場分別編邊田字號，以宏作育而示鼓勵。惟時屯款充足，膳修極豐，均遠聘名師主講，士林群資樂育，即苗民亦知向學。往歲黔苗滋事，而楚苗不爲之煽惑者，固鈐束有方，未始非文教有以默化之也。繼因疊奉減租，膏火改發穀石，咸豐初復，髮逆竄漢，屯防應領生息，籌備俱無從出。酌裁經費案內，奏明書院束修，亦一例發穀，俸修愈薄，遠聘爲難。第以本地舉貢學問較優者，聘爲山長，該生童等亦以膏火難敷。甄別後，或設館教讀，或別謀生計，多不住院肄業，月課僅由齋夫散題收卷送閱，漸形懈怠。職道現擬出示曉諭，凡考取書院，甄別有名者，悉往齋誦讀，按期課試。遇有接連三次曠課者，即由監院稟請扣除膏火，加給奮勉生童，并每課酌增獎賞，以示鼓勵。如有文行兼優，堪資造就者，由職道捐銀優獎，俾資觀摩。又原設屯苗義學一百二十館，亦因館穀不敷，塾師多未到館，從考取支穀而已。現亦檄飭各廳縣認真稽查，如有曠館，亦即扣除另訂。務使無力延師之家，其子弟皆得從學，咸知尊師嚮化，肅紀敦倫，去其悍健之性，共成禮讓之行，庶士習民風蒸然日上矣。

一、地利宜力作也。鎮篁城外溪河一道，由瀘溪直達辰郡，中阻老河口，巨石橫亘，船難渡越。屯防應徵麻瀘租穀，須由麻陽河設倉石羊哨收納。距城二十餘里，各縣運解鎮標兵米，亦皆儲此。兵丁支食維艱，偶有不靖，尤需先撥兵勇赴彼防護。即商民運貨進城，亦多費腳力，歷任亟思開鑿，以便轉運，未底於成。前陳陸雨道集資疏濬，儘可容舟，而商民仍未暢行者，蓋本地一無土產，來或滿載，歸衹空舟，是以裹足不前。查篁境均田而外，儘有土山，人惟知栽種包栗、雜糧、桐茶、油樹等類，煤炭、鉛礦間亦經前人試采。篁地與乾州緊接，現乾州已有試種茶葉獲利者，陸前道會捐資購種分給，奈鄉人貧極欲速，憾不朝種夕收，且栽種不盡合法，仍無大益。現經職道會同唐鎮捐廉，前往各處購買茶種，就附近乾州一帶，分給各營屯紳耆承領。并多雇工人，教以栽種之法，戒毋過事求速，待生機勃發，蔓植自廣。人情見利必趨，三五年後，果有成效，則不督之種，亦必自種。更教以養蠶樹桑，再得煤鉛暢旺。商人趨利若鶩，則城河不期開而自開矣。既富求庶，而教亦易施，是亦撫綏地方之一道也。

一、官方宜整飭也。辰郡以上，爲古梁州之域，水險山惡，人情強悍，好勇鬥狠，習爲常事。近多由營遣回者，漬染惡習尤甚，三五成群，每生事端。且人多尚利，纖芥必爭，甚至同室操戈，縉紳之族亦難免違理犯法之事。爭鬥互肇，獄訟繁興，是在地方官留心體察，就地設施。現今編查保甲，整飭團防，是其要務。而嚴查蠹役訟師，清理詞訟，亦應就事整理，俾除暴即以安良，而治人尤先治己。職道履任未久，各屬多未接見，於辦事之得失，驗才具之優劣，隨時考查，以徵實效。至於佐貳雜職，自以安分爲上，苗疆尤宜安靜無擾，嚴札諭飭，毋許擅受民詞，藉端生事。其有濫差濫押庸劣之員，自當從嚴劾辦，苗官并諭令小心奉公，毋得剝削苗民，滋生事端。職道亦惟正己率屬，勉求治理，以仰副大人澄敘官方，保乂斯民之至意。再，此外如有應興之利、應除之弊，仍當隨時稟請訓示遵行。是否有當，合將抵任後查辦地方情形，具稟大人，俯賜察核示遵。

附録 稟整頓屯務 光緒五年辰沅道但湘良

敬稟者，竊照湖南苗疆戡定以來，經前任傅升道整頓邊防，籌修碉卡，額設屯苗兵丁，以資耕守，經畫均屯田土，以充經費。數十年來，苗民感戴德威，洗心革面，獷悍之俗，漸變馴良。惟是屯務紛紜，經費繁重，事經日久，流弊滋多。徵收之督責，固貴從嚴，積弊之相沿，尤宜痛革。查遞年額徵租籽，各前道造報數目，每年均有佃欠數百石不等，而帶徵積欠，更屬完繳寥寥，以致經費時形支絀。亟應明定章程，認真催收，以裕供支。擬請嗣後遞年額租舊欠，嚴飭屯、苗守備，督率各弁，實力催徵。如額租全完，又能帶完舊欠者，洵屬催收出力，應即記大功一次；積至兩屆，記大功者，即予保獎。僅祇額租全完者，記功一次；積功二次，作大功一次計算。其欠額租數在五十石以上者，酌予記大過一次。一百石以上者，記大過二次；積大過二次，即予撤任。欠數不及五十石者，記過一次；積過二次，作大過一次計算，仍准其功過相抵。如此分別勸懲，庶各弁認真催徵，不致如前怠玩。抑職道更有陳者，屯弁催收租穀，屯長管理收支，各有專責，不容弊混。訪聞屯備弁等，竟有藉催租爲名，勒索屯長供應，并將未收之穀，逼令屯長具報收竣者。又有屯長浮收斛面，并挪新掩舊，營私肥己者。有佃戶將租穀灌水攙沙，逼令屯長收倉者。有各倉徵收租籽，并無租穀入倉，輒以苗兵口糧，輾轉私相折抵，以致佃戶觀望不前者。種種弊端，不勝枚舉。如本人係屬苗兵，又兼承佃公田，似尚可以通融折抵，抵其兵而非佃，及佃而非兵，即不能任其私相折抵，致滋轇轕牽混。職道現經嚴飭各屯苗備弁、屯長等，務各遵照定章，認真催收支放，從前流弊，概行痛革。仍隨時密加查訪，如有前項情弊，立即分別詳革究辦，庶屯務漸有起色，而邊防不無裨益矣。職道忝任監司，責無旁貸，惟有竭力整頓，勉供職守，不敢因暫時攝篆，稍涉因循，以期仰副大人綏靖邊疆之至意。是否有當，合將查辦屯務緣由，具稟憲臺察核，批示祇遵。

附錄通飭所屬將民生利弊查照本道舉辦事宜六條奉行
光緒五年辰沅道但湘良

爲札飭遵照事。

照得州、縣、直隸廳均爲親民之官，一切民生利弊，亟應認真講求，設法整頓，以除積習而挽頹風。本道下車以來，已逾帀月，簿書鞅掌，敢憚勤勞；淡泊明心，無忘素志。所願與各寮屬共矢清勤，力圖治理，以期和衷共濟，保乂民生。茲特略舉應辦事宜六條，通飭各屬一體遵辦。除分札飭遵外，合就札飭。札到，該縣、州、廳即將粘單開列各款遵照，實力奉行。在官盡一分之心，小民即受一分之益。慎毋視爲具文，敷衍了事，致負本道諄諄告誡之意。仍將奉札遵辦緣由，先行稟復。毋違。特札。

一、操守宜嚴也。人必廉靜寡欲，心無私累，則遇事持平，無偏無黨，公能生明，利令智昏，天理人欲之界判如也。吾儕委贄策名，上爲國家撫治黎民，下爲地方培養元氣，宜如何兢惕自持，無曠厥官，庶不負幼學壯行之志。若稍涉偏私，賄賂公行，小民有不堪命者矣。爲民父母，而令子民顛連困苦，賣田鬻產以給上供，吾人具有天良，當不若是之忍。第恐操持稍懈，有爲物欲所撓者矣。語曰：廉吏不可爲而可爲，貪吏可爲而不可爲。天地鬼神臨之在上，質之在旁，所願與諸同志共勉之。其各精白乃心，靖共爾位，是所厚望焉。

一、僕從宜減也。州縣官一經到任，親朋故舊薦家丁者紛至沓來，因愛物而及烏，遂兼收而并蓄。其從如兩百十成群，不知若輩祇爲圖利而來。迨至人浮於事，無可位置，有橫生觖望者矣，有作奸犯科者矣。是宜大加裁汰，擇其端謹誠樸者酌派差事，其輕佻浮滑之輩一概擯斥。且人少則約束易周，防範易密，即可節省，亦免生事，是以儉以養廉之一道也。

一、聽訟宜勤也。小民不平則鳴，原難使其無訟。惟人情刁詐，百弊業生，且有積慣訟棍，從中把持，顛倒是非，以疾病老死爲人命，以錢債口角爲搶奪，挾仇成訟，擇肥而噬，海市蜃樓，變幻莫測。地方官僅憑一面之詞，飭差拘訊，即使涇渭立分，而被誣已受累無窮矣。而訟棍猶以案結無可營私，又或鼓其簧舌，教令刁翻，甚至被告拘繫，累月經年，原告匿不到案，以致審結無期，實爲地方之害。嗣後各廳州縣，每逢告期，務須親自收呈，虛衷研鞫，理屈詞窮者，斥責不准。即有理非大不得已者，亦必委婉勸解，告以利害，勿任爭訟。如原告遞呈，而被告適亦來訴者，即將兩造之詞提出，令兩造之人立於堂下，俟收詞事畢，傳至質訊，登時可結，省却無限葛藤。其真有冤屈者，即出票傳人，按程計日，不准延擱。逾限者，立傳原差，嚴比斥革，不稍寬貸。至於人證株累，此弊尤宜痛革。每呈到手，細閱不干緊要人證，立予刪除。其必須傳質者，訊明立子省釋，不可留難。又牽涉婦女之案，不可輕傳，縱須傳質審明，立即交其親屬領釋，照例不准濫押，以全廉恥。總之，聽訟一事，隨到隨審，隨審隨結，審後洞開大門，目送兩造，俱不准衙役索賄私押，庶幾案無留牘，民鮮拖累。

一、獄囚宜恤也。小民無知，誤罹法綱，到官審訊，按情定罪。或已經招解題達，發回監禁，或監候待質，深幽囹圄。在該犯等身犯刑章，固屬孽由自作，而爲民上者，宜存哀矜之心、如傷之念，隨時督率典史，赴監看視，勤加打掃，毋任污穢熏蒸。口糧務須給足，不准剋扣。冬給棉衣，病給醫藥，夏給單席、蒲扇。禁卒人等，有拷打勒索凌虐情弊，立予嚴懲，不稍寬貸。其餘戶婚田土錢債細事，并各案牽連人犯，概予保候，無任濫禁。在獄并不准差役私設班館，濫押人犯，魚肉鄉民，如違嚴辦。

一、命案宜慎也。人命重件，固以供證爲憑，尤以屍傷爲據。一經據報，立即輕騎減從，帶領刑仵，無論城鄉，即刻相驗。蓋速則屍未發變，金刃手足，他物各傷，一一可以比對。且必親手揣按，勿避污穢，庶屍親心服，不致翻控。遲則屍傷難辨，傷痕不明，案情即不確。從此疑竇百出，辦理棘手矣。至於相驗證之時，一切夫馬火食，概由本官自備，不准書役索詐。分文驗畢，回至中途，或猝呼某書役名未來者，必是在後需索，務加重懲。總之，下鄉則令書役隨後，而本官居前。回署則令書役向前，而本官在後。若輩雖有伎倆，無所用之。至盜案是强是竊，全以勘驗爲憑。一經報到，亦即無分雨夜，會營飛速詣勘明確，勒限嚴緝。如有遲延，處分綦重，均不可不慎也。

一、捕役宜懲也。大凡捕役，類皆與盜爲伍，且有豢盜分肥者，以此捕盜，是以盜濟盜耳。故欲弭盜，必先治捕。每報一案，隨即出票偵緝，立限嚴比，務期贓賊俱獲，不准栽贓誣民。設有賊無贓，必須逐細研訊，如果所供之贓與報案相符，方是正賊。賊犯所供窩家，一并嚴拘懲辦。其誤買賊贓者，由於不知之故，其情大有可原，祇許取贓給主，不准拿人，仍於犯人名下追賠給領，以符定例則而免擾累。

附錄 查辦保甲酌擬委員功過章程 <small>辰沅道但湘良</small>

敬稟者，竊照鎮筸地方，僻處深山，界連黔蜀，爲屯苗兵民雜處之區，亦散勇外匪藏匿之藪。加以上年冬間，貴州思州府屬之馬鞍山，匪徒搶掠滋事，防黔各軍，又經酌量裁汰，更難保無匪徒散勇潛蹤溷蹟。巡防稍有未周，即恐乘間騫越，亟應清查保甲，實力巡防，使匪徒無從託足，地方得以乂安。前奉憲臺通飭，認真編查保甲，仰見大人整頓地方，保衛民生之至意，曷勝欽佩！伏查保甲之法，正本清源，實爲弭盜良策。昔朱文公行之安邑，王文成行之贛州，皆有明效。所患有司奉行不力，視爲具文，舉辦不得其人，空存成法。故曰：徒善不足以爲政，徒法不能以自行。<small>職道</small>業經嚴飭各屬，一體認真遵辦，不准徒託空言。惟查鳳凰一廳民地，向編上下五峒，兼轄鎮筸中左右前四營。苗地爲全邊咽喉，地方最關緊要。其苗寨保甲事宜，業經督同該廳，嚴飭苗守備等，認真稽查，不准苗人出外生事，亦不准容留外來游民潛匿苗寨。如敢故違，許由苗官查實，指稟拿究。并將容留之苗戶，一并綑送究治，不得徇隱縱逃，致干查出并究。至民地則客寓烟館，及庵廟寺觀，空院祠宇，最易藏奸。當經會商鎮筸總鎮，督飭鳳鳳廳江丞肇成，選舉紳耆，慎擇牌長甲長，責成留心稽查。原給門牌，如有增減不符，隨時稟請更換。一面申明連坐之法，遇有在鄉爲匪之人，里鄰不行首報，一并懲治。仍由該廳不時親往抽查辦理，尚屬認真。職道并選派道標千總王廷顯、符丞春，把總熊昌齡，外委邢有光，額外趙玉寶、滕兆年，及總查試用通判劉光輝，散查試用從九費邦達、董元烋，督帶差役練勇，赴城鄉內外各街道，會同鎮標弁兵，分段無分雨夜，實力巡查。自上年十月起，至本年正月止，三月有餘，地方極爲安靜，并無搶劫失竊之案。鳳凰廳江丞到任以來，於地方一切公事，均能認真整頓，而查街各員弁，奮勉巡緝，不辭煩瘁，亦屬著有微勞。惟查街員弁，并未定有功過章程，似不足以昭懲勸。茲職道悉心酌議，除鎮標弁兵已咨請鎮篁總鎮酌核辦理外，所有道屬，凡查街員弁，如果三月內所巡地方安靜，并無失事，記功一次；積功三次者，文員給予超委一次，武員給予拔委一次。如三月內失事一起，記過一次；積過三次，即撤去差使，另委接辦，仍准其功過相抵。如此酌加懲勸，庶各員弁咸知奮勉，於地方不無裨益。所有此次查街出力員弁，可否即照現擬章程，各給予記功一次，以示鼓勵之處出自憲恩。是否有當，理合具稟大人察核，批示祗遵。

附錄 示諭栽種茶葉以興民利 <small>光緒六年辰沅道但湘良</small>

爲剴切勸諭以興民利事。

照得鳳凰廳屬地方，山多田少，小民衣食艱難，山中雜糧土產，除包穀、桐茶油以外，所出甚少，曠土尚多，農功未盡。何怪窮民衣食無資，朝不謀夕，甚至流爲乞丐盜賊，害己害人，深堪憫恤。現在乾州已有栽種茶葉獲利者，鳳地與乾州近接，何不可仿照栽種茶葉一項，利息無窮？前道曾經購種，分給各鄉紳耆，勸諭種植。奈鄉民等不知布種造作之法，抑因家多貧寒，速於求利，恨不朝種夕收，不如蕎麥、包粟，歲可獲利，以致實力奉行者，甚屬寥寥。是有利不興，土多曠廢，洵爲可惜。本道目覩情形，不忍使斯民坐守窮困，廢此養生之舉。除專丁分赴各處收買茶種，設局散發，并雇熟悉布種造作之人，來局教明種作之法外，合行出示勸諭。爲此諭，仰城鄉紳庶人等知悉：即赴局承領茶種，遍散人民，務令已知者益加努力，自致豐盈；向來未知者共聽吾言，勤耕力作，將來人人有衣食之資，自無不勉爲良善，實於地方大有裨益焉。毋違。特示。

附錄 **種茶造茶法** 光緒六年辰沅道但湘良

　　種茶，須於寒露時摘取茶子，以熟土鋤鬆潑糞，勻散土中。不宜過密，亦勿掩土過厚。茶子能隨摘隨種更好，若久留，則不能顆顆盡發。如往稍遠地方買來，必須將茶子日夜鋪在地上，使沾土氣。即日期稍多，亦可不碍。下種後，即於茶旁隙地及四圍，偏種黃豆。俟春季發生時，豆苗之滋長，可以蔭護茶芽，不致爲烈日所損。將來黃豆成熟，已屆秋深，太陽不甚酷烈，茶芽亦漸長老，不畏風日，無須豆苗遮護，自可滋生。培植三年，可以采取。且黃豆亦得收成，誠爲一舉兩便。造茶，有清茶、紅茶兩種。清茶葉宜稍嫩，於穀雨前後采之。紅茶可稍粗，於立夏前後采之。造清茶，以新采茶葉置鍋內，微火略炒至軟。取出置盤箕內，以兩手搓挼圓轉，令茶葉不散爲度。然後置竹器中鋪勻，以微火焙乾。造紅茶，則不用火炒，而以新采茶葉置太陽下曬軟，以腳踩踩，亦令葉不散爲度。再置太陽中曬半乾，收入籮筐內，用手拍緊，約三時之久，色味方勻，仍鋪太陽下曬乾。清茶隨處皆用，紅茶惟洋人買運最多，茶商各處收買，運至上海，值銀以千百萬計。以中等價言之，清茶每觔可賣錢二百文，紅茶每觔可賣錢三百文，甚至五六百文不等。諺云：栽茶百株，八口無憂。湖南之安化、平江等處，即爲明驗。若本地無茶子可種，本道捐資購買茶種，設局散發，儘可赴局請領試種。或本地紳富有出資往產茶地采買茶種，借給鄰近之家亦可。或願以荒山佃與貧人開懇布種，議定生茶幾年後酌稍納租，更爲人己兩利之道。人人衣食有資，地方自然安靜，然後禮義可興，風俗醇厚，是不能無望於縉紳之士矣。

卷十　營汛考

二品銜前署湖南辰永沅靖道但湘良纂

苗疆兵防提鎮協營官兵額數

提標中、左、右、前、後五營，聽湖廣總督節制。

提督軍門，駐常德府兼駐辰州府城。參將一員，駐常德府城。游擊、都司各二員，一駐常德，一駐辰州。守備三員，一駐常德，一駐辰州，一駐浦市。千總九員，把總十七員，分駐常德、辰州二城，瀘溪、浦市等汛。外委、千把總十五員，額外外委六員，馬兵四百七十二名，戰兵一千九十五名，守兵一千三十八名，官例馬一百一十二匹，騎操馬四百九十三匹。

原設兵三千五百名，駐湖北武昌府。順治三年，設提標，凡立五營。四年，移駐襄陽府。十五年，復移武昌。十八年，復移襄陽。康熙元年，移駐荊州。十年，又移駐武昌。十八年，改歸雲南提督。將彝陵鎮改爲湖廣提督，駐彝陵州。十九年，復移荊州。二十二年，裁兵六百名。是年，又裁兵四百三十五名。二十四年，移駐湖南常德府。二十八年，裁兵三百名，撥入新設常德水師營。三十四年，裁兵八十五名。四十二年，題帶晋省馬兵四百名歸標。四十三年，抽撥各營兵五百二十名添入。四十五年，裁兵七十四名，撥歸鎮算。雍正七年，裁馬兵十二名，戰兵二十五名，守兵八十八名，撥歸永順協。是年，又裁馬兵十二名，添外委、千把總十二員。八年，又裁兵二百名，撥歸鎮算，仍照所撥之數募補本標。乾隆七年，裁馬兵一百三十四名，戰兵二百二十七名，添入長安營本標，仍照數改募守兵三百六十一名。乾隆八年，裁後營游擊守備各一員，千總二員，把總四員，其外委千總一員，把總二員，馬步兵丁分歸四營。十八年，改前營游擊爲都司。二十六年，裁前營都司養廉馬兵二名。四十七年，裁養廉公費虛兵三百七十二名，添實兵六百一十名。隨裁馬兵四名，添額外外委四員。嘉慶二年，將提督兼駐辰州，并將左營官兵全行移駐，添設後營都司一員。四年，裁馬兵十三名，赴烏宿等營，增戰兵十三名。是年，又裁戰兵三十名，守兵七十名，撥歸鎮算。六年，裁左營守備一員，撥歸鎮算中營後軍。七年，將浦市營守備千總把總、外委千總各一員。外委把總、額外外委各二員。戰兵一百二十名，守兵一百三十名，撥歸本標。九年，裁戰兵十四名，馬兵三十六名，撥歸芭茅坪。二十年，裁前營守備一員，撥歸新設嶺東營。是年，又裁戰守兵各二百三十六名，限三年裁足。二十一年，裁馬兵二十名，撥歸河溪營，實存官兵如現額。

永順協

副將一員，都司一員，皆駐永順府城。千總二員，一駐永順府，一駐龍山縣。把總三員，一駐龍山碧潭汛，一駐永順王家村，一駐永順萬民岡。外委、千把總五員，額外外委二員，馬兵六十一名，戰兵一百六十四名，守兵四百名。官例馬二十六匹，騎操馬六十八匹。

雍正七年，改土歸流，添設營制。立副將、都司各一員，千總二員，把總四員。抽撥南北各標鎮協營，馬兵六十八名，戰兵一百八十五名，守兵四十七名。是年，裁馬兵六名，添外委千總二員，把總四員。十三年，添民壯守兵七十名。乾隆三年，裁民壯兵七十名，撥付綏寧營。二十七年，裁馬兵二名，添額外外委二員。四十七年，裁養廉公費虛糧戰兵五十二名，守兵八十六名。是年，添馬兵十六名，戰兵五十名，守兵十七名。嘉慶二年，裁本營旦武汛。把總、外委各一員，馬兵十五名，守兵五十五名。撥歸新設古丈坪營。九年，裁戰兵三名，守兵七名，發歸芭茅坪。二十年，裁戰守兵各十六名，限三年裁足，實存官兵如現額。

乾州協附鎮溪營

副將一員，駐乾州城。游擊一員，駐鎮溪所。都司一員，駐乾州廳。守備三員，一駐強虎寨，一駐喜鵲營，一駐灣溪汛。千總四員，一駐乾州廳，一駐桂巖坡，一駐捧捧坳，一駐山岔坪。把總七員，一駐乾州廳，一駐強虎汛，一駐灣溪汛，一駐鎮溪營，一駐喜鵲營，一駐溪頭營，一駐良章營。外委千把總十員，額外外委七員，馬兵五十一名，戰兵六百四十九名，守兵六百五十名，官例馬五十六匹，騎操馬六十八匹。

原係鎮箪右營游擊汛地。乾隆六十年，改營爲協。嘉慶二年，新設營制，將辰州副將移駐乾州，改乾州左營游擊，移駐鎮溪所爲鎮溪營游擊，隸乾州。并將鎮箪左營守備一員，千總二員，把總三員，外委四員，歸協營轄。添設都司一員，守備、千總各二員，把總五員，外委六員，馬兵五十一名，戰兵六百九十九名，守兵七百名，將把總額外各一員，戰守兵各五十名，分駐乾州廳標。二十年，裁廳標官兵，限三年裁足，實存官兵如現額。

河溪營

都司一員，駐乾州廳河溪。守備一員，駐瀘溪縣洗溪汛。千總二員，一駐洗溪汛，一注乾州鴉溪汛。把總三員，一駐河溪城，一駐瀘溪縣大陂流汛，一駐乾州張排寨汛。**外委、千把總六員，額外外委二員，馬兵二十名，戰兵二百七十一名，守兵二百九十一名，官例馬十八匹，騎操馬二十八匹。**

原係乾州協汛地。嘉慶二年，設立洗溪營守備。五年，改汛爲營，將新設烏宿營都司及千把總各一員、外委二員、戰守兵各一百十四名，移駐河溪。又將洗溪守備改爲本營中軍守備，并將洗溪千總一員、把總二員、外委四員、額外外委二員、戰守兵各一百七十七名，歸并河溪，合爲都司。專營其原設千總外委，額外外委各一員，兵七十五名，仍撥歸乾州協各汛安設。二十一年，裁提標左、後二營馬兵二十名，撥歸左營裁本營戰兵二十名，撥歸提標實存官兵如現額。

辰州營

都司一員，駐辰州府城。**守備一員，**住辰溪縣城。**千總三員，**二駐辰州城，一駐漵浦縣。**把總七員，**一駐辰州城，一駐北溶汛，一駐烏宿汛，一駐界亭汛，一駐辰溪縣，一駐山塘汛，一駐船溪汛。**外委千把總六員，額外外委三員，馬兵八十一名，戰兵一百六十二名，守兵七十一名，官例馬二十八匹，騎操馬九十匹。**

原係辰州鎮。康熙十九年，改爲協設副將都司各一員，守備二員，千總四員，把總八員，馬兵一百八名，戰兵一百六十六名，守兵七百三十名。雍正七年，裁馬兵六名，添外委、千總各一員，把總五員。又裁馬兵戰兵各二十名，守兵一百五十五名，撥歸永順協。八年，裁馬兵十五名，戰兵三十名，守兵一百五名，撥歸六里吉多營。是年，又添馬兵二十七名，戰兵五十四名，守兵一百八十九名。九年，裁馬兵十名，戰兵二十名，守兵七十名，撥歸永綏協。是年，又添馬、戰守兵，如所裁之數。十二年，裁馬兵一名，戰兵三名，守兵十二名。乾隆二十七年，裁馬兵三名，添額外外委三員。三十一年，裁左營守備一員，并養廉虛糧馬兵二名，戰兵六名。四十五年，裁長安營馬兵三名，戰兵六名，守兵二十一名，撥歸本營。四十七年，裁養廉公費虛糧馬兵二十六名，戰兵七十五名，守兵四十五名，添實馬兵十六名，戰兵五十名，守兵十七名。嘉慶二年，平苗案內改協爲營，將原設副將移駐乾州。其原設中軍都司，改爲辰州城守營。又裁瀘溪汛千總一員，守兵九名，撥歸新設洗溪營。又改烏宿、辰溪、浦市三汛皆爲營將本營，原設把總、外委各一員、戰兵十三名、守兵六十四名，撥歸烏宿營。將把總一員、戰兵一名、守兵十九名，撥歸浦市營。將守備、千總各一員，把總三員，外委把總二員，額外外委一員，馬兵二十一名，戰兵三十五名，守兵二百七十六名，撥歸辰溪營。四年，改辰溪、烏宿二營復爲汛。將辰溪營守備仍爲本營中營守備，其餘官兵照舊撥歸，本營將烏宿營新設都司移駐河溪營，其把總外委、把總各一員，戰兵三十八名，守兵三十九名，仍歸本營。九年，裁戰兵四名，守兵十名，撥歸芭茅坪，實存官兵如現額。

古丈坪營

都司一員，駐永順縣古丈坪。**千總二員，**一駐旦武營，一駐龍鼻嘴。**把總三**

員，一駐古丈坪，一駐土蠻坡，一駐黑潭坪。**外委千把總三員，馬兵十名，戰兵二百十七名，守兵二百十八名，官例馬十四匹，騎操馬十六匹。**

原係永順協旦武營。嘉慶二年，改設都司一員，千總、把總、外委把總各二員，額外外委三員。又將永順協把總、外委把總各一員，撥歸本營。設戰守兵四百七十名，內除奉裁兵二十五名，撥歸辰沅道，分隸三廳外，實存永順協撥來馬兵十名，守兵五十五名，新募戰兵二百十七名，守兵一百六十三名，如現額。

鎮箪鎮中、左、右、前、四營隸湖廣總督，湖南提督統轄。

總兵官一員，駐鳳凰廳。**游擊三員，**一駐五寨司，一駐曬金塘，一駐得勝營。**都司一員，**駐鳳凰營。**守備五員，**一駐廖家橋，一駐巖門，一駐舊司坪，一駐清溪哨，一駐樂濠汛。**千總九員，**一駐四路口，一駐觀景山，一駐麻陽縣，一駐木林坪，一駐溝田汛，一駐苜蓿衝，一駐靖疆營，一駐黃土坳，一駐全勝營。**把總十九員，**一駐廖家橋，一駐大坪汛，一駐鴉保硐，一駐五寨司，一駐冷風坳，一駐五寨司，一駐潭江汛，一駐高村汛，一駐炮臺坡，一駐紅樹坡，一駐龍肱汛，一駐曬金塘，一駐箪子坪，一駐得勝營，一駐鳳凰營，一駐黃巖江，一駐山角巖，一駐鴉拉營，一駐落潮井。**外委千把總二十三員，額外外委一員，馬兵一百七十一名，戰兵一千八百四名，守兵二千一百三十二名，官例馬一百一十四匹，騎操馬二百一十五匹。**

原係協營。康熙三十九年，將沅州鎮移改鎮箪鎮總兵官一員，游擊守備各四員，千總八員，把總十六員，隨帶兵一千名，并原協兵一千一百名。四十五年，抽撥各標鎮協營兵九百名。將左右二營，把總二員，馬兵三十名，戰兵四十名，守兵一百四十名，撥給乾、鳳二廳防守，合共兵三千名。雍正七年，裁馬兵十六名，添外委千把總十六員。八年，添千總一員，把總四員，裁馬兵四名，添外委千把總八員。撥提標等營馬兵八十名，戰兵一百六十名，守兵五百六十名，歸本標隨裁馬步戰守兵，如前數撥赴新設吉多營。九年，添馬兵一百五十七名，戰兵八十八名，守兵二百五十五名，隨裁馬兵十名，戰兵二十名，守兵七十名，撥歸永綏協。十三年，添守兵三百名。乾隆三年，裁把總一員，撥歸沅州協。三年，裁守兵三百名，撥歸武岡等營。四年，裁馬兵一名，戰兵九名，守兵五十名，撥歸沅州協。七年，裁千把總各一員，外委二員，馬兵三十二名，戰兵六十八名，守兵二百三十八名，撥歸新設長安營。十八年，改前營游擊爲都司。二十五年，裁游擊養廉馬兵二名，二十七年，裁馬兵四名，添外委四員。二十九年，裁乾、鳳二廳把總二員，馬兵二十名，戰兵四十名，守兵一百四十名。四十七年，添馬兵七十三名，戰兵二百三十一名，守兵七十九名，裁養廉公費虛糧馬兵七十二名，戰兵二百四十七名，守兵七十五名。又裁馬兵一名，添額外外委一員。嘉慶二年，將本標左營原駐乾州改爲乾州協。游擊守備各一員，千總二員，把總三員，外委千把總四員，馬兵、戰兵各六十九名，守兵四百三十七名，均撥歸乾州協。隨添游擊守備各一員，千總二員，把總六員，外委四員，戰兵一千一百四十名，守兵九十九名內，新添鳳凰廳標把總、外委各一員，戰守兵各五十名，撥給該廳防守。又裁馬兵十名，添外委千總一員，額外外委九員。五年，添戰兵二百三十六名，守兵五百六十四名。六年，添撥提標守備、沅州協千總、長安營把總、綏寧營外委各一員，裁馬兵七名，添額外外委七員。二十年，裁鳳凰廳標把總外委各一員，戰守兵各五十名。限三年裁足，實存官兵如現額。

沅州協

副將一員，都司一員，皆駐沅州府城。守備一員，駐晃州汛。千總四員，二駐沅州府城，一駐懷化汛，一駐晃州汛。把總八員，一駐沅州府城，一駐涼傘汛，一駐便水汛，一駐桐灣汛，一駐晃州汛，一駐熟坪汛，一駐黔陽汛，一駐沅河汛。外委千把總七員，額外外委二員，馬兵九十名，戰兵一百九十名，守兵六百四十六名，官例馬四十四匹，騎操馬九十九匹。

原係沅州鎮。康熙三十九年，移駐鎮篁改鎮篁協副，將爲本協副將移駐州城，設都司守備各一員，千總四員，把總八員，馬戰守兵九百五十名。四十五年，裁兵二十三名，撥歸鎮篁。雍正六年，將原駐清浪守備、把總各一員，平溪把總一員，帶原防二汛馬兵十四名，戰兵三十二名，守兵一百四十五名，水步兵、水守兵各二十三名，撥歸綏寧營。七年，裁馬兵四名，添外委千總一員，把總三員。九年，裁馬兵十名，戰兵二十名，守兵七十名，撥歸永綏協。是年，又添馬戰守兵，如所裁之數十三年添民壯守兵一百名。乾隆三年，添晃州守備、千把總各一員，馬兵二十五名，戰兵五十名，守兵七十五名。四年，將黔陽汛把總一員，馬兵一名，戰兵九名，守兵五十名，撥歸本營。十六年，裁馬兵二名，添額外外委二員。四十五年，裁長安營馬兵三名，戰兵六名，守兵二十一名，撥歸本營。四十七年，裁養廉公費虛糧馬兵一名，戰兵一百五十四名，守兵十四名，添實馬兵十六名，戰兵五十一名，守兵十七名。嘉慶六年，將本營甘眛汛千總一員，撥歸鎮篁鎮，屬麻陽縣汛。九年，裁戰兵三名，守兵七名，撥歸芭茅坪，實存官兵如現額。

靖州協

副將一員，都司一員，皆駐靖州城。千總二員，一駐靖州，一駐三眼橋。把總四員，一駐黃泥關，一駐通道縣，一駐會同縣，一駐洪江汛。外委千把總五員，額外外委二員，馬兵六十六名，戰兵一百十六名，守兵四百六十名，官例馬二十八匹，騎操馬七十三匹。

順治十六年，設立本協副將、都司、守備各一員，千總四員，把總八員，馬兵八十一名，戰兵一百五十八名，守兵五百五十一名。康熙二十八年，將守備一員撥歸常德水師營。雍正六年，裁原設五開、銅鼓二衛，千總各一員，把總三員，馬兵三十名，戰兵六十名，守兵二百二十五名，撥歸綏寧營。又裁把總一員，撥歸武岡營。七年，裁馬兵三名，添外委千總一員，把總二員。十三年，添馬兵二十四名，戰兵四十八名，守兵一百六十八名。是年，又裁馬兵二名，添外委千把總各一員。乾隆二十八年，裁馬兵二名，添額外外委二員。四十七年，裁養廉公費虛糧馬兵十八名，戰兵五十二名，守兵二十九名，添實馬兵十六名，戰兵五十名，守兵十七名。九年，裁戰兵三名，守兵七名，撥歸芭茅坪。二十年，裁戰守兵各二十五名。限三年裁足，實存官兵如現額。

綏寧營

游擊一員，駐綏寧黃傘坪。**守備**一員，駐綏寧臨口汛。**千總**二員，一駐綏寧縣，一駐長安堡。**把總**四員，一駐篁子隘，一駐臨口汛，一駐錫坡哨，一駐黃傘汛。**外委千把總**三員，馬兵二十八名，戰兵六十四名，守兵三百二十九名，官例馬二十二匹，騎操馬三十一匹。

雍正六年，移湖北宜都營游擊、沅州協守備、把總各一員，靖州協千總二員、把總三員駐綏寧，設立營制。撥沅、靖二協原防五間、銅鼓、清浪、平溪四衛，馬兵四十四名，戰兵一百十五名，守兵三百八十三名來營。七年，裁馬兵四名，添外委千總一員，把總三員。乾隆三年，添撥鎮篁兵一百名，永順協兵七十名來營，又新募兵三十名。二十八年，裁前項兵二百名，撥歸長安營。四十七年，裁養廉公費虛糧馬兵十二名，戰兵三十一名，守兵三十四名。嘉慶六年，裁外委把總一員，撥歸鎮篁。二十年，裁戰兵、守兵各二十名。限三年裁足，實存官兵如現額。

長安營

游擊一員，駐城步長安城。**守備**一員，駐綏寧鎮彝哨。**千總**二員，一駐長安城，一駐老寨汛。**把總**三員，一駐長安城，一駐防風界，一駐地靈汛。**外委千把總**四員，馬兵五十六名，戰兵四十名，守兵三百五十一名，官例馬二十匹，騎操馬六十匹。

乾隆七年，設本營游擊一員，左、右營守備各一員，千總三員，把總五員，馬兵一百名，戰兵二百名，守兵七百名。其鎮彝都里陡塘三汛，撥右營守備、把總、外委各一員，帶兵二百名分駐。二十九年，裁原撥隨理瑤廳把總一員，馬兵十名，戰兵二十名，守兵七十名。四十五年，裁左營守備、千總、外委、千把總各一員，馬兵二十八名，戰兵六十名，守兵二百一十名，撥歸長、衡、永、辰、沅、澧六協，改右營守備爲中軍守備。四十七年，裁養廉公費虛糧戰兵五十五名，守兵四十四名。嘉慶六年，裁把總一員，撥歸鎮篁鎮。二十年，裁戰守兵各二十五名。限三年裁足，實存官兵如現額。

綏靖鎮中、右二營隸湖廣總督、湖南提督統轄。

總兵官一員，**游擊**一員，皆駐永綏廳城。**都司**一員，駐獅子橋。**守備**二員，一駐三角巖，一駐躍馬卡。**千總**四員，一駐永綏廳，一駐依棲汛，一駐獅子橋，一駐得勝坡。**把總六員**，二駐永綏廳，一駐三角巖，一駐獅子橋，一駐蠟耳堡，一駐躍馬卡。**外委千把總十員，額外外委六員，馬兵四十二名，戰守兵各六百七十九名，官例馬五十四匹，騎操馬五十八匹。**

乾隆六十年平苗案內，於永綏廳舊治北路八十里，原設永綏協右營花園守備汛地，修築城堡，爲駐兵之地。嘉慶二年，添設綏靖鎮總兵官一員駐劄該地。今爲永綏廳，治其永綏協，歸隸本鎮管轄，將移駐花園之右營守備一員、千總二員、把總四員、外委六員、額外外委二員、馬戰守兵七百五十五名，撥歸本標，并將附近之保靖營改設參將。原駐游擊改爲鎮標中軍游擊，添都司、守備各一員，千把總各二員，外委、額外外委各四員，戰守兵六百八十五名，合永綏協撥兵共一千四百四十名。除撥歸永綏廳標兵四十名，實存馬戰守兵一千四百名，分設中、右二營。嘉慶七年，將原駐涼水井之中營守備移駐三角巖，原駐鍋己寨之右營都司移駐獅子橋，原駐沙子坳之右營守備移駐躍馬卡，并將永綏廳標把總、額外外委各一員，戰守兵各五十名，撥歸本標造報。二十年，將廳標官兵概行裁汰。限三年，裁足本標實存官兵如現額。

永綏協

副將一員，都司一員，皆駐茶洞城。**守備二員，**一駐吉洞坪，一駐螺螄瑾。**千總三員，**一駐八排汛，一駐小寨汛，一駐茶洞。**把總五員，**一駐茶洞，一駐踏沙汛，一駐吉洞坪，一駐老鴉塘，一駐螺螄瑾。**外委千把總七員，額外外委六員，馬兵三十五名，戰兵五百四十八名，守兵六百二十七名，官例馬四十四匹，騎操馬四十八匹。**

雍正六年，開闢六里，設立吉多坪營汛。九年，定名爲永綏協，設副將中軍都司左、右守備各一員，千總四員，把總八員，馬兵一百六十名，戰兵三百二十名。守兵一千一百二十名，隨裁馬兵十二名，添外委、千把總十二員。乾隆七年，改馬兵三十二名爲戰兵，所餘馬糧撥歸長安營募補。二十七年，裁馬兵四名，添額外外委四員。四十七年，添馬兵十六名，戰兵五十名，守兵十七名，裁養廉公費虛糧馬兵二十八名，戰兵一百十九名，守兵四十一名。嘉慶二年，添守備、千總各一員，把總三員，裁馬兵八名，添外委、千把總各一員，額外外委六員，兵四百九十四名，新設永綏廳標戰、守兵各五十名，裁右營守備一員，千總二員，把總四員，外委六員，額外外委二員，馬兵五十名，戰兵一百二十四名，守兵五百八十一名，撥歸綏靖鎮。七年，裁右營守備一員，移駐保靖水蔭場汛，并將把總、外委、額外各一員，馬兵七名，戰兵九十六名，守兵九十七名，撥歸保靖營，裁永綏廳標把總、額外各一員，戰守兵各五十名，撥歸綏靖鎮。九年，添設黔邊芭茅汛，螺螄瑾汛守備、把總各一員，戰兵六十名，守兵一百四十名，實存官兵如現額。

保靖營

參將一員，駐保靖縣城。**守備二員，**一駐保靖縣，一駐水蔭場。**千總二員，**一駐葫蘆寨，一駐安保汛。把總六員，一駐保靖縣，一駐鰲溪汛，一駐塗乍汛，一駐水陸場，一駐牙科汛，一駐官莊汛。外委千把總十一員，額外外委十一員，馬兵三十五名，戰兵五百四十五名，守兵五百四十七名，官例馬三十二匹，騎操馬五十七匹。

雍正七年，改土歸流，設立營制。移永定營游擊一員，湖北宜都營守備、千總各一員，把總二員，并抽南北各營馬兵三十六名，戰兵七十二名，守兵二百九十二名，撥歸本營。是年，裁馬兵三名，添外委千總一員，把總二員。十三年，添守兵二百名。乾隆三年，裁守兵七十二名，添馬兵二十四名，戰兵四十八名。四年，添千總一員，把總二員，裁馬兵一名，添外委把總一員。四十七年，裁養廉公費虛糧馬兵十二名，戰兵五十名，守兵九名，裁苗疆守兵五名。嘉慶二年，改游擊爲參將，添把總一員，裁馬兵十六名，添外委把總六員，額外外委十員。又裁馬兵四十四名，添戰兵三百七十九名，守兵四十四名。七年，將永綏協守備改爲右營守備，移駐水陸場，并將永綏協，把總一員，外委把總一員，額外外委一員，馬兵七名，戰兵九十六名，守兵九十七名，撥歸本營，實存官兵如現額。

奏請改沅州鎮移駐鎮篁疏 康熙三十九年湖廣總督郭琇

湖南辰州西南一帶苗地，乃楚、黔、蜀萬山之交，懸巖深澗，路皆鳥道，林木稠密，兼多瘴霧。其苗類不一，各倚箐峒爲寨，約數百處。而內巢生苗，地更險峻，性更悍頑，自古不通聲教。接壤邊民，頻遭攘竊，惟藉鎮篁一協兵威彈壓。但此地上接貴州銅仁，下抵瀘溪辰州，地廣五百餘里，險隘四十餘處，苗路如梳。所以明時沿邊築土墻三百八十里以限之，分布官軍七千八百名以防之，而邊民猶受其患。及至明末，堵守無人，邊墻俱已傾圮。自我朝定鼎以來，初設協兵一千六百名，以資彈壓。康熙二十三年，裁去五百名，僅存一千一百名。副將駐剳五寨司城，居中調護。度守備駐防乾州控馭，分防麻陽縣鎮溪所及大小塘汛八十餘處，在在須兵。歷任副將雖有汛廣兵單之請，而前任督撫提鎮諸臣，因兵制已定，且海宇昇平，曷敢題請增添？又各鎮營兵皆按地險易酌留，亦難移撥。止議永順、保靖二司分寨撫管，而土司相距頗遙，未免鞭長莫及。且土司兵非經製，性異情殊，止可供偶爾之徵調。若使永遠撫管，更有未可恃者。故康熙二十四年補項等寨，狡苗跳梁，恣行截陷，官兵進討半載，始來就撫。數年來苗類生齒日蕃，貪性愈狡，陷人勒贖，視爲不可破之積習，又非可與二十四年同日語也。上年十二月內出擾土人，圍塘汛，傷兵丁，以致上瀆宸聰，動發師旅。見今調集漢、土官兵數千人，遵旨速加剿撫，已陸續撫過一百餘寨，俱已甘服嚮化矣。尚有十餘寨敢於抗拒，盤踞最險之天星寨。據報此寨在萬山中，懸巖壁立，自下至上高數百丈，止有一路可上。中有懸巖五處，素爲諸苗集糧負固之所。屢遣順苗招諭，抗不受撫。現飭領兵參將朱紱等設策剿撫竣功，另疏具奏外，因思逆苗種類繁多，心性狡黠。弱則稽首請命，強則率衆跳梁。興師問罪則竄入深箐，奏凱旋軍則仍思跋扈。且彼恃其巖穴，不須裹糧而行。我則師行糧從，支費浩繁，縱能威加勢服，殄絶邊氛，而百姓之勞擾苦累，已不可勝言。所謂雖克如願，動亦耗敝者也。此防堵之道，不可不亟講也。蓋防守既嚴，來則禦、去則追，以逸待勞，較之臨時調兵，跋涉崎嶇，輓運艱難者，不更爲安且暇乎？臣謹會同撫臣、提臣再四籌酌，不僅爲目前聊且懾服之計，思欲爲日後久安長治之策，莫若移鎮防堵之愈也。見今沅州鎮標額兵一千九百五十名，存城一千三百名。夫沅州係往來大道，無甚險僻，與鎮筸之孤懸苗地迥別。當此承平，無須重兵。擬將沅州總兵張大受撤帶本標將弁兵一千名，就近移駐鎮筸，合鎮筸原兵一千一百，共有二千一百名。即將鎮筸副將亦撤帶標員移駐沅州，統鎮所存兵九百五十名，酌分防汛。并以辰州將弁及永、保二土司統歸總兵管轄。庶軍威壯而聲勢廣，頑苗聞風畏懼，不敢肆行狂悖。縱貪念復萌，間有攘竊，總兵或徑率標員堵截，或飛調所轄官兵聲援策應，自無彼此偏執歧視之情。且其任大責重，平日約束必嚴，更不致有縱下起釁之弊。是一轉移間，而邊地生民或可以安居樂業，則感沐皇恩，當非淺鮮矣。

奏會籌苗疆添設營汛官兵事宜條款摺 嘉慶二年湖廣總督畢沅

　　奏爲會籌湖廣苗疆添設營汛官兵一切章程，恭摺奏請聖鑒事。

　　竊照鳳凰、永綏、乾州等處兵力較單，仰蒙聖主廑念苗疆，節次降旨。令於事定後，擇其要隘處所酌派兵丁及文武大小員弁，以資彈壓等因。欽遵在案。嗣和琳具奏善後各條內，曾經聲明將來留兵全撤之時，應否添兵相制，再行核議。臣等仰荷鴻慈委任，今將苗疆善後章程公同商酌，熟籌妥議。伏查楚省三廳，其地面荒復，山路險峻及風俗狡悍情形，節經福康安、和琳於前奏報打仗情形摺內，詳悉附陳聖鑒。自大兵剿撫以來，其抗拒者悉就擒誅，降順者咸歸安輯，該苗等實已震讋天威，不敢再生反側。惟是現在苗防官兵內有貴州兵二千，分駐該省邊境外。其餘兩廣兵六千、雲南兵三千，并留湖北及湖南。本省官兵周圍安置，自已足敷彈壓。但將來留兵全撤之後，苗境地廣山深，兵額較少，不足以資控制。自應就各本營增添兵數，庶聲勢益加聯絡，疆宇永就钗安。臣等悉心籌酌，除將孤懸苗境之零星塘汛，本屬無濟於事，業已查照和琳奏定章程，概行擬撤，歸入本鎮協營駐劄外。查，鎮筸一鎮額設兵二千七百六十名，永綏一協額設兵一千四百七十餘名。此項兵丁布散數百里，內之各營汛，本屬不敷捍衛，而內地各營又實無可以議撤之兵，是以苗疆築堡添兵實爲目前急務。今於花園汛設立一鎮，以附近之永綏一協及保靖一營，改隸該鎮統轄。又於乾州改營爲協，將辰州副將移駐該處，歸隸提督統轄。其湖廣提督現經帶兵，兼駐辰州。應將洞庭協副將移駐常德府城，將常德城守營游擊移駐洞庭。此外，如鎮筸屬之巖門汛、廖家橋、得勝營、小鳳凰營、樂濠等處，乾州屬之鎮溪所、喜鵲營、强虎哨、灣溪等處，花園屬之隆圃、涼水井、沙子坳等處，永綏屬之滾牛坡、鴨保寨等處，辰州屬之瀘溪、烏宿、洗溪、浦市等處，永順屬之古丈坪，均擬設營添兵，互資犄角。以上各處有因原設額兵不敷防禦擬請增添者，有向無營分今請添設者，有將原設營分酌量移駐者，俱係察看地勢要緊處所，節節布置，期於控馭得宜。其所屬各塘汛，亦皆星羅棋布，聲息相通。庶邊隅呼應既靈，而藩衛益昭嚴密。除辰州城內移駐提標兵丁一千三百餘名，係從常德撥出并無增添外，統計苗疆兩鎮、兩協及各營汛添兵四千八百七十五名。合之原設兵四千九百餘名，共計兵九千七百七十餘名。內中擬添總兵一員、參將一員、游擊一員、都司五員、守備七員、千總十一員、把總二十二員、外委三十四員、額外四十四員。以上大小各員弁俱就所添營汛，酌量分駐，彼此互相稽查，俾聲威壯盛，苗寨悉在範圍，以爲永綏巖疆之至計。臣等謹將湖南苗疆各鎮協營添設官兵緣由，另繕清單，并將何處安設、何營駐兵數目，繪圖貼説，一并恭呈御覽。是否有當，伏乞皇上睿鑒，敕部議復施行。謹奏。

一、鎮筸各營宜添設官兵，以重邊防也。查，鎮筸總兵駐劄鳳凰城內。該廳地方遼闊，山勢叢雜，三面皆苗，南接貴州正大營土苗地方，尤爲緊要。防守控制，在在皆資兵力。將來留防官兵撤回各省之後，所有該處原設官兵，不敷彈壓。查該鎮原設中、左、右、前四營，除左營游擊向駐乾州，現擬將乾州改營爲協，將左營游擊移駐鎮溪所另行聲叙外，查鎮筸城內原駐總兵一員，中軍游擊一員，把總一員，外委一員，兵一百七十二名，爲鎮筸中營。此外，向有左營把總一員，外委一員，額外一名，兵一百一十八名。又有右營把總一員、外委一員、額外一名、兵一百一十四名。又有前營把總一員、外委一員、額外一名、兵一百一十九名。三共兵三百五十一名，均駐鎮城。今擬將左、右、前三營此項存城官兵，就近歸入中營官兵額内計算外，仍擬於中營再添兵一百八十一名。合原駐兵五百二十三名，共兵七百零四名駐劄本城，分安城外附近各卡。查鎮筸城垣，地勢低窪，應於鎮城四面要隘處所添卡駐兵，以爲屏障。擬於附近之觀景山等六處，應添設營卡六座，即於鎮城官兵内，撥派駐防，以便就近管束。再查麻陽汛，向係中營千總駐劄。今因該處地方緊要，應擬改汛爲營，添設守備一員，帶兵駐防，歸於巖門左營聲叙外，應將麻陽汛原設千總撤回中營，於鎮城内撥出兵四十名，在城東觀景山添設營卡一座，令該千總帶領駐劄。又城南冷風坳添設營卡一座，撥駐把總一員、兵四十名。又城西大腦坡應添設營卡一座，撥駐外委一員、兵三十名。又城北擂草坡，應添設營卡一座，撥駐外委一員、兵三十名。又城東北沱田二坳應添設營卡一座，撥駐額外一名，兵十九名。又城西北青坪灣應添設營卡一座，撥駐額外一名，兵十五名。以上六處共設一百七十四名，爲鎮城外保障。實在鎮筸城内，駐劄總兵一員、中軍游擊一員、把總三員、外委二員、額外一名、兵五百三十名。又查小鳳凰營，界連貴州正大營土苗，爲黔、楚要隘，向無營汛。今擬移營設汛，以資戍守。擬於小鳳凰營，撥駐守備一員、把總一員、外委一員、額外一名、兵二百二十名。又查該處，迤西與正大營交界之落潮井及鴉拉營、宜都營、苜蓿衝四處，向無汛地。今擬於落潮井撥駐把總一員、外委一員、兵四十名。又於鴉拉營，撥駐把總一員、額外一名、兵三十六名。又於宜都營撥駐外委一員、兵三十名。又於苜蓿衝營，撥駐千總一員、外委一員、兵七十名。歸於移駐之小鳳凰營守備管理。惟查小鳳凰營，雖距鎮城稍遠，適因該處苗民向屬鎮筸中營管束。是以將原駐新寨守備移駐該處，以便就近管轄，仍爲鎮筸中營游擊、中軍守備。其附近之廖家橋地方，現擬將前營都司移駐。亦因就近管束前營苗民，另行聲叙外，其原駐之新寨汛中營、中軍守備，并所屬之分防司補汛，迤南山梁、凉水井、栗林汛、狗巖塘、黑土寨、威遠營、麻衝汛、慶寧營、三岔巖、亭子關、教場坪、龙鄂營、浪中江、隘門口、巖板井、全勝營、硬寨、犯老寨、池河營，共二十二塘汛，共計守備一員、千總一員、把總三員、外委四員、額外二名、兵三百九十六名。俱係散漫零星，孤懸苗境。應查照和琳奏定章程，概行撤出。即行撥駐小鳳凰營及落潮井各汛防守，歸於鎮筸中營官兵額内，合并聲明。

以上中營新舊塘汛共十一處。除原額官兵撥安外，從左、右、前三營内，撥歸把總三員、外委三員、額外三名、兵三百五十一名。實新添兵一百八十一名，合原駐兵九百一十九名，共兵一千一百名，歸於中營游擊管理。此鎮筸鎮中營擬添官兵之數目也。

再查，巖門一汛爲鎮筸緊要後路。其附近之麻陽縣係辰沅兩郡藩籬，向來巖門爲麻陽分汛，均係鎮筸中營游擊管轄。其麻陽縣向駐千總一員、兵十三名。巖門向駐外委一員、兵十一名。此外，塘汛二十二處，共兵一百零二名。本屬兵單，不敷防範。且巖門一處爲鎮筸緊要門户，水路直達辰州。今擬將巖門改汛爲營，添設游擊一員，即爲鎮筸鎮左營游擊。再添設守備一員、千總二員、把總四員、外委四員、額外二員、兵六百六十五名。合原汛一百二十六名，共兵七百九十一名，駐劄巖門本營，并分安麻陽等各汛。除麻陽千總現擬撤回鎮筸城外觀景山駐劄，仍歸中營額内另行聲叙外，今擬於巖門駐劄游擊一員、千總一員、把總一員、外委一員、兵三百名。又於麻陽縣撥駐守備一員、把總一員、額外一名、兵二百名，即將該備作爲左營游擊中軍守備。又於石羊哨撥駐千總一員、外委一員、兵六十名。又於高村撥駐把總一員、兵四十名。又於濫泥撥駐把總一員、兵三十名。又於齊田汛撥駐外委一員、兵二十名。以上俱就原設汛地，添設官兵駐劄防守。又查，附近之太平溪、九曲灣、蘆荻坳三處，向無汛地。今擬於太平溪撥駐外委一員、兵三十名。又於九曲灣撥駐外委一員、兵二十名。又於蘆荻坳撥駐額外一名、兵十一名。以上各汛俱係請擬新添。又，米沙、小坡哨、銅信溪、江口、龍家鋪、黃桑嶺、袁坪、陶伊、迷河、渡頭、龔溪、石野、南村，共十三塘，每塘原設兵五名，共六十五名。照舊安設，遞送公文，毋庸更動。其蓬溪塘、譚家寨、白泥田三塘，每塘原設兵三名。今擬各添兵二名，共十五名。遞送公文。查，鎮筸左營游擊，向駐乾州城内。今擬將乾州改營爲協，所有原駐乾州左營游擊，現擬移至鎮溪所駐劄，即爲鎮溪所營新添之游擊。因將現擬巖門添設游擊一員，作爲鎮筸鎮屬左營游擊，以仍舊制，合并聲明。

以上新添巖門左營一營、新舊塘汛二十四處。除原設官兵撥安外，實新添游擊一員、守備一員、千總二員、把總四員、外委四員、額外二名、兵六百六十五名。原駐兵一百二十六名，共兵一百九十一名。歸於左營游擊管理，仍隸鎮筸鎮統轄。此巖門改汛爲營，擬添官兵數目也。

又，鎮筸右營游擊一員向駐得勝營，爲鎮筸、乾州適中之地。該營原設游擊一員、中軍守備一員、千總一員、把總四員、外委六員、額外一名、兵六百八十七。内除把總一員、外委一員、額外一名、兵一百一十四名，向駐鎮筸城内。現擬就近歸入鎮筸中營官兵額内開除外，實在右營及各汛實存游擊一員、守備一員、千總二員、把總三員、外委五員、兵五百七十三名，不敷彈壓。今擬添設把總一員、額外五名、兵二百四十五名。合原駐兵五百七十三名，共兵八百一十八名，駐劄本營分安各汛。今擬於得勝營本營，駐劄游擊一員、把總一員、外委一員、額外一名、兵三百名。又，曬金塘一汛地處要隘，向駐兵三十名，實屬兵單。今擬撥駐守備一員、把總一員、額外一名、兵二百名，即爲右營游擊中軍守備，以便就近統率。又於龍滾汛撥駐把總一員、兵四十名。又於舊司坪撥駐把總一員、兵四十名。又於三腳巖撥駐外委一員，兵三十名。又於高樓哨撥駐額外一名、兵二十名。以上係就原設汛地，酌添官兵駐劄防守。其得勝營附近之靖江營、清溪哨、黃土坳、四方井、黃巖江五處，向無汛地，均應駐兵防守。今擬將靖江營撥駐千總一員、額外一名、兵六十名。又於清溪哨撥駐千總一員、額外一名、兵六十名。又於黃土坳撥駐外委一員、兵二十名。又於四方井撥駐外委一員、兵二十名。又於黃巖江撥駐外委一員、兵二十八名。以上各汛，均係擬請新添。其鎮筸所屬深處苗境之鴨保寨汛，及分防地良坡、老婺潭、武定營、赤蘭坪、廟坳、隆朋、米沱、旦喇、欓木營、麻衝、火麻營、重郎坡、龍鳳營、殺牛坪、瑞安營、犯容隴、阡本、林坪，一十九塘汛，原設守備一員、千總一員、把總一員、外委二員、兵三百七十八名，原係散漫零星，孤懸苗境。今應查照和琳奏定章程，概行撤出，歸於鎮筸鎮各營官兵額內，分安移駐，合并聲明。

以上右營新舊營汛共十一處。除原設官兵撥安外，實新添把總一員、額外五名、兵二百四十五名。合原駐兵五百七十三名，共兵八百一十八名。歸於右營游擊管理，仍隸鎮筸鎮統轄。此鎮筸鎮右營擬添官兵數目也。

又，鎮筸前營都司一員向駐長坪，守備一員向駐巖口。該二處及分防之司門前、新寨、駱駝衝、盛華、火略坪、天星寨、龍角硐、太平關、火燒灘、下硬寨、靖疆營、孤塘、木里、打郎、萬榮江、糯塘、黃茅坡、花苟田，共二十營汛俱在苗境最深處所。應查照和琳奏定章程，概行撤出。臣等察看得廖家橋地方，形勢最爲扼要，且該處苗民向係前營管束。今擬將前營長坪都司移駐該處，就近控製。查，鎮筸前營原設都司一員、中軍守備一員、千總二員、把總四員、外委五員、額外一名、兵六百九十名。內除把總一員、外委一員、額外一名、兵一百一十九名，向駐鎮筸城內，現擬就近歸入鎮標中營守備額內開除外，實存本營都司一員、守備一員、千總二員、把總三員、外委四員、兵丁五百七十一名，不敷彈壓。今擬請添把總三員、外委一員、額外二名、兵一百零九名。合原駐兵五百七十一名，共兵六百八十名，駐劄本營分安各汛。擬於廖家橋撥駐都司一員、把總一員、外委二員、額外二名、兵二百四十名，仍爲鎮筸前營都司。又查，廖家橋附近之樂濠、全勝營、櫻桃坳、菖蒲塘、四路口、潭江六處，向無汛地。今擬於樂濠撥駐守備一員、把總一員、外委一員、兵一百名。又於前勝營撥駐千總一員、外委一員、兵七十名。又於櫻桃坳撥駐把總一員、兵五十名。此內撥出十名，分駐附近之菖蒲塘。又於四路口撥駐千總一員、外委一員、兵八十名。又於潭江撥駐把總一員、兵四十名。所有現擬安設之各營汛俱係移設新添。

以上前營新設營汛七處。除將原設官兵撥安外，實新添把總一員、外委一員、額外二名、兵一百零九名。合原駐兵五百七十一名，共兵六百八十名。歸於前營都司管理，仍隸鎮筸鎮統轄。此鎮筸鎮前營都司由長坪移駐廖家橋，擬添官兵數目也。

以上鎮筸鎮總兵官一員，統轄中、右、前三營，新添巖門左營一營，共游擊三員、都司一員、守備四員、千總八員、把總十九員、外委二十二員、額外十四名，共兵三千五百八十九名。均除原設官兵外，實新添游擊一員、守備一員、千總二員、把總六員、外委五員、額外九名、兵一千二百名。

一，乾州宜改營爲協，添兵防守也。查，乾州地方與鎮筸、永綏同關緊要。鎮筸設有總兵，永綏設有副將。現擬添設總兵，駐劄花園。乾州似應改營爲協，添設副將一員駐劄，以資鎮撫。現擬提督兼駐辰州，帶有親標兩營官兵一千三百餘名。并有左營游擊一員，新添後營都司一員。是辰州一帶，自已足敷彈壓。所有向駐辰州副將一員，應請移駐乾州，改爲乾州協副將，歸隸提督管轄。查，該營原設游擊一員、守備一員、千總一員、把總四員、外委五員、額外一名、兵六百八十九名。內除把總一員、外委一員、額外一名、兵一百一十八名，向駐鎮筸城內。現已就近歸入鎮筸鎮中營官兵額內開除外，乾州本城及各汛，實存游擊一員、守備一員、千總二員、把總三員、外委四員、兵五百七十一名。汛廣兵單，不足防守。今改營爲協，應請添設中軍都司一員、守備二員、千總二員、把總五員、外委一員、額外八名、兵八百二十九名。合原駐乾州，并分防鎮溪所等汛，共三十六處、兵五百七十一名，總計協屬兵一千四百名。即將此項官兵駐劄本城，分安各汛。擬於乾州城內，駐劄副將一員、中軍都司一員、千總一員、把總一員、外委一員、額外一名、兵三百名。又查，灣溪爲乾州鎖鑰，擬於該處撥駐千總一員，把總、外委各一員，額外一名、兵一百四十名。又於三岔坪撥駐千總一員、兵四十名。又查，強虎哨一汛逼近平隴苗境，該處向設千總一員、兵二十一名，不敷防守。今擬於該處撥駐守備一員、把總一員、外委一員、兵一百六十一名。又於河溪撥駐千總一員、外委一員、額外一名、兵八十名。以上各處係就原設汛地，酌添官兵駐劄防守。又查，附近之田家園、桂巖坡、上莊園、標營坡、小莊、中巖屋、張排寨七處，向無汛地。今擬於城東田家園撥駐外委一員、兵二十名。又於城南桂巖坡撥駐外委一員、兵二十名。又於城西上莊園撥駐額外一名、兵二十名。又於城北標營坡撥駐額外一名、兵二十名。又於小莊撥駐外委一員、兵二十名。又於中巖屋撥駐額外一名、兵二十名。又於張排寨，撥駐千總一員、兵四十名。以上各汛俱係擬請新添，均歸乾州協中軍都司管束。再，乾州所屬鎮溪所一汛，向設千總一員、兵二十一名，實屬不敷。查該處爲乾州通保靖、永綏要路，并有亂石灘旁徑直達平隴地方，尤爲扼要。今擬將原駐乾州城游擊一員移駐該汛，并將新移乾州協所屬官兵內，撥駐把總二員、外委一員、額外一名、兵二百二十名，駐劄防守。該游擊即改爲鎮溪營游擊，歸於乾州協兼轄。再鎮溪既爲游擊營分，所有附近鎮溪各汛，應歸該游擊管理。查，喜鵲營爲鎮溪門戶。今擬於該處撥駐守備一員、把總一員、外委一員、兵二百名。又於鎮靖營撥駐額外一名、兵二十名。又於鎮頭營，撥駐把總一員、兵三十名。又於良章營撥駐把總一員、兵三十名。以上各處俱就原設汛地，酌添官兵駐劄防守。又查，鎮溪所附近之鴉溪，向無汛地。今擬於鴉溪撥駐外委一員、兵二十名。以上各汛係擬請新添，均歸鎮溪營游擊管理，仍隸乾州協統轄。其附近苗寨之陽孟寨、勞神寨、龍圖營、仙鎮營、龍爪溪、岑頭坡、麥地溪、坳岔溪、平郎營、鎮寧營、新建營、天莊、馬溪、爛草坪、著落村、把石寨、然相、然臘、馬泥村、夯坨、大新寨、軌者、老坪、郎挑、枝排、楚黃、老寨、高巖等處二十八塘汛，共計守備一員、把總二員、外委三員、兵三百七十二名，俱係散漫零星，孤懸苗境。應查照和琳奏定章程，概行撤出，歸入乾州協屬官兵額內，分安移駐，合并聲明。

以上乾州一協新舊營汛十七處。除原設官兵撥安外，實移駐副將一員，增添都司一員、守備二員、千總二員、把總五員、外委六員、額外八名、兵八百二十九名。合原駐兵五百七十一名，共兵一千四百名。分隸鎮溪營游擊、乾州協中軍都司專管，仍隸該副將統屬，該協歸於提督統轄。此乾州改營爲協，鎮溪所移駐游擊，添設官兵數目也。

一、花園應添設總兵一員駐劄控制，以重邊防也。查，花園爲永綏咽喉重地，甚屬扼要。該處向駐守備一員，爲永綏右營。今擬添設總兵一員駐劄，以資控制。應將原駐花園之永綏協右營守備及右營分營各汛千總二員、把總四員、外委六員、額外二名、兵七百五十五名，一并撥歸新設花園鎮安設。并將附近之保靖營改設參將一員駐劄，即將原駐保靖營游擊一缺改爲該鎮中營游擊，撥歸花園駐劄。添設都司一員，在隆團駐劄。將添守備一員、千總二員、把總二員、外委四員、額外四名、兵六百八十五名，合原駐兵七百五十五名，共兵一千四百四十名，駐劄鎮城，并分安隆團等各汎。今擬於花園鎮城內，駐劄總兵一員、中軍游擊一員、千總一員、把總二員、外委二員、額外二名、兵五百名。又於蠟耳堡撥駐千總一員、額外一名、兵六十名。又於河口汎撥駐外委一員、兵二十名。以上係就原設汎地，酌添官兵駐劄防守。又，涼水井、排樓寨二處向無汎地，今擬於涼水井撥駐守備一員、把總一員、外委一員、額外一名、兵一百六十名，該備即作爲中營游擊中軍守備。又於排樓寨撥駐外委一員、兵四十名。以上二汎係擬請新添，均歸花園鎮中軍游擊管理，隸花園鎮統轄。又查，隆團汎爲花園緊要門戶，向設千總一員、兵八十名，不敷防守。今擬於該處撥駐都司一員、千總一員、把總一員、外委一員、額外一名、兵三百名，該都司即作爲花園鎮右營都司。又張坪馬係通永綏要路，向設塘兵十名，僅足遞送公文。今擬於該處撥駐把總一員、額外一名、兵六十名。又於茶洞撥駐千總一員、外委一員、兵八十名。又於老旺寨撥駐外委一員、兵四十名。以上係就原設汎地，酌添官兵駐劄防守。又，剛剛寨、沙子坳二處，向無汎地。今擬於剛剛寨撥駐外委一員、兵二十名。又於沙子坳撥駐守備一員、把總一員、外委一員、兵一百六十名，該備即作爲右營都司中軍守備。以上二汎係擬請新添，均歸花園鎮右營都司管理，隸花園鎮統轄。至花園汎屬內，有附近苗寨之假明、齊溪、擺頭衝、后土坡、窩郎榜、排乍、李梅、米糯、著落、剛溪、洞乍、木樹河、鉛廠、潮水溪、著盤、高巖，十三塘汎，共計千總一員、把總一員、外委一員、兵二百名，俱係散漫零星，孤懸苗境。應查照和琳奏定章程，概行撤出，歸於花園鎮屬官兵額內，分撥移駐，合并聲明。

　　以上新設花園一鎮、新舊營汎十一處。除原設官兵撥安外，實移駐游擊一員，增添總兵一員、都司一員、守備一員、千總二員、把總二員、外委四員、額外四名、兵六百八十五名。合原駐兵七百五十五名，共兵一千四百四十名，分隸花園鎮中營游擊、右營都司管理，仍隸花園鎮統轄。此花園新設總兵移駐游擊，并於隆團添設都司官兵數目也。

　　一、永綏協應增兵設卡，改隸花園鎮屬，以資控制也。查永綏城垣窄小低窪，不能容駐多兵，且在苗寨腹內。現擬於附近緊要山梁，設卡駐兵，用資防守。查該協向係鎮篁鎮統轄，原設副將一員、中軍都司一員、守備二員、千總四員、把總八員、外委十二員、額外四名，兵一千四百七十九名，設立左、右二營，駐劄本城，分安各汛。今花園既擬設鎮，應將原駐花園之永綏協右營守備一員及右營原設各汛千總二員、把總四員、外委六員、額外二名、兵七百五十五名，一并撥歸新設花園鎮城兵額之內，另行聲叙外，永綏實在存城副將一員、都司一員、守備一員、千總二員、把總四員、外委六員、額外二名、兵七百二十四名，不足彈壓。應擬添設守備一員、千總一員、把總二員、外委二員、額外六名、兵五百一十六名，合原駐兵七百二十四名，共兵一千二百四十名。即將此項官兵駐劄本營，分安各汛。今擬於永綏城內，駐劄副將一員、都司一員、千總一員、把總二員、外委二員、額外二名、兵五百名。又，永綏城外附近之西北山梁，并滾牛坡、吉多下寨、黃土坡、董馬六處，向無汛地。今擬於永綏城外西山梁設立營卡一座，撥駐把總一員、額外一名、兵八十名。又於永綏城外北山梁設立營卡一座，撥駐把總一員、額外一名、兵八十名。又於滾牛坡撥駐守備一員、把總一員、外委一員、額外一名、兵一百六十名。又於吉多下寨撥駐外委一員、兵五十名。又於黃牛坡撥駐千總一員、外委一員、兵六十名。又於董馬撥駐把總一員、額外一名、兵五十名。以上俱係擬請新添。又於葫蘆坪撥駐千總一員、額外一名、兵六十名。又於桿子坳撥駐外委一員、兵二十名。又於小排吾撥駐外委一員、兵二十名。又於向隸永綏之鴨保寨撥駐守備一員、把總一員、外委一員、額外一名、兵一百六十名。以上各汛俱就原設汛地，酌添官兵駐劄防守，均歸永綏協中軍都司管理。至永綏協屬內，有附近苗寨之排補美、排彼、排蠟、努夫巖、夯都、廣車、巖落、排料、長潭、各坡、老鐵坪、略把、擢馬卡、鴉有、夯尚、盤打構、泛名巖、補抽、望高嶺、分水坳、翁岔，二十一塘汛，共計守備一員、千總二員、把總三員、外委六員、兵四百六十五名，俱係散漫零星，孤懸苗境。應查照和琳奏定章程，概行撤出，歸於永綏協官兵額內，分撥移駐，合并聲明。

以上永綏一協分管新、舊營汛九處。除原設官兵撥安外，實增添守備一員、千總一員、把總三員、外委一員、額外六名、兵五百一十六名。合原駐兵七百二十四名，共兵一千二百四十名，均歸永綏協中軍都司管理，仍隸該副將統屬，該協改隸花園鎮統轄。此永綏協添設官兵數目也。

一、保靖營向爲鎮筸鎮所屬。該營離鎮筸稍遠，距永綏較近。今應撥歸新設之花園鎮屬，以便就近管理。查，該營原設游擊一員、中軍守備一員、千總二員、把總四員、外委四員、兵五百二十名，不敷彈壓。今擬將保靖營游擊撥歸花園，作爲該鎮中軍游擊。另行改設參將一員，增添把總一員、外委六員、額外十名、兵四百三十二名。合原駐兵五百二十名，共兵九百五十一名，駐劄縣城，分安各汛。今擬於保靖縣城駐劄參將一員、中軍守備一員、把總一員、外委一員、兵二百名。又查，附近之城東二月坡，城南之叢樹坡，城西南之龍頭山，城西北之烟霞山，并獅子橋、鰲溪、集古、巖板橋、梯拉、三岔河十處，向無汛地。今擬於二月坡撥駐外委一員、兵二十名。又於叢樹坡撥駐外委一員、兵二十名。又於龍頭山撥駐額外一名、兵二十名。又於烟霞山撥駐額外一名、兵二十名。又於獅子橋撥駐千總一員、額外一名、兵五十名。又於鰲溪撥駐把總一員、兵四十名。又於集古汛撥駐外委一員，兵二十名。又於巖坡橋撥駐額外一名、兵二十名。又於梯拉撥駐額外一名、兵三十名。又於三岔河撥駐額外一名、兵二十名。以上各汛俱係擬請新添。又於古銅溪撥駐把總一員、兵五十名。又於保靖之新寨撥駐外委一員、兵三十名。又於格者汛撥駐外委一員、兵二十名。又於塗乍汛撥駐把總一員、兵五十名。又於魚塘汛撥駐額外一名、兵二十名。又於葫蘆寨撥駐千總一員、額外一名、兵七十名。又於積穀汛撥駐把總一員，兵四十名。又於大巖塘撥駐額外一名、兵二十名。又於萬巖溪撥駐外委一員、兵三十名。又於里耶汛撥駐外委一員、兵三十名。又於江口汛撥駐額外一名、兵二十名。又於龍溪汛撥駐外委一員、兵三十名。以上各處俱就原設汛地，酌添官兵駐劄防守。除向隸保靖營之龍馬嘴、誓溪河、馬老湖、普戎、昂峒、扒木寨、杉木樹、白樓關、巴惹、堯洞、排巖、普溪、西落汛、清水江、桐油坪、寶峒河，十六塘汛，共計外委一員、兵七十二名，照舊安設，毋庸更動。所有保靖營參將一員，應改隸花園鎮統轄。再查，保靖所屬附近苗寨之夯沙、夯已、分略家、夯不吾、兩岔河、兩分口、格若汛、阿裸、空坪排、大方汛、塔普汛、中壩、鼻子寨、卡大議、依蠟堵等，一十五塘汛，共計千總一員、把總二員、外委二員、兵一百八十八名，俱係散漫零星，孤懸苗境，應查照和琳奏定章程，概行撤出，歸於保靖營屬官兵額內，分安移駐，合并聲明。

以上保靖一營新、舊營汛三十八處。除原設官兵撥安外，實增添參將一員、把總一員、外委六員、額外十名、兵四百三十三名。合原駐兵五百二十名，共兵九百五十二名。均歸保靖營參將管理，改隸花園鎮統轄。此保靖議設參將，歸隸花園鎮統轄，添設官兵數目也。

一、古丈坪宜添設營汛，駐兵防守也。查，古丈坪係永順所屬，地處扼要，爲保靖、永順藩籬，向無營汛。該處附近之旦武營、土蠻坡、龍鼻嘴、山棗溪、新寨五處，向撥永綏協屬之把總一員、外委一員、兵七十名，分駐各汛，每汛止有兵一二十名，不敷防範。今擬於古丈坪設營駐兵，爲永順一帶藩籬。擬請於該處添設都司一員、千總二員、把總二員、外委二員、額外三名、兵四百名。合原駐兵七十名，共兵四百七十名，駐劄本營，分安各汛。擬於古丈坪駐劄都司一員、把總一員、額外一名、兵一百八十名。又於土蠻坡撥駐把總一員、兵三十名。又於旦武營撥駐千總一員、兵四十名。又於龍鼻嘴撥駐千總一員、兵四十名。又於新寨撥駐外委一員、兵三十名。又於山東溪撥駐兵十名。以上各汛俱就原設汛地，酌添官兵，駐劄防守。其古丈坪附近之黑漳坪、曾家坪、床機坡、巖坳、排沙、賣若、半坡、河蓬、蔡家莊等處，向無塘汛。今擬於黑潭坪撥駐把總一員、兵四十名。又於曾家坪撥駐外委一員、兵二十名。又於床機坡撥駐外委一員、兵二十名。又於巖坳撥駐額外一名、兵十六名。又於排沙撥駐額外一名、兵二十名。又於賣若、半坡、河蓬、蔡家莊四處，各撥兵六名，遞送公文。以上各塘汛俱係擬請新添，均歸古丈坪都司管理，隸提督統轄。

以上古丈坪一營新、舊營汛十四處。除原設官兵撥安外，實增添都司一員、千總二員、把總二員、外委二員、額外三名、兵四百名。合原駐兵七十名，共兵四百七十名，隸提督統轄。此古丈坪新設營分添設官兵數目也。

一、辰州之烏宿、洗溪、浦市三處，應改汛爲營，添兵防守也。查，烏宿在辰郡上游。該處有北河一道，上通永順，下達辰州，爲永順、保靖、乾州往來必由之路。向設把總一員、外委一員，分管塘汛十二處，共兵七十七名，不敷防範。今擬將烏宿改汛爲營，添設都司一員、千總一員、把總一員、外委二員、兵二百四十三名。合原駐兵七十七名，共兵三百二十名。駐劄本營，分安各汛。擬於烏宿駐劄都司一員、把總一員、外委一員、兵一百五十名。又，查烏宿附近之清水坪、杜家寨、草潭三處，向無汛地。今擬於清水坪撥駐千總一員、兵四十名。又於杜家寨撥駐把總一員、兵四十名。又於草潭撥駐外委一員、兵二十名。以上俱係擬請新添。又於拱勝坪撥駐外委一員、兵二十名。又於白田頭、羅仙鋪、烏宿、小塘、蓮花池、施溪、白竹庵、龔家村、白羊洞、葛竹溪、明溪塘，共十塘，各撥駐兵五名，共五十名，遞送公文。以上十一塘汛，俱就原設汛地，酌添官兵駐劄防守。均歸烏宿營都司管理，隸提督統轄。又洗溪及能灘、潭溪三處，向各設塘兵三名，共兵九名，遞送公文。查，該處下控瀘溪，旁通烏宿，爲乾州緊要門戶。今擬於洗溪改設一營，添守備一員駐劄。現擬瀘溪改設守備撤出，原駐該汛千總一員撥歸洗溪外，再添把總二員、外委四員、額外二名、兵二百七十名。合原駐兵九名，共兵三百七十九名，駐劄本營，分安各汛。擬於洗溪駐劄守備一員、把總一員、外委一員，兵一百四十名。又於能灘撥駐外委一員、兵三十名。又於潭溪撥駐外委一員、兵三十名。以上各處係就原設汛地酌添官兵，駐劄防守。又查，洗溪附近之大坡流、魚梁坳二處，均無汛地。今擬於大坡流撥駐把總一員、額外一名、兵七十九名。又於魚梁坳撥駐千總一員、外委一員、額外一名、兵一百名。以上各汛俱係擬請新添，均歸洗溪營守備管理，隸提督統轄。又查，浦市一汛，當沅州、靖州水陸交衝，與鎮筸、乾州各屬毗連。該處向設把總一員、兵二十名，不敷彈壓。今擬添設守備一員、千總一員、外委三員、額外二名、兵二百名。合原駐兵二十名，共兵二百二十名，駐劄本營，分安各汛。擬於浦市駐劄守備一員、把總一員、外委一員、額外二名、兵一百一十名。又查，龍潭衝原駐兵丁甚單，今擬撥駐外委一名、兵三十名。又查，浦市附近之四都坪爲浦市後路，係苗民出没之徑，向無汛地。今擬撥駐千總一員、外委一員、兵八十名。均歸浦市營守備管理，隸提督統轄。

　　以上烏宿、洗溪、浦市三營，分管新、舊塘汛共二十二處。除原設官兵并瀘溪千總一員，一并歸入撥安外，實新添都司一員、守備二員、千總二員、把總三員、外委九員、額外四名、兵八百一十三名，合原駐兵一百零六名，共兵九百一十九名。分隸烏宿都司、洗溪守備、浦市守備管理，俱隸提督統轄。此烏宿、洗溪、浦市改汛爲營，添設官兵數目也。

　　一、提督兼駐辰州，應移改協營，以資控製也。查，辰州爲苗疆咽喉重地，湖廣提督應於辰州帶兵駐劄。查，提標向設中、左、右、前四營，額兵三千二十一名。今提督兼駐辰州，擬將左營游擊一員、守備一員、千總二員、把總四員、外委三員、額外一名、兵七百五十八名，全數移駐辰州，并將中、右、前三營內每營抽撥兵二百名，再於三營內抽出千總一員、把總二員、外委二員，另添設都司一員，作爲提標後營，一并移駐辰州。以上左、後兩營爲提督親標，駐劄辰州。其辰州協副將現擬改駐乾州，所遺辰州府副將衙門即爲提督行署所有，辰州協原設副將中軍都司一員即作爲辰州城守營都司。一切城汛事件，歸於該都司管理。所有該協原設守備一員、千總四員、把總八員、外委六員、額外三名、兵八百六十三名，除分防各汛外，實存城兵二百六十八名。合之現擬移駐之提標左營、後營，兵一千二百五十八名，統共駐劄辰州兵一千六百二十六名。自已足敷控馭，而附近之汛地亦應增添官兵，以資防守。查，瀘溪縣離辰州六十里，該處逼近苗疆，旁通鎮筸、永順、保靖，山勢甚爲險要。該縣原設千總一員、兵十三名，不敷防範。擬將移駐辰州之提標左營守備一員、把總一員、外委一員、兵二百名，分防駐劄瀘溪縣，以資防守，仍爲提標左營游擊中軍守備。其瀘溪縣原設千總一員，現擬撥歸新設洗溪守備營内駐防。另行聲叙外，其瀘溪縣原設兵十一名，本係辰州協屬，應令歸於辰州城守營差操，以免牽混。至常德，地面較寬，且係雲貴往來孔道，地方原屬緊要。該處原駐兵三千餘名，今已撥出一千三百餘名。雖有中營參將一員，右、前二營游擊、都司各一員，不足彈壓。而城守一營尤爲緊要。查，有洞庭協副將一員，向駐龍陽縣城，較之常德城守營事務稍減。且洞庭湖一帶沿邊營汛，向俱寧謐，尚易彈壓。今擬將洞庭協副將一員及中軍都司，移駐常德府城作爲常德府城守協副將。所有常德城守營原設弁兵及分防各汛，均歸新改之常德城守協副將管理。其常德城守營原設游擊一員、中軍守備一員，即移駐龍陽縣，作爲洞庭水師營游擊。其洞庭協原設弁兵及分防各汛，均歸新改之洞庭營游擊管理。如此一轉移，間與營伍無妨，實與地方有益。以上移駐辰州之提標左營游擊、新添之辰州後營都司及移駐之瀘溪左營中軍守備，留駐辰州城守營都司，并新改之常德城守協副將，係爲提督親標，以歸統轄。

以上增添都司一員，移駐副將一員、游擊二員、都司一員、守備二員，其餘官兵俱係移駐，并無增添。鎮筸鎮、乾州協、花園鎮、永綏協、保靖營及古丈坪、烏宿、洗溪、浦市四營，提標、後營總共添設經製官八十二員。内總兵一員、參將一員、游擊一員、都司五員、守備七員、千總十一員、把總二十二員、外委三十四員，增添額外四十四名、兵四千八百七十五名。合原駐兵四千九百三十五名，共兵九千八百一十名。

奏請照舊安設三廳標兵摺 嘉慶二年湖廣總督畢沅

奏爲請照舊安設鳳凰、乾州、永綏三廳標兵，以資差遣，恭摺奏請聖鑒事。

竊查鳳凰、乾州兩廳，向設把總二員、兵二百名，分隸廳員差遣。嗣經前督臣李侍堯奏請，將各廳所設弁兵均行裁汰，每廳安設民壯三十名。當初議裁之時，原因苗人歸化輸誠，久與齊民無異，該廳可以無須官兵差遣。今苗疆甫經戡定，該廳員往來苗地，稽查巡察及管束所設苗弁，差傳查辦事件，在在均資兵衛。若隨時於鎮協撥兵差遣，則非其所屬，呼應不靈。現在苗疆各營，經臣等奏請添設官兵控制，仰蒙聖恩允准。今擬從此項新添之四千數百名兵内，撥出把總缺三員，糧缺三百名。援照舊案，將鳳凰、乾州兩廳照舊安設把總二員、兵二百名。其永一廳一體安設把總一員、兵一百名，以昭畫一，統歸該管之辰沅道統轄。庶各該廳呼應較靈，於綏戢苗疆之道實有裨益。如蒙俞允，臣等即飭該廳於向來出力之武生、鄉勇內，詳慎挑選，即由該道就近考驗拔補。惟各把總升調黜陟，仍由該道移咨各該營會辦，以符營制。爲此恭摺具奏，伏乞皇上睿鑒，訓示施行。謹奏。

奉硃批：軍機大臣議奏。欽此。

前案部復 嘉慶二年五月准咨

內閣鈔出，大學士等謹奏，爲遵旨議奏事。湖廣總督畢沅等奏，請照舊安設鳳凰、乾州、永綏三廳標兵，以資差遣一摺。嘉慶二年五月初四日，奉硃批：軍機大臣議奏。欽此。

據稱，鳳凰、乾州、永綏三直隸廳員往來巡察，及管束新設苗弁差傳事件，在在均資兵衛。各鎮協撥兵差遣，非其所屬，呼應不靈。請於新添兵四千八百餘名內，撥出把總三員、糧缺三百名。援照舊制，將鳳凰、乾州、永綏三廳，各安設把總一員，兵一百名，統歸辰沅道管轄等語。查，鳳凰、乾州兩廳向設把總二員、兵二百名，分隸廳員差遣。嗣於乾隆二十九年，經前任督臣李侍堯以該廳苗人歸化輸誠，與齊民無異，毋須官兵差遣，請將各廳所設弁兵均行裁汰。今該督等，以苗疆甫經裁定，廳員往來苗地稽查巡察，及管束新設苗弁、差傳查辦事件，在在皆資兵衛。若隨時於鎮協撥兵差遣，未免呼應不靈。援照舊案，於鳳凰、乾州二廳，各安設把總一員、兵一百名。永綏一廳亦照此安設。自爲彈壓綏輯起見，且所需弁兵即在准添新額之內，并不另請加增。應如該督等所奏，准其照數安設，即由該廳於出力武生、鄉勇內，詳慎挑選，就近申送該道拔補。并各把總升調黜陟，仍由該道移咨各該營會辦，以符營制。所有臣等遵旨會議緣由，理合恭摺具奏，伏候皇上訓示遵行。謹奏。

嘉慶二年五月二十一日，奉旨：依議。欽此。

部復鎮箪移駐左前各營 嘉慶六年正月准咨

爲遵旨會議具奏事。

嘉慶六年正月初三日，內閣鈔出，祖之望等具奏鎮箪鎮左營移安曬金塘中、前兩營酌量互易一摺。嘉慶六年正月初二日，奉硃批：軍機大臣會同兵部議奏。欽此。

臣等查湖南鎮筸鎮中、左、右、前共四營。其左營游擊守備，原駐乾州。續於嘉慶二年四月內，經原任總督畢沅等於苗疆添設官兵營汛案內，奏准將乾州改營爲協，其原駐乾州之左營游擊，移駐巖門守備，分駐麻陽。今據祖之望等奏稱，鎮筸鎮所轄前、右營各苗寨，最爲兇悍。現在苗疆吃緊，全在邊圍。而右營所轄管沿邊地方，計長九十餘里，逼近苗寨，均關緊要。該營游擊一員、守備一員，原設弁兵八百餘名。續於嘉慶四年十月內，經姜晟等奏准裁撥內地名糧八百分添入鎮標，於該鎮緊要處所分撥加增。但以游擊一員，管兵至一千五百餘名之多，難以兼顧。請將右營汛地自四方井起，由清溪哨至得勝營，迤北之錫蠟樹止，計程五十餘里，仍歸右營。自錫蠟樹迤北之溝田起，由曬金塘、舊司坪至木林坪止，計程四十餘里，改爲左營。請將巖門左營游擊、麻陽守備分駐曬金塘、舊司坪。其曬金塘原駐右營守備移駐清溪哨，幷於左、右兩營緊要隘口，設汛防守八處。撥設把總一員、外委一員、額外四名，即在於前撥內地名糧內，撥兵五百二十八名，分布安設。其巖門汛原係中營所轄，請改爲鎮標中營後軍，專設守備一員，帶同外委一員，添放額外一名。應設守備，即將分駐瀘溪汛之提標左營守備撥駐巖門。將浦市營守備改爲提標左營中軍守備。舊有塘汛弁兵，悉歸左營管理。其瀘溪地方，將左營千總分撥一員駐劄麻陽縣城，改設千總一員。該營原設兵丁七百七十三名，除撥赴曬金塘等處兵二百三十二名外，尚有五百四十一名，毋須另爲添撥等語。該撫等係按照苗疆緊要處所酌量地方情形，隨時移駐，自應如所請，准其將右營之錫蠟樹等處改隸左營。幷將巖門左營游擊移駐曬金塘，麻陽守備移駐舊司坪。其曬金塘原設右營守備移駐清溪哨，巖門汛地改爲鎮標中營後軍守備，將分駐瀘溪汛之提標左營守備移撥巖門，即以左營兼管之。浦市營守備改爲提標左營中軍守備，其兩營緊要隘口應一幷添設汛防，移撥弁兵分守，以聯聲勢而資控制。至鎮筸中營游擊駐劄鎮城，而所管汛地轉在前營迤西管轄操防，均多不便。該撫等請將中、前兩營汛地互相更易，幷於鴨保洞等處要地另設小汛五處。於前撥內地名糧內，撥歸兵二百七十二名，分布安置。亦應如所請，將原駐廖家橋之前營都司移駐鳳凰營，原駐鳳凰之中營守備移駐廖家橋。另設小汛五處，撥兵安置，各令其就近管轄，以便差操。統計各營，共添撥汛防三十處。所需員弁，均於各汛內酌量改撥，添放額外七名，悉就額兵內挑補，幷未另添糧餉。其應需馬匹，係就各營額馬內調撥帶往，至修理衙署及軍裝、火藥、庫房各項，應令該撫造具估冊，揭送工部，題明核辦。其移駐各營應換關防劄付，及撥調各營弁兵，仍令該撫等另造清冊，分別題咨辦理等因。

於嘉慶六年正月二十日奏，奉旨：依議。欽此。

奏籌議楚省附近黔邊酌留營汛控制楚苗摺
嘉慶八年福州巡撫福慶

奏爲查驗銅仁、松桃沿邊碉堡工程，及察看黔、楚苗情，邊備情形，恭摺奏聞，仰祈聖鑒事。

竊臣於二月十九日自省起程，前赴銅仁、松桃一帶查驗碉堡工程，業經奏明在案。茲臣於二月二十八日行抵銅仁，即由銅仁屬之夥哨營起，至松桃屬之石花堡止，計程一百二十里，逐處挨查。除舊有堡汛外，所有嘉慶六年督臣琅玕奏請添設之土堡十座、石碉一百座，并兵房、衙署，現俱照依原奏章程築砌完竣。添撥營弁八員、兵八百名，駐堡守碉，輪流分值。所有土堡各按地勢寬窄，周圍八、九、十丈不等，墻高八尺，下寬五尺，上寬四尺，前後應砌堡門二座。每座各布石碉十座，碉身各高二丈，見方一丈五尺。通用石塊修砌，堅厚就依地形高下，參錯建立。大概形勢嚴肅，以壯軍威而聯聲息。惟查此次添設碉堡各工原，爲楚省移駐永綏廳城而設。自該廳移城之後，上年冬底及本年春初，該處痞苗不時布散流言，希圖出擾，遠近人情頗多惶惑。臣聞信之際，當經飭令貴東道周緯，親往松桃各邊隘督率文武員弁嚴密巡防，并稽查境內苗民，毋被煽誘滋事。後派委因公在省之署興義府知府陳卓前往幫同查辦，務在自固藩籬，毋挑邊釁。該道等即遵照臣囑，分飭各堡，晝夜嚴防，調撥制兵，將堡內新兵抽拔，以期一體得力。并飭松桃同知鄭錕於各緊要隘口添募苗兵，多設汛卡。楚苗探知戒嚴，無隙可乘，而湖南撫臣高杞派令鳳凰廳傅鼐新帶練勇前來，即在於黔地之芭茅汛屯札，并將痞苗首夥設法招出，邊境得以無事。黔省苗民不獨無被誘之人，兼能隨同出力。現因春耕在邇，楚苗既已安插，已將苗卡全撤。臣於沿途查勘之時，各苗寨頭人多帶領苗人迎候。臣悉用好言獎勞，酌加賞賚。該苗人等踴躍歡欣，皆知感畏皇上恩威，莫不叩頭稱頌。傅鼐亦就近來謁，臣面加詢問。據稱，楚苗亦俱寧帖。臣伏思苗情反復無常，現在雖屬安靜，而邊防經久之計，不可不詳慎熟籌，益臻周密。查黔、楚兩省邊疆城汛緊相依輔。今楚省永綏廳協遠移茶洞、花園，而自舊城九里以下各苗地，與黔省接壤之處，直長九十里，楚省并無一汛堡相接。在楚省劃出苗地歸苗，其邊界以內，官兵、民勇環守碉卡，千數百座，防衛極嚴。而黔境邊界以內，民少苗多，寨落相錯，勢難劃分界限。所建碉卡以之防範黔苗，較前自爲聯絡。而楚省劃出之苗寨，盡與黔邊逼近，查察控馭，必須楚省於附近黔省芭茅汛、桿子㘭扼要之處，酌留重汛。與黔汛唇齒相依，則營汛既不虞孤懸，而以楚省就近控製楚苗，更爲得力。再自石花堡卡至茶洞五十里，前因楚省遷城茶洞，在於五里苗情較馴之地，是以督臣琅玕未經議及。今查，該處係松桃、茶洞接壤要津，而五里同係永綏苗人，良莠難齊，似應楚、黔兩省會籌添設汛卡，互相防守。則邊防不留罅隙，庶幾益臻完密。前准湖南撫臣高杞鈔咨，欽奉諭旨：令於扼要處所加設汛卡。飭兩湖督臣會同妥議章程具奏。恭誦之下，曷勝欣佩。現札商湖南撫臣高杞，將應如何加設汛卡之處，妥議熟籌，無分畛域，使邊宇粢安。以仰副皇上綏輯苗疆之至意。容俟商定後，再行會同兩省督臣核議具奏。臣拜摺後，即於初六日，自銅仁起身回省。所有查驗過碉堡工程，及察看黔、楚苗情、邊備各情形，謹繕摺奏聞，伏乞皇上睿鑒。謹奏。

　　奉硃批：總期永靖邊隅，民、苗相安，無分畛域之見，甚是。會議速奏。欽此。

部復黔邊芭茅坪地方安設守備，添設營汛，歸楚省管轄各節
嘉慶八年十一月准咨

　　兵部咨開，武選司案呈，內閣鈔出湖廣總督吳熊光等奏稱，欽奉上諭，永綏廳全行移駐，自無庸另議。惟當於扼要處所加設汛卡、官兵，聲勢聯絡。一遇苗人窺伺，立時懲辦，自可永臻寧謐。著將如何加設卡座、嚴密巡查之處，會同妥議具奏。欽此。

　　臣等彼此札商，并親詣察看。楚省永綏、鎮筸等處，自大兵戡定以來，安設營汛、碉卡，已足以固藩籬而計長久。黔省銅仁夥哨營、石花堡等處，已修石碉一百座，添兵八百名，其防維亦漸臻周密。惟查，黔邊芭茅坪、筸子㘭，爲楚省九里苗人往來貿易之所。千百成群，喧嘩雜沓。從前永綏一廳，深設九里苗地，與黔省松桃廳東西犄角互爲撫馭，在昔原非黔邊吃緊之區。現在永綏廳全行移駐黔邊芭茅坪、筸子㘭汛地，獨當楚苗之衝。以今日情形而論，洵屬至要。該處雖原設芭茅坪把總一員，近復於桿子㘭、隴統、盤古達、酉泥四堡，增設把總、外委各一員，額外四名，分駐防守。但彼此不相統攝，且職分微末，弗克鎮壓。況楚苗向服楚管，黔員每不足以馴其野性。今酌議黔省於芭茅坪安設守備一員，作爲盤石營左軍守備。所有盤石、酉泥、盤古達、隴統、桿子㘭五處俱作爲左軍汛地，皆歸該守備管轄。又於楚省酌撥守備一員，再於永綏協營揀派把總一員，擇黔邊芭茅坪、桿子㘭適中處所，修堡駐劄，與黔汛互爲唇齒。并楚省內地各營抽

撥名糧二百，分令其就地招募充補，管領訓練。遇有關涉苗人緊要事件，仍即稟知楚省沿邊各大員，前往會辦。其楚省撥駐黔邊備弁、兵丁所需糧餉，即與永綏、茶洞協營一例關支。其守備亦歸永綏協管轄，定爲題缺，嗣後仍於楚省遴選諳習苗情人員題補。又，黔省石花堡至楚省永綏、茶洞，計程七十餘里。向僅設落塘、本樹、壩得三汛，守望難周。查，該處係松桃協營汛地，應請於該存城，并所管之大塘、振武、太平以及木樹等汛內，共抽撥兵丁二百名外，挑放額外三名，即於石花堡以北七十餘里之內，相度添設碉樓二十五座、石堡三座。每座派駐額外一名，帶領各兵。每碉派駐兵丁八名，分作兩班，輪流更換，旦夕巡防。與黔楚沿邊各汛卡，聲勢聯絡，綿密固守。至臣琅玕前奏請黔邊添設夥哨、安塘坡、貓兒巖、沙子坡、酉泥、盤古達、隴統、桿子坳、平心、石花，土堡十座，及舊有盤石、正大汛、構皮、康金、芭茅坪堡五座，共計一十五座。除盤石、正大汛業已改建石堡，不復置議外，其餘土堡另用本山塊石，兩面加砌石牆一層，計高八尺，寬六尺，上列排牆垛口高五尺。每堡安設門樓、炮臺，以壯觀瞻而資捍衛。再，此次議添汛卡，增修堡座、碉樓，移設營署、兵防等項，撙節估計，需費無多。應歸黔、楚兩省各自籌款，趕緊辦理，毋庸造冊報部核銷等因一摺。於嘉慶八年十月二十八日，奉硃批：該部議奏。欽此。

欽遵於本月二十九日鈔出到部。查苗疆要地，今昔情形不同，汛少兵單，不足以資鎮攝。自當安設將備、添撥兵丁，以重防守。今該督等既稱，黔邊芭茅坪、桿子坳，爲楚省苗人往來貿易之所。自永綏廳全行移駐，而芭茅坪原設把總一員，桿子坳、隴統、盤古達、酉泥四堡，增設把總一員、外委各一員，不足以資鎮壓。請於芭茅坪安設守備一員，作爲盤石營左軍守備。所有盤石等五汛，作爲左軍汛地。以楚苗向服楚省管轄，請於楚省酌撥守備一員，永綏協揀派把總一員，在芭茅坪、桿子坳適中處所修堡駐劄，與黔省互爲唇齒。并於楚省內地酌撥名糧二百分，就地招募充補。遇有苗人緊要事件，稟知楚省大員會同辦理。將守備定爲題缺，缺出時於楚省熟悉苗情之員題補。又，黔省石花堡至楚省永綏茶洞，計程七十餘里。向僅設有三汛，守望難周。請於松桃協存城及各汛內，酌撥兵二百名，挑放額外三名，即於石花堡以北七十里之內，添設碉樓二十五座、石堡三座。每堡派駐額外一名，每碉派駐兵丁八名，分作兩班，輪流更換，旦夕巡防，各等語。該督等係遵旨籌畫苗疆。預爲防範起見，應如該督等所奏，黔邊芭茅坪地方，准其安設守備一員，作爲盤石營左軍守備。所有盤石、酉泥、盤古達、隴統、桿子坳五處俱作爲左軍汛地，歸該守備管轄，并准其於楚省酌撥守備一員、把總一員，駐劄芭茅坪、桿子坳適中之處，與黔省芭茅守備，互爲脣齒。楚省内地各營抽撥名糧二百分，就近招募充補。遇有苗人緊要事件，即稟知楚省各大員會同辦理。所需糧餉與永綏一例關支，其楚省移駐守備即歸永綏協管轄，定爲題缺。其黔省石花堡至楚省永綏茶洞，計程七十餘里。舊設三汛，既稱守望難周。應准其於松桃協營存城暨各汛内，抽撥兵丁二百名外，挑放額外三名，并添設碉樓二十五座、石堡三座。每堡派駐額外一名，帶領各兵。每碉派駐兵丁八名，分作兩班，輪流更換巡防，仍令兩省管轄大員不時查察。又，該督等奏稱，琅玕前經奏請黔邊添設夥哨、安塘坡、猫兒巖、沙子坡、西泥、盤古達、隴統、桿子坳、牛心、石花，土堡十座，及舊有盤石、正大汛、構皮、康金、芭茅坪堡五座，共計一十五座。除盤石、正大汛業已改建石堡，其餘亦用山石兩面加砌。并此次議添汛卡及衙署、營房等項，黔、楚兩省各自籌款趕辦，毋容造報核銷等語。亦應如所奏辦理，臣部毋庸再議。惟黔省新添設盤石營左軍守備一缺，該督等原奏并未分別題推。查黔、楚苗疆地方，俱係題缺。今楚省撥駐之守備，既定爲題缺，所有黔省添設盤石營左軍守備，自應一律定爲題缺。於黔省熟悉苗情人員内，揀選題補。再查，黔、楚苗疆各缺，均係五年邊俸。今此守備二員，五年内如果苗、民相安，地方寧謐，俱准其以邊俸報滿保題升用。至楚省移駐守備應於何營守備移駐，及楚省所撥名糧二百分應於何營抽撥，黔省所設盤石營左軍守備應歸黔省何協營管轄之處，應令各該督撫另行造册，報部核覆等因。

於嘉慶八年十一月十七日，奏旨：依議。欽此。

議詳芭茅坪地方安設守備一切未盡事宜
嘉慶八年湖南布政使司通恩

爲遵旨議奏事。

案奉撫部院阿批，本司等查湖南省黔邊芭茅坪添設官兵，既由武岡營裁撥守備，并抽撥各營兵丁移駐。所有一切營製事宜，自應逐一查議，以便遵循。除武岡營中軍守備仍令分駐城步汛，糧餉、軍火歸守備經理，門禁、僉差等項歸千總經理。蒙督憲吳奏奉部議：均如所奏辦理。又，新設黔邊之芭茅坪兵二百名，隸永綏協管轄。所有兵丁食米，自應照該協營制一體支食本色，現已移會辰沅道確查。向辦綏靖、永綏二鎮協兵米各縣内，何縣采辦穀石稍易，可以加派，俟覆到，另行詳請題達。又，新設芭茅坪守備駐劄黔楚邊地，彈壓苗人趕集等事，必須熟悉苗情之員方能得力。所有守備員缺亦經奉部議准。嗣後遇有升遷事故，應請在於楚省遴選諳習苗情人員題補外，其餘應議各條。

一、抽撥名糧二百分，在於芭茅坪、桿子坳適中處所，安設與黔汛，互相守望。所需兵二百名，現准永綏協文報，業已召募勇丁充補足數。飭令該守備時加訓練，以實操防。一、移駐官兵，及募補新收各月日及兵丁姓名、年貫，應令分晰造冊詳咨，以便稽核。一、芭茅坪添設官兵，修堡駐劄，不過彈壓防守。該處地方原非另設專營可比。該汛既歸隸永綏協管轄，所需俸餉等項，自應由管轄之營彙領回營散給。其兵馬奏銷及各項文冊，亦應由管轄之營彙冊報銷，以符體制。抽撥官兵係在原額官兵內抽撥。其俸餉等銀，并無增添。所有設兵、減兵各營餉項，應令各截清數目支領，由司於原估。嘉慶九年，兵餉項下核給，毋庸另籌。所有嘉慶十年應需俸餉等銀，已彙入永綏協項下，一并詳請照撥，以歸畫一。一、各營公費銀兩原係按兵核給，計今芭茅坪該兵各營減兵，自應將各營實存兵數按算清楚造冊，隨詳咨部立案。但裁撥募補日期先後不一，其公費應以十年春季為始，另照增減數目具領，以昭平允。一、裁撥各營糧缺均係戰守。今准永綏協移稱，苗疆營汛資用火器之力居多。請設弓箭兵四十名，鳥槍兵一百五十四名，書識六名等因。查，各營情形原有不一，今既稱苗疆宜於火器，自應如該協所擬配習。但內無馬兵，或遇永綏協管轄，有馬糧缺出，自應一律考拔，以示鼓勵。一、移撥官兵，共駐一堡，專資防守，并無分出塘汛。亦應如該協所擬，毋庸另立中、左、右等營。一、黔邊芭茅坪添設兵糧二百分，共應需增修堡座、碉樓、衙署、兵房等項，核計需費無多。應遵原奏，歸黔、楚兩省各自籌款趕辦。仍遵工部咨行，照造清冊，送部備查。一、芭茅坪添設兵糧二百分，係由內地各營抽撥。亦應如永綏協所擬，按弓箭二分、鳥槍八分，照數裁撥。共應需書職糧六分，應由永綏協在於募補兵丁內挑設。其各兵披戴執使各項軍裝、器械、子藥等項，即令裁撥各營。按照所撥兵數，以弓箭二分、鳥槍八分，均勻酌搭，移送永綏協交收存貯，毋須動項修製。所有解送軍械運脚銀兩，應於各本營公費內支用，據實造銷。其各兵自備之件，應令該協悉遵定例，按兵製備。并每年需用軍火，亦由永綏協按年領買硝磺，照數製給，以供操防。至旗幟一項，該處添兵二百分，應需旗四堂。內除提標右、後兩營共裁兵五十名，應撥旗幟一堂外，其餘各營裁兵四五名至十餘名不等。所有額設旗幟，自難分析。應請責令撥兵各營，按數分派。在於公費銀內，解價由該協彙總製辦，以實軍儲。其裁兵營分，原設各項軍器、子藥，并令照數刪除造報，而歸實貯一。請咨部頒給關防。該處既屬黔邊緊要，應支俸餉雖歸永綏請領存貯，自應仍由該備領回支放。是該備亦有兵馬、錢糧、汛防之責，自應照綏靖標中、右二營分防三角巖、躍馬卡二處之例，一律由部頒給，以昭信守。所有隨防把總一員，由司刊給鈐記，其該把總札付，亦應一律咨部換給，以符營製。相應會詳呈請憲臺，俯賜查核具題，并請咨明工、兵、戶部查核。再照糧道、運漕公出未及會印，合并聲明。

奏擬裁汰三廳標兵摺 嘉慶十九年湖廣總督馬慧裕

奏爲遵旨查議酌擬裁減兵糧，據實奏祈聖鑒事。

竊臣接准部咨，欽奉上諭：從來兵制與國賦相權而行。乾隆四十六年，添補兵餉額缺案内，一時各省驟添兵六萬六千餘名，爲數較多。迄今三十餘年，於武備甚無裨益，而帑項已用至四千餘萬，自應酌加裁減。惟各省情形有今昔不同者，亦當熟思審慮。各就現在經制，參考先後所設兵數、汛防控制情形，將應汰應留通盤籌畫。庶餉不虛糜，而兵皆足用。著各省總督各將所屬標營兵内，每省可以裁減若干，據實具奏等因。欽此。臣跪讀敬繹，仰見皇上於足兵衛民之中，尤寓足食垂久之意。臣等實深欽佩，悅服之至。當移行兩湖巡撫、提鎮暨各司道，一體轉行，欽遵確查籌議。去後，兹據先後議復，請奏前來。臣等伏查湖北省各標鎮、協營，乾隆四十六年以前，原設額兵止一萬五千四百二十七名。嗣於議給武職養廉，裁除虛兵名糧，挑補實兵案内，增添兵二千三百八十名。内除添兵各營挑拔額外外委一十三名，實添兵二千三百六十七名。又於嘉慶八年，添設湖北提督，改移鎮協案内，增添兵四千八百四十名。現在湖北通省共設額兵二萬二千六百三十四名。湖南各省標鎮、協營，乾隆四十六年以前，原設額兵止二萬四千三百一十名，嗣於議給武職養廉案内，裁去虛兵名糧，挑補實兵二千五百八十八名。又於嘉慶年間，戡定苗疆後，移改營制。增添兵丁案内，除由内地抽撥外，又增添新兵四千九百六十名。現在湖南通省共設額兵二萬八千四百六十四名。是湖廣北南兩省兵額，由今視昔，俱逐漸增多。誠如聖諭：兵制與國賦相權而行。自應核實汰除，以節冗費，爲經久之計。惟是增兵設營，俱屬因地制宜，今昔情形不同，亦勢難悉還原額。臣與兩省巡撫、提鎮諸臣，各就現在經制，參考先後所設兵數，通盤籌畫，熟思審慮。凡有可以裁汰之處，均當酌量汰除，以期經費得歸節省。而於各營兵力，仍尚不形單薄，始不致顧此失彼。兹往返札商，意見相同。查，湖北省除武昌城守，漢陽、興國、德安、蘄州、道士洑、荆州、襄陽城守、荆門、安陸、宜都、荆州水師、施南協等營，以及勛陽鎮標之左、右二營，宜昌鎮標之左、前、後三營，湖南省除鎮篳、綏靖、永州三鎮暨永綏、乾州、河溪、保靖、古丈坪、辰州、沅州、常德、長沙、澧州、洞庭、岳州城守、永定、岳州水師等協營，或原額兵數本屬無多，或汛廣差繁，或地居苗疆邊要，均難輕議裁汰外。湖北省惟督標、撫標、提標、鄖陽鎮標之中、前二營，宜昌鎮標之中營，黃州、竹山二協，均光、鄖陽城守、衛昌、遠安等營，或兵力本厚，或差防稍減，逐營據實酌汰。合計共可裁兵一千六百三十六名，歲可節省餉銀二萬六千三百八十九兩八錢，糧米五千八百八十九石六斗。湖南省乾州、鳳凰、永綏三廳，共設有廳標兵三百名。係前因苗疆甫經戡定，廳員往來苗地清劃田畝以及差傳事件，必須藉資兵力。是以每廳議設兵一百名，原係因時制宜而設。今均屯田土俱已劃清，偶有查傳事件，有苗備弁可以供其差遣。苗疆各要隘地方，均有重兵控製，聲勢極為聯絡。該三廳標兵三百名，既無倉庫、監獄之防，又無分巡汛地之守，未便虛糜糧餉，應請悉行裁汰。此外，如撫標、提標，暨衡州、靖州、永順、寶慶、臨武、宜章、桂陽、九溪、武岡、綏寧、長安等營，或汛僻差簡，或雖附近苗疆尚非扼要，逐營據實酌汰。連應裁三廳之兵，合計祇可裁兵一千五百五十四名，歲可節省餉銀二萬三千三百一十兩，糧米五千五百九十四石四斗。此兩湖各營兵額，應汰應留之實在情形也。至現擬裁減兵內，除乾州、鳳凰、永綏三廳之兵，係全行裁汰，該廳標原設把總、外委、額外等弁，已屬無兵管領，自應一并議裁，更可節省歲需廉俸公費。除應裁外委、額外三員名，臣另片奏請，移提改歸新設之嶺東營守備，管帶分汛協防外，所有現在三廳裁缺把總三員，應俟提標及常德營，暨就近鎮、協、標營，遇缺即補，以免廢棄。此外，兩湖各標營若專裁一司一哨之兵，未免操防空曠，殊非慎重營制之道。應令在於額兵較多之城汛、司哨內，均勻抽減，較為妥協。所有額設千把、外委等弁仍各有操防之責，應請仍循舊制，毋庸另議裁汰。第查所裁兵丁，一經開除名糧，即屬無業貧民。若一時全行裁退，恐致謀生無策，流蕩為匪，竊亦不可不慮。臣等再四思維，惟有在於各營遇有事故，遞拔缺出，毋庸募補。俟數年之後，逐細扣裁足數，再行照常募補。如此暫予寬限，俾窮苦兵丁不致一旦失所，則仰沐皇仁，實無涯矣。再，裁除事故兵丁所存軍裝、器械，請仍歸於各該本營局庫存貯。如遇營用軍裝、器械損壞，即將此項撥補。又，裁減兵內，所遺馬匹亦不必令其變價，即請留補年例倒馬，隨時撥給歸操之用。是否有當，除將酌裁各標營兵數，另繕清單，恭呈御覽。并將先後所設兵數、汛防控制情形，區別應汰、應留及所裁兵糧細數，詳細造册，咨送軍機處暨户、兵二部察核外，謹會同湖北撫臣張、提臣吉、湖南撫臣廣厚、提臣魁，保恭摺具奏，伏乞皇上睿鑒。再，臣拜摺後，即移行知會裁兵各標營遇出糧缺，一體暫扣停補，聽候部議，合并陳明。

謹奏謹將湖廣北、南兩省，各標營擬裁兵數，敬繕清單，恭呈御覽。

湖北省：

督標裁兵二百九十名，撫標裁兵二百六名，提標裁兵四百四十名，鄖陽鎮標中、前二營裁兵二百名，宜昌鎮標中營裁兵一百名，黃州協裁兵三十名，竹山協裁兵一百名，均光營裁兵一百名，鄖陽城守營裁兵一百名，衛昌營裁兵五十名，遠安營裁兵二十名。

以上湖北省各標營，共裁兵一千六百三十六名。

湖南省：

撫標裁兵三百名，提標裁兵四百七十二名，衡州協裁兵五十名，靖州協裁兵五十名，永順協裁兵三十二名，寶慶協裁兵四十名，臨武營裁兵四十名，宜章營裁兵四十名，桂陽營裁兵三十名，九溪營裁兵六十名，武岡營裁兵五十名，綏寧營裁兵四十名，長安營裁兵五十名，乾州、鳳凰、永綏三廳，裁兵三百名。

以上湖南省各標營，共裁兵一千五百五十四名。

前案部復 嘉慶二十年四月准咨

兵部爲遵旨會議具奏事。

嘉慶十九年三月二十六日，奉上諭：從來兵制與國賦相權而行。我朝建設各省營兵久有定額，其小有損益，亦皆就地方情形隨時酌定。惟乾隆四十六年，添補名糧額兵案內，一時各省驟添兵六萬六千餘名，爲數較多。迄今三十餘年，於武備無甚裨益，而帑項已多用至四千餘萬兩。前曾降旨：令大學士軍機大臣會同兵部，將增添名糧額數酌量汰減，詳議具奏。本日奉上：朕批覽摺內，現在各省額兵六十二萬餘名，較之雍正年間及乾隆四十六年以前，所增實多，自應量加裁減。惟各該省情形有今昔不同，亦當熟思審慮，各就現在經制參考，先後所設兵數、汛防控製情形，將應汰、應留通盤籌畫，庶餉不虛糜而兵皆足用。著各省總督，山東、山西、河南巡撫，成都將軍，河道、漕運總督，各將所屬標下各營及該提撫、鎮協等營兵內，每省可以汰減若干，據實具奏，彙交原議大臣，再行核議。欽此。當經兵部行文各直省督撫、提鎮籌擬。去後，茲據河南巡撫方受疇、雲貴總督伯麟、升任河東河道總督吳璥、山西巡撫衡齡、湖廣總督馬慧裕、閩浙總督汪志伊、成都將軍賽衝阿、四川總督常明、山東巡撫陳預，各將該統轄標營及兩廣總督蔣攸銛，將廣東省標營現設額兵，分別應裁、應留詳查酌議，先後奏到。此内，河南省撫標及河北、南陽兩鎮標，并所屬協營兵一萬三千七百四十七名。據方受疇奏稱，該省固係腹地，原設兵額本簡。兹查豫省界連七省，控制遼遠，若再行裁減，勢必不敷分布。山東省河標及所屬城守營兵一千六百五十名。據吳儆稱，係分駐沿河汛地，計長三百六十餘里，及在濟寧存城稽查彈壓，僅敷差撥，實無可再減。又撫標及兗州、登州兩鎮標，并所屬協營兵一萬五千八百二十五名。據陳預奏稱，東省風氣剛勁，民俗強悍。兗鎮當南北咽喉，差使繁重。登鎮三面環海，巡防緊要。就目下情形，實未便輕議裁減各等語。臣等查河南、山東二省及河東、河標兵額，本視他省爲簡，操防無冗，且密邇畿輔，鎮衞宜裕。應各如所奏，毋庸裁汰外，其雲南、貴州、山西、湖北、湖南、福建、浙江、四川、廣東各省，現設額兵已據該督撫將軍查議，分別裁減。臣等謹就各該省情形悉心酌議，分別於左一湖北、湖南二省。據馬慧裕奏請，湖北省裁兵一千六百三十六名，湖南省裁兵一千五百五十四名。臣等查湖北、湖南二省，於添補名糧及添設湖北提督改移鎮協，并平定苗疆，移改營制後，湖北省現額兵二萬二千六百三十四名，湖南省現額兵二萬八千四百六十四名。兹據該督詳查，該二省分守汛防處所，除原額兵數本屬無多，或汛廣差繁，或地居苗疆邊要者均難裁汰外，現於督撫、提鎮各標，兵力本厚，差防稍簡，或附近苗疆尚非扼要處所，兩省共裁兵三千一百九十名。係各就現在情形酌定，應如所議裁汰。至應裁無兵管領之把總三缺，將該弁另行補用，及外委、額外外委三員，均改新設之嶺東營分汛協防之處，亦應如所議辦理。其所裁兵丁應於奉旨遵行之日爲始，遇有兵丁出缺陸續裁汰，統限不得過三年，概令裁竣。所有臣等遵旨會議緣由，謹繕摺具奏，是否有當，伏乞皇上睿鑒，訓示施行。謹奏。

嘉慶二十年二月十七日，奉旨：依議。欽此。

鳳、乾、永、古、保、瀘、麻七廳縣汛防兵數

鳳凰廳：

觀景山汛、冷風坳汛，兵各四十名。大腦坡汛，兵三十名。青坪灣汛，兵十五名。擂草坡汛，兵三十名。沱田二坳汛，兵十九名。廖家橋汛，兵二百名。四路口汛，兵一百十二名。潭江汛，兵四十名。鴉保峒汛，兵六十四名。巖板井汛，兵四十一名。大坪汛，兵六十二名。櫻桃坳汛，兵二十名。菖蒲塘，兵十名。曬金塘汛，兵二百五十名。舊司坪汛，兵一百七十九名。箪子坪汛，兵六十名。大麻坪汛，兵六

十九名。溝田汛，兵五十九名。龍滾汛，兵六十名。炮臺坡汛，兵四十名。紅樹坡汛，兵六十名。得勝營汛，兵二百四十九名。澎水井汛，兵三十二名。高樓哨汛，兵四十名。靖疆營汛，兵六十名。黃巖江汛，兵四十八名。付家壩汛，兵四十名。清溪哨汛，兵一百五十名。黃土坳汛，兵六十名。四方井汛，兵二十名。三角巖汛、錫蠟樹汛，兵各四十名。鳳凰營汛，兵二百二十名。樂豪汛，兵一百九十九名。鴉拉營汛，兵五十名。落潮井汛，兵六十名。宜都營汛，兵四十名。苜蓿衝汛、全勝營汛，兵各七十名。八斗邱汛，兵三十名。栗林弓汛。兵四十名。

以上鎮篁鎮管轄。

乾州廳：乾州、鳳凰二廳塘汛舊設苗地。乾隆六十年苗變被焚，撤出大路安設。

田家園卡，兵十二名。桂巖坡汛，兵三十五名。上莊園卡、標營坡卡，兵各十二名。強虎汛，兵一百四十五名。捧捧坳汛，兵六十五名。龍圖汛、黃土坎汛，兵各十二名。三岔坪汛，兵四十名。彎溪汛，兵一百十名。三炮臺卡、二炮臺卡，兵各十二名。頭炮臺卡，兵十五名。鎮溪營汛、喜鵲營汛，兵各二百名。溪頭營汛、良章營汛，兵各三十名。沙子坳汛、鎮靖營卡。兵各二十名。

以上乾州協管轄。

張排寨塘，兵五名。張排寨汛，兵三十五名。阿哪卡、青山灣卡，兵各十五名。中巖屋塘，兵五名。中巖屋汛、七房橋卡，兵各十五名。小莊塘，兵五名。小莊汛、楠木坪，兵各十五名。鴉溪塘，兵五名。鴉溪汛。兵三十五名。

以上河溪營管轄。

永綏廳：廳境各汛舊設苗地，嘉慶七年移駐。

登高坡汛，兵二十名。涼水井汛，兵四十名。三角巖汛，兵一百六十名。依棲汛，兵六十名。河口汛、洞溪坪汛，兵各四十名。蠟耳堡汛，兵六十名。導褥汛，兵二十名。獅子橋汛，兵二百二十名。得勝坡汛，兵六十名。望城坡汛，兵四十名。躍馬卡汛。兵一百六十名。

以上綏靖鎮管轄。

八排汛，兵六十名。老石山汛，兵二十名。小寨汛，兵八十名。立樹汛，兵三十名。踏沙汛，兵六十名。曹門汛，兵四十名。吉洞坪汛，兵一百六十名。老旺汛，兵五十名。巖坳汛，兵二十名。老鴉塘，兵五十名。羗碧汛，兵三十名。坳口汛。兵二十名。

以上永綏協管轄。

古丈坪營：

新寨汛，兵三十名。旦武營汛，兵四十名。狀機坡汛，兵二十名。山棗溪汛，兵十名。河蓬塘，兵六名以上東陸路。龍鼻嘴汛，兵四十名。巖坳汛，兵十六名。賣若塘，兵六名。土蠻坡汛，兵三十名。曹家坪汛，兵二十名。半坡塘，兵六名以上東南陸路。黑潭坪汛，兵三十名。排沙汛，兵二十名。蔡家莊塘。兵六名以上北陸路。

以上古丈坪營管轄。

保靖縣：

水蔭場汛，兵一百五十名。葫蘆寨汛，兵七十名。保安汛，兵八十名。鰲溪汛，兵三十名。塗乍汛，兵五十名。牙科汛、官莊汛，兵各四十名。格著汛、龍溪汛，兵各十五名。萬巖溪汛、里邪汛、畀禾汛，兵各三十名。斑鳩井汛，兵二十名。西落汛，兵十名。古銅溪汛，兵三十名。三岔河汛、大巖汛、魚塘汛、積穀汛、梭西洞汛、五里坡汛，兵各二十名。新寨汛，兵十五名。龍馬嘴塘，兵八名。誓溪河塘，兵五名。瑪瑙湖塘、普戎塘、昂洞塘、排若塘、江口塘、柏木寨塘，兵各三名。杉木樹塘，兵八名。白樓關塘，兵五名。巴惹塘、堯洞塘、普溪塘，兵各三名。清水江塘、洞油坪塘、實洞河塘。兵各五名。

以上保靖營管轄。

瀘溪縣：

六保塘，兵五名陸路。秤鉈山塘、小龍塘、窩坨塘、耍溪塘、津頭塘，兵各三名以上水路。

以上提標管轄。

峒底塘、洗溪塘，兵各五名。洗溪汛，兵九十九名。乾溪塘、能灘塘，兵各五名。能灘汛，兵十五名。魚坳塘，兵五名。魚梁坳汛，兵二十名。潭溪塘，兵五名。潭溪汛，兵十名。大陂流塘，兵五名。大陂流汛，兵三十五名。松柏潭塘、丑坨塘，兵各五名。丑坨汛。兵十五名。

以上河溪營管轄。

麻陽縣：

白泥田塘、譚家寨塘、蓬溪塘、渡頭塘、銅信塘、小坡哨塘、米沙塘、南邨塘、石野塘、齊天塘、江口塘、龔溪塘、龍家堡塘，兵各五名。石羊哨汛，兵六十名。蘆荻坳汛，兵十一名。巖門汛，兵一百五十九名。高邨汛，兵四十名。袁坪塘、陶伊塘，兵各五名。濫泥汛，兵三十名。大平溪汛，兵二十五名。黃葉嶺塘，兵五名。九曲灣塘。兵十五名。迷河塘，兵五名。

以上鎮篁鎮管轄。

卷十一　碉堡

奏修築城堡搭蓋兵房摺 嘉慶二年湖廣總督畢沅

奏爲會籌湖南苗疆修城築堡駐兵事宜，恭摺奏請聖鑒事。

竊查和琳條奏善後事宜。因鎮筸、永綏、乾州三廳城垣實無可以移建之處，惟有將撤出苗地內塘汛之兵，即於廳城四面緊要隘口添建碉卡，駐紥多兵，以爲屏障。此外，如巖門、高村、石羊哨、花園、隆團、河溪、洗溪、小鳳凰營等處，凡有安設官兵地方，均應一律查明，添築城堡，以資守禦等因。奏蒙聖恩允准在案。臣等察看苗疆地方，萬山矗立，平衍之處甚少，惟乾州地面較爲平坦。然數里之外，層疊皆山。自大兵攻克平隴之後，臣姜晟業經委員勘估，鳩工興舉。其鎮筸一城西、北兩面，依附山趾，懸崖壁立，實有不能展寬之勢。其東、南兩面濱臨溪河，每遇夏漲驟發之時，往往高至丈餘，是以臟裂坍塌之處尤多。現據就該處地形添築關厢一道，以資護衛，并可收集民人居住。其永綏廳、保靖縣兩處城垣亦復四面皆山，地勢低凹。現就該二處舊建城身量加修葺培高外，其城外附近緊要山梁，如鎮筸城外之觀景山、冷風坳、大坡腦、擂草坡、沱田、二坳、青坪灣等處，永綏城外之西山梁、北山梁、黃土坡等處，乾州城外之田家園、柱巖坡、上莊園、標營坡等處，保靖城外之二月坡、叢樹坡、龍圖山、烟霞山等處，現俱查照和琳奏案，擬請設卡駐兵，用資捍禦。臣等伏思築堡所以安兵。而現在籌議添設新舊大小各營汛，統計約有百數十處，斷無處處築堡致滋繁費之理。茲經奴才鄂輝親身周歷各處查明，現在留防官兵安營處所俱係審擇地勢、濠溝、壁壘業已設有規模。此後，留兵裁撤之時，止須將舊有基址酌量修補增高，自可毋庸另行添建，以節縻費。此外，駐兵地方除零星營汛，駐兵本不甚多，修築營卡尚屬易於爲力，應令該弁兵自行砌築外，其餘如小鳳凰營、巖門、石羊哨、高村、得勝營、廖家橋、樂濠、鎮溪所、強虎哨、灣溪、河溪、喜鵲營、花園、隆團、凉水井、沙子坳、鴨保寨，滾牛坡、董馬、古丈坪、烏宿、洗溪、浦市、四都坪等處俱係擬駐重兵之地，其舊有營分亦俱焚毀無存。臣等現已相度地勢，查明應築城堡處所，委員估辦興工。惟兵房一項應請一律修造，內除鎮筸、永綏、保靖等處，向有城垣容駐官兵，無庸另建兵房外，其餘安營設汛處所多在空曠地方，本無房屋，即舊有之營汛亦已盡成瓦礫。將來募足額兵之後，尚需酌議安置兵眷等事。是以臣等現擬每兵一名，給房一間，各就本營汛地鱗次搭蓋，庶該兵等棲止有資。而比屋而居，守禦亦爲嚴密。至乾州城內，自前年經匪苗殘破之後，焚毀一空。現在興工修築，應請一體蓋造兵房，以資駐守。又辰州城內，現擬撥駐提標左、後二營兵一千三百餘名，均須帶眷遷徙，未便令其賃屋居住，應請按照所撥兵數於辰州城內外相度隙地，添蓋兵房，以供棲止。至鎮將等官及三廳衙署，其新添者固須建造，其舊設者亦多有傾坍。應請與大路各塘汛及烟墩哨樓等項，一律查明，分別修造，以壯觀瞻而嚴捍衛。以上各項俱經臣等一面估勘，一面興工，并隨時諄飭承辦各員，務使工程一律完固，庶帑不虛糜，工歸實用，以仰副聖主綏靖邊隅、一勞永逸之至意。除請動帑項及工程細數另行造冊，咨部查核外，所有會籌、修城、築堡、駐兵緣由，謹恭摺具奏。

稟建碉卡 嘉慶五年鳳凰同知傅鼐

敬稟者，竊卑廳境內，西北一面係鎮筸中、右、前三營苗寨，東南一面係上、下五峒十一約民村，東北接壤乾州，西南毗連黔省，東界瀘邑，南界麻陽，實苗疆之咽喉，內地之屏障。三營苗情惟中營稍爲馴順，其前、右二營各寨花黑等苗最爲狡悍。當大兵雲集之時，貪利畏剿，詭譎投降。撤師之後，旋即反復無常，仍肆荼毒。所有卑廳各約民地，并乾州南鄉及瀘溪都蠻、利略等村，皆爲匪苗占據。卑職於嘉慶元年十二月到任，稟商富鎮臺、成升道，會同中營游擊王文選、委員候補理問姚興潔、湘鄉縣縣丞胡如沄，設法先將上五於峒七約民地內盤踞之中營、上前營苗人，陸續清理歸寨，招回難民，築立堡，散給槍械，俱令復業。而下五峒四約及乾、瀘等處盤踞之下前營并右營匪苗，強悍異常，遽難善遣。是以暫將都吾、務頭二約田畝許其佃種，與民人各半分租。乃匪苗心懷叵測，轉思得地蔓延。始爭古衝、得勝營至筸子坪一帶後面之古路爲界，欲將都吾約民地全行占據。繼爭下游烏草河爲界，欲將自前營之四路口汛起，由鎮筸城北關及官莊、溪口、苟爬巖，直至乾州之河溪，凡大河西北之地方，皆歸伊管。逞其兇橫，將所剿民宝肆行攻破，不時赴麻、瀘、辰、浦各處任意焚掠。又屢次攻圍沿邊營汛，甚至破汛戕官，鎮乾大路爲之梗塞。仍時至鎮城關厢燒搶，并赴石羊哨等處擾截糧運。計數年來，民人兵勇慘遭戕害者爲數甚多。若再事因循，聽其出沒，不惟卑廳地土全爲苗有，沿邊營汛斷難存立，而後路亦永無安枕之日矣。然大功久竣，勢不便再議興戎。惟有固我藩籬，嚴其防範。先經富鎮臺酌定式樣，親督工匠，將鎮城四面山梁修築石碉四十四座，塊石關門六座，卡四座，哨臺三座，并派撥兵丁幫同夫役圈築圍墻二十餘里。成升道飭令卑職於城北對河修砌塊石堡墻二百四十丈，又關厢石墻四道、關門七座、哨臺三座，匪徒始不敢再至城邊。卑職會同左營游擊鄭朝桂，於蘆荻坳由十里牌、石羊哨，至巖門一路要隘處所，酌建碉卡十六座，糧道始保無虞。又會同中營游擊王文選，并右營游擊施聯科、前營都司葛士鳳、左營守備藍枝鳳及各汛備弁等，自卑廳城東之小田起，由官莊、溪口、木江坪，至瀘屬苟爬巖、冒州一路裏圍地方，安設碉二十一座、卡十一座、哨臺六座，使匪徒不得任意侵擾後路各縣。旋於沿邊一路，一面設法撫馭苗人，一面分布兵勇彈壓放哨，保護匠夫，始得逐步安設碉卡。計東北自乾州交界之木林坪起，至貴州交界之落潮井止，沿邊共長二百餘里。其中苗徑如梳，節節皆關險要，若不逐處密爲守禦，仍令有隙可乘，終屬徒費經營，於事無益，陸續相機辦理。自木林坪由舊司坪、曬金塘、得勝營、清溪哨、黃土坳、四路口、鴉保洞、廖家橋、樂濠至落潮井一路，共安碉四百二十四座、卡七十五座、關門六座。又自黃土坳、四方井至鎮城，由鎮城接至廖家橋一路，安碉二十座、卡五座。派駐兵勇，嚴密防維，氣勢聯絡，聲威盛壯。而苗匪遂各遷回，不敢仍前橫踞。內地即以廓清，遂將卑廳及麻、瀘地方，均爲復修宝堡，發給槍械、牛具、籽種、口糧，令民戶歸宝耕守。奈下前營及右營苗匪，萬分兇獷，猶敢糾黨，於夜黑霧重之時，越卡穿碉，潛行出沒。是以又將木林坪起至四路口止，一百餘里聯以墻濠。乃仍有匪徒乘夜越墻，或於懸崖陡坎不能築墻之處，攀援而上。又復逐加削鑿，并於各碉卡適中之處陸續添砌塊石哨臺八十八座，以資瞭守。刻下各工已將次告竣，匪徒不能如前此之肆行出沒。即有一二零苗偷漏，隨時堵截，亦易於追擒。惟查落潮井以西，貴州境內，并無碉卡，間有匪徒由鴉義塘等處遠出滋事。今又稟商本道，定於自浪中江由王會營至亭子關等處，修辦石碉二十二座、石卡七座。仍須於鴉保洞直至亭子關一路，相度地勢，添修哨臺五十座。總共建立塊石碉卡、哨臺、關門，八百一十七座。如此，則卑廳全境并無絲毫罅隙矣。刻下凡屬苗匪所占地利皆爲我有，雖彼傾巢而來，祇須堅壁禦之，斷然不能得利。是以鷗剿曨金塘等寨之後，至今帖然。此後苗人有所儆懼，即當鎮靖撫綏，始知德之可懷，又念威之可畏。從此斂戢，漸化頑梗，自可相安永久。卑職仰蒙憲德高深，畀以苗疆重任，審時度勢，非如此辦理實難安定。是以四載以來，挪借款項，并百計張羅，竭力營辦。惟冀苗戢民安，藉以稍酬知遇耳。除開具碉卡、哨臺、關門數目、丈尺清摺，繪圖貼說，恭呈鈞案外，所有辦理緣由，理合具稟，伏乞慈鑒。

奏撥黔邊螺螄等三碉歸湖南螺螄壋汛駐守摺
嘉慶十一年貴州提督富志那

奏爲黔邊碉樓移撥楚省，就近派兵駐防情形，據實陳明，仰祈聖鑒事。竊奴才前於嘉慶九年十月內，欽奉諭旨，馳赴松桃一帶督辦碉堡沿邊工程。業將親歷查勘緊要處所，應增碉堡二十餘座及改撥汛防緣由，恭摺具奏。仰蒙天恩批准，因地制宜，自應如此辦理等因。欽遵在案。維時奴才查有松桃協屬之牛心堡，原管之螺螄壋碉、下過肘碉、巖會坡碉，此三碉貼近湖南。螺螄壋汛以前緊接楚省苗寨，相距牛心堡二十里，離螺螄壋汛一箭之遥。該處爲湖南苗人趕集貿易出入之所，稽察彈壓最關緊要。從前議以黔兵駐守三碉，不惟照察難周，且人地生疏，苗情亦難熟認，究未允協。前經奴才親詣該處，逐加細閱，相度地勢，必得撥與湖南螺螄等汛派兵駐守，俾駕輕就熟，防範更爲得力。當於黔、楚交界地方會晤，湖南綏靖鎮總兵魁保、總理邊務辰沅道傅鼐等面商，無分畛域，撥給湖南螺螄壋汛管轄，於該汛內派兵十五名駐防，彼此意見相同。竊查奴才欽奉諭旨，飭辦碉堡。如邊防事宜稍有未協，自應隨時會商碉劑，未敢拘泥。遽將瑣屑細事上瀆聖聰，是以隨飭松桃協副將劉廷奇造報，撥入楚省管轄。上年九月內，奴才親詣該處查勘，具奏工竣。此三碉已經楚省撥兵駐守。年餘以來，苗情安静，聲勢極爲聯絡，防範亦昭嚴密，業將黔、楚兩省苗民寧帖情形具奏亦在案。嗣據松桃協造送撥歸湖南三碉及營制事宜冊前來，當即照會該布政使，轉詳咨部查考。該布政使以事屬兩省，往返駁換，致稽案牘。伏思奴才受恩深重，自當竭盡愚忱，妥爲布置，使藩籬永臻固守。所有黔省三哨應請旨敕部撥歸湖南管轄，就近撥兵駐守，俾資得力，以收實效。奴才實因相視地勢扼要起見，不得不據實陳明。爲此具奏，伏乞皇上睿鑒訓示。謹奏。

奉硃批：另有旨。欽此。

嘉慶十一年二月十六日，奉上諭：富志那奏黔邊碉樓移撥楚省就近派兵駐防一摺，據稱松桃廳之牛心堡原管之螺螄壋等三碉，緊接楚省，相度地勢，必得撥與湖南管轄，防範更爲得力等情。富志那曾任湖南總兵，於該省地勢苗情素爲熟悉，所奏自係實在情形。著照所請，將螺螄壋碉、下過肘碉、嚴會坡碉，俱撥給湖南螺螄壋汛官管轄，即於該汛內照例派兵駐守。俾稽查彈壓，益臻周密。該部知道。欽此。摺并發。

稟遵扎勘修碉卡 道光五年護辰沅道永綏同知蔣紹宗

敬稟者，案奉憲札，據鎮算陳鎮具稟，苗疆碉卡坍塌幾盡及歪欹不堪者一百八十三座。其餘亦多滲漏，終歲無人駐守。飭將苗疆碉卡逐座勘明，將坍塌及滲漏之處一律趕緊修整完固。查，照原定章程派丁駐守，嚴密巡防，以壯聲威而資彈壓。一俟修理完好，即行具稟，聽候委員查驗。并奉撫憲札，准鎮算陳鎮咨同前由，札飭職道確查設立碉卡共若干座，何處完好，何處歪斜坍塌，與該營員所報是否相符，據實造册，聲明詳奪。一面將辦理情形及每歲如何支修以致坍塌緣由，先行稟報，并奉岳常道蔡道咨，奉撫憲札委查勘稟復各等因。奉此，查此案先准鎮算陳鎮將沿邊碉卡繪圖貼説，并開近城碉卡清摺載明，何處整齊，何處坍塌，移會修理。業經張道飭委署鳳凰廳知事杜啓昆、鳳凰廳巡檢沈廷模，分詣勘估。職道奉委接護道篆，於十一月十四日到任後，查苗疆鳳、乾、永、古、保五廳縣，原建汛堡、屯卡、碉樓、哨臺、炮臺、關廂、關門共一千一百七十二座。內建立鳳凰廳境內在鎮算鎮汛地內者，八百三十二座。其餘三百四十座均建立在乾州、永綏、古丈坪、保靖四廳縣境內。茲鎮算鎮移修各處，係鳳凰廳境內汛堡、碉卡等座。其乾、永、古、保四廳縣汛堡、碉卡等座，自應一律查勘，以歸核實，正擬親詣查勘。間接奉憲札飭勘，當即碉齊卷册，帶同署鳳凰廳知事杜啓昆前詣各廳縣，逐一查勘。查得鳳凰廳境內碉卡等座八百三十二座內，近苗沿邊汛堡三十八座、屯卡六十七座、碉樓四百三十一座、哨臺八十八座、炮臺六座、關門十二座，共近苗沿邊汛堡、屯卡、碉樓、哨臺、炮臺、關門六百四十二座。沿邊以後，近城汛堡十一座、屯卡八座、碉樓七十一座、哨臺四座、關廂五座、關門十三座。再後，裏圍、屯卡十一座、碉樓二十座、哨臺六座。再後，後路汛堡一座、屯卡十八座。最後，糧運汛堡一座、屯卡一座、碉樓二十座。共近城、裏圍、後路、糧運汛堡、屯卡、碉樓、哨臺、關廂、關門共一百九十座，總共八百三十二座。查與底册內開原建數目相符。核對鎮算鎮圖摺內開八百三十九座之處，計多開七座。查，係將麻陽縣汛堡、民碉七座，一并開列在内卷。查，麻陽縣汛堡四座原係請帑修建，遇有損壞應由麻陽縣請修，不在屯防歲修之内。又麻陽縣民碉三座，係乾隆六十年苗變之時民間自行建立，迨苗平之後久已坍廢，不入歲修。又鎮篁陳鎮原開坍塌幾盡，及歪欹不堪棲止者，一百八十三座。内除麻陽縣汛堡、民碉七座，及先經張道於本年歲修案内，發價飭委附近各屯備弁承修。因工匠不敷分派，并值陰雨日多，尚未修竣，及甫經修竣尚未報到者，八十七座。實在沿邊堡卡、碉樓坍斜者一十一座。近城、裏圍、後路、糧運堡卡、碉樓坍斜者七十八座。此外，滲漏者六十三處。其餘沿邊及近城、裏圍、後路、糧運各處，堡卡、碉樓、哨臺、炮臺、關廂、關門，共五百八十六座，俱屬整齊完固。查與鎮篁鎮陳鎮原移圖摺内開完固滲漏坍斜各處，大略相符。所有應修各處，順道飭令委員督同工匠分別確估，共需修費銀二千九百七十四兩四錢三分二釐。又，查得乾州、永綏、古丈坪、保靖四廳縣原建汛堡、屯卡、碉樓、哨臺、關廂、關門，共三百四十座，内完固者二百八十八座。先經張道發價歲修尚未修竣者二十五處，坍斜應行補修者二十七處，估需修費銀九百八十七兩六錢四分一釐。統計鳳、乾、永、古、保五廳縣應修碉卡，共需銀三千九百六十二兩零七分三釐。當飭附近各屯弁隨同赴篁，將張道移交修費銀三千兩先行分別給發，飭令具領承修，不敷銀兩接續補發。仍勒限一律全完報竣後，親往驗收。復查，鎮城西北一帶係屬苗地，東南一帶係屬民村，東北接壤乾州，西南毗連黔地，東界瀘邑，南界麻陽，實苗疆之咽喉，内地之屏障。前遭苗匪滋擾，雖經戡定，仍肆出焚掠，并擾及後路之麻、瀘、辰、浦及鎮城關廂，并赴石羊哨等處擾截糧運。經前升任傅道於嘉慶元年十二月抵鳳凰廳同知任後，先於鎮篁近城四面山梁及城北對河修築碉卡、哨臺、關廂、關門一百一十二座，苗匪始不敢再至城邊。又於近城之蘆荻坳、十里牌、石羊哨至巖門一路糧運要隘處所，建碉卡二十二座，糧路始保無虞。又自鎮城東之小田起，由官莊、溪口、木江坪至瀘溪縣屬之苟爬巖、昌州一路，裏圍後路地方，修築碉卡、哨臺五十六座，使匪苗不得滋擾後路各縣。迨後，一面設法撫剿苗人，一面分布兵勇彈壓、放哨，保護匠夫，始能於貼近苗地之沿邊一路逐步安建碉卡。及東北自乾州交界之木林坪起，至西南與貴州交界之亭子關止，陸續修建汛堡、碉卡、哨臺、炮臺、關門，共六百四十二座。連近城、裏圍、後路、糧運各碉卡，統計八百三十二座。鳳凰廳全境并無絲毫罅隙。派駐兵勇，嚴密防維，氣勢聯絡，聲威壯盛，苗匪始各慴服，不敢仍前竄踞。傅道旋蒙奏奉旨總理邊務，復蒙升任辰沅道。遂於乾、永、古丈坪、保靖四廳縣平苗及善後案內，原建碉卡尚未周密處所，各於適中要隘之處復加添築。計四廳縣汛堡、碉卡、哨臺、炮臺、關廂、關門，共三百四十座。統計鳳、乾、永、古、保五廳縣，共建汛堡、碉卡、哨臺、炮臺、關廂、關門，一千一百七十二座。所有五廳縣苗疆沿邊七百餘里，均已寸節安設碉卡，將苗地全行圈圍在內。苗人不能竄越，內地始得廓清。此苗疆建立碉卡、藩籬嚴密之情形也。又，原建各碉卡多在高山峻嶺，受風最重，且時有山水衝刷，每易坍斜。查，自嘉慶十一年以來，每年報銷歲修銀二三千兩不等，冊報修理之處總不過五、六、七十餘座，計歲修之數較原建不過十分之一二。實因限於歲修銀兩額數，以致不能按年逐座修理。是以此修彼壞，歲以爲常。即現在坍斜之處，亦均係嘉慶十一年以後歷未報修，及二十一、二年以後未經歲修者。此苗疆碉卡不能一律歲修，多有坍塌之實在情形也。惟是苗疆沿邊碉卡均係弁兵、屯丁駐防之處，原以堵禦苗人出入，最關緊要。其近城及裏圍、後路、糧運各處碉卡，因沿邊已建立碉卡，將苗地全行圈圍在內，是以歷年歲修因經費不敷，遂未能一律修整。第既經建立於前，現又完好者尚多，自應一律修理完好，不容稍有坍廢。此番經職道遵奉憲札周歷查勘，遍加修理，計日可以一律修理完固，盡復前規。即當查照原定章程派丁駐守，嚴密巡防，以壯聲威而資彈壓，仰慰鈞懷。容俟督催趕修完固，即行勘明稟請委員查驗，并飭麻陽縣查明該縣汛堡四座是否坍壞應修，另行詳辦外，合將勘明緣由繪圖貼說，造具清冊，賫呈鈞核。

碉堡名目坐落冊稿

鳳凰廳原建汛堡五十一座，屯卡一百零五座，碉樓五百四十二座，今增修待勝、城隍、尖坡碉三座。哨臺九十八座，炮臺六座，增修古樓炮臺一座，關廂五座，關門二十五座。共八百三十六座。

乾州廳原建汛堡二十八座，內鎮靖營汛即良章營汛，係重開。屯卡十三座，碉樓七十五座，哨臺一座，炮臺四座，關廂二座，關門五座。共一百二十七座。

永綏廳原建汛堡二十九座，屯卡二十座，內扯上坪即車都坪卡，係重開。碉樓六十七座，關廂三座，關門八座。共一百二十六座。

古丈坪廳原建汛堡三座，碉樓十五座。共十八座。

保靖縣原建汛堡二十四座，今增修水蔭場分汛堡一座，又關門一座，關廂一座。屯卡十三座，碉樓三十座。共七十座。

以上汛堡、屯卡、碉樓、炮臺、關厢、關門，總共一千一百七十六座。核對原報一千一百七十二座，數目計多四座。

一、鳳凰廳汛堡五十一座：内沿邊三十八座，糧運、後路各一座，近城十一座，俱係兵守。木林坪汛堡一座，木林坪分汛堡一座，箄子坪汛堡一座，舊司坪汛堡一座，紅樹坡汛堡一座，曬金塘營堡一座，曬金塘分汛堡一座，炮臺坡汛堡一座，龍肱汛堡一座，溝田汛堡一座，錫蠟樹汛堡一座，三角巖汛堡一座，得勝營營堡一座，催龍山汛堡一座，澎水井汛堡一座，高樓哨汛堡一座，靖疆營汛堡一座，黃巖江汛堡一座，傅家壩汛堡一座，清溪哨汛堡一座，黃土坳汛堡一座，四路口汛堡一座，潭江汛堡一座，鴨保洞汛堡一座，巖板井汛堡一座，太坪汛堡一座，廖家橋汛堡一座，栗林弓汛堡一座，八斗丘汛堡一座，全勝營汛堡一座，樂濠汛堡一座，苴蓿衝汛堡一座，苴蓿衝分汛堡一座，宜都營汛堡一座，鴨拉營汛堡一座，浪中江營堡一座，浪中江分汛堡一座，落潮井汛堡一座，以上俱係沿邊。石羊哨汛堡一座，係糧運。四都坪汛堡一座，係後路。蘆荻坳汛堡一座，以下俱係近城。觀景山汛堡一座，坨田二坳汛堡一座，擂草坡汛堡一座，四方井汛堡一座，清平灣汛堡一座，大坡腦汛堡一座，冷風坳汛堡一座，冷風坳分汛堡一座，櫻桃坳汛堡一座，菖浦塘分汛堡一座。以上汛堡五十一座。

一、乾州廳汛堡二十八座：俱係兵守。喜鵲營汛堡一座，良章汛堡一座，即鎮靖營汛。溪頭汛堡一座，鎮靖營汛堡一座，即良章汛，此係重開。鎮溪營營堡一座，鎮溪營分汛堡一座，即文溪汛。沙子坳汛堡一座，即後卡分汛。鴉溪汛堡一座，田家園汛堡一座，標營坡汛堡一座，桂巖汛堡一座，上莊園汛堡一座，頭炮臺汛堡一座，二炮臺汛堡一座，灣溪分汛堡一座，即三炮臺汛。灣溪汛堡一座，三岔坪汛堡一座，強虎汛堡一座，黃土坎汛堡一座，龍圖營汛堡一座，捧捧坳汛堡一座，捧捧坳分汛堡一座，南牧坪汛堡一座，即魚吐坪汛。奇方橋分汛堡一座，即小莊汛。中巖屋汛堡一座，張排寨汛堡一座，河溪營汛堡一座，丑坨汛堡一座。以上汛堡二十八座。内重開鎮靖營汛堡一座，實在二十七座。

一、永綏廳汛堡十六座，茶洞汛堡十三座：俱係兵守。螺蛳壋汛堡一座，八排汛堡一座，茶洞城堡一座，老石山汛堡一座，板栗樹汛堡一座，小寨汛堡一座，曹門汛堡一座，踏沙汛堡一座，老旺寨汛堡一座，巖坳汛堡一座，吉洞坪汛堡一座，坳口汛堡一座，莪碧汛堡一座，老鴨塘汛堡一座，依棲汛堡一座，三角巖汛堡一座，涼水井汛堡一座，登高坡汛堡一座，花園綏靖鎮城垣一座，係永綏廳城。河口汛堡一座，望城坡汛堡一座，洞溪坪汛堡一座，即車都坪汛。蠟耳保汛堡一座，導禡汛堡一座，獅子橋營汛堡一座，獅子橋分汛堡一座，即躍馬卡分汛。得勝坡分汛堡一座，得勝坡分汛堡一座，即三溪口汛。躍馬卡汛堡一座。以上汛堡二十九座。

一、古丈坪汛堡三座：俱係兵守。龍鼻嘴汛堡一座、廳城東山梁汛堡一座，土蠻坡汛堡一座。以上汛堡三座。

一、保靖縣汛堡十五座：又後路及近城汛堡九座，俱係兵守。保安汛堡一座，卑未坡汛堡一座，梭西洞汛堡一座，班鳩井汛堡一座，五里坡汛堡一座，水蔭場汛堡一座，水蔭場分汛堡一座，官莊汛堡一座，鴉窠科汛堡一座，塗乍汛堡一座，魚塘汛堡一座，葫蘆寨汛堡一座，大巖汛堡一座，三岔河汛堡一座，萬巖溪汛堡一座，古洞溪汛堡一座，栗木衝汛堡一座，即積穀汛。新寨汛堡一座，格者汛堡一座，得勝坡汛堡一座，鼇溪汛堡一座，松樹坡汛堡一座，即業樹營汛。烟霞山汛堡一座，二月坡汛堡一座，保靖縣城垣一座，以上汛堡二十五座。內多修水蔭場分汛堡一座，係原册未開。

以上總共五廳縣汛堡一百三十五座。

一、鳳凰廳屯卡一百零五座：內沿邊六十七卡，係屯丁駐守。後路十八卡，糧運、裏圍十二卡，俱係民間壯丁自守。近城八卡，兵守三卡，屯丁駐守五卡。老營盤屯卡一座，箅子坪屯卡一座，渡橋坳屯卡一座，大樹屯卡一座，治略平屯卡一座，倉廠屯卡一座，塘衝口屯卡一座，猴兒屯卡一座，鎮塞屯卡一座，獅子坡屯卡一座，龍肱溪屯卡一座，炮臺坡屯卡一座，長嶺屯卡一座，溝田屯卡一座，坪坡屯卡一座，蜂子腦屯卡一座，三角巖屯卡一座，洞口哨屯卡一座，西門江屯卡一座，得勝營屯卡一座，富饒坡屯卡一座，大石屯卡一座，長包卡屯卡一座，定疆屯卡一座，平巖屯卡一座，靖疆營屯卡一座，集場屯卡一座，大坡屯卡一座，油菜塘屯卡一座，高峰營屯卡一座，黃巖江屯卡一座，傅家壩屯卡一座，華昌屯卡一座，即居安卡。定勝屯卡一座，同全坡屯卡一座，棋盤屯卡一座，家睦壨屯卡一座，洞門口屯卡一座，花溝田屯卡一座，四路口屯卡一座，德留坪屯卡一座，羅天寨屯卡一座，渥長屯卡一座，巖坎營屯卡一座，樂潭江屯卡一座，龍家井屯卡一座，永安屯卡一座，栗林弓屯卡一座，龍潭衝屯卡一座，永興坪屯卡一座，染濠屯卡一座，首蓿衝屯卡一座，半坡屯卡一座，宜都營屯卡一座，吉祥坳屯卡一座，鴉拉營屯卡一座，浪中江屯卡一座，朝陽屯卡一座，威遠營屯卡一座，犀牛屯卡一座，草鞋塘屯卡一座，天星塘屯卡一座，黃會營屯卡一座，晏家田屯卡一座，安靖關屯卡一座，畫眉屯卡一座，亭子關屯卡一座，以上俱係沿邊屯卡。

三箭塘屯卡一座，黄茶屯卡一座，深陂屯卡一座，楚里屯卡一座，牛耳洞屯卡一座，復興屯卡一座，塘坨屯卡一座，務頭約屯卡一座，德架屯卡一座，中寨屯卡一座，楊家寨屯卡一座，大頒屯卡一座，都吾宝分屯卡一座，都吾屯卡一座，上木林屯卡一座，楓木林屯卡一座，瓮來屯卡一座，新場屯卡一座，以上俱係後路屯卡。楊柳坪卡一座，係糧運屯卡，即巖田堡卡。龍潭屯卡一座，官莊屯卡一座，溪口屯卡一座，莪栗坳屯卡一座，山包屯卡一座，砥江屯卡一座，石壁屯卡一座，狗琵巖屯卡一座，冒州屯卡一座，都蠻屯卡一座，利略屯卡一座，以上俱係裏圍屯卡。接官亭屯卡一座，兵守。昇官亭屯卡一座，奇梁橋屯卡一座，冷風坳屯卡一座，兵守。神護屯卡一座，兵守。凉水井屯卡一座，櫻桃坳屯卡一座，菖蒲塘屯卡一座。以上俱係近城屯卡，屯丁守。以上共屯卡一百零五座。

一、乾州廳屯卡十三座：俱係屯丁駐守。椰木坪屯卡一座，溪州屯卡一座，馬頸坳屯卡一座，補弩寨屯卡一座，桐木潭屯卡一座，新街堡屯卡一座，小溪橋屯卡一座，對河兔巖民堡一座，兔巖新屯卡一座，三岔坪卡一座，磨子園屯卡一座，南收坪小卡一座，即衝國營卡。中巖屋小卡一座。即王開堡卡。以上共屯卡十三座。

一、永綏廳屯卡十座，茶洞屯卡十座：俱係屯丁駐守。弭諾屯卡一座，朝水溪卡一座，裕饒屯卡一座，禾山屯卡一座，石牛屯卡一座，長慶屯卡一座，小溪屯卡一座，永豐屯卡一座，太平屯卡一座，洞口屯卡一座，清平屯卡一座，常疑屯卡一座，楊柳屯卡一座，新盛屯卡一座，豐和屯卡一座，安慶屯卡一座，連山屯卡一座，龍泉屯卡一座，鎮溪屯卡一座，扯土坪屯卡一座。即車都坪汛，此係重開。以上永綏、茶洞，共屯卡二十座。內重開扯土坪卡一座，實在十九座。

一、保靖縣屯卡十三座：內沿邊屯卡十座，後路三座，俱係屯丁駐守。梭西洞屯卡一座，五里坡屯卡一座，大踏屯卡一座，小路屯卡一座，官莊屯卡一座，馬路屯卡一座，魚塘屯卡一座，龍洞屯卡一座，楓香坡屯卡一座，得勝坡屯卡一座，以上均係沿邊屯卡。大石耶民堡一座，田家衝一座，隴多宝一座。以上俱係後路屯卡。以上共屯卡十三座。

以上總共四廳縣屯卡一百五十一座。內重開扯土坪卡一座，實在屯卡一百五十座。

一、鳳凰廳碉五百四十二座：兵守一百一十五座，屯丁守四百二十七座。長運碉一座，河邊碉一座，即河坪碉。沙坪碉一座，即沙田碉。桐木園碉一座，老營坡碉一座，黑巖坡碉一座，王家田碉一座，坡腳碉一座，象鼻碉一座，萬年坡碉一座，兵守。關門碉一座，倒塘碉一座，巖壁碉一座，半坡碉一座，老炮臺碉一座，巖巢碉一座，夾壩塘碉一座，田坎碉一座，巖山碉一座，茶溪口碉一座，北關碉一座，即北門碉。水井碉一座，卡門碉一座，齊廟碉一座，坳口碉一座，重堂碉一座，磨盤碉一座，大樹碉一座，塘衝碉一座，斗山碉一座，澎水井碉一座，渡波橋坳碉一座，兵守。溪溝碉一座，莪栗灣碉一座，高樓碉一座，旁山碉一座，兵守。汛右碉一座，兵守。井坎碉一座，即木井碉，兵守。對關碉一座，桐樹碉一座，護卡碉一座，擊高碉一座，山麓碉一座，過龍碉一座，堵坳碉一座，連擊碉一座，半嶺碉一座，守灘碉一座，猴洞江碉一座，路下碉一座，盤山碉一座，扼要碉一座，河坪碉一座，老田溪碉一座，旁山莊碉一座，對虎碉一座，灣田碉一座，馴□嶺碉一座，定巖碉一座，復窠碉一座，傍玻碉一座，即傍山碉，兵守。卡前碉一座，鑰匙田碉一座，大勝碉一座，護卡碉一座，震威碉一座，獅子口碉一座，金銷碉一座，鐵關碉一座，燕子碉一座，半坡碉一座，即矮坡碉，兵守。高坡碉一座，兵守。夾兜田碉一座，即河口碉。高山碉一座，即巖窠碉。汛北碉一座，汛南碉一座，即前營碉，兵守。瓦場碉一座，兵守。樹屏碉一座，坪沙碉一座，刲羊碉一座，奮武碉一座，北瑣溪碉一座，橫溪碉一座，護卡碉一座，來龍碉一座，鎮溪碉一座，南鎖碉一座，迅雷碉一座，走霆碉一座，嶺前碉一座，半嶺碉一座，重臺碉一座，嶺後碉一座，永桿碉一座，先坪碉一座，邊口洞碉一座，鎮邊碉一座，兵守。左肱碉一座，兵守。昇觀碉一座，右肱碉一座，兵守。龍蔭碉一座，兵守。靖鴉碉一座，文多碉一座，老鴨溪碉一座，對溪碉一座，學堂碉一座，汛後碉一座，兵守。坳口碉一座，保家碉一座，栗木碉一座，田坪碉一座，禾塘碉一座，坡頂碉一座，半坡碉一座，山梁碉一座，河坎碉一座，龍口碉一座，李家嶺碉一座，護卡碉一座，麻坨碉一座，東包碉一座，西包碉一座，路坎碉一座，高山碉一座，平坡碉一座，巖包碉一座，卡後碉一座，三寶碉一座，右包碉一座，鐘形碉一座，觀護碉一座，東門江碉一座，廠坪碉一座，社茶堂碉一座，西門江碉一座，屋場碉一座，巖窠碉一座，馬王碉一座，獅子碉一座，兵守。東門碉一座，兵守。右半坡碉一座，即左半坡碉，兵守。催龍山碉一座，即催龍巖碉，兵守。催龍山左碉一座，兵守。後山碉一座，即半尾碉兵守。護水碉一座，兵守。教場碉一座，即牛腦碉。老營盤碉一座，兵守。象鼻嘴碉一座，河都坪碉一座兵守，巖窠碉一座，巖磊碉一座，田坪碉一座，擂鼓碉一座，曬穀碉一座，澎水井碉一座，平壩碉一座，平普碉一座，建勳碉一座，自生碉一座，懷安碉一座，兼頗碉一座，錦囊碉一座，金龍碉一座，圖報碉一座，頒田龍碉一座，起龍碉一座，香案碉一座，景瑞碉一座，鳳形碉一座，蟹形碉一座，洗馬潭碉一座，汛後碉一座，昇高坡碉一座，鎮場碉一座，衆星碉一座，熊家腦碉一座，野溝坳碉一座，楓香下碉一座，楓香上碉一座，産子坳碉一座，卡前碉一座，坡後碉一座，守隴碉一座，桐木潭碉一座，盤山碉一座，冠軍碉一座，上馬巖碉一座，連峰碉一座，五馬碉一座，功倍碉一座，系弓背碉。大坨坳碉一座，保玆碉一座，即尖坡碉。自生壙碉一座，豹子嶺碉一座，護卡碉一座，雷公嶺碉一座，實公灣碉一座，文家腦碉一座，大田嶺碉一座，汛後碉一座，即傳家壙碉，兵守。中壙碉一座，巖踏衝碉一座，小黃坳碉一座，謝家壙碉一座，把關碉一座，橋頭碉一座，環眼井碉一座，沈俊碉一座，飛山碉一座，巖屏碉一座，決勝碉一座，疆禦碉一座，宣威碉一座，三捷碉一座，護卡碉一座，保障碉一座，振武碉一座，巖坎碉一座，老齋廟碉一座，中包廟碉一座，定遠碉一座，綏邊碉一座，榆蠟坳碉一座，靖峰碉一座，綦盤碉一座，雷嘴碉一座，碑記碉一座，老苟腦碉一座，上臺碉一座，中臺碉一座，斗牛衝碉一座，忠信碉一座，跨馬碉一座，豐暇碉一座，洞口碉一座，飲牛碉一座，長滿碉一座，家睦嶺碉一座，長景碉一座，禦溝碉一座，卡前碉一座，樹桑碉一座，即桑樹碉。欣茂碉一座，田畹碉一座，磨巖碉一座，勝右碉一座，桐木嶺碉一座，楓藤巖碉一座，炮樓坡碉一座，梅家隴碉一座，勝左碉一座，小禾寨碉一座，中坡碉一座，兵守。近關碉一座，即半坡碉。澄潭碉一座，兵守。安樂碉一座，水卡碉一座，猶狚碉一座，馬頸碉一座，兵守。格苗坳碉一座，即桐木碉。克昌碉一座，立鷄衝碉一座，栗樹坳碉一座，巖洞碉一座，即巖巢碉。道周碉一座，即倒林碉。周家嶺碉一座，銅溝碉一座，盤窠碉一座，裕後碉一座，樹功碉一座，前籌碉一座，藩維碉一座，箪子嶺碉一座，桑樹灣碉一座，白巖碉一座，衝麀碉一座，長藤坳碉一座，覿最碉一座，即觀最碉。邢家坡碉一座，野麥坨碉一座，竹林碉一座，羅天碉一座，清平碉一座，兵守。馬鞍山碉一座，蘊寶碉一座，迎輝碉一座，大生碉一座，佛家坳碉一座，牛耳洞碉一座，順成碉一座，巖坎營碉一座，雲頂碉一座，即井水碉。青樹碉一座，聲成碉一座，利征碉一座，苞桑碉一座，永靖碉一座，石渠碉一座，兵守。巖板井碉一座，雲峰碉一座，嘉樂碉一座，固壘碉一座，兵守，大坪碉一座，坪坳碉一座，新塘碉一座，常靖碉一座，竹林寨碉一座，鶴林坪碉一座，樂潭江碉一座，喜鵲碉一座，長竣碉一座，枝榮碉一座，遠猷碉一座，兵守。鶴立坳碉一座，重陽潭碉一座，重陽坡碉一座，廟前碉一座，連山碉一座，兵守。龍家井碉一座，駬牛碉一座，對江坪碉一座，橋邊碉一座，永安碉一座，栗林弓碉一座，膚功碉一座，禦衝碉一座，杜圖碉一座，壩口碉一座，仁路碉一座，安堵碉一座，_{兵守}。柳禾碉一座，小坳碉一座，高坳碉一座，懷遠碉一座，開平碉一座，船舵碉一座，護卡碉一座，珠衝口碉一座，桃園碉一座，川谷碉一座，巖山碉一座，青山碉一座，雷嘴碉一座，類溪碉一座，鎮衝碉一座，石板碉一座，協正碉一座，雙橋碉一座，和風碉一座，青龍碉一座，_{兵守}。路口碉一座，即小橋碉。南門碉一座，_{兵守}。北門碉一座，_{兵守}。西門碉一座，_{兵守}。露窮碉一座，_{兵守}。三臺碉一座，_{兵守}。廣通碉一座，_{兵守}。連勝碉一座，龍光碉一座，奇山碉一座，_{兵守}。欄桿坡碉一座，見坡碉一座，_{即尖坡碉}，_{兵守}。得勝碉一座，坨灣碉一座，半坡田碉一座，時雍碉一座，楊柳灣碉一座，弓弩田碉一座，金家灣碉一座，太平山碉一座，兼山碉一座，雲連碉一座，崇功碉一座，百宜碉一座，坨田衝碉一座，惠澤碉一座，元定坡碉一座，白竹灣碉一座，江家坳碉一座，東山碉一座，分路碉一座，接官亭碉一座，箭山碉一座，英塘碉一座，吉祥碉一座，倒水碉一座，實惠碉一座，黃繕坳碉一座，蔫蘇碉一座，秀峙碉一座，_{兵守}。漚林碉一座，_{兵守}。戍樓坡碉一座，鐵馬山碉一座，黃新橋碉一座，石人坡碉一座，_{兵守}。馬南碉一座，廠前碉一座，廠後碉一座，執峙碉一座，巖壘碉一座，懷來碉一座，老鳳凰營碉一座，楊武碉一座，威遠營碉一座，服遠碉一座，剗犀碉一座，決機碉一座，鴨寨營碉一座，_{兵守}。落潮井碉一座，香鑪山碉一座，黃土坎碉一座，陳家腦碉一座，犀牛碉一座，_{即月形碉}。江家灣碉一座，_{即護守碉}。景龍塘碉一座，老虎洞碉一座，界牌碉一座，對門坡碉一座，打巖場碉一座，_{即係家碉}。日新碉一座，_{即半坡碉}。炮樓碉一座，_{即連升碉}。朱家壟碉一座，_{即護水碉}。豹隱碉一座，_{即明月碉}。炮樓坡碉一座，_{即安靜碉}。官景山碉一座，_{即太平碉}。大峇灣碉一座，_{即朝陽碉}。鶺鴒碉一座，五通廟碉一座，_{即梅花碉}。握常碉一座，_{即看守碉}。鎮平碉一座。

以上俱係沿邊碉座，共四百三十一座係弁兵、屯丁合駐防守。

羅亭碉一座，_{兵守}。黑水溪碉一座，_{即墨水溪碉兵守}。楊柳坪上碉一座，_{兵守}。楊柳坪下碉一座，_{兵守}。舡橋東碉一座，_{兵守}。舡橋西碉一座，_{兵守}。舡橋後碉一座，樹績碉一座，_{兵守}。青石巖碉一座，_{兵守}。黃鸝坳碉一座，_{兵守}。青山衝碉一座，老旺碉一座，_{即登高碉兵守}。滿盛碉一座，橫衝碉一座，藍家坪碉一座，_{兵守}。立坳碉一座，_{兵守}。韋家橋碉一座，_{兵守}。蟠龍坳碉一座，_{兵守}。霧露灣碉一座，_{兵守}。十里牌碉一座，_{兵守}。

以上俱係糧運，共二十座。_{兵守}。

平皋上碉一座，平皋下碉一座，道車碉一座，破苗灘碉一座，陽洞溪碉一座，新路坡頭一座，兵守。新路坡二碉一座，兵守。新路坡三碉一座，鸞碉坪碉一座，冷水溪碉一座，白羊衝碉一座，亭子碉一座，喜鵲碉一座，橋頭碉一座，洞衝碉一座，巖溪山碉一座，祖山坪碉一座，水卡碉一座，對江碉一座，均勻坪碉一座。

以上俱係裏圍，共二十座。

大灣嶺碉一座。即重關碉。

以下至妙最碉止，共七十一座，俱係近城碉座，係弁兵、屯丁合駐防守。

水井碉一座，翠龍山頭碉一座，翠龍山二碉一座，送子碉一座，路衝碉一座兵守。豆山碉一座，接官亭碉一座，兵守。棉寨碉一座，兵守。武侯祠碉一座兵守。青山碉一座，即平坡碉，觀景山頭碉一座，兵守。觀景山二碉一座，兵守。觀景山三碉一座，兵守。星沙碉一座，兵守。自生碉一座，兵守。坨田二坳碉一座，兵守。北風壩碉一座，兵守。白沙碉一座，桐油坡碉一座，兵守。栗灣碉一座，河濱碉一座，兵守。喜鵲坡碉一座，兵守。獅子碉一座，兵守。得勝坡碉一座，兵守。擂草坡碉一座，兵守。磨刀巖碉一座，樂道坡碉一座，新橋壟碉一座，四方井碉一座，兵守。盔甲田碉一座，奇梁橋上碉一座，奇梁橋下碉一座，滿光坪碉一座，擂草坡左碉一座，兵守。永平坡碉一座，兵守。魏家莊碉一座，兵守。愛山碉一座，即巖山碉。提溪碉一座，金家園碉一座，兵守。舒家莊碉一座，桐梓碉一座，兵守。大螺碉一座，兵守。小螺碉一座，兵守。青坪灣碉一座，兵守。樂觀碉一座，兵守。臺紫碉一座，兵守。大坡腦碉一座，兵守。相弼碉一座，兵守。大堰壩碉一座，兵守。貴竹衝碉一座，兵守。銅盆坡碉一座，兵守。大巖碉一座，兵守。棉巖碉一座，兵守。茶園坡頭碉一座，兵守。茶園坡二碉一座，兵守。茶園坡三碉一座，兵守。南關碉一座，壘最碉一座，兵守。冷風坳碉一座，景風坡碉一座，奉泥衝碉一座，兵守。賓塘坳碉一座，涼水升碉一座，麻葉衝碉一座，掌扇巖碉一座，黃蠟巖碉一座，櫻桃碉一座，廣谷碉一座，菖蒲塘碉一座，妙最碉一座。

以上共碉五百四十二座。外有城隍碉、得勝碉、尖坡碉，原冊未開，實在五百四十五座。

一、乾州廳碉七十五座：兵守十三座，屯丁守六十二座。拱辰坪碉一座，牛洞坡碉一座，孫家池碉一座，兵守。大錦水碉一座，即大井水碉兵守。小錦水碉一座，即小井水碉兵守。大坳碉一座，兵守。卓坳碉一座，塘坳碉一座，即壩塘坎碉。板橋溪碉一座，響巖洞碉一座，坳田碉一座，獅子碉一座，凍菁樹碉一座，大灣碉一座，黃扇壩碉一座，溪頭菴碉一座，南都河碉一座，蠟洞溪碉一座，莪栗坳碉一座，文溪坪碉一座，桐木灣碉一座，新街碉一座，雷公坡碉一座，馬坳碉一座，即獅子菴碉係重開。獅子庵碉一座，桐油坪碉一座，即桐木潭碉。蝦蟆井碉一座，沙子坳碉一座，計塘橋碉一座，長運碉一座，小溪橋碉一座，永寧碉一座，旋塘碉一座，太平碉一座，愛農碉一座，何家坳碉一座，柞衝碉一座，栗木山碉一座，黃牛碉一座，二炮臺碉一座，平哲碉一座，龍形碉一座，鳳形碉一座，虎形碉一座，大巖廠碉一座，楊柳衝碉一座，後卡碉一座，即卡後碉兵守。桅桿坡碉一座，兵守。河邊碉一座，兵守。廠坪碉一座，即大炮臺碉。巖隴壩碉一座，黃家橋碉一座，小護卡碉一座，即三岔坪碉兵守。劉家坡碉一座，兵守。汛後碉一座，即螺螄坡碉兵守。西門口碉一座，即西關碉兵守。磨子園碉一座，對河碉一座，即烏蓿碉。龍圖營後碉一座，兵守。陳家坡碉一座，漫沙坪碉一座，教場碉一座，鐘形碉一座，馬螄塘西碉一座，馬螄塘東碉一座，盤巖碉一座，新壩碉一座，楊氏壩碉一座，即榻木衝碉。中巖屋碉一座，兵守。張排寨碉一座，即汛後碉。上水卡碉一座，下水卡碉一座，獨樹碉一座，得勝碉一座，丑坨碉一座。

以上共碉七十五座。內重開馬坳碉一座，實在七十四座。

一、永綏廳碉三十座，茶洞碉樓三十七座：兵守二十五座，屯丁守四十二座。永定碉一座，鎮彝碉一座，歸順碉一座，保障碉一座，兵守。得勝碉一座，兵守。輔威碉一座，紫臨碉一座，平梁碉一座，兵守。雙河碉一座，兵守。高坳碉一座，兵守。碼瑙碉一座，隘口左碉一座，隘口右碉一座，小山碉一座，朝陽碉一座，對山碉一座，石家碉一座，頻報碉一座，兵守。灣溪碉一座，塘坳碉一座，石山碉一座，望山碉一座，登山碉一座，兵守。梁溠碉一座，雲山碉一座，保營碉一座，兵守。鎮寨碉一座，盤巖碉一座，老巖碉一座，保順碉一座，兵守。豐隆碉一座，平安碉一座，得勝碉一座，登高碉一座，兵守。連山碉一座兵守。田平碉一座，螺螄碉一座，永安碉一座，桑寶碉一座，吉慶碉一座，鳳鳴碉一座，文峰碉一座，武山碉一座，兵守。盤山碉一座，長坳碉一座，兵守。茶樹碉一座，過龍碉一座，崇山碉一座，兵守。玉盤碉一座，新寨碉一座，兵守。平定碉一座，威遠碉一座，西關碉一座，望城碉一座，井水碉一座，碧山碉一座，高阜碉一座，清河碉一座，奇峰碉一座，雙溪碉一座，馬鞍碉一座，兵守。天星碉一座，兵守。永平碉一座，兵守。景山碉一座，兵守。雲拱碉一座，兵守。常安碉一座，兵守。威鎮碉一座，兵守。

以上永綏、茶洞，共六十七座。

一、古丈坪廳碉卡五十座：屯丁守。構槎巖碉一座，即拉巖碉。桐木衝碉一座，酉沱碉一座，白巖碉一座，對坪碉一座，後籠碉一座，派良寨碉一座，即排仰寨碉。半巖碉一座，即巖板碉。龍洞碉一座，滾水碉一座，開平碉一座，西山梁碉一座，新寨汛碉一座，巖坳汛碉一座，汛後碉一座。

以上共碉一十五座。

一、保靖縣碉三十三座：兵守八座、屯丁守二十五座。保安汛碉一座，兵守。巖門碉一座，常平碉一座，巖人碉一座，右映碉一座，即右營碉兵守。綏來碉一座，兵守。鴉科碉一座，兵守。橋頭碉一座，水卡碉一座，兵守。馬路碉一座，蘭鰲碉一座，魚塘碉一座，龍洞碉一座，攀桂碉一座，雙坡碉一座，印山臺碉一座，兵守。楓香碉一座，即楊柳塘碉兵守。勁銳碉一座，即水井碉兵守。黑塘碉一座，即偕塘碉。馬鞍碉一座，即排花水碉。大坳碉一座，茶樹坡碉一座，得勝坡碉一座，青龍碉一座，三盆河碉一，座即鎮溪碉。老營盤碉一座，即鎮溪碉，以上俱係沿邊碉。牛形碉一座，以上俱係沿邊碉。松樹坡碉一座，魁星碉一座，西陽橋碉一座，以上俱係沿邊碉。

以上共碉三十座。

以上總共五廳縣碉樓七百二十九座。內多修城隍、得勝、尖坡三座，除重開馬坳碉一座外，實碉樓七百三十一座。

鳳凰廳哨臺九十座：兵守十一座、屯丁守八十七座。桐木園哨臺一座，老營坡哨臺一座，即園角哨臺。黑巖哨臺一座，王家田哨臺一座，坡腳哨臺一座，象鼻哨臺一座，即汛前哨臺。巖壁哨臺一座，兵守。夾壩塘哨臺一座，北門哨臺一座，水井哨臺一座，斗山哨臺一座，澎水井哨臺一座，半嶺哨臺一座，老田溪哨臺一座，紅樹坡哨臺一座，即水井哨臺。卡前哨臺一座，大勝哨臺一座，夾兜田哨臺一座，坳田哨臺一座，曬金塘哨臺一座，即半坡哨臺兵守。剖羊哨臺一座，奮武哨臺一座，南嶺哨臺一座，即聲雷哨臺。走霆哨臺一座，嶺前哨臺一座，永梓哨臺一座，先坪哨臺一座，龍蔭哨臺一座，文多哨臺一座，老鴉溪哨臺一座，即坳口哨臺。汛後哨臺一座，兵守，保家哨臺一座，即栗木哨臺兵守。山梁哨臺一座，即苟腦哨臺。山梁哨臺一座，即營富哨臺。山梁哨臺一座，即龍口半坡哨臺。河坎哨臺一座，河坎哨臺一座即路邊哨臺。河坎哨臺一座，即卡門哨臺。西包哨臺一座，錫蠟樹路坎哨臺一座，即錫蠟樹半坡哨臺兵守。路坎哨臺一座，巖包哨臺一座，半坡哨臺一座，即坳口哨臺。古保哨臺一座，即營門哨臺。鐘形哨臺一座，壟口哨臺一座，東門江哨臺一座，清吉哨臺一座，屋場哨臺一座，獅子哨臺一座，教場哨臺一座，<small>即南門哨臺兵守。</small>河都坪哨臺一座，巖窠哨臺一座，<small>即冷水哨臺。</small>擂古哨臺一座，<small>即留防左哨臺。</small>曬穀哨臺一座，留防哨臺一座，<small>即留防右哨臺。</small>平壩哨臺一座，建勳哨臺一座，高樓哨臺一座，<small>即溝田哨臺。</small>自生哨臺一座<small>即半坡哨臺。</small>懷安哨臺一座，兼頗哨臺一座，<small>即保家哨臺。</small>香案哨臺一座，<small>即頒田隴哨臺。</small>鳳形哨臺一座，洗馬潭哨臺一座，<small>即桶井哨臺兵守。</small>洗馬潭哨臺一座即，<small>靖邊哨臺兵守。</small>衆星哨臺一座，<small>即靖邊哨臺兵守。</small>熊家腦哨臺一座，<small>即野狗坳哨臺。</small>風香哨臺一座，産子坳哨臺一座，<small>即望龍哨臺。</small>坡後哨臺一座，守壋哨臺一座，五馬哨臺一座，<small>即半坡哨臺。</small>功倍前哨臺一座，大坨哨臺一座，<small>即大坨坳半坡哨臺。</small>豹子嶺哨臺一座，<small>即水門哨臺。</small>雷公嶺哨臺一座，<small>即老屋圍哨臺。</small>實公灣哨臺一座，<small>即營門哨臺。</small>護卡哨臺一座，<small>即汛後哨臺兵守。</small>大田嶺哨臺一座，中壩哨臺一座，中壩哨臺一座，<small>即排樓哨臺，</small>中壩哨臺一座，<small>即象鼻哨臺。</small>巖踏衝哨臺一座，<small>即過壋哨臺。</small>小黃土哨臺一座，<small>即壋坎哨臺。</small>關門哨臺一座，<small>即落馬壋哨臺。</small>斗牛衝哨臺一座，<small>即田壋哨臺。</small>長滿哨臺一座，<small>即黃土坳汛左哨臺。</small>

以上俱係沿邊，共八十八座。<small>兵守。</small>

亭子哨臺一座，官莊哨臺一座，<small>即喜鵲哨臺。</small>橋頭哨臺一座，洞衝哨臺一座，洞衝哨臺一座，巖卡坎哨臺一座，<small>即洞衝哨臺。</small>

以上俱係裏圍，共六座。

昇官亭哨臺一座，河濱哨臺一座，擂草坡哨臺一座，永平坡哨臺一座。

以上俱係近城，共四座。

一、乾州廳哨臺一座。<small>係兵守。</small>

三岔坪哨臺一座。

以上鳳、乾二廳，共哨臺九十七座。

一、鳳凰廳炮臺六座：<small>兵守二座、丁守四座。</small>倉廒屯護卡炮臺一座，舊司坪護卡炮臺一座，<small>兵守。</small>巖窠炮臺一座，<small>即官炮臺。</small>教場炮臺一座，<small>即老營盤炮臺，兵守。</small>關門炮臺一座，<small>即卡後炮臺。</small>定勝卡門炮臺一座，<small>以上俱係沿邊。</small>

以上共炮臺六座。<small>外有鼓樓炮臺一座，原冊未開，實在七座。</small>

一、乾州廳炮臺四座：<small>係兵守。</small>鎮溪營新修炮臺四座。

以上炮臺四座。

一、鳳凰廳關廂五座：<small>屯丁守。</small>沙灣關廂一座，回龍閣關廂一座，北關廂一座，西關廂一座，南關廂一座。<small>以上俱係近城。</small>

以上共關厢五座。

一、乾州廳關厢二座：屯丁守。東關厢一座，西關厢一座。

以上共關厢二座。

一、永綏廳關厢三座：屯丁守。茶洞關厢一座，花園東門月城關厢一座，花園西門月城關厢一座。

以上共月城關厢三座。

一、保靖關厢一座。原册未開，今重修。

一、鳳凰廳關門二十五座：兵守十座，丁守十五座。木林坪關門一座，即河邊關門兵守。木林坪倒塘關門一座，箅子坪關門一座，舊司坪關門一座，即塘衝口關門。曬金塘關門一座，兵守。催龍山水關門一座，兵守。傅家壩關門一座，傅家壩哨臺關門一座，同全坡關門一座，即巖關門。長凝哨小關門一座，兵守。長凝哨內關門一座，長凝哨外關門一座，兵守。

以上均係沿邊，共十二座。

蘆荻坳東關門一座，蘆狄坳重關門一座，小田關門一座，沙灣關門一座，回龍閣關門一座，小教場關門一座，即北關門。西關門一座，栗灣關門一座，擂草坡關門一座，兵守。大定關門一座，兵守。西濠關門一座，南關門一座，兵守。冷風坳關門一座。

以上俱係近城，共十三座。

以上共關門二十五座。

一、乾州廳關門五座。兵守四座，丁守一座。東關門二座，兵守。西關門二座，兵守。馬腳塘關門一座，即廠坪碉。

以上共關門五座。

一、永綏廳關門五座，兵守。茶洞關門三座：兵守。螺螄壋關門二座，兵守。茶洞協關門三座，兵守。花園關門三座，兵守。

以上永綏、茶洞，共關門八座。

一、保靖縣關門一座。原册未開，今重修。

以上五廳縣汛堡、圭卡、碉樓、哨臺、炮臺、關厢、關門，總共一千一百七十六座。

碉堡總數

湖南苗疆沿邊環計七百餘里。包苗寨一千餘所，共建汛堡一百三十五座，屯卡一百五十一座，碉樓七百二十九座，哨臺九十九座，關廂十座，關門三十八座。總共汛堡、屯卡、碉樓、哨臺、砲臺、關廂、關門一千一百七十二座，内沿邊九百四十五座，近城、裏圍、後路、糧運二百二十七座，限於方幅，未經全繪。鳳凰廳沿邊自亭子關起，至篁子坪、木林坪止，沿邊汛堡、碉卡、哨臺、炮臺、關門共六百四十座。沿邊以内上五峒後路卡四座。沿邊以内近城汛堡、碉卡一百二十座。沿邊以内糧運汛堡、碉卡二十二座。沿邊以内下五峒後路卡十四座。沿邊以内裏圍碉卡、哨臺三十七座。沿邊以内後路汛堡一座。乾州廳沿邊自灣溪汛、强虎汛起，至喜鵲營止，沿邊汛堡、碉卡、哨臺、炮臺共一百二十一座。乾州廳沿邊以内關廂、關門七座。永綏廳沿邊自躍馬卡起，至螺螄壋止，汛堡、碉卡、關門一百九十座。永綏廳沿邊以内近城關廂、月城、關門共八座。螺螄壋碉卡五座、關門二座。古丈坪廳沿邊祇有龍鼻嘴汛堡一座。又，沿邊碉卡十一座。古丈坪廳沿邊以内近城碉堡六座。保靖縣沿邊自萬巖溪起，至保安汛止，沿邊汛堡碉卡共五十一座。保靖縣沿邊以内後路及近城汛堡碉卡十六座。

卷十二　弁勇考

二品銜前署湖南辰永沅靖道但湘良纂

詳請頒給新設屯弁分駐段落鈐記
嘉慶十一年湖南布政使司韓對

爲詳咨事，奉憲臺批：據辰永沅靖道傅鼐詳，鳳凰、乾州、永綏并古丈坪、保靖等廳縣均田屯勇，設立屯千把、外委管帶練勇，并經理碉卡、丁田倉貯，必須給發鈐記，以昭信守而專責成。除額外一項毋庸頒給外，合將千把、外委各弁應駐扼要地方，酌擬字樣造冊，詳請批司刊頒轉給等情。奉批：仰布政司查照冊開各鈐記，轉飭理問所迅速督匠照式刊刻，移道給領具報冊并發，仍繳等因。奉此，并准該道造冊移司刊刻前來。本司查該道冊造鳳、乾、永、古丈坪、保靖等廳縣設立千、把、外委、屯弁，應刊鈐記，核與前奉憲臺會奏苗疆經久章程條款內，應設千、把、外委、屯弁員名數目相符。除諭飭本司理問，照依該道擬定字樣，并查照歷來營弁刊刻鈐記式樣，長二寸四分，闊一寸三分五釐，用梨木刊刻正字，四圍背柄點錫包裹，移送給領應用外，查各營武職官弁應須鈐記，由司刊頒，例應將刊刻字樣造冊，詳賷大部立案。今鳳、乾、永等廳縣設立屯弁，前經籌議條款內聲明，即於廳標現在候補，把總、外委及熟悉邊情之營弁內，遴選挑補。五年俸滿，把總、外委、額外遇有缺出，遞相拔補，咨部給札。千總准以苗疆守備題補，則該屯弁即與營制武弁無異。所有由司刊刻鈐記，相應造具清冊，詳請憲臺俯賜查閱，咨送大部查核。

計開：

鳳凰廳

屯千總四缺：鳳凰廳管帶同全坡練勇屯千總之鈐記，鳳凰廳管帶新場堡練勇屯千總之鈐記，鳳凰廳得勝營屯千總之鈐記，鳳凰廳永安卡屯千總之鈐記。

屯把總四缺：鳳凰廳分帶同全坡練勇屯把總之鈐記，鳳凰廳分帶新場堡練勇屯把總之鈐記，鳳凰廳分駐麻陽縣城屯把總之鈐記，鳳凰廳分駐浦市屯把總之鈐記。

屯外委八缺：鳳凰廳分帶同全坡練勇屯外委之鈐記，鳳凰廳分帶新場堡練勇屯外委之鈐記，鳳凰廳分駐定勝卡屯外委之鈐記，鳳凰廳分駐舊司坪屯外委之鈐記，鳳凰廳分駐羅天寨屯外委之鈐記，鳳凰廳分駐浪中江屯外委之鈐記，鳳凰廳分駐巖門屯外委之鈐記，鳳凰廳分駐四都坪屯外委之鈐記。

乾州廳

屯把總一缺：乾州廳分駐新街堡屯把總之鈐記。

屯外委一缺：乾州廳分駐灣溪屯外委之鈐記。

永綏廳

屯千總二缺：永綏廳花園屯千總鈐記，永綏廳茶洞屯千總鈐記。

屯把總二缺：永綏廳分駐獅子橋屯把總之鈐記，永綏廳分駐弭諾屯把總之鈐記。

屯外委二員：永綏廳分駐吉洞坪屯外委之鈐記，永綏廳分駐潮水溪屯外委之鈐記。

古丈坪廳

屯把總一缺：古丈坪廳分駐龍鼻嘴屯把總之鈐記。

保靖縣

屯外委二缺：保靖縣屯外委鈐記，保靖縣分駐印山臺屯外委之鈐記。

稟屯把總由道考拔 嘉慶十二年辰沅道傅鼐

敬稟者：竊照苗疆新設屯弁案內，前准藩司咨奉憲檄，行准部覆，內開期滿世職鄭國鴻，拔補屯千總，與例不符。飭將永綏廳屯千總一缺，另選合例屯弁，詳送拔補。又鳳凰廳具詳分駐浦市屯把總滕重義患病辭休，業經職道據情轉詳聲明。所遺屯把總一員，另容挑選屯弁驗補，各在案。

查，上年新設屯弁四十員，已將奏明歷年出力應升之廳標員弁，向帶勇丁之百總及熟悉邊情之營弁內，分別拔補。此次所出屯千把各缺，因查無前項合例之人，應照部議，於屯把總、外委、額外內遞相升補。現擬各選正副二員，申送考驗。惟所出屯千總、把總各一缺，其千總即請以把總升補。又遺出把總一缺，計共三缺，共擬正副六員。飭赴憲轅，聽候鈞定。其應行遞拔之外委、額外，仍遵照原案，由道拔放，詳請咨部。正在札調各弁來篆考驗具詳間，茲據鳳、永、乾州、古丈坪、保靖五廳縣，屯千總吳貴、張友升、閔宏瑞、蔣雄、郭金章，屯把總田興章、田祖升、滕宏捷、張國柱、李占春、周蓮仲、田萬興，率同屯外委、額外等稟稱，弁等分帶丁勇駐防碉卡，經營屯田、屯倉，任事已來甫將一載。茲奉札飭，於各弁中調取把總、外委共六員，祗候申送撫部院考補千總、把總遺缺，屢蒙超拔，感悚難名。自應即日起程，馳赴考驗。惟現值屯丁栽插之時，弁等各依派定段落，往來催耕，并稽查碉卡，支放口糧等事，頭緒紛繁，均關緊要。若以六人同時赴省，另委兼辦，誠恐照察難周，或有貽誤。又，苗疆距省一千一百餘里，往返需時，一切路費，微弁等急切未能設措。伏查營制，千總缺出，分別歸撫憲、<small>督</small>、<small>提</small>憲考拔，把總等缺由本標總鎮考拔。又查，三廳把總、外委由該廳送道拔補。各在案。上年奉設屯弁，係將千總、把總兩項俱送前撫憲考驗拔放。此次應補各缺，可否祗將應考屯千總各弁申送，其屯把總各缺請援照三廳標弁之例，詳明由道拔補。則現在赴省之弁僅須兩員，於屯務不致有叢脞之慮，實爲恩便等情。查，上年詳請升任阿撫憲拔補屯千把總，共十四員。原因屯政初設，必應一并送考，以昭慎重，未及將千把兩項人員分別請定考拔章程。今千把各有缺出，送考之弁共有六員。該屯弁等以催督屯耕，未便同時晉省。并因程途稍遠，資斧維艱，合詞具稟，均係實在情形。至三廳把總、外委由道拔補之例，<small>職道</small>調查原案，久奉兵部議准遵行。今苗疆所設屯弁，奏明各歸廳縣管轄，總隸辰沅道統屬考核。似與三廳標弁事同一律，不敢壅於上聞。可否俯如該屯弁所請，將屯把總各缺即由<small>職道</small>考驗詳請，以示體恤之處，理合據情轉稟，恭請訓示。如蒙鈞允，所有永綏屯千總一缺，即遵選屯把總二員，申送考拔。其所遺屯把總各缺，另容挑補，分案具詳。

部覆五廳縣添設屯守備六員 <small>嘉慶十四年六月准咨</small>

兵部爲遵旨議奏事。

內閣鈔出湖南巡撫景安奏稱，據現升湖南臬司辰沅道傅鼐詳稱，湖南鳳凰、乾州、永綏、古丈坪、保靖、瀘溪、麻陽七廳、縣均田屯勇，前經奏准安設屯弁經理。惟查各廳、縣屯丁七千名，練勇一千名，均專派各屯弁管帶調遣。其各路均出歸屯田畝及續後開墾并官贖苗當民田，共計田土八萬五千六百餘畝。一切督耕、催租等事，亦責成各屯弁管理。人數既多，田畝亦復不少，僅設屯千把、外委等四十員名，實有難以兼顧之勢。又挑留苗兵五千名，原派苗弁管帶，其先後苗繳叛產、占田及苗人呈出田土，共四萬二千一百餘畝，亦令苗弁召佃收租，支發口糧。因苗弁經理未能盡善，歷年均由道委員幫同管帶，苗兵并監同催租、支放，尚皆妥協。第所委之員均非現任，不時更換亦非長計。且統計屯丁、練勇、苗兵，共一萬三千名，僅止屯千把、外委及派委微末員弁管帶，難資約束。設將來遇有徵調，更恐不能得力。請添設屯守備六員，分駐各廳縣，就近經理。鳳凰廳丁勇、苗兵七千名，擬添設屯守備三員。永綏廳屯丁、苗兵三千八百名，擬添設屯守備二員。乾州、古丈坪、保靖三廳縣共屯丁、苗兵二千二百名，擬添設屯守備一員。責令操演丁勇、苗兵經管槍械、子藥、軍裝，其督理催租等事，一體責成該守備等董率各屯弁分理，仍歸辰沅道統轄，俾得遞相稽核。所有員缺，應請於熟悉苗情屯務之營員及屯千總內遴選，升調至原設屯弁四十員。分辨五廳縣屯務實屬不敷，并請添設屯把總二員、外委四員、額外外委四員，酌量派駐，與原設各屯弁分理屯務一體歸廳縣管轄。至挑丁授田等事，仍照舊章均歸廳縣管理，守備不准干預。該守備亦當予以升階，應請照苗疆營守備之例，定以五年俸滿。如果始終奮勉，准以營都司題升。所需分例照依營制守備，每員歲支銀三百三十餘兩。把總每員歲支銀一百四十餘兩，外委每員歲支銀五十餘兩，額外外委照馬兵分例，每員歲支銀三十餘兩。共歲支銀一千六百七十餘兩。查近年鳳、永二廳屯丁陸續開墾田二千六百九十餘畝，現屆成熟，請即以屯田召佃承種，收租變價，足敷支給，統歸屯防案內，一并造報等情，詳請具奏前來。奴才當於巡閱之次，就近詳加體察，委屬實在情形，并咨會督臣公同酌核，意見相同。相應奏懇皇上天恩，俯如所請，准其分別增設。俾辦理得有專責又有分司，而應支分例現有續墾田地，召佃收租，足敷支給。即無須請動帑項，而於屯防益臻周妥，可垂久遠。并飭將現在墾熟田二千六百九十餘畝，即行清丈召佃，收租備支。有無餘剩，核實造報，理合會同湖廣總督臣汪志伊恭摺具奏等因一摺，於嘉慶十四年四月十九日，奉硃批：該部議奏。欽此。欽遵於本月二十日鈔出到部。臣等伏查嘉慶十年十二月內，經大學士會同戶、兵二部議復湖南巡撫阿林保等奏，湖南鳳凰、乾州、永綏三廳、保靖縣、古丈坪廳均田案內，共田六萬一百餘畝。設立屯兵七千名，練勇一千名，分授田畝，添設屯千總六員、把總八員、外委十三員、額外外委十三名，共四十員名。分守駐劄管理屯田、操演、練勇各事宜，該員等歲支銀兩即在於餘田租息項下支給。其千總一項，五年俸滿，如果訓練有方，民、苗相安，由該道保送該督送部引見，回任以苗疆守備題補。其把總、外委、額外外委缺出，由該道於苗疆營員及屯弁內揀員，詳明巡撫考拔，咨部辦理等因。奏准在案。今據湖南巡撫景安奏：鳳凰、乾州、永綏、古丈坪、保靖、瀘溪、麻陽等處七廳縣，陸續開墾并官贖苗當民田，共計八萬五千六百餘畝。督耕、催租等事，僅設屯千把總、外委等官四十員，難以兼顧。又挑留苗兵五千名，原派苗弁管帶。其先後苗繳叛產、占田，共呈出田四萬二千一百餘畝，亦令苗弁召佃收租，支發口糧。因苗弁經理未能盡善，歷由道委員幫同辦理。第所委之員均非現任，不時更換亦非長久計。且統計屯丁、練勇、苗兵共一萬三千名，僅止屯千把、外委微末員弁難資約束。設將來遇有徵調，更恐不能得力。應添設守備六員，就近經理等語。查，湖南鳳凰各廳縣地畝既經陸續加增，屯丁、練勇、苗兵共計一萬三千名，人數眾多，僅設千把、外委等官自不足以資經理。今該撫奏請添設守備，係爲總理屯務管轄丁勇起見。應如所奏，鳳凰廳丁勇、苗兵七千名，准其添設屯守備三員；永綏廳屯丁、苗兵三千八百名，准其添設屯守備二員；乾州、古丈坪、保靖三廳縣，屯丁、苗兵二千二百名，准其添設屯守備一員。其操演丁勇、苗兵，并槍械、軍裝、子藥督理、催租各事宜，均責令該守備專管，仍歸辰沅道統轄。至挑丁授田等事，仍照舊章歸廳縣管理，守備不得干預。所有守備員缺，由辰沅道會同營員，於熟悉屯務苗情之營員及屯千總內揀員詳送該督，題請升調。如果始終奮勉，照苗疆守備五年邊俸之例辦理。至該撫奏稱，原設屯弁四十員，分辦五廳縣屯務，實屬不敷，請添設屯把總二員、外委四員、額外外委四員，酌量派駐，與原設各屯弁分理屯務等語。查，前經該撫奏請，於湖南鳳凰等五廳縣添設屯千把、外委等官四十員。今該撫奏稱，鳳凰、乾州、永綏、古丈坪、保靖、瀘溪、麻陽七廳縣，先經開墾及苗人呈出田，共十二萬七千七百餘畝，請添設屯守備六員、把總等官十員，分駐鳳凰等五廳縣分理屯務。而此次瀘溪、麻陽二處應否分派屯弁，該撫并未分晰聲明。如開墾田畝在瀘溪、麻陽地方，距鳳凰五廳縣較遠，自應另酌添屯弁，以資經理。若仍在鳳凰等五廳縣境屬，可否即令原設屯弁四十員，并新添屯守備六員，就近分撥管理。或必須另添屯弁之處，應令該撫詳查具奏，到日再行核議。又奏稱，守備所需分例照依營制，守備每員歲支銀三百三十餘兩，把總每員歲支銀一百四十餘兩，外委每員歲支銀五十餘兩，額外外委照馬兵分例，每名歲支銀三十餘兩，共歲支銀二千六百七十餘兩。查近年鳳、永二廳屯丁，陸續開墾田二千六百九十餘畝，現屆成熟，請以召佃收租變價，足敷支給，統歸屯防案內，一并造報，毋庸另動帑項。并現在墾熟田二千六百九十餘畝，即行清丈，召佃收租備支，有無餘剩，核實造報等語。户部查前項請添設屯把總、外委、額外等官十員名，現經兵部議令查明，是否必須添設，另行詳議具奏。各該弁歲需分例銀兩，應俟復奏到日，户部再行核給。所有添設屯守備六員，既經兵部議准添設。其聲請照依營制，守備每員歲給分例銀三百三十餘兩，亦應如所奏辦理。仍令該撫將鳳凰、永綏二廳屯丁現在墾熟田二千六百餘畝，即飭速行丈清，召佃收租變價，爲支給添設守備分例之用，餘剩歸公。統於年終分別造册造部查核。至添設守備，應建衙署、刊給鈐記及一切應辦事宜，應令該撫另行妥議，到日再行核覆。再，此摺係兵部主稿，合并聲明。所有臣等遵旨核議緣由，理合恭摺具奏。

嘉慶十四年五月初九日，奉旨：依議。欽此。

部覆升調添設屯守備 嘉慶十五年二月准咨

兵部謹奏，爲遵旨核議具奏事。

內閣鈔出湖廣總督汪志伊奏，湖南鳳凰廳等處添設屯守備六缺請將韓仲富等升調等因一摺。於嘉慶十四年十二月初六日，奉硃批：兵部議奏。欽此。欽遵於本月初七日鈔出到部。臣等覆查嘉慶十四年四月內，經湖南巡撫景安奏稱，湖南鳳凰、乾州、永綏、古丈坪、保靖、瀘溪、麻陽七廳縣開墾屯田，并苗人呈出田土，共十二萬七千七百餘畝，僅設千把、外委等官，難資約束。請於鳳凰廳添設屯守備三員，永綏廳添設屯守備二員，乾州、古丈坪、保靖添設屯守備一員，分駐經理。所有守備員缺，於熟悉屯務苗情之營員及屯千總內，揀選升調等因。經臣部奏准在案。今據該督奏稱：查，有乾州協營守備韓仲富、鳳凰廳屯千總吳貴、張友升，永綏協守備李可仁，俱在苗疆打仗出力，歷升今職。候補守備鄭國鴻、丁啓麟，俱由雲騎尉管帶練勇打仗出力，學習期滿，引見發回本省，以守備題補。以上六員俱熟悉苗情，補授屯守備實屬人地相宜，足收駕輕就熟之效。在營守備應以隔府別營人員題補，此項添設屯守備六員，必須素能經理屯田，訓練丁勇，并苗弁、苗兵悦服愛戴者，方能勝任。查，韓仲富、吳貴、張友升、鄭國鴻、丁啓麟，均籍隸鳳凰廳，李可仁籍隸永綏廳。因該員等熟悉屯務苗情，合無仰懇皇上天恩，准以該員升調新設屯守備。如蒙俞允，請嗣後屯守備缺出，不拘本籍、外處，總以熟習屯務、苗情之員題補，以收實效等語。查，湖南鳳凰各廳縣添設屯守備六缺原因，管帶屯勇，督理催租等事，非熟悉苗情屯務之員，弗克勝任。自未便泥營守備之例，以隔府別營人員題補，該員等現在均無事故，應如該督所請。守備韓仲富准其調補鳳凰廳屯守備，李可仁准其調補永綏廳屯守備，候補守備鄭國鴻、丁啓麟准其補授乾州、古丈坪、保靖三廳縣。屯守備韓仲富、李可仁係對品調補，候補守備鄭國鴻、丁啓麟係世襲雲騎尉。學習期滿，引見奉旨發回本省，以守備題補之員，今補授屯守備，均毋庸送部。至該督請將屯千總吳貴、張友升補授鳳凰廳屯守備之處，臣等查定例，屯兵千總歷俸三年，始准保題。今屯千總吳貴、張友升歷俸未滿三年，與例不符。惟守備係新設之缺，必資熟手經理。屯千總內實無俸滿之員，亦應如該督所請，屯千總吳貴、張友升准其升署鳳凰廳屯守備。俟送部引見，俸滿後再行實授。恭候命下，行令該督將新設屯守備六缺駐劄處所，詳細造冊送部，再行分別給札。此項新設屯守備係專理屯務，與內地守備有經管地方緝捕之責者有間。應請嗣後屯守備缺出，毋庸照營守備隔府別營之例辦理，總以熟悉屯務并苗兵悅服之員題補。仍照原奏，於俸滿保送屯千總及苗疆守備內升調。如此量爲變通，於屯務邊防均有裨益。所有臣等遵旨核議緣由，理合恭摺具奏。

嘉慶十四年十二月二十日，奏旨：依議。欽此。

部覆五廳縣添設屯把總外委額外十員 嘉慶十五年三月准咨

兵部、戶部謹奏，爲遵旨核議具奏事。

嘉慶十四年十二月二十二日，內閣鈔出護理湖南巡撫布政使朱紹曾奏稱，湖南鳳凰等廳縣均屯田地陸續加增，原設屯弁四十員名，不敷經理。前撫臣景安會同督臣汪志伊奏請添設屯守備六員，并請另添屯把總、外委、額外外委十員名，分理屯務。經部核議，添設屯守備六員，係爲經理屯務、管轄丁勇起見，應准其添設。至請添設屯把總等官十員名，各分駐鳳凰等五廳縣，分理屯務。而瀘溪、麻陽二處應否分派屯弁，或即令原設四十員名，并新添屯守備六員，就近經理，或必須分派屯弁之處，應令該撫詳查具奏，到日再行核議等因。奉旨：依議。欽此。欽遵行飭查報在案。茲據護理辰沅道福順詳稱：各路田土雖坐落七廳縣地方，而屯田仍屬沿邊五廳縣分管，是以前請添設屯弁十員名，酌議分駐鳳凰等五廳縣分理。於九月內，值臬司傅鼐查閱苗疆，公同面商，各處屯田陸續加增，散布遼闊，非惟原設屯弁四十員名不能照料周到。即新設屯守備六員，亦祇能董率其事，勢難逐處經管。應請仍行另添屯把總二員、外委四員、額外外委四員，酌量派撥鳳凰、乾州、永綏、古丈坪、保靖，并附近瀘溪、麻陽等處經營，以裨屯務等情，具稟前來。經撫臣景安面加商定，苗疆田土陸續加增，屯務倍繁，自應准另添屯弁十員名，即於於屯弁、屯丁内以次拔補，以期經理無誤。其各該屯弁歲需分例銀兩，仍照原奏飭將續墾熟田二千六百九十餘畝召佃收租，同新設守備應得分例，分別按數支給，核實造報。會同督臣汪志伊恭摺具奏等因一摺。於嘉慶十四年十二月二十一日奏，奉硃批：該部議奏。欽此。臣等伏查嘉慶十四年四月，經湖南巡撫景安奏稱，湖南鳳凰等處七廳縣先後開墾及苗人呈出田，共十萬七千七百餘畝。原設屯弁四十員名，不敷經理。請添屯守備六員，把總等官十員名，分駐經理。經臣部核議，准其於鳳凰廳添設屯守備三員，永綏廳添設屯守備二員，乾州、古丈坪、保靖三廳縣添設屯守備一員。至瀘溪、麻陽開墾田畝，若即在鳳凰等五廳縣附近，可否即令原設屯弁及新添屯守備，就近分管，或必須另添屯弁之處，該撫并未分晰聲明，應令詳查具奏，到日再行核議等因。奏准在案。今據護理巡撫朱紹曾奏稱，據護理辰沅道福順詳稱：各路田土雖坐落七廳縣地方，而屯田仍屬沿邊五廳縣分管。是以前請添設屯弁十員名，酌議分駐鳳凰等五廳縣分理。於九月内，值臬司傅鼐查閱苗疆，公同面商，各處屯田陸續加增，散布遼闊，非惟原設屯弁四十員名，不能照料周到，即新設屯守備六員，亦祇能董率其事，勢難逐處經營。必須另添屯弁十員名，以裨屯務等語。應如所請，准其添設屯把總二員，外委四員，額外外委四員，派撥鳳凰、乾州、永綏、古丈坪、保靖，并附近瀘溪、麻陽等處，分司經理。即於屯弁、屯丁内以次拔補。仍令該撫將添設屯把總等官十員名，分派駐劄處所，造冊報部核辦。至所稱各該屯弁，歲需分例銀兩，仍照原奏，將續墾熟田二千六百九十餘畝召佃收租，同新設屯守備六員，應得分例分別按數支給，核實造報等語。戶部查，前項屯守備六員，先經兵部議准添設，其聲請照依營制，守備每員歲給分例銀三百三十餘兩之處，亦經戶部議准，并令將鳳凰、永綏二處屯丁續墾成熟田二千六百餘畝，召佃收租變賣，除支給守備分例銀兩外，餘剩歸公應用，年終造冊送部備查在案。今該撫奏請，增設屯把總等官十員名，既經兵部議復，准其增設。所有各該屯弁分例銀兩，現據聲請照依營制，把總每員歲給銀一百四十餘兩，外委每員歲給銀五十餘兩，額外外委每員歲給銀三十餘兩，亦應如該撫所奏，准其於續墾田租變價項下，按數分別支給，統於年終核實造冊，送部備查。再，此摺係兵部主稿，合并聲明。所有臣等遵旨核議緣由，理合恭摺具奏。奉旨：依議。欽此。

部覆屯守備調取引見 嘉慶十五年七月准咨

兵部咨開：武選司案呈，准湖南巡撫汪咨稱：接准咨，添設屯守備六缺，韓仲富准其調補鳳凰廳屯守備，李可仁准其調補永綏廳屯守備，候補守備鄭國鴻准其補授永綏廳屯守備，丁啓麟准其補授乾州、古丈坪、保靖三廳縣屯守備，屯千總吳貴、張友升俱歷俸未滿，准其升署鳳凰廳屯守備。行令將新設六缺駐劄處所造冊報部，再行分別給札等因。今擬將韓仲富駐劄鳳凰廳新場堡，李可仁駐劄永綏廳螺獅墰，鄭國鴻駐劄永綏廳花園城，丁啓麟駐劄乾州廳城，吳貴駐劄鳳凰廳得勝營，張友升駐劄鳳凰廳北關，造冊報部，并請給札前來。應將該員等駐劄處所注冊。查，韓仲富、李可仁係現任守備對品調補，鄭國鴻、丁啓麟俱係候補守備，應各給與札付，令其任事。吳貴、張友升俱係屯千總升署屯守備，例應引見。經本部奏明，俟引見後再行給札在案。應令該督即行給咨，該員等赴部引見後，再行給與札付，令其赴任知照該督可也。

詳明屯守備經管事宜 嘉慶十五年湖南布政使司朱紹會

爲詳明屯備經管事宜以專責成事。

案奉憲臺批：據署辰沅道姚道詳稱，竊照鳳、乾、永、古、保五廳、縣添設屯守備六缺，業將駐劄處所造冊詳賚憲臺查核，一面通行五廳、縣知照，并行飭該屯備等各在案。其各屯備應辦事宜亦應分晰指明，以專責成。查屯防事件，首重清查田畝。從前原奏內各路屯田，專設屯弁以資經理。今查鳳凰廳之新場堡，鳳凰廳之得勝營，乾州廳城，永綏廳之花園城，永綏廳之螺獅墰，各駐屯守備一員，係專管屯務而設。該備等自應督同各弁，將各丁佃承種田畝同嘉慶十四年詳明加增碉丁地土，實力稽查。如有移丘換段并屯丁私行典賣，以及屯丁病故并無子孫承頂而其田土爲他人隱匿盜種者，隨時確查究辦。遇有屯田水衝沙壓，親詣勘明，據實具報。東作之際，催令丁佃及時耕種。如有佃戶疲乏以及病故、辭退，即會同廳縣并知會屯長，另行召佃，勿致田畝荒蕪。或遇旱潦，該備等亦會同廳縣知會屯長，詣勘實情，報道調劑。時屆秋收，即嚴催各佃將是年應納租穀照數上倉。倘有玩佃拖欠及混請減租，即行比究。所轄屯倉穀石，雖有屯長經理出納，其有無短虧，該備亦應稽察。所轄屯丁遵照原奏，於每年收割後，自十月初一日起，至次年正月底止，逢三、六、九日開操。仍於春、夏、秋三時，農工稍暇之際，不時演習。内有農業不勤、技藝不熟，甚或不守屯規、酗酒滋事以及擅離碉卡、倩人頂替者，概行責革。有逃匿者，一面通報，一面緝拿。其老病逃故及緣事斥革所遺丁缺，隨時申移道廳縣選補。年終造具各屯丁花名、家口細册，送道、廳查核。所轄各屯弁俸餉、馬乾及屯丁紅白惠賞，由該備等核明赴道請領給發，并扣明弁丁截曠，造册報道備查。其屯丁存貯公倉穀石於每月支領時，令其先赴該管屯弁衙門領取印票，再向屯長支頒，以憑查核。遇有屯弁及百總、總旗、小旗缺出，由該備會同廳縣挑選，送道考核，分別詳委。碉卡、墻濠、屯倉如有傾圮，勘明報道，聽候修整。其僅止小有損壞，即飭該弁等督令屯丁隨時補葺。軍裝、藥鉛督同各弁妥爲經理，并隨時收檢。各廳縣苗兵，該備等照依詳定分管苗寨，管轄各處集場，務當好爲彈壓，毋許市儈侵欺。倘有奸民擅入苗地及不肖兵役私入索擾，立即拿解廳縣懲究。所轄苗寨内，如有藏匿槍械、椎牛祭鬼、糾衆仇毆以及裝瘋不法等事，隨時稽察，申移道廳縣立時拿究。至鳳凰廳北關屯守備一員，係專爲管帶練勇而設。從前原奏鳳凰廳現設屯弁内，酌派千總二員、屯把總二員、屯外委一員、屯額外二名，飭令管帶備戰練勇，勤慎操演。今該備自應督同各弁，照依營制，勤加操演，以成精銳。如有技藝生疏、擅離頂替及不守屯規、老病無用者，即分別責革。一面挑選餘丁，由廳送道驗補。遇有逃匿，嚴行緝究。并查明逃勇係何弁專管，申報道、廳、照依營制參處。拔補各屯弁及百總、總旗、小旗，由該備挑選，移廳送道考拔，分別詳委。百總、總旗操馬，會否膘壯足額，隨時查驗。所轄各屯弁及各勇鹽糧、馬乾、紅白惠賞，由該備核明，赴道請領，該備等會廳給發。各練勇支食口糧，令其先赴該管屯弁處領取印票，再向屯長支頒，以憑查核。年終造具花名、家口細册，送道核查。軍火、器械、旗幟妥爲經管，如有短缺、損壞，呈請添置修補。該備等務須督同各弁，實力遵辦。倘廢馳貽誤，責有攸歸。其民苗户婚、田土詞訟及挑丁授田等事，該守備不得干預，是否有當，理合具文詳請察核，批示飭遵等情。奉批：布政司核明移遵具報。仍候撫部院批示。繳。又，奉前護撫部院批：所議章程均屬周妥，布政司會同按察司轉移護道，飭令各屯備遵照辦理。仍候督部堂批示各等因。奉此，本司等復查鳳凰、乾州、永綏、古丈坪、保靖五廳縣添設屯守備六員，其一切應辦事宜，原應明晰議定章程，指飭遵守，以專責成。既據該署道具詳，到司查核。所議各事宜，均屬周備。除遵奉轉移該道督飭各屯守備，務須實力奉行，毋稍遺誤廢馳外，緣奉前因，理合具文呈報。

詳明添設屯守備分管地方 嘉慶十五年 湖南布政使司朱紹曾

爲詳明屯守備分管地方、以專責成事。案奉憲臺批：據署辰沅道姚道詳稱，竊照鳳凰、乾州、永綏、古丈坪、保靖五廳縣添設屯守備六缺，業將駐劄處所造册詳齎查核，并行飭各該屯備赴任理事在案。惟查各廳屯備，原以督率屯弁辦理屯務，并稽查苗情而設。其分轄地方必須劃清界限，方足以專責成。除駐劄鳳凰廳北關屯守備一員係專管操防練勇，并駐劄乾州城屯守備一員係專管乾州、古丈坪、保靖三廳縣屯務，毋庸置議外，其駐劄鳳凰廳新場堡、鳳凰廳得勝營、永綏廳花園城、永綏廳螺螄壋各屯守備，所管屯弁、屯丁田畝租穀以及稽察苗情等事，應分定地方，令其各依界址管轄，庶免彼推此諉。當經行飭鳳凰、永綏二廳妥議。去後，茲據署鳳凰廳同知翟敏詳稱，遵將卑廳上下五峒及麻陽、瀘溪二縣一切屯田事務，按照地方遠近派撥該守備分管。茲議：駐劄新場堡屯守備一員，分管上五峒之大汊、都桐、治牙、都羅、黃羅、水田、木林七約，并本城約及中、前兩營苗寨，并麻陽屯田事務。駐劄得勝營屯守備一員，分管下五峒之都吾、務頭、麻良、溪口四約，并左、右兩營苗寨及瀘溪縣屯田事務。又據署永綏廳同知諸加杏詳稱，遵查永綏廳添設屯守備二員，原以督率屯弁、辦理屯務、稽查苗情而設。其分轄地方，自應取其地界毗連相近及各寨苗情熟悉，方足以專責成而收實效。遵即會同駐劄花園屯守備鄭國鴻、駐劄螺螄壋屯守備李可仁，於卑廳所屬屯弁及苗寨地方周歷查勘，悉心安議。查，自鎮溪屯起，至龍泉屯、連山屯、安慶屯、豐和屯、興盛屯、楊柳屯、常寧屯、清平屯、洞口屯、太平屯止，向係花園屯千總管理，自應撥歸花園屯守備管轄。其六、七、八三里苗寨均屬相近，亦應歸於花園屯守備分管，以便稽查。又，自永豐屯起，至小溪屯、石牛屯、長慶屯、木山屯、裕饒屯、湖水溪屯、弭諾屯，向係茶洞屯千總管理，自應撥歸螺螄壋屯守備管轄。九、十、五三里苗寨亦屬毗連，應歸於螺螄壋屯守備分管各等情。據該署道復查無异，理合具文詳請憲臺俯賜察核，批示飭遵。奉批：仰南布政司核明移遵具報。仍候撫部院批示檄。又，奉前護撫部院批：據詳已悉。布政司會同按察司移飭遵照辦理。仍候督部堂批示。此致各等因。奉此，本司等復查鳳凰、乾州、永綏、古丈坪、保靖五廳縣添設屯守備六員。除駐劄鳳凰廳北關屯守備一員係專管操防練勇，并駐劄乾州廳營城屯守備一員係專管乾州、古丈坪、保靖三廳縣屯務，已有專責外，惟駐劄鳳凰廳之新場堡、得勝營，永綏廳之花園城、螺螄壋屯守備四員，原未劃分界址指定地方管轄。既據該署道具詳，督飭鳳、永二廳會同各屯備，悉心履勘，劃分清楚。除轉移督飭遵守外，緣奉前因，理合具文呈報。

詳請頒給添設屯守備關防 嘉慶十五年湖南布政使司朱紹曾

爲遵旨等事。

本司等查得綠營副將以下人員，凡屬獨營及職任中軍，有經管兵馬錢糧之責者，俱經大部頒給關防在案。今南省苗疆及各廳縣均田屯勇，奉文新設屯守備六員。內鳳凰廳三員，永綏廳二員，乾州、古丈坪、保靖三廳縣一員。原奏責成各弁操演丁勇、苗兵，并經管槍械、軍裝、子藥，督理催租等事。茲辰沅道以此外，尚有屯倉租穀并屯弁俸餉，練勇鹽糧，百總、總旗馬乾，丁勇惠賞，歲修經費各項，均須守備查核造冊，移申廳道轉詳。似此，在在關係緊要，與綠營中軍經管錢糧之責者無異。且新設屯防千總以外僅設守備，亦與獨營無殊。千把均有鈐記，守備自應請給關防，稍示區別。苗疆重地，彈壓宜嚴，應請由部鑄給關防，以昭信守而資彈壓。是否有當，相應將送到關防字樣轉造清冊，具文詳請憲臺俯賜察閱，題請鑄給，并請將清冊咨送大部核辦。再，辰沅道聲稱，該守備等現已到任理事，其所請部頒關防，到省尚須時日，請先行刊發木質鈐記應用。候由司飭令理問，暫行照式刻給鈐記，給發應用。應候部頒關防鑄給來南，飭令呈繳查銷。合并聲明。

詳請頒給添設屯把總、外委鈐記
嘉慶十五年湖南布政使司朱紹曾

爲詳咨事。

奉憲臺札：據署辰沅道姚興潔詳鳳凰、乾州、永綏、古丈坪、保靖五廳、縣并附近瀘溪、麻陽二縣，添設屯把總二員、外委四員、額外外委四員，分司經理屯務。該屯弁等均有管理屯務之責，必須給發鈐記，以昭信守而專責成。除額外一項毋庸頒給外，其把總、外委均應頒給鈐記。又，鳳凰廳舊司坪原駐屯外委一員。今議移駐靖邊堡，應請更換鈐記，以昭核實。其原頒鈐記，俟發換到日再行呈繳。合將駐劄扼要地方，酌擬字樣造冊，詳請批司刊給等情。奉批：仰布政司查照冊開各鈐記，轉飭理問迅速督匠照式刊刻，移道給領具報冊并發，仍繳等因。奉此，并准該道造册移司刊給前來。本司等查該道造册添設屯把總、外委應刊鈐記，核與前奉憲臺會奏添設屯弁員名數目相符。其鳳凰廳舊司坪原駐屯外委一員，今既移駐靖邊堡，所有原頒鈐記自應更換應用。除飭令理問所照依該道擬定字樣，并查照歷來營弁刊刻鈐記式樣，長二寸四分，闊一寸三分五釐，用梨木刊刻鈐記正字，四圍背柄點錫包裹，移道給領應用，并移飭將原領舊司坪屯外委鈐記呈繳查銷外，查各營武職官弁應用鈐記由司刊頒，例應將刊刻字樣造册詳咨大部立案。又，從前設立屯弁所需鈐記，係照營制例由司刊頒，亦經將刊刻字樣造册詳咨在案。今添設屯把總二員、外委四員及移駐屯外委一員，需用鈐記由司刊頒緣由，相應造具清册，詳請憲臺俯賜查閱，咨送大部查核。

計開：

添設屯把總二員：鳳凰廳分駐舊司坪堡屯把總鈐記，永綏廳分駐高巖倉屯把總之鈐記。

添設屯外委四員：鳳凰廳管理軍裝局屯外委之鈐記，乾州廳分駐坪朗堡屯外委之鈐記，永綏廳分駐螺螄壪屯外委之鈐記，鳳凰廳分駐麻陽縣拖衝屯外委之鈐記。

移駐屯外委一員：鳳凰廳分駐靖邊堡屯外委之鈐記。

部覆屯守備、屯千總歸入營員軍政案內辦理
嘉慶十七年四月准咨

湖廣總督馬爲通行事。

嘉慶十七年四月初五日，准兵部咨開：職方司案呈，兵科鈔出本部題前事一案，相應鈔單行文湖廣總督可也。計單一紙，內開：兵部謹題爲題明考選軍政事。該臣等查得，定例內武職官員五年一次考選軍政，臣部會同都察院、兵科、京畿道查核題覆等語。又經臣部奏准，巡捕營及各省綠營武職提鎮大員，均由特簡。把總末弁向不入軍政，其自副將以下、千總以上，例歸考核。請將副將以下、守備以上等官於二十員准薦一員，千總於十四員准薦一員。至河東、河標等營及將軍標并派駐屯種駐劄人員，爲數均屬無多，未便計缺定額。應令各該管大臣隨時察核，果有人材出衆，准其薦舉一員，以示鼓勵。嗣後凡遇軍政之年，或合式人員不敷定額，則寧缺毋濫。仍於本內聲明缺額幾員，下次仍可照依定額。倘有濫舉充數，即將原保上司照例議處等因在案。查嘉慶十二年十月起，至嘉慶十七年十月，又屆軍政之期，相應具題請旨。俟命下之日，臣部通行內外各衙

門，遵照節年欽奉諭旨及條奏各款查核辦理。副將以下官員應卓异者，查照定額，照舊卓异，於各例人員不敷，寧闕毋濫。應劾官員確案實蹟，詳細登注，通爲一本參奏。其不入計典照常留任者，并令填注考語，造册送部，俱於嘉慶十七年十月以内具題到部。十一月，臣部會同都察院、兵部、京畿道察核具題。臣等未敢擅便，謹題請旨，於嘉慶十七年二月初一日題，本月初二日奉旨：依議，欽此等因到本部堂。准此，除移行遵照辦理外，查湖南省嘉慶十四等年内，奏准添設屯守備六員、屯千總六員。兹值軍政之年，應否將該屯守備、千總歸於湖南省營員之内，一體薦舉卓异參劾及照常留任，分别題咨。抑或以屯守備、千總爲數無多，隨時查察核辦。毋庸歸於營員軍政案内辦理，舉劾之處，事屬創始，相應咨詢。爲此合咨貴部，請煩查核，迅賜示覆，以便遵辦施行等因。嘉慶十七年八月初四日，准兵部咨開職方司案呈，准湖廣總督馬咨稱，湖南省嘉慶十四年内，奏准添設屯守備六員、屯千總六員。兹值軍政之年，應否將該屯守備、千總歸於湖南省營員之内，一體舉劾，抑或隨時查察辦理，毋庸歸於營員軍政案内辦理之處，事屬創始，相應咨部示覆等因前來。查，湖南省苗疆處所新設屯守備、千總等官十二員，爲數無多，毋庸計缺定額。其舉行軍政之處，自應歸入該省營員額缺之内，一體辦理，咨覆該督可也。

詳覆綏靖鎮稟請分撥鎮筸練勇 嘉慶二十年 辰沅道姚興潔

爲移會確核妥議事。

嘉慶十九年十一月二十日，蒙前署藩憲徐咨開，本年十月初二曰，奉督部堂馬批，據綏靖鎮海稟，裁汰永綏廳標兵，議撥鳳凰練勇駐劄花園等緣由。奉批：查鎮筸練勇，係爲鳳凰廳四面環逼苗巢而設，因地制宜已久，未便輕議更張。仰南布政司，即再移會辰永沅靖道，并案確核，妥議覆奪。此繳。稟鈔發等因。批司移道。准此，除三廳標兵，業經另案詳奉奏請裁汰，毋庸置議外，伏查三廳苗情，良莠不齊，惟鳳凰廳左、右二營黑苗最爲强悍，桀驁難馴。當改土歸流以來，鎮筸即設有鎮道、廳營，扼要控制。乾州、永綏各營，從前本係歸鎮筸鎮管轄。平苗案内，始分設鎮協。而綏靖一鎮，僅分左、右二營兼轄保靖一營，營制輕重懸殊。其自嘉慶二年戡定以後，鳳屬上下五峒仍被花、黑等苗時出焚掠，鎮乾大路，被其梗塞，且擾及辰、浦、麻、瀘等處後路，民村亦難安枕。經傅臬司在廳任内，竭盡心力，百計防維。先於後路安扎堡，於沿邊修建碉卡、墻濠。一面招募勇丁，多方訓練，親身帶頒，不避險阻，往來堵禦，血戰數十次，稍鋤强梗。迨鳳屬邊備漸密，復將曬金塘、舊司坪、黃土坳等處險要各寨以次鵰剿，匪苗始不敢出擾。至嘉慶十年，又將苗巢極深之高都、兩頭羊等匪寨剪除，積惡净盡。又收繳槍械，以絶根株。全局震懾威稜，方知真心嚮化。是以鳳苗剿撫幾及十載，沿邊碉卡多至八百餘座，守邊屯勇定以四千人。鳳屬士民首倡屯田養勇，於本境均出歸公田土。又均麻、瀘民田，以資屯守。其餘苗弁、苗兵，亦皆倍於各廳。誠以鎮筸苗寨既較永、乾多至數百，而廳志所稱四十八寨苗獠自來兇悍，地勢情形亦非乾、永可比。歷年以來，蒙前各憲洞察鎮筸苗情吃重，爲楚邊之咽喉，後路之屏障，計圖久安長治，不遺餘力。嘉慶十年，又蒙升任撫憲阿親歷苗疆，酌籌經久章程。奏准挑募鳳凰廳練勇一千名，專駐鎮筸，留備攻戰之用。先後添設守備一員、千總二員、把總二員、外委二員、額外二名，責司管帶，常川合隊操演。而一千名之內，設有馬糧三十分，及百總、總小旗、戰守，名目俱全。又照營制演習陣圖，分設鳥槍、弓箭、藤牌技藝。於鎮城特設教場，并修建勇房二百間，屯弁各衙署官房，以資棲止。興潔在鎮與傅臬司同歷戎行，多年共事，深知其經營安設，均非易易。蓋以留此練勇一千名，在於鎮筸則威聲不替，足以潛制黑苗狡悍之心，并非安不忘危，虛糜糧餉，在可裁、可分之例也。若夫永綏苗情本較馴順，前因裁定時，撤出苗寨營汛，以厚兵力。廳城孤懸苗巢，又因黔邊未經修守，不足示威，匪苗仍得逞其譸張，然亦祇在本境不靖。迨廳員內移花園，與綏靖鎮同城，協營改駐茶洞，鎮協官兵一律撤至沿邊安札。自八排寨起，至老鴉塘止，計程四十九里係永綏協汛地。自依棲汛起，由廳城至導橋汛止，計程五十四里係綏靖鎮汛地。統計沿邊共僅一百零三里，聲威已極聯絡。其西面黔邊於楚、黔兩省會議修守案內，并已建築碉卡，互爲聲援。又於螺螄壋地方，新設楚省守備一員、弁兵二百名，更爲周匝。即北面茶洞，雖與四川之洪安汛接壤，中隔一河。該處既設有協將大員，重兵駐守，自可無虞。又查鎮筸西南一路，自四路口起，經廖家橋、樂濠、浪中江至貴州之亭子關止，又自浪中江至落潮井各交界止。東北一路，由四方井歷得勝營、曬金塘、舊司坪，至乾州之木林坪交界止。沿邊共計長二百三十五里。其中，碉卡林立，并設邊墙一百餘里。較之永綏一廳，其險要綿長。又早經各大憲按臨鈞察，無俟贅陳。至謂永苗倘有滋事，若恃鳳凰之練勇爲援，鞭長莫及。殊不思當日永苗龍六生、石宗四滋擾兩案，皆經傅臬司在廳任內，帶同興潔率領練勇前往剿辦，一戰而定。且嘉慶六年，黔省石峴匪苗滋事，亦經興潔隨同傅臬司帶勇協辦，巖屯溝、上下潮等寨，即行蕩平。雖隔省數百里之外，深寨苗巢亦曾資練勇援剿。即興濚接署道篆以後，如前此姚樟等覬覦苗地，糾衆不法，及乾州之莊上坪苗人，邀約抗租，流言四起。又經興濚酌帶練勇前往彈壓，立時查拿究辦，節經奏報在案。是練勇雖駐劄鳳凰廳，而於乾、永等處聲息相通，非同袖手旁觀也。伏思苗疆邊備皆係因地制宜，自傅枲司故後，疊次欽奉諭旨，恪守舊章，不得更易。練勇專駐鎮筸，久已相安，日久若果可以分撥，各前憲亦必早經籌畫。今海鎮臺稟請撥練勇三四百名駐劄花園，固為防維永綏一隅之地起見，似未將全邊苗情輕重大局通盤計慮。況此次海鎮臺議裁三廳標兵，誠以有用之兵，置之無用之地，故將標兵議裁。今又稱分駐練勇，則所汰標兵可免無歸，廳員辦公不致掣肘等語。一百標兵既稱無用，又何須添此數百練勇乎？是其前後辭意，亦屬互異。至練勇按期操演時，須合隊用壯聲威。若分駐各廳，勢必情形渙散，漫無統率，轉有兵單之慮。且各項事宜皆須紛紛更易，兼恐窒礙難行。又每年應給鹽糧，半係徵收瀘、麻租穀，分別變價支給。照傅枲司所定各處應解數目，由各廳解交，并非悉由永綏辦解。此項穀石亦斷不能在永綏廳全行變售，即籌款支銷。已奉撫憲核定，恐亦非分撥練勇再能撙節靡費也。緣奉飭議，合將鳳凰、永綏實在情形縷晰陳明，而事關更易舊章，誠如督憲批示：因地制宜已久，未便輕議。理合具文，申覆。

詳明屯弁催租核計功過 嘉慶十二年湖南布政使司翁元圻

為遵批議詳事本司，查苗疆各廳縣均田屯勇，設立屯備弁各員，除管帶練勇之屯備弁專營操防外，其餘備弁原議責成催租、查田等事。前因屯防田土原定租籽，每年收不足數。當奉委員按田履勘，按則核實酌減。奏准，定以每年額租九萬九千九百八十八石三斗九升。較之原額已減去五千五百石。佃力已紓，催徵自易。乃十九年租籽，甫經定額。據辰沅道查報，徵至十二月中旬，尚短至二萬數千之多。實屬各屯備弁催租不力，因循怠玩所致。若不分別黜陟，示以勸懲，殊於屯務有關。應如該道所議，此後屯備弁催徵租籽，按其定額，核其收數之多寡。如能按數收清者，懇予記名升拔。收不足數者，分別記過停升。俟次年帶徵完繳足數，再與開復。若缺額數多而催徵不力者，即行參革。而督催之該管屯守備，亦按盈絀分別黜陟。經管屯租之屯長，亦於截數時，分別獎賞革退。責成該道於每屯租截數時，秉公分別通詳辦理。所有十九年屯租承催屯弁功過，俟截數後，即由該道查照現定章程，彙案稟辦，以昭懲勸。緣奉批議，理合核議。詳請憲臺察閱批示。

通飭丁勇對調章程 <small>嘉慶二十年辰沅道姚與潔</small>

　　照得屯丁專論功業，練勇全資技藝，是以分設備弁，各歸專轄。本屬兩不相涉，立法不容混淆。嗣因練勇中間，有曾經出師，年老難任差操，請調歸屯，以終餘年。前道念其勞績，准於屯丁對調，不過格外施仁，并非作爲定例。乃查，邇來調屯調隊，該備弁等紛紛轉詳，竟若視爲常例。甚至有守勇而請調屯百總，散總而請調戰馬勇者。相率效尤，殊屬不成政體。推求其故，練勇本無功業，或自知技藝平常，或病老不勝差操，恐經本官斥革，於是夤緣調屯，即可於己身溫飽以終，并可爲子孫世承其業。是以無業之人，一旦變爲有業，而屯丁本有功業，因受該勇賄囑，乘其年力精壯兼有技藝，亦遂願調歸隊。及歸隊之後，稍不遂欲，仍得自成功業，求補屯丁，并或抹煞前案，復改歸屯。是有業之人，仍得不失其業。至於戰守勇請調屯百總，不惟遇有額外缺出，便得與考。并且再請調換回隊，即可不必考拔，而自得馬糧。種種機巧，莫此爲甚。若不明定章程予以限制，日久相沿，益滋弊竇。嗣後凡有丁勇呈請調換者，該管屯備弁一移冊檔所，查明願調歸屯之練勇，必須有業歸公柱下，曾否補丁或補過幾丁，尚有餘業，并實係陣亡之子孫冊載有名，核與補丁之例相符，方准歸屯。一移北關守備考驗。願調歸隊之屯丁，如果藝技可觀，年力精壯，方准歸隊。丁業勇藝兩相符合，然後再由北關守備會同冊檔所委員，會銜詳廳復核賣道，并止准散丁與守勇對調，屯小旗、總旗、百總准與隊小旗、總旗、百總各以其次對調，概不得越次。詳請既調之後，無論年分遠近，并不得再請調回，以杜倖進而絕賄弊。除先經准調之丁勇姑免改撤外，合行通飭。爲此，札仰該廳即便轉飭，遵照通飭章程辦理，毋任徇違。切切。此札。

屯備弁勇丁總數

一、屯弁

　　鳳凰、乾州、永綏、古丈坪、保靖五聽縣，於嘉慶十年，酌籌湖南苗疆均屯經久章程案內，奏設千總六員，把總八員，外委十三員，額外十三名，共四十員名。又於十四年，奏請添設屯守備六員，把總二員，外委四員，額外四名。通計五十六員名。

鳳凰廳：

北關屯守備一員，專管操防練勇；管帶同全坡練勇屯千總一員；分帶把總一員；屯外委一員；屯額外一名；管帶新場堡練勇屯千總一員；分帶屯把總一員；屯外委一員；屯額外一名；軍裝局屯外委一員；子藥局屯額外一名；新場堡屯守備一員，分管上五峒之大汉、都桐、治牙、都羅、黃羅、水田、木林七約，并本城約及中、前兩營苗寨，并麻陽縣屯田事務；分駐永安卡屯千總一員；分駐羅天寨屯外委一員；分駐浪中江屯外委一員；分駐永安卡屯額外一名；分駐廳城西倉屯額外一名；分駐新場倉屯額外一名；分駐麻陽縣城屯把總一員；分駐麻陽縣巖門屯外委一員；分駐麻陽縣拖衝屯外委一員；分駐麻陽縣石羊哨屯額外一名；得勝營屯守備一員，分管下五峒之都吾、務頭、麻良、溪口四約，并左、右兩營苗寨及瀘溪縣屯田事務；分駐得勝營屯千總一員；分駐舊司坪屯把總一員；分駐定勝卡屯外委一員；分駐靖邊卡屯外委一員，原駐舊司坪，嘉慶十四年移駐。分駐得勝營屯額外一名；分駐瀘溪縣浦市屯把總一員；分駐瀘溪縣四都坪屯外委一員；分駐瀘溪縣狗壋巖屯額外一名。

乾州廳：

乾州屯守備一員，駐廳城，專管乾州古丈坪、保靖三縣；屯務。分駐新街堡屯把總一員；分駐坪郎堡屯外委一員；分駐灣溪屯外委一員；分駐馬頸坳屯額外一名；分駐大壩坪屯額外一名。

古丈坪廳：

分駐古丈坪龍鼻嘴屯把總一員，分駐古丈坪屯額外一名。

保靖縣：

分駐保靖縣屯外委一員，分駐印山臺屯外委一員，分駐水蔭塲屯額外一名，分駐馬路堡屯額外一名。

永綏縣：

花園屯守備一員，分管鎮溪、龍泉、連山、安慶、豐和、興盛、楊柳、常寧、清坪、洞江、太平十一屯屯務，并六、七、八三里苗寨；分駐花園屯千總一員；分駐花園屯額外一名；分駐獅子橋屯把總一員；分駐吉洞坪屯外委一員；分駐龍團倉屯額外一名；螺螄壋屯守備一員，分管永豐、小溪、石牛、長慶、木山、裕饒、潮水溪、弭諾八屯屯務，并九、十、五三里苗寨；分駐茶洞堡屯千總一員；分駐茶洞堡屯額外一名；分駐弭諾屯把總一員；分駐高巖倉屯把總一員；分駐潮水溪屯外委一員；分駐螺螄壠屯外委一員。

一、練勇

鳳凰廳備戰練勇一千名，百總十名，總旗二十名，百總、總旗各給操馬一匹。小旗一百名，以上共一百三十名，再於散丁內挑選一百七十名，共足三百名，令其教習各丁。散丁八百七十名。

二、屯丁

鳳凰廳：屯丁四千名，百總四十名，總旗八十名，小旗四百名，散丁三千四百八十名。上五峒一千名，下五峒三千名。

乾州廳：屯丁六百名，百總六名，總旗十二名，小旗六十名，散丁五百二十二名。

永綏廳：屯丁二千名，百總二十名，總旗四十名，小旗二百名，散丁一千七百四十名。

古丈坪廳：屯丁一百名，百總一名，總旗二名，小旗十名，散丁八十七名。

保靖縣：屯丁三百名，百總三名，總旗六名，小旗三十名，散丁二百六十一名。

以上五廳縣共屯丁七千名。計百總七十名，總旗一百四十名，小旗七百名，散丁六千零九十名。

附老幼殘廢丁：

鳳凰廳老幼丁一千二百名。

永綏廳老幼丁八百名，殘廢丁三百名。

以上二廳，共老幼殘廢丁二千三百名。

土弁苗兵總數

鳳凰廳：

中營苗守備二名、千總四名、把總七名、外委十七名，左營苗守備二名、千總三名、把總七名、外委十四名，右營苗守備四名、千總七名、把總三十名、外委二十五名，前營苗守備三名、千總六名、把總三十名、外委二十四名。以上四營苗守備、千把、外委共一百五十一名。挑留斬守苗兵二千名，計戰兵四百名，守兵一千六百名。

乾州廳：

左營苗守備四名、千總六名、把總三十名、外委二十五名。以上苗守備、千把、外委四十八名。挑留斬守苗兵八百名，計戰兵一百六十名，守兵六百四十名。

永綏廳：

五里苗守備二名、千總二名、把總四名、外委八名，上六里苗守備一名、千總三名、把總六名、外委十名，下六里苗守備一名、千總二名、把總五名、外委九名，上七里苗守備一名、千總三名、把總四名、外委八名，下七里苗守備一名、千總三名、把總六名、外委十二名，八里苗守備二名、千總三名、把總四名、外委十一名，九里苗守備二名、千總六名、把總五十名、外委二十六名，上十里苗守備一名、千總三名、把總七名、外委十六名，下十里苗守備一名、千總三名、把總六名、外委十五名。以上六里苗守備、千把、外委共二百一十二名。挑留斬守苗兵一千八百名，計戰兵三百八十名，守兵一千四百二十名。

古丈坪廳：

苗守備一名、千總二名、把總四名、外委十二名，以上苗守備、千把、外委共十九名。原額挑留苗兵一百名。俱係守兵。

保靖縣：

苗守備四名、千總九名、把總十二名、外委三十一名，以上苗守備、千總、把總、外委共五十六名。挑留戰守苗兵三百名，計戰兵六十名，守兵二百四十名。

以上五廳縣共設苗守備三十二名，千總六十五名，把總一百二十六名，外委二百六十三名，總共四百八十六名。挑留苗兵五千名，計戰兵一千名，守兵四千名。

奏會籌酌給新設土備弁餉銀摺 嘉慶二年湖廣總督畢沅

奏爲會籌酌給苗疆新設土弁餉銀以資撫輯，恭摺奏請聖鑒事。

竊查鎮筸所屬之四營、永綏所屬之六里，地方遼闊，向係群苗錯處之區。臣等查照和琳奏定章程，於各路降苗內擇其明白曉事、眾所推服者，照各省土官之例，酌放土守備、土千把、外委等缺。其苗户較多之處，每一寨有放二三土備者。其苗户較少之處，有以一土備兼管數寨者。其下層次放有土千總、外委，隨同管理苗民。除前此驗充拔補外，臣等續又隨時驗放。共計前後所放苗弁，自守備以至千把、外委，約四百餘人。該土備等頂感皇上深仁厚德，遇有差遣，無不踴躍爭先，力圖報效。惟查該苗弁等現既得有官職，此後凡有苗人爭鬥竊盜等事，自應責成伊等查辦。且苗疆戡定，現在清查田產、撫馭苗寨，正值伊等分頭辦之時。往來聽差，不無所費。若不酌給錢糧，恐其藉端刻薄苗人，轉滋弊竇。伏查和琳具奏善後各條内，請給該苗弁等錢糧。仰蒙皇恩允准在案。臣等查四川屯練降番案内，土守備一名每年給銀二十兩，土千總一名每年給銀十六兩，土把總一名每年給銀十二兩，土外委一名每年給銀八兩，今此項，苗弁僅令管束本處苗民，本與川省雜谷、金川之屢奉征調者有間，自應酌量遞減，以示區別。臣等會籌酌議，將苗守備一名每年給銀六十兩，苗千總一名每年給銀十二兩，苗把總一名每年給銀八兩，苗外委一名每年給銀六兩，另行籌款，歸於鎮算道，按季支放。計算苗備一名每年所得餉銀十六兩，尚不及各營戰兵一年餉額。其下各弁以次遞減。在外委一名，更不比守糧一分。得此四百餘名苗弁，遇有地方差遣等事，較之添設官兵數百名，更爲得力省費，事半功倍。如蒙聖慈俞允，該苗弁等既得體面又得餉銀，自更互相效順，不敢爲匪。實屬籠絡羈縻、以苗治苗之良法。此項苗弁現俱點充給札，將來察看苗衆是否始終悦服，仍令該管文武隨時查核，稟請督撫提臣等分別升降、賞革，以示勸懲。再，保靖縣自改土歸流以後，所屬十六都内有六、七、八三都地方，專管苗人寨落，亦應一體設立苗弁，酌給餉銀，以資約束。合并聲明。除俟設定之後，分別造册咨部查核外，所有會籌酌給苗疆新設土弁銀兩，理合恭摺具奏。

嘉慶二年四月初三日奉硃批：軍機大臣會同該部詳議具奏。欽此。

前案部議 嘉慶三年正月准咨

户部咨開：湖廣司案呈，先准暫署湖廣總督姜昇咨稱，據湖南布政、按察兩司會同糧儲道、鹽法道詳稱，准兵部咨，大學士等奏，酌給苗疆新設土弁餉銀一摺。嘉慶二年四月初九日，奉旨：依議。欽此。當經移行遵照辦理。去後，茲准辰沅道成寧造具驗放苗弁姓名、寨落清册，移送前來。查，册開乾、鳳、永三廳及永順、保靖二縣，共設苗守備三十二名，苗千總六十五名，苗把總一百二十六名，苗外委二百六十三名。以上總共四百八十六名。苗守備每名每年給銀十六兩，共需銀五百一十二兩。苗千總每名每年給銀十二兩，共需銀七百八十兩。苗把總每名每年給銀八兩，共需銀一千零八兩。苗外委每名每年給銀六兩，共需銀一千五百七十八兩。以上四項，總共需銀三千八百七十八兩。每年應給銀兩，請照依乾隆四十七年鎮筸等協營額設苗目工食之例，在於司庫地丁銀內動支。所有本年應給各苗弁工食，應請自嘉慶二年四月初九日奉旨之日起，至年底止，先由辰沅道在於撥解留防軍餉銀內動支，由司在於地丁款內解還歸款。至嘉慶三年，應給銀兩由辰沅道赴司請領，按季支發。每年將發過各苗弁工食銀兩分晰造冊，送司專案咨銷。理合將送到清冊及每年應給苗弁餉銀細數，并應動銀款，具文咨請戶、兵二部示覆等因。隨經本部將湖南乾、鳳、永三廳及保靖、永順二縣從前議覆摺內，設立苗弁四百餘人，今請添設四百八十六名。應否照議之處，移咨兵部定議，咨覆過部，以便核辦。去後，今於嘉慶二年二月，准兵部咨稱，據該督冊造苗守備、千總、外委四項，分晰地方添設，共計四百八十六名。本部核與原議相符。相應咨覆戶部等因前來。查，先經軍機大臣議覆，原任湖廣總督畢沅等奏，鎮筸所屬之四營、永綏所屬之六里，地方遼闊，向係群苗錯處之區。照各省土弁之例，酌放土守備等缺。自守備以至千把、外委，前後所放約四百餘名。惟該苗弁等既得有官職，若不給予錢糧，恐其藉端勒索，刻薄苗人，轉滋弊竇。應酌量苗守備每名每年給銀十六兩，苗千總每名每年給銀十二兩，苗把總每名每年給銀八兩，苗外委每名每年給銀六兩。另行籌款歸於鎮筸道，按季支放。至保靖縣自改土歸流之後，所屬地方有係苗人寨落，自應一體設立苗弁，酌給餉銀，以資約束。統俟設立之後，分別造冊咨部。經本部行文該督撫等，遵照在案。今據兵部覆稱，該督冊造苗弁共計四百八十六名，核與原議相符。所有該署督聲稱：新設苗守備三十二名，每名每年給銀十六兩。苗千總六十五名，每名每年給銀十二兩。苗把總一百二十六名，每名每年給銀八兩。苗外委二百六十三名，每名每年給銀六兩。統共需銀三千八百七十八兩，請照依鎮筸鎮協營額設苗目工食之例，在於司庫地丁銀內動支。所有本年應給各苗弁工食，自四月初九日奉旨之日起，至年底止，先由辰沅道庫於撥解留防軍餉內動給。仍俟領到地丁解還歸款。至嘉慶三年應給銀兩由該道赴司請領，按季支放。每年將發過銀兩造冊專案咨銷之處，均應如所咨辦理，仍咨覆該督可也。

詳請土備弁謁見文武官員儀注 嘉慶十四年辰沅道傅鼐

爲請定儀注頒發飭遵事案。

據鳳凰廳苗守備麻老貴、龍老那、吳文道、龍老至、龍老拿，署守備吳老滿、吳包良、歐老管、吳顯科、龍老有、龍發保，乾州廳苗守備吳永和、石柳補、吳老貴、麻石超，永綏廳苗守備龍八月、石添爵、歐再理、張子貴、石文茂、龍長官、石記三、麻老凍、龍老冬、麻老耳、石旺文、石雙喬，古丈坪廳苗守備石把七，保靖縣苗守備石兆全、梁世榮、龍五官、向把文等，呈稱：竊苗備等於嘉慶元年内，蒙各大帥奏奉天恩，授以官職，令管束散苗辦理一切事件。彼時地方雖已戡定，苗情尚未寧静，各苗弁謁見文武官員之日尚少。自嘉慶十年剿辦永綏匪寨之後，各處苗人均已歸誠嚮化，於内地民人無異。苗備等凡遇地方公事，常川來城謁見。除鎮道、廳協、營縣係地方大憲及專管之官，自應具銜名手本叩頭跪見。其餘文職如教佐各員，武職如千把、外委等營，苗備等謁見之時，應如何行禮，遇有公事是否俱用稟呈，途中相遇應如何回避，均未奉有明示。苗備等生長邊隅，未識禮節，誠恐稍有僭越，則獲咎匪輕。理合具稟臺前，俯賜詳請大憲頒發儀注，以便永遠遵行，實爲公便等情。據此，查湖南省苗疆各廳縣從前祇設立百户。自嘉慶元年苗疆善後事宜案内，奉各大帥奏准，鳳凰、乾州、永綏、古丈坪、保靖五廳縣，共設苗守備三十二名，苗千總六十五名，苗把總一百二十六名，苗外委二百六十三名。由廳縣保舉送道驗看，具詳撫、督憲咨移提軍會印，給札拔補，令其管束散苗并委辦苗務。該苗備弁等謁見鎮道、廳協、營縣，係地方大員及專管之官，自應具銜名手本叩頭跪見。其謁見佐雜及營守備、千總、外委應如何行禮，遇有公事是否均用稟呈，從前議設苗官時，并未奉有明文，職道署中亦無例案可稽。兹據各苗備弁請示前來，理合具情轉詳憲臺，俯賜察核。查明苗備弁等謁見佐雜及營守備、千把、外委各官儀注，頒發飭遵。爲此具詳。

酌定拔補苗弁章程飭知 道光二年護辰沅道張應蛟

爲飭知事。

照得鳳、乾、永、古四廳及保靖一縣，地方遼闊，群苗雜處。從前原設百戶、寨長，約束苗人。嘉慶元年，苗疆善後事宜案內，因百戶等人微權輕，苗衆不能聽其約束，經宮保伯部堂和奏准，酌量寨落多寡，設立苗守備、千總、把總、外委，責令管束苗人。凡苗人格鬥竊盜等事，即著落該苗弁等緝拿辦理，并經管遞送公文、應付差使，職任攸關，未可草率。茲核原奏內稱，擇其明白曉事、衆所推服者點充，由督撫衙門給札，歸地方官鈐束。而於該苗弁等事故出缺，其應如何考拔之處，未經議及。撿查歷年辦過成案，或送道驗拔飭詳，或拔定詳道核轉辦理，殊覺參差。惟思弁缺大小各殊，各廳縣道路遠近不等，若均由廳縣撿拔具詳，固屬漫無區別，然俱令紛紛送道驗拔，又恐曠職誤公。酌定嗣後遇有苗弁缺出，除附郭鳳凰廳，無論守備、千總、把總、外委，照舊送道驗拔飭知詳辦外，其乾州、永綏、古丈坪、保靖各廳縣，應先將苗弁出缺緣由具文報道。如守備、千總由廳揀選年深幹練應拔之弁二三名，開具履歷事實，保送赴道驗取拔補。如把總、外委徑由廳縣查驗拔補，詳道核轉。其拔補所遺係千總缺，仍照前由廳縣送道驗取辦理。係把總、外委缺，仍照前由廳縣驗拔具詳。如是立定章程，庶歸畫一而昭慎重。此札。

苗弁札付

湖南巡撫部院、湖廣總督部堂、湖南提督軍門。爲給札事。

　　照得楚南三廳苗人向俱設有該管百戶，勾攝地方公事，歸於三廳文武衙門約束。百數十年以來，均極安帖。先年因有不法癲苗，妄作不靖，幸蒙皇恩寬大，剿撫兼施，凡有效順良苗，胥得安居。所有一切差徭章程，經前部院、部堂、軍門會同籌定，以期永遠遵行。因苗衆生齒日繁，良莠不一，僅設百戶經管不足以資彈壓。爾等苗人中明白曉事者頗不乏人，以苗官治苗人，管束查察，自爲得力。奏明，按照各營分，添設苗守備、千總、外委等官，層遞約束，酌分界址，點派員名，以專責成。茲遴選得苗寨長某堪以承充某寨苗外委，除另行刊刻條記頒發外，合就給札。爲此札，仰該苗外委某即便遵照。嗣後，爾等應歸文武各地方官鈐束。遇有要緊公務，聽候調遣，該管界內苗人聽爾約束。凡有口角細故，許爾秉公調處。如有不安本分、作奸犯科者，即拿解本轄文武衙門，以憑訊審辦理。務須嚴切稽查，隨時訓約。俾得各安寨落，長享昇平。爾果能一秉至公，衆心悅服，定即按等以次升擢。倘致怠惰偷安，貽誤公事，或任性驕縱，或派累滋事，以至苗情携貳，定即斥革究辦，按法創懲，勉旃毋忽。所有禁約各條，開列於後。須至札者。

計開：

一、督撫、提鎮查閱營伍，巡視邊境，務於交界處所伺接，以備查詢地方情形。

一、文武人員巡閱，經由苗地需用人夫，該外委即傳所管苗人，與漢人一體當差聽候。按名、按日照例給價。其餘一切官員往來，苗地均應自雇長夫，概不准沿途擅行索用，以杜擾累。

一、苗境內塘汛，漢兵業經裁撤，其往來大路原設塘汛處所，著落該外委照依所管界址，挑選妥幹苗人，分別安設防守，專司遞送文報，并公務差遣。仍候酌給錢糧，以示體恤。

一、苗境內出產硝磺處所，現經地方官嚴查封禁。所有苗民私蓄鳥槍，亦經給價收買，以期淨盡。嗣後，該外委務須隨時稽查，如有私行偷挖、配造火藥及私製鳥槍者，立即拿獲，解交該管廳官衙門究辦。倘敢漫不經心，一經查出惟該外委是問。

一、民苗買賣業經酌定，在於交界處所設立場市，定期交易，務須彼此公平，不得居奇昂價。除飭地方官嚴禁田畝易換什物，以杜侵占、盤剝外，該外委每遇場市之期，稽查彈壓，毋許爭競滋事。

一、添設官員原爲綏靖苗疆起見，該外委時加訓飭，俾得共曉大義。除苗民口角微嫌，許爾就近調處外，倘遇鬥格傷人以及搶奪偷竊等事，立即拿解，該管廳官衙門聽候訊辦，毋稍疏懈。

一、地方風俗，日久相沿，總以安靜爲主。惟爾等苗寨向有聚衆吃血、彼此仇殺，名爲打冤家。其風斷不可長。又有託名禳解、宰牛做鬼，妄播謠言，均係違條犯法。嗣後，爾等苗民如有彼此欺凌之事，該外委等即應善爲調處，并呈明文武衙門，秉公伸理。如做鬼等事，不但毫無應驗，徒使搖惑人心，而且費用不資，有誤生計。該外委應於所管寨落善爲開導禁止，以歸淳樸。

附錄禀挑練選鋒按月捐廉給獎以期悉成勁旅
光緒五年辰沅道但湘良

再禀者：竊查湘省自用兵以來，歲需浩繁，現在司道各庫日形支絀，欲求補救之方，惟有撙節之法。前奉憲臺飭將防黔各軍調回楚邊，酌量去留，仰見大人於慎重餉需之中，仍寓保衞地方之意。第留防各軍能暫而不能常，不如操習額軍可戰，而亦可久。查，鎮篁除鎮標額兵經唐鎮訓練已見成效外，道標練勇一千名，素稱精銳。從前迭奉，調派隨征，所向有功。近來邊境肅清，練勇安閑，難保不暇逸怠惰。夫征調事非恒有，而訓練亟宜講求。如果紀律嚴明，同心努力，則邊防可備（千）［市］城之選。即行軍亦有禦侮之師，而西路各防營亦可漸議酌裁，以節餉需，而收實效。^{職道}猥以輕材，謬膺重任。到任以來，當即嚴定章程，將道標練勇責成備弁，按月分期操演，由^{職道}隨時校閱。其疲弱無用者，即行裁革，另選拔充，并於額內陸續挑取技藝嫻熟膂力尤壯者三百人，仿照選鋒之法練爲親兵，預備調遣。并非格外添募於口糧外，按月捐給獎賞，以示鼓勵。數月以來，兵情踴躍，操練已有可觀。餘仍陸續勤加訓練，以期悉成勁旅。此皆^{職道}分所當爲，何敢瑣瑣上瀆？惟念大人垂廑邊徼用，敢將現在情形附陳，是否有當，伏祈訓示祗遵。

附錄_稟挑練勇按月捐給獎銀，各勇咸知感奮

光緒六年辰沅道但湘良

敬再稟者：竊照^{職道}前稟於道標練勇一千名，內挑選技嫻力壯者三百名練爲親兵，預備調遣，按月捐廉，給予獎賞，以示鼓勵，餘仍勤加訓練緣由，接准臬司咨奉憲臺批示：道標勇丁向稱精銳，如勤加訓練，自可悉成勁旅。今該道督率備弁按月分期操演，并挑選技嫻力壯者三百人，仿照選鋒之法，由道按月捐給獎賞，於地方大有裨益，仰即如稟立案等因。奉此，^{職道}遵即明定章程，按月由道親加校閱六次。每次賞犒銀二十餘兩，迄今將及一年，各勇咸知感奮，技藝極爲嫻熟，可資禦侮。其餘練勇亦經督飭備弁按月操演。^{職道}仍當認真訓練，務期精益求精，毋任始勤終懈，藉以仰副大人修明武備之至意，合將挑選練勇三百名，按月捐廉給養，訓練成熟，緣由具稟憲臺查核。

卷十三　儲備考经费附

部覆准撥司庫留備銀兩發道分別備用買穀
嘉慶十一年五月准咨

准戶部咨開：湖廣司案呈，准湖南巡撫阿咨稱，據署布政司呈詳，照得苗疆均屯告藏，酌議經久章程八條，籌捐存貯銀穀一款，所以備荒歉而資接濟。現在臚列具奏，并聲請於司庫內，籌撥銀三萬兩，發交傅道，以二萬兩先買穀二萬石，分撥收貯，以一萬兩存貯道庫備用。業經抄錄原奏條款，札行遵辦存案。查苗疆附近一帶，現在糧價正平，亟應乘時買貯。而歸屯丁勇業已停支鹽糧，此時即有應行墊支之項，自當迅速籌撥，以資接濟。即於司庫內，先行籌撥銀三萬兩，委員解交辰沅傅道查收辦理。仍將籌撥銀款及委員銜名、起解日期，具文報查等因。當經成升司詳請，於留備項下借動銀三萬兩，委員解交辰沅道，并聲明此案俟奉到硃批，再行咨部查核。其所借銀兩，應俟嘉慶十一、十二兩年，在於攤扣三成軍需銀內動支歸還。茲值成前司升任卸事，所有任內經管各款錢糧，現須造具收支，交代冊結移交。前項借動銀兩，尚未詳咨，似應先行咨部立案。除將條奏章程，俟奉到硃批，再行恭錄成本詳咨外，合先敘詳咨部立案等情，相應咨達等因前來。查先據該撫等具奏，酌擬苗疆均屯經久章程八條內，籌捐存貯銀穀，以備荒歉，并資接濟一款。據稱各路屯丁、練勇，豐稔之年足敷食用。惟年歲豐歉靡常，必須預爲籌備。查湖南軍需內，有例不准報銷等銀九十五萬三千餘兩。於巡撫、兩司、道府、州縣養廉內，每年攤扣三成，約銀三萬兩。應扣至嘉慶二十四、五年清完。懇請展扣二年，將嘉慶十一、十二兩年約扣銀六萬兩，留爲捐備之用，先於司庫籌款借撥。本年先行籌撥銀三萬兩，發交辰沅傅道，以二萬兩先買穀二萬石，分撥收貯。以一萬兩存貯道庫備用等因。經大學士等議准覆奏在案。今據該撫咨稱，苗疆附近一帶，現在糧價正平，亟應乘時買貯。而歸屯丁勇業已停支鹽糧，此時即有應行墊支之項，自當迅速籌撥，以資接濟。經升任藩司成寧於司庫留備項下，借動銀三萬兩，委員解交辰沅道庫所借銀兩，應俟嘉慶十一、十二兩年，在於攤賠三成軍需銀內動支歸還。所有前項借動銀兩，先行咨部立案。其條奏章程，俟奉到硃批，再行恭錄成本咨送等語。

本部查，前項借動藩庫銀三萬兩，核與議復原奏相符，應准其借動。仍咨該撫遵照原奏，飭令辰沅道傅鼐，以二萬兩於糧價平減之區買穀二萬石，分撥鳳凰、乾州、永綏、古丈坪、保靖等廳縣收貯。以一萬兩存貯道庫，俾資接濟。仍於該撫等應得十一、十二兩年養廉銀內攤扣歸款，并將扣還各款按年分晰報部查核。其道庫存貯銀兩，各廳縣分貯穀石，年終造冊送部備查，并知照湖廣總督可也。

部覆准撥司庫地丁銀兩解道分別備用買穀

嘉慶十一年六月准咨

准戶部咨開：湖廣司案呈准，湖南巡撫阿咨稱，據署布政使巴哈布詳，苗疆均屯告藏酌議經久章程八條內，籌捐存貯銀穀一款，共需銀六萬兩。先於司庫留備協餉項下借支銀三萬兩，委員解交辰沅傅道彈收。以二萬兩先買穀二萬石，分撥歸貯，以資接濟。以一萬兩存貯道庫備用。詳請咨部在案。茲於嘉慶十年地丁銀內，動借銀三萬兩，將一萬兩委員解交辰沅道彈收，存貯道庫備用。其餘銀二萬兩，暫行另款存貯司庫。并移該道於應行采買之時，再赴司庫請領辦理。除將續借十年地丁銀三萬兩，俟入於嘉慶十年民賦奏銷冊內，開造報部查核。仍俟十一、十二兩年三成軍需銀兩扣收時，另行歸還報部。理合詳請咨部查核立案等情，相應咨達等因前來。查，先據湖南巡撫等具奏酌擬苗疆均屯經久章程內，籌捐存貯銀穀，以備荒歉，并資接濟一款。據稱，各路屯丁、練勇，豐稔之年足敷食用。惟年歲豐歉靡常，或遇青黃不接之時，必須豫爲籌備。查，湖南平苗軍需案內，有例不准報銷等銀九十五萬三千餘兩。於巡撫、兩司、道府、州縣養廉內，按年攤扣三成，約銀三萬兩。應扣至嘉慶二十四、五等年清完，懇請展扣二年。將嘉慶十一、十二兩年約扣銀六萬兩留爲捐備之用，請先於司庫籌款借撥。將二萬兩發交辰沅道存貯道庫。遇有應行借墊之項，詳明動撥，隨時歸補。動銀四萬兩，於糧價平減之區，采買穀四萬石，酌撥鳳凰、乾州、永綏、古丈坪、保靖等廳縣收貯。如遇年歲歉收及青黃不接之時，詳明借支接濟，秋後免息收還。仍將十一、十二兩年攤扣養廉，先儘歸還。此項借款，再行接扣軍需賠項等因。經大學士公阿等，會同本部議准，覆奏在案。嗣據該撫咨報，先於藩庫留備協餉項下，借動銀三萬兩，委員解交辰沅道。以二萬兩先買穀二萬石，分撥收貯，以一萬兩存貯道庫。所借銀兩，將嘉慶十一、十二兩年攤賠三成軍需銀兩歸還等因。經本部覆准，亦在案。今據該撫咨稱，續於嘉慶十年地丁銀內，動借銀三萬兩。將一萬兩委員解交辰沅道，存庫備用。其餘銀二萬兩，另款存貯司庫。今該道於應行采買之時，赴司請領辦理。所有續借嘉慶十年地丁銀三萬兩，俟於該年民賦奏銷冊內造報。仍將十一、十二兩年三成軍需銀兩，扣收歸還等語。本部查，與議覆原奏相符，應准其借動。仍咨該撫轉飭，遵照原奏分別辦理。并將扣還借款，并道庫存貯銀兩，以及各廳縣分貯穀石，按年分晰造冊，報部查核。并知照湖廣總督可也。

會奏屯田被旱欠租分別蠲緩摺

嘉慶二十四年湖廣總督慶保、湖南巡撫吳邦慶

奏爲苗疆本年各屯田租穀因旱歉收，并歷年積欠佃租催追無完，籲懇天恩，可否分別緩免，仰祈聖鑒事。

竊照湖南苗疆均田屯勇，設立屯防，徵收佃租，以爲歲需經費。所有苗屯各佃承種官田，原皆由民均出，并有苗人退出歸公，均在山岡高阜，地皆磽瘠，絕少塘堰灌溉。每遇水旱不齊，即致收成歉薄。苗屯各佃，皆係貧苦，所納額租又較輸賦爲重。是以逐年不無蒂欠，不得不緩帶徵還其不敷經費，歷年墊款支放。本年苗疆夏間雨澤愆期，屯田早、中二稻并山莊包穀被旱枯槁，多致無收。惟晚稻、雜粱續霑雨澤，稍獲收成。據護辰沅永靖道袁廷極稟稱，苗疆額徵屯租九萬九千餘石，今飭據屯防委員及屯備弁勘明，各廳縣屯田被旱歉收，等次不一。統計牽算，僅可收租至六萬餘石。計與額租歉收三萬餘石，爲數較多，無力墊用，應請預爲籌款支放等情。當經臣等批飭藩司委員確勘。去後，嗣據委員沅州府知府藍嘉瓚、武岡州知州許紹宗前往會同按畝履勘。實因苗屯佃種官田，皆係瘠薄之區。今夏被旱較重，收成即至大歉。覈實總計，苗屯無收佃租，鳳凰廳一萬一千七百一十五石零，乾州廳一千九百七十五石零，永綏廳八千一百五十一石零，古丈坪廳二百九石零，保靖縣一千九百三十八石零，麻陽縣七千六百五十六石零，瀘溪縣四千三百三十五石零。總共無收佃租三萬五千九百八十三石零。委無捏飾情弊，各廳縣造具清冊，并該委員造具印結，由司道議請，分年緩帶徵還。并請將嘉慶十六、十九、二十、二十一、二十三等五年，苗屯佃戶積欠各租蠲免，以紓佃力等情。詳奏前來臣等伏查，本年苗疆屯田因旱歉收，業經委員等查勘確實，所有歉收租穀三萬五千九百八十三石零。

若仍向各佃於本年催徵全完，未免佃力拮据。合無仰籲聖恩，緩至嘉慶二十五年秋後，分作三年帶徵完足。其嘉慶十六年苗屯佃欠租穀一萬三千一百二十八石零，十九年欠租八千六百五十石零，又二十年欠租一千五十二石零，二十一年欠租二千五百九十八石零，二十三年因被蟲傷歉收，并佃欠共一萬四千九百四十五石零。俱經該道等逐年詳明，所有經費均係墊用，總共積年佃欠未完租穀四萬三百七十六石零，均係實欠在佃。該道等屢次催追無完，并無以完捏欠情事。查苗屯各佃歷年積欠佃租，至四萬三百餘石。若此時一并帶徵催追，不但各佃力有未逮，且恐有名無實。本年恭奉恩旨，蠲除積年民欠。據該護道稟稱，苗玍各佃望澤孔殷，紛向籲求援，照民欠豁除。臣等伏思佃欠與民欠原屬無異，可否恭懇，逾格鴻慈，俯照民欠積逋，准與蠲免，以廣皇仁而揚聖德。惟查苗疆經費，歲支有常，每年額徵佃租九萬九千九百餘石，豐歲始能照數收足，歉收之年止收至七萬石。豐歉牽算，可收八萬餘石。而每年應支正籌各款經費，共需穀八萬七千餘石。經前撫臣籌款設立儲備銀穀，遇有歲歉，經費不敷，始准動用。均經前撫臣廣厚於十九年清查均屯籌補儲備案內，奏蒙聖鑒。本年佃租因旱歉收，多至三萬五千餘石，現在奏請緩帶徵還。其二十五年屯防經費，自應先行籌款動墊。臣等現飭查照原案，於儲備項下暫行借動支用，俟帶徵租穀歸補原款。其十六年佃欠穀一萬三千一百二十八石零，不敷經費，業經前撫臣廣厚於十九年奏案籌捐補足。惟十九、二十、二十一、二十三、四等年，佃欠二萬七千二百餘石，不敷經費，均經該道等墊款動用。其所墊實在銀數，臣等現與藩司翁元圻，并該護道等確查，案據熟籌歸補，容俟定議另行奏聞。謹合詞恭摺具奏。伏乞聖上睿鑒訓示，謹奏。奉硃批：另有旨。欽此。嘉慶二十四年十二月十二日，內閣奉上諭慶保等奏，苗疆屯田欠交租穀，懇恩分別蠲緩一摺。湖南苗疆屯田，地本磽瘠，歷年俱有蒂欠。今夏雨澤愆期，收成歉薄，若照舊催追，佃力不無拮据。著加恩將鳳凰等廳縣本年無收佃租三萬五千九百八十三石零，俱緩至二十五年秋後，分作三年帶徵，以紓佃力。再本年普免天下積欠銀糧，所有苗屯佃欠，自十六年至二十三年，共未完租穀四萬三百七十六石零，并著加恩一體蠲免，以示朕惠洽邊民，普視同仁至意。欽此。

會奏借款發商生息以資苗疆經費摺

嘉慶二十五年湖廣總督慶保、湖南巡撫李堯棟

奏為苗疆經費支絀頻年墊用無歸恭摺，奏懇聖恩俯允酌籌借項生息以資供給還款而垂久遠事。

竊照湖南辰沅永靖道，所轄苗疆周圍七百餘里。界連黔、粵，與各種苗瑤錯處，最關緊要。嘉慶十年，前撫臣阿林保等設立均屯於籌議章程案內奏明，將各廳縣土民均出田畝，除分給各路防守屯丁自耕自食，并撥與備戰練勇付佃收租，作爲應支口糧、鹽菜外，餘田所收租息，以供各屯弁應得俸餉，及歲修碉卡，并一切籌銷外款之用。并因儲備必不可缺，奏請於通省攤捐三成軍需項下展扣兩年，共銀六萬兩。以二萬兩存貯道庫，以四萬兩采買穀四萬石，分貯廳縣各倉，以備歉歲缺收，借給屯練口食，及緩急不時之需。籌畫本屬周妥，惟各廳縣土民等，均出各田畝，多係磽瘠之地，且苗疆跬步皆山，水旱偶有不齊，收成即至歉薄，屯丁既鮮蓋藏，佃戶復多拖欠。因而數年之間，將儲備銀穀一項借墊殆盡。經前撫臣廣厚於十九年奏准分別捐賠，并將攤捐三成軍需請再展扣一年，歸補貯備在案。茲自十九年以來，頻年又多借支。而十九年至二十三年，佃欠未完租穀二萬七千二百餘石。業經臣等奏，蒙天恩准予豁免。聲明道庫墊用經費，另籌歸補。又二十四年苗疆被旱歉收，各佃欠交租穀三萬五千九百八十餘石。復蒙恩准，緩至本年秋收後分作三年帶徵。其例需經費，仍須道庫墊發。現據護辰沅永靖道袁廷極，以前次續補儲備銀穀，又將動用無存，會同署藩司敢良，詳請籌補以資接濟等情。前來臣等查苗疆重地，經費斷不可少，儲備亦不可廢。從前撫臣阿林保等以均田分撥抵給屯練、丁弁口糧，及各項應用之款，祇係按照各田畝例納租穀之數計算。嗣於十九年，即經撫臣廣厚飭查確實，奏明苗疆每年應額徵正餘租穀，九萬九千九百餘石。每年應支弁丁俸餉鹽菜、口糧正款及籌銷外款，共穀八萬七千一百餘石。如果豐收足額，尚有盈餘。但歷年所收租穀，總不過八九萬石及七萬石之數。豐歉牽算每年祇可收穀八萬石等語。應支必不可少之經費，需穀八萬七千一百餘石。而所收均田之租穀，牽算僅有八萬石。核計每年所短經費，以穀折銀，均約短至六七千兩。即無佃欠及因災蠲緩情事，亦屬不敷支放。而正銷外銷應用各款，皆係前任道員傅鼐悉心議定，詳請奏准施行，又不可輕議裁減。致令現在鎮道廳縣於撫綏駕馭或有掣肘之處，但因動用儲備之款旋補旋缺，六七年後甫行清理一次，未免遲緩，并涉煩瑣。且積貯所重者在防備緩急，亦非專爲墊放俸餉及籌銷外款而設。若仍援照前案，再請展扣攤捐三成軍需，以爲撥補轉令司庫待補之。正款日久虛懸，亦不過徒爲目前補苴之計。臣慶保上年在湖南時，即與臣李堯棟彼此面商，必須另籌一經久之策，方與苗疆有裨。而飭查司庫，又別無閑款可動。伏思我皇上化行干羽，苗民懷畏德威，至今馴服安帖，實屬從來所未有。前此設立屯防，屯丁應給口糧，即與兵餉無異。原以分有均田，可資費用，不請動支正項。今均田租穀因豐歉不齊，收無足額，致頻年入不敷出。臣等受恩深重，既已深悉情形，自當據實陳明，通盤籌畫。現復往返札商，熟思審計，與其屢請展扣攤捐三成軍需銀兩，合無籲懇皇上天恩，俯准於湖南藩司庫內，借動徵存地丁銀十萬兩，發交漢岸殷實商人，分領管運。按月一分行息，每年應繳息銀一萬二千兩。由湖北鹽道催收，分作兩次解交湖南藩司。即以五千兩，先行撥還此次借動地丁項下，陸續歸補十萬兩本款。其餘七千兩，全行轉發辰沅道庫，先儘當年應支正款經費不敷之用。責成該道於籌銷外款一項，撙節經理。再將所餘銀兩，無論多寡，儘數歸於儲備項下，陸續歸補。蒙恩豁免佃欠之墊給經費穀銀二萬七千二百餘兩，及歷年借用外銷之款。似此分別籌辦，不特苗疆經費無虞支絀，儲備銀兩得歸實貯，即現借之地丁本款，亦可按年收回歸補，不致虛糜。一俟扣還地丁本銀，及補足借動備貯原款後，則苗疆可得息銀一萬二千兩，經費更覺充裕。加以存本十萬兩，添作備貯原款，尤爲緩急足恃，屯防悉臻完備矣。如蒙俞允，臣等即當轉行遵照，飭取領銀各商花名清册，報部存查。并飭湖南藩司，於每年收到撥還借動地丁銀五千兩，隨時報部候撥。其辰沅道支用應給正款屯餉不敷銀若干兩，令於年底造册，移司轉詳咨部。又籌銷外款一項，雖經各前撫臣奏明，毋庸報部，應飭將實在需用，同不敷若干之數，按年造報督撫兩衙門稽查。俾知有所節制，而照覈實。臣等實因苗疆非腹地可比，經費與儲備并重，亟須從長計議起見，謹合詞恭摺具奏。伏乞皇上睿鑒，訓示。謹奏。

嘉慶二十五年五月二十七日，內閣奏上諭：慶保等奏苗疆經費支絀請借項生息以資供給還款一摺。湖南辰沅永靖道所轄苗疆，前經設立均屯，將租穀應支弁丁俸餉、鹽糧，以及歲修碉卡之用。又於攤捐軍需項下儲備銀穀，借給屯練口食。嗣因歉收借墊，雖經捐賠歸補，又以豁免佃欠，經費漸形支絀，自應籌補接濟。着照所請，准其於司庫借動地丁銀十萬兩，發交漢商生息。每年繳息銀一萬二千兩，先以五千兩撥還借本，其餘七千兩全發道庫，支應各款，并歸補豁免佃欠，分晰造報。俟歸補全完，其存本十萬兩及歲收息銀均作爲備貯專款，以備儲蓄而垂久遠。欽此。

奏屯田被旱徵租不足經費短缺，請先借通米經費款支給摺

嘉慶二十五年湖南巡撫李堯棟

奏爲本年苗疆屯田因旱歉收，徵租不足，并帶徵上年佃欠無完，經費短絀，恭摺籲懇天恩，俯准分別緩帶徵還，請先動借銀兩，以供支給，仰祈聖鑒事。

竊照前據護辰沅道袁廷極具報，本年苗疆地方，夏雨稍稀。民間田畝，均有

塘堰灌溉，收成六七分不等。惟均田，本係民間捐出并苗人退出歸公，多在山岡高阜，土皆磽瘠，且少塘堰。中、晚二稻并雜粱收成，統計僅止五分有餘。各佃補種秋蕎，正在長發。九月初九等日，連次大雨，山水陡發，多被沖刷等情。

當經臣飭藩司委岳常澧道多賚親詣確勘，并於恭報雨水情形摺內，奏蒙聖鑒在案。茲據委員岳常澧道多賚，前往按畝履勘核實，綜計屯田無收佃租：鳳凰廳，計穀一萬四千五百九十七石零；乾州廳，計穀三千九百一十四石零；永綏廳，計穀一萬九百七石零，又土租三千七十二石零；古丈坪廳，計穀二百七石零；保靖縣，計穀二千二百六十七石零；麻陽縣，計穀八千一百三石零；瀘溪縣，計穀四千六百二十九石零。總共無收佃租穀，四萬七千六百九十八石零。

實因夏間被旱歉收，補種秋蕎，復被山水沖刷，并無捏飾情弊。各廳縣造具清冊，并該委員加具印結。由司籌議，詳請具奏前來。臣查苗疆屯田租穀，每年額徵九萬九千九百八十餘石。本年因旱歉收，補種秋蕎，又被水沖，僅可收得租穀五萬二千二百九十餘石。歉收租穀，四萬七千六百九十餘石。該佃等，上年因旱歉收，業將無收佃租奏明，於本年起分帶徵還。今歲復又被旱，收成雖有五分有餘，若仍全行催徵，苗屯佃力未免拮据。

合無仰懇皇上天恩，俯准將本年歉收佃租四萬七千六百九十餘石，緩至明年秋後，分作三年帶徵完納。其應帶徵二十四年佃租穀三萬五千九百八十餘石，亦請緩至明年秋收後遞緩帶徵，以紓佃力。惟屯田租穀，應行支放屯弁丁勇俸餉、鹽菜、口糧，并修理碉卡，及籌銷外款，又續有加增各款，共歲需穀九萬四千五十餘石。每年全徵佃租穀九萬九千九百八十餘石，止餘穀五千九百三十餘石。今因旱歉收，僅徵穀五萬二千二百九十餘石，不敷穀四萬一千七百六十餘石。臣與藩司左輔及該護道袁廷極等，通盤籌計，查原設儲備銀二萬五百八十兩、儲備穀四萬石，原備歉收借動而設。因嘉慶九年以後，節年歉收動借，業於二十四年奏明在案。現在所存儲備穀數無多。本年因苗疆儲備無幾，經費頻年短絀，會同調任督臣慶保奏請借撥地丁銀十萬兩，發交湖北漢岸鹽商，按月一分行息，每年應得息銀一萬二千兩，分別歸還借款，并經費不敷之用。如有盈餘，儘歸儲備原款。奉旨：允准遵辦。但所收息銀項下至年終始能扣足一年交收。現在一切經費在，在需支所有本年佃租歉收，不敷經費穀四萬一千七百六十餘石。籌銷外款內，尚可節減穀九百二十七石六斗。實計不敷經費穀四萬八百三十餘石。以穀一石折銀一兩計，少經費銀四萬八百三十餘兩。應於司庫暫行借項支發。查司庫現有各屬公捐解還通米經費銀五萬一千餘兩，可以動借。并懇聖恩俯准，按數由司撥解道庫支用。仍俟帶徵變價歸還。如蒙俞允，再行動撥。其原設儲備銀穀，歷年動借支發。現在實應存貯數目，臣查尚有繆轇未清之處。現飭藩司率同委員等，與該護道逐一清算詳報，勿任稍有欺隱。所有苗疆因旱歉收佃租，議請緩帶徵還，及動借經費緣由，理合恭摺具奏。伏乞聖鑒、訓示。謹奏。

嘉慶二十五年十一月二十八日，奉上諭：李堯棟奏苗疆屯田被旱，懇請恩施并動借經費一摺。湖南苗疆屯田，本年夏間缺雨，收成歉薄，若仍照舊催徵，佃力不無拮据。著加恩將鳳凰等各廳縣，本年歉收佃租四萬七千六百九十餘石，俱緩至明年秋成後，分作三年帶徵。其帶徵二十四年佃欠租穀三萬五千九百八十餘石，亦着緩至明年秋後遞緩帶徵，以紓佃力。至支放屯弁丁勇俸餉，并修理碉卡等項，共不敷銀四萬八百三十餘兩，准其於司庫現存捐還通米經費銀兩，按數動借，俟帶徵佃租變價歸款。

該部知道。欽此。

部覆豁免屯防帶徵舊欠并動用儲備積貯
銀穀道光元年十二月准咨

戶部謹奏，爲遵旨議奏事。

內閣抄出，湖廣總督臣陳若霖、湖南巡撫左輔奏稱，湖南苗疆均田，歲徵租穀九萬九千九百餘石，以爲屯防經費之用。嘉慶二十四年，被旱歉收，各佃欠繳租穀三萬五千九百八十三石零。經前督臣慶保、前撫臣李堯棟奏奉恩旨，分作三年帶徵。嗣因二十五年復逢旱歉，各佃欠繳租穀四萬七千六百九十八石。又經前撫臣李堯棟等奏奉諭旨，俯准分年帶徵，并將二十四年佃欠租穀，遞緩徵收。統計兩年佃欠租穀共八萬三千六百八十一石零。除前護辰沅永靖道，參革沅州府知府袁廷極交出已徵匿報二十四年租穀一萬一千一百一十九石有奇，已將袁廷極奏參，另行審辦。并將穀收貯外，實在未完租穀七萬二千五百六十二石零，飭令辰沅永靖道於本年秋後實力帶徵。旋據該道趙文在，以民、苗各佃，因連年旱歉，力難完繳，籲懇奏免。并據各屯苗備弁查明實在情形，稟道轉據藩司錢臻核議詳奏。臣等復查苗疆地瘠民貧，該佃等終歲勤勞，所獲無多。在豐稔之歲，收穫穀石除納完額租外，僅供口食。一遇年歲歉收，輒形匱乏。且原佃逃亡他徙，另召頂耕。而新更之佃，勢難責令代人完欠。即本係欠租之戶，本年秋收租穀雖屬豐稔，而秋後雨水稍稀，山地雜糧未免收成較薄，各佃於完納額租之外，復帶徵二十四、五兩年緩徵租穀，體察情形，實屬力有未逮。合無仰懇皇上俯念苗疆連年旱歉，佃力實在拮据。將嘉慶二十四、五兩年未完租穀，共七萬二千五百六十二石零，恩准全行豁免。至前因苗疆經費不敷，動用儲備積貯穀，亟應乘時采買足數。臣等另行奏懇借款買補，以實邊儲等因。於道光元年十二月十一日，奉硃批：戶部議奏。欽此。

遵於本月十四日，鈔出到部。臣等伏查嘉慶二十五年十一月二十八日，奉上諭：李堯棟奏苗疆屯田被旱懇請恩施，并動借經費一摺。湖南苗疆屯田，本年夏間缺雨，收成歉薄。若仍照舊催徵，佃力不無拮据。着加恩將鳳凰等各廳縣本年歉收佃租穀四萬七千六百九十餘石，俱緩至明年秋成後，分作三年帶徵。其帶徵二十四年佃欠租穀三萬五千九百八十餘石，亦着緩至明年秋後，遞緩帶徵，以紓佃力等因。欽此。當經臣部行文該督撫，欽遵辦理在案。今據湖廣總督陳若霖、湖南巡撫左輔奏稱，嘉慶二十四、五兩年，苗疆屯田被旱歉收，各佃欠繳租穀共八萬三千八十一石零。除前護辰沅永靖道參革沅州府知府袁廷極，已徵匿報二十四年租穀一萬一千一百一十九石有奇，另行奏參審辦，并將穀收貯外，實在未完租穀七萬二千五百六十二石零。查苗疆地瘠民貧，在豐稔之歲，除完繳額租外，僅供口食。一遇歉收，輒形匱乏。本年稻穀雖屬有收，而秋後雨水稍稀，未免收成歉薄。各佃於完納正額外，復帶徵二十四、五年兩年緩徵租穀，實屬力有未逮。仰懇聖恩，將二十四、五兩年未完租穀七萬二千五百二十六石零，全行豁免等語。臣部查湖南苗疆均屯田畝，既據該督撫查明，地本瘠薄，民鮮蓋藏。一遇歉收，佃力即形匱乏。今據該督撫奏稱，本年秋收雖屬豐稔，而秋後雨水稍稀，未免收成歉薄。各佃於完納額租外，復帶徵舊欠租穀，實屬力有未逮。奏請將嘉慶二十四、五兩年佃欠未完租穀，全行豁免，自係實在情形。且苗民均出田畝，召佃納租，亦與正賦有間。所有各佃欠繳嘉慶二十四、五兩年租穀七萬二千五百六十二石零，應請旨准與豁免，以廣恩施。臣等再查苗疆歲納租穀，原以備屯防經費之用。近復仰蒙皇上減賦蠲逋，有加無已。則各佃漸臻饒裕，自必踴躍輸將每歲經費，斷不至再行支絀。應令該督撫，嚴飭辰沅道，督率廳縣屯苗備弁等，實力催徵，年清年款，毋得任意支銷動缺儲積銀穀。如有侵欺、虧挪情弊，分別參賠，以重國帑。至前因苗疆經費不敷，動用儲備積貯各穀，業經另案奏准，借款買補。仍令該督撫即飭乘時采買足數，以實邊儲。所有臣等遵旨核議緣由，理合恭摺具奏。伏乞皇上聖鑒。謹奏。奉旨依議，欽此。

會奏借款買補儲積摺 道光元年湖廣總督陳若霖、湖南巡撫左輔

奏爲苗疆儲積緊要，請先借款買補以實邊備，恭摺具奏，仰祈聖鑒事。

竊照苗疆地處邊圍，儲備最關緊要。嘉慶十年前撫臣阿林保等設立均屯籌議章程案内，奏請於通省養廉攤捐銀六萬兩。以銀四萬兩買穀四萬石，分貯廳縣各倉。以銀二萬兩，并買穀餘剩銀五百八十兩，一并存貯辰沅道庫，以備屯田歉收，借給屯練口食等項之用。嗣因頻年動墊殆盡，經前撫臣廣厚清查奏准，分別捐賠歸補。又苗倉積貯項下，自嘉慶十年設屯起，截至道光元年九月底止，除照奏案支銷動用外，應存穀一萬七千九百餘石。統共屯防儲備積貯銀穀，以銀一兩作穀一石，共應實存穀七萬八千四百八十餘石。查，自嘉慶十九年清查歸補之後，節年又因旱歉各佃欠交租穀，及外銷不敷經費，墊用儲備，積貯銀穀所存無幾。復因經費不敷，在於司庫通米銀内，借動銀四萬八百三十兩，以供支放。歷經前督撫臣奏明，俟徵收佃欠，歸還原款。并因屯防經費連年短絀，前督臣慶保等籌議，奏請於湖南藩庫内，借動地丁銀十萬兩，發交漢岸鹽商生息，每年應繳息銀一萬二千兩，以五千兩歸還原本，以七千兩發交辰沅道庫。先儘當年應支正款經費不敷之用。所餘銀兩，盡數提補儲備積貯銀穀在案。臣等伏查苗疆儲備積貯，共應實存銀穀七萬八千四百八十餘石。前因歷年經費不敷，動存無幾。本年據前護辰沅道參革沅州府知府袁廷極卸事時，交出已徵未報二十四年租穀一萬一千一百一十九石零。及動用所剩尾穀，共實存穀一萬七千五百六十餘石計，尚有動缺銀穀六萬九百二十餘石。現經飭查，據該道趙文在會同委員永順府知府諸加杏等，逐年逐款詳加核算，實無侵欺浮冒。惟是嘉慶二十四、五兩年，各佃未完租穀，現經臣等另行恭摺，奏懇聖恩，豁免所有動缺儲備積貯銀穀。祇藉漢商生息銀兩，支給先儘本年正款經費不敷之用，則儲備積貯二項銀穀，難以剋期補完。緩急所需，無可足恃。苗疆要地，深以爲慮，現又無款可籌。臣等再四思維，查嘉慶四年，戶部以歷次辦理軍需動缺各省藩司及屬庫封貯銀兩，請在外省收捐監生歸款。奉旨俞允。湖南藩司及各府庫動缺封貯銀兩，均已歸補足數。苗疆屯防儲備，與屬庫封貯銀兩相同，且邊備尤爲緊要。合無仰懇聖恩，俯准在於司庫收捐監生銀兩内，借動六萬九百兩，發交辰沅道，照依時價采買穀石，先行歸貯廳縣等倉。仍照原案，以銀二萬兩收貯道庫。所有漢商每年生息銀一萬二千兩，以五千兩歸還地丁原款外，其餘銀七千兩先儘本年經費不敷之用。餘銀即飭

儘數解交司庫，陸續歸還現借捐監，及前借司庫通米銀兩。臣等現將屯防經費，逐一籌議核減。此後歲支出納，飭令辰沅道詳慎撙節經理，臣等嚴加查核。勿任稍有虛糜，尋常之年即因佃租或稍欠缺糶價，或有缺絀，諒亦無多。所收商息，除每年開銷經費不敷外，盈餘儘數歸補借款，司庫銀兩亦不至於久懸。似此一轉移間，儲積胥歸實貯，邊圉益臻鞏固。如蒙俞允，臣等即飭藩司，將銀兩按數撥解辰沅道，飭令督率各廳縣乘時買穀收貯。并令藩司於每年收到撥還借動捐監等銀，隨時報部查核。茲據藩司錢臻轉，據辰沅道議詳請奏前來。臣等爲邊儲緊要起見，謹合詞恭摺具奏。伏乞皇上睿鑒、訓示。謹奏。奉硃批：另有旨。欽此。

道光元年十一月十一日，内閣奉上諭：陳若霖等奏，請借款買補苗疆儲積一摺。苗疆積貯緊要，今歷年動缺銀穀過多，不足以備緩急。着照所請，准其於司庫收捐監生銀兩内借動銀六萬九百餘兩，發交辰沅道照時價采買穀石，先行歸貯廳縣等倉。仍照原案，以銀二萬兩收貯道庫。其漢商每年生息銀一萬二千兩，以五千兩歸還地丁原款外，其餘銀七千兩，先儘本年不敷經費之用，餘銀即飭儘數解交司庫，陸續歸還捐監及通米借款。仍隨時報部知道。欽此。

詳請儲備穀請歸道管 道光七年辰沅道翟聲煥

爲苗疆儲備穀項，請照舊由道經管，與儲備銀兩一并隨時借墊以歸核實，并資接濟，詳請核奏事。

竊照嘉慶十年，經前撫憲阿會同具奏，苗疆均屯告蕆會籌經久章程案内，籌捐存貯銀穀，以備荒歉并資接濟也。一條内開查各路屯丁，均各分授田畝，備戰練勇。亦經撥田收租，支給鹽菜口糧。豐稔之年，自已足敷食用。惟年歲豐歉靡常，或遇歉薄及青黃不接之時，則艱食堪虞，必須豫爲籌備。查，黔省九衛屯田案内，奏明動項采買米二萬七千餘石，合穀五萬四千餘石，分貯各屯堡，以資糶借，洵爲儲備要務，萬不可少。至各屯弁應得分例，現議於餘田租穀項下支給。其練勇鹽菜銀兩，亦議收租變價，隨時散放。第前項銀兩，均係按月支領，而佃戶交租，總在每年九、十月以後，勢難枵腹以待。且當秋成時，穀價必平，亦未便遽行賤糶，致有支絀，則此數月支款自應先爲墊發。而苗疆一切緊要之用，更所時有，必須籌款存貯，以應不時之需。擬展扣三成養廉，二年共銀六萬兩，以銀二萬兩存貯辰沅道庫，遇有應行借墊之項詳明動撥，隨時歸補。以銀四萬兩買穀四萬石，分貯鳳凰、乾州、永綏、古丈坪、保靖各廳縣倉。如遇年歲歉收及青黄不接之時，詳明接濟，秋成後免息徵還等因具奏。奉准部議前項穀石分貯鳳凰等廳縣，加謹收貯，如遇丁力拮据，酌量借濟其道庫存貯銀兩。各廳縣分貯穀石，并令年終造册送部備查。維時前升道傅鼐，領銀分別存貯買穀，并於各廳縣建置儲備倉廠，將穀分貯，與屯穀一并由道經管。嗣因頻年動墊殆盡，嘉慶十九年前撫憲廣於清查案內。奏准分別捐賠歸補，并奉奏明，此後儲備銀穀着落辰沅道，出具切結好爲收貯。即有要需，并實係歉收，如租穀催不足數，非詳奉批准奏明，不得再行擅動。嗣緣節年，又逢旱歉欠租，及外銷經費不敷，將儲備銀穀先後動缺。於道光元年清查案內，經前故道趙道會同委員永順府諸守等，詳明儲備積貯原備緩急，歷年以來，竟視爲屯防津貼之需，殊非垂久之道。經此次歸補後，除青黄不接之時，仍遵原奏更請定以限制，分別屯苗各於所貯之穀項下酌量情形，准借十分之二三，於秋間免息徵還。外如有要需并實係歉收，租穀收不足數，應恪遵前撫憲廣原奏，非詳奉批准奏明，不得再行擅動之案辦理。當奉前^督撫、憲^陳、左奏准借款買補穀四萬五百八十石，歸貯廳縣等倉，仍照原案以銀二萬兩收貯道庫，并奉奏明。嗣後如有要需及歉年收租絀額，由道詳奏，再行借動。如有虧挪、霉變等弊，照常平倉儲之例分別參賠。旋經前故道趙文在將穀買足移交前道張映蛟，飭令該家屬照案撥運。并飭各廳縣具領收管，去後，據各廳縣以儲備穀石分貯各倉，有距城窵遠之處，經管不便，且該廳縣等僅管收貯，不司支放。若經年久貯，動撥無期，苗疆地氣潮濕，必有霉變之處，請將屯防應支經費穀石在於儲備穀內動支。即將每年新收屯穀撥還儲備穀石，庶出陳易新，不致久貯霉變。并請改歸道員督率屯備弁等，一手經理支放以歸簡便等情。稟經藩司移道議詳請奏，奉前護撫憲誠批所請尚屬可行，惟此項穀石，各廳縣自嘉慶二十五年以後，均未出具無虧册結報部。現在奉部行取，應令各廳縣按年補送册結，詳請咨送後，再行具奏等因。行司咨道轉行各在案。今奉憲臺於覆奏查辦賀御史陳奏苗疆事宜九條案內，奏明飭令^{職道}查明前項儲備銀穀有無虧缺等因。^{職道}遵於抵任後逐一盤查。道庫應貯儲備銀二萬兩，現在實貯銀一萬一千兩，其餘銀九千兩，係前道張映蛟，并護道蔣紹宗因領漢商生息銀兩。北省解司遲延未能隨時請領將應發各款，在於儲備銀內墊發，計先後借墊未還銀九千兩作抵。查苗疆經費不敷，每年應領漢商生息銀七千兩，截至道光六年八月底止，尚有未領漢商生息銀九千兩。^{職道}現已咨司移催北省，繳解到司即可領回歸款，不致缺短。又各廳縣倉應分貯儲備穀四萬五百八十石，并苗倉積貯穀一萬七千九百六石六斗三升三合三勺，均經^{職道}逐一盤查并無短絀。除於接收交代案內另文結報外，惟查儲備穀石原奉奏明，分撥各廳縣收貯。并令年終造册結報，自應撥歸廳縣經管。今查得前項穀石，自傅升道領買以來，雖俱分貯各廳縣儲備倉內，第原建各儲備倉與原建各屯倉，錯雜毗連，并無分別。所有儲備穀石，係與屯穀一律由道督率，屯備弁長經管總司出納，并未撥歸各廳縣分管。自嘉慶十年起至二十四年止，各廳縣惟於年終照案造具册結，由道加轉其二十五年年終册結。應於道光元年造賽時，值清查已奉奏明動缺，迨奉文買補撥貯。旋據各廳縣稟請詳奏改歸道管，是以嘉慶二十五年以後，各廳縣未經造具册結申賽。現在前項儲備穀石，除乾州、永綏、古丈坪、保靖四廳縣，均已照數分貯各儲備倉外，其鳳凰廳應貯儲備穀，前經趙故道任內買領後，收貯花園、浦市各屯倉。經接任張道并蔣護道飭令，該家屬撥運鳳凰廳倉，屢催尚未撥運，又原設儲備穀石，係專爲借濟丁勇口食之需。并奉部議如遇丁力拮据，酌量借濟其儲備銀。係因屯弁分例，練勇鹽菜銀兩均須按月支領，而佃戶交租總在每年九月、十月以後，勢難枵腹以待，且當收成時，穀價必平，亦未便遽行賤糶，致有短絀。此數月支款應先爲墊發，而苗疆一切緊要之用，更所時有，是以籌款存貯，以應不時之需。是儲備銀穀二項遇有墊發接濟之款，原准隨時動支，惟原奏均令詳明動撥。又於嘉慶十九年、道光元年兩次清查案內，奏明此後儲備銀穀非詳奉批准，奏明不許再行擅動。并經趙故道會同委員諸守等，詳明青黃不接之時，仍遵原奏酌量准借。如有要需，并實係歉收、租穀收不足數，應恪遵前撫憲廣，原奏非詳奉批准奏明，不得再行擅動之案辦理。<small>職道</small>細繹先後，奏詳之案儲備銀穀，如遇隨時借墊，可以追還歸補之項，衹應詳明借動。如有要需，并實係歉收、租穀催不足數，應行動用不能歸款之項，則應詳請奏明，此中雖覺有所區別，總應分別詳奏。

查，自傅升道經管以來，遇有應行墊發之款，及應行借濟之穀，均係隨時動借。且每年尚有借給民苗佃戶籽種穀石，計每年春夏間共須借出穀一萬餘石，均於秋收後追收歸款。接任正護各道，亦照依舊章，隨時動借，檢查歷年借案卷宗數十起，俱未詳奏，有案均與奏案不符。訊之各屯長經書人等，僉稱傅升道設屯以來多有通融辦理之事，遇有應行借墊之款，均係隨時借墊，未經具詳。并因苗疆均田之後，產少民窮，每值春耕貧佃缺乏籽種，紛紛請借，恐其誤耕缺租致有支絀，是以借給籽種穀石。接任正護各道遵守舊章，未敢更改，并因苗疆距省較遠，具詳奉批往返需時，實有緩不濟急之勢。且丁佃人數眾多，屯防款項煩雜，一一具詳請奏，亦覺有煩案牘，是以歷年未具詳等語。<small>職道</small>伏思傅升道籌辦屯防盡心竭力，已蒙前憲奏明一切，聽其通融辦理，并奉諭旨勿致伊掣肘等因。

欽此。

欽遵在案以後，接任正護各道，亦俱欽遵前奉諭旨，以傅升道爲法一切循照辦理，係屬遵守舊章，現在前項銀穀均無虧短。職道前經莅任接收交代，原當遵照先後奏案，分別撥貯收管，此後遇有借動，再行照案詳奏。惟儲備穀石廳縣難於管理，已據稟明，且苗疆丁佃衆多，其隨時借濟，已行之二十餘年，一旦令其聽候詳奏，再行借給，不特守候需時，抑且准撥難定。在丁勇乏食，既不能不即時借給，而貧佃不能及時借領籽種，尤恐誤耕缺種。

苗疆經費悉出屯租，而一切款項待支不容刻緩，設有貽誤，關係匪輕。查苗疆事宜，現經賀御史奏奉諭旨飭將撫綏，控制一切事宜，務照舊定章程實力整頓，并蒙憲臺遵旨覆奏，札飭實力整頓。今經職道遵奉查明，分撥廳縣收貯之儲備穀石，歷係由道經管，并未撥歸廳縣分管。又借濟丁佃穀石，并墊發銀兩，歷未詳奏，均與奏案不符，而舊定章程相安已久，又未敢輕議更張，不得不據實詳明。合無仰懇憲恩俯賜查照前道，詳據各廳縣稟，請將儲備穀石改歸道管之案，并職道現詳情形，將儲備穀石奏請改歸道管，隨時出陳易新，與儲備銀兩并苗倉積貯，一并奏請。由道隨時照依原奏借墊，仍分別追收歸款。如有要需，并實係歉收租穀催不足數，應行動用，不能歸款之項，仍遵前憲廣原奏，非詳奉批准奏明，不得擅動。倘有短缺，惟經手之道員是問，照常平倉儲之例分別參賠。并請咨覆大部，毋庸廳縣出結，則事歸覈實，奏案悉符。且隨時借濟，不致掣肘，實於苗疆撫綏事宜大有裨益。是否有當，除將查明賀御史陳奏九條事宜另文詳覆外，合將查明儲備銀穀緣由，具文詳請憲臺俯賜，飭司核議詳奏，批示遵行。

司詳儲備穀改歸道管 道光七年湖南布政使司裕泰

爲苗疆儲備穀石改歸道員經管，每年將屯穀易換出糶，以免久貯霉變，詳請核奏事。

竊查嘉慶十年均屯告蕆，會籌經久章程案內議請展扣三成軍需銀陸萬兩，以二萬兩存貯辰沅道庫，以四萬兩采買穀石，分撥鳳凰等廳縣收貯，以爲儲備之需。奉部議准照辦，并令年終造冊送部備查。嗣因動墊無着，先後奏請籌款歸補，并聲明此後儲備銀穀，著落辰沅道出具切結，好爲收貯。如有要需，非詳奉奏明不准擅動等因。除銀兩仍存道庫外，所有分貯各廳縣儲備穀四萬五百八十石。據鳳凰廳同知黃應培等，以苗疆地氣潮濕，久貯實虞霉變。查每年收獲屯租，係由道支給變糶，且屯倉設有屯備弁，分貯經管。儲備倉廠均與屯倉毗連，應請將儲備穀石歸於辰沅道督率屯備弁一手經理。每年於秋收後，將屯防應支各項穀石，先於儲備穀內動支，即將新收屯穀按數撥還儲備，庶出陳易新，不致久貯霉變等情。稟經辰沅道詳奉前憲批行查議，去後，茲准辰沅翟道議請歸道經管，前來本司復查苗疆一切銀穀，均係辰沅道總司出納，此項儲備穀石，係備苗疆緩急所需。從前由各廳縣造冊結報，本屬兩歧。且苗疆地氣潮濕，久貯恐有霉變。然係儲備要需，自不得擅行動用。查辰沅道經收屯防穀石，應變價支作口糧等項，以每年新收屯租易換儲備穀石，變糶出陳易新。既無霉變之虞，且以此易彼亦非動用可比。應如所請，將前項儲備穀石改歸辰沅道督率屯備弁妥爲經理。於每年秋收後，將儲備穀石動支應用，即以新收屯穀，隨時按數撥還，不得稍有短少。仍將動支撥還各緣由，具文通報查考，遇有要需及租穀歉收，應行動用儲備銀穀，由道詳請奏明辦理，不准擅行借動。其每年年終以及交代案內，統由辰沅道造冊出結，移司詳咨，以專責成至。各廳縣自嘉慶二十五年以後，應造冊結先因穀石已查明動缺，奏請歸補，迨買補後，即據各廳縣稟請改歸道管，以至未造冊結申賫。今翟道到任已查明實貯在倉，并無虧短，所有各廳縣未造冊結，應請免其造送。是否有當相應核議，詳請憲臺察閱，會核具奏。除詳督部堂外，爲此照詳奉撫憲批。據詳各廳縣分貯儲備穀石，請歸道一手經理。每年秋收應支穀石，先於儲備穀內動支，俾得出陳易新，以免久貯霉變，固屬變通善政。惟此項穀石，所以分貯於各廳縣者，原以就近動支，可資緩急。今據稱歸道管理，是否仍係分貯，各廳縣抑或係充貯該道駐劄之地，以便稽查出易未。據該道廳縣等明晰聲叙，若充貯於該道駐劄之地，則相距較遠之廳縣，設有動支轉運維艱，核與分貯之意不符。若仍係分貯各廳縣地方，則一切稽查盤驗，本係該道專責，如有久貯虞防霉變，何難令該廳縣據實稟明？該道隨時詳請出陳易新，在各廳縣責有專司收貯，不敢率忽，較之屯弁、屯兵，自屬可靠。

再查，此項穀石節年未據造冊結報，奉部飭取延未申送。今遽請免其造報，不特率行，陳奏必干部詰，且恐所貯穀石或有虧缺、霉變情事。該廳縣等故爲此説以冀掩蓋前虧，并爲將來挪移地步，均未可定。該道交代案內一切倉庫銀穀，現已委岳常蔡道前往盤查有無虧短。未據結報，未便即照該道所議，仰即轉行該道廳縣遵照。令其將前項指駁情節，逐一切實聲明，另詳察奪。并飭將二十五年以後，各廳縣應造各冊結飭，令迅即補造詳咨。并俟蔡道盤查結報至日另行核辦，仍錄批報明督部堂查考，仍候督部堂批示。繳。

詳儲備銀穀非奏明不准借用 道光七年湖南布政使司裕泰

爲遵批核議，詳覆事案奉憲臺、撫憲康批，據辰沅道瞿聲焕詳請具奏，儲備穀石請由道管，并儲備銀兩一并隨時借墊以資接濟一案。奉批：仰布政司確查原案，體察情形，妥議詳辦。仍候督部堂批示，原詳并發。仍繳。又奉督部堂嵩、憲臺批，同前由。奉批：仰湖南布政司一并籌議詳辦，仍候撫部院批示。繳各等因。奉此，并准該道移請核議前來。本司查嘉慶十年會籌屯防經久章程案內，以丁勇雛分別授田給糧。惟遇年歲歉薄及青黃不接，必須籌款糶借。議請展扣三成軍需銀六萬兩，以二萬兩存貯道庫，以四萬兩采買穀石，分別收貯。遇有應行借墊及年歲歉收，并青黃不接之時，詳明借濟。嗣於十九年清查前項儲備銀穀內，因詳借墊辦官房等項，及十二、十六兩年大歉經費不敷，借動未還銀穀五萬二千六百餘兩。奏請分別捐賠歸補，聲明此後儲備銀穀着落，該道出具切結，好爲收貯。即有要需，并實係歉收，如租穀收不足數，非詳奉批准奏明，不得再行擅動。又於道光元年清查儲備銀穀，自歸補後，又因旱歉欠租，經費不敷墊用，連動用苗倉積貯穀石一并籌議。奏請歸補，并聲明嗣後如有要需，及歉年收租絀額，由道詳經奏明，再行借動。如有虧挪霉變等弊，應照常平倉儲之例，分別參賠各等因在案。查儲備銀穀，原案雖准隨時借用，而嘉慶十九年、道光元年兩次清查歸補，均經具奏。如有要需，非詳奉奏明不准擅動。是原定隨時借用章程已經更改，未便又請改復舊章。且從前准其隨時借用，以致借墊無着。若仍照舊借墊，勢必又歸烏有，殊非慎重儲備之道。應請飭令該道遵照後次奏案辦理，以免再有虧缺。所有該道請將儲備銀穀，隨時詳明借用之處，應毋庸議以後，如屯租不能應時出糶所需經費，應由道自行措項支放。俟穀價糶獲，即時歸還，不准擅動儲備銀穀，以昭慎重。至儲備穀石，改歸道中經管，事歸劃一可以照辦。現在另詳奏明辦理。緣奉批議。相應查議詳覆憲臺查閱，批示移遵。奉撫憲批：所詳慎儲備而杜挪移，甚屬允當，仰即轉移遵照辦理。此繳。

稟苗倉積貯穀石移貯近城添建倉廠 道光九年辰沅道瞿聲焕

敬稟者，竊照苗疆均屯案內，原存盈餘積貯穀一萬七千九百六石六斗三升三合七勺，分貯鳳、乾、永、古、保五廳縣苗倉，以備緩急不時之需。去冬恭逢節鉞按臨，面奉鈞諭，前項苗倉積貯穀石，必須移貯近城處所，方足昭慎重而歸妥善等因。敬聆之下，仰見廑念邊防，顧慮深遠，無任欽感。旋於叩送旋籌後，通盤籌算。現在附近各廳縣屯倉，僅敷存貯儲備經費等穀，實無多餘廒口可以移存積貯。而原建積貯各倉，俱係深在苗巢，山路崎嶇，撥運維艱。且歷年已久，料木亦多朽蠹，未便拆卸移置他處。必得新建倉廒五六十間，方足以資移貯。查，永綏額存積貯穀七千石，計需倉廒二十間。惟該廳原設儲備倉，亦屬不敷存貯。因於廳城添設一十六間，茶洞添建十間，共添建倉廒二十六間。以二十間移存積貯，以六間添貯儲備。古丈坪廳額存積貯穀三百石，於廳城添建倉廒一間。均自上年十一月內，購料興工，現已起造完竣。鳳凰廳額存積貯穀七千三百六石有零，亦須添建倉廒二十間。該廳城額設積貯儲備經費等穀，倉廒較多，且近城居民稠密，實無隙地可以起建。因於距廳城二十里之石羊哨屯倉左側，添建二十間，業已飭匠興工。乾州廳額存積貯穀二千四百石。於該廳常平倉後，修建倉廒九間。保靖縣額存積貯穀九百石，計須倉廒三間。現在委勘約計八九月內，均可以一律完竣。再查，此項積貯穀石，除本年稟蒙奏准，動支穀一萬五千五百石，借給屯苗、丁佃口糧、籽種外，現在尚存穀二千四百有零。如由苗倉挑赴新建倉所，不惟道路窵遠，運費繁多，且時屆農忙，亦未便多役人夫。擬俟八月內，新租完納時，就近按數撥貯新倉，以抵積貯。即將原存積貯之穀，撥充經費，并令屯丁、苗佃等，將完借口糧、籽種等穀，亦各就近完上新倉。如此一轉移間，即可免撥運資費，亦得藉以全數易新。至此項新建倉廒，係經辦分委各員勘估督修，撙節辦理。統計添建鳳、乾、永、古、保五廳縣倉廒五十九間，共用工料等銀一千九百餘兩。每年屯防經費覈實支銷，并無多餘。此後又別無閑款可爲籌墊。職道仰沐憲恩至優極渥，夙夜思維，愧無報稱。惟有益自儉約節省，養廉捐賞修建，無庸另請籌款。并不敢詳請流攤，稍以仰副栽培委任之至意耳。惟是此項積貯倉廒，現經移貯，自與原案不符，應否咨部立案，伏乞示遵，以便於秋後收回。丁佃借穀之後，將移貯倉所，如數開造清冊，另文詳請咨達，以免輾轉而垂久遠。尤爲德便，肅此具稟。伏乞批示。

會奏苗疆租穀禁止外運屯防經費不敷請動撥司庫銀兩接濟摺

道光十三年湖廣總督訥爾經額、湖南巡撫吳榮光

奏爲苗疆租穀禁止運出外境售賣，屯防經費不敷支發，恭懇動撥司庫銀兩以資接濟，仰祈聖鑒事。

竊臣等前此會同確查苗疆屯防事宜，酌擬變通章程八條，奏奉敕部分別准駁，核議覆奏。奉旨：依議。欽此。當即欽遵轉行遵辦。去後，茲據湖南布政使惠豐、辰沅永靖道翟聲煥會詳據稱，苗疆屯田自道光元年減定租額，每年共徵穀七萬九千二百餘石，除例支本色穀五萬三千三百餘石外，其餘剩穀二萬五千八百餘石，應載運出境售變湊支經費。惟民苗生齒日繁，所產米穀僅敷本地口食，議令將支剩租穀就近於倉所零星發賣，并留備次年青黃不接之時，減價平糶酌量出借，係為體恤民苗起見，均經戶部議准。至撥發司庫銀一萬兩接濟經費一節，戶部以未將如何支銷歸款之處，詳晰聲叙，不准輕議動撥。茲復通盤籌計所有苗疆經費銀兩，均係取給於租穀變價，如不准運出境外糶賣，則當年勢難全售，而各項經費均應隨時支領。若待糶穀給發實屬緩不濟急，仍請於司庫通米經費項下動支銀一萬兩，發交道庫存貯。如遇經費不敷，即以此項湊支，仍將應變租穀陸續糶銀歸還原款，統於次年報銷時，歸足一萬兩之數，造冊咨送戶部查核，不准稍有短絀等情詳請具奏前來。臣等伏查苗疆支剩租穀應全數變價，以供銀款支銷。歷係年清年款向無盈餘，茲既禁其運穀出境，則急切未能全售。該司道所詳應支經費緩不濟急，委係實在情形，其議請撥動銀兩應如何支銷歸款之處，已據詳晰議明。相應奏懇天恩俯准動撥司庫道米經費銀一萬兩，發交辰沅道庫收貯，為湊支經費之用，實於苗疆屯務有裨。仍請敕部核覆。如蒙俞允，臣等諄飭該管道員督率廳縣屯官認真經理，務使徵收租穀新陳相接，必有一年之蓄，庶旱潦有備，民苗得資接濟，以仰副聖主義安邊陲至意。奉硃批：該部議奏，欽此。旋經戶部核議，奏請准行。奉旨：依議。欽此。

會奏請免苗疆佃欠，動用儲備銀穀墊支經費摺
咸豐元年 湖廣總督程矞采、湖南巡撫駱秉章

奏為苗疆屯佃積欠租穀，力難完納，援案籲懇天恩俯准豁免，以廣皇仁而紓佃力事。

竊照咸豐元年，恭奉恩旨飭查各省民欠錢糧等項，奏請豁免，業經臣飭，據藩司查明各州、縣、衛積欠銀穀具奏，請豁在案。茲據護辰沅永靖道翟誥詳稱，苗疆鳳凰、乾州、永綏、保靖、古丈坪、瀘溪、麻陽七廳縣屯田有道光二十七年被旱、被蟲緩徵未完穀一萬三百八十三石三斗零，又鳳凰、乾州、永綏、保靖、瀘溪、麻陽六廳縣二十八年佃欠未完穀一萬九百九十二石八斗零，又鳳凰、乾州、永綏、古丈坪、保靖、瀘溪、麻陽七廳縣二十九年佃欠未完穀一萬二千九百八十三石五斗零。以上共未完穀三萬四千三百五十九石零。當經該護道確查委係

實欠在佃，并無以完作欠情弊，請援案豁免等情。經臣批據藩司恒福核明，詳請具奏前來。臣查湖南鳳凰等廳縣均係苗疆地方田土，本屬磽瘠，而屯田歲納租籽又較民賦爲重，是以歷年以來每有蒂欠。自道光二十七年起至二十九年止，共未完租穀三萬四千三百五十九石零，各屯佃類皆貧乏。每年收獲穀石，均有應完當年租籽，若再將各年積欠租穀全數催追，佃力實有未逮。溯查嘉慶二十四年道光十五、二十五等年，恭逢恩旨豁免民欠錢糧，均經前督撫臣以佃欠與民欠無异，將該廳縣佃欠屯田租穀，奏准豁免在案。此次恭逢恩旨豁免民欠錢糧，薄海烝黎莫不同霑閭澤，所有鳳凰、乾州、永綏、古丈坪、保靖、瀘溪、麻陽七廳縣前項佃欠未完，道光二十七、二十八、二十九等年租穀可否援照成案，籲懇天恩俯准，照民欠錢糧一律豁免，以廣皇仁而紓佃力，出自鴻慈。惟此項穀石應充苗疆經費，前因催徵未完，業經辰沅道在於儲備穀内動撥，并墊款支用。一經豁免，所有動缺儲備穀石及墊用之款無項歸補。請按照屯防章程，每穀一石價銀一兩，在於司庫留備銀兩項下，分作五年動支，發給歸款以實儲備。理合會同湖廣總督臣程矞采恭摺具奏，伏乞皇上聖鑒、訓示。謹奏。

咸豐元年十二月初十日，内閣奉上諭：駱秉章奏苗疆屯佃積欠租穀，懇請豁免一摺。湖南苗疆地方各屯佃積欠租穀，自應與民欠一律辦理。據該撫查明歷屆成案均係加恩豁免，著照所請所有鳳凰、乾州、永綏、古丈坪、保靖、瀘溪、麻陽七廳縣佃欠未完，道光二十七、二十八、二十九等年租穀，共三萬四千三百五十九石零，准其一體豁免，以紓佃力。該撫即刊刷謄黃遍行曉諭，務使實惠均霑，毋任吏胥舞弊，以副朕軫念民依至意。餘著照所議辦理。該部知道。欽此。

詳議核減苗疆經費，并漢岸鹽商生息無着，請撥糧庫銀款接濟
咸豐四年湖南布政使司徐有壬

爲核議會詳請奏事案，准護理辰沅永靖道翟誥咨覆，准司詳議苗疆經費應再行酌量裁減。卑護道查，屯防田土，布散七廳縣地方，周圍一千數百餘里。當日思欲便佃，分設倉廠，就地收納。俾佃户輸租，可以朝發夕至，用意良善。原建倉一百二十八處，每倉各設屯長、斗級、車夫，所收之穀，除本倉坐支及轉運總倉外，餘俱就地變糶。照現在市價，每石僅值錢八九百及千文不等，從無以銀市穀者。糶得之錢，運城易銀，供支官勇俸餉。每錢千文，除押運飯食、挑夫脚力外，僅易得市平銀四錢五六分不等。若將租轉運總倉，供支一切本色經費，在在皆崇山峻嶺，則又脚費較重。每石錢自四五十文至二三百文，銀自三四釐至一錢五六分不等。其押

運飯食等項，一應雜費，尚不在內。

苗疆地方褊小，有穀不能易銀，有銀又難於得穀。是以屯防穀石，出倉變糶，每石不能值銀五錢，而轉解供支，買運入倉，每石又必須合銀七八錢，方能濟用。事事棘手，種種賠累。此屯務之難辦一也。

年來，穀賤銀貴，支發竭蹶。加以征調不輟，墊借官兵行裝，墊辦苗兵器械，意外之用，紛至沓來。一經墊用，領獲無期。由是而愈形掣肘，呼籲頻聞。旁觀者或疑味可回甘，當局者實已苦同茹蘖。每月餉期，驚心動魄，及身可慮，冒瀆自嫌。此屯務之難辦二也。

屯防田土取自民間，招佃收租輒為官有。原設奏詳籌，三案經費承領者，莫非原業戶子孫取之，即以予之。所以五十年來，相安無事。苗疆人情獷悍，道標、練勇、苗兵，疊次奉調出師，戰功卓著，應支奏案鉅款給領，不可逾期。其餘支發各款，自紳士以及孤貧，品類不一，無項蔑有屯防粒粟、稊米，萬家攸賴。一言失當，衆心交怨。此屯務之難辦三也。

卑護道才疏識淺，值此三難，夙夜思維，焦勞成疾，業將恐致貽誤緣由，據實通稟在案。今奉撫憲批行，飭令裁汰經費。是議，興一利可除去三難。卑護道具有天良，遭茲艱步，何忍不肖存心罔知仰體辜負皇恩、憲德，罪無可追。隨即剴切詳明，諄諄曉諭，將冬季應發各丁勇惠賞，及各倉坐支屯長、斗級、車夫口糧，并老幼殘廢丁口糧等款，暫行試辦停支。乃時未匝月，斗級、車夫俱紛紛求退，承役無人。其餘各色人等，不遠百里而來，非環庭跪泣，即具稟哀籲。僉稱伊等祖父有業歸公，或且平苗戰死，蒙前傅升道溫諭再三，申以盟誓，不令我子孫失所。現在應得領項，乃久奉奏定章程，出自伊等祖父原業地利不過十之一二。今遽停支，伊等謀生無術，立見轉於溝壑，似與立法原奏之意不符。立詞忿激，耳不忍聞。更有無知婦女攔途擾瀆之事。撲厥情形，裁汰經費雖卑護道固願，然有時理屈詞窮，威難克愛。自揣才不勝任，與其勉強而行，有乖政體，曷若安心藏拙，賠墊自甘？反復深思，計無所出。除夏、秋二季經費，於未奉批飭裁汰之先，早經如數支發外，所有冬季銀穀各款，其勢不得不一律照舊開支。至來歲咸豐四年春季以後，支發如何更張，自應聽候議詳，行奉批示遵辦。與受從違，非卑護道所能豫料，理合具文詳請兩院憲察閱，批司飭查。卑護道前次原文，及抄送屯防年例實發款目清摺，逐款確核，分別裁留、停減，或仍籌款貼補，作速妥議詳辦，批飭遵行。俾免僨事滋虞，實為公便。

再，咸豐二年十月至三年九月底止，一屆內屯防項下，尚存未領生息籌補，共銀七千八百九十九兩零。所有本屆經費，業經卑護道悉照舊章支發完竣，并無貽誤。合并聲明。除備文詳請兩院憲外，理合具文，申請憲台俯賜查照。卑護道前次原文，及抄送屯防年例實發款目清册，逐款確核，分別裁留、停減。抑仍籌款貼補，作速妥議詳辦，行道遵照等因。并准該道詳稟，督撫憲批司核議詳辦等因。奉此，本司遵查苗疆經費，每年應發籌補兩淮鹽商生息銀一萬二千兩，遇閏一萬三千兩。前因鹽務改章，繼因賊擾金陵，淮商衆潰，節年未經繳解到楚。又漢商每年捐幫銀一千五百兩，亦因漢口疊遭兵燹，岸商星散，無憑飭繳。又撫司道公捐鎮算經費一千兩，現因養廉減成，尚未捐齊，以致經費支絀。每年短絀銀一萬四千三百一十六兩零。屢經該道移司請領，無款籌發。移復節省支用，或於用項酌量裁汰，庶資彌補。除酌定暫停歲修碉卡工料，賞賚催徵出力屯長花紅，屯義學三款，共節省銀三千四百二十兩。茲又准該護道開送屯防支用各款清册，核辦前來。本司查，苗疆節次清查以後，所有用項概係事歸實用款無虛糜，已屬裁無可裁，減無可減。茲當制用孔亟之時，不得不於無可裁減之中，仍須酌其緩急輕重，量爲撙節，以期挹彼注茲。查，册造修理水衝沙壓田土工本，及賠補屯佃租穀，三千零三十九石，内議請減穀一千石，實支穀二千零三十九石。屯苗義學二十館，並加增館穀，除前節省，尚應支銷穀三百四十四石，内擬請減穀一百四十四石，實支穀二百石。鳳、乾、永、保廳縣儒學，薪水穀四百石，擬減四成，穀一百六十石，實支穀二百四十石。七廳縣民苗生童試資穀一千石，内擬請減穀四百石，實支穀六百石。五廳縣并佐雜辦公穀二千二百四十四石，擬請減四成，穀八百九十七石六斗，實支穀一千三百四十六石四斗。各倉風晾鼠耗，應支穀八百五十石，擬請減穀二百石，實支穀六百五十石。該道巡歷五廳縣，夫馬賞號，穀一千石，擬請減穀二百石，實支穀八百石。以上共擬請裁減穀三千零一石六斗。照依苗疆章程，每穀一石作銀一兩，計減穀折銀三千零一兩六錢。核計連節省三款，每年總共減去銀六千四百二十一兩六錢，計實短絀屯防備弁、練勇俸餉等銀七千八百九十四兩四錢。除公捐鎮算經費銀一千兩有款不計外，按年實屬不敷支發銀六千八百九十四兩四錢，閏年加增銀一千兩。伏查苗疆額設練勇，實爲精銳，居則捍衛邊陲，足固吾圉；出則迭從征戰，所向有功，洵屬國家勁旅，尤爲出力可靠之人。倘用其力而不恤其勞，責其效而不籌其餉，似不足鼓舞戎行，勵其敵愾。且查屯防備弁、練勇俸餉，似與綠營兵餉無异。現因賊踞金陵，生息一時無著，俸餉未便議減。而經費有常，又未便率請動款。本司、道等再三籌計，惟查運道梗阻，漕糧停運，每年計可節省運費、里納米等銀兩，原係發給軍船濟運，非關報撥之款。似應籲懇請皇上天恩，按數撥作苗疆經費，以資飽騰。所有每年苗疆俸餉不敷銀六千八百九十四兩四錢，遇閏加增銀一千兩，應請奏明，在於糧道咸豐三年節省運費項下動支。其咸豐三年九月以前，尚未找發苗疆經費銀一萬一千餘兩，并請動支咸豐二年節省運費銀八千兩發給。不敷之數，由司另行籌給。指日逆匪蕩平，淮南收復，運道肅清，漕糧照常起運，鹽務自復舊章，苗疆生息仍可照案解繳供支。節省運費，亦可照舊歸於漕糧濟用。此係一時變通辦理，挹注制宜，於苗疆較有裨益，相應詳請憲臺察核會奏。又，道光元年清查案內，有書院束修等銀一千一百二十兩，并請照數改發穀一千一百二十石。此案應請撫憲主政，合并聲明。

奏漢岸鹽商生息無着，請撥糧庫節省銀款接濟苗疆經費摺
咸豐四年湖南巡撫駱秉章

奏為苗疆屯防經費不敷，現擬在於漕糧節省項下籌款發給，恭摺具奏，仰祈聖鑒事。

竊查湖南苗疆地方，自嘉慶初年戡定後，勸諭紳民均捐屯田歸公，招佃耕種納租，解交辰沅道以供官勇俸餉。及一切經費，歷係銀、穀兼支，每穀一石，定價銀一兩，乘時變糶支用。嗣因清查減租，不敷支放。經前督撫臣設法籌補，奏准將司庫銀十萬兩發交鹽商生息，每年由兩淮鹽商解交生息銀一萬二千兩，遇閏加銀一千兩。又漢商每年捐銀一千五百兩，巡撫、司、道每年公捐銀一千兩，以費貼補。茲金陵、漢口均為賊踞，淮岸商人星散無憑。飭繳巡撫司道公捐之項，亦因養廉減成，尚未捐齊，以致經費缺乏。每年短絀銀一萬四千三百一十六兩零。前據護辰沅道翟誥稟請由司籌給，臣因時局艱難制用孔亟，自須力求撙節，俾免虛糜。當飭將苗疆應發各款酌量裁減。去後，旋據議將歲修碉卡工料，賞賚催徵出力屯長花紅，屯苗義學三款，銀三千四百二十兩，暫行停發。其餘各款，難以概行停止。據該護道咨，據藩司徐有壬，糧道謝煌於無可裁減之中，權其輕重緩急，量為核減。又據將修理水衝沙壓田土工本，及貼補屯佃租穀，三千三十九石內，擬請減穀一千石，實支穀二千三十九石。屯、苗義學二十館，并加增館穀，除已節省外，尚應支銷三百四十四石，內擬減穀一百四十四石，實支穀二百石。乾、鳳、永、保四廳縣儒學薪水穀四百石，擬減四成穀一百六十石，實支穀二百四十石。七廳縣民苗生童試資，穀一千石內，擬減穀四百石，實支穀六百石。五廳縣佐雜辦公穀，二千二百四十四石內，擬減四成穀八百九十七石六斗，

實支穀一千三百四十六石四斗。各倉風晾鼠耗，應支穀八百五十石，擬減穀二百石，實支穀六百五十石。該道巡歷五廳縣夫馬賞號穀一千石，擬減穀二百石，實支穀八百石。以上，共減穀三千一石六斗。照依苗疆章程，每穀一石作銀一兩，計減穀折銀三千一兩六錢。合計停發三款，每年總共減銀六千四百二十一兩六錢，計實短絀屯防備弁、練勇俸餉等銀七千八百九十四兩四錢。除公捐鎮篁經費銀一千兩有款不計外，每年實不敷銀支發銀六千八百九十四兩四錢，閏年加增銀一千兩。惟咸豐三年九月以前，經費在未經裁減之先，仍照舊支發其應由司發銀一萬一千餘兩，爲期已逾，礙難刻緩。查苗疆練勇素稱精銳，居則捍衛邊陲，足固吾圉；出則迭從征戰，所向有功，洵屬國家勁旅。倘用其力而不恤其勞，責其效而不籌其餉，似不足鼓舞戎行，勵其敵愾。且查屯防備弁、練勇俸餉，即與綠營兵餉無異，未便擬裁。而司庫正雜各款，因值辦理軍需，久已挪掇一空，實無別款可撥。惟查湖南漕糧現已停運折價，該糧道庫內每年計可節省行月修艙毛竹，及收買、晒颺米價等銀，係在漕米折價之外，似可通融。酌擬所有三年九月以前，應發苗疆經費銀一萬一千餘兩，即在節省行月等銀項下提撥銀八千兩。并於司庫防堵經費款內，動支銀三千五百兩，發給該護道收領濟用。至咸豐三年九月以後起，每年苗疆俸餉不敷銀六千八百九十四兩四錢，遇閏加增銀一千兩，應請在於司庫及糧道庫節省等款內，通盤籌撥，藉資接濟。一俟逆匪蕩平，運道肅清，漕糧照舊起運，監務仍復舊章，則苗疆生息等銀，自可照案解繳供支，而節省之運費，亦可照案歸於漕糧濟用，兩無所損，而於目前苗疆經費似覺大有裨益。再道光元年苗疆清查案內有書院束修等銀一千二百廿四兩，已飭照數改發穀一千一百二十石，合并陳明。臣爲苗疆經費缺乏起見，理合恭摺具奏，伏乞皇上聖鑒。敕部核覆施行，謹奏。奉硃批：該部議奏。欽此。

旋據戶部奏稱，臣等伏查湖南鳳凰等廳縣，苗疆屯防經費先於嘉慶二十五年因均屯田地歲徵租穀雜糧，收不敷支。經該督撫奏准，動支司庫銀一十萬兩發交兩淮鹽商，按月一分生息，每年生息銀一萬二千兩。內除歸原本銀五千兩，餘銀七千兩，遇閏加增銀一千兩，作爲撥補屯防經費之用。自道光元年起，至道光二十年止，每年歸本銀五千兩。此二十年內，已將原本銀一十萬兩，全還報撥。又自道光二十一年起，至道光二十五年止，所餘息銀二萬五千兩，除歸還通米經費銀一萬七千一百四十三兩四錢一分一釐外，尚存銀七千八百五十六兩五錢八分九釐，作爲儲備專款，以濟要需，隨撥造報在案。今據奏稱，兩淮鹽商每年應交生息銀兩，因金陵、漢口均爲賊踞，淮岸商人星散無憑。飭繳巡撫、司道公捐之項，因養廉減成，尚未捐齊，以致經費缺乏，係屬實在情形。所有每年經費短絀，銀一萬四千三百餘兩。奏請議減停發，共銀六千四百二十一兩零。臣等按款詳查，均係力求撙節。爲慎重經費起見，應如所奏辦理。惟咸豐三年九月以前，應發經費銀一萬一千餘兩，係在未經裁減之先，仍應照舊支發。現值辦理軍需，司庫無款可籌，請即在於糧道庫存、節省行月等銀項下，提撥銀八千兩，防堵經費款內動支銀三千五百兩，發給濟用，自應准其暫爲通融。至咸豐三年九月以後，每年苗疆俸餉不敷銀六千八百九十四兩四錢，遇閏加增銀一千兩，應由該撫屆期查核，在於司、道各庫節省款內，奏請提撥，隨時報部。再查每年所解息銀一萬二千兩，除餘息銀五千兩，業經奏准作爲儲備專款外，其應撥爲屯防經費者，無閏則止需銀七千兩，遇閏亦不過八千兩。現據奏稱，未經裁減之先，不敷銀一萬一千餘兩，顯係較前多增銀三四千兩。何以前後如此歧異，多寡懸殊？且每年餘息銀五千兩，自道光二十五年八月以後，既未收入儲備專款，亦未聲明提歸何項。該商等所繳息銀，係由何年何月停止，并未明晰聲敘，臣部無憑稽核。應令湖南巡撫，遵照所指情節，逐一確查，聲覆報部，以憑辦理。又查，湖南屯防經費，歷係按年將收支銀穀數目，造冊報銷。乃自道光二十七年九月以後，已積至六七年之久，均未造報。所餘銀兩，延不報撥，殊屬含混。并令該撫轉飭，按年取造冊結，送部核銷。并將造報遲延職名，隨案送部，以憑核議。所有臣等遵旨，議奏緣由，理合恭摺具奏，伏乞皇上聖鑒、訓示。謹奏。

八月十四日具奏，本日奉旨：依議。欽此。

奏請苗疆佃欠租穀援案豁免摺 同治十三年湖南巡撫王文韶

奏爲苗疆佃欠租穀援案，請豁以紓丁力恭摺，具奏仰祈聖鑒事。

竊照湖南鳳凰、乾州、永綏、保靖、瀘溪、麻陽、古丈坪七廳縣額設屯田，應完租穀，歷年不無蒂欠，恭逢同治十一年恩詔蠲免。同治六年以前民欠錢糧屯租事，同一律，自應一并查辦。查，咸豐十年分未完租穀一千四百六十五石一斗一升，十一年分未完租穀一千五百二十二石二斗六升，同治元年分未完租穀一千四百六十八石四斗一升，二年分未完租穀三千五十七石五斗一升，三年分未完租穀一千七百二十四石六升，四年分未完租穀一千六百二十九石二斗九升，五年分未完租穀一千六百零七石七斗六升，六年分未完租穀一千七百八十石二斗二升，總共未完穀一萬四千二百五十四石六斗二升，均係實欠在佃，并無以完捏欠情弊。臣等溯查節次恭逢恩旨，均將歷年佃欠租穀奏准豁免在案。今奉同治十一年恩詔，查辦豁免應照歷屆成案，懇恩將鳳凰等廳縣，自咸豐十年起至同治六年止，佃欠租穀一萬四千二百五十四石六斗二升，一律豁免。至此項穀石應充苗疆經費，前因催徵未完，係由辰沅道在於儲備通米經費及積儲穀石，并道庫存款項下動撥供支，一經豁免，所有動缺通米經費及積儲穀石，并道庫存款無項歸還。應請俟庫款稍裕，另行籌補。所有苗疆佃欠援案請豁緣由，謹會同湖廣總督臣李瀚章恭摺具奏，伏乞皇上聖鑒。謹奏。本月二十四日奉硃批：戶部議奏。欽此。

旋據戶部奏稱，臣等查同治十一年恭逢恩詔條款內開豁免民欠錢糧，經臣部核覆扣豁截數，以已入奏銷之數爲準。請將同治六年以前錢糧實欠在民者，准予豁免等因。於同治十一年十一月十九日具奏，奉旨：依議。欽此。行文各直省督撫府尹等遵照在案。今據湖南巡撫奏稱湖南鳳凰等廳縣，自咸豐十年起至同治六年止，佃欠租穀一萬四千二百五十四石六斗二升，委係實欠在佃，并無以完捏欠情弊，援案請豁。臣部查與歷屆准豁成案相符，應請准予豁免，以廣皇仁。惟查此項租穀變價，及漢商生息銀兩作爲該處屯防經費，例得將已未完及收支細數按年造冊，送部核銷檢查。該省自咸豐七年以後，均未報部核銷，殊非慎重公事之道，應請飭下湖南巡撫，速將前項報部核銷。并將歷年造報遲延各職名據實查參，毋稍瞻徇。其前項豁免佃欠未完穀石數目是否相符，仍俟該省冊報到日，再由臣部查核，以重款項。其動缺通米經費，及積儲穀石等款，并令該督撫轉飭，俟庫款稍裕，即行籌補還款，隨時報部備查。所有臣等議奏緣由，理合恭摺具奏，伏乞皇上聖鑒，訓示謹奏。

四月初六日具奏，本日奉旨：依議。欽此。

奏苗疆儲備銀穀動用無存，俟款項稍可騰挪，設法籌補摺

同治九年湖南巡撫王文韶

再，湖南西路苗疆，處處與貴州接壤，此次黔苗構亂十有八年，楚省苗民地近情親，絕無一人一戶被其勾煽，固由嘉慶初年平苗後立法之善，亦具見該苗民嚮化之誠。臣巡閱至鎮筸，留心體察各廳縣，所屬苗民均甚相安，惟邊地山多田少，且民田大半歸公，生計艱難，別無恒產。從前辰沅道及鳳凰、乾州、永綏等廳均有積儲銀兩穀石，以備歲歉及不時之需。嗣因咸豐年間，歷次辦理軍務動用無存，儲備空虛，殊非綏邊久計。臣親歷其境問俗采風，見聞較切，擬俟援防軍需清理就緒，款項稍可騰挪，即當設法籌補，將銀穀兩項各還其舊，以實邊儲。

至沅州爲由楚入黔門戶，該處營伍歷屆均係調赴鎮筭校閱。臣因黔疆初定，楚邊防務尚需就近布置，即留防黔境各統將大半未經謀面，亦須酌調察看，以定將來撤留先後，是以此次接臨該郡小駐三日，逐一料理。并查知貴州鎮遠，各屬居民流亡漸復，而春耕已屆，籽種無資。當即分別酌籌銀八千兩，交統帶楚軍誠字營現署鎮遠府道員吳自發核實借給，俾兵燹遺黎藉謀生聚。有分土、無分民，但使力所能及，不敢意存畛域也。所有微臣出省查閱，就便察看苗疆及籌布邊防各情形，理合附片具陳，是否有當，伏乞聖鑒、訓示。謹奏。

五月初九，奉硃批：知道了。欽此。

七廳縣屯防田土租籽

鳳凰、乾州、永綏、古丈坪、保靖、瀘溪、麻陽七廳縣，原均田十萬零六千五百畝零六分七釐七毫九絲三忽，土四萬五千六百五十六畝四分二釐二毫零七忽。共均田、土十五萬二千一百五十七畝一分。

一、除重丈退還并撥給營兵、馬廠，及水衝沙壓等項田土，共三千一百零五畝四分九釐零三絲三忽。

一、除屯丁分授田三萬三千零二十六畝二分，土九千五百畝零八分。

一、除老幼丁分授田三千零四畝四分。

一、除屯長分授一千八百十九畝。

共除田土五萬零四百五十五畝八分九釐零三絲三忽。實存佃種鹽糧經費田六萬七千一百六十三畝五分二釐七毫七絲二忽，土三萬四千五百三十七畝六分八釐一毫九絲五忽。二共實存田土十萬零一千七百畝零二分零九毫三絲七忽。

鳳凰廳：佃種鹽糧經費田二萬二千零七十八畝四分六釐五毫三絲五忽，土八千四百六十九畝八分六釐零二絲六忽。共田土三萬零五百四十八畝三分二釐五毫六絲一忽。

道光元年，減定額租二萬五千四百五十一石三斗九升六合八勺。

乾州廳：佃種鹽糧經費田，六千四百五十五畝二分九釐七毫五絲二忽，土二百二十六畝零八釐六毫九絲七忽。共田土六千七百二十一畝三分八釐四絲九忽。

道光元年，減定額租七千七百二十五石一斗三升二合九勺。

永綏廳：佃種鹽糧經費田，二萬二千九百二十畝零一分六釐八毫四絲四忽，土二萬五千四百五十六畝一分三釐四毫七絲二忽。共田土四萬八千三百七十六畝三分零三毫一絲六忽。

　　道光元年，減定額租二萬九千七百五十六石六斗四升八合六勺三抄。

　　古丈坪廳：佃種鹽糧經費田三百六十三畝三分，土三十四畝。

　　共田土三百九十七畝三分。

　　道光元年，減定額租五百二十三石七斗一升三合五勺三抄。

　　保靖縣：佃種鹽糧經費田，三千二百五十八畝八分四釐六毫一絲六忽，土三百一十一畝六分。共田土三千五百七十畝零四分四釐六毫一絲六忽。

　　道光元年，減定額租四千零二十三石一斗一升四合二勺三抄。

　　瀘溪縣：佃種鹽糧經費田，五千二百二十八畝三分五釐九毫九絲四忽。

　　道光元年，減定額租四千四百一十四石六斗二升八合零九抄。

　　麻陽縣：佃種鹽糧經費田，六千八百五十九畝零九釐零三絲一忽。

　　道光元年，減定額租七千三百二十三石七斗五升五合八勺五抄。以上七廳縣，共佃種鹽糧經費田土十萬一千七百零一畝二分零九毫六絲七忽。

　　原額收租籽，十萬五千四百八十八石三斗九升零。

　　除嘉慶十九年，清查減租五千五百石。

　　道光元年，減租二萬零七百七十石。

　　實收租籽七萬九千二百一十八石三斗九升。

屯防儲備銀穀

　　原額存貯道庫儲備銀二萬兩。

　　原額分貯各廳縣穀四萬石。

　　嘉慶十三年，買穀餘剩銀五百八十兩，買穀五百八十石。

　　苗倉盈餘積貯穀，一萬七千九百零六石六斗三升三合七勺。

　　鳳凰廳存穀七千三百零六石六斗三升三合七勺。

　　乾州廳存穀二千四百石。

　　永綏廳存穀七千石。

　　古丈坪廳存穀三百石。

　　保靖縣存穀九百石。

　　以上共儲備銀二萬兩，穀五萬八千四百八十六石六斗三升三合七勺。

鳳、乾、永、古、保五廳縣撥貯備穀數

鳳凰廳：貯穀二萬五千五百八十石。

西城倉貯穀八千五百八十石。

新場倉貯穀八千石。

石羊哨倉貯穀二千石。

得勝營倉貯穀四千石。

三拱橋倉貯穀三千石。

乾州廳：貯穀三千石。

永綏廳：貯穀一萬石。

古丈坪廳：貯穀五百石。

保靖縣：貯穀一千五百石。

以上共分貯穀四萬零五百八十石。

支銷銀穀總數

護理湖南辰永沅靖道，今將苗疆建置沿革并歷年籌辦邊務及屯防事宜開具節略條款，恭呈憲核。謹查，湖南苗疆沿邊七百餘里，鳳凰廳在其南，向編上、下五峒，十一約民村，并轄鎮筸中、左、右、前四營苗地，爲全邊咽喉。麻陽、瀘溪二縣在於後路，恃爲屏障。乾州廳居於東南，亦與瀘邑接壤，民苗錯處，分設四里，爲苗巢隘口。永綏廳列於北向，分五、六、七、八、九、十里，共六里地方。内惟花園至茶峒一帶，係屬民村。其餘各里，俱係苗地。保靖縣居於東北，與乾州、永綏相唇齒，苗寨皆在四、六、七、八等都。古丈坪廳，南接乾州，北達保靖，所轄西英、羅依、衝正、功全四堡，皆係苗寨。

以上鳳、乾、永、古、保五廳縣，邊界接連。在東、南、北三面，均爲扼要。其迤西一面，長二百餘里，係貴州銅仁府松桃廳管轄。統計周圍一千里，内環苗地二千餘寨。有百餘户爲一所者，有十數户及數户爲一所者。多係依山傍崖居住，鮮有平坦之地。其俗耕田種山，并無營貿生理。歲豐，則各安耕鑿；歲歉，則難免劫奪。防範不周，即闌入内地滋事。自乾隆六十年，大兵懲創以後，各大憲先後奏明苗地歸苗，劃清民苗界趾。撤出營汛，改設沿邊，并分設苗備

弁，資其管束。安置土塘苗兵，藉以羈縻。將鳳、乾、永三廳，改爲直隸同知。其永綏同知移駐花園，副將移駐茶峒。又於乾州改設副將，添設河溪營都司。永綏添設綏靖鎮，駐紮花園。保靖改設參將，與永綏協副將，同歸綏靖鎮統轄。又於黔邊螺螄壩地方，安設備弁、兵丁。并於鎮筸鎮所轄麻陽縣後路巖門地方，安設後軍守備。現在鳳凰廳與鎮、道同城，乾州廳與副將同城，永綏廳與綏靖鎮同城，古丈坪廳與都司同城，保靖縣與參將同城，分資控制。此協鎮廳管先後增設移駐之情形也。

溯當苗疆戡定之初，餘氛未靖，匪苗猶肆出焚掠。原駐留防兵勇，防禦難周。自嘉慶二、三、四、五等年，前任傅升道在鳳凰廳任內，募練鄉勇數千人，往來打伏，剿撫兼施，追繳槍械，安設碉卡，各苗始覺安帖。因而重修邊備，裁撤留防，一律籌修碉卡，舉辦均田。每一山巔，或設一營汛，或設一堡卡。其傍均有碉卡、哨樓，或數座，或數十座，或離數百步，或離百餘步，環列接應，圍以邊墻。各碉設立屯丁七千名，分授田畝，以資耕守。挑留備戰練勇一千名，并裁留苗兵五千名，酌撥鹽糧田畝，以收實用。存剩餘田，召佃收租，以充經費。專設屯備弁，以資約束。籌捐存貯銀穀，以備荒歉。清查叛產、占田，分佃承種，以安良苗。又分設各廳縣總屯長四十名，散屯長一百六十名，以資經理。又設老幼丁二千名，撥給口糧田，以示體恤。又分設書院六處，屯、苗義學一百二十館，以廣化導。此外，如修建屯苗倉廠，屯弁官房，籌備生童試資、養濟院、育嬰堂各項，定以正詳外銷籌款，次第完備。并申明舊例：禁止民人擅入苗寨，以杜欺凌盤剝；嚴禁苗俗椎牛、祭鬼，恣行宰殺，以免惑衆妨農。由是苗人畏威懷惠，真心嚮化。此歷年籌辦邊務屯防之源委也。

至於均屯案內，鳳凰、乾州、永綏、古丈坪、保靖、瀘溪、麻陽七廳縣，統計丈收田土十五萬二千一百五十七畝一分。內除重丈退還、撥給營兵馬廠，并水沖沙壓，及分授屯丁、屯長、老幼丁等項田土，共五萬零四百五十五畝零八分九釐零三絲三忽外，實存鹽糧經費并外銷籌款，佃種田土十萬一千七百零一畝二分零九毫六絲六忽。原額徵收租籽十萬五千四百八十八石三斗三升零。十九年，清查奉減五千五百石。又道光元年，清查奉減二萬零七百七十石。自二年秋收起，實徵佃租七萬九千二百一十八石三斗九升，以充經費鹽糧之用，永爲定額。每年自十月初一日起，至次年九月底止，爲一屆，將支發細數分別正詳籌款，造冊報銷。又苗疆原額設儲備銀二萬兩，儲備穀四萬石，并原存苗倉積貯穀石，從前因公動缺，於嘉慶十九年清查捐賠歸補之後，又因歲收歉薄，歷年經費不敷，節次動墊無歸，先於二十五年，奉准借撥司庫徵存地丁銀十萬兩，發交漢岸殷實商人分領營運，按月一分行息，每年應繳息銀一萬二千兩，以五千兩陸續歸補十萬兩本款。其餘七千兩，全發道庫，先儘當年應支不敷經費，再將所餘銀兩，儘數歸補儲備。又因是年旱歉，屯田租穀歉收，借動司庫通米經費銀四萬八百三十兩，先行支發，帶徵佃欠歸還在案。嗣於道光元年清查案內，查明歷年佃欠穀石實難帶征，奏奉恩旨，全予豁免。所有外銷不敷動缺銀穀，共計六萬零九百二十餘石。并蒙奏准，借撥捐監銀六萬零九百兩，發交道庫，先行歸補。原額儲備銀二萬兩，買備儲備積穀四萬九百餘石，與原存苗倉積貯穀一萬七千五百餘石，分飭各廳縣存貯，以備緩急。俟每年領回漢商息銀，撙節動支，將用餘銀兩，陸續歸還司庫借款。各在案刻下屯苗各佃，既獲豁免積欠，又得邀減租糧，佃力咸紓，輿情歡感，邊境極為安謐。所有碉卡堡座、田土租籽，及屯、苗備弁，練勇屯丁等項細數，理合逐款分晰開列於後。各項細數，均另詳本門，茲不具錄。

一、支銷銀穀。

道光元年，清查減租節費案內核定。

奏案正款應支銀穀，合穀六萬三千九百三十一石七斗七升四合七勺三秒二撮。

詳案應支銀穀，合穀四千二百二十九石八斗八升七勺。

籌款應支銀穀，合穀一萬一千零五十六石八斗一升一合五勺。

以上，每年共應支銷銀穀，七萬九千二百一十八石三斗九升四合九勺三抄二撮，以供屯備弁、練勇、俸餉、鹽糧、馬幹、藥鉛、馬價，紅白惠賞，稿書工食，總散屯長工食，各廳縣苗兵口糧，各書院、屯苗義館束修膏火、試資，歲修碉卡，及水沖沙壓田畝，巡歷苗寨，散給各苗備弁兵賞號，挑運各倉租籽水腳等項經費之用。

七廳縣坐支各款

查，七廳縣原額租糧九萬九千九百八十八石三斗九升。每年正詳籌各款支銷原額實用銀穀九萬四千零五十五石六斗九升五合。道光元年，清查案內，詳請核減餘租五千九百三十五石，并將正款內減去苗兵操演、藥鉛穀八百石，屯備弁字識、跟丁工食銀，折穀一千二百石。苗倉積貯穀三千五百五十石。水沖沙壓田土，工本穀一千二百石。差委文武員弁、屯長勘估田土飯食，夫價穀二百五十石。又於詳案款內裁減修補鎮箄城垣穀一百石。永綏廳養濟院穀一百石。修葺廟宇穀三百石。籌款內裁減老幼丁穀三千三百一十二石。各廳縣辦公穀一千二百石。運穀夫價、水腳、押運、盤費，減穀四百五十石。風晾鼠耗運載折耗，減穀二百石。撿蓋倉廠，修製車、斛、蘿、席，減穀五十石。四款內，共減去穀七百石。又委員辦公月費穀二千一百二十三石。總共核減穀二萬零七百七十石。所有奏詳籌各款，現經核定奏明，每年實應支發銀穀七萬九千二百一十八石三斗九升。分別銀穀開造詳細款目於後。

奏案穀款：

一、屯外委、額外三十四員名。六大、小建歲，需口糧米，合穀二百四十石七斗二升。

一、練勇一千名。六大、小建歲，需口糧米，合穀七千零八十石。

一、屯外委、額外并練勇，加閏月，口糧穀二百三十九石八斗八升八合。

一、製造練勇、屯丁藥鉛工價、口糧，需穀七百八十石。

一、屯丁、練勇開操，并喜神、霜降閱操賞號，以及修補屯練勇器械、添製軍裝等項銀，改穀一千四百三十八石零九升二合。

一、屯丁紅白惠賞穀七百五十石。

一、修整水沖沙壓田土工本及賠補屯佃租穀，三千零三十九石。此項咸豐五年暫減穀一千石。

一、書院六所生童膏火、獎賞，山長食穀，九百四十石零七斗八合八勺。

一、苗義學一百館，歲需穀一千六百石。此款咸豐五年暫停，二十館減穀三百二十石。

一、各廳縣差役協同屯丁催租盤費，穀一百二十石。

一、苗戰守兵五千名，歲需口糧穀二萬一千六百石。

一、倉書斗級六十名工食銀，改穀三百六十石。

一、五廳縣苗備弁辦公銀，改穀四百五十二石。

共穀三萬八千六百四十石零四斗零八合八勺。

詳案穀款：

一、書院六所，生童膏火，穀六百石。

一、屯苗義學二十館，并加增館穀八百一十六石。此款咸豐五年暫減，穀六百一十六石。

一、鳳、乾、永三廳，義勇、烈祠祭祀穀一百零五石一斗六升。

一、鳳、乾、永、保四廳縣，儒學薪水穀四百石。此款咸豐五年暫減，穀一百六十石。

一、鳳、永二廳育嬰堂歲需，穀六百石。

一、鳳、乾二廳養濟院歲需，穀一百五十石。

一、五廳縣苗備弁辦公，穀二百八十四石。

一、代完鳳、乾、永三廳苗民秋糧，穀二百七十四石六斗四升八合七勺。

一、七廳縣民、苗生童試資，穀一千石。此項咸豐五年暫減，穀四百石。

共穀四千二百二十九石八斗零八合七勺。

籌款穀石：

一、匯辦七廳縣均屯總局委員、書役，薪水工食等費，穀九百二十七石六斗。

一、管理七廳縣收糶屯穀，支發經費、鹽糧、俸餉等事，屯長、庫書工食、薪水，穀二百八十一石二斗。

一、碾辦練勇月米，車碾、篩夫、搖子匠口糧，穀一百三十六石八斗。

一、賞賚催徵出力之屯長花紅、飯食，并賞苗備弁來城辦公穀，一百五十八石。

一、五廳縣歲祀龍神社令，穀五十四石。

一、五廳縣并佐雜辦公，穀二千二百四十四石。此項咸豐五年暫減，穀八百九十七石六斗。

一、運送鹽糧穀石夫價、水腳，并押運屯長屯丁盤費，穀二千六百石。

道光元年清查案內，議裁運穀夫價、水腳，并押運盤費，風晾鼠耗，運載折耗，檢蓋倉廠，修製車、斛、籮、席等四款內，減穀七百石。此款內派減穀四百五十石。尚應支發穀二千一百五十石。

一、各倉風晾鼠耗穀八百石，續詳加增穀二百五十石，共穀一千零五十石。

道光元年清查案內，議裁運穀夫價、水腳、押運盤費，風晾鼠耗，運載折耗，檢蓋倉廠，修制車、斛、籮、席等四款內，減穀七百石。此二款內派減穀二百石。尚應支發穀八百五十石。

一、各倉檢蓋及修製車、斛、籮、席等項，三百七十九石。

道光元年清查案內，議裁運穀夫價、水腳、押運盤費，風晾鼠耗，運載折耗，檢蓋倉廠，修製車、斛、籮、席等四款內，共減穀七百石。此款內派減穀五十石。尚應支發穀三百二十九石。

一、貼補各倉屯長、倉書、斗級工食、鹽菜口糧，穀八百七十八石零九升二合五勺。

一、屯防廳差各役口糧、盤費，穀三百石。

一、本道巡歷五廳縣，夫馬、賞號，穀一千石。此款咸豐五年暫減，穀二百石。

一、永綏廳殘廢丁三百名口糧，穀七百二十石。

一、永綏廳未授田老幼丁口糧，穀四百七十石八斗。

共穀一萬零五百零一石四斗九升二合五勺。

三共穀五萬三千三百七十一石七斗一升。

奏案銀款：

一、七廳縣屯守備、千把、外委、額外五十六員名，歲需俸廉銀五千九百零九兩八錢六分四釐。

一、屯外委額外練勇操馬六十四匹，每年例應報倒馬十九匹，馬價銀二百四十七兩。

一、練勇一千名，歲需餉乾，銀一萬二千二百零七兩一錢。

一、練勇、屯丁操演，藥鉛，銀一千五百兩。

一、屯備弁及練勇加閏餉乾，計五年兩閏，每年應備存銀四百五十四兩五錢二分。

一、練勇紅白惠賞，銀一百五十兩。

一、歲修碉卡木石、灰瓦工料，銀二千九百兩。此款已停。

一、代完各廳縣均田糧賦，銀七百七十一兩七錢零二釐。

查均田糧賦實尚少報銀一十三兩六錢九分一釐。所有少報之處，歸於各款內通融撥補。

一、書院六所，束修銀一千一百兩。

一、屯守備稿書工食，并加閏月，銀五十一兩一錢八分。

共銀二萬五千二百九十一兩三錢六分五釐九毫三絲二忽。

籌款銀兩：

一、辦理七廳縣報銷各冊工食等項，銀一百六十六兩。

一、碾辦練勇月米，車碾、篩子、擂子工匠、竹木價銀八十二兩三錢二分。

一、練勇教場軍裝、火藥二局柴火、燈油，加給教習工食，銀五十七兩。

一、賞賫催徵出力之屯長花紅、飯食，并賞苗備弁來城辦公，銀二百兩。此款咸豐五年暫停。

一、檢蓋貼補練勇兵房，銀五十兩。

共銀五百五十五兩三錢二分。

二共銀二萬五千八百四十六兩六錢八分六釐。

總共銀穀七萬九千二百一十八石三升九合六勺。

總共應支各款銀穀內，由道經管支發各款，銀二萬三千九百七十四兩九錢八分五釐。

又穀二萬零七百石零三斗。

二共銀穀，合穀四萬四千六百七十五石二斗八升五合。內有應裁穀，七百二十七石六斗。

鳳凰廳坐支各款銀穀，合穀一萬二千五百六十九石九斗九升二合。

乾州廳坐支各款銀穀，合穀五千四百七十七石五斗七升七合。

永綏廳坐支各款銀穀，合穀一萬二千五百零三石四斗九升二合。

保靖縣坐支各款銀穀，合穀二千七百零八石。

古丈坪廳坐支各款銀穀，合穀六百四十四石六斗。

瀘溪縣坐支各款銀穀，合穀一千零七十一石零三合。

麻陽縣坐支各款銀穀，合穀八百二十四石四斗零三升。

總共應支銀穀，合穀八萬零四百七十四石三斗五升二合。除額徵田土租穀七萬九千二百一十八石三斗九升六合支發外，不敷穀一千二百五十五石九斗五升六合。內除由道支發議裁總均屯局支銷穀七百二十七石六斗外，尚不敷穀五百二十八石三斗五升六合。

由道每年經管支發各款：

一、七廳縣屯守備、千把總、外委、額外五十六員名，歲需俸廉銀，五千九百零九兩八錢六分四釐。又五年兩閏，每年加銀五十四兩五錢一分四釐。

一、屯外委額外三十四員名，六大小建歲，需口糧米，合穀二百四十石七斗二升。又，五年兩閏，每年加口糧米，合穀七石八斗八升八合。

一、練勇一千名，歲需餉乾銀，一萬二千二百零七兩一錢。又，五年兩閏，每年加銀四百兩零六釐。

一、練勇一千名，六大、小建歲，需口糧米，合穀七千零八十石。又，五年兩閏，每年應加口糧米，合穀二百三十二石。

一、屯外委額外練勇操馬六十四匹。每年例應報倒馬十九匹，馬價銀二百四十七兩。

一、練勇、屯丁操演藥鉛，共銀一千五百兩。又穀七百八十石。

一、屯練丁勇開操，迎喜神、霜降閱操，屯練賞號，以及補修屯練器械、添製軍裝等項，改穀一千四百三十八石九升二合。

一、練勇紅白惠賞，一百五十兩。

一、屯丁紅白惠賞，穀七百五十石。

一、屯守備稿書工食，并加閏月，銀五十一兩一錢八分。

一、歲修碉卡，木石、灰瓦工料，銀二千九百兩。此項暫停。

一、修理水沖沙壓田土工本及貼補屯田租穀三千零三十九石。咸豐五年暫減穀一千石。

一、七廳縣苗民生童試資，穀一千石。暫減穀四百石。

一、滙辦七廳縣均屯總局委員、書役薪水、工食等項，穀九百二十七石六斗。

一、管理七廳縣收糶屯穀，支發經費、鹽糧、俸餉等事，屯長、庫書工食薪水，穀二百八十一石二斗。

一、報銷各冊工食、紙張、工價等，銀一百九十六兩。

一、碾辦練勇月米車碾、篩夫、擂子匠口糧鹽菜，穀一百三十六石八斗，又銀八十二兩三錢二分。共銀穀二百一十九石一斗二升。

一、練勇教場軍裝、火藥二局柴火、燈油、教習工食，銀五十七兩。

一、撿蓋貼補練勇兵房，銀五十兩。

一、本道巡歷五廳縣夫馬賞號，一千石。暫減二百石。

一、賞賚徵催出力之屯長花紅、飯食，并賞苗弁來城辦公飯食，穀一百五十八石，又銀二百兩。此項銀暫停。

一、屯防廳差各役口糧、盤費，穀三百石。

一、挑運七廳縣鹽糧經費，租籽運費，共穀二千一百五十石。

一、各廳縣徵收租籽，挑運盤載，風晾鼠耗，共穀八百五十石。此款暫停二百石。

一、屯苗各倉，每年撿蓋貼補及修製車、斛、籮、席等件，共需穀三百二十九石。

以上三十款，由道飭發，銀二萬三千九百七十四兩九錢八分四釐，穀二萬零七百石零三升。

二共銀穀四萬四千六百七十五石二斗八升四合。

鳳凰廳經管屯防應發正詳籌各款坐支銀穀數目：

奏案內應發：

敬修書院山長束修銀二百四十兩，改發穀石。又食米十石，合穀二十二石二斗二升。

又五年兩閏，每年加穀八斗八升八合八勺。由道支發。

又齋夫二名，食穀一十三石二斗。

又正課生員十二名，每名每月膏火穀一石二斗。十個月，共穀一百四十四石。

又副課生員十名，每名每月膏火穀六斗。十個月，共穀六十石。

又正課童生九名，每名每月膏火穀八斗。十個月，共穀七十二石。

又副課童生十四名，每名每月膏火穀四斗。十個月，共穀五十六石。

又每月獎賞，穀二石四斗。十個月，共穀二十四石。改賞錢文。

又聘金、啓學酒席，穀四石。改發銀兩。

又延山長盤費，考取點心，穀五石。改發銀兩。

屯苗義學五十二館，穀八百八十四石。現改發穀五百二十石。

又苗童二十名，來城讀書膏火，穀二百四十石。

鳳凰廳屯糧庫平紋銀，五十三兩三錢九分一釐四毫。

又添平火耗市平紋銀，十五兩。由道支發。

苗戰、守。兵四百名、一千六百名。口糧穀八千六百四十石。由道支發。

正籌款內：

西倉，倉書一名，工食穀六石，又口糧穀七石八升。現發六成工食口糧穀七石八斗四升。

西倉，斗級二名，工食穀十二石，又口糧穀十四石一斗六升。現發六成工食口糧穀十五石六斗八升。

西倉，當差屯丁三名，鹽菜錢六千三百七十二文，合穀六石三斗七升二合。又口糧穀二十一石二斗四升。現發穀一十六石六斗。

新場倉，倉書一名，鹽菜穀六石，又口糧穀七石零八升。現發工食口糧穀七石八斗四升八合。

新場倉斗級倉夫二名，工食穀十二石，又口糧穀十四石一斗六升。現發工食口糧穀一十五石六斗九升六合。

得勝營倉，倉書一名，工食穀六石，又口糧穀七石零八升。現發工食口糧穀七石六斗八升。

得勝營倉，斗級一名，工食穀六石，又口糧穀七石零八升。現發工食口糧穀七石六斗八升。

得勝營倉，倉夫一名，鹽菜穀四石八斗，又口糧穀七石二斗。現發鹽菜口糧穀七石二斗。

三拱橋倉，斗級二名，口糧穀十四石四斗。現發口糧穀八石六斗四升。

長凝哨倉，斗級一名，口糧穀七石二斗。現發口糧穀四石三斗二升。

同全坡倉，斗級一名，工食穀六石，又口糧穀七石二斗。現發工食口糧穀七石九斗二升。

木里倉，斗級一名，口糧穀七石二斗。現發口糧穀四石三斗二升。

馬鞍山倉，斗級一名，口糧穀七石二斗。現發口糧穀四石三斗二升。

老田衝倉，斗級一名，口糧穀七石二斗。

新洞坪倉，斗級一名，口糧穀七石二斗。

古桑營倉，斗級一名，口糧穀七石二斗。以上均現發口糧穀四石三斗二升。

浪中江倉，倉書一名，工食穀六石，又口糧穀七石二斗。現發口糧穀三石六斗。

又，斗級一名，口糧穀三石六斗。現發口糧穀二石一斗六升。

新寨倉，斗級一名，口糧穀七石二斗。

田坪倉，斗級一名，口糧穀七石二斗。

巖口、塘寨、龍角洞三倉，斗級一名，口糧穀七石二斗。

鴨堡毕倉，斗級一名，口糧穀七石二斗。

大田倉，斗級一名，口糧穀七石二斗。

靖疆營倉，斗級一名，口糧穀十二斗。

火麻營倉，斗級一名，口糧穀七石二斗。

高都倉，斗級一名，口糧穀七石二斗。

櫟木營倉，斗級一名，口糧穀七石二斗。

科甲、巴科、巖尾三倉，斗級一名，口糧穀七石二斗。以上均現發口糧穀四石三斗二升。

木江坪倉，斗級一名，口糧穀一石。現發口糧穀六斗。

德留坪、永安倉、永安倉、殺牛坪、瓮來倉、竹林坪、新巖橋、黃會營、舒家塘、杜望倉、新場倉、治牙倉、新場倉、古衝倉、茶坪倉、得勝嶺、白泥塘、芭蕉腦、沙羅寨、麻子坳、大寨倉、楊家寨、楊家洞、清水哨、土黃塘、旺畬倉、永安倉、鴉拉營、相木衝、零寨倉、十八坪，共三十一倉，每倉歲給口糧穀一石，共穀三十一石。每倉現發口糧穀六斗，共穀一十八石六斗。

永安三甲倉，小旗幫收屯粗，口糧穀一石二斗。

麻都灣倉，斗級口糧穀五斗。現發口糧穀三斗。

苗備弁十五名，共辦公穀一百八十四石。現發穀一百一十石零四斗。

又聽差苗兵一名，工食穀六石。

本廳義勇、烈祠，每月香紙燈油錢一百五十文。歲需錢一千八百文。合穀一石八斗。

又三月清明七月十五日、十月初一日三次祭祀穀六十石，米九斗，合穀一十八石。

傅公祠，三月清明、七月十五日，二次祭祀，穀十八石。又歲需燈油、香紙錢四千零八十文，合穀四石零八升。

本廳儒學，穀一百石。咸豐五年暫減四成，實發穀六十石。

本廳育嬰堂，穀三百石。內育嬰孩二十八，口糧米合穀一百九十八石二斗四升。

又看堂民婦二名，口糧米合穀十四石一斗六升。又每月工食燈油，穀八斗。共穀九石六斗。

又子孫娘娘聖誕香燭，合穀四斗。以上現共發二百一十二石四斗。

本廳養濟院，穀一百石。內現養男婦十九名，口歲需口糧米合穀四十一石零四升。又三節，每名賞錢一百文，共錢五千七百文，合穀五石七斗。如有病故，一名賞木板錢四百文。

本廳苗民雜糧，穀一百五十七石七斗，折庫平紋銀九十四兩六錢二分。由道支發。

歲祀龍神社令，穀三十八石四斗。

鎮城西屯倉燈油，穀三石六斗。又二八月，及開倉祭祀倉神，每次穀八斗，共穀二石四斗。

新場總倉倉神燈油，穀三石六斗。現發穀二石一斗六升。

得勝營總倉倉神燈油，穀三石六斗。現發穀二石一斗六升。

三拱橋總倉倉神燈油，穀二石四斗。現發穀一石四斗四升。

本廳辦公，穀三百石。咸豐五年暫減四成，實發穀一百八十石。

經歷、知事、巡檢三員，穀三百石。暫減四成實發穀一百八十石。

醫生，穀二十四石。

得勝嶺倉基，穀八斗。

楊家洞倉基，穀五斗。

以上正詳籌各款，共需坐支銀穀一萬二千二百二十九石九斗九升二合。

捐款：

册檔所委員月費，穀一百二十石。

知事月費，穀一百石。

巡檢管理瀘、麻屯務月費，穀一百二十石。以上三款由道支發久已議裁。

總共鳳凰廳坐支各款，穀一萬二千五百六十九石九斗九升二合。內應除由道支發：

山長束修銀，二百四十兩。又，聘金酒席，穀四石。山長加閏月，穀八斗八升八合八勺。山長盤川，考取生童點心，穀五石。

鳳凰廳屯糧庫平銀五十三兩三錢九分一釐四毫。又添平火耗市平銀十五兩。

苗戰、守。兵四百名、一千六百名。口糧穀八千六百四十石。

民苗雜糧庫平銀，九十四兩六錢二分。

捐款，穀三百四十石。

共除穀九千三百九十二石九斗零二勺。實坐支穀三千一百七十七石零九升二合。計每季應坐支穀七百九十四石二斗七升三合。

乾州廳經管屯防應發正詳籌各款坐支銀穀數目：

奏案內應發：

立誠書院山長束修薪水，銀一百六十兩。生童膏火，穀三百六十五石四斗。束修改發穀石，現發生童膏火，咸豐五年改減穀一百六十九石，均由道支發。

屯苗義學十九館，穀三百二十八石。咸豐五年改減實發穀二百石。

苗戰、守。兵名一百六十、六百四十。名口糧，穀三千四百五十六石。由道支發。

催差口糧鹽菜、投文盤費，穀十二石。現發穀七石二斗。

屯糧，銀十三兩八錢八分五釐。由道支發。

籌款內：

會書三名，口糧、工食穀三十九石六斗。現發穀二十三石七斗六升。

總屯長勘田造册，及赴鎮城歲需辦公，穀二十石。現發穀十二石。

總屯長四名，辦公穀九十一石二斗。現發三名，穀四十石零三斗二升。

屯局差役六名，口糧、鹽菜穀四十三石二斗。現發穀二十五石九斗二升。

屯長鄉保催租盤費，穀一百一十一石。現發穀一十六石二斗。

苗備弁辦公、催租、口糧穀四十三石。現發穀二十五石六斗八升。

義烈祠并傅公祠歲需祭費，穀三十九石八斗。現發穀二十三石八斗八升。

儒學，穀一百石。現發穀六十石。

養濟院孤貧四十名，口糧穀五十石。

苗民雜糧，穀五十二石八斗二升。折銀三十一兩六錢九分二釐，由道支發。

本廳辦公，穀三百石。咸豐五年暫減實發穀一百八十石。

經歷巡檢辦公，穀二百石。咸豐五年暫減實發穀一百二十石。

以上正詳籌各款，共需坐支穀五千二百四十四石七斗七升七合。

捐款：

屯防辦公紙札，穀三十石。現發穀十八石。

天王、龍王、關帝、火神、伏波、城隍六廟折半口糧，穀二十一石六斗。現發穀十二石九斗六升。

又六處并昭忠祠、小溪巷、傅公祠，案牘，共十處燈油，穀三十六石。現發穀二十一石六斗。

傅公祠住持鹽菜、口糧穀十石零八斗。現發穀六石四斗八升。

先農、社稷二壇口糧穀七石二斗。現發穀四石三斗二升。

上、下南門河渡夫二名，折半口糧穀七石二斗。

巡檢月費穀一百石。此款久已議裁以上捐款由道支發。

總共，乾州廳坐支穀五千四百七十七石五斗七升七合。

內應除由道支發：

山長束修銀一百六十兩。屯糧銀十三兩八錢八分五釐。民苗雜糧銀三十一兩六錢九分二釐。捐款穀二百三十二石八斗。

苗戰、守。兵一百六十、六百四十。名口糧穀三千四百五十六石。共除穀二千八百九十四石三斗七升七合。

實坐支穀一千五百八十石三斗二升。計每季應支穀三百九十五石八斗。

永綏廳經管屯防應發正詳籌各款坐支銀穀數目：

奏案內應發：

綏陽書院山長束修薪水、生童膏火，穀五百石。束修改發穀石生童膏火獎賞穀二百零二石。

屯苗義學三十三館，内多一館，館穀五百二十八石。咸豐五年暫減，現發十七館，穀二百七十二石。

加最深義學館，穀五十六石。外應發請捐義學十二館，穀一百九十二石。永綏廳應領藩庫學俸銀一百九十二兩，解道歸補穀價現係由道咨司代領。

苗戰、守。兵三百八十、一千四百二十。名口糧穀七千八百四十八石。由道支發。

籌款内：

總屯長辦公穀四十八石。現發穀二十八石八斗。

幫辦辦公穀二十四石。

總散屯長十二名，辦公穀一百九十二石。現發穀一百一十五石二斗。

清書一名，口糧、工食穀十九石二斗。

增設清書一名，口糧、工食穀十九石二斗。

屯書二名，口糧、工食穀三十八石四斗。清屯書共四名，現發穀四十六石八斗。

局差二名，口糧、工食穀二十六石四斗。現發穀十五石八斗四升。

斗級八名，口糧、工食穀一百零五石六斗。

倉書一名，口糧、工食穀十三石二斗。

掃把倉，斗級、車夫四名，三個月口糧、工食穀七石二斗

鉛廠倉，斗級、車夫四名，四個月口糧、工食穀九石六斗。

隆團倉，斗級、車夫四名，五個月口糧、工食穀十二石。

尖巖倉，斗級、車夫四名，五個月口糧、工食穀十二石。

科耳倉，斗級、車夫二名，兩個月口糧、工食穀二石四斗。

長潭倉，斗級、車夫二名，四個月口糧、工食穀九石六斗。

窩勺倉，斗級、車夫四名，三個月口糧、工食穀七石二斗。

下寨倉，斗級、車夫四名，三個月，口糧、工食穀七石二斗。

董馬倉，斗級、車夫二名，三個月，口糧、工食穀三石六斗。

鴨保倉，斗級、車夫四名，四個月，口糧、工食穀九石六斗。

排打扣倉，斗級、車夫四名，三個月，口糧、工食穀七石二斗。

高巖倉，斗級、車夫二名，兩個月口糧、工食穀二石四斗。

新倉，斗級、車夫四名，三個月口糧、工食穀七石二斗。

螺螄墈倉，斗級、車夫二名，三個月口糧、工食穀三石六斗。

排補美倉，斗級、車夫二名，三個月口糧、工食穀三石六斗。

窩大招倉，斗級、車夫二名，兩個月口糧、工食穀二石四斗。

巖落倉，斗級、車夫二名，兩個月口糧、工食穀二石四斗。

排料倉，斗級、車夫二名，兩個月口糧、工食穀二石四斗。以上現發穀一百三十八石二斗四升。

本廳苗備弁辦公穀計：掃把倉，穀二十石。

鉛廠倉，穀二十四石。

隆團倉，穀四十四石。

又加賞穀八石。

接溪倉，穀六石。

尖巖倉，四十八石。

長潭倉，穀五十六石。

科耳倉，穀八石。

加賞號穀十二石。又加賞穀二十四石。

窩勺倉，穀三十石。

下寨倉，穀十五石。

董馬倉，穀十六石。

鴨保倉，穀三十六石。

加賞號，穀十二石。

排打扣倉，穀二十四石。

加賞號，穀十二石。

高巖倉，穀十二石。又用費穀八石。

新倉，穀二十四石。

螺螄墈倉，穀二十五石。

排補美倉，穀二十五石。

窩大招倉，穀十二石。

巖落倉，穀十二石。

排料倉，穀八石。以上現共發穀一百零三石六斗。

永綏儒學，穀一百石。現發穀六十石。

育婴堂，穀三百穀。實用穀二百四十三石四斗一升三合。現發穀二百三十五石二斗。

苗民雜糧，米七十二石八斗四升，合穀一百四十五石六斗八升。

本廳辦公，穀三百石。現發穀一百八十石。

經歷、知事辦公，穀二百石。現發穀一百二十石。

永綏殘廢丁三百名，口糧穀七百二十石。

老幼丁一百九十九名，口糧穀四百七十七石零六斗。

以上正詳籌各款，共需坐支銀穀一萬二千二百二十二石二斗九升二合。

捐款：

永綏收支所經費，穀一百石。又加穀十八石。現發五十四石。

稽查屯防月費，穀一百二十石。

馬餉一分穀三十六石，口糧穀七石二斗。共合穀四十三石二斗。

候補額外辦公，穀十八石。

以上共捐款，穀二百九十九石二斗。由道支發。

總共：永綏廳坐支各款，銀穀一萬二千五百二十一石四斗九升二合。

外添設更夫一名，鹽菜、口糧穀十三石二斗。加給苗弁穀十石。

總共：穀一萬二千五百四十四石六斗九升二合。

內應除由道支發：捐款，穀二百九十九石二斗。

苗戰、守。兵三百八十、一千四百二十。名口糧穀七千八百四十八石。

共除穀八千一百四十七石二斗。

實坐支穀四千三百九十七石四斗九升二合。計每季坐支穀一千零九十九石三斗七升三合。

古丈坪廳經管屯防正詳籌各款坐支銀穀數目：

奏案內應發：

屯、苗義學三館，穀四十八石。現發穀二十四石。

苗守兵一百名，口糧一百六十石。由道支發。

詳籌款內：

催差口糧、鹽菜，穀八石六斗。現發穀五石一斗六升。

倉書一名，工食穀七石二斗。現發穀四石三斗二升。

斗級一名，工食穀六石。現發穀三石六斗。

歲祀龍神，穀二石八斗。

本廳辦公，穀二百石。現發穀一百二十石。

差費紙張，穀十二石。

總共：古丈坪廳坐支各款穀六百四十四石六斗。內應除由道支發苗守兵一百名口糧穀三百六十石，實坐支穀二百八十四石六斗。計每季應坐支穀七十一石一斗五升。

保靖縣經管屯防應發正詳籌各款坐支銀穀數目：

奏案內應發：

雅麗書院山長束修、薪水、膏火、獎賞，穀四百石。山長束修改發穀石，生童膏火、獎賞，現發穀二百零五石六斗。

延山長聘金，銀二兩。由道支發。

屯義學十四館，穀一百六十八石。現發穀一百五十二石。

苗戰、守。兵六十、二百四十。名，口糧穀一千二百九十六石。由道支發。

屯糧，銀九兩六錢九分，折穀十四石。

儒學，穀一百石。現發穀六十石。

本縣辦，公穀三百石。現發穀一百八十石。

巡檢、典史辦公，穀一百二十石。現發穀七十二石。

以上正詳籌各款，共坐支銀穀，二千五百石。

捐款：

傅公祠香燈，穀六石。現發穀三石六斗。

稽查屯防月費，穀一百二十石。

屯局、屯倉辦公經費，穀六十石。現發穀三十六石。

總屯長辦公，穀二十四石。現發穀一十四石四斗。

以上捐款，穀二百一十石。由道支發。

總共：保靖縣坐支各款穀二千七百一十石。外添設書倉一名口糧，穀七石二斗。

總共：穀二千七百一十七石二斗。內應除由道支發：山長聘金，銀二兩。捐款，穀二百一十石。苗戰、守。兵六十、一百四十。名口糧穀一千二百九十六石。共除穀一千五百零八石。

實坐支穀一千二百零七石二斗。計每季應坐支穀，三百零一石八斗。

瀘溪縣經管屯防應發正詳籌各款坐支銀穀數目：

奏案內應發：

觀瀾書院山長束修、薪水，銀一百六十兩。又，聘金，銀二兩。

又延山長盤費，銀二兩。又上館酒席，銀二兩。_{均改發穀石，由道支付。}

正課生員六名，每名每月膏火穀一石，十個月共穀六十石。

副課生員九名，每名每月膏火穀五斗，十個月共穀四十五石。

正課童生五名，每名每月膏火穀八斗，十個月共穀四十石。

副課童生十一名，每名每月膏火穀四斗，十個月共穀四十四石。

又十個月獎賞，穀十二石。_{現發穀十六石。}

又送卷盤費，銀八兩。

正籌款內：

浦市倉，催差鹽菜穀三石，口糧，穀三石。

麻坪倉，催差口糧、鹽菜穀一石。

蘭村倉，催差口糧、鹽菜穀一石。

縣城倉，催差口糧、鹽菜穀一石。

興隆倉，催差口糧、鹽菜穀二石。

蹈虎倉，催差口糧、鹽菜穀二石。

上廣倉，催差口糧、鹽菜穀二石。

合水倉，催差口糧、鹽菜穀一石。

霧露倉，催差口糧、鹽菜穀一石。

小章倉，催差口糧、鹽菜穀一石。

都蠻倉，催差口糧、鹽菜穀一石。

利略倉，催差口糧、鹽菜穀一石。

狗埑爬巖，催差口糧、鹽菜穀一石。

屯糧庫平紋銀四百六十兩零五錢六分一釐。

又，添平、火耗、市平元銀三十六兩八錢四分二釐。_{由道代解。}

縣城倉，斗級口糧、鹽菜穀二石二斗。_{現發穀一石三斗二升。}

浦市倉，總屯長一名，工食穀三十石。又口糧穀二十八石八斗。_{現發穀三十五石二斗八升。}

斗級、車夫四名，工食穀四十八石。又口糧穀二十八石八斗。_{現發穀四十六石零八升。}

又更夫一名，工食穀三石六斗。又口糧穀七石二斗。_{現發穀六石四斗八升。}

蘭村倉、麻坪倉、都蠻倉、利略倉、狗埑巖、合水倉、興倉、蹈虎倉、霧露倉、小章倉十倉。每倉斗級口糧、鹽菜穀二石二斗，共穀二十二石。蘭村等九倉每倉現發穀一石三斗二升，興隆場倉現發穀一石九斗八升。

上廣倉，斗級口糧、鹽菜穀三石三斗。現發穀一石九斗八升。

浦市倉神燈油，穀三石六斗。現發穀二石一斗六升。

總共：瀘溪縣應發正詳籌各款坐支銀穀一千零七十一石零三合。

內應除由道支發：

屯糧庫平銀四百六十兩零五錢六分一釐。添平、火耗、市平元銀三十六兩八錢四分二釐。山長束修銀一百六十兩。又，聘金銀二兩。又，盤費銀二兩。又，酒席銀二兩。

共除銀六百六十三兩四錢零三釐。

實坐支銀穀四百零七石六斗。計每季應坐支穀一百零一石九斗。

麻陽縣經管屯防應發正詳籌各款坐支銀穀數目：

奏案內應發：

錦江書院山長束修、薪水銀一百六十兩。又聘金銀二兩。束修改發穀石，由道支付。

又正課生員五名，每員每月膏火穀一石，十個月共穀五十石。

又副課生員七名，每名每月膏火穀五斗，十個月共穀三十五石。現發穀一百八十九石。

又正課童生五名，每名每月膏火穀八斗，十個月共穀四十石。

又副課童生十五名，每名每月膏火穀四斗，十個月共穀六十石。

又獎賞穀十二石。

縣城倉，催差口糧穀四石。現發穀七石。

拖衝倉、李家坪、火麻坪、板栗樹四倉，每倉催差口糧穀一石，共穀四石。拖衝倉現發穀二石，李家坪等三倉現發穀一石。

馬家口、巖門倉、淥溪口倉、濫泥倉、江口倉五倉，催差口糧穀二石，共穀十石。

屯糧庫平紋銀一百九十七兩八錢零三釐。由道代解。

縣城倉，屯長鹽菜穀十石零八斗，又口糧穀七石二斗。

又斗級一名，工食穀六石；又口糧穀七石二斗。

石羊哨倉，屯長鹽菜穀十石零八斗，口糧穀七石二斗。

又斗級一名，工食穀六石，又口糧穀七石二斗。

淥溪口倉，屯長鹽菜穀十石零八斗，口糧穀七石二斗。

又斗級一名，工食穀六石，又口糧穀七石二斗。

拖衝倉，屯長鹽菜穀十石零八斗，又口糧穀七石二斗。

斗級一名，工食穀六石，又口糧穀七石二斗。

馬江口倉，屯長鹽菜穀十石零八斗，又口糧穀七石二斗。又斗級一名，工食穀六石，又口糧穀七石二斗。以上現發穀，屯長穀十石零八斗，斗級穀七石九斗二升。

李家坪倉，屯長一名，鹽菜穀五石四斗，又口糧穀三石六斗。

又斗級一名，工食穀三石，又口糧穀三石六斗。

濫泥倉，屯長一名，鹽菜穀五石四斗，又口糧穀三石六斗。

又斗級一名，工食穀三石，又口糧穀三石六斗。

巖門倉，屯長一名，鹽菜穀五石四斗，又口糧穀三石六斗。

又斗級一名，工食穀三石，又口糧穀三石六斗。

火麻坪倉，屯長一名，鹽菜穀五石四斗，又口糧穀三石六斗。

板栗樹倉，屯長一名，鹽菜穀五石四斗，又口糧穀三石六斗。

以上發屯長穀五石四斗，斗級穀三石九斗六升。

巖門倉，租廟貯穀六斗。

江口倉，租廟收穀三石。

李家坪倉，租店收穀二石。

縣城倉，撿蓋圍墻穀一石。

總共：麻陽縣應發正詳籌各款，坐支銀穀八百二十四石四斗零三合。

又，加山長食穀一十二石。加看守江口公館斗級穀，六石六斗。加縣城倉，催差口糧穀三石。

總共：坐支穀八百四十六石零三合。內應除由道支發：山長束修銀一百六十兩。聘金銀二兩。屯糧銀一百九十七兩八錢零三釐。看守江口公館，穀六石六斗。共除銀穀三百六十六石四斗零三合。

實坐支穀四百七十九石六斗。計秋、冬每季應坐支穀一百四十八石五斗五升，春、夏每季應坐支穀九十一石二斗五升。

附録稟請籌款發典生息以資儲備 光緒六年辰沅道但湘良

敬再稟者：竊查道屬鳳凰、乾州、永綏、古丈坪、保靖、瀘溪、麻陽七廳縣、佃種鹽糧、經費田土共十萬一千七百零一畝二分零，減定額租七萬零四百二十一石五斗九升。每年經費開支，即使租籽照額全完，尚不敷銀七千八百九十餘兩。詳准在於司庫，并糧道庫節省運費及多提藥釐一成項下動支。況連年以來佃户尚有蒂欠，故各前道遞年造報徵收數目均有佃欠數百石不等。現准移交積欠已至三千五百餘石，從前儲備銀穀久已動用無存。此外又無庫款可籌，均於次屆經費穀酌撥應用。然平時年穀順成，短徵無多，尚易敷衍，設有水旱偏災，佃民既無力完租，經費即無從支發。邊防所緊，大局攸關，夙夜籌維，時深焦灼。卷查，苗疆原設儲備銀穀從前因公動用，於嘉慶十九年清查歸補之後，因歲收歉薄，道庫歷年經費不敷，節次動墊無歸。復於二十五年奏准借撥司庫徵存地丁銀十萬兩發交漢商生息，陸續歸補本款，餘儘當年應支經費及歸補籌備有案。現值道庫儲備空虛，司庫又形支絀，可否仰懇憲恩，俯念邊陲緊要，飭令藩司在於鹽貨釐金項下籌撥銀一萬兩，解存道庫，發交殷實典商生息，以資儲備。計每年一分起息，可得銀一千二百兩。八年之間，即可歸還庫本。以後所得息銀積有成數，又可提出再行交商生息。如此則儲備可漸積有資，不致臨時掣肘。仍由道詳明立案，如非水旱之年徵收歉薄，不准擅行動用，以杜浮冒。職道爲籌備邊防要需起見，是否可行，伏祈訓示、遵行，實爲公便。

卷十四　學校考

二品銜前署湖南辰永沅靖道但湘良纂

部覆鳳、乾、永、保四廳縣士子、苗生鄉試另編字號
嘉慶十三年三月准咨

禮部謹奏爲遵旨議奏事。

內閣鈔出湖南巡撫景安會同學政李宗瀚奏，請將苗疆士子及苗生等鄉試另編字號，分別取中一摺，奉硃批：禮部議奏。欽此。欽遵鈔出到部。查原奏內稱，苗疆鳳凰、乾州、永綏三廳，并永順府屬之保靖一縣，僻在邊隅，向係改土歸流。雖設學年久，而鳳凰、永綏、保靖兩廳一縣至今尚未開科。惟乾州於乾隆辛卯科中式舉人一名胡啓文，丙午科中式舉人一名張秩，然皆係寄籍，其土著民人并未有能領鄉薦者。嗣於乾隆六十年，該廳士民均遭苗擾。自戡定後，修建碉卡，均田屯勇，爲長治久安之計，皆能捐產急公，共明大義。今丁卯科，鳳凰、乾州、永綏三廳，保靖一縣，鄉試者爲數較增。但苗疆士子魯樸者多，與通省諸生校藝，難以獲售。請照四川寧遠府另編寧字號之例，數至三十名以上，另編邊字號，於本省額內取中一名。又該四廳縣多係生苗，地險巢深，歷來反覆無常，迥非永順、寶慶、靖州及黔、粵兩省苗人可比。查鳳凰、乾州、永綏三廳，歲科兩試各額進苗童二名，保靖苗童亦附入民籍應試。近科鄉試之士亦多，而未能與通省人材校藝獲售，轉恐阻其向上之心。請將該四廳縣苗生照臺灣府另編至字號之例，另編田字號，仍照雲南等省順天鄉試另編中皿字號之例，於十五名內，額外取中一名等語。臣等伏思鄉試爲掄才大典，未可倖邀。而邊郡文風，亦宜隨時振作，以廣皇仁。查例載四川寧遠府應試士子，因邊遠地方，難以獲售，經臣部議准，照甘肅寧夏府另編字號取中之例，數至三十名以上者，另編寧字號，於本省額內取中一名等語。今湖南鳳凰、乾州、永綏三廳，保靖一縣，僻在苗疆，文風夐陋。現據該巡撫等聲稱，該廳縣士子，自戡定苗疆以後，於修卡、均田各事

宜，皆能急公向義，而每逢鄉試從未獲售，不足以示鼓勵。應請如該巡撫等所奏，嗣後鳳凰、乾州、永綏三廳，并永順府屬之保靖一縣，應試士子准其照四川寧遠府另編字號取中之例，數至三十名以上者，另編爲邊字號，於本省額內准取中一名。如不及三十名，仍歸通省取中，無庸另編字號。至鳳凰、乾州、永綏、保靖四廳縣苗生，現據該巡撫等聲稱，該苗民素稱反覆，迥非他府廳州縣及黔、粵兩省苗人可比。向來歲科額進新童，及附民籍考試者，已不乏人，近皆慕化讀書。然與通省士子校藝，自屬有失無得，無以堅其向上之心，亦應如該巡撫等所請，准其照福建臺灣府另編字號額外取中之例，另編田字號取中。惟該巡撫等請照中皿字號，十五名取中一名，查中皿字號現已改爲二十名取中一名。第該巡撫究爲鼓勵苗生起見，即應如所請，准其於應試人數在十五名以上者，額外取中一名。如不足十五名，仍附通省取中，毋庸另編字號。即將來應試人多，亦不得於額外加取，以示限制。仍令主考官，於苗疆士子及苗生應試文藝，核其果係明順者，照額取中。再，該四廳縣既經另編字號，恐有他處民人託名苗疆苗生，希圖僥倖者，應飭該地方官嚴行查禁，違者從重治罪，自足以杜冒濫而昭慎重。所有臣等酌議緣由，是否有當，伏候欽定。

嘉慶十三年二月二十日，奉旨：依議。欽此。

詳鳳、乾、永、保四廳縣紳士呈請詳題謝恩

嘉慶十三年辰沅道姚興潔

爲邊學另設中額恭請天恩，呈請詳題事。

案據鳳凰廳同知姚興潔、署乾州廳同知李方轂、永綏廳同知胡如沅、保靖縣知縣高誠會，詳據紳士趙地靈、包明漢、曾世崧、蕭榮科、胡學文、尚法型、鄧士儼、向昕、饒桂、何楷、艾建洵、鄧之相、朱煊、姚柱、吳太勳、胡大魁、王長錫、黃士莊、賈雲章等呈稱，欽惟聖治光昭，四海戴生成之德；皇恩遐布，萬方慶登進之榮。棘闈榜放春秋，搜俊良而入選；省會地分大小，衡材藝以題名。既中多中少之殊程，亦因地因材而設額。聖天子振興文教，嘉惠士林，典至隆也，恩至渥也。生等地處五溪之徼，學疏二酉之藏。亦慕登雲，無奈月宮路遠；未工織錦，敢云日色目迷。嘆鶚薦之無期，邊境之文星似暗；當苗氛之初靖，藝林之學殖更荒。仰蒙我皇上耆定武功，誕敷文德。干戈戢則禮樂以興，屯防周而膠庠遍設。千餘座碉樓前後，咕嘩相聞；七百程寨落生童，扶搖有志。欣荷恩逾恒格，俯俞入告之謨。澤沛荒隅，廣闢升騰之路。編號邊、田兩字，特恩及一縣

三廳；取材㵲、酉五溪中，額殊四州九府。邊士三十名應試，定分蟾窟一枝；苗生三五人赴科，亦附鹿鳴一座。此我國家作人之盛典，實邊防下士之奇逢也。從此虎化變山，趁風雷而燒尾；魚游峒水，得雲雨而揚鬐。嚴疆播紅杏之吟，鳥道有青雲之級。此日窮邊草木，栽培盡南國梗楠；當年礙道荊榛，次第作春官桃李。生等素切龍門之願，幸沐甄陶；仰承鳳詔之頒，益加淬礪。所有生等感激下忱，理合具呈，叩請俯賜，據情轉詳，具題施行等情。

據此，該鳳凰廳同知姚興潔、署乾州廳同知李方穀、永綏廳同知胡如沅、保靖縣知縣高誠會，看得該士子、苗生等，籍隸楚邊，躬逢盛世。恥居僻陋，莫鍾靈淑於山川；快覯威儀，初幸湔洗夫心面。欽惟我皇上義圖延慶，軒紀綿麻。聲教罩敷，化行禹甸周原而外；文章丕煥，光被堯天舜日之中。説禮樂而敦詩書，荒徼之儒風乍振；游黨庠而歸術序，新流之學業方勤。乃志切探花，咿唔粗解；文非拔萃，矻矻徒嗟。何幸聖量恢宏，皇恩霶霈。率舊章於寧夏，潛溫黍穀之吹；仿成例於臺灣，同燒龍門之尾。材慚樗櫟，合澧蘭沅芷而敷榮；質類砥砆，偕和璞楚珩而增耀。從此香分月殿，看衣白苧之衫；亦得試赴春官，冀食紅綾之餅。實出殊榮之作育，誠為異數之遭逢。茲據該紳士等具呈前來，理合據情詳請咨題等情到道。據此，該兼護辰永沅靖道事、鳳凰廳同知姚興潔復看得各該廳縣士子、苗生等，欣逢景運，幸際熙朝。沐聖教化之涵濡，濯磨有自；荷湛恩之汪濊，頂感難名。欽惟我皇上醴化罩敷，大鈞洪育。含太和而保合，德懋作人；覯文治之光昌，典隆造士。苗疆底定，既賣劍而買牛；屯政初開，復橫經而負耒。惟未工雲錦，青衫則歲歲堪憐；錯擲機梭，花樣則年年難合。何幸量材録取，益贊甫陳；逾格搜羅，堯俞即下。人雖魯樸，無虞菩菲之遺；學本荒蕪，得與參苓之選。數百里獠區猓境，氣翊風雲；千萬年僻壤荒陬，光開日月。梗楠杞梓，都成楚國之良；珪璧璠璵，盡是荊山之美。此固八埏九窩，共頌皇仁；豈惟二酉五溪，益加鼓勵。興潔躬膺邊要，恭奉絲綸。恩自天來，等諸生而志慶；感同身受，代下恂而陳詞。茲據鳳、乾、永、保四廳縣詳據紳士等呈請代詳前來，理合據情詳請察核詳題。

部覆保靖縣添設苗童進額一名 嘉慶十七年九月准咨

禮部謹奏，為遵旨議奏事。

內閣鈔出湖南學政湯金釗會同巡撫廣厚奏，邊隅苗童應試，請添設學額一摺。奉硃批：禮部議奏。欽此。欽遵到部。查原奏內稱，保靖縣屬苗民，前經奏准與乾州、鳳凰、永綏三廳苗童，一律設立書院，每科鄉試苗生數在十五名以上，編田字號，取中一名。該縣苗眾益知向善，現在赴館誦讀者共有二百餘名，將來應試之人，自當日漸加增。惟附於民籍取進，風簷校藝，究與民童有間，歷來取進乏人，是以戊辰、庚午兩科鄉試，并無該縣赴試苗生。查乾州等三廳，歲科兩試各額進苗童二名。惟該縣苗童，未設進額。若就民童學額八名內，分定苗童進額，是增一苗童進額，轉減一民童進額。若照三廳添設苗童進額二名，該縣苗童較少，未免過優。應請於該縣學額八名外，添設苗童學額一名等語。臣等伏思學校之設，所以廣教化，而在邊隅地方，尤宜隨時鼓勵，以移風俗而大陶成。查乾隆五十年，奏准乾州、鳳凰、永綏三廳各設苗童進額二名。嘉慶十三年，奏准苗生應鄉試者，另編田字號，數至十五名以下，取中一名。仰見我朝至教涵濡，文風翔洽，屬在苗民，亦知誦讀詩書，入黌宮而掇科第，較虞廷干羽之化，尤為盛事。今據該學政等奏稱，保靖縣苗童雖比乾州等三廳人數較少，而現在赴館誦讀者，已有二百餘名，將來應試之人，自當日增。惟因與該縣民童憑文校錄，以致取進乏人，不得與該三廳苗生同預鄉試，未免阻其嚮化之心。自應如其所請，於該縣學額八名之外，添設苗童進額一名，以廣皇仁，則該苗民愈鼓舞於從善之途，而邊隅益昭同風之感矣。所有臣等酌議緣由，是否有當，伏候命下，臣部纂入《學政全書》，并行文該學政等遵奏施行。謹奏。

嘉慶十七年九月二十九日奉旨：依議。欽此。

奏占考苗疆廩生周麟現等撥歸原籍考試摺
嘉慶八年湖南巡撫高杞

奏為遵旨，詳查覆奏事。

案查嘉慶七年，准禮部咨，議奏前湖南學政吳省蘭奏，請將鳳凰廳沿舊占考之廩生周麟現等十五人，撥歸辰溪縣學考試一摺。奉旨：依議。欽此。

計粘單內開：查例載，寄籍民人無籍可歸，呈請入籍，查明室廬以稅契之日為始，田畝以納糧之日為始，扣定二十年以上，准予應試，不准回原籍跨考。原為新遷是地，初請入籍者而言。若入籍考試已過百年，則無查其有無田宅、墳墓之例，亦無籍隸此縣，即不准其僑居別縣，更置田宅、墳墓之例。乾隆五十年，湖南學政錢灃清理鳳凰廳冒籍之時，因周氏一族自明代業已入籍，現雖居住辰溪，并未跨考，是以仍准在鳳凰廳應試，并非疏漏姑容。惟是鳳凰廳文風弇陋，

僅周氏一族多讀書能文，故學政憑文取士進額，多爲周氏所占。本處生童遂群相
攻擊，迭起訟端。該學政勉爲調停，請以周氏一族撥入辰溪考試。但辰溪亦弇陋
之苗疆，進額不過十二名，無故增入周氏一族，生童衆夥，其多占辰溪之額，又
加於多占鳳凰廳之額，以鄰爲壑，人情未必相安。且原奏所據，該鳳凰廳官吏所
查，并未飭辰溪地方官一同會勘，猶恐於辰溪事勢，未必兼籌。應請旨交湖廣總
督、湖南巡撫詳查，辰溪一縣是否可以受撥，不致再生事端之處，覆奏到日再議
等因。准此，當經行司并分札該道、府、督同鳳凰、辰溪各廳縣，公同悉心會
勘，旋由該司、道轉據該府、廳、縣議覆前來。臣高杞復細加確查，得悉現在鳳
凰廳占考生員周麟現等，原籍江西贛州，於前明年間遷居辰溪，即在該縣龍門溪
入籍，迄今將近二百年，并未在鳳凰廳落業，雖沿襲冒考，已進有人。但實屬始
終冒占，非先籍隸鳳凰廳，置有田產，而復僑居辰溪，更置田宅、墳墓也。從前
學臣清釐鳳學，事在乾隆五十年。維時苗疆寧謐，該土著民人既無邊防之累，又
鮮屯田之事，惟日夕安居絃誦，盡力丹鉛。其考試文藝，足與周氏生童比較優
劣，尚無攻擊滋釁之事，而學臣亦因影射該處田糧、廬墓，但未曾跨考，遂不復
遽行議撥，此係昔日實在情形。今鳳凰廳自乾隆六十年匪苗滋擾之後，地屬最
要，該土民逼處苗寨，日夕守望，勢難專事詩書，其文理已不若周氏生童。兼之
沿邊壯勇，非其子姪，即其親屬，其捍禦之勞，周氏從無一人與共也。又，鳳廳
以一彈丸之地，均田二萬餘畝，分給各勇耕種，以資口食，而周氏亦從無一畝相
助也。平時遠處二百餘里之外，屯防皆所不事及，至考試則分占學額，其於情
理，均多未協。況周氏一族，居辰溪之地，納辰溪之糧，百數十年爲辰溪戶民，
其就近考試，即便多占辰邑學額，亦屬分所當然。至鳳廳實非周氏本籍，若仍聽
其沿舊占考，不特生事之足虞，且恐廳民從茲解體。設或爭相效尤，紛紛遷徙他
處，僅於考期一至其地，弋取青衿，則邊隅將何恃以固守？是今日鳳廳之學校，
實與邊防相爲表裏。無論周氏例應改撥，辰溪義所當受，即撥之事，勢亦萬難姑
容。所有周氏一族，既經查明實係辰溪，應請將現在鳳凰廳沿襲冒考之廩生周麟
現、周麟聘，附生周昌遠、周文光、周昌嘉、周昌文、周昌球、周麟云、周麟
瑜、周麟鳳、周麟奇、周麟瑄，俟生周昌定、周麟尊、周昌望等一十五戶，悉仍
照前學臣吳省蘭具奏，撥歸辰溪縣學。其廩生作爲候廩童生，均歸該縣考試。此
外，復查有廩生李序賓、附生李序朝、李益恭，武生李藻光，俟生李序昭、李序
許、黃明、黃順、宋爲賢、楊爲賢、楊昌榮，告給衣頂生員徐光明等十一名，亦
均籍隸辰溪、芷江、麻陽等縣，并請一體分別改撥，庶足以清邊學而協輿情。所

有詳查周氏一族應行撥歸辰溪，及續查出占考各生，亦應分別改撥緣由，謹會同督臣具摺奏聞。

前案部覆 嘉慶八年六月准咨

禮部謹奏，爲遵旨議奏事。

本年五月十二日，內閣鈔出湖南巡撫高杞奏請將鳳凰廳沿舊占考之周氏生童撥歸辰溪縣原籍，并續查出占考各生，分別改歸等因一摺。奉硃批：禮部議奏。欽此。查嘉慶六年，前任湖南學政吳省蘭奏，鳳凰廳周氏一族，并無田糧、廬墓，越境冒考，占額過半，請將廩生周麟現等十五人撥歸辰溪縣學考試。經臣部以鳳凰廳既因其占額過多，結訟改令考試辰溪，恐周氏讀書者本衆，而辰溪亦苗疆僻陋之區，仍不免多占進額，人情是否相安，請敕交該督撫詳查覆奏，到日再議等因具奏。奉旨：依議。欽此。欽遵咨行。去後，茲據該撫等覆奏稱，據該司道督同鳳凰、辰溪各廳縣公同悉心會勘，得鳳凰廳占考生員周麟現等一族，自前明時由江西遷居辰溪，并未在鳳凰廳落籍。前此苗疆寧謐，該廳土著士民安居誦讀，兼未與周氏生童較藝考試，無攻擊滋釁之事，是以從前學臣清釐苗疆冒籍時，不復遽議撥回。今該廳經苗匪滋擾，士民日夕守望，勢難專事詩書，其文理已不若周氏。兼之沿邊壯勇，非其子姪，即其親屬，其捍禦之勞，周氏從無一人與共。獨至考試，則占該廳學額，於情理兩未見允協。請照前任學臣吳省蘭所奏，將沿襲冒考之生童周麟現等十五名，撥歸辰溪應考等語。臣等查生童籍貫，原以田糧、廬墓爲憑，鳳凰廳實非周氏本籍，且數年前該廳有事之際，周氏并無捍禦之勞，亦未資助鄉勇口食，自未便令其沿舊冒考，致占鳳凰廳學額。今既據該撫等查明，周氏久居辰溪，納糧編戶已百餘年，自應如該撫等所奏，撥歸辰溪縣學考試，以協興情而昭平允。其續行查出占籍生員李序賓等十一名，原籍實係辰溪、芷江、麻陽等處，與周氏事同一例，亦應如所請，分別改歸原籍。仍請敕令該督撫、學政查明各生住址，造具清冊，咨部存案。所有臣等遵旨覆核酌議緣由，是否有當，伏乞訓示，遵行謹奏。奉旨：依議。欽此。

部覆占考苗疆貢生唐洪鑒等撥歸原籍考試

嘉慶十五年六月准咨

禮部等部謹奏，爲遵旨議奏事。

內閣鈔出護理湖南巡撫朱紹曾會同學政李宗瀚奏苗疆占籍捐考及民占苗籍各生，請撥回原籍一摺。奉硃批：禮部議奏。欽此。查原奏內稱，湖南乾州、鳳凰、永綏，并保靖四廳縣苗疆紳士等，自戡定之後，於修卡均田等事，皆能急公明義。奏蒙皇上天恩，苗疆士子鄉試，數在三十名以上，編爲邊字號，於本省額內取中一名。苗民近亦嚮化讀書，數在十五名以上，編爲田字號，額外取中一名。恐有他處民人託名苗疆苗生，希圖僥倖。應令地方官嚴行查禁，違者從重治罪等因，轉行遵照在案。嘉慶十三年，恭逢恩科鄉試。先據升任辰永沅靖道傅鼐查，有乾州、鳳凰、永綏、保靖四廳縣冒籍及民占苗籍各生，稟請通飭各廳縣，逐一清查詳辦。并將乾州廳歲貢生唐洪鑒等，鳳凰廳生員黃煦，永綏廳生員粟成九等，保靖縣歲貢生蔡兆鴻等，均撥回原籍等因。臣等查士民籍貫，毋許混淆，例禁綦嚴。況綏靖苗疆，振興伊始，尤當清釐冒濫，以廣皇仁而昭核實。嘉慶十三年，經臣部議准，湖南巡撫景安等奏稱，將乾州、鳳凰、永綏、保靖等處苗疆士子及苗生鄉試，另編字號，分別取中。原因該四廳縣紳士，均田設卡著有成勞，各苗生等嚮化讀書，寬其登進之途，本爲鼓勵苗疆地方起見。當經臣部奏明，毋許客民占額，通行遵照在案。茲據該護撫等查明，占籍各生，議今撥歸本籍。并據該護撫奏內聲明，各該生等均自祖父以來，相沿捐考，自非因奏准另編字號之後，有心占冒可知。第既經逐一清查，各有本籍可歸，應如該護撫等所請，將拔貢生彭峻修一名、歲貢生唐洪鑒等五名、恩貢生武有文一名、廩生蔡元喜等三名、生員田宏開等三十八名、監生唐洪銘等三名、准其分別撥歸各原籍考試，其廩生作爲原籍候廩。至佾生雷文孝，係更名冒考，應如所請斥革，令其自回原籍。已故生員向方義等四名、監生彭炤一名、佾生蔡心旭等二名，其子孫均撥歸原籍考試，概不准在該廳縣考試，以杜弊混。至吏員唐洪鑒，查吏部近年考職冊內，并無該吏之名。應令該撫聲明，該吏於何年考授何項職銜，并將該吏原領執照咨部，再行核辦。武生譚萬錦一名，應如所請，准其撥歸原籍。武生蔡廷輝等九名，准其各歸本縣，一體考試。已故武舉易學經一名，已故武生易學倫等六名，其子孫俱不准在該廳考試。惟查各省民人遷徙寄籍在六十年以上者，臣部原有奏明，准其入籍，不必復行具呈存案。苗疆地方情形，自與他處不同，該寄籍民人等，雖有年限已滿者，亦不得因其僑寓已久，尚無騎考情弊，即援照此例，致妨苗疆士子及苗生等上進之階。倘經此次清查之後，仍有民人混冒影射，查明係在嘉慶十三年另編字號以後捐考者，即從嚴懲辦，自足清冒濫而杜弊端。所有臣等核議緣由，是否有當，伏候批示。再，此摺因有吏員、武生事宜，是以臣部會同吏、兵二部議奏。

嘉慶十五年四月十四日奉旨：依議。欽此。

諭屯長勸諭士子奮勉讀書 嘉慶十二年辰沅道傅鼐

爲諭勉訓督子弟力學，以圖上進事。

照得苗疆各廳縣，學校久興，人文丕振。今經本道設立書院、義學，延請師儒訓課。如能勉力潛修，自見文風日上。又恐囿於邊地，莫能爭長文壇，用特稟請撫憲專摺會奏：每逢鄉試之年，將鳳、永、乾、保四廳縣另立字號。如有三十名赴試者，於中即取中一名。觀光有路，學業宜勤。爲此，諭知總、散屯長知悉：爾等各宜傳諭儒生，教誨子弟，勉務實學，奮志功名，以勿負聖世作人之化，及本道培植斯文之意。則從此絃誦相聞，聯翩桂籍，有厚望焉。

此諭。

札飭苗疆教職毋許勒索規禮 嘉慶十二年辰沅道傅鼐

爲札飭事。

照得鳳、乾、永、保各廳縣地方，前遭兵燹，蕩析離居，還定勞來，甫聞絃誦，方期休息培養，士氣振興。本道於嘉慶十年由鳳凰廳升任以來，訪聞苗疆教職每逢歲科兩試，取進文武民、苗生員，於謁見填冊時，恣意索取，名爲印卷禮。各寒畯一經入泮，即受窘迫，無論貧乏之家，力難致送。即從前有力各戶，自遭變後，復又均田養勇，亦非饒裕之家，何堪受此需索？而各寨苗人甫經嚮化讀書，尤應加意體恤。查例載，教職勒索賢見規禮者革職，功令綦嚴。是以本道體恤該員，於額支俸廉之外，每員在贖田餘租項下，歲給穀一百六十石，統計三年給穀四百八十石，不得於歲科兩試，再向新進文武民、苗生員需索印卷規費。現值考試之期，誠恐狃於積習，合行札飭。爲此札，仰該教職遵照，務須恪遵功令，毋稍需索。倘不知饜足，仍蹈前轍，本道一有見聞，定即據實揭參，決不姑寬。

立議單：鳳凰廳、永綏廳、乾州廳、保靖縣總屯長某等，今議得楚俗歲、科兩試入泮者，各備銀兩，於招復前謁見學師，名曰印卷禮，即弟子謁師贄敬，於例本有不符，但相沿已久，各處皆然。茲因鳳凰、乾州、永綏、保靖四廳縣地方，自乾隆乙卯苗變後，蕩析離居，士鮮絃誦。蒙傅恩憲勞來還定，安集哀鴻。又於武功既備之餘，聿修文教，詳請大憲奏准鳳、乾、永、保、瀘、麻六廳縣各增設書院一所，屯、苗義學一百館。又奏蒙天恩，每科鄉試，鳳、乾、永、保、民苗諸生，另編邊田字號，取中二名。憲德汪洋，已無微不至。茲又奉札飭，以鳳、乾、永、保各學師，每年已給穀一百石，以助薪水。如遇考試，不許向新進民、苗文武生員收取印卷規費，極為嚴切。但念學師寒氈苜蓿，缺本清苦，且諸生既列門墻，應修弟子之禮，以昭誠敬。是以公同酌議，凡歲科歲入泮者，由各學廩保秉公查明，有力者出贄儀銀十二兩，稍有力者出銀八兩，無力者出銀四兩。倘實係赤貧，未能措備，即由總屯長籌款，代為無力之生致送，庶學師得有伙助，於送考盤費等項不致支絀。是於遵奉功令之中，稍盡師生之誼。立此議單為據。

鳳、乾、永、保、瀘、麻六廳縣書院名目

鳳凰廳：敬修書院一所。

乾州廳：立誠書院一所。

永綏廳：綏陽書院一所。

保靖縣：雅麗書院一所。

麻陽縣：錦江書院一所。

瀘溪縣：浦陽書院一所。

以上六廳縣，共設書院六所。

鳳、乾、永、古、保五廳縣屯、苗義學館數地名

鳳凰廳

屯義學二十七館：

本城二館、小教場一館、同全坡一館、即木里。棋盤卡一館、華昌卡一館、即巖口。四路口一館、即馬鞍山。德留坪一館、即苟巖。油菜塘一館、即司門前。

靖疆營一館、花溝田一館、_{即茶山。}定勝卡一館、_{即追堡。}高峰營一館、_{即兩頭}_{羊。}得勝營一館、_{即洞腳。}定疆卡一館、_{即羊管衝。}大石卡一館、_{即大田。}西江門一館、_{即泡水。}溝田卡一館、獅子坡一館、舊司坪一館、筸子坪一館、木林坪一館、老營盤一館、_{即廖家衝。}都吾卡一館、楚里卡一館、務頭卡一館、德駕卡一館。

苗義學十七館：

新洞坪一館、毛豆塘一館、櫟木營一館、火麻營一館、科甲一館、芭科一館、高都一館、巖尾坡一館、鴨保寨一館、龍朋一館、塘寨一館、龍角硐一館、田坪一館、古桑營一館、蘇麻寨一館、新寨一館、打郎一館。

十五年，添設苗義學八館：

茶山寨一館、補丁寨一館、老菜溪一館、兩岔河一館、官番坪一館、夯柳寨一館、烏草河一館、西良寨一館。

乾州廳

屯義學八館：

西關廂一館、新街堡一館、三十撈一館、馬頸坳一館、大垻坪一館、雅枝寨一館、百户寨一館、野茅坪一館。

苗義學八館：

朗貝溪一館、隴保寨一館、小溪一館、莊上坪一館、蟒車一館、瞿家莊一館、陽孟寨一館、黃腦寨一館。

十五年，添設苗義學二館：

勞神寨一館、樹耳寨一館。

永綏廳

屯義學十三館：

花園二館、安慶屯一館、豐和屯一館、興盛屯一館、清平屯一館、太平屯一館、永豐屯一館、長慶屯一館、木山屯一館、茶硐堡一館、弭諾一館、龍泉屯一館。

苗義學十二館：

老旺寨一館、隆團一館、科耳寨一館、水坪寨一館、下寨一館、破口寨一館、兒子寨一館、窩大招一館、水連雞一館、_{即水田溪、雞板溪兩半館并名。}小子蠟一館、_{即小排吾、止蠟兩半館并名。}老高巖一館、_{即老鐵坪、高巖兩半館并名。}窩巖一館、_{即窩隆、巖落兩半館并名。}

十五年，添設苗義學七館：

潮水溪一館、楊張寨一館、納烏車一館、排穀寨一館、董馬寨一館、卡鐵寨一館、排料寨一館。

古丈坪廳

苗義學三館：

蕩坨寨一館、坎著寨一館、茅坪一館。

十五年，添設苗義學一館：

龍鼻嘴一館。

保靖縣

屯義學二館：

印山臺一館、水蔭場一館。

苗義學十館：

毛坪寨一館、葫蘆寨一館、萬古溪一館、碌碌河一館、鼻子寨一館、隘口寨一館、水田寨一館、排家糯一館、夯沙坪一館、阿稞寨一館。

十五年，添設苗義學二館：

大巖寨一館、矮坡寨一館。

以上五廳縣，原設屯義學五十館，苗義學五十館，共一百館。十五年，增設苗義學二十館。總共屯、苗義學一百二十館。

會奏苗疆文風日盛，請分別添設廩、增各額以勵人材摺

光緒七年湖廣總督李瀚章、湖南巡撫李明墀

奏爲苗疆文風日盛，請分別添設廩、增各額，以勵人材恭摺。仰祈聖鑒事。

竊查湖南省所屬鳳、乾、永三廳，并保靖一縣，均屬苗疆。自裁定以後，文童歲、科兩試，三廳各取進新童四名，保靖縣取進新童三名，鄉試例中苗生舉人一名。雖有學額、舉額，向未設有廩、額。從前文風樸陋，各苗生并無取列一等者。近來人文日盛，迥非昔比，各苗生多有考列一等，格於向章，未經准其補廩食餼。歷來歲、科兩試考取苗童，祇以附生作爲認派，保與民籍有廩保者，辦理本屬兩歧。現據田字號舉人麻心佐、石明山等公廩請，將鳳、乾、永三廳各添設廩生二名，增生二名，保靖縣添設廩生一名，增生一名，分別循例出貢，俾登進有階，益加砥礪等情，由該管廳縣轉呈府道移司查辦，據藩司崇福臬司孫翹澤會核詳請奏咨前來。臣查《學政全書》內，開順治十六年題准貴州各屬大學，取進苗生五名，中學三名，小學二名，均附各學肄業廩額，大學二名，中小學一名，至出貢。現在苗生新進尚

少，令附大學者三年一貢，附中小學者五年一貢。俟入學人多，令照州縣例，三年兩貢。又順治十七年題准，貴州各屬苗生，分大、中、小學，定入學補廩額數，俱另立一冊，勿與府、州、縣、衛學額數相混。又乾隆二十五年，議准湖南辰州府屬之乾州、鳳凰、永綏三廳皆新闢苗疆，乾、鳳二廳已於雍正十年間設學取士，惟永綏未曾設學。該地民、苗童生，現在義學肄業堪以應試者，實有三百餘人，自應一體設學，將辰溪縣訓導裁汰，改設永綏廳學訓導。照乾、鳳二廳之例，定額取進，寧缺無濫。俟十年後，准其食餼補廩。再十年後，照例題請出貢。初次考試，令苗童互相保結，俟開考取進後，即令生員識認保考歲、科數次。食餼有人，照例令其廩保識認各等語。是苗疆從前設學之始，曾經議准食餼補廩，因昔年歷無考列優等苗生，是以久未陳請添設廩額。近年涵濡教澤，絃誦益多，常有考居優等生員，若不令其食餼入貢，未免向隅。且貴州苗學久已設有廩額，湖南苗生事同一律，自應照例添設，以示鼓舞。合無仰懇天恩俯准，將湖南乾州、鳳凰、永綏三廳苗學各添設廩生二名，增生二名，保靖縣苗學添設廩生一名，增生一名。查照乾隆二十五年部議，責令識認保考，應支廩餼銀兩，即在司庫地丁項下動支，給領造報。如無考列一等苗生，寧缺無濫。出貢年分亦請照附中、小各學五年出貢一人，仍各另立一冊，不與民籍額數相混。除咨禮、戶各部外，所有分別添設廩、增各額緣由，理合會同湖廣總督臣李瀚章恭摺具奏，伏乞皇太后、皇上聖鑒，敕部核覆施行。再，湖南學政臣暫行兼理，無庸列銜，合并聲明。謹奏。

前案部議 光緒七年

禮部謹奏，爲遵旨議奏事。

內閣鈔出湖南巡撫李明墀奏苗疆文風日盛，請將鳳、乾、永三廳并保靖縣苗學，分別添設廩、增各額一摺，於光緒七年十月二十一日，奉旨：該部議奏。欽此。欽遵到部，查原奏內稱，鳳、乾、永三廳并保靖一縣，均屬苗疆文童，歲、科兩試各取進新童四名，保靖縣取進新童二名，鄉試例中苗生舉人一名，向未添有廩、增。從前文風樸陋，各苗生并無取列一等者。近來人文日盛，各苗生多有考列一等者，格於向章，未經准其補廩食餼。歷來歲、科兩試，考取苗童，祇以附生作爲認派，保與民籍，有廩保者辦理兩歧。現據田字號舉人麻心佐等公廩請，將鳳、乾、永三廳各添設廩生二名，增生二名，保靖縣添設廩生一名，增生一名，分別循例出貢，俾登進有階，益加砥礪等情。該管廳縣轉呈府道，移司會核，詳請奏咨前來。查《學政全書》內開，順治十六年題准，貴州各屬大學，取進苗生五名，中學三名，小學二名，均附各學肄業廩額。大學二名，中小學一名，至出貢。現在苗生新進尚少，令附大學者三年一貢，附中小學者五年一貢。俟入學人多，令照州縣例，三年兩貢。又順治十七年題准，貴州各屬苗生分大、中、小學，定入學補廩額數，俱另立一冊，勿與府、州、縣民學額數相混。又乾隆二十五年議准，湖南辰州府屬之乾州、鳳凰、永綏三廳，皆新闢苗疆，乾、鳳二廳已於雍正十年間設學取士，惟永綏未經設學。該地民、苗童生，現在義學肄業堪以應試者，實有三百餘人。自應一體設學，將辰溪訓導裁汰，改設永綏廳學訓導。照乾、鳳二廳之例，定額取進，寧缺毋濫。俟十年後，准其食餼補廩。再十年後，照例題請出貢。初次考試，令苗童互相保結，俟開考取進後，即令生員認識保考歲、科數次。食餼有人，照例令其廩保識認各等語。是苗疆從前設學之始，曾經議准食餼補廩，因昔年無考列優等苗生，是以久未陳請添設廩額。近年涵濡教澤，絃誦益多，常有考居優等生員者，不令其食餼出貢，未免向隅。且貴州苗學久已設有廩額，湖南苗生事同一律，自應照例添設，以示鼓勵。懇將乾州、鳳凰、永綏三廳苗學各添設廩生二名，增生二名，保靖縣苗學添設廩生一名，增生一名，仍立一冊，不與民籍額數相混等語。查《學政全書》內開，湖南鳳凰、乾州、永綏三廳，各額進新童二名，保靖縣額進新童一名。又雍正十年議准，苗童應試用漢廩生一名，苗生一名，不論廩、增、附生，公同聯名保結。又乾隆十年議准，湖南苗、瑤生員應歲、科兩試，彌封後，另於卷面填注苗字樣，以便學政閱卷時，與民籍生員相較，酌量位置等因各在案。是該省苗民惟童試另額取進，其生員歲、科試卷既無民籍生員酌量位置，如有考列一等者，未始不可與民籍生員一律幫補，自毋庸另設廩、增。至童試時，以苗生及漢廩生公同保結，其保結之苗生，并不論廩、增、附生，所以體恤苗生者，不爲不至。今該撫以鳳凰、乾州、永綏三廳，保靖一縣，苗籍人文日盛，多有考列一等者，格於向章，未經補廩。考取苗童祇以附生作爲認派，保與民籍，有廩保者辦理兩歧。援照順治十六、十七兩年，貴州苗生另設廩、增各案，并乾隆二十五年議設永綏廳學額案內，十年後准其補廩食餼一語，請將各該廳縣苗學分別添設廩、增等因。臣詳加查核，除貴州瑤民現僅黎平一府分設土、苗進額外，其廩、增額并未劃分。此外，各屬苗民已於乾隆十六年議准，令與漢童一體考試，不分立新童進額。是順治年間，另設苗籍廩、增三案，并非現行事例。其所引乾隆二十五年議准永綏廳學額一案，係因該廳民、苗童生堪以應試者有三百餘人，比照乾、鳳二廳定額取進。所有原案內十年後准其補廩一節，原統民、苗合考而言。迨乾隆五十年議准將鳳凰、乾州、永綏三廳學額裁減，各改設新童二名。嘉慶十七年議准添設保靖縣苗童進額一名。檢查各案，均未另設廩增之額。復查該省送部同治元年以後歲、科考等第册，除永綏廳間有苗籍生員考列一等外，其乾州、鳳凰、保靖等廳縣，均未查有考列一等之苗籍生員，自係因文理并無可觀之故。若竟行另設廩、增定額，誠恐衡文者意存遷就，勢必以文理全無可取之卷濫竽充數，轉不足以示鼓勵。臣等公同商酌，所有鳳凰、乾州、永綏三廳，及保靖一縣苗童應試，應查照定例，用漢廩生一名及苗生一名。不論廩、增、附生，公同保結，其苗生歲、科試卷仍查照向章，於彌封後注明苗籍字樣，由學政民籍生員酌量位置。果有考列優等者，准與民籍生員按照名次先後，一體幫補。廩、增挨次出貢，以昭公允。該撫請將各該廳縣分別添設廩增各額之處，應毋庸議。所有臣等遵議緣由，是否有當，謹奏。

奉旨：依議。欽此。

部議前署貴州巡撫田興恕報效欠餉，准湖南文鄉試中額二十名分撥邊號中額二名摺 光緒八年

禮部謹奏爲請旨事。

准湖南巡撫涂咨稱，據布政使、按察使會詳，准戶部咨開，議覆貴州巡撫林肇元奏黔省軍需報銷核准各營欠款，請加廣舉額一摺內，原籍湖南兼署貴州巡撫、貴州提督田興恕管帶各營欠發餉銀六百十七萬三百兩零，請加廣湖南文武鄉試中額二十名，文鄉試中額應於本年壬午科取中十五名，再於下屆乙酉科取中五名等因。光緒八年正月初四日具奏，奉旨：依議。欽此。欽遵轉飭遵照。去後，茲據鳳凰、乾州、永綏三廳縣暨保靖縣紳士公稟，四廳縣苗疆士子鄉試，嘉慶初年，奏明每科以三十名另編邊號，取中一名。彼時應試人少，邇來人文漸起，每科近二百名，縱有文理堪中者，每以額滿見遺。茲前署貴州巡撫田興恕欠餉，加廣湖南舉額，并未分別邊號。伏思田興恕籍隸鳳凰廳，所部將弁勇丁，多係三廳人，歷年枵腹從戎，積成巨款。今捐廣舉額，歸通號取中邊號，士子不能同沾實惠，未免向隅。應如何分撥加廣邊號之處，稟請核辦。查湖南文鄉試，鳳凰、乾州、永綏三廳，并永順府屬之保靖一縣，苗疆應試士子，數至三十名以上，編爲邊字號，於本省額內，取中一名近科錄送，總在一百名以外。軍興以來，報效捐輸，疊奉加廣永遠及一次中額，祇加通省，從未議廣邊號。茲據該紳等，以田興

恕籍隸苗疆所部多係苗疆人，所有欠餉係苗疆將弁勇丁應領之款。今既全數報效，應如何分廣邊號舉額，分科取中，抑廣一次中額一二名之處，詳請咨部。又湖南武鄉試，苗疆士子向歸通省取中，應毋庸議等情，應咨部查核議覆等因。臣部正在核辦間，復據刑部員外郎鄧亨先等呈稱，均籍隸湖南乾州廳，與鳳凰、永綏兩廳，保靖一縣，均係苗疆。於嘉慶初年，奉部議准，每科鄉試應試三十名以上，另編字號，取中一名。近科應試，實有百數十人，而中額例有一定，不敢妄請加增。歷屆恩詔，廣額亦無分撥邊號之例。軍興以來，湖南通省捐輸及各營報效欠餉，加廣一次，及永遠中額甚多，獨邊號未能一律加廣。以通省之捐款，廣通省之中額，亦何得妄希劃撥？

　　茲查前署貴州巡撫田興恕，係鳳凰廳人，所部將弁、勇丁籍隸三廳及保靖者十之七，隸外府廳縣者不過十之三。其報效欠餉六百餘萬，皆邊號各廳縣應領之款居多，經在籍紳士呈請湖南巡撫，將加廣中額二十名，如何分撥邊號取中，咨部核辦。惟巡撫咨文，祇請廣邊號一次，中額一、二名。伏思報效欠餉廣額，原就銀數多少爲憑，此次六百餘萬之款，邊屬各廳縣約在四百餘萬，他屬僅百數十萬。捐少者占額反多，捐多者撥額過少。若按照銀數計算，應劃分邊號中額十之七，通省祇得十之三，否則以十名歸通省取中，以十名撥歸邊號，分科遞廣。或於議准之加廣一次中額，二十名內裁撤十名，以三百萬銀數，於湖南廣額之外，准廣邊號永遠中額一名等情，呈請到部。臣等查，嘉慶十三年，湖南巡撫景安等奏稱，鳳凰、乾州、永綏三廳，并永順府屬之保靖一縣，土民修建碉卡均田，屯勇皆能捐產急公，深明大義。鄉試士子魯樸者多，與通省諸生校藝，難以獲售，請另編字號，取中一名。經臣部議准，嗣後鳳凰、乾州、永綏三廳，保靖一縣，應試士子數至三十名以上，另編爲邊字號，於本省額內取中一名。如不及三十名，仍歸通省取中。即將來應試人多，亦不得於額外加取，以示限製。又同治十三年，戶部會同臣部議准，嗣後各省捐輸，不准請加，永遠中額。又光緒八年會議，據貴州巡撫林肇元奏，前署貴州巡撫田興恕管帶各營，欠餉六百十七萬三百兩零，核與捐銀三十萬兩，加一次文武鄉試中額各一名。新章有盈無絀，請加廣湖南文鄉試中額二十名，於本年壬午科取中十五名，再於下屆乙酉科取中五名等因，各在案。

　　今湖南巡撫以該廳縣紳士因田興恕籍隸苗疆，所部多係苗疆人，向捐廣舉額，仍歸通省取中，邊號不能同沾實惠，應如何分廣抑廣，一次中額一二名，咨請核議。并據籍隸乾州廳刑部員外郎鄧亨先等，以田興恕所部籍隸三廳及保靖者十之七，隸外府廳縣者不過十之三，其報效欠餉六百餘萬，皆邊號各廳縣應領之款居多。巡撫咨文，祇請廣邊號一次中額一二名，是捐少者中額占多，捐多者撥額過少。請照銀數計算，劃分邊號中額十之七，否則十名撥歸邊號，或於二十名裁撤十名，以三百萬兩銀數，加廣邊號永遠中額一名等因。除永遠中額業於同治十三年奏准停止加廣，所請廣邊號永遠中額一名應毋庸議外，查捐輸廣額，向係合一省捐款并計，通同取中，并無按各該府、廳、州、縣所捐銀數，將所廣中額劃分取中成案。

今湖南鳳凰等廳、縣紳士，以田興恕籍隸苗疆，報效欠餉，該廳縣約在四百餘萬，他屬僅百數十萬。臣部因無從查核，且以數廳縣報效之欠餉，廣數廳縣鄉試之中額，亦與歷辦廣額成案不符。惟該廳、縣士子，原係另編字號取中，與他處情形不同。并據該撫查明，此次欠餉，多係苗疆將弁、勇丁應領之款，請分廣邊號一次，中額一、二名，自係爲嘉惠邊隅起見。若不量爲變通，則邊號士子既不能與通省諸生校藝，又未獲以報效巨款，一邀格外之恩，似非所以昭激勸。臣等公同商酌，所有議准前署貴州巡撫田興恕報效欠餉，加廣湖南文鄉試中額二十名，可否如該撫所請，以二名撥歸邊號之處，伏候聖裁。如蒙俞允，即於本年壬午科及下屆乙酉科，每科各取中一名。至該省加廣中額十八名，應令於本年壬午科取中十四名，合之邊號廣額，仍不逾恩詔廣額十五名之數。其餘四名，俟下屆乙酉科再行取中。所有臣等據咨核議緣由，是否有當，謹奏。

奉旨：依議。欽此。

附錄稟援例請設鳳、乾、永三廳苗生廩額 光緒七年辰沅道但湘良

敬稟者竊據鳳、乾、永三廳，援例請設苗生廩額等情，會詳到道。職道伏查苗疆戡定以來，創設義學，以訓童蒙，增修書院，以課後秀，特設學額、舉額，以開登進之階，俾識尊親之義。迄今沐浴聖化，摩義漸仁，數十年來，非復昔時冥頑。即如上年董倒痞苗，勾結黔省梵净山，餘匪偶然蠢動，凡讀書明理者，皆携家遠避，各苗寨亦不爲煽惑，安静如常，用能一鼓盪平，此文教涵濡之一徵也。職道履任以來，因見義學、書院漸有曠誤，是以明定章程，飭令各廳縣力加整頓，而於苗寨中添設義學，考擇館師，諭其勤加訓課，俾苗民人盡知書，農皆習禮，移其惡俗，格其非心，庶幾即苗即民，亂萌永絶矣。復於書院中，另設苗生童正、副課額，令其肄業。每月於書院考課之外，與民籍生童一律傳署，加試一課，分別優劣，厚給獎賞。始則苗生童應課者，僅近城數人，今則竟有不遠百數十里而來者。可知該生童

等尚知激勸，而自奮勉，其中文理優長，亦實有人。向因格於成例，不獲補廩，故歲、科應試到者甚少，似無以鼓勵人才。兹據該廳等援例，請設廩額，實爲風世勵俗起見，與職道意見相符，用敢據情轉詳。伏念大人體聖主懷柔之意，功懋招携；遂遐方嚮化之心，恩隆作育。俾動其歆羨之念，益奮其鼓舞之忱。將見論秀書升，多士廣登庸之路；舉善則勸，小民深觀感之資。不獨械樸作人，風同道一；亦且狉榛化俗，於變時雍。仰望恩施，實爲德便。

附録諭觀瀾書院生童 光緒五年辰沅道但湘良

凡作文以清真雅正爲宗，此國家之功令也。理題如此，即典制題、寫景題亦莫不如此。即如此題，但就風字、詠字中寫出，狂士隨遇而安，純任自然之妙，斯得矣。若純用《蘭亭敘》《醉翁亭記》《宴桃李園序》《赤壁賦》等篇之詞句，則將曾氏寫作巢、許一流人物，書理已失矣。即偶一引爲敷佐，亦須用得渾融，方不礙目。而諸卷顛之倒之，滿卷皆是，似必欲以此爭勝者。衡之理法，已覺不是。更有异者，有一起講云：曾晳若曰，昔之人當惠風和暢之時，修禊事於崇山峻嶺，而一觴一詠云云。是視晋人爲春秋以前之人，豈不大謬！至於唐、宋人之詩句，從無拉雜入制藝中者。不意諸卷中，如“穿花蝴蝶深深見”“夕陽蕭鼓幾船歸”“吹面不寒楊柳風”等句，以及“鶯簧燕翦”“鳥語花香”“漁歌樵唱”等字面，亦竟無卷不有，殊覺不經。更有寫“牧童歸去橫牛背，短笛無腔信口吹”二句作結者，又有以“暮從碧山下”云云作結者，不知前人作詠而歸，題文雖有結處，爲歌詞一段，論者已謂其求雅反俗，路閏生先生論之詳矣。諸生取《仁在堂》文讀之自見。況直寫前人之詩句乎？至於經書中典故，亦須選擇而用。諸卷每於入手中用采蘭贈芍，謂狂士亦有此樂者。不知此詩詠士女相謔，乃鄭國之頹風，曾氏雖狂，何至如此爲樂？如以此爲不經，則諸生必不服。然一爲抉出其弊，試自思之，是乎？否乎？諸生即欲以詞采見長，諸經中儘有附會烘託之字面，何必取材於三代以下之詩文乎？謹按鄉會試磨勘條例載，文體不正者黜革。凡應試之作，如用不吉祥字樣及輕佻字句，均爲不正。引用後世事蹟者，罰停一科。功令森嚴，當蒙以養正之時，可不勉爲清真雅正之文乎？本道少壯從軍，未嘗學問，然書香世守，庭訓親承，於此道亦略知甘苦。今分巡斯土，振興文教，責有難辭。因抉以上諸弊，粘示書院，俾諸生舉一反三，挽回風氣，本道有厚望焉。

卷十五　勳績考

二品銜前署湖南辰永沅靖道但湘良纂

詳請給咨引見 <small>嘉慶十二年辰沅道傅鼐</small>

為申請給咨送部引見事。

竊照<small>職道</small>現年四十九歲，係浙江山陰縣人，由吏員考授正八品，捐納府經歷。乾隆五十二年，分發雲南，咨補廣南府經歷，奏升寧洱縣知縣。六十年，調赴苗疆軍營差委。十一月，奉上諭：傅鼐不避險阻，辦事得力，著加恩以直隸州同知升用，并賞戴花翎。欽此。是月，奉委解首逆吳半生進京。十二月，聞訃，丁母艱，奉旨留辦善後事宜。嘉慶元年四月，奏補福建汀州府同知。八月，奏調湖南鳳凰直隸廳同知。十二月初三日，到任。二年九月，全獲苗匪案內，部議給與軍功紀錄三次。三年三月，服闋。五年正月，蒙升任撫憲姜奏保堪勝知府。又擒獲首惡吳陳受案內，奉上諭：賞給知府銜，遇有缺出即行補用。如無花翎，即行賞戴，仍交部議敘，并賞花翎一隻。又奉旨：除照部議軍功一級外，著加恩再給予軍功記錄二次。欽此。二月，兼護辰沅道印務。閏四月，卸事。八月，剿辦曬金塘匪苗案內，部議給予軍功加一級，紀錄一次。十月，會奏三廳出力人員案內，奉上諭：著加恩照知府食俸，俟有苗疆道員缺出，再予升補。欽此。六年正月，<small>前閣督憲書、升任撫憲祖。</small>會籌苗疆邊備摺內，責成幫同本道往來督辦。三月，黔苗滋事，奉調任撫憲馬奏派，帶勇赴邊界防堵。旋奉前雲貴製憲琅奏，調帶練勇一千五百名，幫剿石峴、巖屯溝寨，并鵰剿楚南邊之附和、鷄籠等寨。五月，事竣回署。十一月，調任<small>督憲吳、撫憲馬。</small>會奏永綏移駐廳協，各路建築碉卡，均田練勇，責成督率辦理。十二月，奉上諭：著加恩賞給道銜，即令其總理邊務。遇有苗疆道員缺出，准予升補。欽此。七年七月二十六日，丁父艱，卸鳳凰廳事。八月初十日，前撫憲高，奏留經理邊務。是月二十三日，奉上諭：著准其留署鳳凰直隸廳同知，不必開缺。欽此。九月二十二日，接印署理。八年二月，擒捕永綏九里癲苗隴六生等案內。十月，奉上諭：著加恩交部議敘。欽此。部議給予軍功加一級，紀錄二次。十年二月，剿辦永綏八、九、十等里匪苗，擒獲首逆石宗四等案內，奉升任撫憲阿奏，奉上諭：傅鼐熟悉苗情，調度得宜，故能迅速俘渠，殊可嘉尚。著交部從優議敘。欽此。又奉上諭：湖南、湖北二省中，嗣後遇有道員缺出，將鄭人慶奏明，調補所遺辰沅道缺，即可將傅鼐升補。欽此。四月十七日，奉升任撫憲阿奏，委署辰永沅靖道。五月初八日，接印任事。閏六月初六日，奉文行知。五月二十日，奉上諭：湖南辰永沅靖道員，著傅鼐補授。欽此。即於是日具報到任。七月初五日，奉文行知部議，照一等軍功從優議敘，給予軍功加三級。五月二十日，奉旨：依議。欽此。又於十二年八月二十六日奉憲臺、撫憲景。會同督憲汪具奏均屯未盡事宜摺內，聲明章程甫定，尚須該道經理數月，以歸周妥，容俟辦理就緒，即行給咨赴部等因。今該道辦理均屯未盡事宜，俱已就緒，并無經手未完事件，應請委員接署道篆，以便交卸，領咨赴部。除備文移請藩司轉詳給咨外，理合開具三代存歿名氏，及出具并無虧空清冊，具文齎請憲臺俯賜察核，給咨送部引見，實爲德便。

咨辰沅道傅引見回任 嘉慶十三年湖南布政使司曾煥

爲知照事。

本年四月初二日，奉撫部院景札開，嘉慶十三年三月二十八日，准吏部咨開，文選司案呈，嘉慶十三年二月初十日，將湖南鳳凰廳同知因擒獲首惡吳陳受案內，欽奉諭旨：賞給知府銜，遇缺即補，即照知府食俸。因永綏各路建築碉卡、均田，督率練勇，欽奉諭旨：加賞道銜，即令其總理邊務。遇有苗疆道員缺出，准予升補。并前在貴州軍營，不避險阻，賞戴花翎。嗣經奉旨補授辰永沅靖道之傅鼐一員，帶領引見。奉旨：傅鼐著回任。欽此。欽遵等因，咨院行司。奉此，相應備文咨。爲此合咨貴道，請煩查照施行。

咨辰沅道傅加按察使銜 嘉慶十三年湖南布政使司曾煥

爲知照事。

本年四月初二日，奉撫部院景札開，嘉慶十三年三月二十八日，准吏部咨開，內閣鈔出嘉慶十三年二月十二日奉上諭：國家設官分職，首重得人。其人果能殫心厥職，視國事如己事，興利除害，則庶政修舉，而民胥被其益。朕孜孜圖治，無日不以人才爲念。有能實心宣力者，無論内外滿漢、大小臣工，必逾格旌擢，以風有位。如辰永沅靖道傅鼐，由佐貳出身，洊升道員。歷任苗疆十有餘年，剿除頑梗，安撫善良，前後修建碉卡、哨臺一千餘座，均屯田土十二萬餘畝，收恤難民十萬餘户，挑習練勇八千名，收繳苗寨器械四萬餘件。又復多方化導，將苗民妄信巫師、椎牛聚衆惡習禁止。復設立書院六處、義學一百處。近日苗民已知向學，籲求分額考試。所有鳳凰、乾州一帶邊界苗衆，實已革面洗心，輯寧安堵。凡該省歷任大員及在廷諸臣，多稱係傅鼐一人，任勞任怨，不顧身家，盡心籌畫，克臻完善。朕久有所聞，特因未識其人，尚未特沛恩施。本日召見傅鼐，見其人安詳諳練，明白誠實，洵屬傑出之才，堪爲苗疆保障。若各省各吏，皆能如此，實心任事，何患地方政治不日有起色？傅鼐著加恩賞給按察使銜，即令其先換頂戴，以示獎勵。欽此。欽遵等因，咨院行司。奉此，相應備文咨會。爲此合咨貴道，請煩查照施行。

咨辰沅道傅回籍補穿孝服百日期滿報明起程赴任
嘉慶十三年湖南布政使司朱紹曾

爲報明補穿百日孝服期滿等事。

本年七月初八日，奉撫部院景札開，嘉慶十三年七月初七日，准浙江撫部院阮咨開。據浙江布政司詳稱，據紹興府山陰縣徐元梅，申據該家人左元呈稱，竊家主現任湖南辰永沅靖道加按察使銜傅鼐，係本縣人，由雲南寧洱縣知縣，於乾隆六十年調赴湖南軍營。是年十月，奉旨以直隸州同知升用。十二月，丁母憂，奏留軍營。嘉慶元年八月，奏補鳳凰廳同知。五年，奉旨賞給知府銜，遇缺即補。六年，奉旨賞給道銜，總理邊務。七年七月，丁父憂，奏留，奉旨不必開缺。十年五月，奉旨補授辰永沅靖道。欽奉諭旨，飭令給咨，赴部引見。因邊防事務未竣，奏明尚緩給咨，於上年十二月請咨。本年二月，赴部引見，蒙恩加賞按察使銜。家主因兩次丁憂，俱以軍營邊備事務緊要奏留，未得回籍守制。曾於召見時，面將請假回籍，補行穿孝百日緣由，奏蒙聖鑒，仍遵例具呈，經吏部具奏，奉旨依議，欽此在案。旋蒙發給執照，於二月二十三日自京起程，三月二十日到籍，當即補穿孝服，業經具呈轉報在案。今自到籍穿孝之日起，連閏扣至六月初一日止，百日期滿，例應聲明，請咨赴任。兹於六月初五日，自籍起程，理合呈明，伏乞轉報等情到縣，申報到司。據此，理合詳候分咨等情到院。據此，咨明查照等因到本部院。准此,同日據該道呈繳,批回執照前來。除批回存案外,所有執照,合并札發。爲此,仰司官吏即便轉移知照,仍將發來執照敘詳請咨等因到司。奉此,相應備文咨會。爲此合咨貴道,請煩查照施行。

奏辰沅道傅鼐奉旨補授湖南按察使摺 <small>嘉慶十四年湖南巡撫景安</small>

奏爲委署臬司道府篆務,循例奏聞事。

竊奴才接准吏部咨,欽奉上諭:湖北按察使員缺,著曾煥調補。湖南按察使員缺,著傅鼐補授等因。欽此。查曾煥奉旨調補湖北臬司,應即前赴調任。惟新授湖南臬司傅鼐駐劄鎮筸,距省較遠,且有經手均屯事宜款項,必須接任之員到後,交代明白,方能來省到任,略須時日。所有臬司篆務,自應先行委員署理,以便曾煥交卸起程。查有鹽法長寶道圖,屢經委署臬篆,辦理妥協,堪以暫委,就近兼署。其辰沅道遺缺,查有永順府知府福順,現任苗疆,人亦勤慎,且附近鎮筸,堪以護理,俾傅鼐得以迅速來省。至辰沅道,係苗疆至要之缺,必須有守有爲之員,方能經理妥協。容奴才詳加遴選,札商督臣,另行奏補。所遺永順府知府員缺,查有靖州直隸州景額,誠實安詳,堪以委令暫署。除分飭遵照外,理合會同湖南廣總督臣汪志伊循例具奏。伏乞皇上睿鑒,謹奏。

嘉慶十四年三月二十七日,奉硃批:知道了。欽此。

辰沅道傅鼐升任按察使,民、苗懇留恩旨 <small>嘉慶十四年</small>

軍機大臣字寄湖南巡撫景,嘉慶十四年四月十九日奉上諭:景安奏傅鼐升任臬司,苗民、弁丁等聞信欲行懇留一摺。朕因傅鼐在苗疆認真出力,是以特予簡擢用,示優獎。今苗民以傅鼐去任依依不捨,習久相安,同屬人情所有。但既已奉旨,該苗民自不得越例攀留。況傅鼐未離本省,距苗疆不甚相遠,仍可就近經理。傅鼐上年甫經展覲,此時不必來京,著於三年後再奏請陛見。每年於秋審事竣或秋成之時,前赴苗疆查閱一次,既可慰苗民愛戴之情,亦可藉資彈壓。如果接任之員經理得宜,傅鼐於二三年後即可停止前往。辰沅道遺缺,關係緊要,其接手之員,必得精明強幹、撫馭有方者始克勝任,著景安商同傅鼐遴選調補。其屯防等事,著傅鼐將辦過章程及現在情形,詳悉告知後,任俾得有所遵守,自可不致遺誤,苗民益臻寧帖。將此諭令知之。欽此。

奏報原任湖南按察使傅鼐病故摺 _{嘉慶十六年湖南巡撫景安}

奏爲臬司病故，恭摺奏祈聖鑒事。

竊照湖南臬司傅鼐於本年五月內，自京回任，感蒙皇上天恩，訓誨殷諄，竭圖報效。嗣因藩司朱紹曾奏准陛見，於奏銷事竣後，擬即起程進京。所有藩司印務，當經奴才會摺奏明，即委傅鼐接署。其臬司印務，仍令鹽法長寶道圖就近兼署在案。詎傅鼐於接印後，因沿途積受暑熱，忽於瘠背偏左突生瘡癤，數日以來，火毒內攻，醫治不效，即於六月初九日身故。伏查傅鼐有守有爲，經理苗疆屯務，諸事妥協，均邀聖明洞鑒。今一旦溘逝，實不勝痛惜。惟傅鼐現年五十三歲，尚無子嗣。僅有伊胞弟傅廷槐一人在署，現將其子傅端弼承繼傅鼐爲子，年止四歲。而傅鼐身後一無所有，奴才現與藩司朱紹曾等妥爲料理。其藩司印信，已經奴才飭令朱紹曾暫緩起程，接回辦理。臬司印務，仍令圖兼署。所有湖南臬司病故日期，理合恭摺，照例由驛四百里具奏。硃批：可惜之至。欽此。又於"六月初九日身故"句旁，奉硃批：實屬可惜。即有恩旨。欽此。

覆奏原任按察使傅鼐病故奉到恩旨查辦摺 _{嘉慶十六年湖南巡撫景安}

奏爲遵旨查辦恭摺覆奏事。

竊奴才於七月初一日欽奉上諭：據景安奏傅鼐自京回任，沿途積受暑熱，遽爾病故。聞之深爲憫惜。傅鼐著加恩賞，加巡撫銜，即照巡撫例賜恤。其任內降罰處分，悉予開復。伊并無親子，其繼子傅端弼年尚幼稚，所有傅鼐靈柩，著景安派員妥爲照料，護送回籍。到籍後，并著蔣攸銛一體照料，派委大員，致祭一壇等因。欽此。又承准軍機大臣字寄，奉上諭：臬司傅鼐因病身故，該苗民等畏威懷德，自必同深哀悼。倘有願至其靈前祭奠者，不必禁止。但苗民衆多，如紛紛前赴省城，既有跋涉之勞，具非體制所宜。著景安妥爲籌酌，或於傅鼐靈柩回籍之時，迁途就苗衆附近處所，擇地暫停，令該處苗衆得遂其愛戴之私。若苗衆等或有請爲傅鼐建祠者，即許其建設，并著景安書匾懸掛。如無建立祠宇之請，亦不可示意。總以聽其自然爲是。至邊疆要地，從前傅鼐鎮撫有法，久臻寧謐。著景安傳諭現任道員姚興潔，惟當以傅鼐爲法，務須遵照辦理，此爲至要。如該道亦能如傅鼐之經理妥善，苗疆安靜，將來朕必亦有加恩之處等因。欽此。

　　遵旨寄信前來，奴才當即恭録諭旨，派員前在傅鼐柩前敬謹宣讀。該家屬人等，咸以蒙恩深重，無可圖報，感泣不已。而在屬僚群仰聖主軫念藎臣，恩加無已，無不同深感奮。奴才一面札行署辰沅道姚興潔欽遵辦理，一面率同在省司道將傅鼐後事妥爲照料，并同量力資助，俾得回籍。惟是傅鼐任所原籍，一貧如洗，署中僅有伊胞弟、捐納布政司經歷銜、告病安徽無爲州、土橋巡檢傅廷槐一人，現在經理喪事，尚皆妥備。奴才復囑其回籍後，務將伊繼與傅鼐爲子之傅端弼善爲撫養管教，冀得成立。并將傅鼐所遺眷口，盡心顧養，勿致失所，以慰傅鼐泉下之心。傅廷槐亦毅然自任。并查有傅鼐親婿徐日海，向與傅鼐在苗疆隨同打仗，并籌辦均田屯勇一切事宜，依倚多年。嗣由捐納縣丞，分發江西試用。現因奉委催提咨追銀兩來楚，尚未催齊。適傅鼐回任患病，在署服侍。傅鼐病革時，曾囑料理身後之事，并有欲其幫同扶柩回籍之言。奴才復與司道酌商，應即飭令該員，協同護送回籍，并可料理家中之事，以期妥協。并據司詳查，有桑植縣知縣王勳，現因解餉差，旋尚未回任，堪以委令護送。查該員係傅鼐同鄉，必能妥爲照料，應即飭委前往。至傅鼐柩屬由水路回浙，取道東北。苗疆遠在西南，相距千有餘里，勢難迂途前往。現據姚興潔稟稱，該處苗衆，聞傅鼐身故，紛紛來城懇求赴省叩奠。該道以苗衆遠出非宜，隨再三撫諭，令其各於公所設位祭奠。苗衆遂各相率痛哭叩奠，殆無虛日。其苗守備弁目中，曾有先經因公來省者，同各廳縣書院生童，以及苗舉人龍興國等，因愛戴情殷，必欲赴省祭奠，未便盡拂其意。現在選擇數十人，酌分三班派員帶同來省，以遂其私，仍酌量捐給往返盤費，用示體恤。又據稟，衆苗深感傅鼐撫綏養教，於前歲升補臬司去任之後，即議建立生祠，正在修造。經傅鼐查知，以事屬違例，嚴行禁止。今聞其身故，復又稟請，情詞出於真誠，自應准其建設。奴才即遵旨書給“畏懷勿替”四字匾額，飭令懸掛，用垂久遠。并據該道稟稱，傅鼐辦理苗務，竭盡心力，事事悉臻妥善。該道十餘年中，隨同勷辦一切，得其底蘊。今章程久定，惟當恪守成規，勉圖報效，以期遠靖邊疆。并稱衆苗於傅鼐身故之後，恭聞特降恩旨，加銜賜恤，備極優隆，莫不感激涕零，情形均極寧帖等情。該道擬於即日，帶同苗備弁等來省，奴才仍當面傳聖諭，總以傅鼐爲法，俾得妥善。并於接見苗備弁時，亦令遵守傅鼐舊章，管束衆苗，永臻寧謐，仰副聖主垂念邊圉至意。

　　本年九月十七日，奉到硃批：覽。又於“一貧如洗”句旁，硃批：可憐。又“相率痛哭”句旁，硃批：可嘉。又“酌分三班”句旁，硃批：是。欽此。

部覆原任湖南按察使傅鼐准入祀名宦祠

禮部謹奏，爲請旨事。

禮科鈔出湖南巡撫廣厚疏稱，欽加巡撫銜、已故原任湖南按察使司傅鼐，矢念忠貞，持躬廉介。身先士卒，除蠻峒之游氣；澤反倪侂，作邊疆之保障。茲據布政使朱紹曾、按察使慶，轉據乾州、永綏、鳳凰三廳，造具事實册結，詳請入祀名宦祠。臣覆核無異，謹會同湖廣總督臣馬慧裕、湖南學臣湯金釗，合詞具題請旨。奉旨：該部議奏。欽此。欽遵到部。臣等查嘉慶十六年六月奉上諭：傅鼐前在湖南軍營，甚爲出力，嗣經辦理苗疆屯防諸務，剿撫并用，教養兼施。現在苗民安堵，無不畏威懷德。朕眷念方隆，正擬逾格恩施，由臬司簡任湖南巡撫，用資倚異。茲據景安馳奏，傅鼐自京回任，沿途積受暑熱，遽爾病故，聞之深爲憫惜。著加恩賞，加巡撫銜，即照巡撫例賜恤。其任內降罰處分，悉予開復等因。欽此。欽遵在案。今據湖南巡撫廣厚等題請，將傅鼐入祀名宦祠。查定例，崇祀名宦，由該督撫會同學政造具事實册結，送部覆核。如果名實相副，照例彙題。其有大臣身後題請入祠者，臣部專奏請旨。所有欽加巡撫銜、已故原任湖南按察使傅鼐可否准其入祀名宦祠之處，應照大臣從祀之例，專摺具奏，恭候欽定，爲此謹奏請旨。

附請祀名宦祠事實清册

計開：

一、傅鼐於嘉慶元年十二月初三日，到鳳凰廳任。維時苗匪未靖，難民流離失所，傅鼐招徠撫恤，煮粥給衣，賴以全活者甚多。

一、民間妻室子女，有被掠入苗巢者，捐資設法收贖，俾得室家團聚。

一、廳民房屋有被苗焚毀者，傅鼐隨處安札屯卡，圈圍石墻，搭蓋房屋，使得棲止。并給槍矛以資防守，散口糧以供饘粥。復備牛具、籽種，使得及時耕種。

一、嘉慶二年，官兵疏通永綏之後，大兵隨撤。各苗寨有剿撫所未及者，匪苗屢出焚掠滋事。傅鼐簡練鄉勇，計自嘉慶二年九月起，嘉慶十一年二月止，親練銳勇，激勵勸懲，與同甘苦，不憚辛勞，不辭寒暑，在三廳及貴州巖屯溝等處，前後打仗三十五次，槍斃生擒，群苗振懾，民情始安。又都吾、務頭二約，全被苗占，又永綏石崇四，糾合群醜，窺伺廳屬，均經傅道剿除。

一、傅道推心置腹，以待丁勇，疾病必延醫給藥，不時臨視。問有病故及陣亡者，拊尸痛哭，厚為棺殮，擇地安瘞，四時祭奠，恤其後人。以故隨帶丁勇，盡感其誠，願效死力。

一、傅道以苗疆雖經戡定，而控制宜嚴，防維宜密。所有各處碉樓、哨臺、汛堡，并築建長墻，開挖濠溝，相地興修，極為完固。

一、傅道於鳳、乾、永、古四廳，保靖一縣，既設碉卡、哨臺，共需兵丁防守，遂詳設備戰練勇一千名、屯丁七千名。又詳設屯備弁五十餘員，管束訓練，於均出田畝，按丁給田，并建瓦屋，給予槍矛及牛隻、農具，以資耕守。

一、從前苗疆各廳縣設立百戶，辦理苗務。後因百戶滋弊，不足以服苗心而資約束。詳請設立苗守備、千把總、外委等四百八十六名，俱給工食銀兩，責令管束散苗。自土塘裁後，挑留苗兵五千名，即於五廳縣屬苗寨，繳出占田山土，并呈出叛產，詳請奏明，分給窮苗佃種，秋收納租，以給苗兵。以苗制苗，以苗養苗，立法最為周妥。

一、苗人底定以後，傅道見其出入仍帶槍刀，恐日後終為邊患，捐資設法，收繳淨盡。

一、五廳縣額設練勇八千名，俱係歷年打仗及急公均田之人，有老病身故，子弟幼小，不能挑補丁糧者，傅道恩憐生計維艱，提撥田畝，設立老幼丁缺二千名。如有老病及子弟幼小者，給與養贍，以示體恤。

一、屯防丁勇遇有紅白事故，傅道經畫無遺，給予賞恤銀兩，以濟其急。

一、苗疆僻在邊隅，向各設有義館數處。傅道復於鳳凰、乾州、永綏、浦市、麻陽、瀘溪六廳縣各添設書院一所，慎選師儒，以資造就。其丁勇子弟無力從師者，及苗人現已歸誠，子弟亦令入學，俾知禮義，遂設立屯、苗義學百數十處，并於朔望宣講《聖諭廣訓》，化導民苗。

一、南人信巫畏鬼，苗俗尤甚。傅道多方化導，并詳請奏明，禁止惡俗。不敢復有妄信鬼神、椎牛祭賽之事。

一、苗疆文風夐陋，應試者少，故絕無獲雋之人。傅道詳請奏准鳳、乾、永、保四廳縣應試士子，另編邊字號，人數三十名以上，准於省額內取中舉人一名；苗生另編田字號，人數十五名以上，准於省額外取中舉人一名。如不足額，仍攤入省額取中，生童無不奮勉。

一、苗生童每當應試，多因艱窘自阻。傅道酌給路費，俾得踴躍觀光。

一、苗疆應祀祠宇，苗變後多就傾圮。傅道捐資，逐一興復。又詳請奏封楊氏三侯，廟貌崇閎，苗情敬畏。

一、傅道修建養濟院、育嬰堂等處，無不詳給田畝，以資經費。

一、傅道勤於民事，雖當軍興旁午，於民間詞訟事，隨到隨理，不懸示審期，總不羈留拖累。

一、傅道持躬則淡泊自安，臨事則寬猛相濟，樹德務滋，除惡務盡，洵不誣也。

以上，傅道安輯民、苗及親操善政各事實，并無虛飾，理合登明。

治苗論 傅鼐

紅苗最為獷猂，犬羊之性，叛服無常，當無事而謀久安。惟有以移其習俗，奠其身家，格其心思，苗乃可得而治。苗俗，男女皆蓄髮，而性好鬥，矛戟、火槍諸凶器出入必携之，俱其俗，則桀悍之風終不可制。今則三廳中悉繳槍械，不許更造。而髮則不論生、熟苗人，皆令薙之。俗又信鬼，多淫祀，每歲寨中宰牛延巫，貧則劫奪易起。今則作鬼跳、鼓藏諸習，嚴行禁止。計苗寨中歲可省牛數萬頭，并省費數十萬金。而每歲秋糧又撥田為之完納，則耕種祇以自給，而耗費者少矣。至於客民盤剝，差役嚇索，歷來擾苗之大者。今則於苗民交界處設集場，限期交易，官弁監之。負販小民入苗巢者，則有刑遇爭訟，書差俱禁入寨，令苗弁送兩造入城，朝訟夕結，不使牽累。至偷盜細端，責苗弁查察，機密事故，責邊員確訪，凡干法者置重典。夫如是，則苗之身家，無擾苗之氣習，亦漸馴矣。然不申之以教，其心猶未格也。故添修苗館若干處，延師教讀，所讀者四子書，而外如《孝經》、小學諸書悉令講誦之，使知孝親敬長之道、進退揖讓之禮。而其中苗生尤俊秀者，取入書院，肄業給以膏火，閱課八股、詩律，榜示甲乙，使知奮勉。久之，則今日書院之苗生，即可為異日各寨之苗師。以苗訓苗，教易入而感動尤神，則禮義興而匪僻消，苗與漢人無異。司此土者，苟永守成憲，毋擾毋弛，則邊地生民安居樂業，世世子孫永享太平矣。

修邊論傅鼐

　　苗疆自乾隆六十年用兵以後，將提督分駐辰州，花園添設綏靖鎮，保靖改爲參將營，乾州移駐辰州協，軍制整齊，聲勢稱雄。而苗路如梳，出没無常，民間風鶴時警。非於沿邊民邨籌設屯堡，添建卡碉，則不時擾竊，民不能耕穫，非計之萬全也。自三廳出乾州交界之木林坪，至中營所轄之四路口，築圍墙數百十里，其界畫嚴矣。而又度險扼衝，籌設屯堡，聯以碉卡。計鳳凰廳境内設堡卡碉臺八百八十七座，永綏廳境内汛堡卡碉百二十一座，古丈坪連保靖縣境内汛堡碉樓六十九座。各處相其地形，棋布星羅，遇有聲息，數百里柝聲相聞，咸知警備。其修設之地，關墙則沿山歷澗建之，炮臺則擇地勢衝要處立之，哨臺則於關墙之間修之，卡碉屯堡則因地制宜。其形或爲品字，或爲一字，或爲梅花，無成格也。其修設之處，關墙則近石處用石，遠石處用土；炮臺則四面用石，中心築土；哨臺則用石砌，四面各留槍眼，與碉臺同。其修設之用，關墙則以嚴疆界，炮臺則以爲堵截攻戰之所，哨臺則以爲巡邏瞭望之所，屯堡則以爲邊民聚衛之所，卡碉則用以守亦以戰，遏苗之來，截苗之歸，均在此也。至於防守之人，則選本地之勇，屯耕本地之田，捍衛本地之民。計鳳凰廳勇丁四千名，永、乾、古、保四廳縣勇丁三千名，分布碉卡，有警則荷戈，無事則秉耒，不出梓里而聯絡密，防護周矣。然此猶防於外也。善後以來，又添設各寨苗弁、土塘苗兵，互相稽察。是以苗治苗之道，而養之以叛田、占田，則以苗制苗者，又以苗養苗。行之有常，實爲久安長治之策。

練勇論傅鼐

　　唐韓愈有言：徵兵盈萬，不如招募三千。言鄉勇宜練也。前明戚繼光有言：美觀則不如實用，實用則自美觀。言訓練宜精也。其在苗疆，尤有不容疏者。苗人健捷如飛，非練勇不足以制之。《宋史》稱：辰州刺史秦再雄練土兵三千，皆能披甲渡水，歷山飛塹，自是一方乂安，無復邊患。練勇之效彰彰矣。今三廳自乙卯用兵以來，於沿邊營汛之外，屯練七千名，其練之技曰跳刀，曰綁鉛，曰跳高，曰爬坡，練登躡也；曰鳥槍，曰炮，曰長矛，練遠攻也；曰拳棍，曰藤牌，曰雙刀，曰單刀，曰劂刀，曰鐵尺，練近殺也。其練之丁，則有槍刀手、矛手、炮手之分，而屯弁跟役亦一體操演。至百總、總旗與屯標各弁，於督操之餘，亦令習本身技藝，有惰廢者必懲之。其練之時，練勇與屯丁則有異。練勇每年七月開操，至次年四月止，統計操練九十次。辰沅道則每季大操一次，屯丁每年十月開操，至次年正月止，統計操演三十六次，農隙仍不時演習，辰沅道則於正月內大操一次。至於寒暑泥濕，使耐勞苦，於山習步法，於教場兼習陳法，此又法之不容疏者。抑思古者簡閱，必明貴賤，辨等列，順少長，因令屯弁率勇丁於暇日聽講《孝經》《武經》，每月朔望聽講聖諭，蓋又有以練其心也。戚繼光又有云：練兵之要，先在練將。凡屯弁務令推恩義，一號令，約束嚴明，與同甘苦，則丁勇用命，臨事皆有實效。惟欽遵賜定訓練章程，於屯弁勤能者拔補，供職者留任，廢弛者革退，則屯弁皆知奮勉，勇丁皆可精悍，苗人聞風懾服，庶永慶安堵矣。

屯田論 傅鼐

古無所謂屯田也。自井田廢，在外有長戍之兵，在國增養兵之費，思為即兵務農之策，而屯田始焉。其效在漢惟趙充國為最著，其條上十二策，皆歷有裨於屯政者。元初用兵，遇堅城大敵，則必屯田以守之。及海內既定，內而各衛，外而行省，皆立屯田，以資軍餉。前明有衛則有屯，立法最良。故養兵百萬，不費民間一粒。明太祖所以嘆養兵而不病農者，惟屯田也。厥後守邊將吏變亂，屯田壞矣。我朝聖武布昭，西域底定，於伊犁等處興修屯政，議邊實塞，洵萬世至計。茲楚省三廳紅苗既平，我皇上准設屯政，使守碉勇丁且耕且守，自此苗疆有長戍之勇。而勇之缺不使外招，國家無轉運之糧，而糧之充皆自田出，而且器具牛種皆給於官，勇丁佃耕，聖天子軫念邊民之至意，可以極於無窮也。或曰屯利於邊而不利於腹，利於兵而不利於民。抑思唐宋以來，邊地與腹地并置，營兵與農民雜處，惟在當事者善為措置，則其有利無害，不較然哉！

覆總督百齡書 傅鼐

竊惟我國家文德武功，超邁千古；戎行師律，彪炳寰區。各省額設官兵，陸路則視平原山徑，酌士卒馬步之宜；水師則分外海內河，定船筏駕駛之制。技藝則槍箭刀矛，立有程式；步伐則坐作進止，頒有陣圖。合隊散操之日，按句俱有定期；賞功伐罪之條，臨場必使熟讀。凡激勵之方，練習之道，真無法不備，無微不周矣。鼐前在鳳凰廳同知任內，值苗疆甫經戡定，氛氣尚未全消，廳屬沿邊二百數十里鎮標營汛及外營留防官兵，防範不敷，設有鄉勇相間守禦。因該勇丁等，雖皆壯健有餘，究不能如營兵之嫻技藝而知紀律，必須加以訓練，方可以資防維。又因苗地跬步皆山，溝道叢雜，苗人猿形獸蹟，上下疾如鼠飛蛇行，出没無定。苗槍較營槍長至尺餘，最能擊遠，又無排個葫蘆、腰刀等物，僅有藥角跨包，收藏火繩、子藥，緊繫脅下，極爲輕便。臨敵亦無行列，皆係三五零星，附木依崖，莫可蹤跡。或在山巔，或在溝內，上下指擊，莫能有準。兵勇不可防備，每被戕傷。鼐因地制宜，亦備造苗槍及藥角跨包等件。先令各勇丁囊砂習走，拔幟先登，使之步穩身輕，升降便捷。又立上、中、下三靶，令各勇丁每日演放九槍，以習俯擊仰攻之法。臨敵亦不復方陣而進，使趫健膽勇者四散分布，升陵伏莽，伺便而前，聲東擊西，乘虛而入。并以苗人亦有刀矛，每俟勇丁火槍方發，子藥未裝之時，豕突直前，奮刀砍刺。鼐復令勇丁於演槍之暇，照營中藤牌破打規制，并習單刀長矛，并學跳躍閃避。每丁各帶夾靶短刀一口，令刀矛夾護，鳥槍前進，狹路相逢，短兵接戰。苗人但恃其橫蠻，勇丁則各有身法，每每得利，擒馘最多。平時又將奉頒行軍紀律編成淺近歌句，逐一講解，令其熟記。凡遇堵禦邊境，或剿辦寨落，鼐必申明律令，親身督戰。其畏縮者立加嚴懲，奮勇者即與獎賞。每次撤兵，必加淘汰，不惟臨陣趑趄及貪擄掠者概行黜退，即一往無前，但知務進、不聽號令、不識機宜者，亦概裁去。將勇往靈警之人，挑爲練勇，加給鹽糧。其中有尤爲傑出者，拔充行營隊目，令其帶隊，以示鼓勵。數年之中於數千鄉勇、屯丁內嚴爲選擇，始得精銳千人。此項勇丁，不復別有差使，每十名共給長夫一名，爲之樵汲，俾得專心肄習，精益求精。該勇丁等，大率皆本地及附近鄉民，既明地利，又習苗情，且多係六十年被害之家，無不恨切肌膚，每戰倍加用命。苗人疊遭挫衄，竟至望影而逃，是以所向輒能效績。是鼐之訓練勇丁，仍不過照依營制，實力奉行而已。

傅鼐傳 <small>魏源</small>

　嘉慶初，湖北、四川教匪方棘，諸將移征苗之師而北，草草奏戡定，月給降苗鹽糧銀羈縻之。而苗氛愈惡，藉口前宣勇伯和琳苗地歸苗之約，遂蔓延三廳地。巡撫姜晟至，倡以苗爲民之議，議盡應其求。時鳳凰廳治鎮筸當苗衝，同知傅鼐有文武材，知苗愈撫且愈驕，而兵罷難再動，且方民弱苗強也，乃日招流亡，附郭樓之，團其丁壯，而碉其要害，十餘碉則堡之。年餘，犄角漸密，苗妨出沒，遂死力攻阻。鼐以鄉勇東西援救，且戰且修。修之之法，近其防閑，遙其聲勢，邊墻以限疆界，哨臺以守望，炮臺以堵敵，堡以聚家室，碉卡以守，以戰以遏，出以截歸。邊墻亘山澗，哨臺中邊墻，炮臺橫其衝，碉堡相其宜。凡修此數者，近石以石，遠石以土，外石內土，留孔以槍，掘濠以防。又日申戒其民曰：勉為之，不可失也。是有三利：矢不入，火不焚，盜不逾。有三便：族聚故心固，扼要故數敷，犄角故勢強。民競以勸，百堵皆作。而三年，苗大出焚掠，下五峒，大吏將中鼐開邊釁罪。又兵備道田灝者，阿大吏意，各出納，以旁掣之，事且敗。會四年鎮筸黑苗吳陳受衆數千犯邊，於是有苗疆何嘗底定之詔，責巡撫姜晟嚴獲首賊，鼐爲擒之，始奏加知府銜俸。

是年，碉堡成。明年，邊墻百餘里亦竣。苗并不能乘晦霧潛出沒，每哨臺舉銃角，則知有警，婦女、牲畜立歸堡，環數十里戒嚴，於是守固矣，可以戰。時鎮筸左右營黑苗最患邊，適諜曬金塘驍苗悉出掠瀘溪，即夜三路擣毀其巢，復回軍伏苟㻞嚴，大殲之，苗氣始奪。

六年，而貴州變起。蓋湖南環苗東、南、北三面七百餘里，其西南二百餘里之貴州邊尚未修備，故石峴苗復思狡逞，煽十四寨，并附近湖南苗以叛。鼐以鄉勇千五百馳赴銅仁，而貴州巡撫伊桑阿至，叱其越境要功。鼐還楚界，伊桑阿遂以招撫戡定奏回貴陽。時首逆槍械皆未繳，各寨方沸然，邊民赴愬雲貴總督瑚圲。瑚圲至急，檄鼐會剿，三日盡破諸寨。其破崖屯溝也，前兩路賊皆壘石守。鼐使貴州兵攻其前，而自領鄉勇夜探山後徑，猿引上，黎明始達。炮天降，火寨起，貴州兵望之，亦奮呼奪隘，遂連破五巢。其破上下潮也，萬山一峽，苗以死守，乃夜分貴州兵左右裹山圍之，而親督鄉勇黎明攻峽，至晡炮破之，追逼其寨。驍苗方迎死戰，即分兵火寨，上潮潰，而下潮亦望風潰。又爲守隘貴州兵擒斬，前後殲苗三千餘。三日掃穴平，瑚圲奏楚兵功最，并仿湖南法，建碉堡守之。而伊桑阿冒功誤邊罪，爲新巡撫初彭齡所劾伏法。鼐遂奉旨總理邊務。鼐以永綏孤懸，苗巢形如釜底，自元年盡撤營汛後，城以外即苗地，有三難二可慮，議遷城花園。而貴州方藉永綏聲援，難其移。鼐請於貴州邊設螺螄堡，移湖南守備戌之，助彈壓。於是總督瑚圲亦奏移駐。

是七年九月，廳既移出，群苗爭占舊城。彌月，槍炮聞黔境。鼐以鄉勇數百，深入彈壓。忽遠近苗大集，鼐急據吉多寨，苗數重環之，銃如雨聚。鼐按兵不動，徐以奇計穿圍去，苗疑不敢逼。然自此遂議繳槍械，以絕其牙距。其抗命者，則復有永綏生苗、鳳凰黑苗之剿矣。初，永綏以廳城孤懸掣肘，從未深搗其巢，及是果抗繳械，阻丈田，於是石宗四等糾數千苗復大猖獗。而是時，廳已移出，且分駐形勢地，又得貴州螺螄堡可駐兵，遂立以鄉勇千餘、苗兵二千，往首敗之夯都河，連燒六寨，乘勝窮追宿陽、孟岡、五鼓，萬苗突出，四面譟攻。時我兵火藥少，後路已絕，勢岌岌。會雨霰雜下，苗繩、硝皆濕，槍凍。比曉，我兵刀槊并前，人自為戰，鏖至山後，斬墮溺死二千餘，生擒石宗四。

明年正月，移兵螺螄堡，連剿破口、漏魚、補抽等寨，皆焚巢破卵。是役也，賊起事即戕良苗，故鼐得以驅策苗兵深入。轉戰月餘，破寨十六，獲槍炮刀矛三千有奇，餘寨乞命降，永綏苗一舉平。由是師行所至，萬山讋服，納兵恐後，羅拜犒迎。貴州吏未能行，令於黔苗乞鼐，并檄黔寨勒繳槍械，震疊岡抗，邊境銷兵。時嘉慶十一年也。

初，乾隆乙卯，嘉勇貝子征苗時，川、湖、貴、廣重兵環境，有進康熙五路平苗策者不用，故苗得并力拒大軍。鼐則偵諜聞然，聲東擊西，其來倏然，其去忽然。苗各自守，則黨日離，不測，則情益絀。從來備西北邊，莫善於李牧一大創之法。禦流寇莫如堅壁清野法，而懲苗則莫如沈希儀鶻剿法。鼐專用之，大小百戰，殲苗萬計，追出良民五千口，良苗千餘口，而所用不過鄉兵數千，則又其訓練有過人者。大都苗兵有三長：奧壑重巘，足仄目悸，獸蹠猱騰，如蓌平地，此一長也；地不可容大衆，其進無部伍行列，退則鳥獸竄，岡回箐邃，賊忽中發，內暗外明，猝不及防，此二長也；銃銳以長，隨山起伏，命中莫當，惟腰繩藥，無重衣裝，耐飢渴，耐暑寒，此三長也。鼐因苗地用苗技，先囊沙輕走以習步，仿造苗槍，立上、中、下三的，以習俯擊仰攻，臨敵亦不方陣進，呼聚嘯散，無異以苗攻苗。又苗兼挾利刀，乘火器甫發，冒烟豕突，因兼習藤牌刀法，狹路相逢，則短兵接戰，復以趫捷勝。每戰還，必嚴汰，不但趑趄者去，貪掠者去，即徒勇而昧機宜、昧號令者亦去。數年始得精兵千，號飛隊，優養勤練，而嚴節制之。行山澗風雨，而行列不亂；遺資貨載道，無反顧者。共甘苦若妻子，哭陣亡若子弟，報公憤如私仇。而鄉兵既明地利，習苗情，又多被禍同仇之家，是以致死如一。

十年，剿永綏苗，事聞，詔各省督、撫、提、鎮，以鼐練鄉勇法練官兵。《宋史》稱：辰州土官秦再雄練土兵三千，皆披甲渡水，歷山飛塹，遂一方無邊患。故詳著之，庶後籌邊君子有考焉。至其屯田一事，與修邊禦苗錯舉，皆於十年藏事。其始不無廣占民田，以權利害輕重。及事定，民爭復業，屢以訟言，於是議者人异詞。今獨載鼐上巡撫高杞書曰：防邊之道，兵民相輔。兵衛民，民實屯。有村堡以資生聚，必有碉卡以固防維。邇者貴州巡撫初公奏商均田一事，請陳利害，而效其說。湖南苗疆，環以鳳凰、永綏、乾州、古丈坪、保靖五廳縣，犬牙相錯，其營汛相距或三、四里，或五、六、七、八里，故元年班師後，苗雲擾波潰如故。維時鼐竭心籌之，無出碉堡爲上，遂募丁壯子弟數千，以與匪苗從事，來痛擊，去修邊，前戈矛，後邪許，得險即守，寸步而前。而後苗銳挫望絕，薪燼焰熄，堤塞水止。然湖南乙、卯二載用兵來，已糜帑金七百餘萬，國家經費有常，而頑苗叛服無定，募勇不得不散，則碉堡不得不虛，後患不得不虞，則自圖不得不亟通力合作。且耕且戰，所以招亡拯患於始也。

均田屯丁，自養自衛，所以一勞永佚於終也。相其距苗遠近，碉堡疏密，爲田畝多少。鳳凰廳碉堡八百，需丁四千輪守，并留千人備戰，共需田三萬餘畝。乾州廳碉堡九十餘，守丁八百，屯田三千餘畝。保靖縣碉堡四十餘，守丁三百，屯田千五百餘畝。古丈坪廳苗馴止設碉堡十餘，守丁百，屯田五百餘畝。永綏廳新建碉堡百餘，留勇丁二千，亦屯田萬餘畝。而後邊無餘隙，各環苗境，以成圈圍之勢，峻國防，省國計也。异族逼處，非碉堡無以固，碉堡非勇丁無以守，勇丁非田畝無以瞻。在邊民瀕近鋒鏑，固願割世業而保身家，即後路同資屏藩，亦樂損有餘以補不足。況所募土丁，非其子弟則其親族，而距邊稍遠者，則仍佃本戶輸租。視古來屯戍以客卒土民雜處者，勢燕越矣。與一旦散數千驍健無業子弟，流爲盜賊、爲無賴，何如收駕輕就熟之用，而不費大帑一錢？稽之古效則如彼，籌之今勢則如此，惟執事裁之。其堅持定議者，大指蓋如此也。積久，制益密，田益闢，則又有出前議外者。於是墾沿邊隙地二萬畝，曰官墾田。又贖苗質民田萬餘畝，曰官贖田。以補助折耗，以廩賞，以葺繕，以賙恤，百務并舉。而苗占田三萬五千餘畝，亦以兵勒出，別屯於苗兵五千。其苗弁復自呈七千餘畝爲經費，以苗養苗即以苗制苗。

於五年陳屯政三十四事，十年陳經久八事，十二年復陳未盡七事。大抵其經費田皆佃租變價者，其屯丁田則附碉躬耕者，其訓練與農隙講武，則屯守備掌之，以轄於兵備道者，使兵農爲一以相衛，使民苗爲二以相安。故約官與兵民曰：毋擅入苗寨，毋擅役苗夫。約苗曰：毋巫鬼椎牛，群飲以糜財，毋挾槍矛尋睚眦以釀釁。則永永不窮且變，遂同學校，同考試。嗚乎！其亦善深長思矣。

雍正間，張尚書廣泗改黔、粵苗歸流，設九衛軍屯法，蓋以經略督撫之權，行之故帖帖無异議。蕭區區守土吏，未領縣官，斗糧尺兵，所事大府，不掣肘即已。幸徒自奮於齟齬拮据中，蓋獨爲其難。即其始欲不借屯以養丁，繼不長屯以安烏合數千衆，其可得乎？後之君子，設身以處之，綜其始末，揆其利害，而知其用心苦矣。

十二年，屯務竣，入覲詔曰：國家治民以官，任官以人。辰沅永靖兵備道傅鼐專司苗疆十有餘載，鋤莠安良，除弊興利，修置碉堡千有餘所，屯田十有二萬餘畝，收恤流民十萬餘戶，屯兵練勇八千人，追繳苗寨兵器四萬餘件。復勤懇化導，設書院六、義學百，楚苗駸駸向學，籲求考試，遂已革面洗心。朕久聞其任勞任怨，不顧身家，悉心籌畫，臻斯完善。特因未識其人，尚未特沛恩施，今日召見，果安詳諳練，明白誠實，洵傑出之才，堪爲封疆保障。若天下吏咸若是，何患政治不日有起色？其即加按察使銜，用風有位。明年，授湖南按察使司按察使，以苗弁兵籲留，命每秋一赴苗疆慰邊人。思蕭之在苗疆也，日不暇給，門一木匭，訴者投滿其中。夜歸，倒出閱之，黎明升堂，剖決立盡。兵民以事至，直至榻前。及爲按察使，一如同知時。下無壅情，故事無不舉。

十五年，兼權湖南布政使司布政使。十六年，復入覲天子，方將擢傅鼐巡撫，而六月卒於官。事聞震悼，贈巡撫，賜祭葬，敕祀名宦祠，并許苗疆專祠。嗚呼！捍大災，禦大患，有大功德於民者矣。鼐年五十有四，嗣子端彌幼，故未有碑狀。嗣兵備道者桐城姚興潔招源，纂《屯防志》《鳳凰廳志》，志例當有傳。乃傳。魏源曰：方鼐之甚於大吏，以掎齕也，則鎮筸鎮總兵富志那實保全之云。又舉歲給降苗數萬金畀之，故鼐得以豢苗者蠆苗。富志那從征大小金川，習知山碉設險之利，鼐實從受之，卒以成功。仁人利溥哉！婺妾遺孤，饘粥不給，而議鼐者至今闇闇焉。吁，北山勞大夫所爲太息也！

附 行 狀

傅鼐，山陰人。以府經歷分發雲南，軍功擢寧洱知縣。乾隆六十年黔、楚苗亂，大帥福康安檄赴湖南軍營，計擒首逆吳半生，功以同知直隸州知州用，賞戴花翎。嘉慶元年，補鳳凰廳同知。四年，食知府俸。六年，命總理邊務。十年，就升辰永沅靖道。十四年，升湖南按察使。又二年，卒於任。

鼐權奇有才武，歷苗疆十餘年，躬親行陳，出入矢石，所設施務爲經久，不撓衆議。其初行之一廳，及總邊務，晋兵巡，遂皆條議舉行，收一勞永逸之效。

始，大營雖撤，而苗匪濫歲賞錢糧，猶戕官劫運，叛服不常。蕭於三廳永、保有苗處，相其險要，建立碉卡、哨臺，分撥練勇戍守，計口屯田，省帑項以鉅萬計。外有官墾新官贖、捐贖諸田，以爲歲修、廩給、獎賞、祭祀、師儒、養濟、育嬰之費。移永綏廳治於花園，協營於茶洞，設守備於黔邊螺螄壋，星羅棋布，控制盡善。所訓練鄉勇，號爲飛隊，皆矯捷武健。復撫之盡恩，勝則優予賞賫；或帶傷陳歿，必親臨撫循哭奠，厚爲殮恤，用是人殊死戰。

自三年至十一年，前後剿定曜金塘、鷄籠寨及永綏之八九里、鳳凰之高都、兩頭羊，貴州之崖藤溝、黃茅蓬等寨，擒馘首逆，奪還擄掠民婦子女，勒繳槍械戰具，所向克捷。苗既帖服，則設苗弁數百人，用資彈壓。義學百數十所，教以禮讓。復請以乾、鳳、永、保四廳縣，編邊字號，於鄉試額內取中舉人一名；苗生編田字號，於額外取中舉人一名。苗益格心，於其卒也，哭聲震野，呈請赴省祭奠，立祠祀之。巡撫景安榜其祠，曰：畏懷勿替。蕭經營邊務，日不暇給。官同知時，置木匭於門，令愬者投牒其中，夜出閱之，稍假寐即起。發遣遷本道，愈繁劇，故遲至十三年夏，始獲入覲。溫旨嘉獎，稱爲傑出才。及卒，加巡銜，敕祀名宦祠。

詳請原任鎮筸鎮富志那入祀名宦祠鳳凰同知黃應培

爲敬陳芻蕘，仰祈鑒核轉詳事。

道光七年五月初九日，按據卓廳儒學訓導周匯萬，詳據合廳紳耆、軍民曾世澤、洪文觀、張開賢、劉鴻發等呈稱：竊惟崇德報功，民共秉彝之好；禦災捍患，禮存祀典之經。千載垂勛，傅介子已隆特饗；一時濟美，富鄭公未闡幽光。是當年力掃瘡痏，同手扶乎赤子；豈此日居安耕鑿，獨心沒乎丹誠。前升任貴州提督、湖南鎮筸鎮憲富公志那者，世家長白，旗籍正紅。始移百粵之旌，來駐五筸之節。機牙決勝，惟通變以達權；唾手成功，實知人而善任。時方用武，心矢公忠。地值戎嚴，城成衆志。殪狼奔而朝食，使困獸以莫支；捷鷹擊於宵師，俾哀鴻之得所。仿屯田而足食，誰爲力贊其成；築碉堡以防危，公更爭申所議。兵能相助，出資餘而睜同伍，義以稱名；將必須賢，舉土著而任游戎，格無嫌破。一萬金多方撙節，盡泡廉泉；四千人今日飽騰，永沾惠澤。與夫三井鑒於北門，使民汲而茅簷飲德；以及一閣峙乎東郭，蔚人文而蓮石徵祥。蓋廿年往事云遙，志乘中第書其略；而萬口同聲勿諼，父老輩能道其詳。偉烈冠時，原可覓將軍之銅柱；遺思墮淚，無由瞻丞相之祠堂。用伸歷久之悃忱，冀補從前之缺略。祀崇名宦，典有可循；論合公詞，籲如所請。懇祈俯賜查核轉詳等情。據此，卑職查看得富公韜略夙嫻，公忠永矢。軍深浹纚，著偉績於當年；飲遍簞醪，留遺愛於此日。一萬金捐而勿吝，辦公者不恤其私；二十載感而弗哀，畏威者兼懷其德。以故家封細柳，人佩甘棠。洵惟保障於邊城，宜荷豆籩之曠典。理合取具事實冊結，加粘印結，備文詳請查核，加結轉詳等因。據此，該湖南鳳凰直隸廳同知黃應培查看得已故升任貴州提督、前湖南鎮篁總鎮富志那駿望夙昭，鴻猷丕著。溯登壇之始，旗麾來自粵西；叨借著之榮，么魔蕩於鄂北。迨還轉而蒐軍實，即畫策以靖苗氛。雉堞雲連，建碉固圉；鴻溝雖劃，移汛防邊。屯田則公贊其成，恩深食德；鑿井而民安於汲，感切思源。集一萬金鶴俸之餘，儲兵食而循環勿替；增八百名虎賁之衆，衛民居而周匝無遺。既公論之攸同，孚於名實；洵明禋之足式，薦以馨香。茲據儒學加結，詳送到廳，卑職覆查無異。可否入祀名宦，以順輿情，理合照造事實清冊，加結申請查核轉詳。

附請祀名宦祠事實清冊

一、本官富志那，係正紅旗，滿洲尚安圖佐領下人。由健銳營前鋒先後出師業爾羌、雲南、金川，洊升副前鋒參領、山西參將、廣西副將，調補湖南永綏副將。乾隆六十年，攻剿苗匪，奉旨賞戴花翎，奏升鎮篁鎮總兵。旋奏派赴湖北枝江縣剿捕教匪，生擒首逆，疊奉恩旨，賞給法福哩巴圖魯名號。嘉慶元年九月，奏令回任，辦理善後事宜。五年，剿辦矖金塘黑苗，奉旨交部議敘。六年十一月，陛見，疊奉召見，賜克什，賞假掃墓。七年二月，回任。八年，奉旨補授貴州提督。十五年正月內，病故，奉旨照例賜恤。

一、本官於嘉慶元年九月到任。時苗氛尚未全消，匪苗屢撲近城焚掠。隨捐資於涼風坳一帶山梁要隘處所，築立卡隘五座，派撥弁兵，晝夜巡邏，近城以安。復以衛民之策，首在建碉。擬定碉式，相度地勢，并將應建各名數目，繪具圖冊，稟明欽差各大憲。於近城及後路要隘，先建碉樓，以壯聲威。時值前升任鳳凰廳傅丞初涖廳事，和衷共濟，如式建築。惟因苗匪尚有不時出掠，殺匠搶料之事。督飭將備會同傅丞，分布兵勇，彈壓保護，搶建碉卡、哨臺、關廂、關門一百九十座。苗匪不能擾及近城，及後路糧運一帶。於是傅丞以碉卡功效已著，遂寸節堵築沿邊碉卡六百四十二座、墻濠一百餘里，得以收復民田，招撫流亡。

至今邊境乂安，實公首請建碉之力也。

一、本官以鎮城舊無井泉，苗變時居民出汲城外溪河，多被賊害。因於北城河沿，鑿井三眼，引水至城腳下，外建築垛城，圈井於內。民無病汲，闔城德之。

一、本官以苗疆原留防兵四千餘名，與續募鄉勇三千餘名。初戡定時，苗匪時猶破汛攻碉，搶劫殺人，乃輒有議撤防兵者，得公力爭，并請撥添標勇，始得緩。至嘉慶四年，次第撤防，復奏准於內地各營裁撥名糧八百分，移撥本標募補，捍衛巡防，益臻嚴密。

一、本官以鳳凰廳民、苗界址，向以邊墻爲界墻，外歸苗，墻內歸民。乙卯苗變，民田悉被苗占。戡定後，雖仍照舊分界，而苗性貪悍，時復出掠，難民不能復業歸耕。公請募勇添碉，將墻內難民不敢往種之業，給勇代耕分租。奉前督憲景檄行查議間，適傅丞議請屯田練勇，亦奉飭查。公以非練勇不能防邊，非屯田不能養勇，陳説利害各情，始從廳議。屯政告成，邊備無患，實公首請募勇，繼辦屯田之力也。

一、本官於嘉慶五年內，因曬金塘、舊司坪黑苗吳老包等勾結滋擾，并有另股匪苗潛竄瀘溪之都容、祈田一帶。公隨時督率官兵，會同傅丞，截拿痛剿，先後悉殲。奏奉諭旨，交部議敘。復因苗匪吳陳受倡首滋事，擒獲正法。得旨，隨時雕剿辦理，并以右營所管沿邊地方九十餘里，該處苗性較悍，僅有游擊、守備各一員，彈壓難周，苗匪不時偷出。公與督撫、提督二憲聯銜奏准，將原駐巖門及麻陽之左營游擊、守備各一員，移駐沿邊曬金塘、舊司坪，分右營地作爲左營。復以新設必資熟手，破格請以廳人任其職，諳悉苗情，因地制宜，苗始震懾，不敢復出窺伺。仍於巖門後路改設守備一員，麻陽改設千總一員，通糧運以衛民生，苗疆自是安矣。

一、本官以兵丁月米例，於每年正月初一日起，至五月二十三日止，支食本色，餘皆支領折色。例價石米六錢，不敷買食，甚形拮据。公首先倡捐，凡七年，共捐養廉銀一萬兩。秋收糴穀，分貯公倉，於夏間米價昂貴之時，均勻借領。仍照原價，於兵餉內，馬戰兵分四個月，守兵五個月，於七月初一日起，按月扣還，再行發買。嘉慶八年，升授貴州提督時，恐日久廢馳，請於前督憲吳附摺奏明，將此項銀一萬兩，入於本鎮交代案內。二十餘年以來，循環接濟，衆丁無虞乏食。恤兵善政，没世不忘。

一、本官愛兵如子，執法如山。考拔弁兵，一秉至公。平時督率將備，訓練技藝，道諭忠義，歷八年如一日。其有備弁廢馳，營伍兵丁違誤差操，立即分別揭參責革，不稍寬假掠美。示思至今，懷畏勿替。

一、本官先後出師，身經百戰。苗疆八載，屢著膚功。無不身先士卒，親冒鋒鏑。每在篝營，寢食起居與士卒同甘苦。偶有陣傷，親加撫慰，立爲調治務痊。設有陣亡，必涕泣送殮，躬自奠餟，恤其家屬，不令失所。嘉慶元年三月，剿捕湖北枝江教匪，手指帶槍傷，有饋藥者，公不自敷瘡，而以之治受傷兵丁，曰：吾第傷指，若傷吾兵是傷吾臂，寧捐吾指，毋創吾兵。以故士卒用命，所向克捷。

一、本官升任貴州提督後，遵旨赴松桃廳督辦碉堡。查有松桃協牛心堡屬螺螄壋碉卡，至會坡碉，均貼邊湖南。螺螄壋汛僅一箭之遙，距牛心堡二十餘里，且緊接湖南黃寨。必得撥歸湖南，螺螄壋汛較便防範。奏奉俞允，撥歸。此公廑念舊治，不分畛域，因地制宜，自是邊防悉臻周密。

以上各條，謹就聞知瀝陳大概，均係實心實政，惠及軍民，并無捏冒。理合登明。

奏請鳳凰廳同知姚興潔升補辰沅道摺
嘉慶十四年湖南巡撫景安

奏爲苗疆繁要道缺需員，恭懇聖主逾格施恩，俯准以苗疆同知升署，以資治理事。

竊照辰沅道傅鼐，蒙恩擢授湖南臬司，所遺員缺，統轄苗疆一切屯防撫輯事宜，在在均關緊要，必須精明强幹，熟悉苗情，撫馭有方之員，方克勝任。奴才當於通省道府中，詳加遴選。查現任各道，及長沙、沅州等八府知府，均未經親歷苗疆，并無堪以升調之員。即新升永順府知府福順一員，雖曾任靖州苗疆知州，而該處苗務遠不及三廳之繁要。前經暫委護理道篆，現在察看人地，亦不甚相宜。惟有現任鳳凰直隸廳同知姚興潔，年五十一歲，安徽桐城縣監生，捐布政理問職銜。乾隆六十年，大兵進剿黔、楚苗匪，具呈投效，差委無誤。奏留湖南補用，委赴苗疆，隨辦善後事宜，不辭勞瘁。奏准，如有相當缺出，儘先補用，借補湘鄉縣縣丞。嘉慶八年，因查辦永綏廳九里癩苗龍六生等案內出力，欽奉上諭：姚興潔，著加恩以應升之知州儘先升補。欽此。奏升茶陵州知州。十年，奏請升署鳳凰直隸同知，先委署理。十年五月初八日，接事。十一年九月二十四日，引見。奉旨：姚興潔准其升署鳳凰直隸廳同知，欽此。十二年四月初九日，回任。

該員在苗疆十有五年，凡剿撫、屯防一切事宜，俱隨同傅鼐在廳道任內辦理，無不真知底裏。且才優守潔，撫馭有方，素爲兵勇、民苗所悅服。前於嘉慶十二年，因傅鼐進京引見，經奴才奏委該員兼護道篆，辦理諸事，均極裕如。於辰沅道一缺，洵屬相宜。惟因該員係現任同知，未敢遽行違例請升。是以先行奏委永順府知府福順，暫行護理，留心試看。經奏明，俟商同傅鼐，遴選深信可靠、堪以接手之人，會商督臣奏補。仰蒙聖鑒在案。近於傅鼐遵旨前赴苗疆查閱，復囑其就近體訪。茲據稟，護道福順經理屯防諸務，尚能循照舊章，勤慎查辦。但於該處苗地情形究非熟悉，終恐撫馭未能盡善。惟姚興潔諳練有爲，今數月以來，幫同護道，盡心撫輯，民、苗益形愛戴，實深屬可靠等語。并詢知藩司朱紹曾，亦稱訪察相符。是辰沅道一缺，通省現無循資可升之員，而爲缺擇人，亦不敢因格於成例，稍存遷就，致滋貽誤。復札商督臣，亦因素知姚興潔熟諳苗情，可期勝任，意見相同。合無籲懇皇上，逾格施恩，俯准以現任鳳凰直隸廳同知姚興潔升署辰沅道。該員頂戴殊恩，自必倍加感奮，而駕輕就熟，於屯防、邊備實有裨益。如蒙俞允，仍隨時察看。俟二三年後，如果始終勤奮，經理妥善，再行奏請實授，給咨送部引見。奴才爲要缺需員起見，謹會同湖廣總督臣汪志伊合詞恭摺具奏，并繕具該員參罰清單，敬呈御覽，伏乞皇上睿鑒，訓示遵行。再，所遺鳳凰直隸廳同知員缺，亦係苗疆要缺，容俟另行遴選妥員請補。合并陳明。謹奏。

嘉慶十四年十二月二十四日奉硃批：另有旨。欽此。又奉上諭：景安奏苗疆道缺需員，懇請以苗疆同知升署一摺。據稱，湖南辰永沅靖道一缺，統轄苗疆一切屯防、撫綏事宜，在在均關緊要。該省知府內，無堪以勝任之員。惟鳳凰廳同知姚興潔熟悉情形，苗民愛戴。現在幫辦數月，撫綏得宜。可否逾格施恩，准其升署等語。辰永沅靖道一缺，有管轄苗疆、經理屯防之責，非他處道員可比。姚興潔熟悉該處情形，而通省知府內又無可升之員，自可逾格擢用。惟該員現係同知，究屬越級。姚興潔著加恩先賞知府銜，署理辰永沅靖道事務，交該督撫留心察看。如果二三年後，始終勤奮，經理妥善，再行奏請實授。欽此。

附録　苗防屯政考補編

補編小序

　　苗疆地勢險隘，塗經紛歧，前人於扼要之區建設碉卡，以資守望，籌邊之策，具有精心。湘良既纂《苗防屯政考》一書，每思繪圖補刊，俾後之從事苗疆者明相地制宜之要，用以勤守備而固邊防。顧以卸篆旋省，不能遠憑臆說，闕署之憾耿焉在心。己丑，奉檄重巡，迺得親率屯員，周歷要隘，飭屯防各廳縣，先繪圖藁以呈，考之舊籍，參以目見，閱數月而繪事成，命曰碉卡圖，而峀堡、關門、哨臺附焉。退食之暇，并搜集前刻遺漏、奏疏、詳稟諸篇袞爲一冊，而重來自治官書，稿存數帙，因擇其要者，贅諸編末，既酬宿願，亦以志再到之雪鴻焉爾。光緒十六年庚寅閏二月上澣，蒲圻但湘良識。

同知銜前署黔陽縣屯沅江縣知縣李彌清、新選岳州府巴陵縣學訓導湯誠舷編次，湖北江夏縣候選訓導顧同熙、橫陽縣候選教諭祝松喬、湖北江陵縣候選訓導鄭經煥　仝校，祁陽縣稟生龍廷弼、長沙縣監生劉本純　繪圖并校

會奏請將鎮箽鎮標暨乾州等營兵丁支領折色月米酌改本色并借款生息津貼米價摺<small>湖廣總督周天爵</small>

　　奏爲湖南省駐劄苗疆兵丁支領折色月米，不敷買食，據情奏懇天恩，酌改本色，并借款生息，津貼米價，以恤兵艱而重營伍，仰祈聖鑒事。

　　竊照湖南鎮箽鎮總兵額設中、左、右、前四營，共兵四千一百五十一名，所需月米向係本折兼支。每名每年自正月初一日起，至五月二十三日止，計四個月零二十三日，支給本色。自五月二十四日起，至年底止，俱支折色，每名日給銀六釐。嘉慶九年，前任總兵富志那因該營兵食維艱，將積存廉俸銀一萬兩歸公，於秋稔價平，糴穀存貯。次年糧價昂貴，借給各兵，仍照原價扣餉歸還。迨道光十六年，又經撫臣裕泰奏請，將前項銀兩每年交辰沅道收買屯穀一萬二千五百石，計敷該營五個月口糧，尚餘兩個月零六日，俱支折色。又乾州協副將及所轄鎮溪、河溪共三營，額設兵一千九百五十七名，每名除餉外，年支各縣碾供米一石四斗六升三合，計食本色米一百四十六日，其餘概支折色，每名日給銀六釐。此鎮箽、乾州各營兵丁本折兼支之舊制也。嗣據辰沅靖道王簡會同鎮箽鎮總兵祥福具詳，以該營在苗疆萬山之中，處邊隅極苦之地，產穀本屬無多，且自田土歸公以後，閭閻更鮮蓋藏，又無外來米販到境。近年糧價增昂，每兵日支折色銀六釐，糴米僅二三合，不獨無以養家，子身亦難餬口，情形實爲艱窘。又據該道詳准署乾州協副將何勝先移會，該協三營深處苗疆，與鎮箽鎮標無異，每年每兵僅支本色米一百四十六日，實多不敷。請照鎮箽鎮標一律改支本色米兩個月零六日，其餘五個月仍支折色等情，均經前督臣林則徐先後批司確查議詳。茲據湖南布政使龔綬、兼理糧儲道李裕堂詳請具奏前來。臣伏查鎮箽、乾州、鎮溪、河溪各營，均處苗疆要地，實與腹地迥殊。各營兵丁守邊勤苦，既無恒產資生，又復艱於買食，且生齒日繁，糧價增昂，今昔情形實不相同，自應變通調劑，俾資飽騰。查從前綏靖、永綏、保靖等營，均因僻處苗疆，支領折色，不敷買食，節經前督臣具奏，改支本色在案。茲鎮箽、乾州各營，同處苗疆，自應援照成案，一律改支兩個月零六日本色，以恤兵艱。綜計鎮箽、乾州等營，共額兵六千一百零八名，每名改支本色米六斗六升，共需米四千三十一石二斗八升。按照綏靖等營之案，每穀一石春熟白米四斗七升，共需穀八千五百七十七石一斗九升一合五勺。每石例定價腳銀六錢五分,該銀五千五百七十五兩一錢七分四釐。内除動支糧道扣回該兵等應支米折銀二千四百一十八兩七錢六分八釐外,尚不敷銀三千一百五十六兩四錢六釐,在於司庫隨年耗羨内動支,彙同永綏、綏靖、保靖等營兵米,一并造册報銷。惟該營等原支本色兵米,向係瀘溪、辰谿、芷江、麻陽、靖州會同六州縣碾供,采買還倉。該州縣俱係偏隅極苦之地,例支運腳不敷,每年解運額米,已形竭蹶,兼之地瘠民貧,采買不易,若再行加買,不特官民交累,更恐別滋事端。應請即由辰沅道赴司領價,酌赴産穀之區,采買碾供。但例定價腳,實有不敷,必須每石議給價腳銀一兩,始敷購辦。除例價六錢五分外,尚須津貼銀三錢五分,共銀三千二兩一分七釐。國家經費有常,未敢遽請動支正款,司庫又無別項可籌,辦理實形支絀。查嘉慶二十五年,因苗疆經費不敷,曾經前督臣奏明,借動地丁銀十萬兩,發交漢商分領營運,按月一分行息,按年解支在案。今此項各營米價津貼,同爲苗疆要需,既經費無出,合無仰懇皇上天恩,俯准在於司庫應徵十九年地丁内,動支銀五萬兩,發交漢商承領,按月一分行息,不扣建加閏。每年繳息銀六千兩,按年由湖北鹽道催收,移解司庫,以三千兩歸還成本,三千兩津貼米價。其不敷銀二兩一分七釐,由領買之辰沅道捐給。庶兵有足食之樂,民無抑價之虞,於保衛邊圉,洵有裨益。所有湖南省駐劄苗疆兵丁,支領折色月米,酌改本色,并借款生息,津貼米價緣由,臣謹會同湖南巡撫臣裕泰、湖南提督臣楊,合詞恭摺具奏。

前案部議

户部謹奏爲遵旨議奏事。

内閣鈔出前署湖廣總督周天爵奏湖南鎮筸等鎮協營兵米,請酌改本色,并借款生息,津貼米價一摺。道光十九年五月二十日奉硃批:該部議奏。欽此。欽遵於五月二十六日鈔出到部。據該署督原奏内稱:湖南鎮筸鎮四營,共兵四千一百五十一名,所需月米,向係本折兼支。每名每年自正月初一日起,至五月二十三日止,計四個月零二十三日,支給本色。自五月二十四日起,至年底止,俱支折色。每名日給銀六釐。嘉慶九年,前任總兵富志那因該營兵食維艱,將積存廉俸銀一萬兩歸公,於秋稔價平糴穀存貯。次年糧價昂貴,借給各兵,仍照原價扣餉歸還。迨道光十六年,又經撫臣裕泰奏請,將前項銀兩每年交辰沅道收買屯穀一萬二千五百石,計敷該營五個月口糧,尚餘兩個月零六日,俱支折色。又乾州協及所轄鎮溪、河溪等三營,額設兵一千九百五十七名,每名除月餉外,年支各縣碾供米一石四斗六升三合,計食本色米一百四十六日,其餘概支折色。每名日給銀六釐,糴米僅二三合,不獨無以養家,孑身亦難餬口,情形實爲艱窘。請照從前綏靖、永綏、保靖等營奏准改支本色成案,一律改支兩個月零六日本色兵米。總計鎮箪、乾州等營共額兵六千一百零八名,每名改支本色米六斗六升,共需米四千三十一石二斗八升。按照綏靖等營之案,每穀一石春熟白米四斗七升,共需穀八千五百七十七石一斗九升一合五勺。每石例定價腳銀六錢五分,該銀五千五百七十五兩一錢七分四釐,內除動支扣回米折銀二千四百一十八兩七錢六分八釐外,尚不敷銀三千一百五十六兩四錢六釐,在於司庫隨年耗羨內動支。惟該營等原支本色兵米,向係瀘溪等州縣碾供,地瘠民貧,采買不易,若再行加買,不特官民交累,更恐別滋事端。請由辰沅道赴司領價,酌赴産穀之區采買碾供,但例定價腳實有不敷,必須每石議給價腳銀一兩,始敷購辦。除例價六錢五分外,尚需津貼銀三錢五分,共銀三千二兩一分七釐。請於司庫應徵十九年地丁內動支銀五萬兩,發交漢商承領,按月一分行息,每年交息銀六千兩,按年由湖北鹽道催收,移解司庫,以三千兩歸還成本,三千兩津貼米價等語。臣等伏查湖南省各營兵米原係支食長沙等府南糧秋米,其相離較遠地方,向例改徵折色,每石折銀六錢有奇,是以通省兵丁支食米折亦概以每石六錢爲定。行之百數十年,兵民相安已久,雖歷任督撫屢以糧價增昂、兵食拮据爲詞,題添折價,改支本色,節經臣部議駁在案。誠以兵食一議增添,則徵之民間,勢不能循其舊,兼之程途窵遠,輸運維艱,水陸碾供倍增繁費,或因此議及采買,則抑勒科派諸弊波及附近州縣,兵未受益而農民先受其累。從前保靖營兵米改支本色一案,屢經臣部議駁,道光三年奏蒙特旨允准,原係出自特恩,不得援爲成例。今署督等奏稱,鎮箪鎮兵米原支本色四個月零二十三日,嗣又奏准收買屯穀,借給五個月口糧,尚支折色兩個月零六日。乾州、鎮溪、河溪三營,除原支本色米一百四十六日外,概支折色。近年糧價增昂,兵丁艱於買食,請改支本色兩個月零六日,計需米四千三十一石二斗八升。每穀一石春熟米四斗七升,例定價腳六錢五分,不敷采買,并請增爲一兩等語。查該省各營兵米向例本折兼支者,其有十六處,皆係碾供本色米,計敷兵食一百四十六日。獨鎮箪一處,續添借支屯穀,足供五個月口糧,是以支本色十個月,較之他處實爲倍優。若僅食兩個月折色,尚欲藉詞瀆請,則他處全支折色及支七個月折色者,又將如何辦理?通計該省兵米有十萬餘石,支折色者不下四五萬石,儻從此紛紛效尤,不但經費日增,亦恐采買不給,且糧價昂貴,兵民同之,本地采買則食貴堪虞,他處辦運則多添耗費,即如原奏所稱,地瘠民貧,采買不易,官民受累,更恐別滋事端,其情形已可概見。若准其任意購辦,四出采買,則影射勒派,流弊滋多,殊於苗疆要地大有關係。即該省穀石價腳例定六錢五分,歷久遵循辦理,亦未便以兵米為詞,更改成例,致啓藉口增添之漸。應令該督等轉飭該管各官,恪守舊章,妥為辦理,不特鎮筸各營業已較優,無庸再添本色,即乾州等協營亦皆相沿已久,未便輕議更張,致滋流弊。所請改支本色兵米及動支耗羨、采買碾供并借款生息、增添價腳之處,均無庸議。所有臣等遵旨議奏緣由,理合恭摺具奏。

部議准捐廉酌增鎮筸鎮標暨乾州營本色兵米 道光二十年

　　户部謹奏為遵旨議奏事。內閣鈔出湖廣總督周天爵、湖南巡撫裕泰會奏捐廉酌增鎮筸、乾州、鎮溪、河溪等鎮協營本色兵米一摺。道光十九年十二月十七日奉硃批:該部議奏。欽此。欽遵於本月十九日鈔出到部。據該督撫原奏內稱:鎮筸鎮標兵米,向支四個月零二十三日本色。嘉慶九年,前任總兵富志那積存廉俸銀一萬兩,糴穀借給各兵,計敷五個月口糧,尚有兩個月零六日折色。又乾州、鎮溪、河溪三協營兵米,僅支一百四十六日本色,其餘支折色,每名日給銀六釐,均不敷糊口。前經臣等奏請酌增兩個月零六日本色月米,旋准部覆,以各營紛紛效尤,采買不易,未便輕議更張等因。查鎮筸、乾州、鎮溪、河溪各鎮協營,均處苗疆萬山之中,土瘠糧稀,難於買食,迴非他營可比。所有酌增兩個月零六日本色月米,共穀價銀五千五百七十五兩一錢七分四釐。內應支米折銀二千四百一十八兩七錢六分八釐外,計不敷銀三千一百五十六兩四錢六釐。又津貼運腳銀三千二兩一分七釐,共銀六千一百五十八兩四錢二分三釐。由臣周天爵每年捐銀三千兩,并請於通省撫、司、道、府、州,按缺公捐銀四千六百五十兩,在應食養廉內扣存,無論正署,一律全捐。以三千一百五十八兩四錢二分三釐,奏作鎮筸等鎮、協、營兵米價腳。其餘一千四百九十一兩五錢七分七釐,供支永明、防山、長沙協差費之用。所捐銀兩,應以道光二十年春季起攤定。每年十月內,由辰沅道領赴產穀之區,照市價公平采買,碾米散放,不准派累。仍飭各營,毋許妄生覬倖等語。臣等伏查湖南省各營兵米,向例本折兼支者,每名支食各縣碾供米一石四斗六升三合,足敷一百四十六日之用。其中鎮筸各營,又有借給穀石,足敷五個月口糧。其食折色者,僅止兩個月零四日。前據該督撫等奏請,改支兩個月零六日本色兵米,并議加添采買價腳。經臣部以經費日增,采買不給,且恐有妨民食,各營紛紛效尤,議駁覆奏在案。今據該督撫奏稱,總督捐銀三千兩,巡撫以下捐銀四千六百五十兩,除增添穀價運腳六千一百五十餘兩外,尚有餘銀一千四百九十餘兩,兼可津貼永明縣防山、長沙協差費之用,每年十月間由辰沅道領價采買碾放,不准派累地方等語。臣等核其情節,既係該省自行捐廉辦理,似應准其照辦,仍令該督撫嚴禁科派勒索諸弊,毋許擾累閭閻,或至有妨民食。至該省采買穀價,向例每石五錢,連運腳在內,共計六錢五分,歷久遵循辦理。此次係該省捐廉增添,應聽該督撫自行妥辦。此外各案采買,概不准援爲成案,藉詞加增,以昭限制。再查,鎮筸各營兵米支本色者一百四十六日,借倉穀者五個月,其餘支折色者止有兩個月零四日,該督兩次奏摺俱按兩個月零六日計算,數目亦屬不符,應令該督等查明更正,以歸核實。所有臣等遵旨議奏緣由,理合恭摺具奏,伏乞皇上聖鑒。謹奏。奉旨:依議。欽此。

稟陳兵勇情形并請加練勇馬戰糧缺 道光二十一年辰沅道王簡

敬稟者,頃間接奉鈞函,荷蒙垂詢兵勇情形,仰見大人籌邊博采至意,下懷曷勝欽感。查鎮筸爲邊隅極苦之區,處苗疆萬山之中,人情愚野,生性所致。是以蠻悍之氣,不特兵勇如此,而民情亦然。且自苗變以後,均田歸公,多資糧餉養贍,別無生計可圖,以致貧難情形,惟兵勇爲尤甚。迨道光十二年,出師江華、廣東,凱撒歸來,各有應扣行裝銀兩,所得糧餉不敷事蓄,故艱窘益形。因而十六年有挾借之事,然皆爲窮所迫,及至懲辦之後,俱知畏法歛戢。第該兵勇等雖云强悍,而懷德之心甚切,是在撫教得宜,自可久安長治。現在鎮筸兵丁,已蒙加給兩月本色米石,口食有資,而道標練勇,亦皆滿支月餉,毫無應扣之款。勇力紓展,職道又復隨時調劑,并體察情形,恩威并濟,邇來極稱安靜。即如上年,因聞大人苊筸查辦營務,該兵勇等甚爲畏懼,後知憲恩體恤,邀免按臨,又極同深感戴。嗣奉調赴浙赴粵會剿唤夷,該兵勇無不勸忻鼓舞,各懷報國之心,沿途恪遵紀律,秋毫無犯。此兵勇近日之情形也。伏查營中差務，一切均係官爲捐辦，雖絲毫不擾於兵，而辦理頗非易易。前經^{職道}稟蒙各憲公捐銀一千二百兩，以爲接濟之資，如能永以爲例，尚可無事周章。惟道中經費例支之外，賠款不下數竿，^{職道}蒞任以來，俱係設法籌辦，固無貽誤之虞，頗有竭蹷之勢，若陳陳相因，持久實難爲繼。其中細情，未敢冒昧直陳，容俟兵差事竣，秋審完畢，再當趨詣鈐轅，面領籌諭。再從前出師廣東，練勇在局領過行裝銀兩，係屬例外長借，現今無從著追，應由廣東籌豁。又練勇請加馬戰糧缺共一百分，歲需銀五百五十九兩，須由藩庫籌款。是否可行，謹另具清摺呈核，伏乞訓示祗遵。

一、練勇請加馬戰糧缺，應由司籌款也。查辰沅道標原設備戰練勇一千名，內百總十名，總旗二十名，小旗一百名，戰勇一百七十名，守勇七百名，操馬三十匹。歲需鹽糧草乾，照依營制，在於均屯歸公及官贍田租項下變價供支。第練勇之設，原禦苗之用，并無遠征之役。迨道光十二年，楚粵瑤匪滋事，先後奉調練勇七百名前往征剿，其中陣亡受傷立功者甚多。凱撤歸伍，至今尚復原糧，未得進階。緣原設散勇教習僅一百七十分，每遇缺出，須於散勇七百名內挑補。而散勇教習同小旗教習共二百七十名，又須專待總旗教習二十名缺出，方能考拔。以致軍功帶傷各守勇并陣亡子弟，難以挑補。現據各勇等籲懇詳加馬糧十分，戰糧九十分前來。^{職道}覆查，係屬實在情形。惟道中經費早已不敷支銷，計加馬戰糧一百分，歲需銀不過五百五十九兩，爲數不多。可否飭司籌款，奏明加增之處，伏乞訓示祗遵。

一、從前出師練勇，在粵領過行裝銀兩，應咨廣東豁免也。查南藩司咨，准廣東兩司咨覆，查明道光十二年，辰沅道標管帶練勇屯守備田宗淮、田宏才，千總徐一魁，在局共領過銀三千六百九十餘兩，均係領作行裝之用。現有印領存據，咨即按扣解粵歸款等因。當經^{職道}札飭北關屯備弁遵照扣追。去後，茲據屯弁等詳稱，遵查道光十二年，奉調出師協剿瑤匪各勇，凱旋以後，故絕革退者甚多。現在雖有二三尚存，然皆苦累不堪。是故革者無從著追，而現存者亦勢難扣還。且據該勇等以粵省所領之項，實因原製衣履朽壞，蒙連州總局重賞，另備鵝鞋、土袋，爲扒山越嶺進攻之具，并非求借行裝銀兩。若以賞賚之項復奉扣繳，不特未沾實惠，抑且更增苦累等情，紛紛稟求轉詳邀免前來。正具詳間，適又奉派練勇前赴廣東聽調。現在從前出師練勇，多已挑選往粵，更屬無從扣追，理合詳明轉咨等情到道。^{職道}查屯備田宏才、千總徐一魁，各帶練勇一百名，係楚省平瑤案內奉調官勇，凱旋後接調赴粵，已在本省照例借過行裝。又田宗淮管帶練勇二百名，亦曾於道庫借支行裝銀七百二十兩，是該官勇等於赴粵之先，均曾由道發給行裝銀兩，廣東總局原不應復借。

今粤省鈔册咨稱,田宗淮兩次領過銀二千二百三十四兩,田宏才、徐一魁共領過銀一千四百五十八兩。職道覆查册開,借給官兵銀兩,均係重重支給,且備弁田宏才、田宗淮、熊宗福久已升遷,徐一魁、王定邦續經病故,世職田宏盛奉補提標千總。該弁此次出師粤省,在於烏涌打仗陣亡,其劉通純、瞿我墬升補守備,先後派帶練勇剿捕嘆夷,無憑查扣鈔借兵勇銀兩。現據紛紛具稟,僉云係賞賚之資,并非求借之項,雖出一面,難以遽信。第粤省初不查其本省之曾否支發,乃於例外長借,即非賞項,亦屬違例濫支。且從前出師各勇凱旋之後,故絕革退者甚多,現在雖有二三尚存,然皆苦累不堪,實屬無從著追。此時又因嘆夷滋事,復奉調派赴粤,更難查扣。今粤省既不設法籌辦,勢必於各勇名下照扣還款,殊不知原借者多已故革,後補者不能代爲繳完,若遽勒追,難免不激生事端,況以濫借而論,應照例惟濫支之員是問。可否飭司查照,轉咨粤省籌辦豁免,伏乞訓示。

稟添增練勇馬戰糧缺所需糧餉捐廉支給請奏明立案 道光二十五一年辰沅道呂恩湛

敬稟者,竊查辰沅道標,原設備戰練勇一千名,內百總十名,總旗二十名,小旗一百名,戰勇一百七十名,守勇七百名,操馬三十匹,歲需鹽糧草乾,照依營制,在於均屯歸公及官曠田租項下變價供支,歷經遵辦在案。迨道光十二年,楚粤瑤匪滋事,以及嘆夷滋事,先後奉調七百名,前往征剿。其中陣亡、受傷、立功者,多凱撤歸伍,補復原糧,該勇等一時未得進階。是以二十一年正月,前升道王簡任內,請加馬糧十分,戰糧九十分,共馬戰糧一百分,凡遇缺出,得以考拔挑補,具稟憲台、前撫憲,請賜查核,所需糧餉,計每歲五百五十九兩,飭司籌議,奏明加增。旋奉憲台、督憲批司咨行,該練勇等素稱勇敢,自係鼓勵士心,策其上進之志。惟所需糧餉,向在均屯田租項下供之,今欲加增,是否可行,仰司妥議等因。前司咨覆,司中并無閑款可籌,王道卸事,嗣後接護各道,未及詳覆,仍即捐廉支給,職道到任,接准移交。伏思練勇之設,原以鞏衛苗疆,并無遠役,今既疊次征調,立功亡故,在所時有,而該勇等每遇缺出,冀圖巴結,以爲上進之階。王升道既經具稟,職道覆查,實係因公鼓勵起見,未便以經費無出,置之不問,有拂衆情。惟有仰懇大人俯念邊疆,仍如前請,准其添設馬戰練勇一百名,所需糧餉,每年五百五十九兩,即由職道衙門按數捐廉,撙節支給,以資飽騰而垂久遠。

如蒙允准,并請奏明立案,感荷鴻施無既,謹以具稟,伏乞訓示。

稟練勇馬戰名糧改增八分,可否准其增設,并懇奏明立案
道光二十五年辰沅道呂恩湛

再稟者,辰沅道標練勇,前經王升道因衆丁籲懇,於額設一千名之內,增設馬勇十名,戰勇九十名,共一百名,所需鹽糧,請司籌給,業經具稟在案。隨又查明,將馬戰名糧改增八分。王升道因考驗弓馬嫻熟者甚多,是以多增八名,亦係鼓勵人材起見。但未經稟報,歷年雖係捐廉支給,究係私增,有違定例。職道既不便裁汰,而又不敢含糊,合并稟陳大人,俯賜察核,可否將王升道改增馬戰勇八名,一并准其增設,并懇奏明立案,益感鴻慈於靡極矣。

前案司咨 道光二十五年布政使萬貢珍

爲移會事。

案奉督憲批,貴道稟請照前請添設馬戰練勇一百名,糧餉由道捐給續,又增馬戰勇八名,請一并奏明立案,批司核議詳辦等因。奉此,查添設馬戰練勇一百名,糧餉由道捐給銀五百五十九兩,其續增馬戰勇八名,應增糧餉若干,是否一并捐給,并應如何分別管帶操防之處,未准議及,應移會查明,覆司核辦,合就移會。爲此,合咨貴道,煩爲查照,作速查明覆司,立等核辦施行。須至咨者。

前案咨覆 道光二十五年辰沅道吕恩湛

爲咨覆事。

案准貴司咨,奉督憲批,本道稟請照前請添設馬戰練勇一百名云云,查明覆司,立等核辦等因到道。准此,隨經轉飭北關守備查覆。去後,兹據北關左右營守備鄧紹良、包安金會詳覆稱,卑職等遵即會同左右營哨司千把總田泰麒、劉通義、田慶霖、楊勝敖等公同籌議,查前升道王於道光二十一年正月,請加添馬戰糧一百分,内戰糧九十分,馬糧十分,仍在一千名練勇之内,挑選戰守勇考拔,不召餘丁,其復加增戰糧六分,計每年所需加戰糧銀二十一兩二錢四分,馬糧二分,每年所需加馬乾銀二十五兩二錢,共銀四十六兩四錢四分。歷年來,卑職等按月造具花名,備具文結請領,俱經王前升道并後各護道按數發給在案。至在場左右營馬戰守勇一千名,應如何管帶之處,另備清摺呈核等情前來。本道查均屯經久章程案内奏准挑留練勇一千名,每名歲支米三石六升,内挑充百總十名,每名歲給銀十六兩八錢,總旗二十名,每名歲支銀十三兩二錢,小旗一百名,每名歲支銀十二兩,散勇八百七十名,每名歲支銀十兩八錢,歲共需米三千六百石,合穀七千二百石,餉銀一萬一千二十八兩。又均屯未盡事宜案内,奏准於散勇内挑出技優者一百七十名,并原設百總總小旗一百三十名,共三百名,以爲教習,每名每歲增銀三兩六錢,歲共增銀一千零八十兩。百總、總旗查照營制,給以馬匹,照例共支草乾等因,遵奉在案。嗣因道光十二年,楚粤瑤匪滋事,先後奉調練勇七百名,前往剿捕。其中陣亡、受傷、立功者甚多,凱撤歸伍,仍屬原糧,毫無上進之階,似非鼓舞士卒之道。經前道王稟蒙前撫憲吴面准,於原設練勇一千名内,挑出加增馬糧十分、戰糧九十分,計歲需加給餉銀五百五十九兩。旋因考驗弓馬嫻熟者甚多,兼之勞績亦著,以致多增,加補馬糧二分,計歲需銀二十五兩二錢,戰糧六分,計歲需銀二十一兩二錢四分。自道光二十一年起至今止,歷任各前道均係照案捐給。并據北關守備開具管帶操防清摺到道,本道覆查摺開,左右兩營守備分轄新場堡同全坡屯,千總、把總、外委、額外管帶馬戰守練勇,分別每月一、六、二、七、三、八、四、九、五、十等日,按期操演,立定章程,總期一律精熟。其改設加增馬糧十分、戰糧九十分,及續改增補馬糧二分、戰糧六分,其馬戰一百零八分,係仍在一千名練勇之内,總計歲需加給餉銀六百零五兩四錢四分。應請議詳奏准,毋論正署,仍應由道捐給,以垂久遠。所捐銀兩,毋庸造報,免繁案牘。緣准咨查,相應查明,照開清摺咨覆。爲此,合咨貴司,請煩查照施行。

縷陳地方情形并議疏濬沱江稟 光緒元年辰沅道陳寶箴

敬稟者,竊職道奉憲台檄署辰沅永靖道事,到任已及三月,於地方情形頗悉梗概,所有整飭吏民,興利除害,一切應辦事宜,皆因隨時振作,無須先事敷陳。惟地方安危治亂所關,事雖未形,實有履霜堅冰之漸,而其事爲政治之根本者,不得不歷陳於前,而求爲補救之計,請得爲憲台一具言之。伏查道屬府廳州縣,其要重尤在苗疆,而苗疆要重之區,又以鳳、乾、永三廳爲最,古丈坪廳次之。自改設屯防以後,建置既殊,政治亦异,而形勢阻深,民苗雜處,其利害安危,爲一道休戚所關,亦即爲湖南全局所繫。溯查屯防創始時,傅前升道以經濟之偉才,爲久安之遠計,規模條理,纖悉無遺,但能實力率行,即可久而不敝。嗣因租入減捐,別議補宜。軍興以來,疊奉節減敷布,漸難綽然。然使支放稍從節縮,而經制防維之大,拊循安緝之宜,苟不致日就頹壞,變易舊章,猶無傷於大計。即如儲備一款,動用至數萬金,向議由司庫彌補,今尚未能遽行。此款原備凶荒有事之用,但值承平豐稔,即亦非所必須。惟利病之本,所關甚重,而爲數亦復無多者,則莫如各廳津貼公費一節。查向章屯租雖減,各廳賴有津貼之款,足資辦公,得以潔身自愛,而又升階較易,但計廉能,不論資格,其時由廳丞超擢本道者,常不乏人。以故爭自濯磨,政肅民乂,民苗服教,日以帖然。故舊章歷久如新,遵行無斁。近今以來,漸違故軌,公費不足,私累相仍。賢者奉檄不前,或到官即皇皇求去。中人以下,處兹瘠苦,則多方設法,以求取盈。於是剋減以省其出,苛派以增其入。聽爭訟則計賄爲是非,舉苗弁則重資爲賢否。即如擇苗弁一事,向章按里遞設苗弁,各有稽查之責。差役禁入苗地,苗民犯法,則責苗弁送廳究問。故必以本里之人舉充,資其諳習。今則聽他里之人營充賄奪。相距數十百里,所轄苗寨,但索陋規,事皆莫辦。其營充之費,昔常千餘緡。今苗貧力難,亦有數百緡者。得缺後,皆以斂之苗民。而每年所入,又或稱是。於是句結丁役,假作威福。廳丞自愛者,尚不過爲假借。不肖之徒,逐輒以爲爪牙,資其挹注。威柄下移,而苗民寖不堪命矣。内地官紳優劣,有縉紳可資詢訪,有行旅可備見聞,有民間上控之詞可爲考核,故吏懷忌憚,不敢自恣。苗疆僻處巖邊,民愚士陋,間有上控,極於巡道而止。拙者,民苗一律,苛政猶或上聞。巧者,虐苗貰民,苟免眉睫之災,即身名俱泰。巡道又或憫其官況蕭條,不爲刻責。故内地之苛政,猶易革除,而苗疆之積弊,真無可控訴。日復一日,踵事而增。《傳》曰:作法於凉,其弊猶貪。作法於貪,弊將若之何? 以前人立法之善,其弊猶至於此。今苟聽其相背而馳,不早爲之挽救,其不致至於黔苗之已事者,幾希矣。竊謂安邊必以懲貪爲本,而懲貪必以養兼爲急,守法必以得人爲本,而得人又以善任爲要。今欲懲貪養廉,得人而善任之,俾守法而安邊,其要約有三端。一曰復津貼。溯查道光二十七年詳奉奏定章程,每年津貼,鳳凰廳銀一千兩,永綏廳銀五百兩,乾州廳銀一千五百兩,古丈坪廳銀五百兩,皆於通省養廉内派捐。咸豐九年以後,屢有減折。復於同治八年核定,因鳳凰廳另有發審公費,仍照減定成數,歲給銀三百六十兩。此外視前稍增,乾州廳歲給銀七百兩,永綏廳二百四十兩,古丈坪廳三百六十兩,較原額僅幾得半。向章收發兵米,稍有贏餘。自同治九年改章以後,有絀無贏,所增津貼,與未給同,而永綏尤爲遜前。今擬仰請憲恩,准將鳳凰、乾州、古丈坪各廳津貼,仍照道光二十七年奏定原額給發。永綏廳前因兵米稍有贏餘,故原額較少。今兵米更章,擬請於照復原額外,歲再增給銀三百兩。此外各廳原有別項公費,已經減發者,均請查照原額給發。至保靖縣亦屬苗疆,應否酌給津貼,及此項經費,向由通省養廉内派出,似難久行。可否請於洋樂釐金加提項下酌撥,期於久而不廢,均候憲裁。一曰資久任。近章州縣署事,率以一年解任。在苗疆繁難之區,風土人情,且難諳悉,豈能望其報最? 況政教以漸而施,求治不能太急。今擬仰請憲恩,飭司詳定,所有苗疆各廳丞,必一一嚴加遴選。在任請以三年爲限,勿遽更易生手,致視官如傳舍,庶幾久於其任,知明處當。民苗服習政教,賢者可以移風易俗,中材亦得以循分盡職,而無因循廢弛之患矣。一曰議調劑。州縣錢糧雜款項,類有羨餘,許留爲辦公經費。苗疆則養廉而外,別無所施。此後即蒙准復津貼原額,祇可勉資公用,而事畜之資,仍難仰給,勢必藉資稱貸。在任既不能償,去任何堪設想? 在居官潔己固爲分所宜然,然忠信重禄所以勸士,不能體其不得已之情,安能責以有不爲之節? 且中人大抵有所爲而爲善,善不蒙賞,而又不免於累,蔑以勸矣。定例,六年俸滿,而苗疆則五年即予推升,明示體恤邊吏至意。今擬仰請憲恩,於各廳丞,無論實缺署事,但能奉公廉潔,克盡職守,三年内始終如一者,准該管巡道出結具詳,即酌委優缺,如首縣之例。其三年内貪昏不職者,隨時撤參,不在久任調劑之列。該管道含糊徇隱,不據實稟揭者,坐之。仍令年終將各廳操守政績,詳晰繕陳,以憑考核。彌縫粉飾之習,既無所施,則官常自謹,而不肖者不能倖邀逾格之恩,自好者尚有後此酬庸之望,吏治蒸蒸日上矣。凡此數端,實為吏治之本,而職道之力所不得為者。竊謂天下安危治亂之機,胥視乎吏治之得失,而苗疆尤為特甚。職道前年奉委赴黔安插降苗,審其致亂之由,每為痛恨。當其初,改土歸流,立法亦非不善。既而奉行不力,逐漸更張,遂至蕩壞無餘,以漏規為萬世不易之制。因之踵事頻增,有加無已。即如采買兵米,由徒輸遞,至折錢折銀至每石三十餘金。苗民掘祖墓,取殉葬之金以償官。數十年中,無一人力挽頹波,為之稍從寬減,遂至愈趨愈壞,一決而不可禦。然後草薙而禽獮之,亦可哀已。然其流弊至於此極者,非一朝一夕之故。故職道抵任後,於所屬各廳,每諄諄以作俑為戒。而念其景況之艱,假貸之窘,又惻然無以處之。因念王道必本人情,所藏乎身不恕,未有能喻諸人者。恭遇憲台整綱飭紀,曲盡人情,凡所施設,皆為地方久遠之謀。是用覼縷陳,不敢以暫時權篆,緘默不言,有負憲台孳孳求治之意。伏冀俯鑒區區,曲加訓示。如蒙采擇施行,并乞飭司核議,詳定章程,以垂久遠不易之則。苗疆為通省重地,近因能吏以為畏途,遂若視之甚輕。得憲台挈而重之,俾吏廉則生威,政平則成化,苗疆永無反側,則受福者不止一隅矣。至於裕閭閻生計之源,嚴苗民交涉之限,申盤剝侵占之禁,懲奸民蠹役之害,除弊即以興利,率屬必本潔身,與夫規勉屬吏,獎抑兼施,苟非怙過不悛,義必勉為誘抑,不遽仰瀆憲聰,如卒無可挽回,亦不敢徇情隱飾,自同寒蟬,所以仰副憲台委任裁成之至意者,如是而已。

敬再稟者,苗疆惟鳳凰廳為鎮道駐紮,軍民萃處,生息日藩,而山多田少,半賴他境兵米屯租,藉資民食。荒歉之年,告糴無所,自儲備銀穀,動用靡遺,益無所恃,廳境不憂水潦而虞旱災。旱荒之歲,河流益涸,平時小舟可抵距城二十五里之石羊哨,稍涸祇達距城六十餘里之地。各縣兵米轉運綦難,因多折解,商販罕至,采買亦艱,平日既乏蓋藏,臨時復難補救,誠有不能無慮者。職道到任後,接見本籍弁紳,訪以形勢水利諸事。伏查廳境沱江之水,較石羊哨更為暢闊,雖大旱未嘗甚涸。其水繞廳城北,紆折而東,匯乾州合溪水之水,直達瀘溪,視出石羊哨溪河以抵辰谿,尤為徑捷。惟東流去城六十餘里,至老河口,中互巨石六七丈,舟楫不通。前湖南巡撫陳文恭公巡閱至廳,令前道紀虛中緣流疏鑿,未半而公去任,工遂輟。傅前道鼐屢欲踵行,以軍興不果,事詳廳志。今文恭時所濬遺跡尚存,若踵而疏瀹之,至老河口上流,或別穿渠數里許,引水注渠,避互石旁出,以達下游,其事較鑿石為易,數月可蕆。此下但須略為疏濬,辰河舟楫可以直達廳城,舟運既通,縱遇荒年,采買易集,各縣兵米便解本色,平時可裕積儲,歉歲易招商販,即儲備銀穀尚未彌還,倉卒時可以就近挪款,通融運濟,不至束手坐困,而平時商賈來集,閭閻生計亦必稍紓,誠爲百世之利。職道現飭地方正紳沿流踏看有無防損民間盧墓,俟繪圖呈閲後,擬即躬往勘估工程。如費在四五千金以内,職道即一面於新秋時自行捐廉興修,不足則量於本廳縉紳現在帶勇仕宦者馳函勸捐,共成此舉,當無不欣躍從事。若爲數在四五千金以外,則地方既無可籌款,職道亦力有不逮,惟有俟之异日而已。

前案院批 湖南巡撫王文韶

閲稟於苗疆利病,政治源流,言之歷歷,而推其本於吏治之得失,可謂探驪得珠矣。所陳復津貼、資久任、議調劑三條,又爲整飭吏治之本。應如何酌籌款項,妥定章程之處,仰布政司通盤籌畫,悉心議擬,詳候核奏。至苗弁有管轄稽察之責,應在本里舉充,庶幾彼此安習。若如所稟,近來每多他里之人營充賄奪,相距數十百里,但索漏規,事皆莫辦,尤爲積習之甚者。應即責成該道重申禁令,實力革除,以蘇苗困。另單所擬疏濬沱江一節,便商便民,誠爲地方百世之利。俟查勘確實後,并即繪圖貼説,賫院核奪。如就地籌款,不敷工用,仍當由本部院督同藩司量爲籌濟,以贊其成。苗疆生計艱難,民苗交困,固無日不出本部院念慮中,而亟思所以補救之也。另單抄發由司録批,先移該道知照,仍候督部堂批示。繳。

稟擬將芷黔兩縣餘存軍穀變價撥存鎮城及各屯倉,并將存放息銀留存道庫 光緒八年辰沅道裴蔭森

敬稟者,竊道屬地處苗疆,營屯兵練,歲需糧餉甚多。初設均屯時,曾買穀二萬石,分別存儲,以備緩急不時之需。軍興以來,先後動用,未經歸款。同治十二年,前升憲王巡閲苗疆,見各處倉庫皆空,非控制苗人久長之計。擬俟援防事竣,庫款稍可騰挪,即行籌備,以實邊儲。當經附片奏明在案,尚未舉行。職道到任後,親赴各廳縣查看。大抵山多於土,民少於兵,歲食常虞不給。倉卒有事,遠近請貸皆難。

自應急於籌備，以計久安。此次因公晋省，曾與龐藩司再四熟議。查道屬芷江縣，舊有買運席營軍米穀八千五百六十九石八斗四升五合。黔陽縣亦有前項穀七千八百一十石。席軍凱旋，此穀存倉未動。^職道曾至兩縣驗視，其穀漸已霉蛀。若再閱數年，即成無用。因念上湖地方，去歲秋收稍薄，今正米價驟增，三月以後，誠恐不免偏灾。儻將該二縣存穀，酌看情形，略爲减價糶買，秋後收買，歸入鎮城及各處屯倉，以補舊日備邊之缺。挹彼注此，兵民無庚癸之呼；化舊爲新，倉廩有存儲之實，似於邊事不爲無補。又查釐金局節省項下，有銀一萬兩，發交鎮篁典商生息，歲繳息銀一千二百兩，亦擬留存道庫，彌補額儲經費，以備倉卒之需。庶兵食足而威惠可行，守禦强而民苗自靖，邊徼兵氓永荷安全之賜矣。日前晋謁，曾經約略面陳，仰蒙憲諭周詳，并籌及陳穀之耗虧，沿途之運脚，精心密慮，欽佩難名。兹復將擬辦情形，詳悉具稟，伏乞訓示遵行。

前案司詳 光緒八年布政使崇福

爲移會事。

案奉憲台批，據辰沅靖道裴升道廳森稟請將芷江縣黔陽縣存穀及釐金局存典息銀歸補苗疆儲備銀兩緣由，奏批仰布政司該議具覆飭遵，此繳。因此案未准該道咨司，并奉鈔發原稟下司。查原稟以該道初設均屯時，曾買穀二萬石，并撥銀二萬兩，分別存儲，以備緩急不時之需。因軍需動用無存，查芷江縣舊有買存軍米穀八千五百餘石，黔陽縣亦有軍米穀七千八百餘石，請以此項存穀糶賣，秋收後買歸鎮城息銀一千二百兩，亦擬留存道庫，彌補額儲經費等語。查西路苗疆，山多田少，自均田後，寸土歸公，生計艱難，別無恒產。同治十二年，前升憲王巡閱鎮篁，見儲備空虛，非綏邊久計，曾經奏明，俟援防軍需清理就緒，款項稍可騰挪，即當設法籌備，將銀穀各還其舊，以實邊儲。欽奉俞允在案。復查芷江縣、黔陽縣舊存軍米穀石，原係善後局發款委員就近采買，供援黔營勇口食之用。光緒六年裁撤，委員收歸各該縣經管。現在黔營凱撤，此穀日久存儲，本有陳腐之虞，若以撥歸鎮城，係屬以公濟公，核與王升憲籌備邊儲原奏亦屬相符。擬請飭令各該縣將所存軍米穀石，按照市價儘數糶出，即以穀價解歸辰沅道，由道查看情形，隨時另買穀石以實儲備。至釐金局節省項下發典生息銀一千二百兩，亦請俯如所請，留存道庫，彌補額儲經費，仍俟將銀穀兩項彌補足額，由司詳請奏明立案，以昭慎重。所有核議緣由，除移覆該道并分飭芷江、黔陽兩縣遵辦外，具文詳覆憲台，俯賜查核。

稟請將釐金局發典生息銀壹萬兩留存道庫以資儲備
光緒十二年辰沅道何樞

敬稟者，竊照裴前升道任內，以鎮篁初設均屯時，曾買穀貳萬石，并撥銀貳萬兩，分別存儲，以備緩急。因軍需動用無存，查芷江、黔陽兩縣，舊有買存軍米穀石，請以此項存穀糶買，秋後收買新穀，歸入鎮城，以補舊額。又釐金局節省項下，有銀壹萬兩，發交鎮篁生息，歲繳息銀壹千貳百兩，亦擬留存道庫，彌補額儲經費等情。稟奉憲台批司議准詳覆，并移道查照在案。除芷、黔兩縣軍米穀石，已據儘數糶獲錢文，另買新穀解道存倉，開摺詳請立案外，其奉發義成質當生息銀壹萬兩，僅於光緒九年收穫息銀壹千貳百兩。該質於十年五月倒閉，十年及十一年息銀均歸無著。現在本銀業經如數提還，原應解繳釐局歸款。惟查苗疆重地，控制邊陲，籌餉銀、練兵，均關緊要。遇有徵調，無論鎮、道兩標之兵，俱須由道籌辦行糧。每值無款可籌，倉卒不能應付。若待赴省請領，則緩不濟急，又恐貽誤事機。同治十二年，王前升憲巡閱鎮篁，見倉庫皆空，非綏邊久計，曾經奏明，俟援防軍需清理就緒，款項稍可騰挪，即當設法籌補，將銀穀各還其舊，以實邊儲。欽奉俞允在案。所以此項銀兩，原係由釐局節省項下提出，擬請收存道庫。倘有股實紳商開設典當，仍即發交生息，以期彌補舊儲經費，用備倉卒之需。如非十分要事，不准絲毫動用。遇有交卸銀穀，均移交後任盤收結報。鎮城有此銀穀兩款，庶兵食足而缺乏無虞，庫藏充而緩急可恃，邊徼官兵永荷無疆之福矣。是否有當，理合稟乞查核示遵。

前案司局會詳 光緒十二年署湖南布政使崔穆之、釐金局候補道但湘良

爲遵批詳覆事。

光緒十二年九月初四日，准布政司衙門咨開，奉撫憲批，據辰沅道何道稟，釐局節省項下，發交鎮城義成質當生息銀壹萬兩，現已提還，擬留道庫，以備緩急，請示飭遵緣由。奉批：據稟已悉。所有收回義成質當生息本銀壹萬兩，應於所屬府州各城，查有殷實之戶，發交存放生息，以爲將來彌補額儲經費之用。仰布政司會同釐金總局核移遵照。此繳。并奉督憲批同前由。奉批：據稟已悉。此次提還銀兩，應否留存道庫，以備緩急。仰南布政司會同釐金局核明，移遵具覆各等因。奉此，查此案前於光緒七年三月及十一月內，遵奉兩院憲批示，於存局節省項下，酌發省平銀壹萬兩，由辰州、洪江兩局撥交鎮筸鎮道核收，發典生息，詳明在案。十年五月，該質倒閉。本局以此項節省銀兩，係奏咨候撥之款，未便虛懸，先後咨請就近委員守提解省。現在已據全數追還，擬留道庫，以備緩急。自應遵照憲台、撫憲批示辦理。擬請將鎮筸鎮道收回義成質當本銀壹萬兩，留存道庫，發放生息，以實邊儲，而清撥款。所有遵批會核緣由，理合詳請批示。

前案局咨院批 光緒十二年釐金局候補道但湘良

案奉撫憲卞批本局詳覆辰沅道稟，將追回本局節省項下，發給筸城質當生息本銀壹萬兩，留存道庫一案，奉批：據詳已悉。此項銀兩發交何處生息，應令辰沅道具報查核，仰即轉移遵照。仍候督部堂批示。又奉督憲裕批同前由，奉批：如詳辦理。仍候撫部院批示各等因。奉此，相應咨會。

附錄 **到任察看地方情形稟** 光緒十五年 辰沅道但湘良

　　敬稟者，竊職道渥荷憲恩，委署辰沅道篆，業將到任日期，申報在案。伏思道屬地方，界連黔蜀，民雜兵苗，邊境寬則外侮易侵，巡防既不可懈；醜類繁則輿情難副，撫馭尤不可疏。此二者雖并重，而其要則在於安民。蓋民安則衆志可以成城，人和勝於地利，雖有外患，尚可以有備無虞，況平居無事時乎？然則民何以安？亦在清吏治而已。吏治不清，則各屬地方有司，委靡怠惰者有之，刻削貪婪者有之。委靡者置公事於不問，姑息養奸，而民多玩；貪刻者藉民事以便私，科斂於下，而民多怨。玩且怨矣，而欲地方之安靖也，得乎？況地處苗疆，地方官如不理公事，或假公藉私，則苗官皆得以大張其羽翼，剝削群苗以自肥。苗民漸習世情，非若當日之愚而易欺，不幸而債事，遂致激爲禍端，故苗官亦視地方官之操縱以爲斂肆。可見吏治不可不講，邊疆吏治尤不可不亟講也。惟地方官賢否不齊，豈能盡知？振作整頓表率之責，厥在監司。職道前於光緒五年，奉委署理斯篆，深知地方積弊，準理度勢，知課吏決不容緩，曾將應興應革事，宜酌擬數條，通飭各屬，實力照行。持之兩載，民情尚屬相合。此番奉檄重來，知宜於昔者，未必不宜於今，故循前次舊章，留心吏治。履任以來，於所屬有司，訪諸輿論，課以事功，其勤政事、勵操守者，固不乏人，而耽安逸、多嗜欲者，亦所不免。始則加以董勸，繼則予以申儆，務使各知以地方爲己任，視百姓如身家，官不病民，即有蔑法苗官亦知所畏憚，而不敢復逞其惡，庶百姓安而邊地安矣。至於山林深密，易藏奸慝，則當嚴保甲以清之；風氣強悍，易滋命案，則當明刑罰以懲之。不知吏治果清，則匪徒自斂，訟案自稀，徒恃保甲以防奸，何日行保甲，而盜竊者尚不能免耶？徒恃刑罰以治惡，何日事敲朴，而犯法者且踵相接耶？知吏治不清，保甲轉致擾民，刑罰亦成苛政，此職道所謂必以吏治爲安民之本也。此外更有應辦事宜，練勇則勤爲操演，時復親臨校閱，屯務則妥爲經理，必期盡除積弊，以及獎勵人材，於書院則月有加課，詳閱案牘，遇提審則慮有含冤，此皆職道分所當爲，力所應盡。惟以輇材而暫應庖代，未敢自信其終能，亦惟就管見所及，勉力圖維，不敢操切，亦不敢因循，在官一日，即盡一日之心，得尺得寸，於吏治或不無小補，即於民生或不無裨益，以期仰副委任之意於萬一。

附錄 禁止苗官苗民住城內札 光緒十五年辰沅道但湘良

照得鳳、乾、永、古、保五廳、縣，地屬苗疆，自戡定以來，各苗民涵濡教澤，潛能轉移故俗，更易苗風。然其積年陋習之深，間有未能盡革者，全賴各苗官隨時教導提撕而匡直之。查定章，苗官不准無故入城，民差不得擅入苗寨，原所以防微杜漸也。茲訪聞近年以來，各苗備弁等，往往盤踞城中，包攬詞訟，而苗人亦常有在城開設伙鋪，窩藏匪人，以致控案繁多，盜賊蠭起，實爲良民之害。合行札飭。札到，該廳、縣遵照。嗣後各苗官不准在城久住，如有苗民在城開店，立即封閉，驅逐回寨。民差亦不得擅入苗寨滋擾。如違，嚴行查究，毋稍徇縱。

附錄 稟添設舢板梭巡北河一帶 光緒十五年辰沅道但湘良

據辰州府文守稟稱：竊照府屬沅陵縣境，有支河一道，上通永順，下達郡城。自沅、永兩邑交界之岔汆灘至北河口止，計程百里之遙，水驛荒涼，居民鮮少。郡城既相距窵遠，保甲亦難於遍聯，會匪棍徒往往結黨成群，肆行無忌，不僅商船重載，每多暴客之虞，即傍岸蚩氓，亦時被游民之擾。從前設有炮船二號，往來梭巡，搶劫無聞，地方甚稱安靖。嗣後改歸長勝水師管帶，因辰至常，地段縣亘，舢板不敷分布，將前項船隻移紮大河，遂至百里空虛，時有萑苻之警。迭據該處紳士稟請，移撥師船前往駐紮。惟查長勝水師炮船無多，所轄太長，實有未遑兼顧之勢。不揣冒昧，仰懇俯念該處地方荒僻，匪黨易於潛蹤，轉請添設舢板二號，專駐北河，自岔汆灘至北河往來梭巡，俾匪徒斂戢，居民行旅賴以相安，實爲德便等情。職道查北河自沅陵上經永順、王村，旁及永綏、保靖，爲四川秀山、湖北來鳳諸水匯入之河，水驛荒僻，匪徒出沒無常，不惟來往商船時虞搶劫，即沿河兩岸居民，亦常有游痞滋擾，自非炮船常川巡緝，不足以安商旅而靜閭閻。該府請添設舢板二號，專駐北河，係爲該處緊要起見。然北河地方，永順所屬較長於沅陵，若僅巡至岔汆交界之處，則永順所屬仍難周密,且恐管帶無人,難於約束。現在辰、沅一帶,既歸長勝水師經理巡查,所有北河、王村等處地方,擬請憲台檄派該水師,一并派船駐緝,庶事權專一而聲勢聊絡,匪徒必聞風斂戢,商民得以全安矣。惟查長勝水師,僅長龍一號,舢板三十二號,自常德至辰、沅,以及靖之洪江,縣亘七八百里,已屬不敷分布,今又加以北河地面,誠恐勢更難敷。可否准其添設舢板二號,以資分撥之處,伏候大人裁酌施行。所有辰守禀北河一帶,地方荒僻,擬請由長勝軍派船一體巡緝,以安商民各緣由,理合禀陳,伏乞察核示遵。

附錄 豁免苗稅詳 光緒十五年辰沅道但湘良

竊照鳳、乾、永、古、保五廳、縣,地屬苗疆,素稱瘠苦,而苗民尤甚。自沐熙朝化育,於各廳、縣設立土備、千把等官,所以撫循苗民而安輯之意良厚也。無如各苗官賢否不齊,其貪婪成性者,往往藉稅契而磕詐。愚苗到處搜羅,無微不至,或危言恐以漏稅而勒令重罰,或憑空誣以匿稅而妄肆誅求。愚苗何辜,豈堪受此朘削,以致積怨成訟,忿不能平? 職道蒞任以來,據鳳、乾兩廳苗人控告,苗官藉稅磕索之案,不一而足,業將該土備分別革降嚴懲在案。伏查各廳、縣每年徵解稅契銀兩,爲數極微,徒爲苗官書差飽填欲壑,於稅務并無裨益,而苗民受無窮之苦,似非所以示體恤而廣皇仁。因思苗寨田土,并不徵收錢糧,而苗田互相買賣,亦應寬免稅契。職道再四籌維,擬請嗣後於苗疆地方置買田產、民田,仍應照例稅契,不得違抗,亦不許好事搜求。其苗田契據,除從前已稅不計外,以後如苗人互買苗人之業,無論契價多寡,年月遠近,概免投稅。若有情願以契請印存案之件,聽從其便,仍不准擅收稅銀。儻苗官敢於需索,許受害之家赴道禀控嚴究。如此辦理,庶苗官不敢藉稅契以圖詐,苗民亦可安分守業,不致因磕索紛紛上控矣。職道爲恤苗除害起見,是否有當,伏乞察核施行。

前案司咨 光緒十五年署布政使崔穆之

爲録批移會事。

　　案奉撫憲王批，據貴道詳，鳳、乾、永、古、保五廳縣苗寨田地，互相買賣，其契據擬請寬免投税，以示體恤一案。奉批，據詳係爲體恤苗情起見，應准照議辦理。仰布政司轉移遵照，出示曉諭，并嚴禁苗官藉契磕詐，有犯必懲，以除積弊。切切。此繳等因。奉此，合就移會。爲此合移貴道，煩爲查照施行。須至咨者。

附録札飭各屬興文教辦保甲 光緒十五年辰沅道但湘良

　　照得文教不興，則學校宜培；盜賊勢張，則法紀宜肅也。查道屬各廳縣近年文風不振，科第寥寥，求其致病之源，在乎乏資者有二：一曰取益之無資，一曰俯仰之無資。取益則半歸典籍，半屬師承。此間地方偏僻，書買難前，鄉間所誦習者，僅僅有是，父傳之子，師傳之弟，大概可知。加以土地瘠薄，寒畯居多，奮勵有心，室人交謫，苟非豪傑不世出之英，鮮不催而中敗。於此而不思設法培植，文教何由振興？本道涖任後，業將屯防舊設六書院，捐置書籍，認真整頓，按月課卷，親自校閲，分別取列給獎。并於辰永沅三府郡城各書院，每月緘題加課一次，捐廉優獎。現復將鳳凰廳之尊經書院，增課額八名，釐定章程，捐置書籍。更推廣於各廳縣屯防書院，各加課額四名，增給膏火，俾得專習經學。第恐加惠難周，必須各州縣均將書院事宜，一律振興舉辦，庶幾作育宏而造就者衆，出固有裨於國，處亦足式於鄉矣。至若盜賊竊發，無處無之，惟辰沅一帶爲尤甚。雖曰山多而民氣悍，田少而游手繁，究亦由於有案未必盡報，即報未必盡辦，法不足以懲奸，轉使輕於嘗試而張之焰。本道訪聞各屬，間有以盜而改竊者，或有以數十人同劫而改爲數人者，更或以本强劫而改爲有因者。在良懦被劫，資財蕩盡，控案捕盜，爲費不易。捕之不獲，盜將凶與爲仇，捕而幸獲，獲未深究，更慮隱釘其憾，囊則已空，而禍尚未息，反不如隱忍之爲愈，是被盜者已未必盡報案也。果報矣，而地方官又多方諱飾，但冀消彌，何怪乎匪徒肆無忌憚，搶劫頻聞？揆其消彌諱飾之故亦有二：一則恐巨案之易冤，一則防處分之難免。孰知舉無足慮？蓋盜賊行劫，豈能飛來？遠則有寄頓之窩，近則有引串之腳。當其平日認真清查保甲，伺察另户，一旦有犯，簽役捕拿，則盜皆真盜而贓不散，冤於何有？處分又於何有？總之，今日之盜賊未必盡皆報案，報亦未必盡皆獲賊，此盜賊之所以日多也。但期報無不破之案，獲無倖免之盜，庶幾法紀肅而賊膽寒，盜風或可稍息。以上二端，本道悉心體察，均為目前拔本塞源要圖，合并通飭。札到，該府州即便轉飭各屬遵照，迅將舊有書院公項認真清釐，訪延品學優粹者住院主講，選擇生童中之穎秀者住齊肄業，優給膏火，并按月考課加獎，以示鼓勵。如向無書院公款，亦即趕緊妥籌經費建設，并將本道前署臬司任內通飭保甲章程八條實力清查，嚴核另户。遇有呈報搶劫案件，立即會營堪明緝拿贓盜，照例嚴辦，毋得畏難含糊了事，致滋輕縱而長盜風，是為至要。仍一面將奉札遵辦緣由稟覆核奪，毋稍違延。

附錄稟援案捐添馬糧 光緒十五年辰沅道但湘良

竊照辰沅道標原設備戰練勇一千名，內百總十名，總旗二十名，小旗一百名，戰勇一百七十名，操馬三十匹，歲需鹽糧草乾，在於均屯田租項下變價供支。嗣於道光二十一年，王前升道簡任內改添馬糧十分，戰糧九十分，續又加增馬糧二分，戰糧六分，共一百八分，即在一千名練勇之內，挑選戰守勇考拔，祇增糧缺，不增名數，歲需餉乾銀六百零五兩四錢四分，由道自行捐給，并不造報，歷經辦理在案。自是而後，各勇愈加奮勵，差操益力，技藝益精。道咸年間，奉派出師粵西，長沙及下游各省無不奮勇當先，鎮筸兵勇之名遐邇皆知，逆匪每望風而靡。咸豐壬子秋，髮逆圍攻長沙，用地道轟塌南城數十丈，賊旗已蜂湧而登，賴鄧紹良督率練勇戰退，力保危城，此尤戰功之卓著，至今人猶稱頌者也。惟是轉戰十餘年，立功陣亡病故者不少，凱撤後，其子弟仍各倚糧為家，散勇口糧甚微，不足以資事蓄，每冀升拔。總旗、百總所獲較優，而百總、總旗必須循序漸進，往往有終身戰守，莫得進階。緣戰勇缺出，須於守勇內挑補，戰糧及小旗又須專待總旗出缺，方能考拔。以故戰守各勇，雖不乏技精藝熟之人，每憾挑拔維艱也。^{職道}到任後，適值出馬糧二缺，隨調齊兩營戰守勇，親詣教場，按名考拔。其以十力弓馬步全中者，不下數十人，小旗戰守遞相拔補，僅能各拔二名，餘俱被黜。雖可記名待拔，無如出缺難期，徒有考拔之名，而無考拔之實，殊不足以示鼓勵而昭激勸。^{職道}再四思維，擬援照王前升道成案，再加增馬糧八分，即以此次小旗戰勇中箭多者拔補。所遺小旗戰勇，即以戰守中箭多者遞拔。現需購買操馬八匹，共銀一百餘兩。^{職道}捐廉發給，每分歲需草乾銀十二兩六錢，共銀一百兩八錢。應請仍照前案，無論正署，由道捐給，以垂久遠。所捐銀兩，毋庸造報，免煩案牘。以後遇有馬糧缺出，并於一千名練勇內挑選考補。增糧而不增額，不過多此馬糧八分，使各勇知升拔較前稍易，人人思奮，練習益勤，可以悉成勁旅。^{職道}爲鼓勵人才，整頓營務起見，是否有當，理合稟請憲台，俯賜察核，批示祇遵。

附録 **前案夾單** _{光緒十五年辰沅道但湘良}

　　竊念鎮筸僻處苗疆，著名瘠苦，自嘉慶初戡定後，道標設練勇一千名，鎮標設兵丁四千名，固爲邊徼備捍禦之資，亦爲閭閻謀衣食之計。在窮民別無生業，專恃糧以養家，一經得糧，遂覺終身有靠。然守糧每月銀九錢，米三斗，僅敷一二人之食。家口稍多，必身兼別藝，以濟其不足。而又時有操演，不能常營他務。所可望者，惟以守升戰糧，戰升馬糧，藉爲上進之階。道標原設百總，總旗三十名，操馬三十匹，小旗戰勇二百七十名。嗣於道光二十一年，王前道任內，加增馬糧十二分，戰糧九十六分，合共馬糧四十二分，戰糧三百六十六分。非不多也，而馬糧出缺難期，升補不易。在各勇原不敢再有所希冀，特以鎮標四千名，共有操馬二百匹，每兵一千，有馬五十匹，以此例彼，不免猶有觖望。^{職道}前權斯篆，曾稟奉前督憲李批准，挑練選鋒，遂以之肅清董倒賊巢。此次奉檄重來，仍復按期校閱，并於考拔糧缺，見其技藝精熟者，實不乏人，無以示鼓勵而昭激勸。爰援案擬增馬糧八分，適合五十匹之數，與營制相符，以後可以承爲定額矣。至所需馬價銀百餘兩，由^{職道}捐廉發給，每月需捐加馬乾銀兩，亦從^{職道}任內起支，非徒爲鼓勵人才，於窮民生計，似亦不無裨益，雖於己微有所損，不計也。《易》曰：損上益下，民說無疆。想各後任同具此心，必不稍存吝惜。_{職道}渥叨委任，自當仰體憲意，無日不以利民爲心，籌邊爲念，并非欲見好於兵，妄事更張，區區愚忱，諒蒙鑒察。

前案司咨 <small>光緒十五年署布政使崔穆之</small>

爲録批移會事。

案奉撫部院王批：貴道稟道標練勇千名，技藝精熟者甚多，擬援案添設馬糧八分，即於戰守勇内挑選拔補，以示鼓勵。歲需餉乾銀兩，仍照前案，由道捐給，仰懇察核緣由。奉批：據稟已悉。所擬添設馬糧八分，歲需草乾銀兩，仍照前案，由道捐給，係爲鼓勵人材起見，於營伍洵有裨益，應准照行。仰布政司轉移遵照，仍候督部堂批示。繳。又奉督部堂裕批：據稟及另單均悉。所請援照王前道成案，加增道標馬糧八分，即由該署道捐廉購買操馬八匹。其有歲需草乾銀兩，亦請仍照前案，無論正署，由道捐給，以垂久遠。自爲鼓勵人才，整頓營務起見，應即照准。仰南布政司轉移遵照，仍候撫部院批示。繳。爲此，合移貴道，請煩查照施行。

附録示諭禁收斛面 <small>光緒十五年辰沅道但湘良</small>

照得鳳、永、乾、古、保及瀘、麻七廳、縣民苗佃户，承佃屯防田土，每年完納公租，一經到倉，例應即刻收受，聽令佃户親自行概，平斛量收。乃近年以來，風聞各倉徵收租籽，并不遵例行概，輒敢踢斛淋尖，甚且以升代斛，多收斛面肥己，否則難留刁蹬，或推有事，或稱天晚，令其露宿守候。不思該佃民等終歲勤苦，除完公租外，所餘無幾，度日尚且爲艱，多收升合，即少升合之食用；多候一時，即荒一時之工作，蚩蚩愚民，何堪受此重累？亟應出示嚴禁，以紓佃力。爲此示，仰各倉屯長知悉，嗣後徵收租籽，務須隨到隨收，遵例行概，不得淋尖踢斛，額外侔收，亦不得故意刁難，令其久候。儻有前項情弊，一經查實，或被告發，定即革究，決不姑寬。該佃户等每年應納租穀，亦應乾圓潔净，照額交倉，截串安家，不得以荒毛濕穀攞交量收,并干重究。其各懍遵。

附錄稟請免苗寨地方派捐 光緒十五年辰沅道但湘良

　　竊職道重權邊篆,自愧材輇,惟於事之關係民生者,加意維持,期於窮黎稍有補益。竊念苗民瘠苦,實倍甚於客民,前於請免苗稅案內曾經備述,久邀洞鑒。更有捐輸一事,爲苗民之苦累,又不敢不爲我仁憲詳陳之。近年以來,鄭工捐輸及賑捐,分由各府州縣勸辦,三廳及保靖地方,遂徵及於苗寨。有司之賢者,志在集成,亦不免有心科派;其不肖者,且藉此以自肥,至蠹胥之侵蝕,更不待言矣。刑威勢逼,因而凍餓者有之,因而流離者有之,流弊至此,可憫而益可危。伏思開捐例以濟河工,原所以救民也,救民者轉以殃民,豈朝廷之本意? 需款甚鉅,而苗民之財力幾何? 不惟重害民生,抑且有傷大體。擬請嗣後無論何項捐輸,概不准入苗寨勸辦,以存政體而恤窮苗。如蒙鑒允,伏乞札飭藩司知照,嗣後遇有捐務,凡有苗寨地方廳縣,毋庸札飭勸辦,庶苗困全甦,較之免稅而益沾膏澤。職道爲恤苗綏邊起見,是否有當,伏乞訓示,以便祇遵。

前案司咨 光緒十五年署布政使崔穆之

　　爲錄批移會事。

　　案奉撫憲王批,貴道稟嗣後無論何項捐輸,不得於有苗寨地方勸辦緣由,奉批,據稟請嗣後無論何項捐輸,概不准入有苗寨地方勸辦,所見極是。仰布政司查照立案,并通飭凡有苗遙各地方,一體遵照,永爲定章。仍移該道知照。此繳等因。奉此,相應移會貴道,請煩查照施行。

附錄稟陳苗疆地方雨多歲歉酌收租籽 光緒十五年辰沅道但湘良

敬稟者,竊照苗疆各廳縣,僻處湘省西陲,跬步皆山,平疇鮮少,所有民屯田土,多半依崖傍嶺,附澗臨溝,每逢春夏,非被山洪衝壓,即虞亢旱爲災,素稱瘠苦之區,實由地勢使然也。今年四五月間,各廳縣地方,間有因發蛟洪,致將田畝衝壓者。維時節令尚早,被衝之處亦不甚多,均經飭令民佃人等,乘時修復補種。嗣即晴雨得宜,禾苗及包穀雜糧,皆一律長發茂密,滿擬豐登可慶。詎八月間,正值收穫之際,自下旬起,忽陰雨連月,職道迭經率屬設壇虔禱,而旋晴旋雨,直至九月底,方大獲晴霽。各縣有收穫尚早者,尚無妨礙,苗寨中收穫向遲,穀多霉壞,吃虧頗重。現就訪諸紳民,傳述情形,核與各廳縣所報分數,幾至僅及一半,以豐年而忽變爲歉歲,實出不料。所幸苗鄉雜糧、番薯收成尚好,目下糧價尚平,苗情亦屬安謐。惟查均屯田土,苗寨爲多。前經諭飭各屯備弁,照章開倉徵收。去後,茲據各該屯備及屯長等先後稟稱,各苗佃呈繳之穀,多因收穫之時,無日曬晾,或被霉壞,或係焙乾,穀色麻蒙,未敢收納,請示前來。職道覆查,所稟均屬實情。雖徵收租籽關係屯防經費,而以瘠壤逢此歉歲,自當順天時而恤民生,不忍過事苛求。除批飭設法選擇徵收,遇有穀色稍霉,而碾開米色尚好者,亦即通融量收。其有被災較重者,亦經委查屬實,分別核減收納,以恤佃艱外,理合將苗疆各廳、縣地方,因秋雨過多,收成歉薄情形,并飭屯備酌量收納租籽緣由,稟請大人俯賜察核。

附錄稟援案薦舉已保升階之屯守備千總 光緒十五年辰沅道但湘良

竊照志壯干城,必資激勸;材儲組練,端賴濯磨。經武皆然,而邊要尤宜講求也。伏查湖南苗疆戡定以來,經前傳升道均田建屯,設立六屯守備、千把外,額五十六員,分地駐紮,管帶練勇、屯丁,催租馭苗,爲長治久安之計。遇有屯備弁缺出,專就應升之屯弁勇内挑選詳拔。誠以屯務煩重,非熟悉情形者難資得力。惟道標屯官僅至守備而止,故特定章程,遇有人材出衆之員,准與營員一例保薦升選,奏准遵行在案。查永綏花園屯守備陳開甲,於咸豐四年十月升補提標後營都司,鳳凰廳北關左營守備田宗藩,於咸豐九年五月由本任歷保副將升補靖州協副將,各在案。職道前於光緒五年曾權斯篆,時傳各備弁親校弓馬,考核訓練催租之勤惰,信賞必罰。稟奉前督憲李批准,於練勇中挑選三百名隨時操演,按月捐加獎賞。次年黔苗滋事,蔓及鳳凰廳屬之董倒地方,邊境戒嚴。職道親率備弁帶所練勇丁三百名會營往剿,尅日而平。足見鼓舞人材,具有成效。此次重來,一切皆照前度舊章辦理。勇丁有應推補者,因馬糧額少,捐增八名,并捐給操馬。稟奉前督撫憲裕王批准,立案作爲定額,以期久遠。是勇丁之勤者,且有以資鼓勵,而於員弁之能者,亦應示以褒獎,職道詳加旌別。除保靖縣印山台屯外委姚正宗聲名甚劣,且被屯丁控告詐索,當即撤任,訊明詳革外,其餘各備弁皆能恪遵戒飭,各勤職守。守備、千、把之中,實有曾保游擊都司升階,堪膺薦擢之員,若不循照定章,稟請升補,何以昭獎勸而出滯淹?且千、把以下,雖有賢員,亦無出路,似非昔日立定章程之本意。職道既有所知,不敢壅於上聞。查有儘先前補用游擊候補都司北關左營屯守備劉元發、儘先捕用都司北關右營屯守備王庭顯、儘先補用都司得勝營屯守備劉玉慶、游擊銜補用都司新場堡屯千總蘇朝選,無論營屯,遇缺題補。守備花園屯千總徐景元,或弓馬嫻習,或訓練精良,或催租勤慎,皆歷俸年久,資格已深,且各保有升階,謹另開清摺,并出具切實考語。擬懇憲恩俯准,將該守備、千總等存記,俟緑營有相當都司守備缺出,援照陳開甲、田宗藩成案,量予升補。俾該員等益圖報效,各盡所長,而各屯弁勇有所觀感,人人皆以上進,自期共相奮勉,所以勵人材,即所以維屯政而固邊圉。職道愚昧之見,是否有當,不揣冒昧,援案稟請大人俯賜察核,批示祇遵。

附録釐定鳳凰廳尊經書院章程稟 光緒十五年辰沅道但湘良

　　竊照鳳、乾、永、保、瀘、麻六廳縣地方,經前傅升道於會籌苗疆均屯未盡事宜案內詳奉奏准,各設書院一所,慎選師儒訓迪,考取民苗生童住院肄業,以資造就,束修膏火均在官贖田內撥發支給,歷經遵辦在案。迄今數十年,文風丕變,迥异昔時,登甲榜而捷禮闈者已不乏人。惟是風氣雖覺漸開,而地處偏隅,見聞不廣,書籍鮮少,考證無由,於經古之學究多未能講求,有志窮經者每以爲憾。光緒十年内,鳳凰廳諸生等曾經稟請,仿照省城詁經精舍之例,添設尊經書院。事屬創始,膏火無資,規模亦多未備,殊屬有名無實。職道涖任後,查悉情形,當即捐廉購置各種經籍,發交監院存儲院内,以便各生繙閱講習。并釐定住院考課章程,鳳凰廳課額八名,乾州、永綏、保靖、瀘溪、麻陽各四名,每名膏火穀二十石,延聘山長束修錢三百串。自本年爲始,在於屯防經費項下籌發,每月官課一次,仍由道捐廉加獎,以示鼓勵。俾咸知感發奮興,精心研習,庶將來或有經明行修、發名成業者,開邊疆未有之盛,以仰副憲台振興文教、作育人材之至意。所有釐定新設尊經書院章程,捐置書籍,并於屯防項下籌備束修膏火緣由,理合稟請大人俯賜核示立案。

章程六條:

一、書院以尊經爲名,所以重經學也。上無提倡經學之人,下無講求經學之士,空立名目亦復何益? 然士即有志窮經,必須得通經之明師以爲之導。今擬自本年起,延訪高明,聘爲山長,與敬修書院共請一人。每年館穀錢四百串,尊經三百串,敬修一百串。仍照舊例,於隔年十月,預定下關聘敬錢六串。其新由他處聘來者,酌送川資錢十六串,均在屯防項下支用。兩書院共請山長一人者,蓋館穀較豐,聘請亦易,而諸生中之孰優孰劣,經學與文藝亦可參觀互證,較之兩相隔膜,似爲有益。

一、造就有序,不可躐等。肄業生不在多,祇擇諸生中之優者取入,擬定額爲八名。每年就敬修甄別,考取正副課各生,由山長再加面試,核實選擇。由提調監院稟請本道,照數録取。每年於正副課膏火外,每名加給膏火穀二十石。必須住齋肄業,以期專勤。其有奮勉圖功,能徵進境者,次年仍許留院,俾得造詣有成。由山長通知監院,稟請核准。

一、每年自二月起,至十一月止,本道按月一課。敬修定期初三日,照舊課文。尊經定期十三日,量藝數多少,限期交卷。所試各藝,經文、經解而外,有考辨、策論諸作,詁經兼及子史詩賦雜作,亦不可廢,由本道捐廉給獎。山長館課,除敬修仍照舊章,每月二十三日課文一次外,每逢初八、二十八,尊經加課二次。每課或經文、經解,或策論、詩賦,由山長定奪。實興局所存公項,即以備館課分獎之用。每課所獎若干,由山長通知監院,轉飭該局,送由山長散發,以示鼓勵。届期有因事不能應課者,預向山長請假一日,方准免扣膏火。每月祇准因事曠課一次,無故偷安,即行除名另調,責成監院隨時察看,毋許瞻徇。

一、講明經學,半由師承,半歸典籍。斯地遠處邊隅,購求匪易,僅有何前道捐置《皇清經解》一部,蔣廳丞捐置《淵鑑類函》一部,藏書甚少,未免考据無從。茲由本道捐置《十三經注疏》、《御批通鑑輯覽》、《資治通鑑》、《史記》、前後《漢》、《三國志》、《古文淵鑒》、《百子全書》、《漢魏業書》、《欽定四書》文各一部,及《應考試要覽》八部,發交監院,存儲書院。每年由監院擇住齋一人經管,另立藏書簿記一本,各住齋肄業生取觀書籍,由經管人籤條記明某生取書若干本,限期用畢繳還,即將籤條撤銷,以便接續取閱。務須屬令各生共相珍重,毋致損壞,亦不得携帶出院。如有遺失,責令經管人賠補,每年加穀六石,以專責成。一年交替,由監院督同原經營人,遂部點交清楚,責令接管。

一、官課館之外,平時用功,亦須立定規程,某時讀經,某時閱史,某時兼習時文詩賦,由山長酌立學規,按日考察。如有玩日廢學,及夜間不住齋房用功者,山長與監院嚴加訓誡約束。若不率教,由監院稟請斥退,另行擇補。

一、士先器識而後文藝,品行不飭,何貴通經?諸生有志上進,自當品學兼優,收變化氣質之效,爲通儒即爲純儒也。如有志趣卑污,在院博奕縱酒,詈罵鬥毆,及開燈吸食洋烟者,由監院稟請斥,遂除名另補,以肅學規而維士習。

附推廣章程四條:

一、提倡經學,宜廣不宜隘。敬修所取諸生,既照定數選入尊經書院肄業,自應推廣章程,通行屯防各書院,一律擇取。今擬自本年起,所有觀瀾、綏陽、立誠、錦江、雅麗五書院,甄別所取正副課生,由本道詳加選擇,各取四名,歸入尊經書院肄業。每年除正副課膏火之外,每名照章加給穀二十石。自二月起至十一月止,由本道按月隨同課卷獎賞,札發該廳縣,轉發各該監院傳領。如有實徵進境者,次年由本道酌留。

一、由敬修書院擇取諸生,均令在尊經往齋肄業,以期專勤。此外五書院所取肄業生,散居各地,相距較遠,若必令來筭住齋,在諸生既不免跋涉之勞,而書院齋房不多,亦恐驟難拓地。擬令每年自二月起,至十一月止,由各該監院傳令該生,就近居住本處書院肄業。其不住齋用功者,由該監院知會該廳縣,稟請另調。

一、課期定於每月十三日,到期一律發題,札由該廳縣轉發各該監院發下。經文、經解而外,有考辨、策論諸藝,詁經兼及子史、詩賦、雜作,亦不可廢。量藝數多少,限定日期交卷,卷面注明肄業尊經書院字樣,遞解來道,不准遲延。俟各處課卷解齊,合六書院擇取諸生評定名次,同榜發出獎賞,統由本道捐給,并課卷抄榜行知各廳縣,轉發各該監院給領。諸生有因事不及應課,每年祇准一次,逾者由本道扣除另補。

一、尊經書院在篁城已設立有年，章程迄今始備。至由各書院擇取肄業，更屬創始，所定名數目，自難過多。諸生果能專勤自勵，日起有功，其未入選者，亦當聞風興起，共求實學。如有應加課額之處，屆時再由本道酌定。

附録札飭辰州府轉發倡捐辰谿縣書院經費銀兩
光緒十六年辰沅道但湘良

爲札發事。

照得本道前經通飭各屬，振興文教，其原有書院均應整頓捐備膏火，以資造就，如向無書院公款，亦即趕緊妥籌經費建設在案。昨本道因公道過辰谿，假館書院，詢知該書院因經費不敷，每月考課無多，當飭該縣教官蕭訓導傳諭首士，力爲勸捐經費，以資振興。兹本道倡捐銀二百兩，合行札發，札到該府，立即遵照，迅將發來捐銀二百兩轉發該縣及蕭訓導承領。并飭令遵照本道面諭，迅速勸辦，將收明緣由及勸辦情形，先行稟覆查考，毋延。

附録禁建生祠示 光緒十六年辰沅道但湘良

爲出示嚴禁事。

照得官之治民，非所以博虛名也；民之向治，非所以報私恩也。

朝廷設官分職，於守丞牧令之上，特設監司用之，率群屬以治百姓，舉凡地方之利病，民生之休戚，下訪於屬境，上陳於大府，而行政以利民，此監司當盡之職也。本道曩巡是邦，將及二年，於地方百姓，毫無裨益。此次重來，亟思有以補過，顧以材輇德薄，闕陷仍多。欲治屯以養吾民，而屯務必盡飭也；欲恤苗以綏吾民，而苗困未必盡蘇也；欲練兵以衛吾民，育士以教吾民，而兵氣未必盡作，士心未必盡勸也。是一身所自任者，尚不能盡所當盡，而況屬地之廣，屬吏之多，豈敢謂吏盡勤民，而民皆得所？一夫不獲，一事不修，誰之過歟？過且難辭，功於何有？即使無過，獨不思居位食禄，所事伊何，而自以爲功，是務名也。務名而民即以名奉之，是徇私也。

本道豈肯自居於務名？豈欲吾民相待以徇私？乃近聞地方百姓，竟有爲本道議建生祠者，不禁瞿然驚而爽然失，以爲吾民尚未喻本道愛民之心也。夫官之求諸民者，欲其遵政令，易風俗，莠者化而良，澆者激而厚。果其翕然受治，如卑幼之從命於父兄，弟子之奉教於師長，訟獄不作，疆圉乂安，是即吾民所以愛長。官之心不能若此，而乃以顯違例禁之事，作粉飾承平之舉，以爲官好名而以名附之，此本道所謂徇私也。官不好名而以名誣之，尤非君子愛人以德也。舉而悖道，不如其已，況辰、沅之地，更不宜有是舉。平民而外，雜處兵、苗，氣類既屬不齊，好惡即不能無異。本道心雖從厚，而力歉博施，斷不能有見德而無見怨。好我者固馨香以報德，惡我者不將詛祝以報怨乎？縱令人心一致，而財力維艱，購地庀材之資，不能不强爲籌畫。平時生計福狹，民惟以糧爲家，忽焉欲釀多金，勢必執標下之兵勇屯丁，遂名而資其捐助。本道既無以裕厥生涯，反因此耗其物力，是本道貽之累而重其窮也。又況事同集腋，弊多漏巵，倡首者一本誠心，而其中保無有不肖之徒藉名以圓科斂。苗寨捐輸，是其明鑒斂怨以爲德，不惟無以安本道之心，民亦失其愛本道之本心矣。且夫生祠之建，在本道尤有難安者。先人惠政，民弗能忘，既歿而後，綏人士附木主於傅公祠，不煩民力創舉也。本道承先未逮，深懼弗克負薪，乃實則弗及，而名則過之。回思庭訓親承，何以封先人而無怍？由是以觀，有損於下，無益於上，其決不可爲，已昭昭矣。合亟出示嚴禁。爲此示，仰合屬士紳軍民人等知悉：務須其體予心，轉相告諭，乘此未興工程之先，速爲停議。本道瓜期已及，又將與吾民別矣。惟冀此後年穀順成，兵民安堵，邊界無搶劫之案，群苗息械之風，熙熙皥皥，將千百年永登仁壽，億萬姓各奉烝嘗，較之爲本道一人虛名供養，其規模不大而遠哉！一經告誡，倘仍故違，則是有心好事，功令森嚴，不能爲吾民曲宥也。尚其懍遵。

附録 詳定土備弁不准越里挑拔已革不准覆充

光緒十六年 辰沅道但湘良

爲詳請立案事。

竊照苗疆鳳凰、乾州、永綏、古丈坪、保靖五廳縣，各設有土備弁，所以示撫綏而資鈐束。向章選拔備弁名缺，不准越里保充，其有因事降革之弁，亦不得再請復充，立法極爲周備。乃近來各土備弁，往往任意舞法營私，魚肉群苗，激成控案。迨經斥革之後，百計營求復充，殊屬不成事體。^{職道}蒞任經年，據苗民呈控土備弁之案，不一而足，均批飭廳縣澈訊明確，分別究懲，詳請降革在案。惟思該降革各弁，多係狡黠之徒，難保不鑽營復充，若再予以升拔，必至益無忌憚，實於苗疆治理大有關礙。^{職道}擬請飭令各廳縣嗣後挑補土弁名缺，應照向章，以本里苗弁兵選充，不得越里挑拔。并不准以因案降格各弁復请升拔，以杜夤緣。并使現在各備弁亦知所儆懼，而不敢藐法妄爲。是否有當，合具文詳請憲台俯賜查核，批示立案。除詳督憲外，爲此備撫部張批。如詳立案，仰布政司轉移遵照，仍候督部堂批示。繳。